茅海建
戊戌变法
研究

戊戌变法的另面

"张之洞档案"阅读笔记

茅海建 著

生活·讀書·新知 三联书店

Copyright © 2021 by SDX Joint Publishing Company.
All Rights Reserved.

本作品版权由生活・读书・新知三联书店所有。
未经许可,不得翻印。

图书在版编目(CIP)数据

戊戌变法的另面:"张之洞档案"阅读笔记/茅海建著. —北京:
生活・读书・新知三联书店,2021.6 (2023.7重印)
(茅海建戊戌变法研究)
ISBN 978 – 7 – 108 – 07136 – 1

Ⅰ.①戊… Ⅱ.①茅… Ⅲ.①戊戌变法 – 史料 Ⅳ.① K256.506

中国版本图书馆 CIP 数据核字(2021)第 061688 号

特邀编辑	孙晓林
责任编辑	冯金红
装帧设计	蔡立国
责任印制	董 欢
出版发行	生活・讀書・新知 三联书店
	(北京市东城区美术馆东街 22 号 100010)
网 址	www.sdxjpc.com
经 销	新华书店
印 刷	天津图文方嘉印刷有限公司
版 次	2021 年 6 月北京第 1 版
	2023 年 7 月北京第 3 次印刷
开 本	635 毫米 × 965 毫米 1/16 印张 36
字 数	516 千字
印 数	08,001 – 12,100 册
定 价	98.00 元

(印装查询:01064002715;邮购查询:01084010542)

茅海建戊戌变法研究

总　序

　　1998年，戊戌变法一百周年，我结束了先前的两次鸦片战争史研究，开始研究戊戌变法。2018年，戊戌变法两个甲子，一百二十周年，我的研究还没有结束，仍然在路上。

　　时光又逢戊戌，我也应当想一下，这二十年究竟做了什么，又有着什么样的经验教训？

　　当我开始研究戊戌变法时，有两位朋友善意地提醒我：一、戊戌变法是所有的中国近代史大家都涉及过的领域，很难再有突破；二、戊戌变法的材料搜集和利用，已经差不多了，不太可能出现大规模的新材料。他们的提醒，告诉此处水深，不可掉以轻心。于是，我就做了"长期"的打算，准备用十年时间来研究戊戌这一年所发生的事情。

　　我最初的想法是将戊戌变法期间重大事件的史实和关键时刻的场景，真正了解清楚。由此而重新阅读全部史料，力图建立相对可靠的史实，以能从这一基础上展开逻辑思维。即"史实重建"。于是有了《戊戌变法史事考》（2005，再版时更名为《戊戌变法史事考初集》）和《戊戌变法史事考二集》（2011）。

　　也就在这一研究过程中，我感到康有为亲笔所写的回忆录《我史》是一部绕不过去的关键史料，用了整整五年的时间来作注，以鉴别真伪。特别让我兴奋的是，我看到了珍藏于中国国家博物馆的手稿，解决了许多问题。于是有了《从甲午到戊戌：康有为〈我史〉鉴注》（2009）。

在我的研究计划中，要写一篇张之洞与康有为的文章，所利用的基本资料是新编的《张之洞全集》。文章大体写好，我又到中国社会科学院近代史研究所档案馆查阅"张之洞档案"，准备再补充一些材料。谁知一入档案馆，发现了一大批未被利用的史料。兴奋之余，再度改变研究方向，集中研究这批史料。于是又有了《戊戌变法的另面："张之洞档案"阅读笔记》(2014)。

以上便是此次集中汇刊的四本书的由来。"史实重建"的想法一直没有变，我在研究中最基本的方法是考据。

然而，考据不是我的目的，"史实重建"亦是为逻辑思维建一扎实之基础。我的最终目标是写一部总体性的叙述戊戌变法史的著作。2011年夏，我为《戊戌变法史事考二集》作序，称言："……我也希望自己能加快进度，在最近的一两年中完成手中的细节考据工作，而回到宏观叙事的阳光大道上来。但愿那阳光能早一点照射到我的身上。"那时，我心中的研究时限已扩大了一倍，即二十年，自以为到2018年（戊戌），将会最终完成戊戌变法的研究。

一项认真的研究，虽然能有许多次的计划，但其进度总是不能按照其计划刻板地前进。一个认真的研究者，虽然知道其最终的目标，但总是不能测量出行走路途的长度。2014年起，我的研究一下子陷于瓶颈——我正在研究康有为的学术思想与政治思想，但不能判断其"大同"思想的最初发生时间，以及这一思想在戊戌变法期间的基本形态。我找不到准确的材料，来标明康有为思想发展各阶段的刻度。直到两年之后，由梁渡康，我从梁启超同期的著述中找到了答案，由此注目于"大同三世说"。我的研究计划又一次改变了。

整整二十年的研究，我对戊戌变法的看法有了很大的变化（自以为是深化）。随着研究进展，在我的头脑中，原先单一色彩的线条画，现在已是多笔着色，缤纷烂漫；原先一个个相对固定的场景，现在已经动了起来，成了movie。这种身临其境的感受，让我又一次觉得将要"回到宏观叙事的阳光大道上来"，而时光却悄悄地已进至戊戌。

整整二十年的研究，我对戊戌变法的研究也有了新的感受（自以为是痛感)。前人的研究是极其重要的,但若要最后采信,须得投子"复盘";那些关键性的节点,还真不能留有空白,哪怕再花工,再花料,也都得老老实实地做出个基础来。由此,这二十年来,我一直不停地在赶路,经常有着"望山跑死马"的感受。我虽然不知道到达我个人的最终目标,还需得多少年,还须走多少路;但我坚信不疑的是,戊戌变法这个课题所具有的价值,值得许多历史学家花掉其人生经历的精华时段。李白《临路歌》唱道:

大鹏飞兮振八裔,中天摧兮力不济。

余风激兮万世,游扶桑兮挂石袂……

戊戌变法是中国历史上的重大事件,一百二十年前,有其"飞",有其"振",因"中天"之"摧"而"力不济";然因此而生、不能停息的"余风",仍在激荡着这个国家,以至于"万世",而其"石袂"(左袂)也挂到了高达千丈、象征日出的"扶桑"树上……

茅海建
2018年1月于横琴

目 录

自 序 / 1

导 论 / 1

一、张之洞、康有为的初识与上海强学会、《强学报》/ 2

二、从陈庆年日记看张之洞及其派系的内情 / 24

三、《劝学篇》与《正学报》/ 37

四、戊戌变法期间张之洞召京 / 51

第一章 / 75
张之洞之子张权,之侄张检、张彬的京中密信

一、李景铭与《张文襄公家藏手札·家属类》/ 76

二、张权光绪二十四年六月十二日来信 / 78

三、张权光绪二十四年六月二十二日来信 / 100

四、张权光绪二十四年来信两残件 / 109

五、张检光绪二十四年六月初二日来信 / 114

六、张彬光绪二十四年正月来信及光绪二十一年一残件 / 118

第二章 / 131

张之洞与杨锐

一、杨锐是张之洞的"坐京" / 133

二、光绪二十一年三月至二十二年正月杨锐给张之洞的密电及光绪二十二年正月给张之洞的密信 / 145

三、戊戌变法期间张之洞给杨锐下达的指令 / 157

四、光绪二十四年杨锐的两件密信:孔祥吉发现的"百日维新密札"作者应是杨锐 / 166

五、张之洞营救杨锐的行动 / 174

第三章 / 187

戊戌政变前后张之洞与京、津、沪的密电往来

一、张之洞给张权、张检、黄绍箕等人的指令 / 188

二、江西试用道恽祖祁 / 195

三、奏调湖北差委分省补用知府钱恂 / 199

四、湖北按察使瞿廷韶 / 209

五、天津委员巢凤冈 / 214

六、太常寺少卿盛宣怀 / 219

七、上海委员赵凤昌与曾磐 / 222

八、余论 / 231

第四章 / 235

张之洞与《时务报》、《昌言报》
——兼论张之洞与黄遵宪的关系

一、相关背景：《时务报》的创办与汪、梁矛盾 / 237

二、张之洞与黄遵宪的交谊 / 243

三、黄遵宪对《时务报》内部分歧的态度及张之洞幕中反应 / 256

四、《时务报》改官报与汪康年、张之洞等人的对策 / 263

五、汪康年改《时务报》为《昌言报》与光绪帝旨命黄遵宪"查明""核议" / 273

六、黄遵宪对事件的处理 / 279

七、戊戌政变之后 / 290

第五章 / 299

张之洞与陈宝箴及湖南维新运动

一、张之洞与陈宝箴的早期交谊 / 301

二、湘鄂之间 / 319

三、《湘学报》之争 / 340

四、张之洞奉召进京与陈宝箴的建策 / 350

五、张之洞、陈宝箴联衔上奏变科举及与康有为的间接交锋 /354

六、陈宝箴与康有为的直接交锋与保举张之洞 / 365

七、陈宝箴的罢免与保卫局的保全 / 373

八、尾声 / 383

附录一　陈宝箴之死 / 386

附录二　张之洞与谭继洵父子、于荫霖的关系——罗惇曧对《抱冰弟子记》的误读 / 390

附录三　康有为一派对陈宝箴父子政治态度的误解与夸张 / 410

第六章 / 427
戊戌前后诸政事

一、光绪十九年刘坤一查办张之洞 / 428

二、光绪二十年至二十一年起用容闳 / 434

三、光绪二十一年李提摩太的"妙法" / 451

四、光绪二十二年查验刘鹗的假资产证明 / 467

五、光绪二十二年为李鸿藻治病 / 477

六、光绪二十四年清朝决策岳州自开通商口岸 / 489

七、光绪二十四年康有为香港谈话、来信及"密诏"在上海发表与张之洞等人对此的反应 / 503

八、光绪二十六、二十七年策反邱菽园 / 514

九、光绪二十七年请奖梁庆桂等人赴西安报效事 / 531

十、光绪二十七年请废大阿哥 / 536

征引文献 / 545

自 序

史料的发现真是让人惊心动魄,在我研究戊戌变法已达十年之后,阅读到中国社会科学院近代史研究所图书馆所藏"张之洞档案",不由又有了牖开思进之感受。

很长时间以来,戊戌变法史的研究,以康有为、梁启超留下的史料为基础,构建成当前戊戌变法史的基本观点、述事结构和大众认识。尽管也有一些历史学家对康、梁的一些说法提出了质疑,但毕竟没有新的大量的史料可供其另辟新途。历史学家陈寅恪言及戊戌变法的思想源流,称言:

> 当时之言变法者,盖有不同之二源,未可混一论之也。咸丰之世,先祖亦应进士举,居京师。亲见圆明园干霄之火,痛哭南归。其后治军治民,益知中国旧法之不可不变。后交湘阴郭筠仙侍郎嵩焘,极相倾服,许为孤忠闳识。先君亦从郭公论文论学,而郭公者,亦颂美西法,当时士大夫目为汉奸国贼,群欲得杀之而甘心者也。至南海康先生治今文公羊之学,附会孔子改制以言变法。其与历验世务欲借镜西国以变神州旧法者,本自不同。故先祖先君见义乌朱鼎甫先生一新"无邪堂答问"驳斥南海公羊春秋之说,深以为然。据是可知余家之主变法,其思想源流之所在矣。[1]

陈寅恪指出从实际经验中得知须借重西法改旧法的陈宝箴,与从"今文"

---

[1]《读吴其昌撰〈梁启超传〉书后》,《陈寅恪集·寒柳堂集》,生活·读书·新知三联书店,2001年,第167页。"先祖",湖南巡抚陈宝箴。"先君",吏部主事陈三立,曾游张之洞幕,戊戌时随侍陈宝箴于长沙,对湖南的变法多有作用。

经、"公羊"学中推导出"孔子改制"之说的康有为，有着思想渊源的不同。他的这一评论，具有指向性的意义，其基本史实方面当得自于其"先祖"与"先君"。然长久以来，学术界对陈寅恪的这一说法有过许多次引用和赞赏，但一直不能予以证明。这是因为陈宝箴、陈三立父子留下的关于戊戌变法的材料太少。[1]

而与陈宝箴属同一政治派系的张之洞，却留下了相当完整的档案。[2]

"张之洞档案"的主体部分，是张之洞的幕僚许同莘编《张文襄公全集》时所据之原件或抄件，还留有许同莘的许多抄目与批注，上世纪50年代由张之洞曾孙张遵骝赠送给近代史研究所；另有一些是近代史所图书馆历年购置、收集而入藏的；总计492函，内有两千余册及数以千计的散页。[3] 其中关于中法战争、中日甲午战争、庚子事变及清末新政的内容相

---

[1] 陈宝箴的部分档案，现存于上海图书馆，已由许全胜、柳岳梅整理发表，见《陈宝箴遗文》(《近代中国》第11辑，上海社会科学院出版社，2001年)；《陈宝箴遗文（续)》(《近代中国》第13辑，上海社会科学院出版社，2003年)；他们又整理发表了《陈宝箴友朋书札》，分四部分在《历史文献》第三至六辑连载（其中第三、四、五辑，上海科学技术文献出版社，2000年4月、2001年1月、2001年8月；第六辑，上海古籍出版社，2004年2月)。汪叔子、张求会编：《陈宝箴集》（中华书局，上册，2003年，中册、下册，2005年），搜集细心，汇录各说，是重要的史料。

[2] 与陈寅恪所言陈宝箴、陈三立之思想渊源大体相同，又可见于张之洞的幕僚辜鸿铭的说法。他称言，张之洞原本属于清流，"尚知六经大旨，以维持名教为己任。是以文襄在京曹时，精神学术无非注意于此。即初出膺封疆重任，其所措施亦犹是欲行此志也。洎甲申马江一败，天下大局一变，而文襄之宗旨亦一变。其意以为非效西法图富强无以保中国，无以保中国即无以保名教。虽然，文襄之效西法，非慕欧化也；文襄之图富强，志不在富强也。盖欲借富强以保中国，保中国即所以保名教……"(《张文襄幕府纪闻》，黄兴涛等译编：《辜鸿铭文集》，海南出版社，1996年，上册，第419页）从陈宝箴的最初起家而言，属湘系集团，但他与张之洞的关系至少可以追溯到光绪十二年，张于两广总督任上奏调陈宝箴至广东，委派各种差使。光绪十六年至二十年，陈任湖北按察使，为张之洞的下属；光绪二十一年升任湖南巡抚，名份上仍是湖广总督张之洞的下属。对于这一段经历，《清史稿·陈宝箴传》称："是时张之洞负盛名，司道咸屏息以侍。宝箴初绾鄂藩，遇事不合，独与争无私挠，之洞虽不怿，无如何也。久之，两人深相结，凡条上新政皆联衔，而鄂抚谭继洵反不与。"(《清史稿》，中华书局，1977年，第42册，第12741页。"藩"为布政使，陈曾署理湖北布政使）从"张之洞档案"及两人留下的文献来看，相互间电报书信往来甚密，政治见解大体一致，可以认为是属同一政治派系。具体的情况，可参见本书第五章及附录。

[3] 就我所知，最初系统利用这批档案的是李细珠教授，见其著《张之洞与清末新政研究》，上海书店出版社，2003年。还需说明的是，除了该部分档案外，另外还有两部分材料也很值得注意：一、

当丰富，然我所感兴趣者，是涉及戊戌变法的史料——该类材料的数量虽不很多，但也有数百上千之规模。

尽管从广义上说，戊戌变法作为中国近代史上的重大事件，所包含的内容相当丰富，相关的史料也极多，一辈子都无法读完；但若从严格的政治意义上去分析，戊戌变法大体上就是"百日维新"，是一次时间非常短暂的政治事件。其主要活动在北京、在政治上层，且只有少数人参与其间，绝大多数人置身事外，闻其声而不知其详。又由于政变很快发生，相关的人士为了避嫌，当时没有保留下完整的记录，事后也没有详细的回忆，一些原始史料也可能因此被毁。也就是说，今天能看到的关于戊戌变法的核心史料仍是不充分的。

戊戌变法的主要推动者康有为、梁启超，政变后避往海外，完成一系列关于戊戌变法的著述，也成为后来研究戊戌变法的重要史料。[1]毫无疑问，康、梁是当事人，他们的著述自然有着很高的价值，但他们著述的目的，不是为了探讨历史的真相，而是其政治斗争的需要，故在其著述中有着诸多作伪。康、梁作为政治活动家，此类行动自有其合理性，但给今日历史学家留下了疑难，若信之，必有误，若不信，又从何处去找戊戌变法的可靠史料？

台北中研院院士黄彰健研究员、中国人民大学清史研究所孔祥吉教授和故宫博物院图书馆馆员陈凤鸣先生分别在台北故宫博物院图书文献馆、中研院近代史研究所图书馆和档案馆、中国第一历史档案馆、北京故宫博

中国社会科学院经济研究所图书馆所藏抄本《张文襄公督楚公牍》，共计17册，抄本《张之洞电稿》，共计47册。其中《张文襄公督楚公牍》、《张之洞电稿》中的"发电"部分，已由赵德馨主编之《张之洞全集》（武汉出版社，2008年，本书引用《张之洞全集》，凡未注明者，皆为该版本）收录；而"来电"部分，因非张之洞本人之作，该全集因体例而未收录，其中也有一些关于戊戌变法的材料。二、《近代史资料》，第109期（中国社会科学出版社，2004年）发表了东方晓白《张之洞（湖广总督府）往来电稿》。据责任编辑刘萍女士告我，这批信件属私人收藏，"东方晓白"是其笔名，且这批收藏中有价值者皆已发表。我曾试图联系收藏者，以能目，未能如愿。

[1]康、梁在这方面最重要的著作为：梁启超的《戊戌政变记》、康有为的《戊戌奏稿》和后来发表的《康南海自编年谱》（又称《我史》）。康、梁在其他著述中还有许多分散的关于戊戌变法的叙述。

物院图书馆，发现了大量档案或当时的抄本，主要是康有为等人当时的奏折，揭示出康有为等人在《戊戌奏稿》中的作伪，对戊戌变法的研究起到了极大的推动作用。[1]然而，当此项史料搜寻工作大体完成后，还有没有新的材料——特别是康、梁一派以外的材料，可用来研究戊戌变法？

正因为如此，当我读到"张之洞档案"中关于戊戌变法的大批史料，一下子就感受到追寻多年的目标突然出现时那种心动加速、喜出望外，于是，我立即放下了手上的工作，改变研究计划，专门来阅读与研究这一批材料。

我在阅读"张之洞档案"的过程中，最为突出的感受是，这批史料给今人提供了观察戊戌变法的新角度：

其一，张之洞、陈宝箴集团是当时清政府内部最大的政治派系之一，也是最为主张革新的团体。他们对康有为、梁启超的看法，对变法的态度，有着至关重要的意义。戊戌变法是体制内的改革，须得到体制内主要政治派系的参加或支持，方有可能得以成功。当人们从"张之洞档案"中看到张之洞集团以及当时主要政治人物对康、梁所持的排斥乃至敌对态度，似可多维地了解变法全过程的诸多面相，并可大体推测康、梁一派的政治前景。

其二，以往的戊戌变法史研究，经常以康有为、梁启超的说法为中心；而"张之洞档案"中这批出自康、梁之外的材料，可以让研究者站在康、梁之外的立场，来看待这次改革运动。[2]兼听者明。由此，易于察看

---

[1] 我在这里特别强调以下学术贡献：黄彰健：《戊戌变法史研究》，中研院历史语言研究所专刊之五十四，1970年，上海书店出版社，2007年；《康有为戊戌真奏议》，中研院历史语言研究所史料丛刊，1974年；孔祥吉：《戊戌维新运动新探》，湖南人民出版社，1988年；《康有为变法奏议研究》，辽宁教育出版社，1988年；《救亡图存的蓝图：康有为变法奏议辑证》，联合报系文化基金会丛书，1998年；《康有为变法奏章辑考》，北京图书馆出版社，2008年；陈凤鸣：《康有为戊戌条陈汇录——故宫藏清光绪二十四年内府抄本〈杰士上书汇录〉简介》，《故宫博物院院刊》，1981年第1期。

[2] 杨天石教授指出："多年来，我们已经习惯了这样的思维方式，凡进步人物说的话都可信；凡反面人物说的话都不可信"，"在戊戌政变史的研究和阐述上，我们被康、梁牵着鼻子走的时间已经够

到康、梁一派在戊戌变法中所犯的错误。

其三，由于这批材料数量较多，准确度较高，许多属当时的高层秘密，可以细化以往模糊的历史细节，尤其是历史关键时刻的一些关键内容。这有助于我们重建戊戌变法的史实，在准确的史实上展开分析，以能较为客观地总结戊戌变法的失败原因。

也就是说，原先的戊戌变法史的研究，主要依靠康有为、梁启超留下的史料，并进行了多次辨伪识真，建立起当今戊戌变法史实结构的"正面"——尽管这个正面还有许多瑕疵和缺损；那么，通过"张之洞档案"的阅读，又可以看到戊戌变法史实结构的"另面"——尽管这个另面也不那么完整和清晰。任何事物都是立体的，多维观察的重要意义，本来是不言而喻的；但对于历史学家来说，对于阅读历史的读者来说，由于史料的保存多有缺憾，能够阅读到历史的"正面"同时又阅读到历史的"另面"的机会并不多。这是我的一种幸运。

我必须说明，本书只提供了戊戌变法的"另面"，读者若要建立起戊戌变法史的完整认识，当然还要去看看其"正面"。

我还需要说明，由于本书所引文献皆用中国传统纪年，时间又相对集中，为避免过多换算而引起读者的理解不便，本书使用中国传统纪年，并在必要处夹注公元。

当我看到"张之洞档案"中那些激动人心的史料，却进入了奇妙吊诡的生活。我刚刚从北京大学返回上海的华东师范大学，去北京的近代史研究所看档案，反而成了不太方便的事情。于是，我只能在课余或假期飞北京，尽可能地躲开近代史所的各位师友，以节省时间，多看一点。在此向各位师友致歉。资料搜集工作进行近半，我又与《中华文史论丛》的老编审蒋维崧先生商量，想做一件前所未有的事情——在刊物上进行论文连载。

长的了"。《袁世凯〈戊戌纪略〉的真实性及其相关问题》，《近代史研究》1998年第5期。

蒋先生闻此一口应允。开场的锣鼓敲响了，我又发现，每三个月结一次账，实在是一桩让人吃不消的力气活。为了按时交稿，又找了朋友，跑到政治大学，躲了五个多月，完成了本书三分之一的工作量。本书的主要部分曾作为论文在《中华文史论丛》上连载，该刊精细的编校工作让我想起来就感动不已——现在很少能见到如此认真的编辑与校对，且也不见这般柔中有刚的催稿手法。这批论文发表后，我又放了一段时间，以能发现错误，随时进行修改。此次再跑到中央大学，为的是再躲上三个星期，以进行最后一次修订。写下以上这些私人性的话语，是为了感谢那些帮助过我的诸多人士——蒋维崧先生、林虞生老先生、胡文波先生、唐启华教授、吕绍理教授、汪朝光教授、金以林教授、马忠文教授、深町英夫教授、张玉萍博士……而我心中最为感谢的，自然是中国社会科学院近代史研究所图书馆的管理人员，尤其是茹静女士，我在那里度过了许多阳光灿烂的美好时光。

茅海建
2013 年 6 月于永山

导 论

中国社会科学院近代史研究所图书馆所藏"张之洞档案",有着数百上千件史料,涉及戊戌变法。为了使读者能更多地了解、使研究者能更广泛地利用这批史料,我采用了"阅读笔记"的写作方式,以能较多地发表史料,并加以详细的注释。

然而,这一写作方式造成了两个后果:一、各章叙事的时间顺序会有重复,这与一般著作大体以时间为序的写作方式有所不同——其好处是方便阅读,其缺点是有相当部分的内容需要互相参阅。我也将需要参阅的内容在注释中加以说明。二、本书的一些内容,尤其是关于总体情况及相关背景的内容,难以融入于各章之中,需得另行说明。由此,在本书的叙述正式展开之前,为了读者阅读理解之方便,我作此长篇的导论。

一、张之洞、康有为的初识与上海强学会、《强学报》

张之洞(1837-1909),字孝达,号香涛,直隶南皮人。道光三十年(1850,虚岁十四岁)中生员,入南皮县学;咸丰二年(1852,虚岁十六岁)中顺天府试举人第一名(解元);同治二年(1863,虚岁二十七岁)中进士,殿试一甲三名(探花),入翰林院,授编修。科举路上,凯歌猛进。同治六年,出任湖北学政;十二年,又任四川学政。光绪五年(1879)二月起,他先后任国子监司业、左春坊左中允、司经局洗马、翰林院侍讲、右春坊右庶子、翰林院侍讲学士。至光绪七年六月,授内阁学士兼礼部侍郎。数月一迁,飞黄腾达。该年十一月,升任山西巡抚,成为独当一面的大员。光绪十年,他调任两广总督;十五年,改任湖广总督。

张之洞是那个时代官场上的特例。他有着极高的天分,使之在极为狭窄的科举之途上脱颖而出,又在人材密集的翰林院中大显才华。他深受传统经典的浸润,成为光绪初年风头十足的清流干将。他尊崇当时的大儒、曾任同治帝师傅的清流领袖李鸿藻(亦是同乡,直隶高阳人),而李鸿藻历任大学士、军机大臣、总理衙门大臣、礼部尚书、吏部尚书等高官,又使之身为疆臣而又"朝中有人"。[1]曾国藩、李鸿章虽同为词臣出身,然以军功卓著而封疆;张之洞的奏章锋芒毕露,博得大名,竟然以文章发达而封疆,实为异数。此中最为关键者,是他得到了慈禧太后的青睐,从殿试名次的提前,到地方大员的出任,以及在其人生数次关键时刻,都可以感受到那种或显或隐的"慈恩"。

梁鼎芬的"周旋" 张之洞的个人经历,使得他特别关注文坛士林,尤其是有思想、敢作为的官员士夫,幕中亦养着一大群"能人",其中一位是广东名士梁鼎芬。

梁鼎芬(1859—1919),广东番禺人,字星海,号节庵。小张之洞二十二岁。光绪二年(1876,虚岁十八岁)中举人,六年(虚岁二十二岁)中进士,入翰林院,九年散馆,授编修,亦是一位科场青年得意者。光绪十一年(1885),即中法战争时,他因弹劾李鸿章而得罪慈禧太后,降五级调任,于是弃官回籍。此时他年仅虚岁二十七岁,张之洞恰在两广总督任上,邀入幕;并聘梁为肇庆端溪书院山长。从"张之洞档案"中可见,张为这位青年才子安排一切,甚为殷勤。[2]广雅书院开馆后,又请梁主持。

---

[1] 张之洞与李鸿藻的关系,可参见本书第六章第五节。
[2] 光绪十三年四月至该年底,梁鼎芬被聘为肇庆端溪书院山长,时任两广总督的张之洞为其安排一切。"张之洞档案"中存有相关的电报12件:"致肇庆孔道、吴守、岑令、刘守备、黄江税厂陈守:端溪梁太史,月内到馆。可将山长所住宣教堂一院,迅速并工修理。院宇务须精洁,器具亦须整齐,斋房及讲堂大门,一并修饰完好。经费在黄江税厂拨用。吴守在省,孔道督率岑令、刘守备速办。约几日可竣工?即日复。督署。愿。"(光绪十三年三月十四日发,《张之洞电稿丙编》,

张调任湖广总督后，再请梁主讲两湖书院。从两人交谊来看，梁尽管在年龄上是晚辈，却是对张影响力极大的幕僚。而梁鼎芬的一个同乡与朋友，即康有为。

康有为（1858-1927），广东南海人，曾用名祖诒，字广厦，号长素。小张之洞二十一岁，大梁鼎芬一岁。他数次科举不第，先后以捐监生、荫监生的资格参加乡试。光绪十九年（1893，虚岁三十六岁）中举人，

第3函第11册，中国社会科学院近代史研究所图书馆藏，所藏档号：甲182-82。本书所引"张之洞档案"，皆藏于该馆，以下不再注明，仅注明所藏档号》"致肇庆孔道、吴守、岑令：梁山长大约四月初七到馆，前电饬修理书院，务于初五以前竣工。所费拟在千金外、二千金内，是否敷用？现已动工否？即复。督署。啸。"（光绪十三年三月十九日发，出处同上）"致肇庆孔道：先赶办山长院，能于四月底先修好否？斋舍陆续竣工亦可。诸生到，可暂租一两处民房居之。住院旧额止四十人，房当易觅。器具开单，由省购运往。经费酌用，核实开报可也。督署。号。"（光绪十三年三月二十一日发，出处同上）"致肇庆肇罗道孔：端溪书院甄别，定期本月二十日，即委该道代考。出题、校阅、发榜，统交该道代办。照旧章额数取录。可电知梧、浔、平乐三府，有生童愿考者，速来。督署。阳。"（光绪十三年四月初七日发，《张之洞电稿丙编》，第3函第12册，所藏档号同上）"致肇庆端溪山长梁：两书悉。兴教弊弊，极佩。监院正、二月薪水照补。课题本署仍由省发，司道则听之。明日台从旋省，无便轮，即乘肇安，已告道府。余事面商。洞。佳。"（光绪十三年闰四月初九日发，出处同上）"致肇庆孔道、吴守：梁山长明日回省，若无便轮，即令肇安轮船专送。督署。佳。"（光绪十三年闰四月初九日发，出处同上）"致肇庆黄江税厂陈守、端溪书院监院、山长梁太史：官课加奖，悉照山长来原单，自今年开课起。两监院薪水、院科等九人工食米折，照新章支。每月书院零费，以前用过者，速由厂拨还，以后约计若干，由厂员移解监院，按月移知肇庆府备案可也。督署。翰。"（光绪十三年六月十五日发，《张之洞电稿丙编》，第3函第13册，所藏档号同上）"致肇庆山长梁太史：荐农事未悉，望详示。洞。"（光绪十三年六月十五日发）"致肇庆端溪书院山长梁太史：函悉。题今日巳刻，明日附轮送往。洞。翰。"（光绪十三年六月十五日发）"致肇庆黄江税厂陈守、肇庆府黄：端溪书院每月膏火、修金、薪水及一切经费，径由监院向该厂具领，按月报府，不必由府转发，以免周折迟延。督署。鱼。"（光绪十三年八月初七日发，《张之洞电稿丙编》，第3函第14册，所藏档号同上）"致肇庆道、府、县、黄江厂陈守：孔道禀：端溪书院不敷工料，并岑令垫项，共银四百七两七钱六分，准于黄江厂平余项下如数动还。除另檄外，即照办。督署。沃。"（光绪十三年九月初三日发，出处同上）"致肇庆罗道孔、肇庆府黄：前饬催各属解端溪书院地租，已催否？解到若干？速电复。督署。庚。"（光绪十三年十月初九日发，出处同上）以上电报的内容涉及到修缮居所讲堂、代为选定生员、书院经费及梁鼎芬的个人生活多项。我在"张之洞档案"中从未发现他对其幕僚有如此细密周到的关心。故将之全录，以说明两人之亲密关系。"道"，道员。"守"，知府。"令"，知县。"黄江税厂"，设在肇庆府的税关，张之洞曾进行改革。相关的情况可见《抱冰堂弟子记》，《张之洞全集》，第12册，第509页。

二十一年（1895，虚岁三十八岁）中进士。虽说在当时科举途中，康有为还算是成功者，年龄也不算太大，但他是一个极富才华又相当自负的人，多次应试未中，引发其改科举的心思，对未取他的考官，也极其不满。〔1〕康在科举仕途上不如张之洞、梁鼎芬那般顺风顺水，但在中进士之前已经创立了自己的学说，并开堂讲学（后来称"万木草堂"），收在帐下的门徒此时已有数十人，其中最重要的，是后来名声大振的梁启超。

康有为与梁鼎芬，本是同乡，且多有交谊。〔2〕康有为称其受翰林院编修张鼎华的赏识，而张鼎华恰是梁鼎芬之舅，对梁的学术有所指导。〔3〕刘

---

〔1〕康有为在《我史》中称，他于同治十年（1871）、十一年应童试未果，光绪二年（1876）应乡试未果（似为捐监生），光绪八年应顺天府试未果（当为荫监生），光绪十五年再应顺天府乡试；并称："顺天试已列第三名，以吾经策环伟，场中多能识之。侍郎孙诒经曰，此卷当是康某，大学士徐桐衔吾前书，乃谓'如此狂生，不可中！'抑置副榜，房官王学士锡蕃争之，徐更怒，抑置誊录第一。"（翦伯赞等编：《中国近代史资料丛刊·戊戌变法》，神州国光社，1953年，第4册，第122-123页，以下简称《丛刊·戊戌变法》）从现有的材料来看，光绪十五年康未中是否为徐桐有意抑之，似可存疑。

〔2〕康、梁之相交，直接史料甚多：一、康有为在《延香老屋诗集》中有《梁星海编修免官寄赠》、《寄梁大编修》，《星海自京还，话京华旧游，而崔夔典编修沦谢矣。夔典闻吾将复入京，扫室以待，追念厚意，伤旧感怀》，其最后一首称："一别三年京国秋，冬残相见慰离忧。"（上海市文物保管委员会文献研究部：《康有为遗稿·万木草堂诗集》，上海人民出版社，1996年，第19-20页）二、查《我史》手稿本，光绪十三年，在"十一月游七星岩"后，康自删去"与梁星海刻石题名焉"一语。此即梁任端溪书院山长之时。三、梁鼎芬于光绪十八年二月十八日致函康有为称："长素长兄：别五年，此心如游丝，时与足下牵惹。屡得书未复。吾二人情意亦非纸墨可罄也。……政事学问，与兄言者，不止数千言，今未暇及。惟吾长素，珍重千万。"（蒋贵麟编：《万木草堂遗稿外编》，成文出版社，1978年，下册，第840页）四、《穗石闲人读梁节庵太史驳叛视逆书书后》称："太史入翰林后，初识康，恒有往还。时康在西山钻研故纸，不闻世事。不特不谈西学，亦未治公羊学也。及太史上书劾某中堂六大罪，时相皆恶之，必欲重治其罪，皇太后、皇上宽恩，仅交部严议，镌级归里，康赠长篇五古，又七律一首……"（叶德辉辑：《觉迷要录》，光绪三十一年刊本，录三，第7页）该文似为梁鼎芬托名"穗石闲人"而作，言及梁、康交往诸多常人不知的私事。"西山"，西樵山。

〔3〕康有为在《我史》中记：光绪五年"居樵山时，编修张延秋先生（讳鼎华），与朝士四五人来游樵山，张君素以文学有盛名于京师者，至是见之，相与议论，不合，则大声呵诋，拂衣而去，然张君盛称之，语人曰：'来西樵但见一士山，惟见一异人。'自是粤中士夫，咸知余而震惊之。吾感其雅量，贻书予之，张君盛答，谓粤人无此文，由是订交焉。……自是来城访张君，谈则竟夕申旦，尽知京朝风气，近时人才及各种新书，道咸同三朝掌故，皆得咨访焉。"（《丛刊·戊戌变法》，第4册，第114页）康有为很少称赞他人，但对张鼎华评价甚高，后又称，光绪十四年他入京是

圣宜作《梁庆桂传略》,称言:

> (梁庆桂与梁鼎芬、康有为)时相往来,为兰契交。据康氏近亲所述,康有为读书勤奋,常自南海县西樵乡到广州西关下九甫梁庆桂家借书阅读,有时在梁家住下读书。而且康有为入京考试的费用也常由梁家供应。梁家晚辈犹记幼时呼梁鼎芬、康有为为大叔公、二叔公。[1]

最能说明康有为、梁鼎芬两人关系的材料,系黄遵宪所言;他后来在张之洞与康有为、梁启超之间也扮演了重要的角色。[2] 黄称,他之所以认识康有为,是梁鼎芬的介绍,"闻梁与康至交,所赠诗有南阳卧龙之语"。[3] "南阳卧龙",即在野时期的诸葛亮,梁对康有如此之高的评价,不仅说明他对康才识的欣赏,更说明两人的密切关系。

尽管康有为称他与张之洞的交往始于光绪十二年,即张之洞任两广总

"张延秋频招游京师","既至而延秋病重,遂视其殁,营其丧"(同上书,第120页)。

[1] 黄启臣、梁承邺编著:《广东十三行之一:梁经国天宝行史迹》,广东高等教育出版社,2003年,第52页。梁庆桂(1856-1931),字伯扬,号小山。广东番禺人。祖上是广东十三行的天宝行商。其祖父康同新,道光进士,入翰林院,后任湖南学政、内阁侍读学士、通政使司副使、顺天府尹;父亲梁肇煌,随父进京读书,咸丰进士,入翰林院,后任翰林院侍讲、云南学政、顺天府尹(任职于1870—1879)、江宁布政使等职。梁庆桂,光绪二年举人,任内阁中书,京中多有熟人。他与梁鼎芬、康有为交善。此段回忆,其中似有小误,称康从西樵乡来下九甫读书,康此时经常住在广州,另有祖父康赞修所遗菊香书屋,且梁鼎芬年岁小于康有为,似也不能称为"大叔公"。又,梁庆桂事略,可参见本书第六章第九节。

[2] 相关的内容,可参见本书第四章。

[3] 陈铮编:《黄遵宪全集》,中华书局,2005年,上册,第161—162页,并参见本书第四章第三节。康有为与梁鼎芬两人关系的研究,可参见李吉奎:《因政见不同而影响私交的近代典型:康有为、梁鼎芬关系索隐》,《广东社会科学》,2006年第2期。梁鼎芬曾有《赠康长素布衣》诗云:"牛女星文夜放光,樵山云气郁青苍。九流混混谁真派,万木森森一草堂。岂有疏才尊北海,空思三顾起南阳。搴兰揽茝夫君意,蕉萃行吟太自伤。"诗中把康有为比作卧龙南阳的诸葛亮。钱仲联主编:《中国近代文学大系(1840—1919)·诗词集一》,上海书店,1991年,第771—772页。在该诗后,编者又注:"此诗何藻翔《岭南诗存》注曰:'此壬午、癸未间梁、康赠答也,后以政见不合,几成隙末。'……《岭南诗存》所载,字有小异。'青苍'作'苍苍','岂有疏才'作'但有群伦','空思'作'更无',第七句作'芰衣兰佩夫君笑'。"

督时期，但现在还找不到任何材料，可以证明这一点。[1] 张之洞、康有为初次相识，应该在光绪二十一年的秋天，地点在南京。此时张之洞、康有为的情况都有一些变化。

光绪二十年（1894），中日甲午战争爆发，日军很快占据了战场上的优势，清军在朝鲜、黄海的陆、海战皆败。清廷先是于九月初十日（1894年10月8日）下旨："张之洞著来京陛见"，很可能会让其入值军机处；[2] 后又于十月初五日（11月2日），调湘系首领、两江总督刘坤一到山海关一带督师，改命张之洞署理两江总督，负责东南一带的海防。光绪二十年秋十月，张之洞抵南京接任。此后战争的局势继续恶化，清军在辽东、山东继续战败。光绪二十一年春，清廷派李鸿章前往日本议和，签订了极其丧权辱国的《马关条约》。张之洞本是清流出身，对李鸿章有恶感，对此次议和、尤其是《马关条约》持坚决反对的态度，多次电奏，要求废约。[3] 当和约被清廷批准后，张亦多次寻找李鸿章的劣迹，并上奏清廷要求进行改

---

[1] 康有为在《我史》光绪十二年记："时张之洞督粤，春间令张延秋（鼎华）编修告之曰：'中国西书太少，傅兰雅所译西书，皆兵、医不切之学，其政书甚要，西学甚多新理，皆中国所无，宜开局译之，为最要事。'张香涛然之，将开局托吾与文芸阁任其事，既而不果。吾乃议以商力为之，事卒不成。张香涛乃欲以三湖书院、学海堂聘吾掌教，既有人言，皆却之。"（《丛刊·戊戌变法》，第4册，第119页）"文芸阁"，文廷式。张之洞确在广州开设广雅书局，但宗旨与办局人士皆与康说不同（见《开设书局刊布经籍折》，《张之洞全集》，第2册，第35页）。"张之洞档案"中也不见张鼎华的建策与康有为、文廷式之委任诸情节，且张之洞、文廷式及张鼎华对此皆未有记录，在康的著述中，也仅有此处言之。"三湖书院"位于南海西樵山，"学海堂"位于广州越秀山，皆是当时有名的书院。光绪十二年，康有为仅是一名荫监生，很难想象张之洞会聘其来"掌教"。又查《我史》手稿本，此一段有一些修改，但其内容似康在日本所写。

[2] 张之洞此次召京，因翰林院编修徐世昌之上奏，该折称："观中外诸臣，可与决大计者，莫如湖广总督张之洞，其虑事之周，任事之勇，求之今日，已罕其匹。……湖北虽长江要冲，然尚居腹地，非沿海严疆可比，伏求皇上飞召张之洞，兼程来京，咨询大计，必能仰补高深，裨益时局。"（徐世昌：《退耕堂政书》卷一，沈云龙主编：《近代中国史料丛刊》，第1辑，文海出版社，1968年，第225册，第19-23页）翁同龢在日记中亦称召张之洞进京是徐世昌上奏所请。陈义杰整理：《翁同龢日记》，第5册，中华书局，1997年，第2737页。

[3] 参见张之洞此期多次电奏（《张之洞全集》，第4册，第434-440页）和此期与朋僚的电牍（同上书，第8册，第294-314页）。

革。[1]而甲午战败后，原在政坛上充当主帅的直隶总督、北洋大臣李鸿章，地位急剧下降，其庞大的派系也渐渐散去。他后以大学士入京闲赋，光绪二十二年九月出任总理衙门大臣，权势亦大减。继起的政坛领袖是刘坤一和张之洞，分守南京与武昌，率领着两个最大的政治派系。而张之洞又是清朝高官中最具新思想的，门生故吏半天下，幕中亦多有新派之士，也为众多有志于社会与政治变革的士子官员所瞩目。

康有为于光绪二十年（1894）入京参加会试，虽未登第，也与京中的高官如总理衙门大臣张荫桓等人拉上了关系，与京中的官员士子建立起人脉。光绪二十一年春，康再次入京参加会试，正值马关议和，他与梁启超等人，多次发动公车（参加会试的举人）联名上书，其中最为著名的，即是他于是年四月发动的"联省公车上书"（即"上清帝第二书"），虽未上达天听，却于闰五月间在上海刊行了《公车上书记》，传闻一时。[2]是年五月十一日（1895 年 6 月 3 日），康有为主张战后改革的上书（即"上清帝第三书"）由都察院代奏，甚得光绪帝重视，闰五月二十七日（7 月 19 日），光绪帝将该上书同胡燏棻等人的折、片共计 9 件下发各省，并下旨：

> 著各直省将军督抚，将以上诸条，各就本省情形，与藩、臬两司暨各地方官悉心筹划，酌度办法，限文到一月内，分晰复奏。当此创

---

[1] 张之洞在马关条约换约后，即上奏要求改革。（参见《张之洞全集》，第 3 册，第 256—262 页）而他查找李鸿章之劣迹，可见两份电报：一、光绪二十一年四月，《马关条约》互换后不久，张之洞发电山东巡抚李秉衡："莱州李抚台：闻公在烟台查出合肥致丁汝昌、龚照玙、威海各统领电信多件，大率俱令勿战。已录稿进呈。究竟其电信内有何支离之语？祈密示。威海驻兵八千，附骨之疽矣。洞。马。"（光绪二十一年四月二十一日午刻发，《张文襄公电稿墨迹》，第 1 函第 6 册，所藏档号：甲 182-219；抄件又见《张之洞电稿乙编》，第 8 函第 41 册，所藏档号：甲 182-69）二、光绪二十二年四月，已回到湖广本任的张之洞发电其幕僚王秉恩："上海晋升栈王雪岑观察：《新闻报》云，该报馆有合肥去年在马关与日本议约真本原稿，阁下可速赴《新闻报》馆索一看，如有异同处，及紧要关键，务照录带来。阁下亦须速来鄂。壶。洽。"（光绪二十二年四月十八日子刻发，《张文襄公电稿墨迹》，第 2 函第 9 册，所藏档号：甲 182-219；抄件又见《张之洞电稿乙编》，第 10 函第 49 册，所藏档号：甲 182-71）

[2] "公车上书"及康有为发动的"联省公车上书"，可参见拙文《"公车上书"考证补》、《"公车上书"考证再补》，《戊戌变法史事考二集》，生活·读书·新知三联书店，2011 年，第 1—127 页。

巨痛深之日，正我君臣卧薪尝胆之时，各将军督抚受恩深重，具有天良，谅不至畏难苟安，空言塞责。原折片均著钞给阅看。[1]

也就在此时，康会试中式，为第五名，殿试为二甲第四十六名，朝考为二等第一百零二名，奉旨分发工部，为学习主事。六月，康与梁启超在京创办《万国公报》。七月起，康又参预发起强学会，在京城士大夫中引起了很大的震动，张之洞捐银五千两。[2]在此期间，康有为也结识了张之洞之子张权。[3]以上诸事，特别是光绪帝下发康的改革上书（即"上清帝第三书"），使之如同初升的政治明星，灿烂眩目。

两人正是在这样的背景下，于光绪二十一年秋在南京相会，其中梁鼎芬"力为周旋"。[4]

---

[1] 军机处《洋务档》，光绪二十一年闰五月二十七日。并参见张海荣：《关于引发甲午战后改革大讨论的九件折片》，《广东社会科学》，2009年第5期；《甲午战后改革大讨论考述》，《历史研究》2010年第4期。光绪帝于闰五月二十七下发的九件折、片是：一、光绪二十一年五月初六日（1895年5月29日），军机章京、户部员外郎陈炽：《请一意振作变法自强呈》（又称《上清帝万言书》）；二、五月十一日（6月3日），广东进士康有为：《为安危大计乞及时变法而图自强呈》（又称《上清帝第三书》，都察院代递）；三、五月十七日（6月9日），广西按察使胡燏棻（此时正在天津小站练兵）：《因时变法力图自强条陈善后事宜折》；四、闰五月初七日（6月29日），南书房翰林张百熙：《和议虽成应急图自强并陈管见折》；五、闰五月初七日（6月29日），委散秩大臣、一等侯信恪：《时事艰难请开办矿务以裕利源而图经久折》；六、闰五月初九日（7月1日），御史易俊：《厘金积弊太深请饬妥定章程折》；七、闰五月十六日（7月8日），翰林院侍读学士准良：《富强之策铁路为先敬陈管见折》；八、闰五月十九日（7月11日），协办大学士、吏部尚书徐桐：《奏为遵筹偿款兴利裁费补抽洋货加税等八条敬陈管见折》；九、同日，徐桐：《枪炮宜制造一律片》。以上共计八折一片，以上奏时间为序。

[2] 军机章京陈炽致康有为信中称："……译书印字机已再催购买径奇，并函恳香帅、莲珊先拨五千矣。"（《万木草堂遗稿外编》，下册，第844页）很可能即是此事。"莲珊"，经元善。

[3] 康有为在《我史》中称："先是自六月创办，吾独自捐款为之。后陈次亮、张君立皆来相助。……"（《丛刊·戊戌变法》，第4册，第134页）张君立，张权（1862—1930），字君立，一字柳卿，号圣可。直隶南皮人，举人，张之洞之子。日本驻华公使馆书记官中岛雄在《清国政变前后见闻一斑》中称："现任湖广总督张之洞之子张权，是最早向我介绍康有为的人。"转引自孔祥吉、村田雄二郎：《一个日本书记官记见到的康有为与戊戌维新：读中岛雄〈随使述作存稿〉与〈往复文信目录〉》，《广东社会科学》，2009年第1期。

[4] 黄遵宪于《人境庐诗草》卷九《己亥杂诗》的一段注文称："然乙未九月，余在上海，康有为往金陵谒南皮制府，欲开强学会。□力为周旋。"（《黄遵宪全集》，上册，第161页）此中的□，即为梁鼎芬。

南京相会　　康有为于光绪二十一年八月底离开北京,由天津、山海关、上海,于九月二十日(1895年11月6日)至南京,他此行的主要目的,是说服湖广总督署理两江总督张之洞支持开办强学会的南方各分会。[1]光绪二十四年底(戊戌政变之后),康避居日本,写作《我史》,对此回忆称:

> 入江宁,居二十余日,说张香涛开强学会。香涛颇以自任。隔日一谈,每至夜深。

光绪二十六年(1900),值庚子事变,避居海外的康有为致函张之洞,谈起此事,称言:

> 昔者游秣陵,过承綮维,为平原十日之饮,效孟公投辖之雅,隔日张宴,申旦高谈,共开强学,窃附同心。[2]

"隔日一谈,每至夜深"、"十日之饮"、"申旦高谈",表明两人有着很长且很热烈的谈话。而张于此时花大量时间与康交谈,实则另有隐情。[3]两人

---

[1] 康有为到达南京的时间是九月二十日,缪荃孙该日日记称:"康长素(有为)主政自京来住书院。"(《艺风老人日记》,北京大学出版社,1986年,第2册,第785页)夏曾佑在江宁遇康有为,其信中称:"康长素到宁,弟于出城上船时遇之,立谈少顷。知京都强学会甚昌,去年□渠之人均已归教,刻下长素南归,而此局则子培主之,□可喜也。"夏曾佑致汪康年,上海图书馆编:《汪康年师友书札》,第2册,上海古籍出版社,1986年,第1318页。

[2] 《康有为书牍》,《丛刊·戊戌变法》,第2册,第522页。"平原"指平原君赵胜,"平原十日"表示欢迎客人暂住欢宴,即"寡人闻君之高义,愿与君为布衣之友,君幸过寡人,寡人愿与君为十日之饮。"(《史记·范雎蔡泽列传》)"孟公"指西汉豪侠陈遵(字孟公)。辖,车轴上穿着的小铁棍。"孟公投辖"指陈遵为留住客人,把客人车上的辖取下投到井里去。

[3] 梁鼎芬此时给张之洞的两信,道出了康所不知之内情:"比闻公伤悼不已,敬念无既(断断不可如此,忧能伤人,况涕泣乎)。今思一排遣之法,长素健谭,可以终日相对。计每日午后,案牍少清,早饭共食,使之发挥中西之学,近时士大夫之论,使人心开。苏卿遗札,检之凄然,亲知若此,何况明公。然已判幽冥,悼惜何益,尚乞放怀。""长素于世俗应酬,全不理会,不必拘于于招饮。鼎芬亦可先道尊意与近事,渠必乐从。如可行,今日先办。或欲闻禅理,兼约礼卿,使之各树一义,粲花妙论,人人解颐。连日皆此。康、蒯二子,深相契合,两宾相对,可以释忧。"

在马关议和期间皆主张废约再战,在换约之后皆主张变法自强,在此性情志向大体相投之下,双方的相谈也很成功,张当时对康的评价很高。[1]由此,张决定开办上海、广东两处强学会。其中上海一处,张之洞派其幕僚汪康年办理,广东一处交由康有为办理;而汪康年此时尚在湖北武昌,在其未到上海前,上海一会由黄绍箕、梁鼎芬、康有为等人先办。[2]黄绍箕(1854-1908),字仲弢,浙江瑞安人,张之洞的门生、侄女婿,时任翰林院侍讲,恰在张之洞幕中。[3]他当时不可能亲往上海。梁鼎芬是张的重要幕

比仲弢病苦,鼎芬忙苦。此举可支五日,五日之后,仲弢可愈,鼎芬卷可少清,便能接续矣。"(杨敬安辑:《节庵先生遗稿》,香港自印本,1962年,第64-65页)"礼卿",蒯光典,时为翰林院检讨。"苏卿",即张之洞之次子张仁颋,光绪二十年九月十九日夜半,赏月觅句而误堕江宁总督府园池,未久身亡,年仅二十四岁,夫人为前任湖南巡抚吴大澂之女(参见光绪二十一年十月十八日《申报》第2版《详述公子溺水事》)。张之洞为此伤悼实深,梁鼎芬由此建议他每日与康有为、蒯光典等人谈话,以稍舒心愫。

[1]蔡元培在《自写年谱》中称:光绪二十一年"赴南京访张香涛氏,适康长素之房师余诚格氏亦在座。张氏盛称康氏才高学博,胆大识精,许为杰出的人才。"(中国蔡元培研究会:《蔡元培全集》,第17卷,浙江教育出版社,1998年,第432页)余诚格(1856-1926),光绪十五年进士,时任翰林院编修,派为光绪二十一年会试同考官,选中康有为(即为房师)。中国社会科学院近代史研究所图书馆藏"李鸿藻档案"中,有余诚格给李鸿藻开列的名单:"谨将诚格分校呈荐取中名次,开单呈鉴:第五名康祖诒,广东省南海县荫生。……"(《李鸿藻存札》,第五函,所藏档号:甲70-4)从余诚格所开名单来看,该科他共荐中十八人,康居首位。而蔡元培所言此事,当在康有为出版《强学报》之前。吴德潇是年十月中旬见康有为,给汪康年信有同样的说法:"康君自金陵来同寓,昨夜同公度往访,略谈刻许。南师极倾倒之。……"(《汪康年师友书札》,第1册,上海古籍出版社,1986年,第381-382页)"公度",黄遵宪。"南师",张之洞。

[2]光绪二十一年九月三十日(11月16日),康有为在南京致函此时尚在湖北的汪康年:"不见经年,知欲开会,万里同心,百折不回,沈劲郁拔之气,安得如穰卿者哉?……南皮顷已许办上海、广东两会,知所乐闻,故先驰报。仆急须还粤,沪上事待之穰卿矣。明年乃始暇来。……"(汤志钧编:《康有为政论集》,中华书局,1981年,上册,第168页)吴德潇给汪康年信中称:"康君已承南师允拨三千金在沪立会。会章南皮制序,黄漱翁列名。……公不可不早到白下,见南师商定一切。传闻康主粤,公主沪。康现租张园,规模恢张。长素魄力之雄,公心思之诚笃,皆会中圣手,从此号召,必有可观,甚慰甚慰。"(原件无日期,据其内容,当发于光绪二十一年十月,《汪康年师友书札》,第1册,第381-382页)"黄漱翁",黄体芳,黄绍箕父。"白下",南京。"允拨三千两",当为误。时任云南学政的姚文倬称:"康君申、粤二局,志闳力绌,始基既太恢张,将来恐虞不继,惟粤人究悠他处尚义,振臂一呼,或易集事,俟有章程,乞即寄示。"(致汪康年,光绪二十二年三月初一日,同上书,第2册,第1238页)也说明办沪、粤两会。

[3]黄绍箕的父亲黄体芳,与张之洞同榜进士,同为清流"四谏",交甚密。黄绍箕其妻去世后,继娶

僚，此时亦准备临时回湖北。黄、梁皆是远程操控，上海强学会实际由康有为一人主持。

康有为在南京时，与张之洞也发生了思想上的冲突。对此，康在《我史》中称：

> 香涛不信孔子改制，频劝勿言此学，必供养。又使星海来言。吾告以：孔子改制，大道也，岂为一两江总督供养易之哉？若使以供养而易所其学，香涛奚取焉！

此中所言，便是本书《自序》中所引陈寅恪提及的"今文公羊"、"孔子改制"的学说，而"使星海来言"一事，"穗石闲人"后来亦言及于此，并谈办强学会之事：

> 康得进士，北归来访，留住十数日，（梁鼎芬）劝康议论宜平正，做事勿夸张，讲西学得其益，无流其弊，乃有用。康赠诗有："海内名山泰华高，南梁北盛并人豪"云云。盛谓宗室伯希祭酒也。于是商开强学会于上海，时黄仲弢侍讲绍箕同客白下，并闻斯举，意在正人心，开风气，用意甚正。……[1]

此处梁有劝言，但康是否有驳语，未见记载。以常理分析，康此时得张之助，办上海强学会，似未必会以言词顶张；不然的话，张当时即有可能与康分裂，更不会有后来上海停报之事。而两人学术取向的不同，埋下此后决裂的种子。

光绪二十一年十月初十日（1895年11月26日），由黄绍箕、梁鼎芬、康有为联名的电报通过两江总督署发出：

张之洞兄张之渊之女。
[1]《穗石闲人读梁节庵太史驳叛犯逆书书后》，《觉迷要录》，录三，第8页。"伯希"，前任国子监祭酒盛昱，亦因弹劾奕訢等引发"甲申易枢"，即慈禧太后罢免以奕訢为首的全班军机大臣与总理衙门大臣，另以醇亲王奕譞当政。

诣在京师，与洪右丞、沈子培、杨叔峤诸君开强学会，专讲中国自强之学，朝士集者百数。今来金陵，与南皮言，南皮力主之。顷分设沪局，集天下贤士夫，刊布公启，必欲得公名，以光此举。立候电复。金陵督署绍箕、鼎芬、祖诒。[1]

"洪右丞"，洪良品，时任给事中。"沈子培"，沈曾植，时任总理衙门章京。"杨叔峤"，杨锐，张之洞的亲信，时任内阁中书。[2]该电文是抄件，无抬头，即未注明收电方。[3]此电说明康有为南京之行的结果，也表明张之洞当时的态度。同日下午九点，正在南通的张謇收到梁鼎芬电报：

张状元：现与中弢、长素诸君子在沪开强学会，讲中国自强之学，南皮主之，刊布公启，必欲得大名共办此事，以雪国耻，望速复。鼎芬。蒸。[4]

此电由张謇录于日记中，内容与上一电大体相同，很可能是上一电的另一个版本。

---

[1] 光绪二十一年十月初十日未刻发，《张之洞电稿乙编》，第9函第45册，所藏档号甲182-70。又，康有为此时的名字为"祖诒"。
[2] 杨锐、沈曾植事迹及其与张之洞的关系，参见本书第二章。
[3] "张之洞档案"中有陈宝琛的回电："谁主谁师？在沪何意？幸示章程，必当列名。琛。"（陈阁学致梁太史，自福州来，光绪二十一年十月十二日午刻发，酉刻到。《张之洞各处来电》，第32函，所藏档号：甲182-134）由此可见，以黄、梁、康具名的电报发给了陈宝琛，但陈较谨慎，希望先看章程。陈宝琛后来未在《上海强学会章程》的"同人共启"中列名。又，陈宝琛后来又有信给梁鼎芬："别来欸八九年，世事陆沉至此，吾辈杞忧痛心而已。南皮忠勤弗衰，有掣肘而无助臂，可敬可怜。强学会得公提倡，足以鼓舞才俊。挚及贱名，固所愿也。求示章程，欲推之于闽中耳。……街南旧雨聚于白门，辄为神往。……十月廿二。"（陈星整理，陈绛校注：《陈宝琛遗墨》，上海图书馆历史文献研究所编：《历史文献》，第16辑，上海古籍出版社，2012年，第106-107页）其中又提到了先看章程，再在福建推广之意。"街南"，似指京城宣武门之南，当时京官聚居活跃之处。"白门"，南京。
[4] 张謇研究中心、南通市图书馆：《张謇全集》，江苏古籍出版社，1994年，第6卷，日记，第374-375页。张謇又注："启原讹作宅，译局作凭，改作启。"

上海强学会与《强学报》　康有为到达上海后，立即着手上海强学会的各项工作。[1]他所遇到的最大困难，自然是银钱。光绪二十一年十月十六日（1895年12月2日），康有为发电南京张之洞：

> 会章刻，待名。张园租，待款。并电上海道。为。铣。[2]

"会章"似指上海强学会章程，"待名"似指由张之洞领衔；"张园"是当时上海最为著名的公共场所，康在此旁边租房，作为上海强学会的办公处所。[3]上海道，即苏松太道，驻上海，兼江海关事务（即办理海关与对外事务），此时为蔡钧。康有为要求张之洞发电上海道，以能得到支持。十月十八日，上海《申报》第4版刊出以"南皮张之洞孝达"署名、由康有为起草的《上海强学会序》。[4]十月二十二日（12月8日），张之洞发电经元善，支付上海强学会的款项：

> 致上海经守元善：助强学会，捐款五百金，又筹拨公款一千金，已交百川通汇。即交该守收存应用。并转告康主事。两江。养。[5]

---

[1] 上海强学会与《强学报》的研究，可参见汤志钧：《上海强学会和〈强学报〉》，《康有为与戊戌变法》，中华书局，1984年，第172-189页；《上海强学会人物》，《戊戌变法人物传稿》（增订本），中华书局，1982年，下册，第713-724页。

[2] 光绪二十一年十月十六日午刻发，申刻到，抄本《张之洞电稿》，第10册，《上海来电八》，中国社会科学院经济研究所图书馆藏。

[3] 上海张园位于今上海南京路以南、石门一路以西，占地约六十亩，园中建有上海当时的最高建筑"安垲第"（Arcadia Hall），为上海最大的公众活动场所。康有为在《我史》中称："……乃开会，赁屋于张园旁，远近响应"，即租房于张园的旁边。上海强学会出版的《强学报》，自称"上海强学会书局现住跑马场西首王家沙第一号"，即在张园附近。又，郑观应致汪康年信称："强学局之屋，乃怡和洋行唐杰臣兄经手，当嘱与屋主商之迳复。尊处所存家具，弟无处可置，请商经莲翁可也。"（《汪康年师友书札》，第3册，上海古籍出版社，1987年，第2977页）说明当时租房的情况。"唐杰臣"，唐荣俊，留美学童，时任怡和洋行买办。"经莲翁"，经元善。

[4] 光绪二十一年十月十五日，郑观应致王韬信中称："康长素主政，奉南皮命到沪，设立强学总局，约弟午后两点钟同谒，先生邀往格致书院一游，冗次匆匆乎？""昨晚已将南皮《序》送昕伯先生察报，不知已阅否？"（转引自汤志钧：《戊戌变法人物传稿》，下册，第722页）"昕伯"，似为钱征，《申报》主笔，王韬的女婿。此中可见《上海强学会序》在《申报》刊发的细节。

[5] 光绪二十一年十月二十二日亥刻发，《张之洞电稿乙编》，第9函第45册，所藏档号：甲182-70。

十月二十六日，经元善回电张之洞："奉养电谕，敬悉。百川通款昨交到，遵谕收存。并告康主事，凭伊手支用。"[1]由此可见，张之洞拨银共计1500两，其中500两是他个人的捐款。这笔钱是上海强学会最为重要的经费来源，占捐款总额的六成强，且有着倡导和风向的意义。[2]十月二十九日（12月15日），梁鼎芬又发电康有为：

> 上海泰安栈康长素：群才荟萃，不烦我，请除名，捐费必寄。日内往鄂。一切函电可由中发商壶公。节。[3]

"壶公"，张之洞。梁鼎芬此电当是对康有为来信或来电的回复，梁表示其不日将临时前往湖北，上海强学会的事务，让康有为与黄绍箕联络，由黄负责上报张之洞。其中"群才荟萃，不烦我，请除名，捐费必寄"一句，

经元善此时是张之洞在上海的账房。"百川通"，山西主要票号之一，张之洞常用该号进行电汇等业务。

[1] 光绪二十一年十月二十六日酉刻发，二十七日巳刻到，《张之洞存来往电稿原件》，第20函，所藏档号：甲182-391；另见抄本《张之洞电稿》，第10册，《上海来电八》，中国社会科学院经济研究所图书馆藏。此笔款项另有一小插曲，张之洞幕中因工作错误，再拨放该款项一次。经元善发电称："昨接樊委员荛函，交到筹防局奉宪谕捐强学会款规银五百两，又洋务局拨款一千两。是否重出，抑系另款？候宪电示，告康主事。元善禀。"（经守来电，自上海来，光绪二十一年十一月初六日未刻发、戌刻到，《张之洞存往来电稿原件》，第6函，所藏档号：甲182-377；抄件见《张之洞存各处来电》，第32函，所藏档号：甲182-134。张之洞亲笔在该抄件上批示："系重出，即前已交百川通汇寄之款。不可误交。当告筹防局更正。"据此批示，以两江总督名义的复电称："致上海经守元善。电悉。洋务局扬州银一千两，系重出，即前交百川通汇寄之款，不可误交。当告筹防局更正。两江。语。"（光绪二十一年十一月初七日子刻发，《张之洞存往来电稿原件》，第11函，所藏档号：甲182-382；抄件又见《张之洞电稿丙编》，第13函第63册，所藏档号：甲182-92）

[2] 光绪二十二年三月十一日，《申报》第4版刊出《强学局收支清单》："收张香帅来银七百两，收张香帅来银八百两申洋一千零三十五元六角四分，收邹殿书来银五百两申洋六百六十六元，收陆春江观察来银二百两申洋二百六十五元三角八分，收黄公度观察来银一百两申洋一百三十一元三角，收朱阆樨翁来银一百两申洋一百三十二元五角，收孙玉仙翁来银十两申洋十三元一角，收华盛口（顿）公司来银三十两……共收银七百三十两，收洋二千二百四十七元九角二分。"由此可见，强学会共收到捐款银2440两，张之洞提供者为其总数的61.4%。"邹殿书"，邹凌瀚。"陆春江"，陆元鼎。"朱阆樨"，朱祖荣。"孙玉仙"，孙锵。"观察"，道员。

[3] 光绪二十一年十月二十九日午刻发，《张之洞电稿乙编》，第9函第45册，所藏档号：甲182-70。

很可能是张之洞本人的态度，即对康电中"会章刻，待名"的回复。[1]

光绪二十一年十一月二十八日（1896年1月12日），由康有为主持的《强学报》第一号在上海刊行。该号共8张16版。首载《本局告白》；次录光绪二十一年闰五月二十七日之"上谕"（廷寄），并刊文对该廷寄进行评说；再载"论说"：《开设报馆议》、《孔子纪年说》、《论会即荀子群学之义》；最后列《京师强学会序》、《上海强学会序》（署名张之洞，实为康有为撰）、《上海强学会章程》（以黄体芳、黄绍第、屠仁守、汪康年、康有为、邹代钧、梁鼎芬、黄遵宪、黄绍箕、左孝同、蒯光典、志钧、张謇、沈瑜庆、乔树枏、龙泽厚等十六人"同人共启"）、《上海强学会后序》（署名康有为）。其中《上海强学会章程》，决定要办"最要者四事"："译印图书"、"刊布报纸"、"开大书藏"（图书馆）、"开博物院"，"皆本会开办视款多寡陆续推行"。《强学报》第一册的首页，用"孔子卒后二千三百七十三年、光绪二十一年十一月二十八日"为纪年。[2] 从今天我们对康有为、张之洞政治思想的理解来看，《强学报》第一号所刊内容，与张之洞所遵从的政治学说是有所差别的。

在《强学会》第一号刊出之前，康有为与梁鼎芬（包括在其背后的张之洞）已经有了猜隙。光绪二十一年十一月十二日（1895年12月27日），正在上海的黄遵宪致函梁鼎芬称：

> 强学会之设，为平生志事所在，深愿附名其末。长素聪明绝特，其才调足以鼓舞一世，然更事尚少，比日时相过从。昨示大函，为之骇诧，延致诸君，遵宪居海外日久，多不悉其本末。惟此会之设，若志在译报刻书，则招罗名流十数人，逐渐扩充，足以集事；乃欲设大书藏、开博物馆，不能不集款，即不能不兼收并蓄。遵宪以为，当局

---

[1] 据许同莘编《张文襄公年谱》，称张之洞有电复康有为："群才荟集，不烦我，请除名，捐费必寄。"（《张文襄公年谱》，商务印书馆，1946年，第96页）该电我在"张之洞档案"中未见。且"请除名"似不属梁鼎芬的行动，梁在《上海强学会章程》的"同人共启"中列名。

[2] 《强学报·时务报》，中华书局影印本，1991年，第1册。

者当慎简,入会者当博取,固不能如康公之所自出,亦不能如梁子之不因入热。遵宪居间其中,为岭南二妙作一调人,君意何如?

未久,黄再致函梁:

> 强学会事,顷语心莲甚详。公有何言语告心莲告我?康郎之堂堂乎张,乃殊觉酸楚可怜也。[1]

从黄遵宪的信中内容来分析,他认为梁鼎芬与康有为之间的矛盾,在于康有意"博取"会众,有意"集款";梁对康有为"延致诸君"不满,黄遵宪表示"不悉其本末"一语,亦有可能指康有为门徒徐勤、何树龄,由康从广东召来上海办理《强学报》。虽说黄在信中表示为"岭南二妙作一调人",但从该信文字的基本态度来看,黄似已站在康一边。

《强学报》第一号刊出后,双方的矛盾立即激化了。从张之洞一派后来的指责来看,主要是两项,一是刊发廷寄,二是使用孔子纪年。

《强学报》第一号刊发的光绪二十一年闰五月二十七日上谕,虽是倡导改革,也有"当此创巨痛深之日,正我君臣卧薪尝胆之时"之语,但康在该上谕后,又加说明:

> 此和议成后,发廷臣奏折:一、广西按察使胡燏棻,二、工部主事康有为,三、军机章京工部员外郎陈炽,四、协办大学士徐桐,五、翰林院侍读张百熙,六、御史易俊,七、侍读学士准良,八、侯爵信恪,交督抚议之。

表明他的上书(即"上清帝第三书")也是光绪帝交议的折片之一,这多少有点自重之意。又按当时制度,此上谕不属可以公开的"明发"(即"内阁

---

[1]《黄遵宪全集》,上册,第358—359、366页。"不因入热",似为"不因人热"之误。"心莲",不详其人。黄遵宪后来称,他此期之所以认识康有为,是梁鼎芬的介绍,相关的背景,可参见本书第四章第三、七节。

奉上谕",张之于宫门钞);而属"廷寄",即"军机大臣字寄某某",属保密的,不可以公开刊布。虽说当时的廷寄经常外传,也无密可保,但在制度上仍可以抓抓小辫子。

康有为用孔子纪年,乃仿效基督教用基督诞生纪年。这是"康学"的主要特征之一,康于此也表现出有立孔教的政治企图。张之洞与康有为之间最重要的学术分歧乃在于此。然以当时的政治观念而言,奉正朔用纪年当属政治表态,立教会更有谋反之嫌,康此时虽绝无与清朝决裂之意,但此举必引来许多不利议论。此在康似尚属理念,在张则是政治。

就在《强学报》第一号刊发之日,十一月二十八日(1896年1月12日),康有为发电给张之洞:

> 闻还镇旧楚,为之短气。欲来相视,适病未能。母寿当归,朔前必行。局事粗定,捐者渐至。章条、报纸寄呈,稍乏书局书,乞公留意提倡。明岁见公于汉上。为。[1]

"还镇旧楚",指张之洞回湖广总督本任,刘坤一回两江总督原任之事,康对此不满,称为"短气"。"欲来相视",指从上海赴南京,康又自称生病。"局事"指上海强学会,当时亦称强学局、强学总局;"捐者"为强学会捐款者,除张之洞外,当时另有邹凌瀚、陆元鼎、黄遵宪、朱祖荣、孙锵等人;"章条"指《上海强学会章程》;"报纸"即《强学报》第一号。康表示因"母寿"即将回广东,并称明年再到武昌去见张之洞。在这份电报中,康显示了那种傲视权贵的派头,他本来是汪康年未到达之前的代理,此时执意先将事情一做到底,随即便告辞再会。他也知道与张之间矛盾已深,没有再提广东强学会之事。

光绪二十一年十二月初三日(1896年1月17日),《强学报》的第二号出版,该号仅4张7版,载文《毁淫祠以尊孔子议》、《变法当知本源说》、

---

[1]康主事来电,自上海来,光绪二十一年十一月廿八日亥刻发,到,《张之洞存各处来电》,第32函,所藏档号:甲182-134。

《论回部诸国何以削弱》、《欲正人心必先修法度说》、《论中国之败坏于老氏、杨氏之学》，并刊出《强学报正误》，改正第一号中的错字。而《强学报》的第三号，当时已刊印，因奉到电令，而未派发。今不存世。[1]

张之洞与康有为的决裂　　光绪二十一年十二月初四日（1896年1月18日），张之洞发电武昌汪康年，"请速来宁，商强学会事。切盼。"[2] 此时张似仍准备以汪代康。然几天之后，情况大变。十二月初八日（1896年1月22日），黄绍箕从南京赶赴上海，准备与康有为相谈；然康已于初五日离开上海回粤，为其母亲祝寿。黄绍箕不得已于十二月初九日致信康有为：

……报纸二叶已诵讫。首列孔子卒后年月日，此为学西法，仍未毕肖，则责以违国制，已无可辞。于事实无丝毫之益，而于吾党恐有邱山之损。推尊孔子诸论，执事可著书，不必入报。前议章程略及之，复电亦既允从之矣。廷寄之件，止可云得之传闻。今直书某日军机字寄云云，一似有所受之者。家君在都每闻人述时政，自诩为秘密消息，辄深恶之，况此竟列入会报，将来果有秘密消息，亦谁复肯以告我，以重其逼近漏泄之咎乎？至于报中全不翻译西报，并不译列中事，而但发空言，与局刊章程显然不符。执事术学，素所钦仰，岂敢妄议高深，惟既在同会之列，即有共主之权。家君系老病乞退之身，素性耿介，不能随人俯仰，又岂肯违心曲从，重累斯会，兼以累执事乎？已

---

[1]《强学报·时务报》，中华书局影印本，1991年。又，据《申报》光绪二十二年三月十一日刊登的《强学局收支清单》"支本局第三号报纸一千洋七元（已刊，诸公电止，未派）"，《强学报》第三号已印而未发，现亦未存世。相关的研究可参见汤志钧：《戊戌时期的学会和报刊》（台湾商务印书馆，1993年）第三章；《上海强学会和〈强学报〉》，《康有为与戊戌变法》，第172—189页。

[2] 光绪二十一年十二月初四日辰刻发，《张之洞存来往电稿原件》，第11函，所藏档号：甲182-382。在该电稿中，张之洞删去"星海想已到鄂"一句。其抄件又见于《张之洞电稿乙编》，第9函第48册，所藏档号：甲182-71。此后，张之洞又发电："汉口督销局志道台：梁星海何日到鄂？已动身回宁否？系何日动身？祈即电复。〇。语。"（十二月初六日未刻发，出处同上）原件无年份，根据内容，当发于光绪二十一年。从原件笔迹来看，很可能是杨锐起草的。

>告局中停报勿出,并议暂废此会,日内当即有公函奉达……[1]

"报纸二叶",当指《强学报》第一、二号。"家君",黄绍箕之父黄体芳,曾在"同人公启"中列名。黄绍箕的指责,共有三点,一是孔子纪年,二是发表廷寄,三是《强学报》上的文章为"发空言"。他指出"推尊孔子诸论,执事可著书,不必入报",即康有为个人的学术见解,可以自行刻书,不应刊行于以多人名义发行的公众报刊。这也是张之洞的一贯主张。[2]而"前议章程略及之,复电亦既允从之矣"一句,似又说明此事先前有讨论,康有为也在复电中表示"允从"。黄绍箕虽然用了"家君"的名义,但所表达的,却是张之洞的意思。"停报勿出"、"暂废此会"、"公函奉达"等语,表示张已决定停报废会。《穗石闲人读梁节庵太史驳叛犯逆书书后》对此亦称:

>讵料康到沪后,任意出报发议,绝不商量,太史与黄公屡书争之,且诋之。最可骇者,不以大清纪年而以孔子纪年,名为尊圣,实则轻慢。太史与黄公深恶之。即日停报。自是与康不合。[3]

十二月十二日(1896年1月26日),《申报》第2版刊出消息《强学停报》:

>昨晚七点钟,南京来电致本馆云:自强学会报章,未经同人商议,遽行发刊,内有廷寄及孔子卒后一条,皆不合。现时各人星散,此报不刊,此会不办。同人公启。

---

[1]《万木草堂遗稿外编》,下册,第845页。黄绍箕在信中称:"弟昨晚侍行抵沪,闻从者已于初五日回粤,为老伯母大人六十寿,弟未得登堂拜谒,一进呪觥,怅歉无似。弟在金陵疮疾未愈,又患头晕气逆之证,比稍差,闻执事将归,于廿九日电请少留,即发函酌定章程奉览。嗣奉复电复书,略不一及,岂竟未接到耶?"由此可见,黄绍箕曾于光绪二十一年十一月二十九日发电康有为,请其"少留",此次来上海欲与康面商,然康已于十二月初五日离开上海。

[2] 光绪二十三年七月,张之洞给湖南学政江标的电报中,再次强调了《湘学报》"宗师立教,为学校准的,与私家著述不同"。"素王改制"之类的学说,不可入报。参见本书导论第二节、第五章第三节。

[3]《觉迷要录》,录三,第8页。"太史",梁鼎芬。"黄公",黄绍箕。

"同人公启",似指《强学会章程》所列名的 16 人,但实际上的决定者是张之洞。"各人星散",也说明了康有为离开之后强学会与《强学报》的情形。

也正在此时,光绪二十一年十二月初七日,御史杨崇伊参劾京师强学会,光绪帝当日下令封禁。[1] 十二月十四日,经元善闻封禁该会的消息,立即发电张之洞:

> 《新闻报》登京电,强学会奉旨封禁。宪台拨银一千五百两,康主事已支用过八百两,尚存七百两,应否止付?速候宪示。元善禀。[2]

由此可见,康有为办《强学报》等事,已支用张之洞所捐银 800 两,占其支出总数约一半。[3] 对此,张之洞回电,对该款项表示"不便与闻",以摆

---

[1] 御史杨崇伊的奏折"京官创设强学会大干法禁据实纠参折",见《军机处录副·光绪朝·内政类·职官项》,3/99/5333/35,光绪二十一年十二月初七日,中国第一历史档案馆藏。当日谕旨可见《清实录》,中华书局,1987 年,第 56 册,第 986-987 页。相关的情况可参见拙著:《从甲午到戊戌:康有为〈我史〉鉴注》,生活·读书·新知三联书店,2009 年,第 146-149 页。

[2] 经守来电,自上海来,光绪二十一年十二月十四日申刻发,亥刻到,《张之洞存各处来电》,第 32 函,所藏档号:甲 182-134。经元善于光绪二十二年春复信康有为称:"去冬两次辱承雅谈,始知强学会事,吾公孤立,岌岌可危,弟又久病,如将熄残灯,不克相助为理,故函复台端,有宜速招汪穰卿来沪夹辅之语,弟一面报实禀辞南皮,冀或释念,准待鹤诸君勋襄,不致功败垂成。今闻为言路所劾,此虽关乎气数,然细思之,亦由吾公未能应天以实,感召庥祥所致。弟初读《长兴记》及《伪经考》诸书,深佩足下之学。去冬忽承南皮先生介,幸接光仪,良用欣慕。惟采诸舆论,清浊两途,皆有大不满意于吾公之处,静观默察,方知吾公尚少阅历,且于谦、恕、慎三字,未能真切体验躬行,又不免偏某好名……拨款一节,已由敝局同人代拟电禀,旋奉南皮复电,均录呈鉴。"经元善于光绪二十六年八月对此信另有按语:"原稿'谦恕'下本是'诚字',诚能开金石……"(虞和平编:《经元善集》,华中师范大学出版社,1988 年,第 166-167 页)经元善信中指责康有为过于"好名"。

[3] 据《申报》光绪二十二年三月十一日刊登的《强学局收支清单》,强学会共"支洋二千一百七十二元七角八分","存银七百三十两,存洋七十五元一角四分"。其中我认为最重要或有意思的开支为:"支本局两季租银三百五十两申洋四百五十九元三角二分,支泰安栈租八位一百六十八天由宁来沪开局共洋五十一元九角七分","支主笔何易一、徐君勉另跟人一粤由公司船来沪川资五十元,支主笔何、徐两位泰安栈租五元五角,支鲲昌点石章程一万本洋一百六十五元,支杨葵园仪器共洋二百六十五元三角八分,支找金陵刊书处书籍一单洋五十九元,支点石斋分局书一单洋三十二元五角,支真赏斋地图一单洋四元,支邓石言手买地图一单洋十四元九角,支文缘堂书籍一单连税共洋七十五元二角","支天文钟一个洋六元二角,支地球一个洋二元二角,支大小书架二十三个计三单洋七十二元","支棕床十四张共洋十八元","支本局第一号报纸二千五百张

脱干系。[1]而从后来的情况来看，经元善也停止了付款。[2]

光绪二十一年九月二十日至十二月初五日，康有为与张之洞之间有着两个多月的交往。在此期间，南京的十多天大约是他们的蜜月期，康到上海后，平静的日子还维持了一段，梁鼎芬、黄绍箕奉张之洞之命还在劝康；大约从十一月起，裂缝越来越大，以致最后破裂。从此两人再无合作。

从事情本身来探讨，两人破裂主要原因有二：其一是两人性格，康有为、张之洞皆是自我意志坚强的人，康不愿屈从权贵，而自认为是后台老板的张绝不会允许康如此自行其事；其二是"孔子改制"，即所谓"康学"，这本是学术之争，然到了此时，已成了政治斗争，张也不允许将《强学报》变为宣扬"康学"的阵地。光绪二十一年十二月十二日，回到广州的康有为，致信其正在上海的弟子何树龄、徐勤，称言：

> 寄来星信悉。览邓仲果书，乃知为学术不同，疑我借局以行其经

洋十九元一角，支本局第二号报纸一千张七元六角，支本局第三号报纸一千洋七元（已刊，诸公电止，未派）"，"支初到开局厨房未举司事往海天春用膳洋四元六角，支开会赁花铺垫费洋八元，支开会点心饼食二单共洋十二元"，"支十二月十二、十六日因公电报费洋十一元零八角六分，支长素十五日因公来电费洋十元零三角"，"支十一月初七日至十二月廿五日自来水三单共收洋八元一角五分，支十一月初七日至十二月廿五日自来火公司收洋十二元三角"，"支十一月初七日至十二月初六日伙食银洋四十元，支十二月初七日至十五日伙食共洋十七元六角二分，支电广西龙积之来沪盘川三十元三角，支主笔何易一修金四十元，支主笔徐君勉修金四十元，支账房杨葵园修金五十元，支书写杨子勤修金十五元，支翻译马善子修金十四元，支邓仲果□□□南京洋十元，支厨子陈贵池工银计四十九天共洋八元零三分，支打三颜林工银四十九天共洋九元八角，支门房工银四十九天共洋四元九角，支跟人三□□工钱七元，支茶房工银四十天共洋四元一角，支主笔何、徐二君跟人一名回东川资共三十元"。从以上账单来看，强学会正式租房对外开办，似为光绪二十一年十一月初七日至十二月二十五日，康有为的门徒徐勤（君勉）、何树龄（易一）充主笔，邓仲果也参预其事。然在此两个月中，开支达二千多元，按当时的消费水平，是排场比较大的。

[1]张之洞电称："上海电报局经守：强学会存款七百金，款久已发出，此时本衙门不便于闻，可问梁星海太史，应如何用法，听其自办。梁系同局之人也。梁现在金陵，已面告之。两江。马"（光绪二十一年十二月二十一日刻发，《张文襄公电稿墨迹》，第2函第9册，所藏档号：甲182-219，抄本又见《张之洞电稿乙编》，第9函第48册，所藏档号：甲182-71）。

[2]据《申报》光绪二十二年三月十一日刊登的《强学局收支清单》，"除香帅余款七百两经莲珊太缴回外，余款交汪穰卿进士"，可见经元善奉到梁鼎芬之命，停止支付款项。

学,故多方排沮(中国亡无日,生民无噍类,而彼尚如此,可哀可痛)。我向不知此意,则尚相敬也,不过意见不同,不能容耳。……纪年事,南皮原面许,今一切全翻,亦不足计。今不过主笔二人待面商后,去留乃定未迟。以忌我之故,并排及孔子,奇甚,孔教其衰矣!既排孔子纪年,则报不宜发,以重增其怒。若遽不书纪年,自我改之亦不可,宜停后再举,乃可改也。吾不能力争,吾亦作孔子罪人。呜呼!岂料攻孔子不谈经学者,乃出于所谓清流者乎!孔子已矣。……幸彼疑专为托局以行其经学,尚可解。死亡无日,此辈见地如此,大奇大奇。……仲弢云,十二出沪。接信此时想已过。此君通达实心,惜二子不能与之谈,不能自白也。坚守数日,以此事累子,相见不远。[1]

由此可见当时分歧之所在。"既排孔子纪年,则报不宜发,以重增其怒。若遽不书纪年,自我改之亦不可,宜停后再举,乃可改也"一句,指《强学报》第三号若排孔子纪年则不发,以免增对方的怒气,若自行不排孔子纪年"亦不可",只能将《强学报》停办,以后另办报可不用孔子纪年。"仲弢云,十二出沪"一句,说明他离开上海时知道黄绍箕将于十二日到上海与之面商。"幸彼疑专为托局以行其经学,尚可解"一句,即张之洞一派只

---

[1] 上海市文物保管委员会编:《康有为遗稿·戊戌变法前后》,上海人民出版社,1986年,第236—237页,标点略有调整。该信称:"……阅其章程,排斥甚至,其书亦含嘲讪。此事非面商不可,即当来沪。今日还乡和不改期,然十七恐不能候,恐久则生变。十七、八必来(南京前已电告,二十前到,十二、三行)。二十间到沪。至二十日可电告星海,接我信,因病迟至十八来(章程带来面订)。电仲果转告亦可。一切俟我到沪乃商。一到沪,即当入江宁矣。"由此可见,梁鼎芬等人亦有章程、书信给康有为,康也电告南京,二十日前将到上海,继续"面商"。他准备十七、八日北上,并关照徐勤到时将消息告梁鼎芬或由邓仲果转告。该信又称:"星后电欲登报、除名、停办,前电请电仲果、公度力持。若能转移,不除名,不停办,可急电来,俾我迟迟而行,此极要事,此与京师同。一言以蔽之,彼有不办之心,我有必办之意,自为所挟制也。""星"指星海,梁鼎芬,即梁鼎芬后一电表示要"登报、除名、停办",康有为从梁电早知上海强学会与《强学报》将停,梁鼎芬前一电仍表示请邓仲果、黄遵宪"主持"即调解;如果梁鼎芬有所转移,即"不除名,不停办",让徐勤等人立即发急电,康有为将会晚一点到上海,以免被"挟制"。

是认为康有为打算以上海强学会推行其学说,双方的矛盾"尚可解",这似乎也透露出康此时还另有"不可解"的"经学"以外的目的。

光绪二十三年春,康有为等人在广西省城桂林办圣学会,命其办会门人:"创办圣学会,为粤西开未有之风气,甚盛举也。必须详筹经久办法,可为南皮诸公愧,勿为南皮诸公笑。"[1]所言的"南皮诸公"一语,即张之洞、梁鼎芬等人,可见时隔一年半,康内心尚未从上海强学会事件中解脱。

二、从陈庆年日记看张之洞及其派系的内情

康有为回到广东后不久,光绪二十二年正月十七日(1896年2月29日),署理两江总督张之洞向回任的刘坤一送交关防、印信、王命旗牌等件后,于二十日返回武昌的湖广总督本任。从此之后,张与康天各一方,再也没有见过面。

虽说湖广总督本是地方官,两湖地面以外的事件,与张之洞并无关连;然他以儒臣之心而怀天下、忧天下,注视着天下的学术与思潮。随着梁启超因《时务报》名声鹊起,康有为在广东、广西讲学及《孔子改制考》等书籍的刊行,康、梁等人在政治思想及学术理念上影响力急剧增大,张之洞及其派系对此非常警惕。而当康有为于光绪二十三年冬进京,在政治上一展身手时,张之洞及其派系对此由警惕转向担忧。

尽管从"张之洞档案"能够看到许多相关的记载,但大多是间接的材料;此时在张之洞幕中的陈庆年,有写日记的习惯,留下了许多直接且生动活泼的记录。

陈庆年(1862—1929),字善余,江苏丹徒人。光绪十四年(1888)为优贡生,选授江浦县教谕。他是一个读书勤奋的人,有文名。光绪二十三年初,他被张之洞聘至两湖书院,授兵法史。他在张的幕中处于比较边缘

---

[1]《与某君书》光绪二十三年五月初八日,姜义华等编校:《康有为全集》,中国人民大学出版社,2007年,第2集,第272页。

的地位，所知者并不多，故能将每次与张的交往，或与张的核心幕僚如梁鼎芬、王秉恩、钱恂的交往都在日记中记录下来。由此可以看出张之洞及其派系对康有为一派的警惕、担忧乃至于无奈。

以下大体以陈庆年日记的时间为序，摘其内容，并进行说明。

《湘学报》刊出"素王改制"　　光绪二十三年七月十一日（1897年8月8日），陈庆年记：

> 薄暮，南皮师招赴八旗会馆谈宴。散后，在小亭观月。同人围坐。南皮师说：康长素辈主张素王改制，自谓尊孔，适足诬圣。平等、平权，一万年做不到，一味呓语云云。反复详明。三更始散。[1]

张之洞之所以大发脾气，以至言及"三更始散"，是因为《湘学报》中刊出了"素王改制"内容。七月十二日，即陈记"谈宴"的次日，张发电当时的湖南学政江标：

> ……《湘学报》卷首即有"素王改制"云云，嗣后又复两见。此说乃近日公羊家新说，创始于四川廖平，而大盛于广东康有为。其说过奇，甚骇人听。……湘报系阁下主持刊播，宗师立教，为学校准的，与私家著述不同。窃恐或为世人指摘，不无过虑。方今时局多艰，横议渐作，似尤以发明"为下不倍"之义为亟。……如报馆主笔之人，有精思奥义，易致骇俗者，似可藏之箧衍，存诸私集，勿入报章，则此报更易风行矣。

从电报的内容可见，张的言词已是十分激烈，大发脾气。与此同时，张又发电湖南巡抚陈宝箴，照录给江标电报的全文，并称："此节于世道学术甚

---

[1] 明光整理，陈庆年著：《〈横山乡人日记〉选摘》，《近代史资料》，第76号，中国社会科学出版社，1989年，第201页。

有关系,伏望婉商建霞学使。"[1]张之洞对湖南的报刊与学术思想,一直予以密切关注,也不时进行直接的干预。[2]陈庆年所记张之洞对"素王改制"的指责,即光绪二十一年张之洞、康有为初交时便出现的学术分歧,也是在后来《时务报》时期汪康年与梁启超的主要分歧。[3]值得注意的是,陈庆年又记录了张之洞涉及"平等"、"平权"的言论,这就涉及张之洞及其派系对康有为的政治学说的解读和康的政治企图的判断。我个人认为,康有为"上清帝第三书"提到了"议郎",但只是用中国传统经典去理解西方议会制度,以说明在中国是"古已有之"。他此时对西方的"民权"思想,尚未有充分的了解和准确的认识。在他的学生中,也有将"民权"与种族革命混为一谈的。我个人以为,康有为及其一派此时虽也用"民权"之类的名词,但其政治思想与西方式的民主政治仍有着很大的差别,康对于清朝的忠诚程度虽远不如张之洞等人,但似还无推翻清朝的思想。[4]张之洞及其派系对康有为及"康学"的批判,始终围绕着"素王改制"和"平等、平权"这两点。在此后不久,光绪二十三年十月,梁鼎芬与康有为在上海有一次相会,梁后来称:

>……论学术、治术益不合。康主民权,意在散君权,而托名西学,饰词变法,以愚大众。太史则言:法制已坏者,修之不足者,采西法补之;要在行之以渐,不可孟浪。且劝康曰:君才如此,宜恭谨逊顺,乃能有济。我但谨守六字,"大清国、孔子教",如有欲叛者,吾必口

---

[1] 致长沙陈抚台,光绪二十三年七月十二日亥刻发,《张之洞电稿甲编补遗》,第5册,所藏档号:甲182-61。"建霞",江标。

[2] 引文及更多的细节,可参见本书第五章第三节。

[3] 相关的内容,可参见本书第四章第一、三节。

[4] 黄彰健认为,康有为、梁启超原"保中国不保大清"的思想,后因见重于光绪帝而策略转变。[见黄彰健:《戊戌变法史研究》,(台北)中研院历史语言研究所专刊之五十四,1970年,上海书店出版社,2007年]又,关于康有为及其派系在戊戌变法期间的政治思想与政策设计,我将进行专门研究,另文发表。

诛笔伐之。[1]

其中的"大清国"针对"民权","孔子教"针对"素王改制"。此文作于戊戌政变后,可能不那么准确,但可注意到康的"主民权"是针对"散君权"而言。[2]

陈庆年作文驳"康学"　　光绪二十四年三月初五日(1898年3月26日),陈庆年在日记中记:

> 灯后,已翻阅康有为《春秋董氏学》,取《繁露》重加编次,别标题目,并下己意,以其旨趣,亦时有一孔之论,不足凭也。

三月十五日又记:

> 作《卫经答问》四条,驳康长素《新学伪经考》也。彼以西汉今文诸经原无残缺,古文各学并刘歆伪造,欲废《毛诗》、《周礼》、《左传》诸书,主张《公羊》,以畅其改制之说。故作此以卫之。

闰三月初三日又记:

> 作《卫经答问》二条。

陈庆年很可能是主动撰写批评"康学"的著述,这也似乎说明,此时在张之洞的幕中,以能作文批康为时尚。也恰在此时,张之洞奉旨进京(后将详述),陈庆年等人为张送行。闰三月十八日午刻,张之洞临行前面见陈庆年,当面"谓余《卫经》、《卫教》二书能作成最佳"。[3]作为一个处于边缘

---

[1]《穗石闲人读梁节庵太史驳康逆书书后》,《觉迷要录》,录三,第8页。
[2]皮锡瑞曾问梁启超:"何以香帅不信素王改制,云学派不同,且似恐犯时忌。"(《师伏堂未刊日记》,《湖南历史资料》,1958年第4期,湖南人民出版社,第75页)"学派不同",指张之洞不喜公羊,而注重《左传》。"恐犯时忌",似指"民权"。
[3]明光整理,陈庆年著:《戊戌己亥见闻录》,《近代史资料》,第81期,中国社会科学出版社,1992

地位的幕僚，张之洞的称许是一个很大的鼓励。而这些著述很有可能与张之洞拟办的《正学报》"报稿"有关（后将详述）。

是年闰三月二十五日（1898年5月15日），陈庆年在日记中记：

> 阅康有为《读书分月日程》，专以速化诱新学，谓六个月即可成通儒。后附每月读书表，分经、史、子、理学、西学为五格。首二月仅读《公羊》及《释例》、《繁例》、《谷梁》、《王制》，第三月即读其《伪经考》并及刘氏《左传考证》，《礼经通论》、《诗古断》诸书。原经尚未及寓目，遽以臧否之言先入其胸中，此尤可笑可恶者也。第四月读《五经异义》、《白虎通》。第五月读《礼记》。第六月读《大戴礼记》。此外，群经皆不列目，惟子书略备。《孟子》亦列入子书中，诚可恨也。

《读书分月日程》，似为《读书分月课程》，由康有为嘱梁启超作，时在光绪二十二年之后，康有为作序。[1]是月二十七日，又记："晤朱强甫，与言康有为《伪经考》，谓《毛诗》有十五伪，其说多袭魏默深，无一出心得者，则其人之浅躁可知。欲定此大案，而自家不一思索，全赖抄取以了此事，尚得谓有心得哉？强甫亦鄙之。"[2] "朱强甫"，朱克柔，此时亦在张之洞幕中，帮办《实学报》（后将详述）。由此又可见，张之洞幕中人物时常议论"康学"之非。

保国会　光绪二十四年四月十八日（1898年6月6日），陈庆年在日记中记：

> 下晚，南皮师来书院少谈，言康有为、梁启超立"保国会"，每人

年，第107-110页。
[1]梁启超：《饮冰室合集》，中华书局，1989年，第10册，专集之69。
[2]《戊戌己亥见闻录》，《近代史资料》，第81号，第110-111页。

收银二两,复散给票布,仿哥老会办法。浙江人孙灏作驳文三十条,痛快淋漓云云。当访得一阅也。

四月二十一日(6月9日),又记:

> 诣节庵,见浙江孙灏驳"保国会"章程三十条,颇发康、梁罪状。节庵尚拟排印散送云。[1]

保国会是康有为、梁启超、李盛铎等人在京师发起的组织。光绪二十四年三月二十七日在粤东新馆举行第一次集会,康发表了演说;闰三月初一日在崧云草堂举行第二次集会,梁发表了演说。在保国会的第一次集会中,由康拟定《保国会章程》三十条,其中第十二条规定"会中公选总理某人、值理某人、常议员某人、备议员某人、董事某人,以同会中人多推荐者为之";第十三条规定"常议员公议会中事";第十四条规定"总理以议员多寡决定事件推行";第二十条规定"欲入会者,须会中人介之,告总理、值理,察其合者,予以入会凭票";第二十三条规定"入会者人捐银二两,以备会中办事诸费";第二十七条规定"来会之人,必求品行心术端正明白者,方可延入。本会中应办之事,大众随时献替,留备采择。倘别存意见,或诞妄挟私,及逞奇立异者,恐其有碍,即由总理、值理、董事诸友公议辞退。如有不以为然者,到本会申明,捐银照例充公,去留均听其便"。[2]若完全按照这些规定,保国会将是一个相当严密的政治组织。然京师士大夫对保国会多为观热闹,真正感兴趣者很少,保国会也仅召开了两三次集会,并没有成立相应的组织机构。孙灏作《驳保国会议》,是根据《保国会章程》逐条进行批驳,其中第二十条称:"入会须凭介绍,与各邪教有引进无异,发给凭票,极似哥匪放票";第二十一条称:"纹银二两,轻而易

---

[1]《戊戌己亥见闻录》,《近代史资料》,第81号,第110—112页。"魏默深",魏源。"节庵",梁鼎芬。
[2]《保国会章程》,《康有为全集》,2007年,第4集,第54—56页。

举，诱人犯法，藉以肥私"。[1]细观孙灏通篇所论，以"聚众谋反"的旧词为主旨，并无新意。此时张之洞还没有看到康有为的《保国会章程》，所见者仅是孙灏的《驳议》，然其激烈的反康言论，却得到了张之洞及其派系的喝彩。[2]张之洞称保国会"散给票布，仿哥老会办法"，不是根据保国会的实情，而是依据孙灏的说法；张又称"痛快淋漓"，显然出乎意气而不究事理。湖北并无保国会的活动，梁鼎芬却要排印散送孙灏的《驳保国会议》，其用意不在于非保国会，而明显是为了非康。梁鼎芬后来作《康有为事实》，送给日本政府，要求在日本发表，称言："康有为在京开保国会，每人派出银二两，意在诓骗人财。所出章程奇谬者至多，即如各府州县皆设一局，每人皆要领该会字据一条，直学哥老会放票无异，如此行径，尤为胆大可骇。"[3]梁将保国会比作哥老会，完全根据章程，并非依据实情，而他是了解实情的。

叶德辉与《輶轩今语》　　光绪二十四年四月二十一日（1898年6月9日），陈庆年在日记中记：

> 湖南学臣徐研甫作《輶轩今语》，以张康学。长沙叶焕彬（名德辉）作评语条驳之，现已印出。子威得一册持示，大意甚善，惜义据不详，间有游移，未甚精也。

---

[1]《觉迷要录》，录四，第4—9页。又，《穗石闲人读梁节庵太史驳康逆书后》对此称言："今年春，康开保国会于京师，太史在鄂闻之大骇，即发电汪穰卿进士云，康开保国会，章程奇谬，闻入会姓名将刻入《时务报》，千万勿刻。汪复云：康会姓名断断不刻。"（《觉迷要录》，录三，第8—9页）康、梁曾将参加保国会两次聚会者及保国会会员名单刊于光绪二十四年闰三月二十三、二十四日《国闻报》。

[2]光绪二十四年四月十五日，张之洞发电其侄张检："康有为有《保国会章程》三十条，速交邮政局寄鄂。"（亥刻发，《张文襄公电稿墨迹》，第2函第11册，所藏档号：甲182—219）从发电内容来看，张尚未见《保国会章程》；从发电时间来看，至此仅仅三天，张当未能收到该章程。

[3]《清国戊戌政变与亡命政客渡来之件》，《日本外交文书》，第31卷，第1分册，日本国际连合协会，1954年，第732页。梁鼎芬作《康有为事实》送日本政府一事，参见本书第六章第七节。

是年七月三十日,陈庆年又记:

> 过朱强甫,其案头有叶德辉《明辨录》,皆斥康学各书札,笔锋颇廉悍,与《輶轩语评》合订一册。[1]

"子威",湖南经学家胡元仪,此时在张之洞幕中,任两湖书院分教。"徐研甫",徐仁铸(1863-1900),翰林院侍读学士徐致靖之子。光绪十五年进士,入选庶吉士,时以翰林院编修出为湖南学政,在政治思想上受康有为、梁启超影响极大。[2]《輶轩今语》是徐仁铸仿张之洞的《輶轩语》,写给湖南学子"读书为学之法"的文章,其中的言论与"康学"相合。[3]该文刊于光绪二十四年初出版的《湘学报》第30册,并由梁启超列入《中西学门径书七种》,由上海大同译书局刊印。张之洞虽未对《輶轩今语》直接表态,但对《湘学报》和徐仁铸多有不满,曾发电徐仁铸,停止湖北各书院订阅《湘学报》。[4]叶德辉(1864-1927),湖南湘潭人。光绪十八年中进士,分发吏部为主事,到部不久即以乞养请假回乡居住。他是大藏书家,精于版本目录,经史亦多有研究,在湖南甚有文名。叶德辉不喜"康学",也反对梁启超在时务学堂所作所为。他为此撰写《〈輶轩今语〉评》以驳斥

---

[1]《戊戌己亥见闻录》,《近代史资料》,第81号,第112、120页。"輶轩语评"当为《〈輶轩今语〉评》之误。又,胡元仪任教两湖书院事,参见本书第五章第二节。

[2] 曾任国子监祭酒的湘绅领袖王先谦致信徐仁铸称:"阁下主持康教,宗风所扇,使承学之士望景知归。此次敝郡岁试,弟之亲友以'南海圣人'获隽者不下十人,以'南海先生'入选者则指不胜屈。两次面谕生童,赞扬康学,大众皆点头领会……"(陈同等标点,苏舆编:《翼教丛编》,上海书店出版社,2002年,第162页)王先谦指责徐仁铸以"康学"取士,影响士风。

[3] 皮锡瑞于光绪二十四年二月十五日日记称:"徐研甫送来《輶轩今语》,多与康、梁说合。"(《师伏堂未刊日记》,《湖南历史资料》,1958年第4期,第107页)宾凤阳称该书由梁启超代笔,其致叶德辉信中称:"惟近闻《輶轩今语》一书乃广东梁启超所作,并非出自徐公手笔,则是推崇异学、煽惑人心者,其罪应有专责。梁启超以平等、民权之说,乖悖伦常。……"(《翼教丛编》,第157页)蔡元培也认为《輶轩今语》很可能由梁启超代笔。其于光绪二十五年二月的日记中称:"梁氏虽持康学,而刚能爱好,文笔较遒,持论较实,如《春秋、孟子界说》、《变法通议》及为徐宛平代作《輶轩今语》,多可取者。"《蔡元培全集》,第15卷,第214页。

[4]《张之洞全集》,第9册,第315页。相关的情况,可参见本书第五章第三节。

徐仁铸。[1]叶德辉的《明辨录》，是其此期多篇书信与文章合刻，刊行于光绪二十四年闰三月，内容皆是批驳康有为、梁启超乃至皮锡瑞的学术思想，其中大多数文章后刊行于《翼教丛编》。[2]从陈庆年的日记可以看到，叶的著述在张幕中流传。尽管叶德辉的政治思想与张之洞还有一定的差距，但共同的敌手拉近了他们之间的距离。

光绪帝召见康有为　　光绪二十四年四月三十日（1898年6月18日），陈庆年在日记中记：

> 朱强甫见过，知康有为等为侍讲学士徐致靖所保，著于二十八日照（召）见。下晚，王雪臣招饮，知是二十五日谕旨。或谓学士之子仁铸主张康学。康党如梁启超、谭嗣同并尊康，黄遵宪亦附之，故均见保。翁同龢喜康，徐以是深结于翁。二十七日忽有朱谕罪状翁，著开缺回籍。二十四日上谕，保举宗室近支，又改为由朕亲自查看，懿旨复令所用新进大员须于奉旨后至太后前谢恩。以是知二十三日有上谕变法，殆亦翁主康说而然也。康之命意在解散君权，以便其改制之邪说。如朝廷知是保之由来，恐不免于罢斥。数日之间，能鼓动翁老至此，其势力甚大，令人生畏。彼固不料甫逾一日，失其所倚也。南皮师知康学之为邪说，而不敢公发难端，作书与梁节庵云："康学大兴，可谓狂悍。如何，如何！"梁答之云："贼猖悍，则讨之，不当云

---

[1]叶德辉所作《〈輏轩今语〉评》，刊于《翼教丛编》卷四，见上海书店版第70—88页。
[2]《明辨录》有叶德辉自序一篇，《与南学会皮鹿门孝廉书》、《与南学会某君（皮锡瑞）书》附来书、《与戴宣翘校官书》、《与刘先端、黄郁文两生书》、《与邵阳石醉六书》、《明教》、《西医论》。除《西医论》外，皆刊于《翼教丛编》卷六、卷三，见上海书店版第65—69、162—177页。相关的研究，可参见邝兆江，《湖南新旧党争浅论并简介〈明辨录〉》，《历史档案》1997年第2期。此外，叶德辉还撰写《正界篇》以驳斥梁启超的《春秋界说》、《孟子界说》；撰写《长兴学记》驳义以驳斥康有为；撰写《〈读西学书法〉书后》、《非〈幼学通议〉》以驳斥梁启超，亦刊于《翼教丛编》卷四，见上海书店版第89—137页。

如何也。"[1]

"王雪臣",王秉恩,张之洞的核心幕僚,负责财政与洋务诸事务。康有为在京师的活动,一直是张之洞及其幕中关注的重点。四月二十五日,翰林院侍讲学士徐致靖上奏保举康有为、梁启超、黄遵宪、谭嗣同、张元济五人,当日奉旨康有为、张元济于二十八日召见,其余皆召京。[2]四月二十七日,翁同龢被罢免。此二事为当时政坛的重大事件,然仅仅几天之后,四月三十日,张之洞幕中已经对此展开了详细的讨论,以当时的通讯条件,必是京中有电报来。尽管他们称四月二十三日变法上谕为"翁主康说而然",与今天可以看到的材料相比较,不那么准确;但分析康有为、翁同龢、徐致靖、徐仁铸之间的关系,分析"保举宗室近支"出洋的谕旨变化,分析"新进大员"至太后前谢恩,皆属对京中政治动态的准确把握。从上引陈庆年日记还可以看出,张之洞及其幕僚对康有为在政治上开始发迹,极为担心;"南皮师知康学之为邪说,而不敢公发难端"一语,恰是张此时心态的真实写照;张在给梁鼎芬的私信中称"康学大兴,可谓狂悍。如何,如何",更可看出其忧愤且无奈之情状。相同的记载,又见于《穗石闲人读梁节庵太史驳康逆书书后》,称梁鼎芬"见徐致靖荐康等数人,太史与张制府书言:'祸在眉睫!'"[3]此后不久,张之洞发电时任吏部主事的其侄张检,要求查清康有为召见的情况及任用的情况:"康有为召对详情如何?政府诸公赏识否?康与荣有交情否?派在总署,想系章京,上谕系何字样?到总署后是否派充总办?有主持议事之权否?"[4]

康有为向光绪帝进呈书籍　　光绪二十四年五月十二日(1898年6

---

[1]《戊戌己亥见闻录》,《近代史资料》,第81号,第113页。
[2]参见拙文《戊戌变法期间的保举》,《戊戌变法史事考二集》,生活·读书·新知三联书店,2011年,第152-159页。
[3]《觉迷要录》,录三,第9页。
[4]引文及相关的背景,可参见本书第一章第五节。

月30日），陈庆年在日记中记：

> 过梁节庵，知康有为近奉旨修书，拟大张其学。余谓彼十余年间，锐其偏解，时出撰述，海内士夫不著一字以为匡救，故彼得猖狂至此。譬之西人日夜制造，到处行销，以（吞）我之财，而我无一厂以与之抵制。虽抚膺涌气，无益于事。故制彼无他术，在我辈造货而已，何畏彼我！[1]

康有为于四月二十八日召见后，当面奉旨进呈其编写的各国改制书籍，同时他也获得了通过军机大臣廖寿恒代递其条陈的权力。[2]康有为在光绪帝召见前，已进呈其著《俄彼得变政记》、《日本变政考》（初次进呈本）和他人所著《泰西新史揽要》、《列国变通兴盛记》，召见后又进呈其著《孔子改制考》（抄本，9卷）、《日本变政考》（第二次进呈本）、《波兰分灭记》、《日本书目志》以及《光绪二十三年列国政要比较表》、《日本地产一览表》。这些时书籍对光绪帝的思想产生了一定的影响，其中《波兰分灭记》进呈后，光绪帝特别赏银二千两。[3]这一情报也很快传到了张之洞处。[4]陈庆年从梁鼎芬那里得知此事，"大张其学"一语，也显示了张之洞及其派系的担心。陈庆年对此建议"我辈造货"，即编写反对"康学"的著述，以能与之竞争。但陈庆年的方法只能是流传于士子及官场，并不能进呈光绪帝，而后者又是当时政治生活中最为重要的。

---

[1]《戊戌己亥见闻录》，《近代史资料》，第81号，第114页。"何畏彼我"，似为"何畏彼哉"之误。

[2]康有为召见后的第三天即五月初一日的谢恩折，称言："臣自顾何人，过承知遇，而蒙圣恩，许令将面对未详者，准具折条陈，并将著书进上。"（"请御门誓众开制度局以统筹大局折"，《杰士上书汇录》卷二，《康有为全集》，第4集，第87-89页）可见康有为上书与进呈书籍是奉旨行事。而廖寿恒为康有为代递上书一事，可参见本书第一章第二节。

[3]相关的情况，可参见拙著：《从甲午到戊戌：康有为〈我史〉鉴注》，第306-308、328-335、445-454、502-512、650-654页。

[4]杨锐给张之洞的密报称："康封奏皆交军机大臣直上，不由堂官代奏，闻系上面谕如此。"（参见本书第二章第四节）张之洞之子张权的密报称："然上交派，凡渠有条陈，专令廖与之呈递，并不拘奏折体制，即以说帖封进，随时交来。"（参见本书第一章第二节）然两密报皆写于六月，所言又皆是上条陈之事，梁鼎芬于五月十二日已有康进呈书籍之言，可见张之洞另获有情报。

许应骙奉旨回奏　　光绪二十四年五月二十五日（1898年7月13日），陈庆年在日记中记：

> 南海康有为嗾御史宋伯鲁劾礼部尚书许应（骙）阻挠新政。本月初二日有旨，令应骙明白回奏。（奏文略）本月初四日奉旨，既据陈明并无阻挠等情，著即无庸置议。[1]

礼部尚书许应骙（1832-1903），广东番禺人，他对康有为久为不满，对康在京的活动也有阻止。五月初二日，康有为指使御史宋伯鲁、杨深秀联名上奏弹劾许应骙，称其"守旧迂谬，阻挠新政"，要求"以三四品京堂降调整，退出总理衙门"。光绪帝下旨命许"按照所参各节，明白回奏"。[2] 许应骙即于初四日回奏，一一否认了宋、杨的指控，且直接攻击康有为：

> 该御史谓臣仇视通达时务之士，似指工部主事康有为而言。盖康有为与臣同乡，稔知其少即无行，迨通籍旋里，屡次构讼，为众论所不容。始行晋京，意图侥幸，终日联络台谏，夤缘要津，托词西学，以耸观听。即臣寓所，已干谒再三，臣鄙其为人，概予谢绝。嗣又在臣省会馆私行立会，聚众至二百余人，臣恐其滋事，复为禁止，此臣修怨于康有为之所由来也。比者饬令入对，即以大用自负，向乡人扬言，及奉旨充总理衙门章京，不无觖望。因臣在总署，有堂属之分，亟思中伤，捏造浮辞，讽言官弹劾，势所不免。……今康有为逞厥横议，广通声气，袭西报之陈说，轻中朝之典章，其建言既不可行，其居心尤不可问，若非罢斥驱逐回籍，将久居总署，必刺探机密，漏言生事；长住京邸，必勾结朋党，快意排挤，摇惑人心，混淆国事，关

---

[1]《戊戌己亥见闻录》，《近代史资料》，第81号，第115页。
[2] 国家档案局明清档案部编：《戊戌变法档案史料》，中华书局，1958年，第5-6页。光绪帝谕旨见中国第一历史档案馆编：《光绪宣统两朝上谕档》，广西师范大学出版社，1996年，第24册，第203页。

系非浅。[1]

许应骙的回奏，指摘康有为的品德，要求光绪帝驱康。若按当时的官规，光绪帝也应当对康进行追究，但他并没有这么做。[2]陈庆年日记中的"奏文略"是编者所加，即"略"去了许应骙奏折的内容。这说明张之洞幕中人士仅在二十天后就看到了许的回奏，也知道了光绪帝明显袒护康的处理方式。陈在日记中对此虽未作评论，但似乎为许未被康攻倒而暗暗感到庆幸。当时批责康有为的许应骙奏折和文悌奏折，在张之洞幕中广为流传，以至在戊戌政变之前，梁鼎芬等人就将之刊刻，广为散发。[3]

从陈庆年日记可以清楚地看出，张之洞幕中人士经常非议康有为的人品与学术，任何反对康有为的做法都得到了赞许，也看不到保守派对变法运动的阻挠。由此似可说明，陈庆年以及他所属的张之洞阵营已将康有为当作自己最重要的敌人。还需要说明的是，陈庆年本人还是主张变法的。戊戌政变后，他与时在张之洞幕中帮办《正学报》陈衍相见谈论，八月十七日（10月2日）日记中称：

> （陈衍言）康以变法执朝政，思抑太后以便己，其罪至大。余言康宜诛，法宜变，惟不能如康之浸欲变本，且漫无次序。宜入告我皇太

---

[1] "许筠庵尚书明白回奏折"，《翼教丛编》，第26—28页。原折见《军机处录副·补遗·戊戌变法项》，3/168/9447/9，中国第一历史档案馆藏。

[2] 光绪帝当日由内阁明发上谕："该尚书被参各节，既据逐一陈明，并无阻挠等情，即著毋庸置议。礼部有总司贡举学校之责，总理衙门办理交涉事件，均关紧要。该尚书嗣后遇事，务当益加勉励，与各堂官和衷商榷，用副委任。"（《光绪宣统两朝上谕档》，第24册，第205页）然到了七月二十日，光绪帝以王照条陈事，罢免了许应骙等礼部六堂官。

[3] 梁鼎芬致王先谦信中称："此间刻有许尚师、文御史奏稿，奉上数本，望以湘刻酬我。"（《翼教丛编》，第155页）文御史，文悌，他于光绪二十四年五月二十日上奏弹劾康有为、宋伯鲁、杨深秀。《穗石闲人读梁节庵太史驳康逆书书后》称：梁鼎芬"以许尚书、文御史皆以劾康得罪，疏内所言，大旨在以正人行西学则有益，其言忠切，遂合刻千本，分散人士。此皆在康逆未叛前之事"。《觉迷要录》，录三，第9页。又，梁鼎芬刊刻文悌奏折事，又见于黄遵宪《人境庐诗草》自注。《黄遵宪全集》，上册，第161—162页。

后、皇上,不可因噎废食也。惜无入言之者,为之太息。[1]

陈庆年所盼求的,是一场没有康有为的变法。从日记来看,陈庆年的思想在当时算不上深刻,也没有具体的变法方案或政治设计,但始终与张之洞保持政治思想与学术理念上的一致。

三、《劝学篇》与《正学报》

对于康有为学说的传播与影响扩大,张之洞也有主动的行动。这就是他主持撰写的《劝学篇》和准备开办的报刊《正学报》。陈庆年日记继续提供了许多内情。

《劝学篇》 毫无疑问,《劝学篇》是张之洞幕中多人参预的著作,同样毫无疑问的是,该书反映的是张之洞政治思想与学术思想。该书写于光绪二十四年春。查陈庆年日记,光绪二十四年三月二十七日(1898年4月17日)记:

> 南皮师近著《劝学篇》二卷。其上卷九篇:曰同心,曰教忠,曰明纲,曰知类,曰宗经,曰正权,曰循序,曰守约,曰去毒。下卷十五篇:曰益智,曰游学,曰设学,曰学制,曰广讲,曰阅报,曰变法,曰变科举,曰农工商学,曰兵学,曰矿学,曰铁路,曰会通,曰非弭兵,曰非攻教。在念劬处见其目如此。原稿尚未写定,故未借来。

"念劬",奏调湖北分省补用知府钱恂,张之洞的亲信幕僚。由此可见,该书篇目已全,"原稿尚未写定",说明写作工作已经进行了一段时间。闰三月初九日(4月27日),陈庆年又记:

---

[1]《戊戌己亥见闻录》,《近代史资料》,第81号,第121页。

> ……晤梁节庵。知徐中堂奏上，上意未决，呈皇太后乃定，意召南皮陛见。然则南皮师入京以后或有大用，能否回任尚未能必。其所著《劝学篇》即发写样石印，闻多派写官。拟于十日内印成。余从节庵处取来一阅，二更始毕。其说犁然当于人心，为之大快。[1]

"徐中堂奏上，上意未决"等语，即张之洞奉旨入京一事（后将详述），然该书至此已经写毕，正准备刊刻印行，以随同张之洞带往北京。

然陈庆年毕竟处于张幕的外围，对该书的写作背景及内幕知之不多。而此时进入张之洞幕僚核心层的辜鸿铭，在其后来的英文著作《中国牛津运动故事》中，谈及《劝学篇》的写作目的：

> 在这最危急的关头，张之洞要扮演一个非常困难的角色。康有为的雅各宾主义已然脱离了他的革新方案，……马太·阿诺德所言的那种追求优雅与美好的牛津情感，使张之洞憎恨康有为雅各宾主义的凶暴、激烈和粗陋。于是，在康有为及其雅各宾主义处于最后关头时，张之洞便舍弃他们，折了回去。……我曾经亲自出席过张之洞总督召集的一次幕僚议事会，讨论如何对付康有为的雅各宾主义问题。当时康有为正以皇帝的名义大肆颁发改革法令。我非常清楚地记得那个场景，因为这是总督第一次准我参加他心腹幕僚的内部会议。……这个议事会在武昌棉纺厂的楼顶召开。总督非常激动。我至今依然清楚地记得老总督在月光下来回踱步的情景，他一遍一遍地重复着："不得了！不得了！"我们的会议没有做出任何决议。……或许比我的反驳更为有力的证据，是他自己那本著名的"小册子"，就是外国人所知的题为"学习"（Learn），或更确切地应译为"教育之必要"的书（即《劝学篇》）。外国人认为此书证明了张之洞赞成康有为的改革方案，其实大谬不然。这本著名的书，是在我们于武昌棉纺厂召开那次议事会

---

[1]《戊戌己亥见闻录》，《近代史资料》，第81号，第108-109页。

之后立即写出来的——它是张之洞反对康有为雅各宾主义的宣言书，也是他的"自辩书"。该书告诫他的追随者和中国所有文人学士，要反对康有为的改良方法。……[1]

辜鸿铭的这本书发表于宣统二年（1910），由于用英文写作，为吸引外国读者而较多艺术笔法，似有形象的夸张。而他在同年出版的中文著作《张文襄幕府纪闻》中亦有相同的说法：

> ……文襄之图富强，志不在富强也。盖欲借富强以保中国，保中国即所以保名教。……厥后文襄门下如康有为辈误会宗旨，不知文襄一片不得已之苦心，遂倡言变法行新政，卒酿成戊戌、庚子之祸。……此张文襄《劝学篇》之所由作也。呜呼，文襄之作《劝学篇》，又文襄之不得已也，绝康、梁并以谢天下耳。[2]

辜鸿铭（1856—1928），名汤生，以字行，祖籍福建同安，生于马来西亚槟榔屿。毕业于爱丁堡大学，获文学硕士学位。光绪八年（1882）回中国，十一年入张之洞幕，为洋文案。后又兼任自强学堂讲习。从辜鸿铭的记录中可以看出，张之洞为写《劝学篇》，特召其入"心腹幕僚的内部会议"。他是一个知情者。而协助张之洞完成此书的主要幕僚，似为梁鼎芬、钱恂、辜鸿铭等人。[3]

张之洞《劝学篇》当然是其奉行已久的政治主张的宣示，"旧学为体，新学为用"也是他倡导的文化观。然选择在这一时机写作并大力发行，很大程度上是针对康有为学说的。张之洞在《劝学篇》序言中指出：

---

[1]《辜鸿铭文集》，上册，第318—320页。"雅各宾主义"，指法国大革命时期雅各宾派所奉行的激进主义。马太·阿诺德（Matthew Arnold, 1822—1888），英国诗人，文学评论家，曾任牛津大学英诗教授。"武昌的棉纺厂"，即湖北纺纱局。

[2]《辜鸿铭文集》，上册，第419页。称康为张之洞"门下"，似指前节所叙张、康光绪二十一年之交往。

[3] 参见李细珠：《张之洞与清末新政研究》，第53—54页。

> ……而恢诡倾危、乱名改作之流，遂杂出其说，以荡众心。学者摇摇，中无所主，邪说暴行，横流天下。……吾恐中国之祸，不在四海之外，而在九州之内矣。[1]

此语正有所指。两年后，光绪二十六年十一月初三日（1900年12月24日），张之洞写信给新任浙江按察使世杰，随信赠送其《劝学篇》。在由其幕僚起草的信件中，张之洞在《劝学篇》的内容上亲笔修改，特录于下，下加重点号者为张之洞亲笔：

> 附上拙作《劝学篇》□部，此书成于戊戌之春。其时因末流波靡，邪说纷出，大有犯上作乱之忧，又以迂谬书生，食古不化，亦将有神州陆沉之祸。爰酌中持平，抒其管见，冀杜横风，而弃迂说。乃未及数月而康党逆为乱阶，驯致今年，而拳匪又开巨衅，各执一偏之谬论，遂致大局之几危，不幸言中，可为浩叹。[2]

张之洞称其作《劝学篇》主旨有二：其一是针对康有为的"邪说"；其二是针对保守派的"迂说"，并认为义和团（"拳匪"）及利用义和团的保守官员属"迂说"。两派皆"各执一偏之谬论"。这是少见的张之洞对《劝学篇》主旨的说明。而到了张之洞的晚年，其《抱冰堂弟子记》中亦称：

> 自乙未后，外患日亟，而士大夫顽固益深。戊戌春，金壬伺隙，

---

[1]《张之洞全集》，第12册，第157页。
[2]"致新任浙江按察使司世"，十一月初三日，《张之洞函稿》（一函四册），所藏档号：甲182-213。原件无年份，根据内容及世杰的任职时间，当写于光绪二十六年。其中"之春"由"变政之前"改；"邪说"由"横议"改；"犯上作乱"由"人心世道"改；"冀杜横风"由"冀挽颓风"改；"未及数月"由"未几"改；"逆为乱阶"由"倡乱于前"改。张之洞的修改，皆加重了语气。张此信为贺其新任，并将其亲戚浙江候补盐大使石沅托其照料，该信由张之洞的侄子张彬带去，亦有请其关照之意。然在此时保守派仍有势力，一些人还在台上，张之洞觉得不必对世杰过分说明，便删去了上引这段话，并亲笔注明"此信《劝学篇》以下可删去"，也没有送《劝学篇》，而是改送张之洞此时所作《晓谕会匪告示稿》、《劝戒国会文》两文。"会匪"，指唐才常的自立军。"国会"，指此期唐才常、容闳、严复等人在上海召开的"中国国会"。

> 邪说遂张,乃著《劝学篇》上、下卷以辟之,大抵会通中西,权衡新旧。有人以此书进呈,奉旨颁行天下。秋间果有巨变。[1]

此中的"金壬"即指康有为,"邪说"即指"康学"。检视张之洞的《劝学篇》,其针对康有为的内容主要是两项:其一是批评从今文经、《公羊传》中引申出来的"康学",即新学伪经、孔子改制等内容。其二是批评"民权"。张之洞在《劝学篇》中并没有直接道明,而是作《同心》、《教忠》、《正权》等诸篇以进行"正面阐述"。[2] 若将《劝学篇》中的非康言论——摘录并加以评论,将会是篇幅很大的文章,此处似无必要去细论;但在当时许多"反康"人士的心中,张之洞此举属卫经翼教。

《劝学篇》写完之后,张之洞也有着很大的宣传计划,首先是送往北京。[3] 光绪二十四年六月初三日(1898年7月21日),张之洞发电其侄吏部主事张检、其子新任刑部主事张权:"折差寄《劝学篇》三百本,以百本交仲韬、百本交叔乔、百本自留,亲友愿看者送之。"[4] "折差",湖广总督派往北京递送奏折的差弁。"仲韬",黄绍箕,字仲弢,张之洞一般写作仲韬;"叔乔",杨锐,字叔峤,张之洞经常写作叔乔,两人皆为张在京最为亲信之人。一次即送书三百本,这在当时是一个很大的数字。

恰恰于此前的六月初一日,黄绍箕因浙江巡抚廖寿丰保举其为"使

---

[1]《张之洞全集》,第12册,第512页。张之洞在《抱冰堂弟子记》中亦称:"平生学术最恶公羊之学。每与学人言,必力诋之,四十年前已然,谓为乱臣贼子之资。至光绪中年,果有奸人演公羊之说以煽乱,至今为梗。"同上书,第517页。

[2] 从现有的材料来看,《劝学篇》刊布后,康有为、梁启超很可能忙于自己的政治事务,没有对此发表评论,更没有批评性的意见。他们逃亡日本之后,尤其是"庚子勤王运动"失败后,似乎才意识到《劝学篇》中的"非康"之意。1920年,梁启超作《清代学术概论》,称湖南旧派叶德辉等人"痛斥"康、梁学说,又称:"而张之洞亦著《劝学篇》,旨趣略同。"见梁启超著、朱维铮导读:《清代学术概论》,上海古籍出版社,1998年,第85页。

[3] 光绪二十四年五月二十六日,张之洞发电其侄张检、其子张权:"前交邮政局寄《劝学篇》一本,当早接到。有何人见过?议论如何?"(《张之洞电稿》光绪二十五年五月至七月,五月二十六日辰刻发,所藏档号:甲182-456。原整理者有误,根据内容,该电发于光绪二十四年)

[4] 六月初三日戌发,《张之洞电稿》光绪三十年六至七月,所藏档号:甲182-470。原整理者有误,根据内容,该电发于光绪二十四年。该电相关的情况,参见本书第一章第二节。

才",由光绪帝召见,他在召见中向光绪帝推荐了该书。六月初五日,黄绍箕通过翰林院向军机处致送《劝学篇》二本并副本四十本。六月初七日(7月25日),军机处正式呈递,光绪帝当日下旨:

> 内外各篇,朕详加披览,持论平正通达,于学术人心大有裨益。著将所备四十部由军机处颁发各省督、抚、学政各一部,俾得广为刊布,实力劝导,以重名教而杜卮言。[1]

这是百日维新期间得到光绪帝认可的两部政治指导性著作之一(另一部是孙家鼐推荐的冯桂芬《校邠庐抗议》),[2]《劝学篇》由此奉旨在全国各地刊印,成为晚清印量最大的著作之一。陈庆年得知这一消息后,在六月十三日日记称:

> 惟本月初七日上谕:以《劝学篇》颁发各督抚刊行,谓其于学术人心大有裨益。南皮师此书纠正康党之论极多,诏书褒嘉,是可喜也。[3]

然而,《劝学篇》之"非康",仅是该书的目的之一,其相当篇幅且相当重要的内容,是呼应当时的变法,其中许多政策或政治设计也与康有为、梁启超的主张大体相同。在一些人眼中,特别是保守人士,难以分清张之洞与康有为的差别。前引辜鸿铭称"外国人认为此书证明了张之洞赞成康有为的改革方案",是指不了解内情、尤其是无法读懂孔子改制之类内容的

---

[1]《光绪宣统两朝上谕档》,第24册,第257页。"张之洞档案"中有该谕旨的电报:"京局来电。初七日戌刻发,初八日午刻到。初七日上谕:本日翰林院侍讲黄绍箕……"(《张之洞存来信电稿原件》,第14函,所藏档号:甲182-385)可见张之洞第二天便知上谕内容。盛宣怀于初八日收到上谕的电报,当日转发给张之洞:"上海盛京堂。初八日戌刻发,初九日午刻到。上谕:本日翰林院侍讲黄绍箕……"出处同上。

[2] 相关的情况可参见李侃、龚书铎:《戊戌变法时期对〈校邠庐抗议〉的一次评论》,《文物》1978年第7期;拙著《京师大学堂的初建:论康有为派与孙家鼐派之争》,《戊戌变法史事考二集》,第247-248页。

[3]《戊戌己亥见闻录》,《近代史资料》,第81号,第116页。

外国人;而戊戌政变后,张之洞也担心本国人尤其是当政者未识其意而不辨其异,主动站出来予以说明。光绪二十四年九月初二日(1898年10月16日),陈庆年在日记中称:

> 梁节庵以字见邀,云有事要商。及去,朱强甫、陈叔伊均在,乃南皮师嘱将《劝学篇》中暗攻康、梁者一一检注,分我三人分任之。归后,检书为之。[1]

九月二十六日,上海《申报》以《读南皮张制军〈劝学篇〉书后》为题,刊出此文:

> 伟哉!此篇。殆综中西之学,通新旧之邮,今日所未有,今日所不可无之书也。……然仆服膺之意,尤有进也。当大逆无道之康有为邪学倡行之日,无所忌惮,而觊然人间,始则鸱张于其乡,渐且流毒于天下,从未有著书立说以斥之者。制军劳心国事,寝食未遑,独于康书康教康徒康党,灼知其奸,先防其弊,不惮再三指斥。读之者事前或不尽觉,事后无不晓然。试举数条,以知旨趣。

该文共举出《劝学篇》中刺康言论共计十四条。其中最为明显的,是《外篇·非弭兵第十四》一节,称言:

> 今世智计之士,睹时势之日棘,慨战守之无具,于是创议入西国弭兵会,以冀保东方太平之局。此尤无聊而召侮者也。……奥国之立弭兵会有年矣,始则俄攻土耳其,未几而德攻阿洲,未几而英攻埃及,未几而英攻西藏,未几而法攻马达加斯加,未几而西班牙攻古巴,未几而土耳其攻希腊,未闻奥会中有起而为鲁连子者也……[2]

此处所言,直指一事,即光绪二十三年十一月十九日给事中高燮曾上奏保

---

[1]《戊戌己亥见闻录》,《近代史资料》,第81号,第122页。
[2]《张之洞全集》,第12册,第190—191页。

荐康有为入"瑞士弭兵会",光绪帝下发总理衙门"酌核办理"。[1]《读南皮张制军〈劝学篇〉书后》一文对此评论称:"此诋康有为去年欲诳骗金钱,即衔妄议游历外洋,入弭兵会之笑柄也。"此后,湖南经学家苏舆编辑《翼教丛编》,作为"批康"的专集,又收入了《劝学篇》中的《教忠》《明纲》《知类》《正权》《非弭兵》共五篇。

《正学报》 甲午战败后,学会与报刊盛行,张之洞一开始对此是支持的,如前节所述,他对京师与上海的强学会以及《强学报》都给予了实际的帮助;上海的《时务报》、湖南的《湘学报》以及上海的《农学报》,张之洞皆下令用官款订阅,分送湖北省内的官衙、书院,以能在湖北输入新思想。[2]然当时的《时务报》以梁启超为主笔,《湘学报》又深感康、梁的影响,张之洞对此也颇有不满,[3]由此打算在武昌办一份能完整表达自己意志的报刊,并取名为《正学报》。[4]光绪二十四年二月二十六日(1898年3月18日),陈庆年在日记中记:

> 过官报局,晤朱强甫,报稿久呈南皮师,尚未发出。王干臣《实学报》改名《正学报》,亦归南皮师出报,尚无付印之日也。

闰三月十八日(5月8日)日记,陈庆年又记:

> ……午刻始见,师(张之洞)意在以《正学报》辟诸报谬论,谓余《卫经》《卫教》二书能作成最佳。[5]

---

[1] 参见拙文《戊戌变法期间的保举》,《戊戌变法史事考二集》,第147-152页。
[2] 参见张之洞:《札善后局筹发〈时务报〉价》光绪二十二年七月二十五日(《张之洞全集》,第5册,第506-507页),《通饬湖北各属州县购阅〈湘学〉、〈农学〉各报》光绪二十三年七月初三日(同上书,第6册,第76页)。
[3] 与《时务报》《湘学报》相关的内容,可参见本书第四章第一、三节及第五章第三节。
[4] 与《正学报》相关的研究,可参阅汤志钧所撰《正学报》一节,见《戊戌时期的学会和报刊》,第557-567页。
[5] 以上陈庆年日记,见《戊戌己亥见闻录》,《近代史资料》,第81号,第107、110页。

由此可见，《正学报》以《实学报》改，其目的是"辟诸报谬论"，其主要矛头是对准康有为及其"康学"的。四月初八日（5月27日），张之洞又亲笔下令：

> 武昌两湖书院梁太史、纺纱局王干臣、陈叔伊、朱强甫三君：《正学报》请梁节庵太史总理，早经议定奉达，一切馆内事宜，凡选刻各报及各人撰述文字，均须节翁核定，方可印行。切要。洞。庚。[1]

由此可见，《正学报》以梁鼎芬、王仁俊、陈衍、朱克柔为班底，由梁鼎芬负总责。

王仁俊（1866—1913），字捍郑、干臣，江苏吴县人，俞樾弟子，光绪十八年（1892）进士，入翰林院，散馆后授吏部主事。光绪二十三年八月，他在上海创办《实学报》，旬刊，自任总理，章太炎为总撰述，另有撰述、翻译、理事多人，馆址设于上海英大马路泥城桥鸿文局隔壁。至十二月，该报共出了14册。[2] 王仁俊曾在《实学报》上发表《实学平议》，内含《民主驳议》（在该报第3、5、13、14册上发表）、《改制癖谬》（在该报第14册上发表）两文，批评"民权"论及"素王改制"论，矛头是针对康有为的。[3] 张之洞接手《实学报》，改为《正学报》，很可能出于此因。陈庆年称新的《正学报》"尚无付印之日"，似可说明张之洞此时对《正学报》的创办情况或拟刊内容不太满意。

陈衍（1856—1937），字叔伊，号石遗，福建侯官人（今福州），光绪八年举人，曾入刘铭传幕。光绪二十三年九月，陈季同、陈寿彭兄弟在上海

---

[1]《张之洞全集》，第9册，第316页；张之洞亲笔原件见《张文襄公电稿墨迹》，第2函第10册，所藏档号：甲182-219。此时张之洞刚从上海返回湖北，该电在汉口写，发往武昌。此事用电报，很可能张之洞听到《正学报》内部有不同意见，故下令由梁负总责。

[2] 相关的研究，可参阅汤志钧所撰《实学报》一节，见《戊戌时期的学会和报刊》，第439-455页。汤志钧称："《实学报》见到最后一期为第十四册，一八九八年一月三日（光绪二十三年十二月十一日）出版。"同上书，第455页。

[3] 王仁俊该两文，后编入《翼教丛编》，见上海书店版第52-61页。

创办《求是报》，以陈衍任主编。[1]而他在《求是报》上的文字，引起了张之洞的注意。光绪二十三年十二月二十七日（1898年1月19日），梁鼎芬发电上海陈衍：

> 上海制造局福州陈叔伊印衍：别友愿见，南皮知君才名，亟思一谈。明正初五前请来鄂。盼复。鼎芬。[2]

为了加大这一邀请的份量，同一天，张之洞又发电上海郑孝胥，托其婉商：

> 上海铁路公司郑苏盦：《求是报》载有陈君衍文字，才识杰出，文章俊伟，近今罕见。欲邀来鄂一谈，可否？望婉商，速示复。洞。感。[3]

由此，陈衍被张之洞邀至武昌。而从梁鼎芬、张之洞发电时间来看，张之洞自行办报的设想于光绪二十三年底便形成了。

朱克柔（1871-1902），字强甫，浙江嘉兴人。光绪二十三年七月在上海创办《萃报》，周刊，他任主笔，馆址在上海泥城桥新马路。《萃报》是一种文摘报，摘录当时各种报刊，在上海先后共出版了20册。光绪二十三年十月二十一日（1897年11月15日），梁鼎芬代张之洞发电，邀朱克柔至武昌："上海新马路《萃报》朱强甫：南皮约君来鄂，有要事相商。能来否？速复。芬。"[4]该报此后移至武昌出版，改为半月刊，第21册出版于光绪二十四年闰三月十八日，最后一册为第24册，于光绪二十四年四月二十五日出版。[5]

以梁鼎芬、王仁俊、陈衍、朱克柔此时及此后的个人经历来看，皆颇具才华；王、陈、朱又有在上海办报刊的个人经历，可以说，张之洞已经

---

[1] 相关的研究，可参阅汤志钧所撰《求是报》一节，见《戊戌时期的学会和报刊》，第456—461页。
[2] 光绪二十三年十二月二十七日已刻发，《张之洞电稿丙编》，第73册，所藏档号：甲182-94。
[3] 《张之洞电稿乙编》，第11函第54册，所藏档号：甲182-72。郑孝胥是陈衍的同乡。
[4] 光绪二十三年十月廿一日午刻发，《张之洞电稿丙编》，第73册，所藏档号：甲182-94。
[5] 相关的研究，可参阅汤志钧所撰《萃报》一节，见《戊戌时期的学会和报刊》，第437—438页。

为《正学报》安排一个强大的阵容。而他们还请来了此时才华已露、后来名声大振的章太炎任主笔。

章太炎（1869—1936），名炳麟，字枚叔，号太炎，浙江余杭人。光绪十七年，入杭州诂经精舍，师从俞樾、谭献。甲午战败后，他关注于时政，也为康、梁参预的强学会捐款。光绪二十二年，他来到上海，任《时务报》的撰述。然因学术分歧，于光绪二十三年三月十三日（1897年4月14日）在上海被康有为弟子所殴，狼狈不堪，避走杭州。[1] 此后，章太炎在给其师谭献的私信中表达了对康党的不满：

> 麟自与梁、麦诸子相遇，论及学派，辄如冰炭。……康党诸大贤，以长素为教皇，又目为南海圣人，谓不及十年，当有符命；其人目光炯炯如岩下电。……尝谓邓析、少正卯、卢杞、吕惠卿辈，咄此康瓠，皆未能为之奴隶。若钟伯敬、李卓吾，狂悖恣肆，造言不经，乃真似之。私议及此，属垣漏言，康党衔次骨矣。会谭复笙来自江南，以卓如文比贾生，以麟文比相如，未称麦君，麦忮忌甚。三月十三日，康党麕至，攘臂大哄。梁作霖复欲往殴仲华，昌言于众曰：昔在粤中，有某孝廉诋諆康氏，于广坐殴之，今复殴彼二人者，足以自信其学矣。噫嘻！长素有是数子，其果如仲尼得由，恶言不入于耳耶？[2]

"梁"，梁启超。"麦"，麦孟华。"复笙"，复生，谭嗣同。"梁作霖"，梁启超弟子。"仲华"，孙荣枝。章因被殴，信中言词自然有一些意气，但可见

---

[1] 孙宝瑄在光绪二十三年三月十四日日记称："章枚叔过谈。枚叔以酒醉失言，诋康长素教匪，为康党所闻，来与枚叔斗辨，至挥拳。"十五日日记称："送章枚叔行。"（孙宝瑄：《忘山庐日记》，上海古籍出版社，1983年，上册，第89—90页）郑孝胥在光绪二十三年四月初二日日记亦称："傍晚，谭复生来，谈《时务报》馆中黄公度欲逐汪穰卿。汪所引章枚叔者与粤党麦孟华等不合，章颇诋康有为，康门人共驱章，狼狈而遁。"（劳祖德整理：《郑孝胥日记》，中华书局，1993年，第2册，第598页）

[2] 章太炎致谭献，光绪二十三年三月十九日，该信由钱基博所藏，发表于《复堂日记跋记》中，见范旭仑、牟晓朋整理，谭献：《复堂日记》，河北教育出版社，2001年，第415页。

康党在《时务报》馆中气焰之盛。谭献收到此信时,正在武昌。[1]他与梁鼎芬、钱恂等交善,此事必告张之洞。很可能经钱恂介绍,张邀章太炎到武昌。[2]章太炎在《自定年谱》中称:

> 余持《春秋左氏》及《周官》义,与言今文者不相会。清湖广总督南皮张之洞亦不熹公羊家。有以余语告之者,之洞属余为书驳难。余至武昌,馆铁政局。之洞方草《劝学篇》。出以示余,见其上篇所说,多效忠清室语,因答曰:下篇为翔实矣。……[3]

章又在《自述学术次第》中称:

> 余昔在南皮张孝达所,张尝言国学渊微,三百年发明已备,后生但当蒙业,不须更事高深。张本好疏通,不暇精理,又见是时怪说流行,惧求深适以致妄,故有是语。时即答曰:经有古、今文,自昔异路;近代诸贤,始则不别,继有专治今文者作,而古文未有专业,此亦其缺陷也。[4]

由于张之洞、章太炎的学术宗旨有相同相通之处,皆主古文经、左氏传;张邀章的目的,是请章写文驳康的"素王改制"。而章被康党所殴的经历,更使张之洞、梁鼎芬希望其能激发讨康的强烈意志。章太炎到武昌后,撰《〈正学报〉缘起》,并作《〈正学报〉例言》;《正学报缘起》称言:

> ……南海梁鼎芬、吴王仁俊、侯官陈衍、秀水朱克柔、余杭章炳麟有忧之,于是重跰奔走,不期同时相见于武昌。……冀就其疆域,

---

[1] 谭献在日记称,光绪二十三年三月二十七、二十九日两得章太炎信,"此我所豫料,尝尼其行";"乱离瘼矣,士人不图树立,无端为门户之争,竭心力而成战国世界"(《复堂日记》,第387页)。谭献此时应张之洞之邀,主讲武昌经心书院。

[2] 参见汤志钧:《戊戌时期的学会和报刊》,第557—559页。又,姜义华称此中起重要作用的是陈衍,见其著《章太炎思想研究》,上海人民出版社,1985年,第62—63页。

[3]《章太炎先生自定年谱》,上海书店影印,清稿本(手迹),1986年。

[4] 陈平原编:《中国现代学术经典·章太炎卷》,河北教育出版社,1996年,第654页。

求所以正心术、止流说者，使人人知古今之故，得以涵泳圣涯，化其颛蒙而成其恳恻。……[1]

由此可见，此期办报者为五人，且也没有明显的批康言论。

张之洞精心筹办的《正学报》，最后未能刊行，其原因未详。以我个人的揣度，其未刊的原因大体有二：其一，《正学报》的班底皆有较深的学术功力，以此似可办一所学园式书院（或近代学院），各自讲学研究，千妍万艳；而若要同心协力共办一份政论性的报刊，未必如梁启超、麦孟华、徐勤等康门弟子那般真能力行果效。作为负总责的梁鼎芬，其对学术精神的追求，可能会过于雅致而细碎，这作为学者当属极其自然与正当；而主持定期出版的刊物，字字处处计较，将大大不利于各位撰述的自由写作。作为后台老板张之洞，对报刊文论时有苛求，往往揪其一点而不及其余，且手头事务极多，呈上稿件经常不能及时返回，这一作派明显不利于刊物的定期发刊。其二，光绪二十四年四月"百日维新"开始之后，京师的政治局势变动极快，这本是各类报刊充分成长的最好时机，可随时发布评论或消息，且有众多读者而市场扩大；而《正学报》作为代表张之洞政治观念与立场的政论性刊物，企图对全国的思想与学术进行正确的指导，很难在纷乱的政局中，找到并坚持那种恰如其分的政治立场与学术态度。从前引陈庆年日记中可以看出，张之洞及其幕中人物虽在武昌，但关注的是京师，任何景象与气温的变幻，都会在他们的心中激起重重涟漪。政治家与政治评论家不同。政治家需要那种平静的态度和适度的言论，以能在政治风波中保持其稳固的地位，而不能像政治评论家那样，在政治动荡中指引人们的前进方向。而到了秋天，政变发生了，变法中止了，此类刊物也顿然失去存在的条件和原有的意义。

从甲午到戊戌，以上海为中心，全国各地办起了许多学会与刊物，大多是由志同道合的学人士子仓促为之，其绚丽的色彩来自于思想者的摸索

---

[1] 汤志钧：《章太炎政论选集》，中华书局，1977年，上册，第58—63页。

与探究,不成熟,多变化,是突出的表征,也引出了众多青年读者的精神开放。这是那个时代的召唤。《正学报》的目的如同《劝学篇》,企图以一种唯一正确的思想,通过政治的力量,来指导人们的思想与学术,即便是刊行了,恐怕也很难像康有为、梁启超所做的那样,在青年人中获得大的反响。思想与政治不同,不存在惟一正确性,且只能以浸润的方法而不能施之指导的手段。这恐怕也是张之洞、梁鼎芬等人踌躇为难的地方,他们在"康学"的步步进逼之下,取节节防守之势。以梁鼎芬、吴兆泰、沈曾植、周树模、姚晋圻、曹元弼、王仁俊、胡元仪、陈衍、陈庆年、纪钜维、朱克柔等十二人"题名"的《正学报序例》,因该刊未发,成了一篇历史文献,述说着张之洞等人曾经有过的设想:

……蒙等被服儒术,薄游江汉,同气相求,不期而遇。寓公什七,邦产什三,相与揽江山之信美,感王室之多艰。外患日蹙,内忧未弭。人伦渐斁,人类将绝。辄为之拍膺擗涕,腐心切齿。思惟昌明正学,庶有以救之。痛迂谬者之误我国家,恶狂恣者之畔我圣道,爰取海外诸国之报章,我中土贤士大夫之述作,凡可资法戒者,搜译甄录而传布之,野言碎事概从芟弃。取辕固生告公孙弘之语,题曰《正学报》。吾闻古之为国者,必定国是。六书之义,是者,正也。无新无旧,惟其是而已矣,惟其正而已矣。……

可见《正学报》的主旨与《劝学篇》相同,其对敌者为"迂谬者"和"狂恣者"。在这篇《序例》中,还有一段话:

……废弃五经,主张民权,谓君臣父子为平等,谓人人有自主之权,谓孔子为教王,不用国家建元之号纪年,创为化贫富界之说以诲盗,创为化男女界之说以诲淫,创为化中外界之说以诲叛乱,创为弭兵之说以诲分裂,逞韩非、李斯焚书坑儒之凶,袭张角、孙恩、王则、徐鸿儒诸妖贼之实,而妄冀谟罕默忒、罗马教王之非分,三光不临,四海不受,吾将以此义正之。[1]

这明摆是针对康有为及其"康学"的。还需注意的是,在《序例》"题名"的十二人中,已经没有了章太炎。他因此时流露出种族革命的思想,而被梁鼎芬等人礼送。[2]

四、戊戌变法期间张之洞召京

"百日维新"之前,清朝中枢还有一项重大政治举动,即召湖广总督张之洞入京辅政。此事还必须从头说起。

中枢的情况与慈禧太后的态度 先是在咸丰十一年(1861)咸丰帝去世前,安排肃顺等人为"赞襄政务王大臣",主持朝政;咸丰帝的弟弟恭亲王奕䜣与慈禧太后联手发动政变,杀肃顺,以两宫皇太后"垂帘听政",恭亲王任议政王,并主持军机处和总理衙门。这位年轻的近支王公在桂良、文祥、曾国藩等人的支持下,有所振作,开创了"同治中兴"的新局面,洋务运动由此而兴。然而,慈禧太后与恭亲王的矛盾始终不断。同治四年(1865),慈禧太后罢去奕䜣"议政王"名衔。光绪十年(1884),即中法战争时,慈禧太后更以"委靡因循"为名,罢免奕䜣为首的军机处

---

[1]《张之洞全集》,第12册,第381-383页。其中"邦产什三"之"产",据《张文襄公函牍未刊稿》(所藏档号:甲182-393)所载该文改。"谟罕默式",今译穆罕默德。该序例当然经过张之洞修改,从文辞来看,似为梁鼎芬的手笔。

[2] 章太炎在《章太炎先生自定年谱》中称:"……一日聚语,鼎芬颇及左氏、公羊异同。余曰:内中国外夷狄,《春秋》三家所同。……他日又与俦辈言及光复,鼎芬甚焉。未几,谢归。"(《章太炎先生自定年谱》)而各种笔记中则各有其说法,值得注意者为:冯自由:《中华民国开国前革命史》第14章《壬寅支那亡国纪念会》,《民国丛书》,第2编,第76册,上海书店出版社,1990年;刘禺生:《章太炎被杖》,《世载堂杂忆》,中华书局,1960年,第126-127页。汤志钧所著《章太炎年谱长编》对此有着具体的史料排列和分析(见该书,中华书局,1979年,上册,第63-70页)。姜义华所著《章太炎思想研究》,对章氏此一段经历亦有详细述说与分析(见该书,第62-70页)。

和总理衙门的全体班子，以礼亲王世铎领衔军机处，以奕劻（后封庆亲王）领衔总理衙门，相关的朝政又命军机处与光绪帝的本生父、恭亲王的弟弟醇亲王奕譞商议，实际上是以奕譞当政。该年是甲申年，史称"甲申易枢"。奕譞作为当今皇上的本生父，自要避嫌，而军机大臣孙毓汶，内靠奕譞，外联李鸿章，完全听命于慈禧太后，在军机处渐渐占据主导地位。光绪十六年，醇亲王去世后，孙毓汶更是权重一时，也是清流党人最为敌视的政客。光绪二十年（1894），中日甲午战争爆发，慈禧太后在朝野的压力下再度起用恭亲王奕䜣，重领军机处和总理衙门。然奕䜣此时已无三十多年前的那股朝气，为政平和，一切以慈禧太后的旨意为归。

"甲申易枢"时，光绪帝的师傅翁同龢亦罢去军机大臣一职，仍任工部尚书，并奉命继续在毓庆宫行走（即仍任师傅）。此后不久，翁改任户部尚书，光绪二十年再次出任军机大臣、督办军务处会办大臣，光绪二十一年出任总理衙门大臣。这些重要职位加上光绪帝的师傅，使之地位大升。英国传教士李提摩太（Timothy Richard）此时拜访以文华殿大学士名义在京闲赋的李鸿章，李鸿章建议他直接去找翁同龢，方可解决问题；而李鸿章的幕僚、曾任美国驻天津副领事毕德格（W. N. Pethick），更是直截了当地称："实际上，翁同龢（总理大臣）才是中华帝国的皇帝"。同为军机大臣的刚毅在与李提摩太的秘书私下交流中竟称：

> 他（刚毅）对皇帝没有任何影响力，因为翁同龢一手遮天；在内阁（应译为"军机处"）里，汉族官员独行其是，甚至恭亲王与礼亲王都无足轻重。他声言，翁同龢把皇帝引进了一团黑暗里，"蒙蔽了他的双眼"。[1]

需要说明的是，李提摩太的言论经常有不准确之处，但以大势而言，称翁

---

[1] 李宪堂、侯林莉译，李提摩太：《亲历晚清四十五年：李提摩太在华回忆录》，天津人民出版社，2005年，第224—226、240—241页。

同龢权重，应是事实。[1]

慈禧太后虽不是开明的政治家，却是精明的权术家。她始终认为，只能有一个人对光绪帝具有影响力，而这个人只能是她本人。翁同龢身为师傅，每天可在毓庆宫与光绪帝单独相见，造膝进言。光绪二十年十一月初八日（1894年12月4日），慈禧太后下令撤书房，后因光绪帝派恭亲王奕䜣说项，而只撤满文及洋文书房，保留汉书房。光绪二十二年正月十三日（1896年2月25日），慈禧太后再次下令撤汉书房。是日翁同龢在日记中称：

> 懋勤殿首领传旨曰书房撤。余问长撤耶抑暂撤也？答曰长撤。余入见时，奏此事想懿旨所传，上颔之。[2]

慈禧太后此次行动，是有预谋的，很可能另有罢免翁的设想。[3]翁从此失去了在毓庆宫与光绪帝单独相见的机会，只能在早朝"叫起"时随军机大臣一同与光绪帝相见。慈禧太后的目的，是削减翁的权势。[4]当时的人们对此类举动的意义也是看得很清楚的。[5]

---

[1] 此一时期李提摩太的情况，可参见本书第六章第三节。

[2] 《翁同龢日记》，第5册，第2878页。"懋勤殿首领"，系管理上书房事务的太监。

[3] 军机大臣李鸿藻的孙子、台湾大学教授李宗侗在《我的先世与外家》一文中称："……另一件与此相类的事情，就是撤消毓庆宫书房的事，据说一次孝钦的原意不止撤消书房，并且将翁文恭驱逐回籍，如戊戌年的情形一样。这是听见我父亲说的，这件事发生的时期，荣文忠（禄）恰好奉命到东陵去，他回来以后就来看我祖父，恰好我祖父病了，不能到客厅去，就在卧房接见他，我父亲就陪着他进去侍立在旁边，所以听见他们俩的谈话。文忠说：'这件事情太便宜了常熟，四哥为什么帮助他说话？'因我祖父同文忠是盟兄弟，所以称他为四哥。我祖父就回答说：'无论如何常熟总是一个多年的老臣，我觉得对老臣不应该如此，所以我帮他说话。'文忠就叹息说：'四哥真是君子人也！'这是听我父亲亲口说的。"（台北：《传记文学》，第5卷第4期，1964年）"孝钦"，慈禧太后。"常熟"，翁同龢，江苏常熟人。并可参见拙著《从甲午到戊戌：康有为〈我史〉鉴注》，第119—121、165—167页。

[4] 在此前后，慈禧太后于光绪二十一年十月十七日罢免总理衙门大臣、户部侍郎长麟和总理衙门大臣、吏部侍郎汪鸣銮；光绪二十二年二月十六日罢免翰林院侍读学士文廷式。这些举动也是针对翁同龢的。汪鸣銮、文廷式等被称为"翁门六子"。

[5] 吴樵于光绪二十二年正月二十五写信给汪康年称："三、常熟近甚危，廿日撤去毓庆宫，疑太夫

光绪二十年恭亲王奕訢重入总理衙门、军机处之后,孙毓汶及其同党徐用仪先后退出;至光绪二十二年六月,军机处由奕訢、世铎、翁同龢、李鸿藻、刚毅、钱应溥六人组成,总理衙门由奕訢、奕劻、户部侍郎张荫桓、户部尚书敬信、兵部尚书荣禄、翁同龢、李鸿藻、吏部侍郎吴廷芬八人组成,此后,李鸿章也入值总理衙门。奕訢是这两个最高机构的首领。此后不久,情况发生变化。光绪二十三年七月,李鸿藻去世,八月,吴廷芬罢值,恭亲王的身体开始出现了问题,钱应溥也经常因病请假;军机处经常只剩下世铎、翁同龢、刚毅。世铎为好好先生,与世无争,刚毅虽常与翁对立,终究不是翁的对手。总理衙门中虽仍有奕劻、李鸿章、荣禄、张荫桓等人,但在许多方面仍须向"翁师傅"让步。[1]翁的地位再度大升。光绪二十四年二月,恭亲王以军机处缺人,经慈禧太后批准,召总理衙门大臣、刑部尚书廖寿恒入军机处"学习行走"。然廖寿恒秉性肫诚,持躬端谨,无大作为。由此,在慈禧太后及朝廷中一班老臣的眼中,恭亲王奕訢一旦去世,朝中将无人可遏制翁的权势。[2]需要说明的是,他们如此思考的出发点是自身权力与地位的稳固,而不是政治的革新。

正是在此情况下,光绪二十四年三月二十九日(1898年4月19日),大学士徐桐出奏"请调张之洞来京面询机宜折"。光绪帝收到该折后,未签

人与本宫甚和睦,盖所谓以计取也。……常熟结主甚深,第三条非上意,而僚官多不合。"二月二十一日信又称:"自毓庆撤后,盘游无度,太上每谓之曰:咱们天下自做乎,抑教姓翁的做?……常熟日内皇皇自危(伯唐言),恐将来获咎,必更甚芸阁。"(《汪康年师友书札》,第1册,第466—467、480—481页)"太上",慈禧太后。"伯唐",汪大燮。"芸阁",文廷式。

[1] 此时总理衙门大臣又增加了前热河都统崇礼(后任刑部尚书)、工部尚书许应骙(后任礼部尚书);仓场侍郎廖寿恒回京任左都御史(后任刑部尚书),也重新入值总理衙门;而这些人的地位是无法与翁同龢相抗的。还须说明的是,奕劻为慈禧太后的亲信,时任颐和园工程处大臣、御前大臣,主要在慈禧太后身边;张荫桓最为光绪帝所重,经常受光绪帝召见,但为慈禧太后所嫉恨。

[2] 光绪二十四年四月十一日,慈禧太后在奕訢去世后的懿旨中称:"……二月之杪,旧疾举发,予率皇帝叠次亲临看视,方冀安心调理,可即就痊。不意本月初十遽尔长逝……"光绪帝的谕旨称:"……二月之杪,痰喘频作,犹力疾视事,经朕再三慰谕,始肯请假调理。闰月中旬,疾势增剧,朕奉皇太后三次亲临邸第看视,王气息仅属,殷殷以国事为忧……"(《光绪宣统两朝上谕档》,第24册,第159页)由此可见,恭亲王的身体自光绪二十四年二月底开始,一蹶不振。

署意见,当日将折上呈慈禧太后。[1]徐桐的建议让慈禧太后足足考虑了三天,至闰三月初三日(4月23日),清廷发出电旨:

> 奉旨:张之洞著来京陛见,有面询事件。湖广总督著谭继洵兼署。[2]

这是一个重大的决定,意味着张之洞很可能入京辅政。而徐桐的这一奏折,是由张之洞的亲信内阁候补侍读杨锐与其友刑部候补主事刘光第商议起草的。

杨锐、刘光第的密谋 杨锐的门人黄尚毅在《杨叔峤先生事略》中称,袁世凯的幕僚徐世昌致信杨锐,称日本下野首相伊藤博文来华,而李鸿章坐困,"欲求抵御之策,非得南皮入政府不可",杨锐遂与乔树枏"说大学士徐桐,并代作疏荐张,得旨陛见"。[3]黄尚毅的这一说法,背景并不准确,第三次伊藤博文内阁的时间是1898年1月12日至6月30日(光绪二十三年十二月二十日至二十四年五月十二日),而其倒台后来华的时间是光绪二十四年七月,是后来的事情。但黄的说法也有很大的提示意义。

由此可看当时的国际形势。光绪二十三年十月德国借故占领胶州湾(青岛)之后,俄、法、英、日本先后提出了各自的要求,清朝受到了极大的压力。士大夫不再像甲午时力主战议,而是对国家的前途感到了担心,其中的一些人,感到中枢无力。杨锐与刘光第正是在此背景下密谋对策的。

---

[1]军机处《上谕档》有该日军机处给慈禧太后的奏片:"……徐桐奏请召张之洞来京面询机宜折,俟发下,再行请旨办理……"(《光绪宣统两朝上谕档》,第24册,第124页)"俟发下",指等慈禧太后发下该折,"再行请旨"虽是向光绪帝请旨,但按照当时的工作程序,慈禧太后发下时会向光绪帝表示其意,实际上是慈禧太后的旨意。

[2]见该日军机处《电寄档》,中国第一历史档案馆藏。翁同龢对此在日记中称:"令湖督来京陛见,从徐桐请也,盖慈览后,圣意如此。"同一天,翁还致信正在病中的恭亲王奕訢,告知此事。陈义杰整理:《翁同龢日记》,第6册,中华书局,1998年,第3116页。

[3]见《杨叔峤先生文集》,《续修四库全书》,上海古籍出版社,1995年,第1568册,第261页。

光绪二十三年十一月初四日（1897年11月27日），刘光第在私信中道出了此中的内情，称言：

……事到于今，然后我军机大臣、总理大臣等，始皆面面相觑，束手无策，坐待分裂而已。

前月刑部主事吴某（荫生，提督吴长庆之子，号燕甫）递一条呈，乞堂官代奏，不过谏止办庆典之事，而各堂官变色伸舌，以为语有违碍，断不敢代奏。吴君遂具呈，力请开缺还家（兄不愧此人多矣）。数日来，工部主事南海康有为亦作有条呈欲递，但不知彼部堂官曾肯与代奏否（其意痛发"兼弱攻昧、取乱侮亡"八字）？吾乡绵竹杨叔峤内阁亦作有奏折，现尚与兄商订，意欲请徐荫轩相国奏上，不知何如。

总之，此时下手工夫，总在皇帝一人为要，必须力除谄谀蒙蔽，另行换一班人，从新整顿，始有起色转机。然识者以为此决无可望之理。然则为之奈何耶？惟有发长叹已耳，积肝气已耳，吞泪珠切齿握爪而已耳，如兄之不肖无似，有何补哉，有何补哉，有何补哉！

……兄近于古文颇有进境。今秋八月湖督张公六秩寿辰，同乡京官因张公于川东赈捐甚得其力，故尔公同作寿屏一架，请杨叔峤舍人撰文（须骈文），而公门下士之官京外者，另为寿屏，请兄撰文（系散文）。张公于其他概不肯收，惟于川人士及其门人所送者皆收（川人之作湖北官者则多不收）。叔峤赴鄂祝寿归，言香翁颇欣赏兄所作序文。此文大意，欲其入京来作军机大臣，吁谟远猷，匡海吾君，用以延我圣清之休命，且能使吾周孔之教流出海外，覃及敷天，尤为不朽盛事云云。且又以卫武公能文章、听规戒为况。盖闻其颇有自是之心，故藉此以规也。[1]

---

[1] 刘光第致刘庆堂，光绪二十三年十一月初四日，刘光第集编辑组：《刘光第集》，中华书局，1986年，第275—280页。徐荫轩，徐桐。香翁，张之洞。杨锐此时的官职为内阁中书舍人，故称其"内阁"或"舍人"。刘光第官居北京，然以家贫，廉直而不贪，生活大不易。宗叔刘举臣为自贡盐商，每年接济其银二百两，刘光第在给其的信中也多言京城政情。刘庆堂，刘举臣之子，是他

刘光第（1859-1898），字裴村，四川富顺人。光绪六年（1880）为生员，八年为举人，九年中进士，连捷而至，以主事发礼部学习。张之洞为四川学政（1874-1876）时，刘虽未入学，但也可以此为渊源；他曾于光绪二十二年（1896）在武昌面见张之洞，"痛谈时事"。[1] 刘中进士时，正考官恰是礼部尚书徐桐，为门生关系。杨锐与刘光第为同乡，两人多有交往。[2] 从上引刘光第的信中，可以看出几点：一、张之洞六十寿辰，刘光第代表四川京官等撰寿屏，其文表达"欲其入京来作军机大臣，吁谟远猷，匡诲吾君"之意，很得张之洞之心，杨锐为此特告之。[3] 二、德国占领胶州湾之后，刘光第对军机处、总理衙门之处置，颇有不满，心情也十分忧

的族弟，故其在信中乃以实情真语告之。

[1] 刘光第称："光第少愚鄙，未获列公门，然由公故，知读书，时时想闻风采。去岁，以游东南山水过鄂，乃一谒之，纵谈名山及当世人事，公不以为狂，且出许之语"（《湖广总督张公六十寿序》，见《刘光第集》，第67页）。刘光弟在私信中又称："……复在武昌与张香涛制府痛谈时事……"（刘光第致刘庆堂，光绪二十二年六月初七日，同上书，第265页）可见张之洞与刘光第的关系。

[2] 光绪二十一年马关议和时，刘光第致刘庆堂信中称："昨于同年杨叔峤处，见钞有此回和议条款一纸……"《刘光第集》，第264页。

[3] 刘光第所作《湖广总督张公六十寿序》，称言："光绪十九年三月，俄太子来游历中国，转海入江，履粤及鄂。湖广总督张公，迓以军舰，声炮致敬，而出会于舟次。太子年少英武，见则叩两湖治具民风甚恶。公一一对之，乃大惊服。言吾闻公文章政事，震烁中外，为国家干事之臣，今益知不虚；然地狭不能尽公才，内公政府，岂不更善？……中日之役，以无谋主之故，军屡失机，中外咸引领望公入政府，上亦有旨促公北来，忽中止，命公督两江。公仍以不以得保一隅自幸，先后奏密计甚多，皆关大局，然亦往往格不行。于是复移两湖，则举一切维新之政，……今之世，视周成王、宣王时何如？如是而望有进规、补衮，格非心、引当道，自比于召公、卫武、仲山甫之伦，舍公其谁哉？一旦吾天子念祸乱之萌，鉴谗毁之兴，慨然思得忠悔之士为画策臣，吁谟远猷，用以延我圣清之命，舍公其谁哉？……以明公虽在外，不忘王室，王室其终赖以振扬。而俄太子之言，将与延陵同信，斯则吾人所朋祝者尔。抑犹有说焉，今时瀛海大通，万国咸会，有能赞辅吾君，力行周孔之教，修明礼乐，使吾仁让居敬之学，遂以流出中国，而化及敷天，尤为不朽盛业。其寿与天无极者，公亦傥有意欤？"（《刘光第集》，第65-67页）以俄皇太子之言辞，以周召公、卫武公、仲山甫之比附，以周孔之教化及敷天之期许，此等捧多言论，对于有着匡扶济世之志且有饰华虚荣之心的张之洞，自然颇为喜好而承受之。召公，周文王之子，周公之弟，辅周成王、周康王。卫武公，卫国国君，犬戎杀周幽王，卫武公派兵"佐周平戎"。仲山甫，周宣王时贤大臣，《诗经》多有记事。延陵，春秋时吴王寿梦之第四子季札，以信义闻世，以此喻俄太子。

虑。[1] 三、杨锐此时拟有奏折，前来与刘商订，两人一拍即合。刘在信中也概略披露了该折的内容，即"此时下手工夫，总在皇帝一人为要，必须力除谄谀蒙蔽，另行换一班人，从新整顿，始有起色转机"；也就是说，要让新人来主持朝政，尽管刘光第也听到了反对意见，即"识者以为此决无可望之理"。杨锐、刘光第出于维护清朝的长远利益，以微员的身份，直接干预朝政。

徐桐的用意　　杨锐、刘光第所运动的徐桐，其出发点当然与杨、刘大不相同。徐桐（1820-1900），字豫如，号荫轩，汉军正白旗人。道光三十年进士，入翰林院，同治帝师傅。此时以体仁阁大学士管理吏部事务，兼翰林院掌院学士。他在当时属思想守旧一派，在政治上与李鸿章、翁同龢、张荫桓等趋新趋洋派人士格格不入，思想上又能认可清流党。此时的中枢，以徐桐的眼光来看，已是大成问题：他所认可的李鸿藻已去世，他可依赖的奕䜣将不久于人世，世铎力弱且少见识，刚毅、廖寿恒难与翁同龢相敌。也就是说，奕䜣若一旦去世，权力将落在翁的手中，由此需要一位新人以抵消翁的力量。徐桐此时不满翁同龢外，更嫉恨当时的权臣总理衙门大臣、户部侍郎张荫桓。张荫桓虽未入军机，但频频入见，对光绪帝的影响力极大。在多人出奏参劾张荫桓未果后，徐桐又于光绪二十四年闰三月二十七日（1898年5月17日）亲上"请将张荫桓严谴折"，明言攻张，

---

[1] 刘光第给刘庆堂的信中亦称："闻其一亲王统兵船，已于冬月十七日在彼邦动身，大约正月初可到中国，或和或战，再为定夺。而我国之王大臣等乃决意不敢与战，总之向其哀求而已。……总理衙门之大臣，德国指名要翁同龢、张荫桓二人，径乎连李鸿章亦不要。盖此次李相尚有一二据理力争之语，翁、张则甘为人奴而已，恭王、庆王则更无主意矣。……至我中朝举动，则更骇人听闻，皇太后、皇上尚在闲日听戏为乐，每日召见军机时，比平时尤速完事（不过一刻工夫）。似此动作，不能不生外人之心。……呜呼，无相无将，并无人心，此祸不知何日发作？此事不知何日收拾？徒令袖手无权者，吞声忍泪，闭气坠心已耳！"（《刘光第集》，第279-280页）德国"亲王"，即德国皇帝威廉二世的弟弟亨利亲王，他于光绪二十四年闰三月到达北京。"李相"，李鸿章。而刘的这一换相的思想，早已有之。甲午战争时他曾欲上书，称言："至于十年来，军机大臣贻误国家，中外臣民咸所深愤，已蒙圣明洞鉴，添换大臣；然贻误之尤者，仍厕其间，未闻屏黜，中外惶惑，颇以为忧……"（《甲午条陈》，同上书，第3页）此为攻击当时的军机大臣孙毓汶。

仍暗中稍涉及翁。[1]然此折上后,张未能撼动,光绪帝依旧优宠有加。在徐桐看来,奕訢过世后而翁、张联手,政治局势的发展更不知伊于胡底。徐桐正是在这种背景下,推出张之洞的,其目的在于平衡政治。而这一用意,慈禧太后自然是知情的。

由杨锐起草、与刘光第商订的徐桐荐张之洞奏折,已在档案中捡出,其文曰:

> 为时局日亟,请召洞悉洋情疆臣来京面询机宜,以裹危局,恭折具仰祈圣鉴事。
>
> 臣窃见数月以来,俄、德两国日益恣横,强踞北洋海口,要挟情形,层见叠出。英、法各国群起效尤,或相争竞,皆为我切肤之患。此次德人占踞胶澳各情,实中外通商以来所未有之变,只以势处万难,不得不隐忍完事。然谓德人并不侵占土地,则非也,且俄人并无端可藉而亦索我旅大矣。将来俄人西伯利亚铁路造成,祸有不堪设想者。
>
> 此正求贤共治之秋,而并非万无可为之日也。臣思待外国之道,但可令有均沾之利益,不可使有独占之利权。在枢廷、译署诸臣躬任艰难,固已心力交瘁,然事机至危,变幻莫测,尤当虚怀博访,庶几共济时艰。
>
> 查湖广总督张之洞久膺沿江沿海疆寄,深悉交涉情形。闻昔年在湖北晴川阁上宴俄太子,礼仪不卑不亢。去年四月,德人遣人游历湖北,皆意存寻衅,张之洞悉察其来意,从容遣之。皇上轸念目前艰危,可否电召该督迅速来京,面询机宜。现在交涉情形顷刻万变,多一洞悉洋情之人,庶于折冲御侮之方,不无小补。[2]

---

[1]徐桐参张荫桓折见《军机处录副·光绪朝·内政类·职官项》,3-99-5359-82,中国第一历史档案馆藏。又据军机处《上谕档》,该折当日呈慈禧太后。《光绪宣统两朝上谕档》,第24册,第152页。

[2]徐桐折,光绪二十四年三月二十九日,《军机处录副·光绪朝·内政类·职官项》,3/99/5358/71,中国第一历史档案馆藏。

这篇奏折说得很圆滑，并无直接点出让张之洞入值军机处与总理衙门，但"在枢廷、译署诸臣躬任艰难，固已心力交瘁"一语，也隐隐道出对当任军机大臣、总理衙门大臣的不满，也暗含了其中"求贤共治"的意思。

此时以总理衙门大臣留在北京的李鸿章，当然有其消息来源，闰三月初十日（4月30日），即徐桐奏折上奏后十一天，给其子李经方的信中称：

> ……徐荫轩以时事日棘，疏荐张香涛熟悉洋务，请备顾问。两宫密商，迭有电旨，催令北上。恭邸病笃，恐不能久，香涛必兼枢、译，空谈无补，况彼素不满意于汝耶。樵野恃宠而骄，闻香来，岌岌不自保矣。[1]

李鸿章指出调张进京，是"两宫密商"的结果，并以他的政治经验，判断张将入军机处与总理衙门，以替代此时病重的恭亲王奕䜣。

张之洞的反应　　杨锐与刘光第的密谋，当时并没有告诉张之洞；杨锐等人也知道，若先告之，张必阻之。由此，张之洞奉到闰三月初三日朝廷召其入京的电旨后，一头雾水，最初将"面询"之"事件"，竟当作此时正在兴起的学堂教育之事，下令正在日本考察的姚锡光等人立即回国。[2]闰三月初五日（4月25日），他发电给杨锐：

---

[1] 顾廷龙等主编：《李鸿章全集》，安徽教育出版社，2008年，第36册，第177页。"彼素不满意于汝"，指张之洞长期对李经方不满，此时李经方欲复出，谋得一专使出访各国，将由此中止。"樵野"，张荫桓，他与张之洞属不同派系，此时与翁同龢联手办事，权势甚大，"恃宠"，指其时甚得光绪帝所重。

[2] 光绪二十四年闰三月初四日，张之洞得到召京电旨后，第一份电报是发给正在日本东京厚生馆的湖北官员姚锡光、张彪、徐钧溥："奉旨进京陛见。速将士农工商各种学堂大略一看，即速回国。"（《张之洞全集》，第9册，第309页）在此之前，张之洞派姚锡光等人前往日本考察各类学校及枪炮制造等项，大约在光绪二十四年二月到达日本。相关的情况，可参见张之洞：《札委姚锡光等前往日本游历详考各种学校章程》光绪二十四年正月十八日，《札委徐钧溥会同姚锡光等前往日本游历详考各种学校章程》光绪二十四年正月二十三日，同上书，第6册，第108-109页；张之洞致姚锡光等人的多份电报，同上书，第9册，第294、297、299、302、306-307页。

> 急。京。乔：此次入觐，两宫意若何？政府有何议论？速示。仆衰病不堪，所言必不能行，且亦不能尽言，此行于时局毫无益处。瞻觐后即乞罢矣。钝。歌。[1]

"两宫"，指慈禧太后与光绪帝。"政府"，指军机处。电文中的"衰病不堪"，当然不是真话；但张之洞却因此感到危机，并准备觐见后以病乞休，退出政坛。与此同时，张之洞又发电时在北京的其侄张彬：

> 急。京。楼：奉旨陛见，闻慈圣意及上意若何？政府有何议论？众人有何议论？速电闻。经手要事太多，拟二十日后行。初到京时，西苑门外附近有何处可住？速看定。事毕后，住化石桥宅。我衰病日甚，此行于时局必无益。拟事毕后即告病。权、检、彬同览，并告仲韬、叔乔。壶。歌。[2]

在这份电报中，张之洞也让张彬打探京城上层的消息，虽表示二十日以后方动身，并预定在京时的住处，但其不愿来京的倾向，又是十分明显的。"权"，张权，张之洞之子。"检"，张检，吏部主事，张之洞之侄。[3] 他还让张彬将该电传给张权、张检、黄绍箕、杨锐同看。第二天，闰三月初六日（4月26日），张之洞再次发电杨锐和其侄张彬：

> 急。京。楼、乔：闻徐相奏请召仆入京接待德王，怪极，原奏究何措施，务速确询详示。复电务加急字，不然须四、五日方到。壶。（乔。钝）[4]

---

[1] 闰三月初五日戌刻发，《张之洞电稿》光绪二十五年三月至四月，所藏档号：甲182-456。原整理者有误，根据内容，该电发于光绪二十四年。

[2] 闰三月初五日戌刻发，《张之洞电稿》光绪二十五年三月至四月，所藏档号：甲182-456。原整理者有误，根据内容，该电发于光绪二十四年。"楼"，张彬，字黄楼。

[3] 张权、张检、张彬的个人经历，参见本书第一章。

[4] 光绪二十四年闰三月初六日亥刻发，《张文襄公电稿墨迹》，第2函第11册。所藏档号：甲182-219。该电同时写上"楼"、"乔"，说明该电同时发给两人。电文中"乔。钝"的字样，说明另给杨锐电文中署名有所不同。具体的署名情况，参见本书第一章第六节与第二章第一节。

直到此时,张之洞还不知道徐桐奏折的内容及清廷调其入京的用意,而听到了由其负责接待来访的德国亨利亲王的传闻。[1]杨锐与张彬的回电,在"张之洞档案"中皆未见。

也就在此时,安徽布政使于荫霖上奏弹劾李鸿章、翁同龢、张荫桓。[2]于氏此折的背景今天还不能说得很清楚,但非为个人的举动。光绪帝于闰三月初八日(4月28日)收到,将此折留中,也未上呈慈禧太后。[3]此时光绪帝正与慈禧太后同住于颐和园,于荫霖奏折的内容有无向慈禧太后当面报告,今限于材料,无法得知。[4]当日,光绪帝再发电旨给张之洞:"奉旨:昨谕令张之洞即日来京陛见。该督何日起程,著即电闻,毋得迟滞。"[5]这一道催张入京的电旨,很可能经由慈禧太后批准。

张之洞收到后一道电旨后,于闰三月初九日(4月29日)小心翼翼地发电总理衙门代奏:

> 电旨恭悉。奉旨陛见,亟应钦遵,迅速起程。惟湖北现奉新章,开办之事甚多,纷纭艰难,骤少一百数十万巨款,众情惶急。减营、筹饷两端,尤为棘手。必须与抚臣、司、道等筹酌大概办法,务求地方安帖。而洞自冬腊以来,即患咳喘、不寐,颇类怔忡,精神疲敝,

---

[1]"接待德王"的消息,张之洞得闻于盛宣怀,他于闰三月初六日给盛宣怀电报称:"屡电悉。德王赴闽,乃看中国好说话,欲兼要三沙、金门耳,断不舍胶以换闽也。接待之说可怪。此间紧要事太多,须二十外方能行。语电想已达。"(《张之洞全集》,第9册,第310页)再查张之洞亲笔原件,在"屡电悉"后,删去"接待德王之说,真可尼可笑"一段。(《张文襄公电稿墨迹》,第2函第10册,所藏档号:甲182-219)"三沙",三沙湾,即三都澳,位于福建宁德,德国占领胶州湾之前曾有意于此处。"二十外",指二十日之后。

[2]中国第一历史档案馆编:《光绪朝朱批奏折》,中华书局,1995年,第120辑,第664-671页。于荫霖与张之洞的关系,可参见本书第五章附录二。

[3]军机处《随手档》、《上谕档》、《洋务档》光绪二十四年闰三月初八日,中国第一历史档案馆藏。又见《翁同龢日记》,第6册,第3117页。

[4]《清代起居注册》光绪朝,《联合报》文化基金会国学文献馆,1987年,第60册,第30651页。据记,闰三月初七日至十一日(4月27日至5月1日)在颐和园与慈禧太后同住。

[5]军机处《电寄档》,该件无日期,该电发出日期据军机处《随手档》。又,此电中的"昨"字,当作"以前"解。

阖城僚属共见。以时势艰难,不敢请假休息。现在部署一切,尤为艰苦,实无一毫欺饰。惟有力疾昼夜赶办,将经手事件略为清理,大约十数日后即可起程,不敢迟延。再洞愚昧,本无所知,朝廷既有垂询事件,如有急办而可宣示者,可否先为谕知一二条,以便随时豫为筹拟上陈。不胜惶悚。请代奏。[1]

张之洞此电在字面上有三层意思,其一是湖北事务甚重,其责任甚大,脱不开身;其二是身体欠佳,难承重任;其三是试探朝廷命其入京的真实意图。也就在这一天,张之洞的幕僚陈庆年在日记称:

> ……粥后,过钱念劬,知南皮师入觐,系因徐中堂(名桐)奏请,并非出于特旨,亦非政府之意。徐亦不过言国事艰难,南皮公忠,请饬陛见,以备顾问,上亦循例俞允而已。饭后,过书院,晤梁节庵。知徐中堂奏上,上意未决,呈皇太后乃定,意召南皮陛见。然则南皮师入京以后或有大用,能否回任尚未能必……[2]

张之洞幕中此时已经得到了具体情报,即张入京后"或有大用";由此可见,张之洞前引电奏的真实意思是对入京后的前景感到没有把握,而有点不想入京。而光绪帝收到张这一明显推脱的电报,十分气愤,闰三月十一日(5月1日)再电张之洞:

> 奉旨:张之洞电悉。前谕该督迅速来京陛见,自当闻命即行,何得托故迁延,致稽时日。至面询事件,岂有豫为宣播之理?所奏毋庸议。[3]

---

[1]《张之洞全集》,第4册,第469页;张之洞亲笔原件见《张文襄公电稿墨迹》,第2函第10册,所藏档号:甲182-219。当时军机处未设电报房,电旨及各地电报均由总理衙门代转,故张之洞发电总理衙门,请代奏。
[2]《戊戌己亥见闻录》,《近代史资料》,第81号,第109页。"中堂",大学士。
[3] 军机处《电寄档》光绪二十四年闰三月十一日。

张之洞奉此严旨，不敢怠慢，第二天即闰三月十二日（5月2日）再电总理衙门代奏，完全换了一副腔调：

> 电旨恭悉。瞻望阙廷，亟思趋赴，以申瞻觐之忱。谨当迅速料理，拟于二、三日内起程。无论病愈与否，至迟十七日亦必力疾起程，不敢稽延。请代奏。[1]

同日，张之洞还分别发电湖南巡抚陈宝箴、署理湖南按察使黄遵宪，询问其政治见解。[2] 闰三月十五日（5月5日），张之洞再发电清朝驻法国公使庆常和此时正在彼得堡的前清朝驻德公使许景澄，以了解当时的国际情况及其外国对他本人的评论；[3] 并电两江总督刘坤一，路过南京时将与之会面，共讨大计。[4] 而进京的一切准备工作都在紧张进行着，启行时间也一推再推。[5] 随行的人员选定为钱恂、辜鸿铭、梁敦彦、张曾畴、梁敦敩、

---

[1]《张之洞全集》，第 4 册，第 469 页；张之洞亲笔原件见《张文襄公电稿墨迹》，第 2 函第 10 册，所藏档号：甲 182-219。

[2] 陈宝箴、黄遵宪很早便了解徐桐奏折的内容，而且很有可能参与了杨锐等人的密谋，故于闰三月初四日即发电祝贺。张之洞决定北上后，发电询问北上后的对策，陈宝箴、黄遵宪对此皆有认真的回电。相关的情况，参见本书第四章第二节、第五章第四节。

[3] 许景澄已卸驻俄公使任，由于当时俄国迫清朝租借旅顺、大连，清朝命其为头等公使赴俄，与驻俄公使杨儒一同办理对俄交涉。张电称："奉旨陛见，有面询事。时局危迫，实深惶悚。欧洲真消息及要论之注重鄙人者亟愿知其确情，以备应付传言。张家口有游骑，确否？阁下久知敌情，如有筹备良策，祈电示。"（《张之洞全集》，第 9 册，第 314 页。张之洞亲笔修改原件，见《张之洞电稿》，所藏档号：甲 182-406）致驻法公使庆常的电报称："电注感愧。时局危急，此时欧洲真消息及各报论及鄙人者，亟愿知其端倪。此非真通外情偏通西文者不能得。专盼阁下电示以作指南。"（出处同上。张之洞亲笔修改原件，出处亦同上）从张之洞修改原件上，被删去"轻才何补危局"一句，庆常的电报很可能提到张之洞召京之事。张之洞在途中还发电庆常："弟廿五六可到沪，复电请赶寄上海，自当秘密。"同上书，第 316 页。

[4] 光绪二十四年闰三月十六日，张之洞发电："江宁刘制台：咸电悉。既承电召，过宁当停轮领教。官轮行缓，到宁当在二十外，前一日当电达。"《张之洞全集》，第 9 册，第 314 页。张之洞亲笔修改原件见《张之洞电稿》，所藏档号：甲 182-406。

[5] 光绪二十四年闰三月十五日，湖广总督署发电："京。湖北提塘转交郭长胜：帅节十七日启行，奉谕速赴沪，勿来鄂。督署。十五。"（光绪二十四年闰三月十五日亥刻发，《张之洞电稿》，所藏档号：甲 182-406）次日发电盛宣怀："上海督办宪：急。香帅拟坐'江孚'，大餐房及房舱全留用，须十九晚开行，沿途芜湖、安庆、南京均有耽阁。查'江妥'已定十七开期，务请饬令该轮在汉

王家槐,此后又增加郑孝胥。[1]从人选来看,更侧重于外交。闰三月十九日(5月9日),张之洞发电张彬,预定京中的临时住处。[2]闰三月二十三日(5月13日),张之洞到达芜湖,与其门生芜湖道袁昶会面,并发电北京:

> 急。京。乔、楼:《申报》言鉴园有事,恐不确。速电复。回电加急字,寄金陵、上海两处。李木斋因其父事,与仆有隙,故造谣倾轧。祈广为布告,万勿信。仆今晚驻芜湖。钝。漾。[3]

"鉴园",系恭亲王奕䜣在北京后海南岸小翔凤胡同另建的别邸,此处指奕䜣,已病重。《申报》光绪二十四年闰三月十六日刊出消息:"贤王薨逝",称:"昨日上海某西字报云,刻接京师电信,惊悉恭亲王已于某日薨逝⋯⋯"张之洞对此虽表示不信,但要求查明内情。"李木斋",李盛铎,

---

等候至十九。并饬请船主沿途耽阁,随时听候帅示。倘商局因已有客货,或多窒碍,帅意即另租用'江孚'十日,照给船价亦可。即乞电示。昌禀。"(光绪二十四年三月十六日午刻发,出处同上)同时又另有相关内容的三电(出处同上)。陈庆年在日记中称:闰三月"二十二日,阴有小雨,是日南皮师大早开轮。"(《戊戌己亥见闻录》,《近代史资料》,第81号,第110页)《申报》光绪二十四年闰三月二十五日第二版以"大帅行程"为题报道:"湖广总督张香涛制军奉召入都,于本月十七日启节,前已历纪报端。兹得鄂中采访友人手书云:香帅既登'楚材'官轮船,小泊江岸,本拟阅勘汉皋铁路后,于二十日鼓轮东下。嗣接沙市民人滋事之电,须与谭敬甫中丞筹商办法,是以稍缓行期。二十三日午后五点钟时始就道,沿江各防营皆站队江干,时适大雨滂沱,军士植立泥淖中,殊形困惫。"此中关于沙市事件的内容,可见张之洞于闰三月二十六日在上海发给总理衙门的电报:"二十申刻据道、府回禀:十八晚,沙埠⋯⋯容即查究。"《张之洞全集》,第9册,第316页。

[1]《札关、局支给随辕北上委员钱恂等三个月薪水并各给川资银两》光绪二十四年闰三月十五日,《张之洞全集》,第6册,第129页;张之洞致郑孝胥、盛宣怀电,光绪二十四年闰三月十九日,同上书,第9册,第315页。

[2]张之洞电称:"京。楼:急。勘电悉。此次同行幕友及随从人等较多。茶叶铺六七间,恐不敷住。能否另觅,敞处尤佳。如不能,务在附近添租数间,为要。壶。效。"闰三月十九日申刻发,《张之洞电稿》光绪二十五年三月至四月,所藏档号:甲182-456。原整理者有误,根据内容,该电当发于光绪二十四年。

[3]《张之洞电稿》光绪二十五年三月至四月,闰三月二十三日未刻发。所藏档号:甲182-466。原整理者有误,根据内容,该电发于光绪二十四年。该电在"乔"上划圈,似不像删去,而是发给杨锐、张彬两人,电文是给杨锐的,若改发给张彬,还须改"仆"、"钝"等字。

时任江南道监察御史,并在督办军务处任职;其父李明墀,曾任福建、湖南巡抚。电文中"造谣倾轧"一语,似指杨锐等人来电中的内容。此后,张之洞与刘坤一在南京会见[1],于二十五日到达上海,立即发电北京:

> 京。楼:急。静默寺距西苑门甚近,望速租定。电复。林次煌世焘如未出京,并属其稍候,并送叔峤阅。壶。有。[2]

电文的内容是租定其召见时的临时住房。该电原署"敬",即二十四日的代日,后改为"有",即二十五日的代日,当是早已拟定,到上海再发出。张之洞此时还不知道,还有一份电旨已经到达上海,命其折回湖北。

翁同龢的阻挠与历史的结局 光绪二十四年闰三月十九日,沙市招商局更夫与湖南船帮发生械斗,船帮放火点着了海关,沿烧到日本领事住宅等处。这本是一个不大的事件,但在前一年德国借口曹州教案出动军舰占领胶州湾后,俄国派舰到旅顺、大连,法国派舰至广州湾(今湛江),清朝上下已成惊弓之鸟,惟恐日本乘机发作。二十一日,总理衙门收到湖北荆州将军祥亨的电报,报告沙市事件,清廷下令祥亨迅速查明情况,并命署理湖广总督、湖北巡抚谭继洵派员"迅速办理";[3]日本驻华公使矢野文雄亦到总理衙门进行交涉,清廷再电谭继洵"力遏乱萌,严惩首要各犯"。[4]二十二日,谭继洵、祥亨连续三电,报告办理情况,称沙市外国人

---

[1] 据光绪二十四年四月初二日《申报》第二版的消息"鄂督过宁",刘坤一率南京各官员相迎在南京下关官码头,相关的礼仪结束后,张之洞、刘坤一在船上单独密谈"一点二刻钟之久"。张送刘上岸后,即命"起椗下驶"。

[2] 闰三月二十五日酉刻发,《张之洞电稿》光绪二十五年三月至四月,所藏档号:甲182-456。原整理者有误,根据内容,该电当发于光绪二十四年。"静默寺",位于紫禁城西门外北长街。"西苑门",指西苑(今中南海与北海)的东门。张之洞准备在宫中或西苑召见。"林世焘",字次煌,举人,此时已与张之洞侄女订亲。后中进士。

[3] 故宫博物院编:《清光绪朝中日交涉史料》,1932年故宫印本,卷51,第28页上。

[4] 《清光绪朝中日交涉史料》,卷51,第28页下。

皆安恙；日本公使矢野文雄照会总理衙门，表示对事件处理的不满；[1]而清朝驻日本公使裕庚此时又发来一电：

> 沙市滋事甚重，日领署、邮局烧尽。日派"高雄"、"諏城"两兵舰往沙，必藉事要挟。[2]

军舰的出动，可能引发大事件。二十三日，清廷发电谭继洵、祥亨和两江总督刘坤一，转告裕庚电报的内容，提醒他们"日谋不可不虑"。[3]闰三月二十四日（5月14日），很可能经过慈禧太后的批准，光绪帝发下一道电旨到上海：

> 奉旨：前据张之洞电奏，于十七日起程，嗣后尚无交卸来京之奏，此时计程当抵上海。惟现在湖北有沙市焚烧洋房之案，恐湘、鄂匪徒勾结滋事。长江一带呼吸相连，上游情形最为吃重。著张之洞即日折回本任，俟办理此案完竣，地方一律安清，再来京。钦此。[4]

此电的内幕虽不是十分清楚，但有迹象表明，翁同龢在此施展了手段，他不愿意张之洞入京。杨锐在后来的报告中明确说明："公入对之举，前沮于常熟。"[5]而张彬收到张之洞二十五日的电报后，次日也从北京发来回电："有电悉。念四有电旨寄上海，命叔回鄂办沙市案，办毕再来京。收到

---

[1]《闰三月二十二日收日本国公使矢野文雄信一件：沙市匪徒滋闹请饬实力办理由》，"湖北沙市土匪烧毁日本洋房获犯赔款及沙市专章岳州划界各案"，《总理衙门清档》77-85-1，台北中研院近代史研究所档案馆藏。
[2]《清光绪朝中日交涉史料》，卷51，第30页上。该电是二十一日由东京发出的。
[3]《清光绪朝中日交涉史料》，卷51，第30页上、下。
[4]军机处《电寄档》光绪二十四年闰三月二十四日。又，闰三月二十至二十二日，光绪帝陪慈禧太后在京西检阅八旗营伍，此后一直住在颐和园，直到二十六日才回到紫禁城。而在这段时间，光绪帝每日向慈禧太后请安，若有重大事件也在请安时报告。
[5]李宗侗：《杨叔峤光绪戊戌致张文襄函跋》，《大陆杂志》，第19卷第5期，1959年9月15日出版。相关的情况，参见本书第二章第四节。从当时的政治派系来分析，翁同龢、张荫桓、李鸿章都不会欢迎张之洞到京主政。

否?……"[1]

光绪二十四年闰三月二十六日（1898年5月16日），张之洞到上海的第二天，发电北京张彬等人：

> 急。京。楼：昨在沪奉电旨，因沙市事，饬令折回，俟此案办竣，地方安静，再行来京。接鄂电，沙市现已无事，谭已屡奏。我到京于时局无益，回鄂甚愿，沪上有要事，两三天后即回鄂。日来都下系何情形，鉴园病如何？速复。并告韬、峤诸君。复电加急字寄沪。壶。宥。[2]

张之洞再次表示了不愿入京的心情，也很关心恭亲王的病情。他命张彬将此电内容告诉黄绍箕、杨锐。而黄绍箕、杨锐、张彬收到该电后，立即回电：

> 电悉，即告韬、峤。既奉旨，祈速回鄂，迟必有谣言。回鄂日期速电奏。事毕速请旨，令来京。否，势成骑虎，能来方好。法因粤西教案要梧州。德王昨觐见，动静未闻。鉴园病痊。韬、峤、楼。宥。[3]

从电文的内容来看，黄绍箕、杨锐、张彬已经听闻了阻张入京的内部消息，故让其尽快回鄂，并尽快电奏回鄂日期，以防止京中的"谣言"。"鉴园病痊"，即恭亲王的病情好转，黄绍箕等人供了不确的消息。次日，闰三月二十七日，张之洞发电北京张彬："京。楼：急。廿八日自沪回鄂。壶。

---

[1] 光绪二十四年闰三月二十六日巳刻发、到，《张之洞存来往电稿原件》，第7函，所藏档号：甲182-378。又，该电后称："尚令次煌出京否？东海四月初九八旬寿，应酬否？侄拟初三出京，先到鄂。楼。宥。"又，"念四"，廿四之意。

[2]《张之洞电稿》光绪二十五年三月至四月，闰三月二十六日辰发。所藏档号：甲182-466。原整理者有误，根据内容，该电发于光绪二十四年。"谭"，署理湖广总督湖北巡抚谭继洵。

[3] 光绪二十四年闰三月二十六日戌刻发，亥刻到，《张之洞存来往电稿原件》，第7函，所藏档号：甲182-378。

宥。"[1]同时发电总理衙门代奏，表示将于二十八日开行，并告日本不会因沙市事件使用军舰动武。[2]

根据上海《申报》的报道，张之洞在上海会见了各国领事，与盛宣怀、志钧、蔡钧等清朝官员商谈交往，并参观了巡捕房、西学堂、榨油厂、造纸局。[3]闰三月二十九日，张之洞乘"楚材"兵轮离开上海，途中与长江水师提督黄少春进行了两小时的会谈。[4]四月初四日（5月23日），张之洞在回鄂途中发了三份电报。其一给杨锐：

> 京。乔：密。此时且回鄂，再看。凡事听其自然。黄楼出京否？钝。支。[5]

---

[1] 闰三月二十七日寅刻发，《张之洞电稿》光绪二十五年三月至四月，所藏档号：甲182-456。原整理者有误，根据内容，该电当发于光绪二十四年。

[2] 闰三月二十七日寅刻发，《张之洞全集》，第4册，第469页。张在电报中称："昨晚奉到二十四日电旨"，"拟二十八日即自沪行"。张还在该电报中说明，关于日本派军舰一事，已与日本领事相谈，其一舰是到汉口的例行访问，另一舰可函阻之，即解除了清廷此时最为担心的日本借此事件动武的忧虑。

[3]《申报》光绪二十四年闰三月二十九日第三版以"宪舟纪事"为题报道："湖广总督张香帅前日赴沪北洋务局，接见各国驻沪领事、翻译各官。午后五点钟，仍回舟次。昨日午前，正大雨时，各官咸诣金利源码头'楚材'兵轮船呈递手版，香帅概不接见……"同版以"名园盛宴"为题报道："湖广总督张香帅于昨日午后两点钟时，借英界公廨谳员张赓三直到巡捕房，历览一周，捕头戎服佩刀伺候。旋至梵王渡西学塾，详考章程。复至静安寺附近愚园，盛应矿务局总办志观察钧筵宴也。篚座者为江海关道蔡和甫观察诸员，水陆纷陈，东南尽美，直至夕阳西下，始席散而回。"《申报》光绪二十四年四月初一日第三版以"宪舟纪事"为题报道："盛杏荪京卿于昨晨赴张香帅舟次拜谒，晤谈良久，始兴辞而出。午后，香帅乘马车至杨树浦，阅视榨油厂、造纸局。三点钟时，复赴梵王渡，看新马路。旋赴教堂，由教士延入，遍阅学舍，直至五点钟时，始回舟次。"此中的"昨"，可以当"以前"讲。"英界公廨谳员"，指上海公共租界会审公廨清朝审判官员。"蔡和甫"，蔡钧。"盛杏荪"，盛宣怀。

[4] 光绪二十四年闰三月二十八日，张之洞发电张彬："……明晨始能开轮。壶。勘。"（闰三月二十八日辰刻发，《张之洞电稿》光绪二十五年三月至四月，所藏档号：甲182-456。原整理者有误，根据内容，该电当发于光绪二十四年）《申报》光绪二十四年四月初五日第二版以"帅旌过润"为题，报道了四月初三日张之洞座船"楚材"号过镇江时官员迎送的情况，其中称："'楚材'就象山下碇，长江水师提督黄芍岩宫保先乘小舟往谒，商议要公，约历二点钟时，始辞别……""黄芍岩"，黄少春。

[5] 四月初四日申刻发，《张之洞电稿》光绪二十五年三月至四月，所藏档号：甲182-466。原整理者有误，根据内容，该电发于光绪二十四年。

杨锐的来电虽未见，但细绎张的电文，"凡事听其自然"一语似表明，杨锐已有详细的电报或密信说明内情；"此时且回鄂"一语似又表明，由于沙市事件已平息，也符合谕旨中"地方一律安清"的要求，杨锐希望张据情请旨再入京；而张谨慎地表示了"再看"的态度。其二给湖北布政使王之春：

> 武昌王藩台：清。密。屡电悉。凡事当听其自然，且回鄂再看。名心泐。支。[1]

王之春是张之洞任两广总督时的属员，跟随张已十多年，关系甚深。他的来电虽未见，但可以推测，其内容大体与杨锐相同。张之洞对他的回电也大体与杨锐相同。其三是给梁鼎芬：

> 武昌两湖书院梁太史：藏。密。屡电悉。汲黯、富弼，未闻强欲入都。回鄂为是。来电甚勇二字上有误，祈再示。壶。支。[2]

汲黯（？-公元前112年），西汉名臣，忠贤直谏。富弼（1004-1083），北宋名臣，清贤中正。很可能梁鼎芬来电中以汲、富相期许，而张却称两人亦未"强欲入都"。四月初八日（5月27日），张之洞回到汉口，十二日，张之洞发电，称其"已遵旨回任"。[3]尽管如此，仍有一些官员希望能再次推举张之洞入京。[4]

---

[1] 光绪二十四年四月初四日发，《张文襄公电稿墨迹》，第2函第11册，所藏档号：甲182-219。
[2] 光绪二十四年四月初四日发，《张文襄公电稿墨迹》，第2函第11册，所藏档号：甲182-219。
[3] 《张之洞全集》，第4册，第470页。
[4] 光绪二十四年四月二十七日，沈曾植给丁立钧的信中称："（前缺）惟视政府过深严，着着皆有用意，此则法眼尚差，未免自缚手脚耳。都中诸公遂不能再作推袁之举，此殊不解，现在尚可图，过是恐无余望矣（壶有电致叔乔诸公，言不愿入，此自文章节次应尔耳。辞者自辞，推者自推，宁可死煞句下乎？）。"（许全胜整理：《沈曾植与丁立钧书》，上海图书馆历史文献研究所编：《历史文献》，第16辑，上海古籍出版社，2012年，第147页）"推袁"似为推举袁绍为盟主，此处喻推举张之洞入京辅政。"壶"，张之洞。"叔乔"，即叔峤，杨锐。沈曾植写信的当天，恰是慈禧太后罢免翁同龢之日，他可能还没有得到消息，故称"现在尚可图，过是恐无余望矣"，并主张"推者自推"。次日，四月二十八日，沈曾植致信汪康年："……熟思世事，自非壶帅入都，殆于更无他法。顾朝命中变，何以台评与议，乃竟寂无一言。魏阙情形，真不可思议，如何如何……"

恰于此时，北京的政情大变。光绪二十四年四月初十日（1898年5月29日），恭亲王奕訢去世。[1]同日，御史王鹏运上奏"大臣误国请予罢斥折"，弹劾翁同龢、张荫桓，该折当日上呈慈禧太后。[2]四月二十一日，给事中高燮曾上奏"海关增加经费有失政体"，指责翁同龢，该折片当日呈送慈禧太后。[3]四月二十二日（6月10日），即百日维新的前一天，慈禧太后进行第一次人事调整：荣禄升大学士（后补文渊阁）管理户部，刚毅升协办大学士、接任兵部尚书，崇礼接任刑部尚书。该次调整几乎全是针对翁同龢。[4]四月二十七日（6月15日），百日维新的第五天，翁同龢六十九岁

《汪康年师友书札》，第1册，第1143页"朝命中变"，指命张之洞返回湖北。

[1]《申报》光绪二十四年五月初九日第一版以"圣怒有由"刊出消息："天津采访友人云：户部尚书翁叔平大司农开缺回籍，已将电谕列报端。按大司农在毓庆宫行走有年，圣眷优隆，固非百僚之所可比拟。此次恭忠亲王抱疾之时，皇上亲临省视，询以朝中人物，谁可大用者？恭忠亲王奏称：除合肥相国积毁销骨外，京中惟荣协揆禄，京外惟张制军之洞及裕军帅禄，可任艰危。皇上问：户部尚书翁同龢如何？奏称：是所谓聚九州之铁，不能铸此错者。甲午之役，当轴者力主和议，曾建三策，一、收高丽为行省，封韩王如衍圣公，优给俸禄，世袭罔替。二、遴派重兵，代守其国，以备不虞。三、以高丽为各国公共之地，俾互相箝制，以免强邻得所措手。时翁大司农已入军机，格格不得行，惟一味夸张，力主开战，以致十数年之教育、数千万之海军覆于旦夕，不得已割地求和。外洋乘此机会，德踞胶澳，俄租旅、大，英索威海、九龙，法贯广州湾，此后相率效尤，不知何所底止？此皆大司农阶之厉也。于是向之不满意于大司农者，至此咸不甘以仗马贻讥，交章劾奏。皇上保全晚节，遂令解组归田。"这是一传闻，可靠性很难确定，其中关于朝鲜处置三策，当属和平时期的对策而非临战前的手段，翁同龢尚未重任军机大臣。在此录之，仅备一说。

[2] 王鹏运折见《军机处录副·光绪朝·内政类·职官项》，3/99/5360/45，中国第一历史档案馆藏。当日翁日记称："王鹏运封奏，大臣误国。见起三刻，语多，王劼余与张荫桓朋谋纳赂也，薰莸同器，泾渭杂流，元规污人，能无嗟诧。"《翁同龢日记》，第6册，第3129页；并参见军机处《随手档》，光绪二十四年四月初十日；《光绪宣统两朝上谕档》，第24册，第158页。

[3] 高燮曾："户部筹拨巨款增加海关经费大失政体折"，《军机处录副·光绪朝·军务类·军需项》，3/124/6145/33，中国第一历史档案馆藏）该折片虽未直言攻翁，但翁已看出其意，日记中称："高折意斥余而未明言，但指张某（荫桓）为主，户部不敢驳耳。"《翁同龢日记》，第6册，第3132页；并参见军机处《随手档》、《洋务档》光绪二十四年四月二十一日。

[4] 翁同龢当时的职位是协办大学士、军机大臣、总理衙门大臣、户部尚书。荣禄原为协办大学士、督办军务处会办大臣、总理衙门大臣、兵部尚书、步军统领，与翁地位相等；此时以大学士管户部，正好在户部事务上管着翁；刚毅与翁同为军机，此时升协办大学士、调兵部尚书，在地位上完全与翁平起平坐。刚毅空出来的刑部尚书，留给了总理衙门大臣崇礼，使之不再用镶白旗蒙古都统名衔，即可在总理衙门与翁对敌，更压着张荫桓一头。

(虚岁)的生日,慈禧太后进行第二次人事调整:翁同龢被"开缺回籍";[1]直隶总督、北洋大臣王文韶"来京陛见",荣禄署理直隶总督、北洋大臣;清廷还发出电报:"四川总督裕禄现在行抵何处?迅速来京陛见。"[2]该次人事调整直到五月二十三日才结束。王文韶接替翁出任军机大臣、户部尚书、总理衙门大臣,裕禄调任军机大臣,荣禄调任直隶总督、北洋大臣。[3]尽管慈禧太后罢免翁同龢有着多种原因,今人对此也有多种分析;[4]但我以

---

[1] 该日军机处《上谕档》,有朱笔上谕:"协办大学士、户部尚书翁同龢,近来办事多未允协,以致众论不服,屡经有人参奏。且每于召对时咨询事件,任意可否,喜怒见于词色,渐露揽权狂悖情状,断难胜枢机之任。本应查明究办,予以重惩,姑念其在毓庆宫行走有年,不忍遽加严谴。翁同龢著即开缺回籍,以示保全。特谕。"(《光绪宣统两朝上谕档》,第24册,第181-182页)由此可见,放逐翁同龢的上谕,出自光绪帝朱笔,然作出该决定的仍是慈禧太后。

[2] 军机处《电寄档》、《洋务档》,光绪二十四年四月二十七日;《光绪宣统两朝上谕档》,第24册,第182-183页。

[3] 四月二十九日清廷电王文韶:"王文韶迅即来京,于初四日请安。"(军机处《电寄档》光绪二十四年四月二十九日)同日王文韶回电:"艳电谕旨敬悉。现赶紧照料一切,准于初三日乘轮车进京,遵旨于初四日请安。"(《总理衙门清档·收发电》,01-38,台北中研院近代史研究所档案馆藏)五月初四日、初五日王文韶两次召见(《光绪二十四年外官召见单》,《宫中杂件》[旧整]第915包,中国第一历史档案馆藏),并于初五日被命为军机大臣、总理衙门大臣、户部尚书。四月二十九日,总理衙门收到裕禄的电报:"裕禄四月二十八日行抵宜昌,接奉电旨,于五月初一日折回上海,航海入都陛见。请代奏。"(军机处《电报档》光绪二十四年四月分),五月十九日裕禄召见(《光绪二十四年外官召见单》),二十三日被命为军机大臣、署理镶蓝旗汉军都统。翁同龢遗下的协办大学士由孙家鼐升补。七月十九日,礼部六堂官被革后,裕禄补为礼部尚书。

[4] 关于探讨翁同龢开革原因的著述很多,其中最重要的有:杨肃献译,萧公权:《翁同龢与戊戌维新》,联经出版事业公司,1983年,第117-124页;黄彰健:《戊戌变法史研究》,第128-141页;孔祥吉:《光绪与戊戌维新运动》,见《戊戌维新运动新探》,第245-262页;戴逸:《戊戌变法时翁同龢罢官原由辨析》,《故宫博物院院刊》,1995年第1期;侯宜杰:《略论翁同龢开缺原因》,《清史研究》,1995年第4期;舒文:《翁同龢开缺原因新探》,《清华大学学报》(哲学社会科学版),1998年第3期;俞炳坤:《翁同龢罢官缘由考辨》,《历史档案》,1995年第1期;以上4篇论文皆收于翁同龢纪念馆编:《二十世纪翁同龢研究》,苏州大学出版社,2004年;杨天石:《翁同龢罢官问题考察》,《近代史研究》2005年第3期。上述论文的分析各有独到见解,然以戴逸一语为最精辟,即光绪帝自己都承认他没有罢黜高官之权力。而最为重要的证据,是光绪帝罢免翁的朱谕。俞炳坤称:"光绪的朱谕现在尚存我馆。人们看了这道朱笔谕旨就可以发现,它同现存光绪的其他多数朱谕的字体、字迹和形式都有所不同。它每个字的一笔一划都写得规规矩矩、工工整整,每一行字都写得很直,行距和字数完全相等,一点都没有勾划改动的痕迹,根本不像是自己边想边写的,而很像是临帖照抄的。"然此说只是一种分析,光绪帝若自己起草朱谕,如此重大之事,草稿过于零乱,自己再抄一遍也是有可能的。

为，其中最重要的是权力斗争，慈禧太后绝不允许"翁师傅"控制光绪帝把持朝政的局面出现。五月二十七日（7月17日），清廷又发来电旨：

> 奉旨：前经谕令张之洞折回本任，俟沙市之案办竣，再行来京。现在案虽就绪，惟湖北地方紧要，张之洞著即毋庸来京陛见。[1]

中枢的调整至此已经完成，再召张之洞入京已无必要。[2]

如果不是沙市事件，如果不是翁同龢的阻挠，张之洞将于四月初，即恭亲王奕訢去世之前到达北京，很可能由此入值军机处、总理衙门。若是如此，政局还会有如此之大的变动吗？

如果张之洞入值军机处、总理衙门，必不会听命于翁同龢，这也是慈禧太后、徐桐等人所乐意看到的，成为政治上的牵制力量。若是如此，慈禧太后还有必要驱逐翁同龢吗？

如果张之洞与翁同龢同在枢廷为官，会否大起党争？在"张之洞档案"《张文襄公函牍未刊稿》所录张之洞致翁同龢信的抄件旁，有一贴条，称言：

> 常熟极修边幅，与文襄行径本不甚同。然作京曹时，虽踪迹较疏，而同在清流，未尝不互相引重。迨文襄开府粤、楚，兴作繁多，规模宏大，常熟局量较隘，视文襄举动不无挥霍之疑。及汉阳铁厂开端，中国创举，事事借重客卿，糜费所不能免。常熟时筦度支，文襄请款动遭驳诘，赖醇贤亲王一意维持，厂事得不中辍。卒以预估之数一再追加，仍不足用（已用至六百余万），始奉旨招商接办，非文襄本意。两人嫌隙由此积而愈深。此函词意虽极推崇，实望其维持到底，不得不屈意为之。筱山传述之言，盖以撙节为规，故篇末云云，即申明无可撙节之意耳。此事始末，文襄亲为余言之。要之，事皆因公，初无

---

[1] 军机处《电寄档》光绪二十四年五月二十七日。
[2] 杨锐称，这一道谕旨是出自刚毅之意。参见本书第二章第四节。

私怨，则可一言决也。瀛注。[1]

"瀛"，很可能是汪凤瀛，张之洞的重要幕僚。他的这段注语说明，翁、张之间只是政策分歧，并无不可排解的恩怨。同为清流的见解，也有可能使他们互为推重，力治弊端。若是如此，清朝的官场是否会有大的风气变化而不那么腐败不堪，清朝会否因此也延长生命？

如果张之洞入京辅政，他在《劝学篇》中提出的"中学为体、西学为用"的主张，很可能成为此期朝政的纲领；而他对康有为及其学说的敌视，将会全力阻止康有为一派的政治企图。他对"迂谬"理念的反感，也将会全力阻止极端保守派的政治反动。若是如此，清朝的历史之中是否就会没有戊戌变法和戊戌政变，没有义和团和庚子事变，而提前进行清末新政？

…………

历史没有"如果"，也容不下太多的假设。于是，治史者与读史人又有了百般的思绪、万般的感叹和那种不由自主的暗自神伤……

---

[1]《张文襄公函牍未刊稿》，所藏档号：甲182-393。"文襄"，张之洞，其谥号为"文襄"。"筱山"，翁同龢之侄、翁同书之子翁曾桂，此次他与张之洞的相会，当为新任江西按察使进京觐见后，上任时经过南京。张之洞该信也已发表，见《张之洞全集》，第12册，第68页。而汪凤瀛所记，亦有误记之处，醇亲王于光绪十六年去世，汉阳铁厂恰于此年终建，当不能有"一意维持"之事。但醇亲王对张之洞的事业"一意维持"，却是确有其事。张之洞晚年的《抱冰弟子记》中也有相关的记载，稍有不同："己丑、庚寅间，大枢某、大司农某立意为难，事事诘责，不问事理，大抵粤省政事无不翻驳者，奏咨字句无不吹求者。醇贤亲王大为不平，乃于曩所议奏各事，一一皆奏请特旨准行，且事事皆极口称奖，……并作手书与枢廷诸公，曰：公等幸勿藉枢廷势恐喝张某。又与大司农言，曰：如张某在粤有亏空，可设法为之弥补，不必驳斥。"(《张之洞全集》，第12册，第517页）"己丑、庚寅"，光绪十五、六年，而所言内容皆是张在两广总督任上之事。"大枢"，似指孙毓汶。"大司农"，指翁同龢。

第一章

张之洞之子张权，之侄张检、张彬的京中密信

一、李景铭与《张文襄公家藏手札·家属类》

在数量极其庞大的"张之洞档案"之中,有数以百计的文件涉及戊戌变法,而能让我眼前一亮、怦然心动者,是其中一件精心制作的折册,木板夹封,封面的签条写"张文襄公家藏手札·家属类·石芝所藏"(以下称《张文襄公家藏手札·家属类》)。[1] 其中的一些信件透露了戊戌变法中的重要内幕。

正当我为"石芝"其人感到极为困惑时,近代史研究所图书馆的茹静女士向我提供了情况:"石芝"很可能是李景铭,该馆另藏有"李景铭档案"8册,装订样式大体相同,也有3册亦署名"石芝";其中一册题名已脱落、封套题为《李景铭存清室信札》者,页内有红色铅笔所写字样:"信札共9册,56、4、27萃文斋,共价60·00,总59号"。[2] 由此看来,《张文襄公家藏手札·家属类》)原是李景铭所收藏,于1956年4月27日由近代史所图书馆购自于北京琉璃厂旧书店"萃文斋";又由于该册题签为《张文襄公家藏手札》而从"李景铭档案"中抽出,羼入"张之洞档案"。

---

〔1〕《张文襄公家藏手札·家属类》,所藏档号:甲182-264。
〔2〕近代史所图书馆所藏有"李景铭档案",所藏档号:甲279,共计折册8册,皆精心制作、木板夹封,形式与《张文襄公家藏手札·家属类》极为相似。该8册的签条为:《闽中五书院试卷》、《朋僚手札》、《师友函牍》、《朋僚手札》、《崇旧集》、《适园题咏集》,以上《朋僚手札》两册、《师友函牍》的贴条皆书"石芝"字样,另两册签条已脱落,函套上写"李景铭存札·第二函一册"、"李景铭存清室信札"。以上8册加上《张文襄公家藏手札·家属类》,恰好是9册。茹静还称,李景铭后人还来过近代史所图书馆,说明其家族在美国另藏有相当多的材料,欢迎利用研究。

李景铭，字石芝，福建闽侯人，光绪三十年（1904）进士，清末任度支部员外郎；北洋政府时期任财政部赋税司司长、印花税处总办等职。他对清朝历史较为熟悉，著有《三海见闻录》、《闽中会馆志》等书。[1] 然他又是从何处搜得这些信札，情况不详。台湾大学历史系李宗侗教授的经历，可能对此会有所帮助。李宗侗曾著文称：

> 昔在北平，颇喜购名人信札，所积至万余件，带至台者不过数百札耳。此劫余之一也。吾所注意与收藏家不同，收藏家偏重人与字，而吾则重内容，若内容重要，即片简断篇亦所不计。文襄遗物多经后门外估人之手，以其故宅在白米斜街，去诸肆甚近。忆曾购得两木箱，杂有诸人致文襄信札及文襄所批文件与亲笔电稿若干件，现回忆之，皆可谓为至宝矣。[2]

李宗侗为晚清重臣李鸿藻之孙，他从地安门外旧物店收购了两木箱的张之洞遗物，李景铭是否亦是如此？而李宗侗于1935年因故宫盗宝案离开过北京，他的收藏是否另有出让？

《张文襄公家藏手札·家属类》贴有李景铭所写的五张签条：一、"张权，字君立，直隶南皮人，文襄公长子。戊戌进士。户部主事，礼部郎中，四品京堂。"二、"此三纸系杨锐号叔峤所写。"三、"张检，字玉叔，直隶南皮人，文襄公胞侄。庚寅进士，吏部文选司郎中，外放江西饶州府知府，升巡警道，署按察使。"四、"张瑞荫，字兰浦，直隶南皮人。文达公子，官□□道监察御史。"[3] 五、"石镇，字叔冶，直隶沧州人。为文襄公内侄，

---

[1] 参见杨之峰、李诚：《〈三海见闻志〉前言》，李景铭：《三海见闻志》，北京古籍出版社，2005年，第1-3页。李景铭本人自1920年开始记日记，有日记33函，数百万字，并从日记中删削出《六二记忆》，其中部分内容以《一个北洋政府官员的生活实录》为题刊于《近代史资料》，第67号，中国社会科学出版社，1987年。
[2] 《杨叔峤光绪戊戌致张文襄函跋》，《大陆杂志》，第19卷第5期。"后门"，指地安门。
[3] "文达公"，张之万。又据纪果庵：《清史世家略记》，张瑞荫曾官山西道监察御史。《古今》半月刊第57期，1944年10月。

官安徽候补道。"由此看来，李景铭对张家的情况亦有初步的了解。

《张文襄公家藏手札·家属类》共粘贴张之洞家属书信计24件，另有其门生杨锐来信1件。我之所以对其感兴趣，是因为其中的7件，即张之洞之子张权来信4件（1件为全，1件缺一页，2件为残）、侄张检来信1件、侄张彬来信2件（1件稍全，1件为残）。[1] 这些密信写于光绪二十四年（1898，张彬的一残件写于光绪二十一年），皆是向张之洞报告京中的政治情况，涉及戊戌变法中许多鲜为人知的核心机密！

以下逐件介绍张之洞收到的这批密信，并结合"张之洞档案"中亲笔电报，加以背景的说明。

二、张权光绪二十四年六月十二日来信

《张文襄公家藏手札·家属类》所贴第22件，是张权的来信。张权，张之洞长子，字君立，生于同治元年（1862），光绪五年（1879）中举。光绪二十一年，与康有为等人在京发起强学会。光绪二十四年二月，他进京参加会试。[2] 张之洞对此十分关心，亲笔写了大量的电报；[3] 亦曾于四月

---

[1] 除了张权、张检、张彬的来信外，该折册还粘贴有其侄张荣泉信3件、其侄张永镇信2件、其侄张叔鹤信1件、其侄张樟信1件、族侄张瑞荫信1件、其侄孙张守诚信1件、其侄孙张元震信1件、其内侄石镇信3件、其内侄石鐏信1件、其侄孙（未具名）信1件、其侄媳胡氏信1件。另有杨锐的密信1件（写于光绪二十二年）。杨锐一信也十分重要，将在本书第二章第二节中介绍。

[2] 光绪二十四年二月初八日，张之洞发电驻守清江的漕运总督松椿："小儿权入京会试，日内当已到清江，祈派马队护送。感祷。洞。阳。"与此同时另发电张权："致清江电局，译出探交张君立：何日到，何日行？电闻湖北督署。阳。"光绪二十四年二月初八日子刻发，《张之洞电稿丙编》，第15函第74册，所藏档号：甲182-94。

[3] 从"张之洞档案"中可以看出，他对于张权的行程、会试、朝考及分部学习诸事，无不发电予以详细指示。其中闰三月十二日电报称："急。京。化石桥，吏部张玉叔转张君立：真电悉。来电语意，似是已中，但未明言。闷极！中式第几名？房师为谁？速即刻复。赀敬房师一百，座二十，已饬汇毛诗。彬侄、及叔峤、林次煌暨此外熟人有中者否？并复。壶。文。"（闰三月十二日申发，《张之洞电稿》光绪二十五年三月至四月，所藏档号：甲182-456。原整理者有误，根据内容，该电发于光绪二十四年）"毛诗"，指银三百两。闰三月十六日电称："京。化石桥吏部张玉叔交张君立：电悉。复试赀见每人十六金。复试阅卷系何人？即复。壶。铣。"（闰三月十六日亥发，出处

十八日发电指示其殿试之策略。[1]张权此次会试，中三甲第63名进士，五月十三日光绪帝旨命"分部学习"，任户部学习主事。

张权到京后，除了应试外，张之洞也命其报告京中密情。光绪二十四年闰三月初一日（1898年4月21日），张之洞发电：

> 京。化石桥。张玉叔转张君立：四数已汇，到否？场作速钞，即日交邮政局寄。勿延。近事可详告。壶。卅。[2]

"张玉叔"，张检，后将详说。"壶"为张之洞发电给亲属及密友的自称。四月初七日（5月26日）又发电：

> 京。化石桥。吏部张玉叔转交张君立：榜后何以总无信来，奇极。即日写一函，交邮政局寄鄂。行书即可，不必作楷。壶。阳。[3]

"近事可详告"、"即日写一函"等语，说明了张之洞交待的任务。五月二十六日（7月14日），即会试、引见各项结束后，张之洞发电张检、张权：

（同上）四月三十日电称："京。张玉叔：急。权朝考名次，速告。壶。"（四月三十日巳刻发，出处同上）五月二十一日电称："京。化石桥吏部张宅，张君立：急。签分何部？速复。壶。"（五月二十一日巳刻发，《张之洞电稿》光绪二十五年五月至七月，所藏档号：甲182-456。原整理者有误，根据内容，该电发于光绪二十四年）

[1]张之洞电称："急。京。化石桥，张玉叔转张君立：今年殿试，若空衍泛活，太不好看。每段可引名儒议论一两条，名臣奏议一两条，周秦诸子精粹语一两条，史事一两条。较为切实。务遵照。即复。壶。啸。"（光绪二十四年四月十八日辰刻发，《张文襄公电稿墨迹》，第2函第11册，所藏档号：甲182-219）张之洞后又发电："急。京。张玉叔：闻权儿殿试患病，必在三甲后，嘱其朝考用心可也。甲第名次仍即电知。鼎甲有异才否？并闻。壶。敬。"（四月二十四日巳刻发，《张之洞电稿》光绪二十五年三月至四月，所藏档号：甲182-456；原整理者有误，根据内容，此电发于光绪二十四年）

[2]《张之洞电稿》光绪二十五年三月至四月，闰三月初一日子刻发。所藏档号：甲182-456。原整理者有误，根据内容，该电发于光绪二十四年。"四数"，指银四百两。"场作"，指会试之作。

[3]《张之洞电稿》光绪二十五年三月至四月，四月初四日申自九江发。所藏档号：甲182-456。原整理者有误，根据内容，该电发于光绪二十四年。此时张之洞正从上海返回武昌。

> "京。张玉叔、张君立：急。分何司？即电告。前交邮政局寄《劝学篇》一本，当早接到。有何人见过？议论如何？康、梁近日情形如何？仲弢、叔峤与之异乎？同乎？众论有攻击之者否？即复。壶。宥。"[1]

"仲弢"，黄绍箕，时任翰林院侍讲。"叔峤"，杨锐，时任内阁候补侍读。两人皆是张之洞在京最亲信的人。这封电报中开列出张之洞所需了解的情报内容。除了私人性质的张权分户部后又掣何清吏司外，主要有三项：一、《劝学篇》在京的反应；二、康有为、梁启超在京的活动；三、黄绍箕、杨锐与康、梁的关系。至于第三项，很可能是张听说黄、杨等人参加了康有为等人组织的保国会的部分活动。[2]六月初三日（7月21日），张之洞再电张检、张权：

> 京。化石桥，张玉叔、张君立：急。折差寄《劝学篇》三百本，以百本交仲弢、百本交叔乔、百本自留，亲友愿看者送之。康气焰如何？黄、乔、杨与康有异同否？户部难当，只可徐作改图。堂官已见否？前电久未复，闷极。速复。壶。[3]

由此可知，张之洞为《劝学篇》在京发动了巨大的宣传攻势。[4]"黄"指黄绍箕，"乔"指乔树枬，"杨"指杨锐。张之洞再问此事，仍是保国会的传闻，他还没有收到张权的回电。

张权的这封密信，正是在这一背景下写的。

张权此信，署日期为"六月十二日"（1898年7月30日），写于红纸

---

[1]《张之洞电稿》光绪二十五年五月至七月，五月二十六日辰发，所藏档号：甲182-456。原整理者有误，根据内容，该电发于光绪二十四年。
[2] 杨锐等人参加保国会活动的具体情况，可参见本书第二章第三节。
[3] 六月初三日戌刻发，《张之洞电稿》光绪三十年六至七月，所藏档号：甲182-470。原整理者有误，根据内容，该电发于光绪二十四年。
[4] 与此相关的情况，参见本书导论第三节。

上,标有页码,共20页,中缺第二页。其信全文为:

男权跪请父亲大人万福金安。

敬禀者。五月二十日由折差寄呈一禀,想入慈览。接署中信,欣悉又得一十二弟,不胜欢忻。近想福躬康健,阖署平安,定如孺颂。兹谨将都(中缺第二页)

……向政府诸公言,除备副本四十部外,当多送数部,以备诸公翻阅。刚相言,吾辈要之何用。进呈日,适有丁立瀛请开议院之奏李玉坡言其意专为筹款而设 刚出,谓:上览丁奏后云,吾变法并非要变成洋鬼子,幸今日已见张某之书,方始明白君权之要。不然,如丁立瀛此奏,吾又几乎上他当矣。此李玉坡亲闻刚言之。

徐荫老数月来,气闷极矣,自言:自见《劝学篇》后,为之一快。

康有为本意愿出使日本,其次大学堂总教习。梁卓如曾向合肥言,如以渠南海先生使日本,必能联络日人,于中国大有裨益。廖仲山师向孙燮老言数次,请派康大学堂总教习。孙未允。

总教习先拟请盛伯羲。盛言:若朝来请则午死,午来请则夕死。又拟请王益梧,王亦辞。始改请许。

大学堂所派教习,除黄仲弢黄系提调、寿伯符外,多不惬人望。知之者,熟人有朱益斋妹丈、余寿平诚格,并有新庶常数人,大约新进不知名者居多。最招物议者,以内有寿州之婿刘某。益斋言,寿州自云求派之条子太多 益斋言渠之派,出于意外,并未往求。寿、黄、朱三人或就或辞,主意尚未定。

昨传言,宋伯鲁又有奏劾孙,系为康而发。问李玉坡,尚未之知,恐系谣传耳。

杨深秀、宋伯鲁与康最密。闻人言,杨有悔心,宋则五体投地到底,心悦诚服。宋对人言,自觉与之当学生,尚属不配,惟有叩头而已。

文侍御参康折，句句确实。有所谓不敢出口之言者，系康向杨深秀言，当今时势，非禅代不可。康又令杨向文言，令其觅一带兵之都统，借兵八千，围颐和园，劫两宫，要以变法。此是其二三月间之语，先以为或系言者之过。及文仲恭劾渠获谴后，在户部署中闻多人皆如此说。又言所云洋字信件，系日本人与彼所立合同 亦不知是何等合同及私书也。又谓其写一纸，条列各洋行，数十万金可立办 此大约必无之事。此皆是带见堂官时，在广东司从旁闻得诸人所说，当时未便细询究，未知确否也。

三月间，权曾与康相见。渠忽问现在王、贝中有一人才，知之否？答以不知。渠又言，试猜猜？答以全然不知，无从猜起。渠郑重再三，然后悄言，此人即傅侗也。天资如何高，心地如何好，如何有识见，有志向，如何好学。并言待渠极其尊礼，每坐必居下位，每言必称先生，娓娓不绝。当时未甚答之，渠亦未竟其说，但言勿告他人而已。此真叵测，而又卑鄙，因遂不敢近之。渠召见后，即日又来拜，亦未与相见。此后遂不通闻问，渠事俱得之传闻，转不能知其详细矣。

有人谓，上设有待诏房为康、梁入直之所；又谓渠写一纸条，不由军机即可递进。李玉坡言，或不至此。然上交派，凡渠有条陈，专交廖与之呈递，并不拘奏折体制，即以说帖封进，随时交来。廖不敢不与之递。此则不诬也。

康近对人言，吾始主民权之说，及召见，见今天子圣明英武，始知民权之说不可行也。

近日哄传康在曾刚甫习经，广东人 座中为人所殴。因其论中国妇女必须广交游。一人言，汝家妇女何不先出与吾辈交游？康无以应，因詈其人混帐，遂至相殴。先传其人为浙人邹寿祺。后有人言邹中后未殿试，即回南，恐非其人。然此事则非无因也。

今上病，或言系张荫桓进药所致，并谓其每见必有进物。于晦若言，或不至此，惟其与人书谓：上有高禖之庆，渠何以知之，人不能无疑耳。于晦若来,渠住贤良寺,出入不便。言明不往回拜。

刘博丈言怀少仙塔布面奏慈圣言,上病,太医院诸人不能治,请令外省督抚保送。慈圣不答。现系太医院庄守和诊治。庄言,如百日内可愈即愈,百日不愈即不易为矣。

仲弢闻王大舅言:张荫桓尚不甚妥,阴有退志,经济特科渠亦不保人矣。大舅谓:其一身不自保,焉能保人。然有谓其已保者,不知确否。李玉坡谓,其自受惊后,破费二百三十万。三十万系应酬近侍者。玉坡言,渠先未知应酬内监,彼等颇有与之为难者,经此事后方知。于是大加津润,其位遂愈固矣。每召见一次,赏赐千余金。王大舅之语,恐尚非真情也。

李苾老保十七人,系梁启超主稿,大约康徒为多。苾老又保康、梁,谓可置之左右,以备顾问。

或言上海道蔡钧私卖米与日本,为赫德所劾。

刘博丈言,请大人将策论、四书经义各题出一样子寄来,博丈将以示诸执政。大约日来诸大老议论纷纷,颇觉为难,尚未知题目如何出法也。

《劝学篇》叔峤托何云帆部郎兆熊在总署排印,尚未成。端午桥带津石印,撷华书局亦将排印,均尚未成。直隶同乡议提公款刻一板,李牧皋主其事。板价六十金已定,即日开刻,然更迟缓,必须一月余方成。现要者纷纷,带来者俱已散尽。仲弢共取去一百七十余本。除亲友至熟处俱已分送外,本科、同年及同部诸人,几于人人欲得一本。有便请再赏寄一二百部。

《劝学篇》外篇第十六页 阅报第六 之左第七行"始知有时局","知"字误刻作"之"。外篇第五十一页 非攻教篇末页 之右第六行"如此狂夫","如"字误刻作"知"。初刻本此二字并不误,改本始刻误也。

权掣江西司,初九日到署,只见敬、王、溥三堂,其余俱尚未见。

询人,据云:见不见亦无关紧要。分部亦无所欲,惟在张荫桓下,最为难堪。幸此时与彼尚无关涉耳。拟当一月以后,即请假南旋。带呈老米二十斤,玫瑰露酒十斤。 上次所带系天津者,此系本京者 雷震咯哒一篓,不知能不坏否?跪请福安!虔叩大喜!恭请姨太太福安!姨奶奶福安!并叩大喜!

男权谨禀 六月十二日

这封信由张权自己分节,尽管中缺一页,为叙说的方便,我仍按顺序之节数说明其背景。

该信第一、二节虽是礼仪套话,但从中可知张权的通信方式。当时的奏折由上奏人派折差送京,折差又成为张之洞与京中人士联系之介。[1]五月二十日,张权已带回一信,仅过22天,又乘折差之便,再次报告诸多京中情报。此时百日维新已渐入高潮,张之洞急需知道朝廷政情。

该信第三、四节说明张之洞《劝学篇》进呈后引起的反应。也是张之洞五月二十六日电报中的主要内容之一。

前节已述,翰林院侍讲黄绍箕因被保举"使才"受光绪帝召见,他向光绪帝推荐张之洞的《劝学篇》,旨命其进呈。光绪帝收到该书后,大加赞赏,下旨各省推广。[2]信中"向政府诸公言",指向军机大臣言,言者似

---

[1]此期"张之洞档案"中抄有当时折差的四次来电,称言:"折八到、九递。白文炳、张正德禀。戊戌六月初一日午刻发,初七日子刻到。""折二到,顺递。柏禄生、王正泰禀。戊戌六月十二日戌刻发,十四日酉刻到。""折六到、七递。盛禀。戊戌七月初六日酉刻发,初十日酉刻到。""折十出京。盛禀。戊戌七月初九日戌刻发,初十日丑刻到。"(《张之洞存各处来电》,第34函第3、4册,所藏档号:甲182-136)"折"即折差。"八"、"九"、"二"、"六"、"七"、"十",分别代表日期二十八、二十九、十二、初六、初七、初十。由此可知五位折差的姓名或姓。如此看来,张权此信很可能由折差白文炳、张正德带回。又,"张之洞档案"中有一件电报:"京。广东提塘。告差弁陈耀邦,即速回粤。迅到车辇店工科刘、老墙根总署章京户部袁、下斜街通政司黄、拴马椿翰林院黄、北半截胡同南书房李、南半截胡同工科张人骏此数处一问,有信即带回。勿延。先电复。费粤出。督署。歌。八月初五日午发。"(原件无年份,《张之洞存来往电稿原件》,第5函,所藏档号:甲182-376)此为张之洞在两广总督任上的电报,可知此举由来已久。"刘"为刘恩溥;"袁"为袁昶;"通政司黄"为黄体芳;"翰林院黄"似为黄绍箕;"南书房李"似为李文田。
[2]相关的情况,可参见本书导论第三节。

为黄绍箕。"刚相",指军机大臣、兵部尚书刚毅(1837-1900),满洲正黄旗人,笔帖式出身,"相"指其新授协办大学士之位。刚毅表示不需此书。"丁立瀛",江苏丹徒人,同治十年进士,时任顺天府府丞。丁立瀛该折我虽未从档案中检出,但查军机处《随手档》,六月初七日记:"府丞丁立瀛折:请设议院由";又查该日军机处《上谕档》,有军机处给慈禧太后的奏片:

> 本日顺天府府丞丁立瀛奏请暂设议院折,奉旨存。再初六日侍郎李端棻折,一并恭呈慈览。[1]

从时间来看,与张权所言完全吻合。"奉旨存"一语说明了光绪帝的处理方式,一般说来,命"存"之奏折大多束之高阁。"李玉坡",李荫銮(1853-?),字玉坡,直隶景州人,光绪九年进士,时任军机处汉二班领班军机章京。[2]"刚出,谓",指军机大臣刚毅在御前见面后,由光绪帝寝宫出来对李荫銮所言,而军机章京是不能参加见面的。从张权的消息来源来看,光绪帝"方始明白君权之要"这段话,应当是相当可靠的。

"徐荫老",徐桐,号荫轩。前节已叙,光绪二十四年三月二十九日,杨锐、刘光第等人密谋,由徐桐出面上奏,请调张之洞入京辅政。[3]他本属思想保守一派,但在此形势下,对《劝学篇》的内容是能接受的。此后,他对《劝学篇》的态度又有变化。[4]

该信第五、六、七节,谈到康有为欲出使日本、欲任大学堂总教习之事。

---

[1]《光绪宣统两朝上谕档》,第 24 册,第 257 页。

[2] 李荫銮当时的官衔为:"三品衔候补五品京堂升四品后换二品顶戴刑部员外郎"。又,张之洞曾发电其连张彬:"京。楼。李玉坡荫銮住何处,速复。壶。"(五月廿二巳刻发)。"楼",张黄楼,张彬。(《张之洞电稿》光绪二十五年五月至七月,所藏档号:甲182-456。原整理者有误,根据内容,该电似发于光绪二十三年)

[3] 相关的情况,参见本书导论第四节。

[4] 张謇于光绪二十六年二月十三日日记中称:"晤张君立权。君立,南皮子。言徐相疵南皮《劝学篇》尽康成。"(《张謇全集》,第 6 卷,第 432-433 页)此为"己亥立储"之后,徐的政治权力达于最高峰,其思想保守亦达于最高峰。

先是清朝驻日本公使裕庚因任期已满,且患有腿疾,要求派出新任,至六月二十四日,光绪帝派湖南长宝盐法道黄遵宪为新任驻日本公使。在我看到的文献中,与康有为欲出使日本有关的记录为:一、康在《我史》中称:"又留黄公度勿出",即将黄遵宪留下,主持维新运动。然康未称其有意于出使日本。[1]二、康广仁致何易一信称:"……弟无如何,乃与卓如谋,令李苾老奏荐伯兄出使日本,以解此祸。乃皇上别放公度,而留伯兄,真无如何也。"[2]康广仁指出其中的关键人物为李端棻。三、王庆保、曹景郕:《驿舍探幽录》称:"张(荫桓)云:七月间,皇上有朱笔谕条,令我向日使言中国拟派头等钦差驻日本。又拟派康有为赴日坐探变法事宜,我恐日廷不允接待,即至总署与廖仲山言论。"[3]此中提到派康有为赴日,与康广仁的说法相同,其性质不是出使,而是"坐探变法事宜"。然《驿舍探幽录》多有添油加醋处,此说仅可备为一说。四、周传儒当年受学于梁启超,1925年夏与梁相会天津,听梁讲戊戌掌故,撰文称:

> 在外交路线上,维新派是亲日的,以日本明治维新为师。其中牵线人物是黄公度。……1898年阴历六月二十三日(阳历八月上旬)虽有以黄公度为三品京堂出使日本之命,其意在厚结日本为外援以自固。尚未成行,北京事变日急。有人建议以公度与南海相对调,故德宗三诏敦促,有无论行抵何处,著张之洞、陈宝箴传令攒程迅速来京之谕……[4]

---

[1]《康南海自编年谱》,《丛刊·戊戌变法》,第4册,第158页。又可参见拙著《从甲午到戊戌:康有为《我史》鉴注》,第704—706页。

[2] 张元济编:《戊戌六君子遗集》,商务印书馆,1926年,第6册,《康幼博茂才遗文》,第1页。此信为由康有为提供给张元济的抄件,可能会有所窜改。

[3]《丛刊·戊戌变法》,第1册,第503页。其中关于派黄遵宪"头等钦差"一事,又可参见孔祥吉、村田雄二郎:《罕为人知的中日结盟及其他》,巴蜀书社,2004年,第68—73页。

[4] 周传儒:《戊戌政变轶闻》,《辽宁大学学报》(哲学社会科学版)1980年第4期。此处"二十三日",为二十四日之误。

此中的"有人",指李端棻。然李端棻上奏乃是七月以后之事。[1]何以六月十二日张权信中即有"康有为本意愿出使日本"一语?看来康有为对驻日本公使一职,久有关注。"梁卓如",梁启超。他由徐致靖所保,经总理衙门查看,光绪帝于五月十五日(7月3日)召见,旨命"著赏给六品衔,办理译书局事务。"[2]"合肥",李鸿章,时以文华殿大学士任总理衙门大臣,住在贤良寺(今北京东城金鱼胡同一带)。张权所言梁启超对李鸿章之语,很可能闻自于李的幕僚于式枚(后将述及)。

"廖仲山",廖寿恒(1839-1903),字仲山,江苏嘉定人。同治二年进士,入翰林院,时任军机大臣、总理衙门大臣、刑部尚书。"孙燮老",孙家鼐(1827-1909),字燮臣,安徽寿州人,咸丰九年状元。他是光绪帝的师傅之一,时任协办大学士、吏部尚书。五月十四日,军机处、总理衙门上奏办理京师大学堂诸事宜。十五日,光绪帝经慈禧太后批准后下旨,派孙家鼐管理大学堂事务,并命大学堂总教习、教习及办事各员由孙奏派。康有为有意于京师大学堂总教习一职,当时多有说法,我亦有文论证此事。[3]然康有为在《我史》中称:"时李合肥、枢臣廖仲山、陈次亮皆劝孙中堂请吾为总教习。"[4]根据李鸿章此期致其子李经方两信,我以为李鸿章不太可能推荐康。[5]"陈次亮",陈炽,军机章京,此时正丁母忧,有可能

---

[1] 查军机处《随手档》七月初三日记:"仓场侍郎李端棻折:一、保黄遵宪以备顾问由;片一、保庶吉士熊希龄等请擢用由。"李端棻的"保黄遵宪以备顾问折"、"保熊希龄等请擢用片"皆未从档案中检出。查军机处《上谕档》,当日军机处给慈禧太后的奏片称:"仓场侍郎李端棻奏黄遵宪堪胜重任折,奉旨'存';又奏保庶吉士熊希龄、江苏试用道谭嗣同片……"由此可知该折、片的大致内容。由于黄遵宪、谭嗣同已奉旨召京,当日军机处电寄陈宝箴旨:"湖南在籍庶吉士熊希龄,著陈宝箴传知该员,迅速来京,预备召见。"军机处《随手档》、《上谕档》、《电寄档》,光绪二十四年七月初三日;《光绪宣统两朝上谕档》,第24册,第304页。
[2]《光绪宣统两朝上谕档》,第24册,第228页。
[3] 参见拙文:《京师大学堂的初建:论康有为派与孙家鼐派之争》,《戊戌变法史事考二集》,第242-261页。
[4]《丛刊·戊戌变法》,第4册,第151页。
[5] 李鸿章致李经方,光绪二十四年五月二十八日、六月二十九日,《李鸿章全集》,第36册,第184、188页。并参见拙著《从甲午到戊戌:康有为〈我史〉鉴注》,第530-531页。

不在北京。此处张权称:"廖仲山师向孙燮老言数次,请派康大学堂总教习",证实了康的说法。依廖寿恒的性格,若其主动言此,很可能另有背景,甚至出自光绪帝之授意,可惜张权未详细说明这一消息之来源。

"盛伯羲",盛昱(1850-1900),字伯熙,宗室,光绪二年进士,光绪十年任国子监祭酒。"王益梧",王先谦(1842-1914),字益吾,同治四年进士,光绪六年任国子监祭酒。孙家鼐请两位祭酒出任总教习之事,又可见张检六月初二日致张之洞的信(参见本章第五节)。《国闻报》于光绪二十四年六月初三日以"京师大学堂拟请总教习"为题,刊出相关消息,提到严复、盛昱、王先谦、丁韪良、许景澄五人选。[1]然孙家鼐已于五月二十九日上了三折两片一单,奏明大学堂诸事,其中提议工部左侍郎、前驻俄驻德公使许景澄任大学堂总教习,并提出大学堂办事各员的名单,光绪帝当日予以批准。[2]"寿伯符",寿富(1865-1900),字伯弗,宗室。其

---

[1] 该报称:"堂事之举否,全视教习之得失,而各教习之得力与否,尤全视总教习之得人与否。北京大学堂总教习,初议有延聘天津水师学堂总办严复之说。京师讲求新学之士大夫,莫不以此举为得人。后主其事者,不知何故,忽易前议。因之又欲延聘前国子监祭酒宗室盛伯熙及湖南黄益吾,然二公均不通西文。因又商请美国之丁韪良,但丁在同文馆为总教习,时其薪水且倍于大学堂之总教习,是以不愿俯就。闻得近日又拟电请许竹筼侍郎回华,奏请简授此职。然许侍郎虽历充使臣,在外洋十余年,其究否通晓洋文,亦不得而知。可见中国创办一事,欲得人而理,有如之难。其实中国未尝无人,仍不过以资格二字,拘泥困计而已。"又,"黄益吾","王益吾"之误。
[2] 北京大学、中国第一历史档案馆编:《京师大学堂档案选编》,北京大学出版社,2001年,第43-47页;《光绪宣统两朝上谕档》,第24册,第247页。孙家鼐提出的名单是:刑部候补主事张元济任总办;翰林院修撰骆成骧、编修黄绍箕、朱祖谋、余诚格、李家驹任稽查功课提调;詹事府左庶子李昭炜任藏书楼兼官书局提调;工部候补郎中周晛任仪器院提调;户部候补员外郎涂国盛任支应所提调;工部员外郎杨士燮、户部候补郎中王宗基任杂务提调;翰林院编修朱延熙、田庚、田智枚、段友兰、翰林院庶吉士寿富、章际治、胡濬、内阁候补中书王景沂任分教习;翰林院侍读学士瑞洵、刑部学习郎中刘体乾,比照提调,在许景澄未到任前,在堂协助孙家鼐"斟酌学务,查考事宜",即任文案处差使。光绪帝对此下旨:"依议。"又,孙家鼐奏折称黄绍箕为翰林院编修,误,黄为翰林院侍讲。张之洞在接到张权此信及杨锐密信前,已获电报,得知许景澄为大学堂总教习。他于六月初九日发电许称:"俄京。许钦差:急。(由美东归,慰甚。)闻派京城大学堂总教习。还朝有日,欣慰。洞。佳。"光绪二十四年六月初九日戌刻发,《张文襄公电稿墨迹》,第2函第10册,所藏档号:甲182-219;其抄件又见《张之洞电稿丙编》,第15函第75册,所藏档号:甲182-94。

父宝廷,为清流四谏,与张之洞交密,此时已去世。寿富在京组织"知耻学会",与张权同年中进士,刚刚入翰林院为庶吉士。"朱益斋",翰林院编修朱延熙。[1]"余寿平诚格",名诚格,字寿平,翰林院编修。张权称"新庶常数人",指翰林院庶吉士寿富、章济治、胡瀞。"寿州之婿刘某",似指任大学堂文案处差使、刑部学习郎中刘体乾,他是淮系大将刘秉璋之子,但不是孙家鼐的女婿,孙的女婿是刘体乾的弟弟刘体智。关于孙家鼐以条子派大学堂之差事,杨锐给张之洞的密信亦言及:孙家鼐"奏派许竹篔为大教习,张菊生元济总办,黄仲弢等提调,寿伯福等分教习,均极惬当。然其中亦有以请托得者,如涂国盛、杨士燮、余诚格诸人,颇招物议。"[2]

该信第八、九节谈及康党的重要成员宋伯鲁与杨深秀。宋伯鲁(1853—1932),字芝栋,陕西醴泉人,光绪十二年进士,入翰林院,散馆后授编修,此时任掌山东道监察御史。杨深秀(1849—1898),字漪村,山西闻喜人,光绪十五年进士,此时任山东道监察御史。宋伯鲁、杨深秀皆于光绪二十三年与康有为交,很快成为康党最重要的成员。他们作为御史,有直接上奏权,戊戌变法期间替康有为代奏的奏折、附片共计约三十三件。[3]

张权称"昨传言,宋伯鲁又有奏劾孙,系为康而发"一语,查军机处《随手档》六月十一日记:"御史宋伯鲁折:……片一、大学堂派办各员请开去别项差使片"。该片的主要内容是孙家鼐所奏派的大学堂各员须开去别项差使,以专职专任;其中有一段话是针对孙的:

……盖变法之始,自当早作夜思,异常奋勉,断非平常阘冗酬应、请托营求之辈所能胜任。该大臣自宜格外振刷精神,虚心延揽,方冀

---

[1] 此一条是陈晓平告诉我的。
[2] 此段引文及相关的背景,可见本书第二章第四节。
[3] 孔祥吉对此有研究,认为宋伯鲁于光绪二十四年二月初八日、十七日,四月二十六日、二十九日,五月十二日、二十九日,六月十一日,七月二十八日,八月初六日共代康有为上了折片19件;杨深秀于光绪二十三年十二月初九日,二十四年四月十三日、五月初十日、六月二十三日、七月二十九日、八月初五日共代康有为上了折片13件;此外宋、杨联衔代康有为上折片1件。见其著《康有为变法奏章辑考》,北京图书馆出版社,2008年。

有济。此何时也？此何事也？若仍以官常旧法，瞻徇情面行之，鲜不贻笑外人矣。[1]

宋伯鲁此片由康有为起草，张权的情报相当准确；军机章京李荫銮称其"尚未之知"，很可能恰未当值，或未去检看该片。

张权称杨深秀"有悔心"，当为不确，杨此后还为康代奏许多重要奏折；称宋伯鲁对康"五体投地到底"，是很有意思的说法，透露出宋对康的服膺。

该信第十节谈及文悌弹劾康有为之事。文悌，瓜尔佳氏，字仲恭，满洲正黄旗人，曾任户部郎中、河南开封知府等职。光绪二十三年底改湖广道监察御史。他与康有为初交于光绪二十三年，两人关系前后变化很大。他最初与康交往甚密，代奏康起草的奏折。光绪二十四年五月初二日（1898年6月20日），宋伯鲁、杨深秀联衔弹劾礼部尚书许应骙。初四日，许应骙复奏，为己洗刷，并直言攻击康有为。五月二十日（7月8日），文悌上递长达四千余言的奏折，弹劾康有为，称其有结交台谏、把持词讼、勾结外洋等数罪，并宣称"康有为历次致奴才信函、所拟折底，如有应行考核之处，奴才当呈交都察院堂官，咨送军机处备查"，以示其证据确凿。然光绪帝并未因此查办康，而是下旨："文悌不胜御史之任，著回原衙门行走。"[2] 文悌弹康奏折由此在京中传开。然该折中尚有两语并未直接言明：

……奴才与杨深秀初次一晤，杨深秀竟告奴才以万不敢出口之言，是则杨深秀为康有为浮词所动概可知也。

（文悌）遂于初八日至康有为寓所。其家人因奴才问病，引奴才至其卧室，案有洋字股信多件，不暇收拾。康有为形色张皇，忽坐忽立，欲延奴才出坐别室，奴才随仆又闻其弟怨其家人，不应将奴才引至其

---

[1]"御史宋伯鲁奏请将大学堂派办各员开去别项差使片"，《京师大学堂档案选编》，第49—50页。
[2]《光绪宣统两朝上谕档》，第24册，第233页。即让文悌回户部再任郎中。

内室……[1]

张权于此点明了这两项内容,并说明其消息来源是户部人员之传说。"康又令杨向文言,令其觅一带兵之都统,借兵八千,围颐和园,劫两宫,要以变法",即文悌折中"万不敢出口之言",然此举近于谋反,杨深秀何以对并无兵权的文悌说?"日本人与彼所立合同"、"条列各洋行,数十万金可立办",即文悌折中"洋字股信",张权自己对此都不太相信。

该信第十一节称张权与康有为的交往及康有为与皇族溥侗的交往。这也是该信中最可靠的部分。

张权与康有为的交往,始于光绪二十一年同办强学会时期。[2]至光绪二十三年底,张之洞与康有为已在政治上分道扬镳,但张权入京后,最初并没有回避。"王、贝",指亲王、郡王、贝勒、贝子,即皇族。溥侗(1877-1952),字后斋,号西园,别号"红豆馆主"。其父载治,系乾隆帝第十一子成亲王永瑆之曾孙,过继给道光帝长子奕纬,袭封贝勒,晋郡王,光绪六年去世。溥侗此时二十一岁,封镇国将军。他在政治上一无作为,至民国年间成为著名的票友,以"侗五爷"享名于京城,"文武昆乱不挡"。从溥侗的身世来看,极富艺术细胞,政治上却无可赞赏之处。[3]他与康有为的交往,似由李盛铎为之牵线。[4]康也似乎更看重他于己尊礼的一面。外臣与皇室结交,仍属当时政治的大忌。康所烧的虽是清皇室中的冷灶,但亦有其用心,自己都知道"勿告他人"。张权称其"真叵测"而不敢

---

[1] 文悌该折见《翼教丛编》,上海书店版,第28-35页。

[2] 日本驻华公使馆书记官中岛雄在《清国政变前后见闻一斑》中称:"现任湖广总督张之洞之子张权,是最早向我介绍康有为的人"。转引自孔祥吉、村田雄二郎:《一个日本书记官见到的康有为与戊戌维新:读中岛雄〈随使述作存稿〉与〈往复文信目录〉》,《广东社会科学》,2009年第1期。

[3] 溥侗的哥哥溥沦,曾在清末任资政院总裁。溥侗1934年任国民政府的蒙藏委员会委员,国民党中央候补监察委员;抗战期间任汪伪政权的"国府委员"、汪记国民党"中央执行委员"。1952年去世。关于傅侗演戏诸情节,可参见许姬传:《许姬传七十年见闻录》,中华书局,1985年,第100-102页。

[4] 参见孔祥吉:《李盛铎与京师大学堂》,《晚清史探微》,巴蜀书社,2001年,第79-80页;马忠文:《戊戌时期李盛铎与康、梁关系补正》,梁启超未刊书札释读》,《江汉论坛》2009年第10期。

交,自是从传统政治的原则出发。张权还透露,康在四月二十八日光绪帝召见后,还曾拜访过他,以后两人未见。

该信第十二节谈"待诏房"和康有为奏折递呈渠道。后者是该信中最重要的内容。

"待诏房"似为"待诏所"。康有为在戊戌政治改革纲领"上清帝第六书"中,提出三项建策:其一是设"制度局",决定政策;其二是设"待诏所",收转上书;其三是设十二局,实行新政。关于"待诏所"一节,康有为称:

> 日本维新之始……设待诏所,许天下人上书,日主以时见之,称旨则隶入制度局,……(中国宜)其午门设待诏所,派御史为监收,许天下人上书,皆与传达,发下制度局议之。以通天下之情,尽天下之才……[1]

按照康的这一设计,"待诏所"只是一个上书收转机构,并无实际政治权力。由于康的"上清帝第六书"此时交军机处、总理衙门议复;"上设待诏房",即光绪帝有意设立待诏所以安置康、梁,很可能只是当时的一种传说,并无实际的根据。

戊戌变法期间,光绪帝仅于四月二十八日召见康有为一次,康与光绪帝之间的交往渠道由此显得十分重要;已发现的内府抄本《杰士上书汇录》共收入康的折片十八件,其中八件由总理衙门代奏,另有十件从档案中查不出其进呈的方式。康本人称,军机大臣廖寿恒为其进呈条陈:

> 初三日,总理大臣代递谢恩折,上命曰:"何必代递,后此康有为有折,可令其直递来。"又令枢臣廖寿恒来,令即将所著《日本变政考》、《波兰分灭记》、《法国变政考》、《德国变政考》、《英国变政考》,立即抄写进呈。

---

[1]《康有为变法奏章辑考》,第138页。

> 时吾递书递折,及有所传旨,皆军机大臣廖仲山为之。京师谣言,皆谓廖为吾笔帖式,甚至有谓为康狗者……[1]

杨锐给张之洞的密信中有相同的说法:

> 康封奏皆径交军机大臣直上,不由堂官代奏,闻系上面谕如此而已。[2]

但杨锐没有说明其消息来源,也没有说明由谁代递。此次张权来信透露出的信息尤其重要:一、说明其消息来源是军机处汉二班领班军机章京李荫銮,这是相当可靠的;二、"上交派,凡渠有条陈,专交廖与之呈递"一语,说明是光绪帝下达的旨命,由廖寿恒为康代递;三、"不拘奏折体制,即以说帖封进,随时交来"一句,值得注意的是"封"和"随时",前者为秘密,后者为时效;四、"廖不敢不与之递"一语,又说明了廖本人无奈的态度。

该信第十三节说明康有为当时以君权行改革的政治态度。前已叙及,康有为及其一派时有"民权"的提法,但他们此时对西方的"民权"思想,未有充分地了解和准确的认识;而张之洞最为担心者,即是康有为一派的"民权"思想,其著《劝学篇》很大程度上也是针对于此。然康在戊戌变法期间宣称"放弃"民权思想,曾在光绪二十四年五月二十八日《国闻报》发表"答人论议院书"以作公开的宣示。[3]戊戌政变后,康又多次有相类

---

[1]《康南海自编年谱》,《丛刊·戊戌变法》,第4册,第148、152-153页。又,康称"初三日",似为不确,总理衙门五月初四日代奏康有为条陈两件,由此推断光绪帝命廖寿恒代递奏折当在五月初四日之后。

[2] 参见本书第二章第四节。康折由廖寿恒代递,当时也有传言。苏继祖《清廷戊戌朝变记》称:"(光绪帝)召见(康有为)以后,仍引嫌不敢随时召见,凡有顾问之事,由总署代传,或有章奏条陈,亦由总署呈进,特派廖公司之,朝中呼之为'廖苏拉'。"(《丛刊·戊戌变法》,第1册,第335页)王庆保等《驿舍探幽录》据张荫桓语称:"此后凡有条奏,径交军机处命廖大司寇专司其事,大司寇凤知康之荒谬,谓常熟(翁同龢)多事,而亦无法辞卸。"同上书,第1册,第492页。

[3] 参见孔祥吉:《关于康有为的一篇重要佚文》,《戊戌维新运动新探》,第52-63页。

似的说法。

该信第十四节说明康有为在京被殴事。康确有改变妇女地位的思想，这表现在对其女儿康同薇、康同璧的教育上，且让其弟康广仁在上海参与发起组织"不缠足会"和中国女学堂。曾习经（1867-1926），字刚甫，广东揭阳人，光绪十四年入广雅书院，十六年中进士，此时任户部主事。戊戌变法期间，他与康、梁交善，参加保国会的第一次集会。康亦在《我史》中提到约他同去都察院投"上清帝第五书"。邹寿祺（1864-1940），字景叔，号适庐，浙江海宁人，他确实中贡士后即回，至光绪二十九年补行殿试，中进士，后任江苏丹阳知县。

该信第十五、十六节谈到了光绪帝的病情。光绪帝的医案今天已公布。[1] 从其医案来看，除了身体虚弱外，主要是遗精病。这一隐疾虽大伤身体，但不影响思维。张荫桓（1837-1900），字樵野，广东南海人，曾任驻美公使，时任户部侍郎、总理衙门大臣。他是当时的能臣，深受光绪帝的信任，经常被召见，光绪二十四年正月到戊戌政变，光绪帝先后召见其十八次。[2] 他也是一个贪吏，名声不太好，多次被劾。"于晦若"，于式枚（1853-1916），字晦若，广西贺县人，光绪六年进士，时任礼部员外郎。他长期充李鸿章幕僚，李的奏折多出自其手，此时随李鸿章住在贤良寺；而李又与张之洞有隙，故张权称"出入不便，言明不回拜"。[3] 前引梁启超对李鸿章所言，有可能是于式枚告诉张权的。"高禖"，主婚配与生育的神。[4]

---

[1] 参见陈可冀主编：《清宫医案研究》，中医古籍出版社，2006年；卢经、陈燕平编选：《光绪帝被囚瀛台医案》，《历史档案》，2003年第2期。

[2] 据《光绪二十四年京官召见单》（《宫中杂件》[旧整]，第915包，中国第一历史档案馆藏），光绪帝于正月初九日、二十一日、二月初七日、三月初一日、初二日、初十日、十四日、十七日、十八日、二十八日，闰三月初十日，五月初一日、初六日、十六日，七月初五日、二十日、二十五日，八月初四日召见张荫桓。他是召见次数最多的官员。王照称："是时张荫桓蒙眷最隆，虽不入枢府，而朝夕不时得参密沟，权在军机王大臣以上。"《丛刊·戊戌变法》，第2册，第356页。

[3] 张之洞后发电张权："……于晦若须答拜，听其有何议论，贤良寺何妨到耶？"（七月十一日戌刻发，《张之洞电稿》，光绪二十五年二月至八月，所藏档号：甲182-457。原整理者有误，根据内容，该电发于光绪二十四年）此时张权准备离京。

[4]《礼记·月令》称，仲春二月"玄鸟至，至之日，以大牢祠于高禖"。

于式枚称张荫桓私信中有"上有高禖之庆",指光绪帝的后宫有怀孕之事,对照光绪帝的医案,此说甚不可靠;又称张荫桓"进药",也只是一种传说而已。张之洞收到此信后,于六月二十三日发电张权询问光绪帝病况。[1]

刘博丈,刘恩溥(?-1908),字博泉,直隶吴桥人,同治四年进士,入翰林院。他与张之洞同属清流健将,也是张之洞的亲戚。时任太仆寺卿。太仆寺被裁撤后,于光绪二十四年七月二十二日迁仓场侍郎。怀塔布(1831-1900),字绍先,满洲正蓝旗人,时任礼部尚书、总管内务府大臣。从清宫档案可知,怀塔布经常带领御医入内,御医的医案也例交总管内务府大臣们审阅。"慈圣",慈禧太后。刘恩溥听说怀塔布要求慈禧太后下令各省派医一事,我尚未见任何与之相关史料。然戊戌政变后,慈禧太后于八月初十日迫光绪帝明发谕旨,命各地调医入京。[2]庄守和,时任花翎二品顶戴太医院院使,即太医院的正堂官。从光绪帝医案可知,光绪帝得的不是急性病,称"如百日内可愈即愈,百日不愈即不易为矣",既未说病况,也与光绪帝的医案不相符,似属当时的诸多传言之一。[3]

该信第十七节谈到张荫桓的近况。慈禧太后甚不喜张荫桓,且对这位能影响光绪帝思想的人物十分警惕。五月初三日,御史胡孚辰弹劾张荫桓办理英德借款时,受贿银260万两,与翁同龢平分。该折当日呈慈禧太后。

---

[1] 张之洞电称:"急。京。张君立:闻圣躬偶有违和,已大愈否?……壶。漾。"(六月二十三日酉刻发,《张之洞电稿》,光绪二十五年五月至七月,所藏档号:甲182-456。原整理者有误,根据内容,该电发于光绪二十四年)据该电似可判断,张权此信于六月二十三日到达武昌,这是相当快的速度。

[2] 该谕旨称:"朕躬自四月以来,屡有不适,调治日久,尚无大效。京外如有精通医理之人,即著内外臣工切实保荐候旨。其现在外省者,即日驰送来京,毋稍延缓。"(《光绪宣统两朝上谕档》,第24册,第424页)这一道由内阁明发的谕旨,除了求医外,更重要的是诏告天下,光绪帝从"四月"起即处于病中,有关政策皆是在病中决定的。

[3] 此时关于光绪帝病情的传言各异。袁世凯七月上旬在天津,见到荣禄;袁写信给徐世昌称:"惟内廷政令甚蹧(糟)。……今上病沉沉,有云为百日痨,殊为口念。"(天津市博物馆:《袁世凯致徐世昌函》,《近代史资料》,总37期,中华书局,1978年,第13页)李鸿章七月二十七日写信给其子李经方称:"两宫意见甚深,圣躬多病,有谓便血不止,将成痨瘵。"《李鸿章全集》,第36册,第193页。

慈禧太后见之大怒,初四日命步军统领衙门左翼总兵英年查抄拿问张荫桓,后未执行。[1] 五月初五日(6月23日),慈禧太后与光绪帝共同见军机,再发雷霆。杨锐给张之洞的密报中称:

> 上月初四日,胡公度侍御奏劾张荫桓,有借款得贿二百余万,七口改归税司经管,有私改合同事。又议增赫德薪水,每年骤至百廿万等语。慈圣大怒。次日面谕英年查抄拿问。崇礼故缓之。旋有立山出为恳求,其事遂解。闻廖仲山亦若求于上前,尚未允。立一人最得力也。[2]

后流亡至日本的王照与犬养毅笔谈时称:

> 张亦南海人,两宫不合,半系此人离间。太后于去岁二月(误记,当为五月)遣步军统领抄其家,伊纳银二十万于中官,免。[3]

"王大舅",王懿荣(1840-1900),字正儒,号廉生,张之洞第三位夫人之兄,光绪六年进士,入翰林院。他与张之洞同属清流党,时任国子监祭酒,入值南书房。[4] 他称张荫桓"有退志","一身不自保",显然只观外相,对其内心思想不太了解。然李荫銮称张荫桓用于消灾免祸的贿赂达到了银"二百三十万"两,其中银三十万两用于太监,那可真是一个惊人的数字。

该信第十八节谈到李端棻保举诸事。"李苾老",李端棻(1833-1907),字信臣、苾园,贵州贵筑(今贵阳)人,同治二年进士,入翰林院。时任仓场侍郎。张之洞出生于贵州,与李端棻会试同年,更为清流同党,两人私交甚好。然李端棻于光绪十五年为广东乡试正考官,选中梁启超,并将

---

[1] 英年此时任工部侍郎、步军统领左翼总兵,因修建颐和园,常在慈禧太后身边。他奉慈禧太后之命后,告步军统领崇礼,并提醒须听军机处旨意。此事详细经过,可参见张荫桓日记。王贵忱整理:《张荫桓戊戌日记手稿》,(澳门)尚志书舍,1999年,第173-181、184-186页。

[2] 引文出处及相关背景,参见本书第二章第四节。

[3]《关于戊戌政变之新史料》,《丛刊·戊戌变法》,第4册,第332页。

[4] 张之洞两位正妻先后去世,又于光绪二年娶四川龙安知府王祖源之女、王懿荣之妹为其继室。王夫人于光绪五年去世。张之洞此后不娶正妻而仅纳妾。王懿荣是中国商周时代甲骨文的发现者。

其堂妹李惠仙相嫁；从此在政治上多听梁谋，梁亦为起草奏折。戊戌变法期间，李是康党的重要成员。光绪帝罢免礼部六堂官后，于七月二十二日升礼部尚书。

保举经济特科的档案，我至今尚未能发现。胡思敬的《戊戌履霜录》卷四，录有保荐经济特科表，共17案235员。其中李端棻荐16员，名单为：

> 直隶编修严修；江苏知县狄保贤，助教崔朝庆，举人宋梦槐；安徽举人程先甲；湖南庶吉士熊希龄、唐才常，附生戴修鲤；广东主事曾习经，附生徐勤，监生罗普，附生欧榘甲，监生韩文举；浙江知县夏曾佑、汤寿潜；满洲庶吉士寿富。[1]

---

[1]《丛刊·戊戌变法》，第1册，第391—395页。该表称两江总督刘坤一荐24员；湖广总督张之洞荐18员，河南巡抚刘树堂荐2员；福建学政戴鸿慈荐3员；前任福建学政王锡蕃荐5员；湖北学政王同愈荐6员；漕运总督松椿荐2员；宗人府丞葛宝华荐3员；顺天府尹胡燏棻荐11员；通政使李端遇荐6员；内阁学士张百熙荐17员；礼部侍郎唐景崇荐7员；左都御史裕德荐5员；兵部尚书徐郙荐3员；户部尚书敬信荐2员。又称："右经济特科表，凡二百三十五人，重荐者十二人。外张之洞续保一案、陈宝箴、瞿鸿禨、任道镕、徐仁铸各一案均佚。"其中没有张荫桓的保举。《国闻报》光绪二十四年五月二十九日以"保荐经济人才"为题刊出消息："……昨据京友告知，李芯园侍郎日前具折，保举十五人，其中有前安徽青阳县知县汤寿潜，广东三水徐勤，南海欧榘甲。此外述者忘其姓名，俟探访确实后再行登录。"《国闻报》六月二十二日以"新保特科名单"为题刊出消息："李芯园侍郎保举十五人：翰林院编修严修（直隶天津）、户部主事曾习经（广东揭阳）、候选知县夏曾佑（浙江钱塘）、候选知县汤寿潜（浙江山阴）、庶吉士熊希龄（湖南凤凰）、庶吉士寿富（宗室镶黄）、监生韩文举（广东番禺）、附生徐勤（广东三水）、附生欧榘甲（广东归善）、拔贡唐才常（湖南浏阳）、监生罗普（广东顺德）、候选知县狄葆贤（江苏溧阳）、廪生戴修礼（湖南武陵）。"《国闻报》七月十四日刊出消息称"仓场总督李制军保送十五人：助教崔朝庆、举人程先甲（江苏）、举人宋梦槐，余十二人已录前报"。又，我在军机处档案中仅找到一件保荐经济特科的档案，乃是一清单，与正折分离，未具保举者姓名，共保21人：吏部主事陈三立、工部主事屠寄、工部主事夏震武、内阁中书曹广权、前山东沂州府知府丁立钧、前安徽青阳县知县汤寿潜、前山西即用知县汪崇沂、直隶候补知县张美翊、候选知县邹代钧、举人孙诒让、举人沈惟贤、举人王舟瑶、拔贡华世芬、优贡陈为鉴、监生刁瀚、附生赵宽、附生冯澂、附生张东烈、廪生金楙林、廪生潘敦先、廪生裴熙琳。上有光绪帝朱批"览"（《军机处录副·补遗·戊戌变法项》，3/168/9448/57）。该件与胡思敬《戊戌履霜记》的记录相比较，皆不吻合，被保荐的人选中，没有康党的成员。又查得周育民整理：《瞿鸿禨奏稿选录》，有《保举经济特科片》，知是瞿氏所上，该片亦开有详细的保语（《近代史资料》，总83号，中国社会科学出版社，1993年，第31—32页。该条是王应宪告诉我的）。

其中的人员多为康党或与康党有关系的人士。张权称李“保十七人、系梁启超主稿”，与此能大体对应。

张权说李“保康、梁，谓可置之左右”一语，虽有此事，但不准确。六月初六日，李端棻上有“敬陈管见折”，光绪帝命孙家鼐、奕劻议复。李的原折虽未见，但从孙、奕的议复说帖来看，共有四策：一、御门誓群臣；二、开懋勤殿，选人才以备顾问；三、派京官绅士回本籍办学堂；四、删减各部则例，以杜胥吏之奸。其中最重要的是开懋勤殿一事，从孙、奕议复说帖来看，李端棻在奏折中似未提到请康、梁入值懋勤殿，但旁人一眼即可看清，这个机构是为康、梁等人量身定制的。[1]张权听到“置之左右”的消息，仍属一种分析，而这种分析显然又是知内情者相告的。

该信第十九节谈蔡钧私卖米事，由于此事与戊戌变法无涉，我未去注

---

〔1〕对于李折中懋勤殿之设，奕劻称：“第二条请皇上选博通时务之人以备顾问。奴才以为，如令各部院择优保荐，召对时察其品学纯正、才具明敏者，俾朝夕侍从，讲求治理，诚是有裨圣治；然品类不齐，亦薰莸异器，必严加选择，慎之又慎。盖此非如南斋之徒，以词章供奉也。且以圣祖仁皇帝之天亶聪明，而高士奇犹能招摇纳贿，声名狼藉，则君子小人之辨，不可不严也。至于汤若望、南怀仁者，圣祖特以其精于天文测算、制造仪器，偶一召问而已。至内外大臣开馆辟贤一节，政事既有司官，督抚亦延幕友，且各公事纷繁，亦恐无此闲暑，与诸人讲求，况自行延请，自行保荐，亦恐开党援奔竞之风。”孙家鼐称：“第二条请皇上选择人才在南书房、懋勤殿行走，此亲近贤人之盛意也。惟朝夕侍从之臣，不专选取才华，尤须确知心术。方今讲求西法，臣以为若参用公举之法，先采乡评，博稽众论，则贤否易于分办。至大臣开馆延宾一节，诚恐公事傍午，暇日无多，且亦无此经费，较之胡林翼等为督抚盖难并论。且胡林翼等之开宾馆，自有照料宾馆委员，非真终日与宾客周旋也。惟在各大员休休有容，集思广益，果有好贤之雅，亦不必以接纳为高。”（“庆亲王奕劻说片”，六月初十日递，“孙家鼐说片”，六月初十日递，《军机处录副·补遗·戊戌变法项》，3/168/9447/74、75，中国第一历史档案馆藏。又，前引军机处奏片可知，李端棻奏折与丁立瀛奏折于六月初七日呈送慈禧太后）从奕、孙两人的“说片”来看，李折中似未有保康、梁的内容；但到了七月，李端棻先后保举了黄遵宪、谭嗣同、熊希龄和康有为（参见拙文：《戊戌变法期间的保举》，《戊戌变法史事考二集》，第182–184页）。又，关于李端棻奏折第三条请派京官绅士回本籍办理学堂一事，李鸿章也对此作出了反应。光绪二十四年六月初七日，李鸿章致李经方信中称：“……昨庐州文守过谒，属其回任后将庐阳书院与绅董议改学堂。此事关系地方文教（有人奏，每省请派一巨绅与督抚料理此事同，闻将准行），各地方官咨商，应帮同主持擘画，若经费不足，酌量凑捐。吾家一乡之望，义不容辞，便中禀知伯父，暨与各房兄弟商之。”（《李鸿章全集》，第36册，第168页）李鸿章在李端棻上奏后的第二天就有消息，并称“闻将准行”，说明其有内部的情报。

意相关的材料。

该信第二十节谈到科举新制事。先是五月初五日光绪帝下旨:"自下科为始,乡、会试及生童岁科各试,向用四书文者,一律改试策论。"[1]该年又恰是优、拔贡朝考之年,优贡朝考于六月初六日在保和殿进行,拔贡朝考的初试于六月初四日在贡院举行,复试于六月十七日在保和殿进行。五月十八日,礼部上奏请示拔贡考试是否改用策论,光绪帝令"均著改为一论一策"。[2]出题判卷此时又成了京中大老的难题,故刘恩溥请张之洞先行出题,以供这些人参考之用。

该信第二十一、二十二节谈《劝学篇》在京推广的情况。何兆熊(1845-1906),字云帆,四川蓬溪人,同治十三年进士,时任总理衙门署理帮总办章京,故可安排在总理衙门排印。"端午桥",端方(1861-1911),字午桥,举人,时任直隶霸昌道,七月初五日出任新设立的农工商总局大臣。"李牧皋",李念兹,直隶盐山人,光绪二年进士,时任掌江南道监察御史,未久外放四川雅州知府。他与张之洞关系亦密。[3]

该信第二十三节谈张权到户部任职一事。这也是对前引张之洞五月二十六日、六月初三日电报询问的回答。"掣江西司",指张权掣签分江西清吏司。"敬、王、溥三堂",指户部尚书敬信、王文韶、户部侍郎溥良。相比之下,张权尚未见者为户部侍郎立山、张荫桓、陈学棻。立山兼任总管内务府大臣,常在颐和园,不常到部;陈学棻时派浙江学政(下节将提及)。张权实际未见者,仅是张荫桓。张之洞素与张荫桓不合,故张权称"最为难堪"。他对此十分忧虑,有意请假回南。

---

[1]《光绪宣统两朝上谕档》,第24册,第206页。
[2]《光绪宣统两朝上谕档》,第24册,第231-232页。先前的考试为时文(八股)一篇,五言八韵诗一首。
[3]张之洞曾发电:"京。楼。急。速告李牧皋,万勿议论新宁。人必疑我。且新宁究系好人,若他人更不如矣。切祷。即复。壶。咸。七月十五日酉刻发。"(七月十五日酉刻发,《张文襄公电稿墨迹》,第2函第11册,所藏档号:甲182-219。原电无年份,似为光绪二十三年发)"楼",张彬。"新宁",刘坤一。

张权此信的核心内容围绕着康有为,并流露出对康在政治上发迹的担心。张权之所以写上这些内容,当然是随其父张之洞的目光而转。

三、张权光绪二十四年六月二十二日来信

《张文襄公家藏手札·家属类》所贴第2件,是张权光绪二十四年六月二十二日(1898年8月9日)来信。旁有签条。[1]该信为全,写在红纸上,标有页码,共8页,不分节。我根据内容将之分节如下:

> 男权跪请父亲大人万福金安。
>
> 敬禀者。六月内折差寄呈一禀,想已邀慈览矣。此次折差到京,询悉福躬康健,阃署平安,孺怀深慰。
>
> 刘博丈言,今上变法甚急,慈圣颇不以为然。每日谕旨,慈圣俱不看,但云:随他闹去罢。
>
> 圣躬违和,外间传言太过。大舅云:虽无大碍,却系旧日有此病根。症系不能存食,每行动五局俱从。时时思食,旋食旋遗,或多食则呕。别无他症,惟瘦弱特甚。现又往复颐和园数次,想已大愈矣。
>
> 博丈电言大学堂章程,事先未有所闻,不知燮相与博丈如何说法。及大人来电,当即往询博丈。据云,俟询明燮相再复。过数日,无信,又往询问。博丈云:大学堂事,一字不知。且云:燮相毫无主见,一味徇私。观其色似大有不豫,然当亦未便细询,大约与燮相必有违言也。
>
> 博丈言,有人见康有为,问其何日出京?康云:并不出京。其人谓其现奉谕旨办官报局。康云:吾不过骗渠明发而已,实不出京也。
>
> 李玉坡言,《劝学篇》圣心甚以为然,面谕枢臣,令各直省书院均

---

[1] 签条写"张权,字君立,直隶南皮人,文襄公长子。戊戌进士。户部主事,礼部郎中,四品京堂",贴在该件之侧。

以此篇课士。

玉坡又云：陈伯潜阁学、盛伯羲祭酒、崇文山尚书及梁星海丈，此四人皆未易起用，如张幼樵丈，更无论矣也。

李苾园丈奏请将康有为、梁启超置之懋勤殿，以备顾问。刘博丈、李玉坡皆如此说。有广东人言，苾老保康南书房。康在家日日盼望，云：何以谕旨还不见下来？此大约与前系一事，懋勤殿讹为南书房也。

玉坡又言：六月中旬内，有一人闯入景运门。当时拿获交刑部。后少顷，有旨叫廖仲山师令放此人。廖亲到刑部，将此人要出带去。据云，系有洋人为之请，故即刻释放也。乡间来人亦谓，现今凡与教民有争讼，不论曲直，即行打押。或请其罪，官则云：汝去问教堂，教堂言如何便如何耳。以致乡民纷纷入教者极多。都下谣言百出，有谓八金捐一洋监生，即可横行无忌者。此外离奇不经之语，不一而足。

陈桂生侍郎奏言，取士不用八股，愈无把握，以此召回。

大人与仲弢电，当即送交。是日渠正与其伯母开吊，未及细谈。日来亦尚未得渠回信。

王汉辅表弟有信求荐盛京卿处，将其原函收放迷失，不及寻觅也。

李玉坡嘱先代渠请安，渠稍暇再作函也。

匆肃。跪请福安！并请姨太太、姨奶奶福安！

男权谨禀 六月二十二日

寄呈顶好老米五十斤、玫瑰露二斤。

以下参考"张之洞档案"中的亲笔电报，分节说明该信的背景。

该信第一、二节依旧是礼仪套话，但可知张权发信仅十天之后，即再给张之洞发密信。就此频率来看，张权发出的密信数量，应当是相当多的。

该信第三节谈及慈禧太后对变法的态度，也是此信中最值得注意的内容。刘恩溥作为太仆寺卿，平时并不能见到慈禧太后。他所称太后"随他闹去罢"一语，非为太后亲口对其言，而是当时京城内高官之间的传说，很可能是有根据的;且此类传说对京城内高官的政治态度将会起很大的作用。[1]

该信第四节谈及光绪帝的身体情况。"大舅"王懿荣作为南书房行走,平时能够见到光绪帝,但毕竟没有密切接触,也不能为光绪帝诊病。光绪帝确有肠胃病,然王懿荣对病情的描述,与现存医案不符。至于称光绪帝经常去颐和园而病情"大愈",也仅是一种皮相的观察。[2]

该信第五节谈及大学堂章程。光绪二十四年五月初四日(1989年6月22日)由总理衙门上奏的《京师大学堂章程》,是康有为策划、梁启超起草的,其中包含着"康学"的内容。杨锐给张之洞的密信称:

> 现派梁启超办理译书局事务,分编、译两门,所编各书,必将删削诸经,以就康学。将来科举,即由大学堂中出,人将讲王氏之新学矣。[3]

张之洞之侄张检曾邮寄梁启超起草的《大学堂章程》给张之洞(详见本章第五节)。由此,张之洞对《大学堂章程》十分关注,曾发电询问孙家鼐;

---

[1] 京城电报局总办冯敩高此期致盛宣怀函中称:"近来新政闻慈圣均不过问,所有折件亦不阅,颇有不以为然之说,然又不禁止,圣意正不可测也。近来谕旨大半皆康有为之条陈,圣上急于求治,遂偏信其言,然闻康君之心术不正,都人士颇切杞忧也。……荣相保人才卅一人,姓名无从探听,闻说武多于文。日本使臣放黄遵宪(公度);朝鲜使臣放梁亨嘉(锡钧),须明日方揭晓,故亦甚密闻。"(《盛宣怀档案》,上海图书馆藏,档号:061139-16。原件无日期,然荣禄的保举为光绪二十四年六月初二日,命黄遵宪为驻日本公使为六月二十四日,此信似写于光绪二十四年六月二十三日)此件是张海荣代为查找的。

[2] 查《清代起居注册》光绪朝,至六月二十二日,光绪帝最近五次去颐和园的时间是:五月初四日至初九日、十四日至十七日、二十二日至二十七日、三十日至六月初二日,六月十三日至十六日。六月间光绪帝去颐和园较少的原因是,慈禧太后两次来城内西苑小住:六月初八日至初九日(初九日是咸丰帝生日)、六月二十一日至二十九日(二十六日为光绪帝生日)。

[3] 引文见本书第二章第四节。"王氏之新学",指王安石于变法时所倡导的"托古改制"之"新学",以其所著《周官新义》、《诗经新义》、《书经新义》(通称《三经新义》)和《字说》为代表,颁以各学宫,并作为科考依据。皮锡瑞在六月十八日日记中称:"卓如定章虽佳,必欲人人读其编定之书,似有王荆公《三经新义》之弊。"《师伏堂未刊日记》,《湖南历史资料》,湖南人民出版社,1959年第2期,第131页。

很可能迟迟未得孙的复电,继而又电询刘恩溥。[1] 孙家鼐亦有意修改该章程,于六月二十二日上奏"筹办大学堂大概情形折",将康、梁在大学堂章程中所埋设的内容,一一清除干净。[2] 张权信中谈到了张之洞的电报,谈到了刘恩溥与孙家鼐之间的往来(孙不愿向刘交底),然他此时还不知道孙家鼐二十二日所上奏折的内容。

该信第六节谈到康有为是否离京赴上海之事。先是五月二十九日(7月17日)御史宋伯鲁上奏由康有为代拟的"请将《时务报》改官报折",要求派梁启超"实力办理",意在驱逐汪康年。光绪帝命孙家鼐"酌核妥议办理"。六月初八日(7月26日),孙家鼐上奏,同意将《时务报》改为官报,提议由康有为督办,顺势将康请出北京。光绪帝当日批准。[3] 张之洞为此于六月十七日(8月4日)发电张权:

> 急。京。张君立:致博翁两电已交否?博翁云何?速复。宋伯鲁请将《时务报》改官报折及孙燮相请派康办折,大意如何?馆中款项须归康否?言明汪康年办理不善否?速摘要电告。即复。壶。洽。[4]

该电报的前半,即是前段所言大学堂章程,其后半谈到《时务报》改官

---

[1] 张之洞去电虽未见,但可见孙家鼐复电:"京。孙中堂来电:萧薄德鲜能,谬充管学。章程新定,未能详备,尚须复奏。我公才望,幸祈赐教。篠。"(光绪二十四年六月十七日戌刻发,二十二日午刻到,《张之洞存各处来电》,第34函第4册,所藏档号:甲182-136)这份电报发与收的相隔时间,实在太长,未明其原因。而"章程新定,未能详备"一语,也说明孙有意再拟章程。

[2] 孙家鼐折见《丛刊·戊戌变法》,第2册,第435-437页。相关的情形,可参见拙文:《京师大学堂的初建:论康有为派与孙家鼐派之争》,《戊戌变法史事考二集》,第233-246、263-270页。又,冯敦高此期致盛宣怀函中称:"创设大学堂,孙协揆所派提调教习,即不满人意,闻所定章程有类乎义塾,此事系中国兴善关键,如办不好,从此休矣。故有心人恒为惜之。"(《盛宣怀档案》,上海图书馆藏,档号:061139-16。原件无日期,从内容来看,写于光绪二十四年六月二十三日)也是值得注意的评价。

[3] 宋伯鲁折见《康有为变法奏章辑考》,第297-299页;孙家鼐折见《丛刊·戊戌变法》,第2册,第432-433页;光绪帝旨见军机处《随手档》、《上谕档》、《洋务档》,光绪二十四年五月二十九日、六月初八日;《光绪宣统两朝上谕档》,第24册,第246-247、260页。

[4] 六月十七日巳刻发,《张之洞电稿》光绪二十五年五月至七月,所藏档号:甲182-456。原整理者有误,根据内容,该电发于光绪二十四年。

报之事,张之洞对此十分关心。[1]第二天,六月十八日,张之洞发电张权,问道:"康肯出京否?"[2]看来张之洞也已识出孙家鼐之用意,故有此问。康有为先是同意离京,至此态度已变。[3]刘恩溥听人说康有"吾不过骗渠明发"一语,"明发"似指六月初八日由内阁明发的谕旨,"骗渠"似指骗孙家鼐,即他曾对孙家鼐称同意离京去上海;"实不出京",指康无意离京。此后,康以"编书未竟"等理由继续留在北京,并发动杨深秀等人上折,要求开懋勤殿。[4]除了此信外,张权似已另用电报报告了康不出京的动向,六月二十五日(8月12日),张之洞发电张权,问道:"康不出京,系何策?"[5]七月十一日(8月27日),张之洞再发电张权:"……孙燮相

---

[1] 关于《时务报》改官报的情况以及张之洞一派的活动,参见本书第四章。

[2] 该电称:"急。京。张君立:初六日颁发《劝学篇》之上谕,首句云'翰林院侍讲黄'云云,'院'字下'侍'字上似当有一奏字,文义方明,盖此翰林院代侍韬奏也。速查京报,是否脱,此事即刻复。鄂拟将此旨刊入新印本卷首。康肯出京否?"六月十八日辰发,《张之洞电稿》,光绪二十五年五月至七月,所藏档号:甲182-456。原整理者有误,根据内容,该电发于光绪二十四年。

[3] 六月初十日康有为致信汪康年,称言:"昨日忽奉上谕,命弟督办报事,实出意外。殆由大臣相爱,虑其喜事太甚,故使之居外,以敛其气。……报事本足下与公度、卓如承强学而起。弟连年在粤,一无所助,馆中诸事仍望足下相助为理,凡百皆拟仍旧。前经电达,想已洞鉴。……闻卓如与足下曾小有意见,然我辈同舟共济,想足下必不因此而芥蒂也。项因进呈书籍尚未告成,须十日外乃可成行,或先奏派一、二人出沪商办……"(《汪康年师友书札》,第2册,第1664-1665页)汪康年的堂兄汪大燮也听到消息,告汪康年:"闻康二十边(便)动身赴申"。同上书,第1册,第788-789页。

[4] 参见拙著《从甲午到戊戌:康有为〈我史〉鉴注》,第607-608、648-649、708-714页。关于懋勤殿一事,最近又读一则史料,姚文栋为其母九十大寿而作《启文》,称言:"……德宗亲政,仁和王相国告余曰:帝意开懋勤殿,选十数居之,咨询中外要政,其姓名御笔朱书,已交军机处,君亦与列。叩之,则李公端棻举首,黄君绍箕列第三,贱名列第五也。明发有期,众尼后缓。慈禧回銮训政,遂停前议。"(戴海斌整理,姚明辉编撰:《姚文栋年谱》,《近代史资料》总125号,中国社会科学出版社,2012年,第211页)"仁和王相国",军机大臣王文韶。其中最重要的是,光绪帝已写"御笔朱书"的名单下发军机处,"众尼后缓",似指军机大臣有进言相劝,光绪帝然后缓办。然姚文栋作此文时为民国七年(1918),时隔二十年,政治上的禁忌虽不存在,但时间过长,很难验证。

[5] 六月二十五日酉刻发,《张之洞电稿》,光绪二十五年五月至七月,所藏档号:甲182-456。原整理者有误,根据内容,该电发于光绪二十四年。该电前称"敬电悉",指收到张权二十四日发来的电报。

系座师，临行前须一见。赞其维持圣经，道我钦佩，问其如何处康……"[1]张权此时准备离开北京（后未行），张之洞命其临行前拜见孙家鼐，拉拢关系，并了解孙家鼐处置康有为之设想。

该信第七、八节谈到军机处汉二班领班章京李荫銮所言两事。其一是光绪帝对《劝学篇》的看法。除了前引六月初七日的谕旨外，光绪帝后又于七月初六日命总理衙门印《劝学篇》三百部。[2]但我未见军机处下发令各直省书院"以此篇课士"的谕旨。其二是清流党人的政治前景。"陈伯潜"，陈宝琛（1848-1935），字伯潜，福建闽县（今福州）人。同治七年进士，光绪八年任内阁学士。中法战争时主战，擢会办南洋事宜，因其所荐唐炯、徐廷旭兵败，降五级处分。光绪二十四年六月初一日，张之洞保举"使才"，第一位即是陈宝琛，但光绪帝并未下旨。[3]张之洞为此于六月二十三日发电张权：

> ……鄂省保荐举使才数人。有二人已奉旨进京，惟陈伯潜阁学一员，不知下文，或奉召，或报罢，速复。壶。漾。[4]

然陈宝琛后又由陈宝箴保举，七月十三日光绪帝命"预备召见"。[5]"盛伯羲"，盛昱。"崇文山"，崇绮（1829-1900），同治四年状元，曾任户部、吏

---

[1] 七月十一日戌刻发，《张之洞电稿》，光绪二十五年二月至八月，所藏档号：甲182-457。原整理者有误，根据内容，该电发于光绪二十四年。

[2] 《光绪宣统两朝上谕档》，第24册，第312页。

[3] 《张之洞全集》，第3册，第499页。其中对陈宝琛的评语称："才品兼长，学端志远，办事沈毅有为，向来讲求洋务，于兵轮、商务、工作等事，并皆熟悉。中外大局，皆属了然，能见其大，不同侈谈西学皮毛者。"最后的一句，很可能是针对康有为及其党人的。张之洞此折共保举五人，另四员是黄遵宪、傅云龙、钱恂、郑孝胥，由于黄遵宪、傅云龙已有旨命召见，六月十四日光绪帝收到此折，当日下旨：钱恂、郑孝胥"该二员来京预备召见。"军机处《电寄档》，光绪二十四年六月十四日。

[4] 六月二十三日酉刻发，《张之洞电稿》光绪二十五年五月至七月，所藏档号：甲182-456。原整理者有误，根据内容，该电发于光绪二十四年。

[5] 六月十八日，湖南巡抚陈宝箴保荐人才，其中第一位仍是陈宝琛。七月十三日，光绪帝收到此折，下令陈宝琛入京"预备召见"（《戊戌变法档案史料》，第160-163页；《光绪宣统两朝上谕档》，第24册，第328页）。参见本书第五章第二节。

部尚书。他是大学士赛尚阿之子,其女为同治帝的皇后。光绪十二年以病免。梁星海,梁鼎芬,张之洞的心腹幕僚之一。张之洞此时正设法通过黄绍箕,请礼部侍郎唐景崇出奏保举梁鼎芬(后将详述)。"张幼樵",张佩纶(1848-1903),直隶丰润人,同治十年进士,后任翰林院侍读学士、总理衙门大臣。光绪十年任福建军务会办,署理船政大臣。马江之败后被革职充军,李鸿章欣赏其才华,招为女婿。陈宝琛等人皆是清流党人,与张之洞关系极为密切,此时多已倒台。[1] 张之洞非常关心这些党人,尤其是关系最密切的陈宝琛、梁鼎芬,能否东山再起。

该信第九节谈到张之洞最为关心的康有为会否进入政治中枢之事。前节已叙,张权六月十二日来信谈到李端棻六月初六日上有"敬陈管见折",提出"开懋勤殿,选人才以备顾问"一策,但未称其消息来源;此次张权又称刘恩溥、李荫銮两处消息来源。广东人所言"南书房"一事,据孙家鼐的"说片",在李端棻奏折中是与"懋勤殿"并称的;而称康"在家日日盼望"等语,又可知当时的京中传言。

该信第十节谈到闯入景运门及民教冲突两事。"景运门",位于紫禁城乾清门内之西侧,临近军机处,已属"门禁森严"之的处所。又查六月初三日军机处《上谕档》,有着两条记录:

---

[1] 清流党(北清流)奉李鸿藻为首领,以张之洞、张佩纶、陈宝琛、黄体芳、宝廷、邓承修、吴大澄、刘恩溥等人为核心。其中陈宝琛、张佩纶、黄体芳(黄绍箕之父)、宝廷被称为"清流四谏"("清流四谏"有着多种说法。参见林文仁:《南北之争与晚清政局1861-1884:以军机处汉大臣为核心的探讨》,中国社会科学出版社,2005年,第103-113页)。刘成禺称:"清流党者,呼李鸿藻为青牛(清流同音)头,张佩纶、张之洞为青牛角,用以触人,陈宝琛为青牛尾,宝廷为青牛鞭,王懿荣为青牛肚,其余牛皮、牛毛甚多。张树声之子,为牛毛上之跳蚤。"(《世载堂杂忆》,第90页)张之洞族孙张达骧称:"当时南方人嫉视清流党并嘲笑说:清流党是青牛党(谐音)。张之洞与张佩纶为李鸿藻抨击异己,动则触人,是牛角;王懿荣博学多闻,是牛腹;刘恩溥好拜客,为之广通声气,是牛足;黄体芳、陈宝琛是江南人而附该党,是牛尾;宝廷狎妓好色,是为牛鞭;张华奎怂恿盛煜奏劾全枢,以后导致清流党徒解体,是青牛背上的跳蚤;其余朝中翰詹科道党于李者,皆为牛毛。"(《南皮张氏兄弟事迹述闻》,《天津文史资料选辑》,第35辑,天津人民出版社,1986年,第103-104页)由此可见张权交往者、张之洞关心者仍是清流一党。

> 内阁奉上谕：本日道旁叩阍之山东民人高春风，著交刑部严行审讯。
>
> 高春风，年五十七岁，山东恩县人，因街道督令拆卸摊子，心怀不平，为此叩阍。[1]

"叩阍"，即宫门诉冤。上引两条记录不知是否与此事相关。"乡间来人"一语，似指张之洞家乡直隶南皮一带的来人，此时直隶乃至京城内外的民教冲突已是相当严重。两年后，义和团进入北京，酿成巨大风暴。

该信第十一节谈到浙江学政陈学棻反对废八股之事。"陈桂生"，陈学棻（1837-1901），字桂生，湖北安陆人。同治元年进士，入翰林院，时任户部右侍郎，外放浙江学政。五月初五日光绪帝旨命科举改新章，陈学棻对此上奏"命题参用四子六经廿三史片"，称言：

> ……惟是袪弊必以渐，为学必有师。政令新颁，下通民志，人心默化，全系士心。自制义取士以来，父师以是教，子弟以是率。一旦猝改，子弟无所师承，士心为之涣散。……近日民情浮动，借端生事，不一而足。若使此等无业之士簧鼓煽惑，下愚之民摇动附和，势必酿为不测之祸。盖改试之成就人才、挽回气运者，关系诚大而远，而浮言之变乱黑白摇惑人心者，祸患实隐而深也。臣愚以为此后命题宜饬部臣妥议章程，于贵州学政臣严修所请经济特科内政、邦交、理财、经武、格致、考工之外，仍参用四子六经廿三史，分别先后。仍禁不准引用近时书名人名，以崇体制而杜一切标榜攻讦之弊窦……[2]

该折于五月二十九日递到御前，光绪帝甚为不喜。两天后，六月初一日，光绪帝经慈禧太后批准后明发谕旨："陈学棻著来京供职，浙江学政著唐景

---

[1]《光绪宣统两朝上谕档》，第24册，第253页。
[2]《军机处录副·光绪朝·内政类·戊戌变法项》，3/108/5617/76，中国第一历史档案馆藏。

崇去。"[1]这是光绪帝废八股后第一个处理的高级官员。从陈学棻的原片来看,张权所称的"取士不用八股,愈无把握"一语,并不十分准确。[2]

该信第十二节谈到张之洞给黄绍箕的电报,查"张之洞档案"中此期有两电,要求张权转给黄绍箕等人。其六月十三日电称:

> 京。张君立:转韬、峤。急。佳、蒸、真三电未复。昨有电旨催黄遵宪、谭嗣同迅速来京,系办何事?必康秘谋。速复。钝。元。[3]

"佳"、"蒸"、"真",分别初九日、初十日、十一日的代日,可见张之洞接连三日发电给黄绍箕等人,以了解京中政情。此电中张之洞让黄绍箕、杨锐去查黄遵宪、谭嗣同来京的背景,以及此中康有为的秘谋。其六月十九日电称:

> 京。张君立:转仲韬。急。大用有期,欣贺。梁节庵忠悃长才,闲废可惜。请转商唐春卿侍郎,可否切实荐达。节庵近年讲求时务,绝不为迂谬守旧之谈,论事通达,才力敏果,而识趣极为纯正。方今朝廷锐意变法,若用此等人则有变通之利,无悖道之害,实于时局世道有益。徐致靖尚可保人,况名望如春卿,不能不以大臣荐贤之意望之也。但必以通达时务为言乃可。是否可行?速示复。壶。效。[4]

"唐春卿",即礼部侍郎唐景崇,此时刚替代陈学芬出任浙江学政。张之洞见其圣眷正隆,故让黄绍箕与之商议,出面保举梁鼎芬。然以上两事皆非

---

[1]《光绪宣统两朝上谕档》,第24册,第250页。
[2] 张之洞接到杨锐密报称:"陈学棻奏报岁考事,附片论时文不宜轻废,忤上意。次日撤回。陈在浙最不喜言时务,所出观风题,即分咏西湖八景。至为尘陋,浙人士皆非笑之。"参见本书第二章第四节。
[3] 六月十三日戌刻发,《张之洞电稿》,光绪二十五年五月至七月份,所藏档号:甲182-456。原整理者有误,根据内容,该电发于光绪二十四年。
[4] 六月十九日亥刻发,《张之洞电稿》,光绪二十五年五月至七月份,所藏档号:甲182-456。原整理者有误,根据内容,该电发于光绪二十四年。从此电原稿可见,张之洞原拟发给杨锐,后改发给张权。在该电中,张之洞还删去了"杨叔峤才品□□超卓,似亦可荐"一句。

易易，黄绍箕未能及时作复。

该信第十三节谈王汉辅求荐差使事。"王汉辅表弟"，即王懿荣之次子王崇烈，字汉辅。"盛京卿"，盛宣怀，时以太常寺少卿督办中国铁路总公司。王崇烈有意通过张之洞的关系去盛宣怀处任差。

该信第十四节谈到军机处汉二班领班章京李荫銮与张之洞之间的私下交往，并称"稍暇再作函"，即给张之洞写信。这明显违反军机章京不得结交外臣之规定，由此又可知，张之洞在京中有着多处情报渠道。

四、张权光绪二十四年来信两残件

《张文襄公家藏手札·家属类》还贴有张权来信的两残件。一件为该折册所贴第4件，注明页码"一"、"二"，其内容为：

男权跪请父亲大人万福金安。

敬禀者。折差来，询悉福躬康健，阃署平安，孺怀至慰。

都中自康祸作后，人心惶惶，谣言百出。近始稍觉安定。八月十三日之事，午前尚毫无信息。十二日见乔茂萱，渠尚云杨、刘二人或可无虞。缘杨曾在上前面劾康，欲令其速出。谭保康有为及其弟康广仁，刘不署名。此二事可站得住也。传言军机大臣承旨时，太后谕以分别办理。王、廖俱重听，未之闻也。

相传林示谭一诗云：青蒲伏泣知无补，慷慨何曾答主恩，原为公歌千里草，本初健者莫轻言。后不知如何，渠……（下缺）

另一件为该折册所贴第3件，注明页码"十"，其内容为：

（上缺）……博丈向人颇说鄂中闲话，想当因刘祖桂事，心有芥蒂也。敬禀。叩请福安！并请姨太太、姨奶奶大人福安。

男权谨禀 九月初二日

诸弟妹均告。

从内容来看，前者是起首，内容为八月十三日（9月28日）"六君子"就义事，后者是末尾，署"九月初二日"（10月16日），时间相隔近二十天。从五月二十日、六月十二日、二十二日张权三次发信的情况来看，此两残件有可能是一信，也有可能是两信。若是一信的话，中缺七页；若是两信的话，似更为合理。

以下说明张权来信两残件的背景。

张权的前一残件所言，为八月十三日"六君子"就义事，并对杨锐、刘光第之死感到十分痛惜。杨锐本是张之洞的亲信，刘光第与张亦有密切的联系。他们由陈宝箴所荐，七月二十日（9月5日）旨命为军机章京，"参预新政"。张之洞闻杨锐被捕后，进行了大规模的营救。[1]

乔茂萱，乔树枬（1850—1917），时任刑部主事。他是杨锐、刘光第的同乡，且交好；与张之洞及张幕中的王秉恩等人关系亦密。[2]刘任军机章京时，与林旭不合，萌有退意，乔曾力劝之。[3]杨、刘就义后，乔亦为之

---

[1] 参见本书第二章第五节。
[2] 光绪二十九年乔树枬履历单记："乔树枬，现年五十三岁。系四川华阳县人。由癸酉科拔贡，奉旨以七品小京官用，签分刑部。同治十三年七月到部。光绪二年丙子科本省乡试中式举人。十年礼部尚书徐桐、刑部左侍郎薛允升前往奉天查办事件，充随带司员。十年八月期满，奏留。十一年捐免历俸二次期满，奏留，作为额外主事。十二年因纂修《顺天府志》出力，保加五品衔。十五年三次期满，奏留，作为候补主事。二十年丁母忧回籍，经前任四川总督鹿传霖奏派办理商务团防等事。起复后，二十四年到部。二十五年充提牢厅主事……"（《清代官员履历档案全编》，第7册，第208页）张之洞于同治十二年充四川乡试副考官，出闱后任四川学政；乔树枬恰于此年选拔贡，不知是否与张之洞有关。
[3] 唐烜在光绪二十四年八月二十八日日记中称："乔为乙酉同年，四川人，与杨锐、刘光第均同乡至好。闻陈右铭中丞之荐杨、刘，皆乔为之怂恿而吹嘘者，刘与荐主固不识也。比刘派充军机章京后，因新政初行，事多武断，刘又非素习西学者，与同班之林旭不甚水乳，意欲具疏力辞。乔君又力阻之，并云当此时势，能有一分利益，不可自便身图云云。刘遂迟延不发，而及于难。知其事者，咸咎之。乔亦无词以解也。谈次叹云：如刘某、杨某稍知康逆奸谋，乔某徇私回护者，天日在上，必遭雷霆之诛。席未终，乔先去……"（《唐烜日记》光绪二十四年，中国社会科学院近代史研究所图书馆藏，所藏档号：甲143）唐烜与乔树枬虽为同部官僚，但仅是在酒席间相交，乔如此出言，属对刘、杨之死深痛。

收尸。此处乔树枏所言杨锐、刘光第之事，属相当可靠。

乔树枏言"杨、刘二人或可无虞"一语，指杨锐、刘光第很可能脱罪；乔亦有电报发至武昌。乔树枏言"杨曾在上前面劾康，欲令其速出"一语，似指光绪帝于七月三十日召见杨锐一事。光绪帝于七月二十九日从宫中去颐和园，为开"懋勤殿"之事，与慈禧太后发生了很大的冲突。三十日，光绪帝在颐和园召见杨锐，发下密诏，询两全之计。[1]杨锐"在上前面劾康"，当属在此次召见时；"令其速出"，又见于八月初二日光绪帝明发谕旨，令康有为"迅速前往上海"。[2]

乔树枏言"谭保康有为及其弟康广仁，刘不署名"一语，似可指两事。其一、此处的"保"，若作"担保"来解，似指湖南举人曾廉上奏弹劾康、梁事。梁启超《戊戌政变记·刘光第传》记：

> 七月二十六日，有湖南守旧党曾廉上书请杀南海先生及余，深文罗织，谓为叛逆，皇上恐西后见之，将有不测之怒，乃将其折交裕禄，命转交谭君按条详驳之。谭君驳语云：臣词（嗣）同以百口保康、梁之忠，若曾廉之言属实，臣嗣同请先坐罪。君（刘光第）与谭君同在二班，乃并署名，曰：臣光第亦请先坐罪。谭君大敬而惊之。[3]

但梁启超的记载与乔树枏所言，有着很大的差别，且曾廉条陈也未涉及康

---

[1] 该密诏称："……但必欲朕一旦痛切降旨，将旧法尽变，而尽黜此辈昏庸之人，则朕之权力实有未足。果使如此，则朕位且不能保，何况其他？今朕问汝，可有良策俾旧法可以全变，将老谬昏庸之大臣尽行罢黜，而登进通达英勇之人，令其议政，使中国转危为安，化弱为强，而又不致有拂圣意。尔其与林旭、刘光第、谭嗣同及诸同志等，妥速筹商，密缮封奏，由军机大臣代递，候朕熟思，再行办理……"赵炳麟：《光绪大事汇鉴》，见黄南津等点校：《赵柏岩集》，广西人民出版社，2001年，上册，第239—240页。

[2] 该谕旨称："工部主事康有为前命其督办官报局，此时闻尚未出京，实堪诧异！朕深念时艰，思得通达时务之人，与商治法，闻康有为素日讲求，是以召见一次。令其督办官报，诚以报馆为开民智之本，职任不为不重，现在筹有的款，著康有为迅速前往上海开办，毋得迁延观望。"《光绪宣统两朝上谕档》，第24册，第407页。

[3] 梁启超：《戊戌政变记》，《续修四库全书》，上海古籍出版社，1995年，第446册，第261页。以下简称《戊戌政变记》续四库版。

广仁。其二，此处的"保"，若作"保举"来解，谭嗣同的行动似与开"懋勤殿"有关。光绪二十四年七月二十九日（1898年9月14日）徐致靖、杨深秀、王照先后上奏，要求开懋勤殿并保举人员，其中有康有为与康广仁。康有为在《我史》中称：

> 时复生力欲荐吾入军机，吾自避。徐学士力欲荐吾直懋勤殿，吾因为行新法，不为富贵，又以触西后之忌，辞之极力，而两君者犹强牵不已。[1]

然谭是否有保举之事，我在档案中尚未见过记载。然若谭真有保举之奏折，而刘光第仅是未在上面签名，似与杨锐"劾康"大不相同，是否真能作为刘"无虞"的"站得住"的理由？

八月十三日"六君子"不审而诛，是给事中高燮曾等七人于八月十一日联衔上奏、御史黄桂鋆于八月十二日上奏、国子监司业贻穀于八月十三日上奏，要求迅速定案，以防外人干涉。[2] 由于英国与日本公使已对张荫桓一案进行了干预，慈禧太后恐外国干涉接踵而至，不顾先前的谕旨，下令立即处死六人，并派军机大臣刚毅监刑。张权称"太后谕以分别办理"，因军机大臣"王（文韶）、廖（寿恒）俱重听，未之闻也"，属当时的传言，非为事实。

林旭给谭嗣同一诗，言及"千里草"、"本初"，梁启超在《戊戌政变记·林旭传》中称：

> ……既奉密诏，谭君等距踊椎号，时袁世凯方在京，谋出密诏示之，激其义愤，而君不谓然，作一小诗代简致之谭等，曰：伏蒲泣血知何用，慷慨何曾报主恩，愿为公歌千里草，本初健者莫轻言。盖指

---

[1]《丛刊·戊戌变法》，第4册，第158页。
[2] 高燮曾等人、黄桂鋆、贻穀的奏折，见《戊戌变法档案史料》，第466—469页。

东汉何进之事也。及变起，同被捕……[1]

由此而推知，林旭此诗当作于谭嗣同见袁世凯之后、其被捕之前。而林旭的同乡陈衍，此期正在张之洞幕中，帮助办理《正学报》（后未能出版），很可能从张权此信中得知林旭此诗。他此后为林旭作传，称言：

> ……相传旭狱中有绝句云：青蒲饮泣知何补，慷慨难酬国士恩，欲为君歌千里草，本初健者莫轻言。千里草，指董福祥，盖少戆也……[2]

陈因张权来信未说明其来源，而认为该诗作于狱中。以上梁、陈的两种说法，我以为梁说更为准确。张权这一残件中称其得知该诗是"相传"，没有说明具体来源。林旭此诗的梁启超、陈衍、张权三个版本，文字虽稍有不同，大意仍是清楚的，即康、梁等人想运动军队发动政变。康、谭主张策动袁世凯，而林主张策动董福祥。

张权的后一残件，内容很少，只是说明刘恩溥对湖北的举措稍有不满。刘祖桂，刘恩溥之侄，浙江候补知府，曾任湖北枪炮局提调、织布局提调，此时由张之洞派往北洋，考察枪炮、铁路。[3] 张之洞也因此进行了补救工作，即对刘祖桂保奖，"张之洞档案"中有5份电报，似与张权此信有关。[4]

---

[1] 梁启超：《戊戌政变记》续四库版，第260页。
[2]《闽侯县志·列传》，《丛刊·戊戌变法》，第4册，第58页。
[3] 刘祖桂，直隶吴桥人，由附贡生捐候选同知，后经张曜、李瀚章保奏为候选知府，光绪二十年捐他省试用，掣分浙江。参见《清代官员履历档案全编》，第5册，第372-373页；《张之洞全集》，第5册，第456、459页，第6册，第48页；黎仁凯等：《张之洞幕府》，中国广播电视出版社，2005年，第134页。
[4] 张之洞的幕僚曾发电给刘祖桂："急。德州电局，专差飞送吴桥县城内刘仲慕太守，即祖桂。汉厂奖案即日待发，不能再缓。阁下速将履历详细电达，以便随折咨送。无履历不能出奏。重要紧要字样，如年岁，出身，捐案、保案年月，何案，到省奏调年月，现在官阶、花样。不能过三百字。电费不过数十金，万不可惜。迟恐有误。遵示转达。祈即日电复。锡周。谏。"（戊戌九月十六日辰刻发，《张之洞电稿》光绪二十四年九月至十月，所藏档号：甲182-455；抄件又见《张之洞

五、张检光绪二十四年六月初二日来信

《张文襄公家藏手札·家属类》所贴第 18 件，是张检来信，共两页，很完整。旁有签条。[1]张检（1864-？），字玉叔，张之洞长兄张之灏的长子。[2]光绪十六年（1890）进士，分发吏部，时为吏部候补主事，家住在化石桥（今北京西城和平门内）。[3]现存"张之洞档案"亲笔电报中，许多是发给他的。光绪二十四年四月十五日（1898 年 6 月 3 日）张之洞发电：

> 急。京。张玉叔：康有为有《保国会章程》三十条，速交邮政局寄鄂。康学之谬，众人知否？鄂臬放何人？速复。壶。咸。[4]

电稿丙编》，第 16 函第 76 册，所藏档号：甲 182-95）刘祖桂复电称："督宪鉴：奉电悉。桂年卅八岁，附贡。……廿二年委枪炮局兼布局提调，五月十七奏留鄂差委，现嫁女来京。此次恳赏保道员，仍留原省补用，加二品衔，出自鸿慈。祖桂叩谢。"（光绪二十四年九月十八日巳刻发，亥刻到，《张之洞存各处来电》，第 35 函第 7 册，所藏档号：甲 182-137）张之洞发电刘恩溥："急。京，通州仓场侍郎督部堂刘。令侄履历已电到，惟捐案无月分、局名。保知府案是否有免选免补同知字样？议准无奉旨日期，请速叙明电复。壶。养。"（九月二十二日戌刻发，《张之洞电稿》光绪二十四年九月至十月，所藏档号：甲 182-455）刘恩溥复电："武昌总督张：桂侄在全履历廿日交邮政局寄呈，另有禀。廿四发。"（光绪二十四年九月二十四日巳刻发，二十五日午刻到，《张之洞存各处来电》，第 35 函第 7 册，所藏档号：甲 182-137）张再电刘恩溥："令侄寄来履历，未开三代，祈速电示。洞。盐。"十月十四日巳刻发，《张之洞电稿》光绪二十五年十至十二月，所藏档号：甲 182-457。原整理者有误，根据内容，该电发于光绪二十四年。

[1] 签条写"张检，字玉叔，直隶南皮人，文襄公胞侄。庚寅进士，吏部文选司郎中，外放江西饶州府知府，升巡警道，署按察使"，贴在该件之侧。
[2] 张遵逵：《南皮双庙太仆寺卿衔张公讳镁家谱世系表》，未刊。
[3] 光绪二十九年张检履历单称："张检，现年四十岁，系直隶南皮县人。由庚寅进士，于光绪十六年五月奉旨：以部属用。签掣吏部，学习行走。六月到部。二十二年学习期满，奏留。二十七年十二月，补授主事。二十八年二月留京办事案内，保奏'赏加四品衔'。二十八年五月，补授员外郎。六月，报捐花翎。是月，派掌验封司印钥。十一月，调掌文选司印钥。是月，补授郎中。二十九年京察，保列一等，经吏部带领引见。奉旨：准其一等加一级，著交军机处记名，以道府用。"（《清代官员履历档案全编》，第 7 册，第 312 页）张检光绪三十年履历单，又见同上书，第 477-478 页。
[4] 光绪二十四年四月十五日亥刻发，《张文襄公电稿墨迹》，第 2 函第 11 册，所藏档号：甲 182-219。"康学之谬，众人知之否"一句，由"目前康、梁声名若何"改。"鄂臬"，湖北按察使，原任马恩

康有为等人先后于三月二十七日、闰三月初一日在京两次发起保国会集会，并制定章程三十条。张之洞闻此事后，欲知其详。[1]"康学之谬，众人知否"一语，即与保国会在京大盛有关，也与其《劝学篇》有关。五月初二日（6月20日），即光绪帝召见康有为后四日，张之洞再发电：

> 京。张玉叔：急。速询仲弢、叔峤，康有为召对详情如何？政府诸公赏识否？康与荣有交情否？派在总署，想系章京，上谕系何字样？到总署后是否派充总办？有主持议事之权否？现议变法，所急欲变者何事？张元济用何官？都下诸公、湖南京官有议论否？速复。壶。沃。[2]

据原稿，"召对详情如何"一句后，删"□上意□语称赞否"数字。"政府诸公"，指军机大臣。"荣"，系荣禄，因谢出任直隶总督之恩，与康有为同日召见，张之洞由此欲知两人之间关系。"有交情否"由"亲密否"改。康有为召见后，当日发下谕旨"工部主事康有为，著在总理衙门章京上行走"，张之洞闻知后，欲得其详，即康有为在总理衙门是否担任权力较大的总办章京，是否有相当于总理衙门大臣的议事权。张元济与康有为同由翰林院侍读学士徐致靖保举，同日召见，由于张已是总理衙门章京，当日未有谕旨下达。他与张之洞之间也有联系。[3]"都下诸公、湖南京官有议论否"一句，似指礼部尚书许应骙、左都御史徐树铭、御史黄均隆等人对于

培病免后，光绪帝恰于四月十五日改派张之洞亲信汉口海关道瞿廷韶接任。此中似有张的暗中活动，张欲知确情。

[1] 此时张之洞幕中关于保国会颇多议论，可参见本书导论第二节。
[2]《张之洞电稿》，光绪二十五年五月至七月，五月初二日已刻发。所藏档号：甲182-456。原整理者有误，根据内容，该电发于光绪二十四年。此外张之洞亦有电张检："急。京。化石桥，张玉叔：密。十五日电想达，速复。再黄仲弢近时闻有人指摘之否，并用急电确复。慎。敬。"（二月二十四日辰刻发，《张之洞电稿》，光绪二十四年一月至八月，所藏档号：甲182-455，此电的发电年份可能有误）命其查黄绍箕的传闻，可见对其之信任程度。
[3] 张元济曾为其所办通艺学堂事发电张之洞："通艺学堂来电：特科命下，亟思展拓学堂，惠助岁款求拨寄通艺学堂。张元济等叩。"光绪二十四年二月二十日午刻发，二十一日子刻到，抄本《张之洞电稿》，第十九册，《北京来电·二》，中国社会科学院经济研究所图书馆藏。

保国会及湖南学术纷争的指责。[1]这一份电报充分显示了张之洞对康有为政治崛起的极度担心，也显示了对张检十分信任，命其打探最重要的政治情报。张权此期入京会试，张之洞给张权的电报最初也多由张检转交。除此之外，张之洞也派其办理其他事务：

> 京。张玉叔：总署章京内有总办、帮总办共五人，每年终俱有公送节敬一分，共二百金。去腊托送之有错误，未收到，兹补汇二百金。望转交分致。又汇去纪钜容引见费二百金，亦即传送。均即电复。
>
> 京。张玉叔：总署章京年终公分，总办、帮总办须全送，人数既多，可共送三百金。向百川添取。速交。壶。艳。[2]

此是张之洞派其补送给总理衙门总办章京、帮总办章京的"年终公分"，即"炭敬"。

张检此信署日期"六月初二日"（1898年7月20日），时间上比前引张权数信为早。该信全文为：

> 侄检跪禀叔父大人膝下。
>
> 敬禀者。前月交折差寄上安禀，刻下想早蒙慈鉴矣。
>
> 《劝学篇》遍传日下，一时都人士无不击掌折服。叔峤托人排印千部，尚未见。值此异学争鸣之日，实足正人心、固士气、杜伪学、遏乱萌。有便请赐寄数十册。如能在京再刻一板，则出书较多，校对亦

---

[1] 许应骙等人曾阻康有为在广东会馆续开保国会。湖南京官徐树铭于光绪二十四年闰三月二十三日上奏"请遵崇圣道折"、"湘省保卫局章程请禁止片"、"请饬湖南学政崇尚正学片"（军机处《随手档》光绪二十四年闰三月二十三日、《军机处录副·光绪朝·内政类·戊戌变法项》，3/108/5615/28、29，中国第一历史档案馆藏），湖南京官黄均隆于四月二十五日上奏"湖南讲求时务有名无实折"（《戊戌变法档案史料》，第253页），均对湖南的变法有微词。张之洞发电询问，很可能已得到来自湖南的情报，要求予以证实。

[2] 前电三月十二日辰刻发，后电三月三十日丑刻发，皆见《张之洞电稿》光绪二十五年三月至四月，所藏档号：甲182-456。"纪钜容"，似为张之洞家中塾师。光绪二十四年八月，张之洞已寄引见费银一百两。参见本书第三章第一节。

可精审,以广传布,尤为胜事。伏望裁示。

　　大学堂总教习,寿州先请盛伯希祭酒,拒之甚力。闻已函请王益吾。今将其奏定章程暨文悌劾康党折,谨交邮政局速为寄呈。其近日琐事,俟折差回时详陈。

　　侄现派拔贡朝考闱差,初十日方克回寓。肃请福安!

侄检谨禀　六月初二日

以下简单说明该信之背景。

　　该信第一、二节,依旧仪式套话,可知张检五月之信,也是由折差带回。而从后面的内容可知,张检此信是通过开办未久的邮政局寄送。

　　该信第三节谈《劝学篇》在京推广之情况。从张权六月十二日信中可知,杨锐通过章京何兆熊在总理衙门排印,此处称"排印千部",这在当时已经是一个很大的数字;张权六月十二日信中还提到了端方、撷华书局、直隶同乡等三处刻印之事,张检在此提出"再刻一板"的建议,或许即与上引三处有关。至张检所言"值此异学争鸣之日,实足正人心、固士气、杜伪学、遏乱萌"一语,自然是针对康有为一派及"康学"的。

　　该信第四节谈及大学堂、寄《大学堂章程》、文悌奏折诸事。前节已叙,康有为有意于京师大学堂总教习一职,孙家鼐未予之。张权六月十二日来信中称,孙家鼐邀前国子监祭酒盛昱、王先谦为总教习,盛、王力辞之,其消息来源很可能是张检(详见本章第二节)。孙已于五月二十九日上奏荐许景澄为总教习,而张检六月初二日信中仍称"闻已函请王益吾",又说明张之洞派与孙家鼐派之间交流渠道并不畅通。该信中所言"奏定章程",当属五月初四日军机处、总理衙门上奏大学堂事务附呈的《大学堂章程》,该章程由梁启超等人起草,内容有"康学"的成分;"文悌劾康党折",即五月二十日文悌所上弹劾康有为、杨深秀、宋伯鲁等人之折;两份文件十分重要且紧急,张检不待折差返回,即"交邮政局速为寄呈"。折差带回是免费的,当时邮政局的费用很高,这很可能是根据张之洞的电令。

张检又称"俟折差回时详陈"一语，据张权六月十二日信，张检出闱后似在六月十二日另有信给张之洞。

该信第五节谈及张检为"拔贡朝考"同考官一事。前节已叙，光绪二十四年恰是优、拔贡朝考之年，也是废八股后第一次按新制进行的考试。其中拔贡朝考的初试于六月初四日（7月22日）在贡院进行。张检称"初十日方克回寓"，即指初试阅卷。[1]此次朝考，其中的出题、阅卷皆有新的难处，故前引张权六月十二日信中称刘恩溥请张之洞"出一样子寄来"。

六、张彬光绪二十四年正月来信及光绪二十一年一残件

《张文襄公家藏手札·家属类》中第16、17、23件，所贴是自称为"侄"的来信，未署名，也未署日期，共计十三页，分贴三处。笔迹为一人，用纸亦相同。我仔细阅读后，发现所贴顺序相当混乱。李景铭似不明白该信作者为何人，也不太明白信中的内容。根据其所言内容，我又将之一一进行拼接，发现其为一信（为第23、16件，有缺页，所贴顺序亦有颠倒）和一残件（为第17件）。

以下是一信（由第23、16件拼合，有缺页）的内容：

> 侄恭请叔父大人尊前。
>
> 敬禀者。折差到京，询悉福躬康泰，阃署清平，恰如孺祝。昭产金丹五十粒，系在同仁堂购得，特遣差带呈。小丫头当即领看，侄出京时必携之赴鄂。
>
> 二兄来京，当在二月初。经济、制艺两科，究竟应何项？
>
> 昨叔峤来言，前接梁星翁电，询子培何日赴湘。详此电语气，子

---

[1]《申报》六月十五日以"朝考纪事"报导："京师友人来信云：本月初四日，为拔贡朝考之期。初三夜十下钟时，即有题纸颁下，至次日未刻，诸生缴交卷出场。钦命策、论题为：'天下得人难论'、'通筹互市情形策'。十（初）七日揭晓，松江府属应试者共若干人，惟青浦蒋君寿祺名列一等第七，余尚未详。十七日在保和殿复试。"转引自《丛刊·戊戌变法》，第3册，第388页。

培鄂馆，自系尚未定局。子培学问、笔下均好，在鄂幕甚属相宜。虽与常熟系亲戚，然与吾家既系世交，长者待渠家昆仲，可谓至厚。此次到鄂，相处必能融洽。将来回京，必不至向常熟处播弄是非。矧前接鄂中定馆电后，湘即有电来延，束修千金，伊登时辞却。京中诸友询及馆地，皆告以已与鄂中定局。伊颇以在鄂幕中为荣，故决辞湘馆。鄂馆定局已遍告于同人，此时若再变计，无馆尚属细故，见拒于清流，伊实难以为情，必为都人所笑，伊当深衔鄂中矣。此电尚未送伊阅云云。属侄代陈于慈座，并恳仍将馆局定议（此处似有缺页）。

……尊意以为可否？峤并言，幼霞近来颇得力，伊之为人，与高理翁有别，非心照不可。应如何办？祈酌度。

伊又言，前闻容铁路可不办，近又闻虽南北电阻，仍无益，定拟举办。伊拟一文，尚未脱稿，成时觅人陈达，但恐当道之计甚坚，无能挽回了。

闻王侍御枚臣折，系条陈七道，有裁厘金、预杜《会典》保举之滥、请交涉事件须密、日蚀系廷臣蒙蔽之故等语。七条毕后，一大段劾张侍郎，言李文正之加病，系伊因交涉事与高阳顶撞，因而动气之故。德事出，张未奉旨意，即私往德使馆。如所言皆可以告人之语，何不到总署议？何必到使馆私语？其居心不可闻。请将伊立正典刑。折上后，邸云：我病，即当旋邸，所有事，领班某可请常熟示。钱、刚向常熟言，中堂上去，须为伊求。答云：汝等不必说，上头是不答应的。因有交议之旨。王前折言，加赋系李文正阻止，以后断不可加。常熟即深恶之。故苏人皆言王劾李文正，欲以此诬之。此折但言张，虽系半面，而全神已见，故与之不两立矣。都人皆言王公甚愚，既劾德事有张矣，所余一半，亦当指明某人。若指明，即应回避，虽欲报复，而不能矣。况其所推许者，仅一城北，伊为亲家作鹰犬，颠倒是非，尚得为正人耶？钦佩者为此等人，可谓谬极矣。

侄本月验八验看，二月引见。出都当在三月初间。到鄂请安后，即到省矣。慈亲康强。祈纾慈廑。肃此。伏乞垂鉴。

侄谨禀 津南炭数已送，单附呈

敬再禀者。寿伯符孝廉、同乡王筱航仪部、蒋艺圃侍御、李子丹名桂林 编修暨李玉坡、李慕皋诸君，拟立一八旗直隶西学堂。请汉教习二人，洋文教习二人，招学生三、四班。汉文教习教经、史、经济各书，改论说。洋教习教泰西语言文字。学堂内附一汉文西学馆，有愿应经济科乡试、能作四书文者，入此处学习。所学即谕旨所试诸条。惟款项无出，拟写公信，各处募捐，已有公函致小帆，托伊转恳叔父酌捐款项，并恳代募宦鄂诸同乡，公同酌算，每岁此学堂须用四五千金。仍请将畿辅先哲祠除办祭外，所余经费每岁数百金，允拨归学堂用，其每岁均摊租上斜街宅四十余间，请司事一二人。一面又托三兄与侄禀恳叔父。此系同乡公举，又系实心办事，为开八旗风……（后缺）

与此相同笔迹、相同纸张的还有一残件（第17件）。以下是该残件的内容：

……尚有可转托之处否，侄未敢擅请。敬祈慈酌。

闻新抚任浙藩时，颇锋厉，与中峰争柄。性情如此，无人先容，恐伊以为看不起伊也。顽躯犒适，祈纾专注。肃此。敬乞垂鉴。

侄谨禀

以上两件，首先需要考证的是该信的作者。

对于考证作者来说，两信中以下几处值得注意：一、从信中内容来看，他曾长期住京，但对京中政情之了解不如张检、张权那么清澈。二、信中称"二兄来京，当在二月初。经济、制艺两科，究竟应何项？"此是指张权入京会试之事，张权是其二兄；信中又称"一面又托三兄与侄禀恳叔父"，此中的三兄，似指吏部主事张检；即他是张权、张检之弟。三、残件中称"闻新抚任浙藩时，颇锋厉，与中峰争柄。性情如此，无人先容，恐伊以为看不起伊也";此处的新抚似为陕西巡抚胡聘之。[1]四、信中称"侄本月验八验看,二月引见。出都当在三月初间",此指捐班人员验看、由吏部带领引见之事。五、也是最直接的,该信有"津南炭数已送"的字样,而张之洞对此有亲笔电报。根据以上线索,我以为,该信的作者为张之洞三兄张之渊的次子张彬(1869-?),字黄楼。[2]由此再查其履历单,知张彬中举后,先后捐内阁中书、兵部郎中,至光绪二十一年,捐知府,指陕西补用。[3]此时陕西巡抚胡聘之刚从浙江布政使调任,张彬认为与之不能相合,故向张之洞抱怨,由此又可知前引一残件写于光绪二十一年。光绪二十二年,他奉张之洞之命陪江南名医陈秉钧进京给李鸿藻看病,后陈未行,独自进京。[4]光绪二十三年,他加捐改为指分浙江。此信中"验看"、"引见"的时间,与其履历单及军机处《引见档》相吻合。[5]

张彬是张之洞关系最密切之侄,常派其在京办理各种重要事务,可看

---

[1] 此期由浙江布政使升任巡抚者为三人,其一是刘树堂,后任河南巡抚;其二是赵舒翘,升任江苏巡抚;其三是胡聘之,光绪二十一年三月由山西布政使改任浙江布政使,七月升任陕西巡抚,八月改任山西巡抚。

[2] 张遵逵:《南皮双庙太仆寺卿衔张公讳镆家谱世系表》,未刊。由此而论,长兄似为前任江苏嘉定县知县张枢。见《张之洞全集》,第3册,第225页。

[3] 光绪二十四年张彬履历单称:"张彬,现年三十岁,系直隶南皮县人,由附生中式。光绪己丑恩科顺天乡试举人。遵例报捐内阁中书,到署当差。复遵例报捐郎中。二十年四月经钦派大臣验看,签分兵部行走。五月到署当差。复遵例报捐花翎同知,分发省分试用。又因劝办顺天赈捐案内出力,保俟补缺后以知府用。经吏部核准覆奏,二十一年十二月奉旨:依议。报捐指省浙江。本年正月二十八日经钦派大臣验看,二月十六日经吏部带领引见,奉旨:照例发往。"(《清代官员履历档案全编》,第6册,第278页)此中尚有若干情节在时间上还不太清楚。再查光绪二十八年张彬履历单:"……二十一年改捐同知,分省试用。嗣因劝办顺义赈案内出力,奏保俟补缺后以知府用。遵例捐指陕西,并捐免补本班,以知府仍留原省补用。二十三年捐离陕西,改指浙江。二十四年五月到省,七月委办衢州府厘局差。二十六年捐升道员……"同上书,第7册,第76—77页。

[4] 参见本书第六章第五节。

[5] 军机处《引见档·光绪二十四年春夏季分》录:"光绪二十四年二月十六日吏部带领引见",分发"浙江补用知府张彬","旨俱照例发往"。(台北故宫博物院图书文献馆藏)该件是由李文杰提供的。又,张之洞此期亦有一电给张彬:"京。楼。会试期近,汝宜过场完,再办验看引见。到浙迟早,不在一两月。差事全看上台知遇,不在同班人多少也。壶。沃。"二月初三日子刻发,《张之洞存来往电稿原件》,第14函,所藏档号:甲182-385。

以下两例。光绪二十二年十月初一日,张之洞发电:

> 京。张黄楼:知到京,全愈,慰甚。垫款及电费三百金、秋节五十金,百川已汇。以后如有必需用款,可向百川取。日内可往谒高阳,看可望全愈否。电告。壶。东。[1]

"百川",即"百川通",以办理电报汇款而著名的山西票号。"高阳",李鸿藻,时任军机大臣、总理衙门大臣、礼部尚书。张之洞允许在其账上自取所需之资,并命其看望李鸿藻,皆是极其信任方可办理之事。光绪二十四年闰三月初五日,张之洞又发电:

> 京。楼:奉旨陛见,闻慈圣意及上意若何?政府有何议论?众人有何议论?速电闻。经手要事太多,拟二十日后行。初到京时,西苑门外附近有何处可住?速看定。事毕后,住化石桥宅。我衰病日甚,此行于时局必无益。拟事毕后即告病。权、检、彬同览,并告仲韬、叔乔。壶。歌。[2]

此是徐桐在杨锐、刘光第等人的密谋下,奏请调张之洞进京辅政。张之洞不明其意,让张彬打探京中上层的消息,并委托其办理前站事务。[3]

从张彬一信(有缺页)的内容来看,该信发于光绪二十四年正月十二日(1898年2月2日,即御史王廷相上奏之日)之后、二十八日(2月18日,即张彬验看之日)之前;而从后引张之洞正月二十日电报来看,可能发于十三日。[4] 原信不分节,是我按其内容分的。尽管似有缺页,以下仍

---

[1] 十月初一日辰刻发,《张之洞电稿》,光绪二十四年九月至十月,所藏档号:甲182-455。原整理者有误,李鸿藻于光绪二十三年六月去世,此电当发于光绪二十二年。
[2] 闰三月初五日戌刻发,《张之洞电稿》,光绪二十五年三月至四月,所藏档号:甲182-456。原整理者有误,根据内容,该电发于光绪二十四年。
[3] 张之洞戊戌入京一事,详见本书导论第四节。
[4] 从当时的交通条件来看,北京到武昌的最快通信时间亦为七八天,张之洞能在二十日发电,该信当在十三日即发出。

依顺序按节注明相关的背景。

该信第一、二节,仍是礼仪套话及家中琐事,但可知张彬此信也用折差带回。

该信第三节谈及张权来京参加戊戌科的会试。"经济"指"经济特科"。光绪二十三年十一月,贵州学政严复上奏,建议设立"经济"科,光绪帝命总理衙门会同礼部"妥议具奏";光绪二十四年正月初六日(1898年1月27日),总理衙门与礼部上奏"遵议开设经济科折",光绪帝当日批准。然经济特科须保举满百人之后,方可奏请举行。直至八月戊戌政变,该科未开而不了了之。张彬不明"经济、制艺""应何项",说明他对京中政情已是稍有隔膜。

该信第四节谈及沈曾植至湖北入张之洞幕府事。星翁,梁鼎芬。子培,沈曾植(1850-1922),浙江嘉兴人,光绪六年进士,分发刑部,此时任刑部郎中、总理衙门章京。沈曾植于光绪二十三年八月丁母忧,张之洞邀其至湖北任两湖书院史席。[1]常熟,翁同龢。从翁同龢、张荫桓日记中可以看出,沈在京中与翁、张两人交善,很可能由此原因,时主两湖书院的梁鼎芬对此稍有异词。杨锐察觉此事,请张彬出面向张之洞说项。"长者待渠家昆仲"一语,"长者"指张之洞,"昆仲"指沈曾植、沈曾桐兄弟。很可能是这封信的作用,四月十六日,张之洞亲发电报给沈曾植:

扬州。嘉兴馆,沈子培部郎:湖院开馆在即,盼速驾。何日行,

---

[1]沈曾植于光绪二十三年十一月二十二日给丁立钧的信中称:"遭变以来,家徒四壁,幸藉师友之力,人情挚厚,得以粗完局面。……现定以明岁开河航海南返,年向如利,安葬当在冬间。询诸更事之人,金谓至遭变以至安葬,中人之家,非三千金不办……祖茔本有穴地,则较他人略易。用及千金,逆计归柩办葬,自必在千金以外。南归后不能庐墓,麦舟之助,仍须谋之四方。植已应南皮之招(馆修岁千金。湘中亦见招,请以封代,未知能愿否也)。五弟尚未有定向,谋馆之难,不殊谋缺,可叹息也。"(许全胜整理:《沈曾植与丁立钧书》,《历史文献》,第16辑,第143页)由此可见,沈曾植此时家境困难,已将两湖书院的修金计算在内。"封",沈曾植之弟沈曾桐,字子封,此时任翰林院编修,将一同丁忧。

搭何轮？即电复。洞。谏。[1]

沈曾植于光绪二十四年五月至武昌，任教两湖书院；七月去湖南，主讲校经书院；八月回扬州；十一月再赴武昌。[2]沈接受了湖北、湖南的两聘。[3]

该信第五节之前，似有缺页，可能与高燮曾保康有为之折有关。从内容来看，既然请示"应如何办"，似应还有与"幼霞"、"高理翁"相关的内容；且该信第七节又称"王前折言，加赋系李文正阻止，以后断不可加"一句，查王廷相正月十二日之折中并无此内容，当指在此之前另有一折，似也应在信中有所反映。"幼霞"，王鹏运（1849-1904），号幼霞，广西临桂人。同治九年举人，此时任掌江西道监察御史。光绪二十一年，他与康有为走得相当近，为康代奏了许多奏折。[4]光绪二十三年十二月十九日（1898年1月11日），王鹏运上奏"胶州不可借德宜密结英、日以图抵制折"、"结倭联英并缓偿倭款片"，该折片亦由康有为起草。[5]"高理翁"，高燮曾（1839-1917），字理臣，湖北孝感人。同治十三年进士，入翰林院，

---

[1] 光绪二十四年四月十六日戌刻发，《张之洞存来往各处电稿原件》，第5函，所藏档号：甲182-376。

[2] 沈曾植于光绪二十四年六月二十三日的家信中称："鄙在此患热疖，此两日太阳旁一颗最大而痛。……制军月送百金，笔墨编书皆如原约，间三五日辄以马车来迎，乘凉夜谈，王雪岑、梁星海均大以为苦，鄙却不觉，惟言论往往不合，亦无如我何。"（许全胜整理：《海日楼家书》，上海图书馆历史文献研究所编：《历史文献》，第6辑，上海古籍出版社，2004年，第213页）七月十九日，沈由武昌赴长沙，二十三日抵达，二十八日，沈在其家信中谈到了他在长沙的情况（同上书，第207页）。又，是年夏沈曾植给丁立钧的信中称："……弟节后至此（寓纺纱局中），已届四旬，无日不病，无病不出于意外。推其原故，深疑此间风土于贱体不甚相宜。思为庐阜之游，顾又窘于资力。芗老在署中新修客舍，云为弟（后缺）。"（许全胜整理：《沈曾植与丁立钧书》，《历史文献》，第16辑，第136页）"纺纱局"，湖北纺纱局，位于长江边，当时经常作为张之洞的客舍。该信有"长夏何以遣日"，可知该信作于夏天。

[3] 湖南聘请沈曾植的情况，可见此期湖南学政江标给陈宝箴之两信。柳岳梅整理：《陈宝箴友朋书札》（三），上海图书馆历史文献研究所编：《历史文献》，第5辑，上海科学技术出版社，2001年，第187页。

[4] 参见孔祥吉：《康有为变法奏章辑考》，第91-105页。

[5] 青岛市博物馆、中国第一历史档案馆、青岛市社会科学研究所编：《德国侵占胶州湾史料选编1897-1898》，山东人民出版社，1986年，第315-317页；并参见拙文：《康有为及其党人所拟戊戌奏折之补篇》，《戊戌变法史事考二集》，第386-388页。

此时任兵科掌印给事中。光绪二十三年十月二十七日（1897年11月21日），他上奏"德人踞胶不宜允许折"，声称德国占领胶州湾一事"公请西洋一小国评论曲直"，与康有为当时的思想相当接近。[1]十一月十九日（12月12日），高又上奏一折两片，其中一片保举康有为参加"弭兵会"，光绪帝当日命总理衙门"酌核办理"。[2]对此，康有为在《我史》中称：

> 适胶州案起，德人踞之，乃上书言事。工部长官淞淮读至"恐偏安不可得"语，大怒，不肯代递。又草三疏，交杨叔峤分交王幼霞、高理臣上之。[3]

康此处谈到其"又草三疏"，由杨锐交王鹏运、高燮曾上奏，即杨锐是此事的中间人。梁启超亦称，高燮曾保举康参加"弭兵会"，杨锐大有作用。[4]张彬该信此处因有缺页而内容亦有失漏，其称"峤并言，幼霞近来颇得力，伊之为人，与高理翁有别，非心照不可"一语，内容可能很重要，但无法全解其意，不知是否与康有为所称交"三疏"请杨锐转王鹏运、高燮曾代奏有关。光绪二十四年正月二十六日（1898年2月16日），张之洞发电杨锐，予以警示。[5]

该信第六节谈及容闳拟开办津镇铁路一事。光绪二十三年十月，江苏

---

[1] 转引自黄彰健：《戊戌变法史研究》，台北中研院历史语言研究所专刊之五十四，第61-62页，黄彰健认为该折由康代拟；原折藏台北故宫博物院图书文献馆，《军机处档》，142597。

[2] 《军机处录副·光绪朝·内政类·戊戌变法项》，3/108/5617/51，中国第一历史档案馆藏；《光绪宣统两朝上谕档》，第23册，第325页。

[3] 《丛刊·戊戌变法》，第4册，第137页。"上书言事"指康的"上清帝第五书"。

[4] 梁启超在《杨锐传》中称："丁酉冬，胶变起，康先生至京师上书，君乃日与谋，极称之于给事高君燮曾，高君之疏荐康先生，君之力也。"（梁启超：《戊戌政变记》续四库版，第259页）杨锐于光绪二十三年十一月二十六日给汪康年信中称："长素条陈，透切时弊，昨因高理臣给谏奏请派其出洋，入万国弭兵会，亦近之差强人意者。"（《汪康年师友书札》，第3册，第2408页）可见此中的联系。

[5] 张之洞电称："急。京。乔：康长素与仆有隙，意甚险恶。凡敝处议论举动，务望秘之，不可告康。切祷。王廷相处分如何？钝。宥。"（光绪二十四年正月二十六日午刻发，《张文襄公电稿墨迹》，第2函第10册，所藏档号：甲182-219）与康、杨关系相关的内容，可参见本书第二章第三节。王廷相处分一事，后将叙述。

特用道容闳上条陈至总理衙门,要求由其主持修建津镇铁路。这一方案对正在设计中的芦汉铁路有利益上的冲击。此中的"南北电阻",指在盛宣怀、张之洞的谋划下,张之洞于光绪二十四年正月初八日、刘坤一于十二日、王文韶于十三日分别发电总理衙门,要求阻止。湖南巡抚陈宝箴也于十七日发电总理衙门,表示质疑。[1]此中的"定拟举办",指容闳在总理衙门大臣翁同龢、张荫桓、许应骙的支持下,其计划将会获准。该计划于正月二十一日由总理衙门上奏,当日获得光绪帝的批准。[2]张彬称杨锐"拟一文,尚未脱稿,成时觅人陈达"一语,指杨锐拟折准备托台谏上奏阻止。这是杨锐根据张之洞于光绪二十四年正月初五日、初九日两次电令而采取的行动。杨虽照办,然已感到"无能挽回了"。[3]

该信第七节谈及王廷相上奏事。王廷相(1851-1911),字枚臣,直隶承德人,光绪十二年进士,入翰林院,曾放山西学政,时任江南道监察御史。光绪二十四年正月十二日(1898年2月2日),王廷相上奏"时局增艰请振皇纲折",称"元旦日食",须"及时修省,励精自强",要求光绪帝力除弊端:一、裁厘金;二、开采之黄金禁售于外人;三、官督商办"易更张";四、多造江宁制造的后膛抬枪;五、稻米、铜钱不准出口;六、杜绝京城"西迁之意";七、朝廷奏章须保密。然王廷相由此笔锋大转,直攻张荫桓:

>……近来洋学盛行,士大夫学无根柢者,艳羡其利权自主之言,将圣贤礼教视之蔑如。大臣中张荫桓尤甚。该侍郎沉染西术,罔识尊亲。李鸿藻与议法使入觐事,其言非臣子所忍闻,因之愤极而病加剧,遂使中国大体无复能持。前此辱命倭邦,既有乖于臣节;昨岁径游俄

---

[1]《清代军机处电报档汇编》,中国人民大学出版社,2005年,第19册,第20-24、33-36页;第36册,第216、222页。

[2]相关的研究可参见张海荣:《津镇铁路与芦汉铁路之争:甲午战后中国政治的个案研究》,北京大学硕士论文,2008年。

[3]相关的内容,可参见本书第二章第三节。

国,复显悖乎王章。向来外洋交涉事宜,例应在总署会议,乃该侍郎办理德事,专在使馆秘商,朝夕往来,颇骇听睹。惟其甘心卑贱,人故乐与亲暱,藉肆要求,及和议一成,胶澳仍与外人,封守诸臣皆被谴责。举天下臣子痛心之事,竟为该侍郎一人快意之端,迹其罪恶昭彰,有一于斯,必不容于祖宗之世。应请特伸乾断,立正典刑,庶可彰国威而寒奸胆……[1]

此时在朝廷的决策层中,光绪最信任者为两人,即翁同龢与张荫桓。王廷相奏折虽仅攻张,未牵涉到翁,但当时人大多心知所攻者为何人,即张彬信中所称"虽系半面,而全神已见"。"邸",似指军机大臣礼亲王世铎。他是个好好先生,见该折势头甚猛恐引起廷争而躲闪。"钱",军机大臣钱应溥;"刚",军机大臣刚毅。他们两人知道王廷相之折必不为光绪帝所喜,故托翁为之求情。"交议之旨"指光绪帝当日的明发上谕,将王廷相"交部议处"。张之洞看到此信,尤其是言及李鸿藻之死,激起当年清流的性情,于光绪二十四年正月二十日发电杨锐:"京。乔:急。闻王廷相劾南海被斥,所劾何事?得何处分?速复。钝。号。"[2]该电也可见他与翁、张两人的间隙。"城北",指徐姓。王廷相该折称:

> 大臣中忠直之选,首推徐致祥。浙江差满,改调安徽,外似优隆,实则屏绝,必欲蒙蔽圣聪,使无闻见而后已。似此举措似不由皇上操其权,此正阳德蔽亏之象。自来变不虚生,元旦日食,尤为灾异。[3]

徐致祥(1838-1899),江苏嘉定人(今属上海),咸丰十年进士,历任翰林院侍读学士、左副都御史等职,时任大理寺卿。他是兵部尚书徐郙的侄子。

---

[1]《军机处录副·光绪朝·综合类》,3/151/7432/3,中国第一历史档案馆藏。该奏折是陈先松找到的。

[2] 光绪二十四年正月二十日巳刻发,《张文襄公电稿墨迹》,第2函第10册,所藏档号:甲182-219。"南海",张荫桓。

[3]《军机处录副·光绪朝·综合类》,3/151/7432/3,中国第一历史档案馆藏。

其一生最引人注目的事件之一，即光绪十九年上奏弹劾张之洞。[1]"浙江差满，改调安徽"，指徐致祥于光绪二十年出为浙江学政，二十三年期满后改调安徽学政，当时属极罕见的现象，王廷相将之与"元旦日食"相连；而将王廷相"交部议处"的谕旨中，对此重责。[2] 由于徐致祥与张之洞有过节，故张彬评论道："伊为亲家作鹰犬，颠倒是非，尚得为正人耶？钦佩者为此等人，可谓谬极矣。"

该信第八节谈张彬验看、引见、出京之事。信中"本月验八验看"中的前一"验"字，似为"念"字误。署名时附言"津南炭数已送"，即"炭敬"，指张之洞送给天津同乡官员的冬令"节敬"。张之洞对此有两电报予以指示。[3]

该信又另附一信，为新成立的八旗直隶西学堂向张之洞等人劝捐。八旗直隶西学堂，又称八旗奉直小学堂，位于宣武门南横街。"王筱航"，王照（1859-1933），直隶宁河人，光绪二十年进士，时任礼部主事。蒋艺圃，蒋式芬（1851-1922），直隶蠡县人，光绪三年进士，时任吏科给事中。李桂林，直隶临榆人，光绪二年进士，翰林院里的老编修。小帆，张曾敭，直隶南皮人，前福建按察使，此时病休在京。寿富于光绪二十四年四月中进士，此时尚是举人，故称"孝廉"（参见第二节）。"李慕皋"，即"李牧皋"，李念兹。张之洞收到信后，对该学堂的事务至少发过三份电报。光绪二十四年闰三月初一日（1898年4月21日），张之洞发电给张彬：

---

[1] 徐致祥弹劾张之洞之事，可参见本书第六章第一节。

[2] 该谕旨称："本日御史王廷相条奏陈时务一折，胪列七条，语多臆度，不切事情。即如所奏，徐致祥浙江差满改调安徽，外似优隆，实则屏绝等语，朝廷用人行政，一秉大公，权操自上，本非臣下所能干预。该御史以偏见窥测，尤属冒昧。王廷相著交部议处。"（《光绪宣统两朝上谕档》，第24册，第15页）王廷相该折当日呈送慈禧太后。

[3] 张之洞于十二月二十九日发电张彬："京。楼：节费已寄。各亲友均交百川，便中告知往取。津南同乡，查明人数，每人二十，向百川取。外间从未咨过生日，光绪十三年，不知上边如何想起，未详其所以然，只可听之。壶。艳。"（十二月二十九日戌刻发）"京。楼：天津阖府同乡，缘须送炭敬，每人二十金。壶。艳。"十二月三十日卯刻发，两电皆见《张之洞电稿》光绪二十五年十月至十二月，所藏档号：甲182-457。两件皆无年份，所贴时间亦有误，具体时间难以确定，但其中有一件当发于光绪二十三年。

京。楼：场作速交邮政局寄。奉直开学堂甚好，我当筹助。必须约寿伯符经理，若不邀寿君，我即不管。乡祠款，俟章程议妥方可动。并告小帆。即复。壶。卅。[1]

张之洞提出由寿富管理此学堂，并作为助款之条件。四月二十一日（6月9日），张之洞发电张检：

京。张玉叔：急。闻奉直学堂请一教习，系广东人，速询明何姓名？系康有为门人否？若系康徒，乃邪教会匪，与广东逆匪孙文勾通，确有实据，将来恐受累。万不可请。同乡诸君不深悉康学之谬，我深知之，外省亦无不知之，不敢不以奉告。再，寿伯符进士已请定否。若不请寿，是我所言，全不采纳，我不便管此学堂事。会馆公款亦不敢拨动。再，速问李玉坡，鄂省捐款想已到，若请康徒，鄂捐款万不可交。并送小帆同阅。壶。马。[2]

张之洞听到学堂请广东人为教习，十分担忧，再次要求由寿富主持，并以个人助款、会馆公款、鄂省捐款三项来威胁。张彬此时已离京，张之洞改发电给张检。五月初四日（6月22日），张之洞再发电给张检：

京。张玉叔：学堂教习，先传闻有粤人，今粤中康党甚炽，故问是否康徒，乃过虑耳。今既无粤人，甚善，甚慰。章程均妥。惟休息日万不可用礼拜之期，既无洋人，或十日、或五日放假一日均可，似不必七日也。另有学堂管见，续电奉商，望转交。壶。支。[3]

---

[1] 闰三月初一日子刻发，《张之洞电稿》，光绪二十五年三月至四月，所藏档号：甲182-456。原整理者有误，根据内容，该电发于光绪二十四年。"场作"，指张彬此次参加会试所作文。"卅"指三月三十日，张之洞是日写电，子刻发出。

[2] 四月二十一日午发，《张之洞电稿》，光绪二十五年三月至四月，所藏档号：甲182-456。原整理者有误，根据内容，该电发于光绪二十四年。

[3] 五月初四日戌刻发，《张之洞电稿》，光绪二十五年五月至七月，所藏档号：甲182-456。原整理者有误，根据内容，该电发于光绪二十四年。

从以上电文中可以看出，张之洞对该学堂事务多有插手，而最为关切者，是恐其成为康有为学说的讲习之所。[1]

读了以上张权、张检、张彬的密信，并结合"张之洞档案"中的亲笔电报，我最突出的感受是，张之洞一派与康有为一派在政治上的对立，而到了戊戌变法的关键时刻——"百日维新"阶段，张已视康为政敌。张之洞及其一派与保守的徐桐、刚毅之间的距离，远远短于与康有为一派的距离；张似还能与徐、刚在政治上合作，而决不可能与康合作，这不仅是学见、政见的差别之所致，更是政治力量对比的强弱之所致——他们并不看好康有为一派的政治前景。

---

[1]"张之洞档案"中有三件来电，向张之洞报告该学堂情况：一、"京来电：头班学生闰二十已肄业，二班亦多挂号，需款甚急。先祠款望速托小骧酌拨。伯福遵，试竣出。南横街八旗奉直小学堂。"（光绪二十四年闰（三）月二十九日辰刻发，四月初二日酉刻到）二、"京来电：直学生二班挂号将满，款无着，未敢增入祠款，无阻挠，亦无肯主。捐助若何？均乞速示。"（光绪二十四年四月初八日酉刻发，初九日酉刻到。以上两电见抄本《张之洞电稿》，第19册，《北京来电·二》，中国社会科学院经济研究所图书馆藏）三、"京来电：现肄业三十八名。黄楼函称尊意云云。放学日系徇洋文教习之请。去夏照于敝村所立朔望放学。伯福再至学堂，现无暇。少帆始现谋画。前云未通知，讹也。叠议止二三人。目前买书添班，无款，再援为幸。拟大开水田，为二三年后接济无穷之计。看。小学堂。泰。"（光绪二十四年六月初九日巳刻发，十四日未刻到；《张之洞存各处来电》，第34函，戊戌第3册，所藏档号：甲182-136）"小骧"、"少帆"，皆即"小帆"，张曾敩，管理乡祠款；"伯福"，即寿福，"试竣出"，指其参加殿试后即出任学堂一职。"看"，不详其人。

第二章

张之洞与杨锐

张之洞与杨锐之间的亲密关系，当时就为人所熟知。梁启超在《戊戌政变记》中撰《杨锐传》，对此有着相当具体的述说，后来的史家多引用之。台湾大学历史系李宗侗教授曾发表两文，披露杨锐给张之洞密信两件，以说明张、杨关系之详情。[1]我曾作《戊戌年徐桐荐张之洞及杨锐、刘光第之密谋》，对张、杨关系进行过考察，也暗暗自以为是。[2]但是，当我看到中国社会科学院近代史研究所图书馆藏"张之洞档案"中的相关文件时，仍不免大为吃惊。

无论是张之洞还是杨锐，生前都没有直接说明两人关系之详情，时人与后人的记载，除了李宗侗两文外，皆缺乏具体的事例。然我在档案中所看到的，绝大多数是张、杨亲笔所写的原件。触摩于斯，亦不免神思往矣，感到了两人之间的那种情感。

我见到的这批张之洞文件，多是其亲笔所写电报原稿。由于这批电报原稿虽注明月、日，甚至标明发报的时辰，但无具体年份，原整理者因对其内容不清楚，大多贴错年份，在档案中分存各处，十分散乱。很可能因为如此，这些电报过去没有被人系统利用过。我见到的杨锐文件，数量很少，其中我所关心的从甲午至戊戌时期的，只有九封电报（其中两电与他人联名）及两封密信。杨锐的密信无日期、无署名，而其中最重要的一封，已由孔祥吉教授发表，但将其作者误为李鸿藻之子李焜瀛（符曾）。这些电

---

[1]《杨叔峤光绪戊戌致张文襄函跋》，《大陆杂志》，第19卷第5期；《杨锐致张文襄密函跋——高阳李氏所藏清代文献跋之一》，《大陆杂志》，第22卷第4期。

[2]刊于《中华文史论丛》2002年第1辑，总69辑。

报和密信不仅说明了张之洞与杨锐的关系,更可从中窥视从甲午到戊戌期间的清朝政治内情。

一、杨锐是张之洞的"坐京"

梁启超在《杨锐传》中称:

> 张有子在京师,而京师事不托之子,而托之君(杨锐),张于京师消息,一切藉君,有所考察,皆托之于君,书电络绎,盖为张第一亲厚之弟子,而举其经济特科,而君之旅费,亦张所供养也。[1]

梁是根据他与杨锐的交往,写下这段话的,虽稍有不完备之处,但大体说明了杨锐在京的任务——办理张之洞的交待事件,主要是探听政治情报。[2] 李宗侗称:

> (杨锐)后至北京遂担任文襄(张之洞)的"坐京"。坐京者,等于民国初年之各省驻京办事处,不过后者为公开挂牌之办事处,而前者为秘密的,各省督抚皆有之。"坐省"为府县派驻省城的人,见于雍正朱批谕旨,则"坐京"一名称亦必甚早。"坐省"、"坐京"皆指其人而言,并无机关,其职务以向省中报告京中政府的动态为主。文襄的坐京现可知者,除杨叔峤外,尚有黄仲弢绍基,吴菊农敬修,皆文襄侄婿,张黄楼彬则其侄也。[3]

---

[1] 梁启超:《戊戌政变记》续修四库版,第259页。
[2] 张之洞之子张权,光绪二十一年进京参加会试,曾与康有为等人发起强学会,此后离京返回武昌,光绪二十四年再次进京参加会试,中进士,签分户部。他中间有一段时间不在北京,且比杨小五岁,政治经验也不如杨;张之洞依赖杨锐,主要是张权不在京;而到了百日维新时期,张之洞与张权的电报往来十分密切,交给张权办理的事务,并不少于杨锐。除了张权外,张之洞也有大量电报给其侄张检、张彬,委托其办事。详情可参见本书第一章。
[3] 《杨叔峤光绪戊戌致张文襄函跋》,《大陆杂志》,第19卷第5期。"绍基",即为"绍箕"。

李宗侗是晚清重臣李鸿藻之孙、李焜瀛之子，对清代掌故极为熟悉。他称杨锐是张之洞的"坐京"之一，是看到了杨写给张的密信。

张之洞的大量亲笔电报，可以坐实以上两人的说法。

杨锐（1857-1898），字叔峤，号钝叔，四川绵竹人。光绪八年（1882）优贡，十一年中顺天府举人。张之洞任四川学政时发现这一人才，从此对杨锐一直很关心，包括其个人生活与仕途。"张之洞档案"中存有一些两人早期关系的电报。光绪十三年四月初八日（1887年4月30日），时任两广总督的张之洞发电给四川布政使崧蕃：

> 锡侯仁兄鉴：昨奉惠函，知履新绥吉。欣颂。粤事繁冗紧急。绵竹孝廉杨锐，乃弟门人，昨屡电催其来粤，襄理笔墨，藉资臂助。渠因老母七旬，无人侍养。其胞兄杨聪，系隆昌教官，地僻事简。可否将其调省，无论何职，俾得归家奉母，则杨锐可即时赴粤。曷胜感祷。并请嘱首县遣人述鄙意，催杨锐速来。敬贺大喜。洞启。四月初八。[1]

张之洞为调杨锐入其幕，转求熟人安顿杨锐之家事。"张之洞档案"中另有一纸，张在上亲笔写了两封电报：

> 京。温州馆，翰林黄仲韬：立候回电。春榜有名士熟人？速电示。四川杨锐中否？洞。
>
> 车：请将榜中直系及熟人电示。杨叔峤住何处？洞。[2]

"黄仲韬"，即黄仲弢，张之洞一般写作"韬"，翰林院侍讲黄绍箕。"车"，似为刘恩溥，张之洞的清流同党，住在京城车辇店胡同，时任工部给事

---

[1] 光绪十三年四月初八日发，《张之洞电稿丙编》，第3函第12册，所藏档号：甲182-82。"首县"，指省城所在地的知县。

[2] 两电写于一纸上，四月十二日亥刻发，《张文襄公电稿墨迹》，第1函第1册，所藏档号：甲182-219。

中。该纸上仅署"四月十二日亥刻发",未署年份,很可能发于光绪十二年（1886）。[1]另有一件张的亲笔电报：

> 京。伏魔寺,杨叔峤：大喜奉贺。速来。勿过七月。记名有何熟人（新编加九马）。[2]

原件记"六月十四日申刻发",未记年份。原整理者将之归入光绪十三年,似为误。从内容来看,该电似发于光绪十五年,是年杨锐考中内阁中书。光绪十六年三月,杨锐参加庚寅恩科会试,忽闻其母病逝,立即出京,经河南、陕西于五月回到家乡。[3]八月十二日,杨锐有一电给张之洞的幕中,说明情况。[4]十月二十二日,张之洞发电杨锐：

> 函悉。葬事腊、正月能办否？事毕盼即日来鄂。两湖书院请足下当分教。明年二月即须开课,一切调考及筹定院规诸事,待商甚殷,务望早来。令兄想无大病,如能偕来尤佳。即电复。洞。养。[5]

---

[1] 杨锐于光绪十一年中举,此后可参加的各科会试为：光绪十二年（丙戌科）、光绪十五年（己丑科）、光绪十六年（庚寅恩科）、光绪十八年（壬辰科）、光绪二十年（甲午恩科）……其中光绪十六年三月其母病故,杨参加会试后,接唁电即回,并未参加以后的复试与殿试。光绪二十一年以后,张之洞知杨锐在京地址,不会发问。我推断该电发于光绪十二年,主要证据有二：一是电文中称"四川杨锐",即黄绍箕对杨锐尚不熟悉,可见此电不会晚于光绪十五年,此年杨锐考中内阁中书；二是《张文襄公电稿墨迹》由张的幕僚许同莘所编,许亦将该电文编入第1册,并推断该电发于光绪十二年。

[2]《张之洞存往来电稿原件》,第5函,所藏档号：甲182-376。"新编加九马",指约定的电码。

[3] 国家图书馆善本部：《赵凤昌藏札》,北京图书馆出版社,2009年,第5册,第271-273页。

[4] 杨锐电称："电谨悉。葬在春。兄往隆昌,归即复。锐禀。"（"杨中翰来电",光绪十六年八月十二日酉发,十三日申到。抄本《张之洞电稿》,第4册,"四川来电",中国社会科学院经济研究所图书馆藏）从电文来看,此前张之洞幕中亦有一电给杨锐,但未见。

[5]"致四川百川通专足送绵竹县城小西街杨叔峤",光绪十六年十月二十二日发,《张之洞全集》,第8册,第77页。"令兄",似指杨锐的长兄杨聪。另,张之洞档案中还有一电："成都青石桥义盛公绸铺转绵竹杨宅：帅谕：速来。何日行？即复。履。十二月廿八申发。"（《张之洞电稿》,光绪二十四年十二月,馆藏档号：甲182-455）原注日期有误,但不能确定该电何年发。"履",为邹履和,张之洞亲信幕僚,时任文巡捕。

此时杨锐已守制,张之洞发电邀其出任两湖书院分教习,这是地位和待遇都很高的职位。杨锐此后于光绪十六年十一月、十七年二月、三月三次发电,说明其行程。[1] 光绪十七年,杨锐在张之洞幕中,"张之洞档案"存有他与廖平、钱保塘、王秉恩之间的电报。[2] 光绪十八年张的一则电报,说明杨锐仍在其幕中。[3] 光绪二十年冬,甲午战争最激烈期,清廷调两江总督刘坤一北上督师,调张之洞署理两江。张之洞偕杨锐赴南京,杨是其战争期间的主要幕僚之一。[4]

---

[1] "杨中翰来电:明正事毕,即来。锐禀。"(光绪十六年十一月初二日已刻发,申刻到)"四川杨中翰来电:聪病未痊,锐十九行。"(光绪十七年二月十二日亥刻发,十三日申刻到)"四川杨中翰来电:赐费祗领,已上船,即行。锐禀。歌。"(光绪十七年三月初九日申刻发,戌刻到;该件是抄件,"歌"、"初九日"皆原文如此)以上见《张之洞存四川来电稿·光绪十五年至十七年》,《张之洞存各处来电稿》,所藏档号:甲182-415。

[2] "四川廖进士致杨中翰电:书五十册,玉宾寄。请速汇二百金。平。"光绪十七年十一月初二日午刻发,未刻到。"四川廖进士致杨中翰电:汇领。书initially十交岑秋寄矣。父病重,余百金千急速寄。平。"光绪十七年十一月二十日酉刻发,戌刻到。(以上两电见《张之洞存四川来电稿·光绪十五年至十七年》,《张之洞存各处来电稿》,所藏档号:甲182-415)"致成都纯化街王家试馆廖季平:汇寄纂书银三百两,希查收。书速寄。洞。"(该件原无日期,很可能与下引杨锐的电报同时发送。)"杨中翰致成都省府东街钟公馆前大足县钱:铁江夫子鉴:张香帅在鄂省新建两湖书院,分经、史、理、文四门,每门请分教一位。闻吾师拟乞病,不知确否?如欲回里,拟奉请来鄂分教经学,修火共八百金。香帅命转达切盼惠临,并速赐电复。杨锐叩。效。"光绪十七年十一月十九日发(以上两电见《张之洞存来往电稿原件》,第3函,所藏档号:甲182-374;又见抄本《张之洞电稿》,第4册,"四川来电",中国社会科学院经济研究所图书馆藏;后一电又见《张之洞电稿丙编》,第29册,所藏档号:甲182-85。武汉版《张之洞全集》录此两电,年份误为光绪十六年,钱保塘误为钱江)。"成都钱复杨中翰电:乞病,未能遽允,请先禀香帅。俟函详。塘复。"光绪十七年十一月二十日申刻发,酉刻到(《张之洞存四川来电稿·光绪十五年至十七年》,《张之洞存各处来电稿》,所藏档号:甲182-415)。此外,还另有两件杨锐亲笔的简短电文,其时间难以确定:"广州。王雪澄:洪疏诋传,彦臣乞致慰。锐。"《张之洞存来往电稿原件》,第1函,所藏档号:甲182-372。"上海海防厅署汪穰卿:闻台从到沪,南皮师拟请来鄂一行,以速为盼。锐。养。九月二十二日已发。"《张之洞存来往电稿原件》,第5函,所藏档号:甲182-376。

[3] 光绪十八年十二月十四日,张之洞发电镇江,交焦山梁鼎芬:"知可回焦山,望速来鄂,万勿游移。令弟可携之同来,到此后从容设法。盼甚。开春叔峤即须回蜀。洞。盐。"《张之洞存来往电稿原件》,第3函,所藏档号:甲182-374。

[4] 参见刘禺生:《世载堂杂忆》,第55—56页。杨锐的职责是张的文案。"张之洞档案"中还存有一件以其名义发出的电报:"武昌自强学堂顾印伯:南皮师命转致阁下,请速来金陵。即示复。锐文。"光绪二十年十一月十二日亥刻发,《张之洞电稿丙编》,第43册,所藏档号:甲182-88。

光绪二十一年三月，杨锐再到北京（详见后节），从此之后，杨以居京为主。光绪二十二年秋，杨以举人、内阁额外中书报考总理衙门章京，张闻讯后，即于八月二十一日（1896年9月27日）发电：

> 京。乔：密。闻考取总署章京。欣贺。何时可传到？示慰。钝。马。[1]

"乔"，是张之洞对杨锐号叔峤的简写，张后期电报皆以该字代表杨锐。"钝"，杨锐字钝叔，此是张后期发给杨电报的专用自署。[2]张发给不同人的电报使用不同的自署。总理衙门章京一职，由京中各衙门司官考方式补充。考中后即按名次记名，遇有章京额缺空出后，按记名顺序传补，即张电文中的"传到"。光绪二十二年总理衙门章京考试，是晚清规模最大也是最后一次，考试共分两次，先是各部院的初试，然后送总理衙门参加正式考试；总理衙门的汉章京正式考试日期是八月二十九日，带领引见的日期是十月初三日。此次考中者共计100名，杨锐名不在前。[3]若按名次"传到"，根据以往的惯例，杨锐还须等上数年。张之洞于八月二十一日即正式考试之前发报，很可能是听到杨在内阁初试中式（即获送考资格）的消息而误解，其关切之心由此可见。光绪二十三年二月十五日（1897年3月17日），国子监祭酒、南书房行走张百熙上奏保举杨锐，获旨军机处记名。[4]

---

[1]八月二十一日午刻发，《张之洞电稿》，光绪二十五年二月至八月，所藏档号：甲182-457。原整理者有误，从内容判断，该电发于光绪二十二年。

[2]可注意张之洞先前给杨锐的电报，抬头写"杨叔峤"，自署为"壶"。此中的变化，可能发生于光绪二十一年年底。

[3]参见李文杰：《晚清总理衙门的章京考试——兼论科举制度下外交官的选任》，《近代史研究》，2011年第2期。

[4]张百熙该折是一残件，可见部分记录，保举刑部候补主事乔树枏、内阁额外中书杨锐、甘肃西宁道联魁、前台湾道顾肇熙。《军机处档》，137330，台北故宫博物院图书文献馆藏。张百熙的保折称杨锐："记名总理衙门章京、内阁额外中书杨锐，四川绵竹人。博学多通，有猷有守。少岁受知于前四川学政今两湖督臣张之洞。该督臣外任山西巡抚，洊升两广总督及两江、两湖总督任内，杨锐皆在其幕中，办理文案，事无巨细，悉与筹商。平日讲求经济，于书无所不窥。洎厕硕果幕僚，谙练既深，性尤忠爱。前年倭事吃紧之际，该员毅然渡海来京供职，足见其不避艰危。"特别

不知此中是否有张之洞的暗中操作。光绪二十三年七月十九日（1897年8月16日），张之洞发电杨锐：

> 京。乔：阅致肖岩信，有拟捐同知之说，万万不可。足下誉望甚矣，纶阁清华，译署机要。若会典馆保候补侍读，总署数年例保，可至郎中，京官外官头头是道。万勿左计。钝。效。[1]

"肖岩"是杨锐之四弟杨悦的号，光绪二十二年以湖北试用府经历由张之洞札委为湖北缫丝局监工。[2]他长期在湖北当差。"同知"是知府的佐贰官，"纶阁"指内阁，"译署"指总理衙门。杨锐因长期任内阁候补中书，闲散无事，有意加捐地方官衔，另谋发展。且杨于光绪二十二年充会典馆协修官，二十三年充纂修官，直至二十四年初，即张发此电的半年之后，方以"会典馆书成过半，奏保以侍读遇缺即补，并赏加四品衔"；[3]总署章京一职须传到两年后才可以例保，杨尚未传到，保至"郎中"官职，将不知何年。然张之洞为打消其出京发展的念头，却描绘了"京官外官头头是道"的美好前景。至于杨锐的生活费，"张之洞档案"中有一封日期为"十二月二十七日"的电报：

> 京。乔：帅赐三百金，由百川电汇，系作春季用。悦。[4]

"帅"指张之洞，"悦"可能就是杨悦。这一封电报经过张之洞，其中的"系"字，是张的亲笔。虽从内容来看，还分不清该电具体年份，但用"乔"字，当在光绪二十一年年底之后。从后节所引杨锐于光绪二十二年正

强调了杨与张之洞的关系。从军机处存记档册中可知，杨锐奉旨为军机处记名。《军机处簿册》，第58号第一盒，中国第一历史档案馆藏。

[1]《张之洞电稿》，光绪二十五年二月至八月，七月十九日午刻发。所藏档号：甲182-457。原整理者有误，从内容判断，该电发于光绪二十三年。
[2]《张之洞全集》，第5册，第482页。杨悦每月薪水银三十两。
[3]《杨锐履历单》，《清代官员履历档案全编》，华东师范大学出版社，1997年，第6册，第488页。
[4]《张之洞电稿》，光绪二十五年十月至十二月，十二月二十七日丑刻发。所藏档号：甲182-457。

月初二日给张之洞的密电来看,此电似发于光绪二十一年。每月银100两的"供养",也使在京城百物腾贵中生活的杨锐,绝无衣食之忧。

从张之洞亲笔电报来看,他交给杨锐办理的事务是多种多样的。光绪二十一年四月十一日(1895年5月5日),张之洞发电:

> 京。伏魔寺,杨叔峤:蒸电悉。王爵堂在法甚得力,外部一切向王倾吐,立派兵轮赴台;并为我画策,告以虽批准,法可作不算等语。是法绝无厌王意,惟虑龚忌挠沮,来电早已料及,乃龚使果于日内亦赴法。顷王电,龚多疑忌,不令参赞庆常帮王办事,致令外部生疑,停议两日。现已电奏,请总署电法及龚。足下来电所言,必是龚造言毁阻,希冀王去法,则助华之说散。无非别有成见,恐和局翻动而已。试思法果厌王,肯与商密谋乎?请转致少宰,勿堕龚计,力为主持,万勿令王离法,至祷。法兵若出,虽换约亦能更改,俄亦如此说也。壶。真。[1]

此电发于甲午战争后期,《马关条约》已签,尚未互换,"三国干涉还辽"亦在紧锣密鼓中。"王爵堂",王之春,字爵棠,湖北布政使,光绪二十年底赴俄国致唁并贺新主登位,此时正在法国。他是张之洞下属,关系密切,正执行张之洞的外交指令,与法国政府进行秘密外交。[2] "张之洞档案"留

---

[1] 光绪二十一年四月十一日申刻发。《张文襄公电稿墨迹》,第1函第6册。所藏档号:甲182-218。原件首页右上角有注:"不抄电册"。"伏魔寺",位于京城宣武门南绳匠胡同,大学士李鸿藻亦住在该胡同。

[2] 光绪二十一年四月初三日,张之洞发电胡燏棻:"天津东征粮台胡:急。密。兹有电奏一件,万分紧要,必须秘密。天津奸细太多,恐漏泄,只可用尊处密电本寄呈。请照录,专差飞速送呈总署。切祷。洞。""总署:前洋报言法、德、俄阻倭割地,适王使之春抵法,特电嘱与外部密商,探其所欲,告以必有酬谢。顷接复电云:奉艳电,属密商外部。春当浼勘界西友往商,西以事可商,不须酬谢。问奉旨否,春以洞意浼。再往,据复:'俄、法联系水师,兵力已厚,自可胁倭减约,俄已不许东,法应续阻台湾,倭未必遂从,法、俄拟约德合力诘责,无虑英人袖手。此事至密,告华政府勿稍泄漏,恐不利于华。……外部尚未晤谈,一切不能尽商,须有旨方便答等……'王之春机警敏捷,颇有决断,长于应对,龚使较为和缓,且现不在法国。可否请旨密饬王之春就近切托外部,嘱其力阻倭割台辽,并探其所欲,许以厚谢。一面延宕,力托各国展限换约,庶可挽

有大量的两人往来电报。[1]"龚",龚照瑗,驻英公使,兼任驻法、意大利、比利时公使。他是李鸿章的亲信。"庆常",驻法参赞,当时没有专任驻法公使,由庆常代理。"少宰",一般指吏部侍郎,此处似指廖寿恒。[2]张之洞为阻止马关条约的批准,命杨锐去找总理衙门大臣廖寿恒,以让王之春继续留在法国;在此之后,张又命其幕僚恽祖祁发电其同乡军机大臣、总理衙门大臣翁同龢,他本人则发电总理衙门大臣汪鸣銮,以让龚离开法国。[3]是年五月初七日(5月30日),张发电:

> 京。伏魔寺,杨叔峤:济宁请假派署,必有故。确情速示。致节

回……"(光绪二十一年四月初二日戌刻发,《张之洞电稿》,光绪二十一年,所藏档号:甲182-482)初六日,张之洞再电:"初三日电奏计已进呈,顷王使之春江电云:'顷赴外部,约言……随问奉旨否,对未,但不便再商等语……'仰恳朝廷熟筹全局,一面饬总署迅速与各公使商,一面电许、龚两使迅与俄德英商,电王使迅与法商,或有转机……"(四月初六日子刻发,《张之洞电稿》,光绪二十一至二十二年,所藏档号:甲182-483)初七日,张之洞收到电旨:"总署来电:密。奉旨:'张之洞电奏已悉,着即派王之春将来电所言各节速与法外部切实商办。如有头绪,即电复。此旨由张之洞转电。钦此。'阳。"(光绪二十一年四月初七日酉刻发,亥到,《张之洞存各处来电》,第30函,乙未第12册,所藏档号:甲182-132)张之洞收到此电旨后,即刻转发给龚照瑗、王之春(四月初七日亥刻发,《张之洞电稿》,光绪二十一年四月,所藏档号:甲182-481)。此后,张之洞又将王之春的电报及自己的意见发给总理衙门大臣汪鸣銮,请其转呈总署代奏(四月初九日申刻发,出处同上)。

[1] 王之春此时与张之洞有很多电报往来,已有数件已发表,可参见《张之洞全集》,第8册,第302、309、312-314页。

[2] 此时总理衙门大臣中,徐用仪为吏部左侍郎,并为军机大臣;然徐与孙毓汶一党,与张之洞无甚关系,此处当指廖寿恒。直至是年六月初十日,廖寿恒由吏部右侍郎改礼部侍郎,汪鸣銮方由工部左侍郎改吏部右侍郎。汪与张亦有关系,"张之洞档案"中有一条签记:"汪柳门司徒住京都东安门内南池子中间箭厂胡同东头路北",该条贴在光绪二十一年四月初九日电报之后。《张之洞电稿》,光绪二十一至二十二年,所藏档号:甲182-483。

[3] 光绪二十一年四月十三日,恽祖祁发电翁同龢:"京都。户部,翁:急。密。南洋得王使电知,龚、王往法外部,王之要语及恳法实力相助办法,龚不令翻译言,意在散保台之局。龚本李党,似应请旨饬龚回英乞援,专以法事交王,以免掣肘。事机至急,祈造膝面陈速办。祁禀。元。"(四月十三日午刻发,《张之洞电稿》,光绪二十一年四月,所藏档号:甲182-481;抄件又见《张之洞电稿丙编》,第52册,所藏档号:甲182-90)光绪二十一年四月十八日,张之洞发电汪鸣銮:"京。南池子箭厂胡同,汪侍郎:急。密。龚有意延宕,俟至换约,然此时尚有一线生机,龚必欲将台湾送脱,不知是何居心。惟望由总署催其速回英。叩祷。洞。啸。"(光绪二十一年四月十八日戌刻发,《张文襄公电稿墨迹》,第1函第6册,所藏档号:甲182-218)

函阅悉。所云发出公阅之件，系老秦之笔，指何人？壺。阳。[1]

"济宁"，军机大臣、兵部尚书孙毓汶，山东济宁人，咸丰六年榜眼。前已叙及，光绪十年"甲申易枢"，慈禧太后尽罢以恭亲王领衔的军机处，孙毓汶入值军机处，背靠醇亲王奕譞，外联李鸿章，渐成势力，柄政近十年。他是清流党最为敌视的政客。光绪二十年甲午战争起，恭亲王、李鸿藻、翁同龢重入军机处，孙乃不安于位。[2]光绪二十一年四月十九日，他连续请假。五月初四日，又请假一个月，光绪帝批准，其兵部尚书由徐桐署理。此即张电中"请假派署"一事。张之洞看出孙有可能下台，故请杨锐查明底细。[3]光绪二十二年十月初六日（1896年11月10日），张发电：

> 京。乔：记名大喜。欣贺。马恩培升鄂臬，闻人言，其漕运迟误处分甚重。此时曾否到京？究竟有何处分？务速确查电复。钝。[4]

"记名"指杨锐考中总理衙门章京后记名一事。"鄂臬"，湖北按察使，张让杨查一下新派官员的来历。同年十一月二十日（12月24日），张又发电：

> 京。乔：转交黄公度。彼族误听传言，致阻乘槎，深为怅闷。译署必另筹位置。祈示。洞。号。[5]

"黄公度"，黄遵宪。"译署"，总理衙门。黄于光绪二十二年十月由总理衙

---

[1] 五月初七日巳刻发，《张之洞存来往电稿原件》，第5函，所藏档号：甲182-376。原件右上角有注："此件不抄入电册。"原整理者将之归入光绪十三年，误。"节函"，指给梁鼎芬函。
[2] 关于光绪十年、光绪二十年的两次中枢调整的背景，可参见本书导论第四节。
[3] 孙毓汶后于闰五月初四日以病请求开缺，光绪帝给假一个月，六月初四日再以病请求开缺，光绪帝批准。
[4] 十月初六日戌刻发，《张之洞电稿》，光绪二十四年九月至十月，所藏档号：甲182-455。该件由张之洞幕僚起草，张亲笔改。删去了台头"绳匠胡同杨叔峤"，改为"乔"。原整理者有误，从"记名"和马恩培任职两事来看，该电发于光绪二十二年。
[5] 十一月廿日酉刻发，《张文襄公电稿墨迹》，第2函第11册，所藏档号：甲182-219。原件无年份，根据其内容，该电发于光绪二十二年。

门派为驻德国公使,然为德所拒。张之洞闻讯后通过杨锐来安慰黄。[1]光绪二十三年正月初三日(1897年2月4日)、二月二十日(3月22日)和三月十一日(4月12日),张发给杨三电:

> 京。乔:徐菊人太史,素所佩仰,如愿游鄂,必当位置一席。惟两湖、经心久已请定,到时自有办法。壶。江。[2]

> 京。乔:密。徐菊人太史现想在京,鄂省两湖、经心各书院(各书院)去腊久已订妥,星海皆知。前电言徐君来必有位置者,谓请至署内,由敝处送修金耳,并无他席也。望婉商。如不来鄂,亦当每年寄送干修六百金,似可省跋涉之费。如愿来,亦照此局面。祈与仲韬商酌,速复。钝。号。[3]

> 京。乔:密。徐菊人如愿来鄂一游,亦甚好,不必阻,但言明非书院耳。望即复。洪(右丞)给谏干修事,已告督销局刘道,照旧支给,付其家属,刘已允。钝。真。[4]

"徐菊人",徐世昌,时任翰林院编修,曾于甲午战争初期上奏荐举张之洞,请清廷召京咨询大计。[5]光绪二十二年十一月丁母忧,张之洞欲笼络之,每年送干修六百两。"星海",梁鼎芬,张之洞大幕僚。从电文中来看,徐世昌欲入两湖或经心书院,但位席已满,只能"请至署中"。张请杨锐与黄绍箕商酌办理。"洪右臣",洪良品,时任户科给事中,张之洞也予以笼络,例送干修。六月初五日(7月4日),张之洞又发电:

---

[1] 相关的情况,可参见本书第四章第二节。
[2] 正月初三日巳刻发,《张文襄公电稿墨迹》,第2函第11册,所藏档号:甲182-219。原件无年份,据徐世昌经历,当发于光绪二十三年。
[3] 二月二十日午刻发,《张之洞电稿》,光绪二十四年一月至八月,所藏档号:甲182-455。原整理者有误,原件无年份,据徐世昌经历,当发于光绪二十三年。括号内为原稿衍字。
[4] 三月十一日巳刻发,《张之洞电稿》,光绪二十五年三月至四月,所藏档号:甲182-456。原整理者有误,原件无年份,据徐世昌经历,当发于光绪二十三年。括号内原删去。
[5] 参见本书导论第一节。

> 京。乔：徐菊人回京否？何时来鄂？仲韬高取，欣盼。高阳步履渐好否？钝。歌。[1]

由此电可知，徐世昌曾答应赴武昌一行（后未行）。"仲韬高取"，指黄绍箕考差一事。六月十二日，即此电的七天后，黄被派为湖北乡试正考官。"高阳"，李鸿藻，此时病重，张之洞对此十分关心。[2]光绪二十三年七月十六日（1897年8月13日），张之洞发一长电给杨锐：

> 致京。乔：欧阳栋、朱道濂两人，勾串陈季同，擅将湖南常宁县铅矿，私与法国商戴马德立约：全归该法商承买，矿归我开，开出售与法商；每一百零五斤为一石，每石定价一两二钱，无论提银若干，永不准长价；每年必须交付法商五万石，永远不能缺数，不准封禁，不准售与他人。并将湖南全省之矿，统归此法商。并未奉湖南院、司、局札文。法领事已画押。经仆查知，咨湘抚及南洋查办，勒令将此约销毁。湖南亦查知不合，饬此两人赴沪废约。陈季同因仆揭破系伊所为，责之甚严，稍惧，允将此约作废。领事尚未议妥。此事万分可骇可怪。查开铅矿、银矿之费，全在开采，不在提炼，更不在销售；其难亦在开采，不在提练、销售。今我出开矿之费，彼收贱价之矿，有害无利。贪图洋商重贿，听陈季同诡谋，遂将湖南全省地利卖与法人。彼约定三个月开办，幸查出尚早，若迟一月，不可救矣。此事湘人应怒欧、朱而感仆，何以反为欧、朱缓颊，不可解。仆只欲将此约勒废，保全湖南，至此人应惩究与否，听之湘抚，绝不过问也。论理此三人应置重典，然今日岂能办到哉？望转致前途。钝。谏。[3]

---

〔1〕六月初五日辰刻发，《张之洞电稿》，光绪三十年六月至七月，所藏档号：甲182-470。原整理者有误，根据内容，此电发于光绪二十三年。据原稿，"仲韬高取"，由"仲韬考差闻甚高"改；"高阳步履渐好否"，由"高阳病愈否"改。
〔2〕相关的情况，可参见本书第六章第五节。
〔3〕七月十六日酉刻发，《张之洞存来往电稿原件》，第14函，所藏档号：甲182-385。原件无年份，根据内容，该电发于光绪二十三年。

陈季同曾任清朝驻法国、比利时使馆翻译，写有多种法文著述，在法国小有文名。他与欧阳栋、朱道濂擅与上海华利公司戴马德所立合约一事，张之洞有信函及咨文给陈宝箴；陈即将欧、朱严办，并令废约。[1]此时张发电给杨锐，关键在于最后一句"望转致前途"，即在京中作一铺垫。"前途"当是京中某高官，惜不知其人是谁。[2]杨锐是他们两人之间的联络渠道。"张之洞档案"中还有一封电报署日期为四月初五日：

> 京。乔：江孝通至今未到，究系何日出京。即复。钝。歌。[3]

"江孝通"，江逢辰，广东归善（今惠州）人。他是张之洞的"广雅"弟子，光绪十八年中进士，分发户部，任主事。此一类平常事件，张都让杨去查明。

从以上电文来看，李宗侗将"坐京"比作"驻京办事处"，还是蛮恰当的。杨锐的工作性质，确实如此。

---

[1] 此事件的详细情节可参见：《张之洞全集》，第6册，第30-31页；第12册，第70-71页；汪叔子等编：《陈宝箴集》，上册，中华书局，2003年，第620-621页；中册，中华书局，2005年，第1077-1087页。关于前任驻法使馆翻译陈季同，张之洞致陈宝箴函称："……至所列见议陈季同者，其人著名荒唐，罪恶极大极多，海内海外皆知。前经薛叔耘星使参办，尤非善类。戴玛德与陈季同相比久矣，不可不防。上年陈、戴赴汉口，变幻招摇，意欲揽办湖北矿务，动辄许以重贿，其许贿动以数十万计。经弟饬江汉关查传禁止，旋即循去……""薛叔耘星使"，指清朝驻英公使薛福成。又，陈季同本人的事迹，可参见桑兵：《陈季同述论》，《近代史研究》，1999年第4期。

[2] "前途"似为当时的官场用语，指掌事、掌权之官员。如，光绪二十一年四月十九日张之洞发电："京。立：谏电悉。洋款已借妥，昨日奉旨，银已提到一半矣。和局已成，巨款放债，断无如此重利。速告前途，如愿借，息须再减，亦无扣。至多九九扣，每万扣一百两。天、源两号作保，每家可保五六十万至百万，已与沪上两号言明矣。即作为票商传借，不提官借可也。但须确有是事，不可为他人空言愚弄。百川、日升乃西商，断不管此等事，此间未与议过，何以知其肯保。各节均速询复。壶。啸。"（四月十九日丑刻发，《张之洞电稿》，光绪二十一年四月，所藏档号：甲182-481）此电的内容是张之洞署理两江时办理借款，以供战争及善后之用。"立"，似为张君立，即张之洞之子张权。从该电内容来看，此处的"前途"或有可能是指总税务司赫德。而从杨锐在京城中的关系而言，"前途"有可能指徐桐。

[3] 《张之洞电稿》，光绪二十五年三月至四月，所藏档号：甲182-456。这一封电报未说明具体年份，但我所见张自署为"钝"的电报，在光绪二十二年之后，此电似发于光绪二十二、二十三年。

二、光绪二十一年三月至二十二年正月杨锐给张之洞的密电及光绪二十二年正月给张之洞的密信

然则杨锐最重要的工作,是在京中向张之洞提供政治情报,具体的情况又是如何呢?

我在"张之洞档案"中,发现了杨锐给张之洞的电报八封(其中一封与沈曾植联名)及杨锐代发的沈曾植电报一封,张之洞给杨锐的电报一封,可说明杨锐情报工作的内情,时间是从光绪二十一年三月至二十二年正月。

光绪二十一年三月初四日(1895年3月29日),即甲午战争最为困难、李鸿章正在马关议约时,杨锐来到北京。[1]杨此行奉署理两江总督张之洞之命,以探京中秘情;也有可能是为了参加乙未科的会试。[2]但从他的情报工作来看,关注点甚多,花费的心思也多,若真参加会试也无情绪,自无好的结局。

光绪二十一年三月二十三日(1895年4月17日),杨锐发电南京张之洞:

> 和约有交俘一层,鉴帅、伊、宋皆在俘内。子口税减三成,为各国均沾。津、威驻兵,每年供饷百万。所有尾约,如不实力奉行,兵即永远不撤。廿天后烟台画押,方定局。此事孙、徐及李经方专主,

---

[1] 光绪二十一年二月赵凤昌在上海发电:"……津口未冻,叔乔二十三行,昨闻津口外有倭船十艘,搜查商轮。此可虑。昌。"(二月二十六日子刻发,寅刻到,《张之洞存各处来电》,乙未第7册,所藏档号:甲182-131)三月初二日,北京发电张之洞:"张家湾人已来,俟商有成说,即刻电闻。送卷价,条已贴,七属共六十余人,连本家约需不及百金。请饬四川照付。叔峤来否?柳。萧。"(京,三月初二日戌刻发,初三日申刻到,《张之洞存来往电稿原件》,第14函,所藏档号:甲182-385)三月初八日,又发电:"卷价已送。叔峤初四到。余遵办,续达。柳。阳。"(京,三月初八日午刻发,申刻到,出处同上)"柳",很可能是张权,其有一字为"柳卿"。

[2] 按照科试的规定,贡院会试三场的时间是三月初八日入场,初十日出场,十一日入场,十三日出场,十四日入场,十六日出场。杨锐此次是否入场,未见记载。

庆、翁、廖、汪且有异议。翰林、译署公呈争最力。闻英、俄不允割地。英使昨已面责城北。内意颇悔,约似可废。赫德云:合肥十七已故。锐禀。漾。[1]

杨锐发电之日,正是李鸿章与伊藤博文签订《马关条约》的日子,此电向张之洞透露了条约的内容及京中之政情。以该电的文字对照李鸿章给清廷的电报及《马关条约》的条款,杨锐的情报不太及时与准确,且有一些理解上的错误。[2] "孙",军机大臣孙毓汶,"徐",军机大臣徐用仪;"庆",庆亲王奕劻,"翁",军机大臣翁同龢,"廖",总理衙门大臣廖寿恒,"汪",总理衙门大臣汪鸣銮。政治高层对《马关条约》有着两种不同的意见。"译署",总理衙门。翰林院官员、总理衙门官员此时正酝酿着发起多起联名上书,即"公呈",为此相争,并引发了后来公车们的上书。[3] "城北",指徐姓,此处似指徐用仪。"内意颇悔",似指光绪帝。杨锐此电的基本倾向是主张废约的。三月二十六日(4月20日),杨再发电:

薇帅电,台民忠义,求不属倭。昨廖少宰召见,请俟李回,据实

---

[1] 京,三月二十三日酉刻发,二十五日子刻到;《张之洞存来往电稿原件》,第14函,所藏档号:甲182-385。抄件又见《张之洞存各处来电》,第29函,乙未第11册,所藏档号:甲182-131。

[2] "鉴帅",山东巡抚李秉衡,号鉴堂。"伊",盛京将军伊克唐阿。"宋",毅军统领、四川提督宋庆,此时率部驻守辽东,为"帮办军务"。《马关条约》第九款规定了双方各交还战俘,然电文中"鉴帅、伊、宋皆在俘内"一语,意甚不清,从字面上理解,李秉衡、伊克唐阿、宋庆将作为"战俘"(即战犯)交给日本,很可能是杨锐对"俘"一字的误解。"子口税减三成",为日方最初条约,子口税"输纳每百值二抵代税",经谈判后,《马关条约》中所未有。"津、威驻兵,每年供饷百万。所有尾约,如不实力奉行,兵即永远不撤"一段,日方原要求在奉天(沈阳)、威海驻兵,并要求清朝支付费用,经谈判后,《马关条约》及《另约》改为威海一处驻兵,每年兵费50万,直至赔款交清、中日通商条约订立。"廿天后烟台画押,方定局",指条约经两国皇帝批准后,于四月十四日在烟台互换,并非为"画押",杨锐对国际条约批准的程序不了解。"合肥",李鸿章,称其"十七已故",指其二月二十八日在马关被枪击案,当是一则不确的消息。杨锐只是听到传闻,未必亲听赫德说。

[3] 其中三月二十九日翰林院代奏编修李桂林等条陈署名达83人,四月初六日总理衙门代奏章京舒文等条陈署名达56人。详情可参见拙文《"公车上书"考证补》、《"公车上书"考证再补》,《戊戌变法史事考二集》,第1—127页。

告彼，以冀免割，上深以为然，肯告，且坚持力争，并备恶战。设局制造兼通商各口在内，铁路未闻，洋税免减。缴械、交俘二层，文、沈云甚确而秘。炮台专指前敌。英、俄阻割地，系传闻。赇以拒倭，未闻此策。廷议请废约，庶僚甚多，难望得力。大殿避客，高阳未见。锐。宥。〔1〕

杨锐此电仍是报告北京的政情与《马关条约》的条款，许多内容是答复张之洞的。此中对张最重要的情节，当是"英、俄阻割地"，即正在进行的三国干涉还辽，杨锐仅听到传闻，未能确定；而"赇以拒倭"，指当时同意给予俄、法等国的一些利益，以助清朝拒绝《马关条约》，杨锐未听到朝廷有此决策。张之洞由此而命王之春在法国进行交涉，许以对法有所酬谢（详见前节）。杨亦知张倾向于废约，为此报告，主张废约的多为下级"庶僚"，高层或避客或不见。三月二十七日（4月21日），李鸿章签订的《马关条约》已送到北京，杨锐代发总理衙门章京沈曾植一电：

啸使密告，俄决不许倭割辽。德减司密电，德力邀俄、法出议，约不可遽批定，皆三五日回音。秘不告，云恐英闻。愚见废约为上；次则宜具凌侮无理、势难守约各情，请英、法、俄、德、美五国公断。可否以此上陈，请钧裁。植电，锐代。〔2〕

---

〔1〕光绪二十一年三月二十六日酉刻发，二十七日申刻到，《张之洞存来往电稿原件》，第14函，所藏档号：甲182-385；抄件见《张之洞存各处来电》，第29函，乙未第11册，所藏档号：甲182-131。"薇帅"，台湾巡抚唐景崧，字维卿。"廖少宰"，廖寿恒。"李"，李鸿章。"告彼"，指告诉日本方面。"文"，文廷式，此时是翁同龢门下的主要人物，清流健将。"沈"，总理衙门章京沈曾植，颇得翁同龢、张荫桓两人的信任，在京城中有较大的影响力。"大殿"，似指徐桐。

〔2〕光绪二十一年三月二十七日酉刻发，二十八日辰刻到，《张之洞存来往电稿原件》，第14函，所藏档号：甲182-385。抄件见《张之洞存各处来电》，第29函，乙未第11册，所藏档号：甲182-131。此电中似有错字，该抄件在"啸使"之"啸"字、"德减司密电"的"减司"两字上皆有记号，说明可能有误。该电后有请转发沈曾植给唐景崧之电："京电请转薇帅：德法俄并阻批准约，英尤惜台，有质台之议。枢不受也，诏：合肥有画押以后，台即属倭，台或不从，与中无涉之语。然则台能自保，不累中矣。庇英自立，以保民为词，守口聘英将，巡海乞英船。士意自绾，事当有济，不必骤怒。倭袭彭慎举胜可无守。植。感。""倭袭彭慎举胜可无守"一句，"彭慎"、"胜

沈曾植请求张之洞出面上奏：上策为废约，其次请五国公断。四月初二日（4月26日），张之洞发一长电给杨锐：

> 和约除割台湾、辽之旅顺等处外，一、赔款二万万，一年内交一万万，余六年内交清，加息五厘。一、通商条内，添沙市、重庆、苏、杭四处；又，口岸城邑，日本臣民任便往来，从事商业、工艺制造；又，将各机器任便制造；又，倭在内地制造之货，完税不完厘；又，进出口货暂存行栈，勿庸输纳税钞；又，倭轮驶入以上各口。一、威海刘公岛抵押，驻兵数千，每年供兵费五十万两；如和约不实力奉行，兵即永远不撤。一、中日联合备战守，确有此条，大略是经营中国制造军火局及运兵铁路。看此各条，割台湾尚是小事矣。何人议论最中肯？有动听者否？有转机否？要人有力争者否？速示。名心叩。沃。[1]

张之洞的这一道密电，说的是他所听闻的《马关条约》条款，多有不确之处，而告诉杨锐这些内容，明显是指使其在京发动更大的拒约再战的上奏、上书热潮，联系到此时京城的官员上奏与"公车上书"，可见背后的推手。四月初八日（5月2日），杨锐又发电：

> 昨诏许使，密商俄，许以利益，不知有济否？公电奏，悉交李斟酌，多格不行。锐。阳。[2]

"许使"，驻俄兼驻德公使许景澄，此时在圣彼得堡。"许以利益"，即前电

可"上有记号，即疑为错字。

[1] 光绪二十一年四月初二日巳刻发，《张之洞存各处电稿原件》，第13函，所藏档号：甲182-384。该年注明"未钞入簿子"。同日，张之洞给北京的"米"（很可能是刘恩溥）发了内容相同的电报，只是"割台湾尚是小事矣"之后，仅一句"诸公但争台，何也？"

[2] 光绪二十一年四月初八日巳刻发，酉刻到，《张之洞存来往电稿原件》，第20函，所藏档号：甲182-391。抄件见《张之洞存各处来电》，第30函第12册，所藏档号：甲182-132；乙未第13册，所藏档号：甲182-135。

中的"贿以拒倭"。杨锐还称，张之洞的电报皆交给李鸿章斟酌。查此时军机处、总理衙门与李鸿章之间的电报，杨的说法并不属实。也就在杨发电的这一天，光绪帝批准了《马关条约》。四月十二日（5月6日），沈曾植与杨锐联名发电：

> 三国扼倭，将成战事。倭谋自免，必画分中之策，以啖欧人。事变方生，诸老梦梦。公能详陈此情否？洋报电呈，寻而不断，必得共。植、锐。真。[1]

此时离《马关条约》在烟台换约只有两天，沈曾植、杨锐请求张之洞再度出面上奏，以能作最后的努力。[2] 四月十七日（5月11日），杨锐再发电：

> 昨戌刻换约。辽旅全退。法保护台，尚有曲折，须许界务、商务利益，方有济。性恶通内，仇视言官，尤怨三国助华，搅散和局，恐以鼓动各国为谗。前电请公勿争，即是此意。文请假，沈力孤，无大效。公呈未递，承问感悚。月底出京。锐禀。哨。[3]

"文"为文廷式，"沈"为沈曾植。杨锐已感到无力来阻止《马关条约》了，于是，他请张之洞不要再争，其拟定的"公呈"（即联名上书）也未递交。

甲午战争结束后，光绪二十一年六月二十六日（1895年8月16日），杨锐发电张之洞：

---

[1] 光绪二十一年四月十二日酉刻发，十四日未刻到，《张之洞存来往电稿原件》，第20函，所藏档号：甲182-391。抄件见《张之洞存各处来电》，第30函第13册，所藏档号：甲182-132。

[2] 关于此时的杨、沈关系，孔祥吉教授曾有一文予以说明，并披露杨锐给沈曾植密信一件，考证该信写于四月十四日，惜未说明该信真迹之藏处。（《关于杨锐的历史评价》，《史学月刊》，1989年第4期；又收入《晚清史探微》，巴蜀书社，2001年，第108-110页。）

[3] 光绪二十一年四月十七日酉刻发，十八日未刻到，《张之洞存来往电稿原件》，第20函，所藏档号：甲182-391。抄件又见《张之洞存各处来电》，第13册，所藏档号：甲182-135。"性恶"，是荀子的重要命题，后因避西汉宣帝刘询之讳，荀子而被称为"孙卿"，此处似指孙毓汶；"哨"字当为误，原文如此。抄件用墨笔抹去"锐禀"两字，并将"哨"径改为"啸"。

> 公奏陈九事，上均嘉纳，钞呈西佛。铁路一条，交督办处。余须会议。恭、李惟不以陪都为然。翁并称赞。钱入枢，系慈意。译署电皖，起吴廷芬入都。云阁假将满，请促早回，内意甚盼其来。钝。有。[1]

此电的主要内容是关于张之洞战后改革奏折在中枢的反映，兼及报告朝廷政情。[2]十月初九日（11月25日），杨又发电：

> 恽崧云见。胡云楣言：津芦铁路须（需）轨万顿（吨），现在开平铁轨系六十榜（磅）者，止用得十数年，若湖北能造八十榜（磅）者，可用卅年，即定购鄂轨。其价每顿（吨）外国值银卅两。钝。青。[3]

此电的主要内容涉及汉阳铁厂的大订单。张之洞收到后即将此电转发给留守武昌的蔡锡勇，并命"此价是否能办？抑须制轨精而价贵者？即酌议复。两江。语。"[4]光绪二十二年正月初二日（1896年2月14日），杨又发电：

> 节喜遥贺。赐费感谢。甘处遵送五十金，丁馆询石再禀。现议汇丰借款，八九扣，六厘五费，太吃亏，不日定局。芸子前订奥款，可否电闻，或有补救。钝。萧。[5]

---

[1] 光绪二十一年六月二十六日午刻发，二十九日午刻到；《张之洞存来往电稿原件》，第14函，所藏档号：甲182-385。"西佛"，慈禧太后。"恭"，恭亲王奕䜣。"李"，李鸿藻。"钱"，钱应溥，时任礼部侍郎，军机处领班章京。六月十六日，慈禧太后、光绪帝罢免徐用仪后，以钱为军机大臣。"吴廷芬"，前任总理衙门大臣，入京后再任总理衙门大臣。"云阁"，文廷式。

[2] 光绪二十一年闰五月二十七日，甲午战争刚结束，张之洞上奏战后改革方案，提出了练陆军、治海军、造铁路、设枪炮厂、开学堂、讲商务、讲求工政、派游历各国、预备巡幸之所（建陪都）九条建策。《张之洞全集》，第3册，第256-262页。

[3] 京，十月初九日戌刻发，初十日子刻到，《张之洞存来往电稿原件》，第20函，所藏档号：甲182-391。"恽崧云"，恽祖翼，浙江按察使，曾是张之洞部属；"胡云楣"，胡燏棻，时任顺天府尹，主持（天）津芦（沟桥）铁路的建设。

[4] 十月十三日丑刻发，张之洞在原电前加"京电"，后加"等语"，并注明"武昌蔡道台"。《张之洞存来往电稿原件》，第20函，所藏档号：甲182-391。

[5] 京，正月初二日戌刻发，初三日巳刻到；《张之洞存来往电稿原件》，第14函，所藏档号：甲182-385。"芸子"，宋育仁，前任清朝驻英国使馆参赞，与张之洞关系密切。此外，"张之洞档案"中还

这一封电报主要是贺节,并报告交办之事。"赐赉感谢"一语,很可能即是对杨悦前电即"帅赐三百金,由百川电汇,系作春季用"的回复(参见前节)。

除了以上这些电报之外,"张之洞档案"中还羼入了李景铭所收藏的《张文襄公家藏手札·家属类》一册。该折册中所粘贴的第5件,共有三纸,无抬头,无署名,也无日期,旁有签条"此三纸系杨锐号叔峤所写"。此是杨锐给张之洞的密信。

该信由杨锐自分段落,中有缺页,以下照录其内容:

> 前数日,旨赏内监扶掖入内三人,恭邸、高阳及合肥也。高阳公素荷慈知,上眷亦好,与邸尤浃洽。此近事之可喜者。闻其每晨入内时,饮烧酒一、二盏。初到直庐,论事最劲直,同列相戒勿与争。迨面奏下,则和易近人,可以商榷矣。内珰辈呼为戆李。然举朝均谅其。无他,不施机械,不似虞山之动辄荆棘也。

> 合肥去后,商约交张荫桓办。言路诸臣深虑其不妥,然无敢论之者,以近日传言慈意将召济宁复出,为订商约故也。此事果有,必合肥与李连英所为。渠日盼翻朝局,其党昌言谤及圣躬,有"望之不似人君"语。真可发指。

> 王文韶复奏盛宣怀事,洗刷净尽,且痛加赏誉,谓商、电各局非伊(下有缺页)。

> ……去,亦怨之次骨,而合肥、济宁又内通珰寺,日谋所以撼之,宜其重干佛怒也。不特退出讲幄,此后尚恐别有风波。虞山一生尚巧,

---

有一电可以注意:"盛京依将军来电:前月奉上一函,托杨内翰叔峤带呈,计已得达。函末借用出洋学生王回澜一节,兹因奉省练军尚未举办,恐尊处用人较急,请暂缓饬行。奉准后,再行奉电商借。阿。麻。"(光绪二十一年十二月初六日申刻发,亥刻到,《张之洞存来往电稿原件》,第19函,所藏档号:甲182-392;抄件又见《张之洞各处来电》,所藏档号:甲182-134,乙未,第25册)发电者为盛京将军依克唐阿。由此可知,光绪二十一年十一月杨锐还去过盛京,也有可能回过南京。

乃卒以巧误。可畏哉。

十二日，佛驾幸颐和园。上十五往请安，十七始回。缘十六日赏内外大臣在湖听戏故也（十七日再赏饭，并派恩佑带领诸臣遍游颐和园）。近来两宫礼意甚洽。五日一请安，必晨出晚回，侍膳听戏，然折奏往往有积压数日不批者，渐不如去年听政之勤也。恭邸于十二日即随往湖，每日赏戏及看烟火，廿后始得归。其所住之园，佛派人先为供张，为立两庖，服物器具，皆须先过目，然后赏用，以黄龙袱罩之。恭邸先有病，在假中，其子瀛贝勒苦劝无出，并求荣禄力阻。恭邸告之曰：佛为我安置如此，虽欲不出，其可得乎？其去也，携花炮值二万金者以往。故近来诸事禀承佛意，无异于醇邸在时也。

合肥使俄，系出慈命。邵友濂不愿往。公电到，恭邸曰："不知皇上敢向太后说否？"高阳曰："有何不敢说？不说，如何办法？"胡侍御景桂、丁编修立钧折，请饬勿带李经方、罗丰禄、马建忠数人。其日有旨赏李经述三品衔，随侍其父前往，盖为沮经方故也。合肥以此与高阳怼争。十三日再折，仍请带李经方去，有云"马关之约，系奉朝命，无知之徒，妄生谤议"；并"臣有难言之隐"等语。旨莫能夺也。渠谢出使及伊子三品衔恩，又十三日递折，均未召见。十六日，慈圣召见园中，赏铜器十二件。十八请训，上乃召见。张侍讲百熙有疏纠之，留中。

该信所言是光绪二十二年正月前后的朝中政事，揭示了甲午战后的政情变化，由此可知该信写于光绪二十二年正月十八日之后。以下注明其背景。该信虽有缺页，仍依其次序按节介绍。

该信第一节谈李鸿藻之近况。杨锐深知张、李之关系，此处对李亦多言好话，称其"素荷慈知，上眷亦好，与邸（恭亲王）尤浃洽"。"内珰"，指太监，珰为汉代宦官帽子上的装饰物，借指太监，下称"珰寺"亦同。"虞山"，指翁同龢，常熟城西有虞山。

该信第二节谈李鸿章出使俄国等国后，由张荫桓与日本谈判商约等事。光绪二十一年十二月二十七日（1896年2月10日），清廷下达三道谕旨，派李鸿章出使俄国，祝贺俄国沙皇加冕，并派前湖南巡抚邵友濂为副使；原由李鸿章主持与日本的商约谈判，改派户部侍郎张荫桓。[1]"济宁"，孙毓汶，前节已述，他于光绪二十一年六月以病获退。杨锐指出，张荫桓本是言路（主要是清流）的攻击对象，然闻慈禧太后有意召回孙毓汶主持对日商约谈判而罢手。杨锐还指出，若孙毓汶果能复出，必是李鸿章与李连英的合谋。

该信第三节谈盛宣怀事。盛本是李鸿章的亲信，主持招商局和电报局。甲午战败后，李鸿章失势，盛亦开始寻找新的靠山，与王文韶、张之洞、刘坤一等重要疆吏拉关系。此节内容虽有中断，但可看出新任直隶总督、北洋大臣王文韶对盛之维护。[2]"商"，招商局，"电"，电报局。

该信第四节也只是一半，但从内容中仍可看出，是报告慈禧太后下令撤毓庆宫（上书房）之事。"佛"，慈禧太后。前节已述，慈禧太后为削弱翁同龢对光绪帝的影响力，于光绪二十年十月初八日第一次下令撤书房，后保留汉书房；光绪二十二年正月十三日慈禧太后第二次撤书房。[3] 杨锐对此又称"不特退出讲幄，此后尚恐别有风波"，即很可能有对翁更为不利

---

[1] 光绪二十一年十二月二十七日，"谕军机大臣等：明年四月为俄君加冕之期，著派一等肃毅伯、文华殿大学士李鸿章前往俄国致贺，以重邦交。又谕：大学士李鸿章现在出差，尚书衔户部左侍郎张荫桓著作为全权大臣，与日本使臣林董妥议通商事宜。又谕，电寄廖寿丰等：明年四月初为俄君加冕之期，已派李鸿章为正使，前往致贺。前任巡抚邵友濂，熟于俄事，著即授为副使，以辅其行。该前抚接奉此旨，即日驰赴上海，俟李鸿章到后，一同启轮。途长期迫，不可耽延。其由籍起程日期，并即迅速电覆。此旨著廖寿丰传谕知之。如邵友濂现在上海，即著张之洞传谕知之。"《清实录》，第56册，第1007页。

[2] 先是盛宣怀为言路所攻"招权纳贿"，旨命李秉衡查明。李秉衡复奏称：盛管理招商、电报两局，有舞弊行为。光绪二十一年十一月十八日再旨命王文韶"详细确查"。王文韶的复奏为盛宣怀开脱了全部罪名，并将上奏内容抄给盛宣怀。《清实录》，第56册，第969—970页；夏东元：《盛宣怀年谱长编》，上海交通大学出版社，2004年，下册，第503—504页。

[3] 相关的细节，可参见本书导论第四节。

的事件发生。杨锐的这一说法，或许另有听闻。[1]

该信第五节谈慈禧太后在甲午战后再度享乐欢宴，朝廷政务懈怠等情事。"醇邸在时"，指醇亲王奕譞当政之时，即孙毓汶秉政时期，政务大坏。甲午战争期间，恭亲王、翁同龢、李鸿藻重入军机，燃起了朝野的许多希望。杨锐在此信中表示了失望的情绪。类似的说法，当时还有一些。[2]

该信第六节谈到李鸿章之出使俄国及其朝廷处理此事之内情。杨锐对此报告甚详，我又查到若干相关的文献及档案，可以验证其情报的准确程度：前节已述，光绪二十一年十二月二十七日旨命李鸿章出使俄国，邵友濂为副使。李鸿章当日上奏请辞，次日旨命驳回。[3]邵奉旨后，以病推辞，由署理两江总督张之洞代为电奏，清廷只能同意。[4]"公电到"一语，即指张之洞此电，也可证明此信确实是写给张之洞的。十二月二十九日李鸿章上奏谢恩折，附片请以其子李经方随行：

> 臣以衰年远使异域，仰蒙朝廷轸念，特命臣子李经述随侍前往。……臣子李经述随任读书多年，谨饬自爱，向未学习洋务，此次随臣前往，于臣起居动履自能尽心侍奉，惟于应接外事只可借资历练。

---

[1] 慈禧太后有意罢免翁同龢之事，参见本书导论第四节。
[2] 汪大燮于光绪二十二年二月十九日给汪康年信中称："京中事乱不可言，自毓庆宫撤后，盘游无度，赌钱放烟火，在户部提十万金为赌资，欲假洋款千万修淀园各山。……将来大局固不可问，而京师目前之急危又过之，可怕之至。以目前事观之，不至于滴血不止，方圆之地，将尽为肉林血海也。常熟、高阳皆不能久，率皆出合肥濒行遗言，恭邸曾谏不听，有不出之志而已。先赏假半月，后又半月，又半月，又不许回邸，而令在园养病，是软圈禁也。"《汪康师友书札》，第1册，第728页。
[3] 《李鸿章全集》，第16册，第77页；《清实录》，第56册，第1009页。该谕旨称："李鸿章奏吁恳收回成命一折。李鸿章耆年远涉，本深眷念，惟赴俄致贺，应派威望重臣，方能胜任。该大学士务当仰体朝廷慎重邦交之意，勉效驰驱，以副委任，毋得固辞。"
[4] 张之洞奉旨后，于十二月二十八日，转电上海关道黄祖络，交邵友濂。邵友濂奉旨后，当日发电张之洞，称言："各国从不派副使，恐入宫班次，反在小国之下，殊伤国体；且贱躯患病未痊，万难就道。"张之洞随即将该电转发给总理衙门。光绪二十二年正月初二日，清廷电旨张之洞："电悉。邵友濂病既未痊。即著毋庸赴俄。著张之洞传谕知之。"《张之洞存来往电稿原件》，第5函，所藏档号：甲182-376；抄件见《张之洞电稿甲编》，第11函第52册，所藏档号：甲182-45；又见《清实录》，第57册，第2页。

> 臣子李经方幼曾兼习西国语言文字，嗣充驻英参赞，游历法、德、美各邦，旋充出使日本大臣，……合无吁恳天恩，俯念臣老朽多病，准令李经方一并随行。……再，马关之役，势处万难，所有办理各事，皆臣相机酌夺请旨遵行，实非李经方所能为力。局外不察，横腾谤议，应邀圣明洞鉴……[1]

当日光绪帝并无相关的谕旨下发。光绪二十二年正月初九日（1896年2月21日），清廷明发谕旨：

> 大学士李鸿章奉使遄行，精神强固。惟年逾七旬，远涉重洋，朝廷良深廑系。伊子李经述著赏给三品衔。随侍前往。以示优眷。[2]

正月十三日，李鸿章上奏随带人员于式枚等十人、洋员参赞柯乐德等五人，附片请颁布精美礼品：

> 俄、德、法、英四国交谊辑睦，均应有钦颁礼物，由臣赍往致其国君。拟请颁发内库古瓷器、古铜器、玉器各件，以期精美而持久，亦示隆重。可否请旨饬下内务府每样各备四分，臣定于正月二十日出京，并祈克日交臣祗领。[3]

光绪帝当日下谕批准。[4]十四日，御史胡景桂上奏"道员马建忠、武（伍）廷方（芳）请勿令随李鸿章出洋片"，光绪帝下旨"存"，并将该片送慈禧太后。[5]十八日，翰林院侍读张百熙上奏"请旨切责李鸿章不准携带其子

---

[1]《李鸿章全集》，第16册，第78页。
[2]《清实录》，第57册，第7页。
[3]《李鸿章全集》，第16册，第81-82页。李鸿章所带随员为：于式枚、塔克什纳、罗丰禄、联芳、林怡游、薛邦龢、柏斌、麦信坚、张柳、洪冀昌。
[4]《清实录》，第57册，第9页。
[5]军机处《随手档》，光绪二十二年正月十四日；《光绪宣统两朝上谕档》，第22册，第19页。胡景桂的情报不准，李鸿章随员中没有马建忠、伍廷芳。

经方为随员折",光绪帝下旨"存",并送慈禧太后。[1] 由此两相对照,可以看出,杨锐的情报是相当准确的,尽管在一些细部仍稍有误。

光绪二十二年杨锐给张之洞的密信,除了以上一信外,李宗侗教授于1961年在《大陆杂志》上另发表了一件,并在杂志封面上影印其中一页。[2] 李宗侗根据笔迹,认定该信是杨锐所写,并根据该信的内容,认定写于光绪二十二年九月或是另又羼入一残件。[3] 对于李宗侗称该信作者是杨锐的判断,孔祥吉曾表示怀疑,我可举"张之洞档案"为李说之证。李宗侗发表的该信称:

> ……园则以所僦庵(张荫桓为之供具,合肥得处分,颇咎之),内监导之遍游各处,意望得其厚犒……
>
> 徐用仪到署,行过棋盘街,有人以洋枪轰击不中……

此为李鸿章游园获咎、徐用仪被枪击两事。"张之洞档案"中有张亲笔所写的电报:

> 京。乔:合肥为游览议处,其中有何情节?慈眷、上眷如何?徐被枪伤后系何故?即复。钝。感。[4]

这是张之洞读到杨锐密信后的反应。至于杨锐该密信的内容,李宗侗已写了很好的跋文,我即不再另述。

---

[1]《光绪宣统两朝上谕档》,第22册,第21页。

[2]《杨锐致张文襄密函跋——高阳李氏所藏清代文献跋之一》,台北:《大陆杂志》,第22卷第4期,1961年2月28日出版。

[3] 李宗侗称:"此札原至少系六页或更多,购时已佚其一……"即称其发表的该信,至少前缺一页,发表者为5页,影印者当是其第4页。李宗侗又称:"按前数页多光绪二十二年八、九月间事,故谓此札必写于九月或更迟者。至于第九、十两条皆三、四月间事,疑是此页系另一札而混入前札者。""第九、十两条"当属第5页,然该页未影印,我难以作判断。但杨锐密报皆是近事,不会相隔数月之久,李宗侗的怀疑似可以成立。若是如此,杨锐于光绪二十二年给张之洞的密信,至少存世有3件,尽管皆为不全。

[4] 光绪二十二年九月二十八日寅刻发,《张文襄公电稿墨迹》,第2函第11册,所藏档号:甲182-219。

三、戊戌变法期间张之洞给杨锐下达的指令

戊戌变法期间，张之洞给杨锐发去了大量的电报，交办了许多事件。从这些亲笔电文中，可以看到杨锐的工作，可以看到张之洞的目光所在，同时也可以曲折地察觉出戊戌变法中的许多细节与内情。

光绪二十三年十月，德国以教士被杀为借口，强占了胶州湾（今青岛），清朝上下一片震惊。清朝派翁同龢、张荫桓与德国交涉，德国提出了交涉条款六条。十一月十六日（1897年12月9日），张之洞发电杨锐：

> 京。乔：急。德索六款，惟承办山东全省铁路一条最毒，详见德报，意在占据山东全省，逼畿辅，压扼清淮，引狼入室，不可为国矣。日来闻总署议如何？此条允否？能稍驳改否？圣意如何？当道有何议论？速示。闻条陈甚多，其人为谁？何人最切要？均速电复。加急字乃速。钝。咸。[1]

张之洞此时负责修建芦汉铁路，对铁路事务极为关注。他最为反对的是德国修建从青岛到济南的胶济路。在给杨锐的电报中，除了打探消息外，还提出了他的希望"能稍驳改否？"他也听说了京内人士的条陈，急于了解情况。在当时的条陈中，又以康有为的"外衅危迫宜及时发愤革旧图新呈"（即"上清帝第五书"）最能打动人心，在京城中甚有影响，杨锐也相当赞赏，在给汪康年的信中称：

> 长素条陈，透切时弊，昨因高理臣给谏奏请派其出洋入万国弭兵

---

[1] 十一月十六日卯刻发，《张之洞电稿》，光绪二十五年十月至十二月，所藏档号：甲182-457。原整理者有误，根据内容，该电发于光绪二十三年。就在张之洞发此电后不久，他又发电其侄张彬："京。楼：急。胶州事德所索六款，现议如何？是否全允？所允何条？内山东铁路最不好，允否？速确探电复。壶。谏。"十一月十六日酉刻发，《张之洞电稿》，光绪二十五年十月至十二月。所藏档号：甲182-457。原整理者有误，根据内容，该电发于光绪二十三年。

会,亦近事之差强人意者。[1]

杨可能也向张之洞报告了此情,而张于光绪二十四年正月二十六日(1898年2月16日)发电,明确说明了他与康的分歧:

> 急。京。乔:康长素与仆有隙,意甚险恶。凡敝处议论举动,务望秘之,不可告康。切祷。[2]

"意甚险恶",用词已是相当严厉。此是后话。光绪二十三年十二月初九日(1898年1月1日),张之洞发电杨锐:

> 京。乔:德教案已结复翻,闻以曹州逐教士藉口,恐终成巨祸。诸当道议论如何,群僚有何高见善策?速示。钝。佳。[3]

十二月初五日曹州教案发生,张闻讯后要求杨锐查明此期清朝与德国的谈判情况。十二月二十六日(1898年1月18日),张又发电杨:

> 京。乔:急。读有电,曷胜焦愤。挟借款之议者,此时将此款借我还东洋耶?抑挟从前所借之债耶?长江各口不准擅租,语未解,有派兵船入江护商之意否?速明示。转达乙盦、黄楼,以后来电勿书名。钝。宥。[4]

"有电",即杨锐于二十五日发给张之洞的电报,从张复电内容来看,是当

---

[1] 致汪康年,光绪二十三年十一月二十六日,《汪康年师友书札》,第3册,第2408页。又,康有为称,其有三折交杨锐分交王鹏运、高曾燮上奏;梁启超称,高燮曾上奏保康,杨锐起到重要作用,可见杨与康此时关系甚近。具体的细节,可参见本书第一章第六节。
[2] 光绪二十四年正月二十六日午刻发,《张文襄公电稿墨迹》,第2函第10册,所藏档号:甲182-219。
[3] 十二月初九日亥刻发,《张之洞电稿》,光绪二十五年十月至十二月,所藏档号:甲182-457。原整理者有误,根据内容,该电发于光绪二十三年。
[4] 十二月二十六日亥刻发,《张之洞电稿》,光绪二十五年十月至十二月,所藏档号:甲182-457。原整理者有误,根据内容,该电发于光绪二十三年。

时英、俄迫清朝借款事件。英国通过借款要求在长江流域占有优势地位，张对英国具体条件不明，特别是英舰是否即入长江，要求杨查明复电。"乙盦"，沈曾植，"黄楼"，张之洞之侄张彬，张之洞为安全及保密起见，要求他们的来电均不署名。

除了德国在山东修建的胶济路，江苏特用道容闳此期要求修建津镇铁路，对芦汉铁路更有利益上的冲击，张之洞等人决心阻止。[1]光绪二十四年正月初五日（1898年1月26日），张之洞发电杨锐：

> 京。乔：急。闻德造山东铁路，已允许。又闻容闳报效百万，请造清江至天津铁路，亦准行，必系洋股，惶骇万分。德路接容闳路，两年可成，德陆军长驱，一日而至永定门，京城危矣。两事皆京城确电，惟不知德路究系如何允法。祈设法速谏阻。中国存亡所关在此矣。切祷。务望即复。钝。歌。[2]

此电的最为关键之语为"祈设法速谏阻"，即让杨锐发动奏折攻势，阻止容闳的计划。此电发出后不久，张之洞又于正月初九日（1月30日）再发电杨：

> 京。乔；急。庚电悉。德路造至济南，与我路接，确已议允。容闳铁路，自清江经济南至津，正与德路接。容报效百万，要地有人主持。容名为华商，实系洋股。外国华工多商少，断无巨赀，更无事前报效百万之理。且在美华商财产归洋人保护，与洋股无异，且铁路股票转卖，各国洋人皆有，容路即洋路也。路近款足，两年必成。德路一年必成，胶州到京止一千四百里，德路接容路，陆军长驱，一日可抵京城，不及战，并不及迁矣。总署意欲以容路阻德路，实以容路引

---

[1] 相关的研究，可参见张海荣：《津镇铁路与芦汉铁路之争：甲午战后中国政治的个案研究》，北京大学硕士论文，2008年。
[2] 正月初五日亥刻发，《张之洞电稿》，光绪二十五年正月，所藏档号：甲182-456。原整理者有误，根据内容，该电发于光绪二十四年。

德路耳。皆百万作祟也。芦汉路至速须五年,且容路成,西路废矣。容路成,中国危亡即在目前。广雅昨有电奏切谏,不知动听否?必有多人迅速力阻方好。焦急。切盼。钝。佳。[1]

"庚电",即杨锐于初八日的复电,张之洞此电再次说明容闳主持的津浦路与德国将建的胶济路的关系,实际上是开出杨锐作文的主题。根据张之洞"必有多人迅速力阻"的指令,杨锐在京城中也有所行动。张之洞之侄张彬于光绪二十四年正月的密信称:杨锐"又言,前闻容铁路可不办,近又闻虽南北电阻,仍无益,定拟举办。伊拟一文,尚未脱稿,成时觅人陈达,但恐当道之计甚坚,无能挽回了。"[2]杨锐虽遵令"设法速谏阻"而"拟一文",也准备觅台谏以"陈达",但已感到"无能挽回"。

前已述及,光绪二十三年底,杨锐与刘光第商议,拟请张之洞入京主持朝政。在他们的密谋下,体仁阁大学士、管理吏部事务徐桐于光绪二十四年三月二十九日(1898年4月19日)上奏,"请调张之洞来京面询事宜"。经慈禧太后批准后,光绪帝于闰三月初三日(4月23日)发出电旨,命张之洞"来京陛见"。由于杨锐此前并没有说明,张之洞也不明底里,收到电旨后,几次发电给杨锐,让其打探消息。沙市事件发生后,清廷见日本有军事干预的迹象,便让已到上海的张之洞返回湖北。军机大臣翁同龢很可能是让张回鄂的主谋。杨锐与张之洞之间有着许多电报往来。[3]恰在此时,另发生了一则事件。光绪二十四年三月,康有为、梁启超在李

---

[1] 该电共两纸,分贴于两处:《张之洞电稿》,光绪二十五年正月、光绪二十五年三月至四月,正月初九日午刻发,所藏档号:甲182-456。原整理者有误,根据内容,该电发于光绪二十四年。"要地有人主持"之后,张之洞删去原写"已允准,但尚未降旨耳"一句;"中国危亡即在目前"之后,张又删去原写"欲限制德路,不如令总公司接造,尚可设法推缓"一句。该电是张之洞亲笔,电中有"广雅昨有电奏切谏"一句,"广雅"是张之洞本人,张如此行文,是因属密电,即使泄露仍不显作者。

[2] 引文及相关的细节,参见本书第一章第六节。

[3] 关于张之洞戊戌入京之详情,参见本书导论第四节。

盛铎等人的支持下，发起保国会。[1] 黄绍箕、杨锐、乔树枏皆参加了其中部分活动。[2] 天津《国闻报》于闰三月二十三日以《京城保国会题名记》为题，录保国会第一次与会人名单，其中有黄绍箕、乔树枏。《国闻报》于闰三月二十四日以《京城保国会题名记》为题，录"入会列名之人"，其中有乔树枏、杨锐。张之洞很可能看到此两则消息，于五月二十六日发电其侄张检、其子张权，从侧面了解情况：

> ……康、梁近日情形如何？仲弢、叔峤与之异乎？同乎？众论有攻击之者否？即复。壶。宥。[3]

张对杨锐等人的政治态度表示了担心。六月初三日，张之洞再电张检、张权："康气焰如何？黄、乔、杨与康有异同否？……前电久未复，闷极。速复。"[4] "黄"，黄绍箕；"乔"，乔树枏；"杨"，杨锐。张之洞再问此事，仍是保国会的传闻，他因未收到回电而"闷极"。张检等人的复电我虽未见，但肯定报告了杨锐等人在保国会的活动中与康保持着很大的距离。

---

[1] 关于李盛铎在其中的作用，参见马忠文：《戊戌时期李盛铎与康、梁关系补正：梁启超未刊书札释读》，《江汉学刊》，2009年第10期。

[2] 叶昌炽在日记中称："其（康有为）在粤东馆约茶会也，仲弢、木斋皆左右之，折柬来召，仆毅然书'不到'二字。"（《缘督庐日记》，江苏古籍出版社，2002年，第5册，第2745页）宣龚致丁文江信中回忆称："迨保国会发起，弟虽到过一两次，其实不过队观光，并不识有所谓政治思想。即如开会第一日，南海演说俄罗斯问题，容纯甫、沈子培诸人均在场，而杨叔峤偏独当众假寐。"（丁文江、赵丰田编：《梁启超年谱长编》，上海人民出版社，1983年，第112页）戊戌政变后，《申报》光绪二十四年九月三十日刊出《缵记保国会逆迹》，录乔树枏致梁启超信："顷闻人言，《国闻报》中列有保国会题名，贤师弟实司其事，贱名与焉，鄙人大惑不解。……将以茶会为据乎？则当时实未闻贤师弟道及'保国会'三字。……将以门簿为据乎？则足下固言书明姓名爵里，以便令师往拜，卒之令师未来，仆亦未往，人所共知也。又将以二金之馈为据乎？则鄙人固居心鄙吝，其靳而不与者，又不独鄙人也。"（《丛刊·戊戌变法》，第4册，第418—419页）由此可见，黄、杨、乔确实都参加了保国会的部分活动，但他们又刻意与康有为保持着距离。

[3] 《张之洞电稿》，光绪二十五年五月至七月，五月二十六日辰刻发，所藏档号：甲182-456。原整理者有误，根据内容，该电发于光绪二十四年。

[4] 六月初三日戌刻发，《张之洞电稿》，光绪三十年六月至七月，所藏档号：甲182-470。原整理者有误，根据内容，该电发于光绪二十四年。

光绪二十四年六月初五日（1898年7月23日），杨锐之兄杨聪在四川酉阳学正任上病逝。杨锐听到消息，即刻要求奔丧。然此时进入戊戌变法的关键期，张之洞于六月十三日发电其子张权，命其转给黄绍箕、杨锐：

> 急。京。张君立：转韬、峤。佳、蒸、真三电未复。昨有电旨催黄遵宪、谭嗣同迅速来京，系办何事？必康秘谋，速复。钝。元。[1]

"佳、蒸、真三电"，即初九、初十、十一日张已有三电给杨锐等人，此电又让查明电旨命黄遵宪、谭嗣同迅速入京的背景；对张之洞来说，杨锐此时在京的作用甚为重要。他不愿杨离开。杨锐的门人黄尚毅，对此称言：

> 戊戌诏开经济特科，南皮及张长沙百熙，均以先生应诏。是年六月，先生胞兄听彝先生卒于酉阳学正任，先生痛悼，欲回籍奔丧，南皮电止之。先生不可，定期十五启行矣，而十三日朝旨以湘抚陈宝箴荐，诏先生预备召见。十四日召对……[2]

杨锐屡次参加会试，皆不中。光绪二十四年初，光绪帝从贵州学政严修之策专设"经济特科"取士，张之洞等人保之。按照当时的规定，保荐若至一百人，将举行考试。[3] "听彝"是杨聪的号。"定期十五"，指七月十五日。张之洞"电止之"的电报，我还没有找到，但找到六月二十五日（8月12日）张之洞发给张权的电报：

> 急。京。张君立：敬电悉。转商茂萱，东海如荐贤，叔峤实为不

---

[1]《张之洞电稿》，光绪二十五年五月至七月，六月十三日戌刻发。所藏档号：甲182-466。原整理者有误，根据内容，该电发于光绪二十四年。

[2]《杨叔峤先生事略》，见《杨叔峤文集》，《续修四库全书》，第1568册，第260页。

[3] 光绪帝正月初六日谕旨称："俟咨送人数汇齐至百人以上，即可奏请定期举行特科。"五月二十五日谕旨称："著三品以上京官及各省督抚、学政，各举所限，限三个月内迅速咨送总理各国事务衙门会同礼部，奏请考试。一俟咨送人数足敷考选，即可随时奏请，定期举行，不必俟各省汇齐，再行请旨。"（《光绪宣统两朝上谕档》，第24册，第11-12、243-244页）由此而论，经济特科之考试最晚将在八月底、九月初进行。

愧。此人才非仅特科也。可否？祈示复。[1]

"茂萱"，乔树枬，"东海"，指徐桐。张之洞请乔树枬与徐桐商议，由徐桐出面保举杨锐。与此同时，张之洞的大幕僚、杨锐的同乡王秉恩也于六月二十六日（8月13日）连发两电。其一电给杨锐：

> 北京绳匠胡同，内阁杨叔峤：昨电奉慰，想鉴及。闻当远赴，足征友谊纯笃。惟视敛已来不及。酉、涪水陆现在均难遄行。不如即令肖严取道常辰、镇筸，倍程前往，部署一切，较为妥速。阁下即欲归视，俟秋冬间为宜。此时暂留，勉应特科，以副师望，以光盛典。至属。秉恩。

"肖严"，即肖岩，杨锐四弟杨悦。王秉恩请杨悦先行办理杨聪之丧事，而让杨锐"秋冬间"再"归省"。"昨电奉慰"、"以副师望"两语，说明了张之洞确有电报"止之"离京。王秉恩另一电给乔树枬，由其出面劝杨：

> 北京绳匠胡同刑部乔茂萱：比来朝政日新月异，阁下信电颇稀，殊深跂望。师帅命即由祥记兑寄百金，以为电资，用完续兑。同人均欲叔峤暂缓出京，勉应特科，想有同情，望慰挽之。东海夙重钝叔，何不特荐马周耶？息。[2]

"东海"，徐桐。"马周"，唐初大臣。此处指唐代中郎将常何荐其门客马周于唐太宗之事，即让乔树枬说徐桐以保举杨锐。张之洞等人虽以"经济特科"为由阻杨锐奔兄之丧，但最深一层的原因是恐失去其最重要的情报来源。然杨锐似没有因此被说服。七月初七日（8月23日），张之洞又发两

---

[1]《张之洞电稿》，光绪二十五年五月至七月，六月二十五日酉刻发。所藏档号：甲182-456。原整理者有误，根据内容，该电发于光绪二十四年。"敬电"，指六月二十四日张权来电，该电可能透露杨欲离京的消息。

[2]东方晓白：《张之洞（湖广总督府）往来电稿》，《近代史资料》，第109期，第13页。王后电署名"息"，即王秉恩，其字息存。此处"东海"指徐桐，原注称为"徐世昌"，误。

电,其一是给杨锐:

> 急。京。乔:《邸报》五月二十五日谕旨催考特科,何以云不遂考?《申报》云已有八十余人,确否?酉阳运枢事,肖岩似可任之,运到涪州停寺内,候足下冬间到彼筹办,似不迟。如必出京,川资需若干,当即寄。钝。阳。

"何以云不遂考"一语,说明杨锐发电要求奔丧;而张之洞再次劝说杨锐冬间再出京。其二是给张权:

> 急。京。张君立:昨汇百金,查收。特科究竟何时考?叔乔如必欲出京,汝可同来。川资需若干?当寄往。编纂经书何以停?速详复。壶。阳。[1]

至七月十三日(8月29日),湖南巡抚陈宝箴保荐人才奏折到达,光绪帝当日下旨,命杨锐预备召见。[2]七月十六日,光绪帝召见了杨锐。二十日,光绪帝命杨锐及刘光第、林旭、谭嗣同为军机章京,"参预新政"。七月二十八日(9月13日),杨锐写信给杨悦,说明其不能奔丧的原委。[3]张之洞听闻光绪帝召见杨锐的消息后,于七月十九日(9月4日)发电张权:

---

[1] 两电皆七月初七日未刻发,《张之洞电稿》,光绪二十五年五月至七月,所藏档号:甲182-456。原整理者有误,根据内容,两电皆发于光绪二十四年。

[2] 陈宝箴:"密保京外贤能各员折",汪叔子等编:《陈宝箴集》,上册,第806-808页;光绪帝谕旨称:"陈宝箴奏遵保人才开单呈览各一折。湖南候补道夏献铭、试用道黄炳离、降调前内阁学士陈宝琛、内阁候补侍读杨锐、礼部候补主事黄英采、刑部候补主事刘光第、广东候补道杨枢、试用道王秉恩、江苏试用道欧阳霖、江西试用道恽祖祁、杜俞、湖北候补道徐家干、江苏候补道柯逢时、湖北试用道薛华培、候选道左孝同,以上各员在京者,著各该衙门传知该员预备召见,其余均由各该督抚饬知来京,一体预备召见。"(《光绪宣统两朝上谕档》,第24册,第328页)从陈保举的名单来看,许多人是张的亲信。此中的细节,可参见本书第五章第二节。

[3] 杨锐在信中称:"……原拟乘中秋节前到鄂一行,再与弟商办一切,乃十三日因湘抚陈公保荐,奉旨召见。逮夜,始知于十五日早进内预备,改于十六日卯刻在西苑勤政西暖阁召对。面奏数百言,大概详陈用人武备各事,天颜甚霁……"《致肖岩弟》,光绪二十四年七月二十八日,宁志奇:《杨锐家书暨杨聪墓志铭》,《四川文物》,1985年第4期。

> 京。张君立:急。叔峤召见奏对如何?有何恩旨?……

这封电报还开列一连串的问题,张之洞想了解的秘情甚多,然其第一项仍是关于杨锐。[1] 七月二十一日(9月6日),张之洞起草了杨锐的电报:

> 京。乔:急。召对大喜,欣贺。王照是否即直隶开小学堂之王小航?何以堂官谓为挟制?所条陈何事?何以遽蒙超擢?速复。钝。养。

很可能考虑到杨锐的新身份,张又将该电改发给张检而未发给杨锐。[2] 八月初一日(9月16日),张之洞发电杨锐:

> 京。乔:急。钱念劬何日召见,有何恩旨?速复。钝。东。[3]

"钱念劬",钱恂,张之洞手下的大幕僚,此时因张的保举而入京召见,张之洞从侧面打听消息。

光绪二十四年八月初五日(9月20日),张之洞听到英、俄为争夺中国北方利益而开战的传闻,发电杨锐:

> 京。乔:急。闻英、俄已开战,确否?速复。节电已转交。入直其系何日?钝。歌。[4]

"节电",指杨给梁鼎芬(节庵)之电;"入直",指杨入值军机章京事。这

---

[1]《张之洞电稿》,光绪二十五年二月至八月,七月十九日亥刻发。所藏档号:甲182-457。原整理者有误,根据内容,该电发于光绪二十四年。

[2] 相关的情况,参见本书第三章第一节。"养",二十二日韵目代日,张之洞写错了日期,该电改发给张检时,该字改为"箇"。

[3] 除此之外,张之洞同时又发电给钱恂,询问情况。两电写于一纸上,皆八月初一日亥刻发,《张之洞电稿》,光绪二十五年二月至八月,所藏档号:甲182-457。原整理者有误,根据内容,两电皆发于光绪二十四年。相关的情况,参见本书第三章第三节。

[4] 为了查清当时英俄开战的传闻,张之洞还同时发电给在京的张权、钱恂,询问此事。三电写于一纸上,皆八月初五日亥刻发,《张之洞电稿》,光绪二十五年二月至八月,所藏档号:甲182-457。原整理者有误,根据内容,三电皆发于光绪二十四年。此外张还发电给上海的赵凤昌,询问此事。参见本书第三章第一、三、七节。

是我所看到的张之洞发给杨锐的最后一封电报。第二天，戊戌政变发生。

由于"张之洞档案"的形成及保管等因，在移交近代史研究所图书馆之前，会有许多遗失；我所看到的戊戌变法期间张之洞发给杨锐的指令，只能是其中一部分。但就以上张之洞的亲笔电报，已经可以想象，张之洞的手伸得有多长，杨锐的工作任务又有多重。

四、光绪二十四年杨锐的两件密信：孔祥吉发现的"百日维新密札"作者应是杨锐

尽管在"张之洞档案"中可以看到大量张之洞的亲笔电报，但除了前引杨锐的七封电报及《张文襄公家藏手札·家属类》中杨锐的一封密信，我找不到更多的杨锐在京中给张之洞的信函电报。造成这一情况的原因不明，但我可以肯定，杨锐在戊戌变法期间会有大量的密报给张之洞，而这些密报中会有戊戌变法的许多隐情与细节。

就目前为止，史学界发现的光绪二十四年杨锐给张之洞的密信，只有两件。李宗侗教授提供一件，孔祥吉教授发现一件。

先看李宗侗教授提供的一件。1959年李宗侗在台北《大陆杂志》上发表《杨叔峤光绪戊戌致张文襄函跋》一文，并在杂志封面上影印了杨锐原信。该信虽由汤志钧教授所引用，但未能注明其出处，且未将头尾引全。[1] 学术界的转引者，亦有所不解。故再次引录于下：

受业杨锐谨禀夫子大人钧座。

敬禀者。窃前月十二日由折差寄呈一禀，计蒙垂察。公入对之举，前沮于常熟，昨日之电，则出刚意。何小人之，必不能容君子耶。近

---

[1] 见《戊戌变法人物传稿》增订本，上编，第134页。汤志钧仅注："杨锐：《致张之洞密札》"而未记出处，查汤志钧引杨锐光绪二十二年九月给张之洞密信亦注"载《大陆杂志》第二十二卷第四期"，此处未注，当属疏漏。

日变法，都下大哗，人人欲得康有为而甘心之。然康固多谬妄，而诋之者至比之洪水猛兽，必杀之而后快。岂去一康而中国即足自存乎？公条陈科举一奏，立奉俞旨，一切允行，天下仰望。上方锐意新政，凡关涉改革之事，但有论建，无不采纳，转较胜于身在政府也。京师大老空疏无具，欲以空言去康，何能有济。近事数则，别纸录呈省览。谨修丹禀，祗请钧安。伏祈慈鉴。

受业锐敬禀

该信的内容，主要有三事：一、张之洞入京主持朝政一事，先阻于翁同龢，后阻于刚毅；二、张之洞与陈宝箴联衔改科举一折，光绪帝允行；三、京中人士虽厌恨康有为，但去康无方。从内容来看，发信的时间为光绪二十四年六月，李宗侗也予以注明。还须注意的是，李宗侗说明了该信的来历，称其在地安门外"估人"处收购了张之洞的信札等文件"两木箱"，此件是其带到台北来的"劫余之一"。[1]

再看孔祥吉发现的一件。孔祥吉发现的这一密信，被其命名为"百日维新密札"，内容极其重要，也多为研究者所引用（以下称"百日维新密札"）。[2] 该信既无写信人署名，亦无收信人台端，从信中所述内容可知，该信也写于光绪二十四年六月。孔先生根据李宗侗于1961年发表的《杨锐致张文襄密函跋：高阳李氏所藏清代文献跋之一》，[3] 比较该文发表的光绪二十二年九月杨锐给张之洞之密信，确认"百日维新密札"收信人为张之洞；然"百日维新密札"又存于"李鸿藻文件"之中，孔祥吉认为写信人为李鸿藻之子李焜瀛（字符曾），称言：

我所发现的这两通密札，被整理表糊者分类在"外官禀"一类，很令人怀疑。因百日维新时协办大学士李鸿藻已于光绪二十三年去世，

---

[1]《大陆杂志》，第19卷第5期，1959年9月15日出版。
[2] 孔祥吉：《百日维新密札考释》，《戊戌维新运动新探》，第64—80页。
[3]《大陆杂志》，第22卷第4期，1961年2月28日出版。

何以会有外官再作密禀。因此，我怀疑这两通密札均系鸿藻之子李符曾写给张之洞的。

孔祥吉的证据是，在"李鸿藻文件"的"外官禀"之中，另有"笔迹纸张亦皆相同"的一信，末尾有关于捐照的内容，孔祥吉推论称：

> 这段话很象（像）李符曾为之催张之洞早解捐费而发。张之洞系清流起家，与李鸿藻情谊至笃。鸿藻逝后，张之洞仍与李家保持较为密切的关系，这由李符曾所存函札中可以看得比较清楚。李符曾捐官的部照至今尚保存完好，其捐费很可能由鄂督张之洞支付。[1]

对于孔祥吉的这一考证，也有人表示怀疑。清华大学历史系诸先生编《戊戌变法文献资料系日》，引用该信，另加一注：

> 孔祥吉先生发现此函，并考证此函系李鸿藻之子李符曾所作。我们认为证据不足。此函为杨锐之作的可能性更大。[2]

虽称其"证据不足"，但也没有提供"可能性更大"的新证据。我自己也一直怀疑孔祥吉的推论，理由有四：其一，按照张之洞与李鸿藻的关系，李煜瀛虽比张之洞年少达三十七岁，但论地位等级，尚不太远。[3]在当时的礼教等级社会中，李煜瀛措词如此低下地给张之洞写密信，似难以想像。其二，李鸿藻虽非大贪，但久任高官，门生也多有孝敬，家中多积资财。

---

[1]《百日维新密札考释》，《戊戌维新运动新探》，第64—80页。该信关于捐照的内容为："胄监照费，鄂及东省赈捐，照发不少（山东已催安圃），该费久未报解。五、六、七、八月是往往常空，计鄙人收缺，正在此时。望速催鄂局，早为尽数起解，趁时济急，此为惠而不费，切恳，切恳。付丙。"

[2] 清华大学历史系编：《戊戌变法文献资料系日》，上海书店出版社，1998年，第796页。该注后没有说明其理由。

[3] 张之洞给于式枚（晦若）一信："前日面约畅游一节，今日天气晴暖，特邀台从于未刻一点钟至符曾、菊衣两君处齐集，约同符曾、菊衣先至土地庙看花厂看菊花，再到彰义大街新建昭忠祠看松，归途到松筠庵便饭，祈即时命驾是幸，稍迟则又曛黑荒寒矣。"《张之洞全集》，第12册，第122页。

捐官之银，根本就不缺。[1]以李焜瀛之身份，似不太可能主动写信"催张之洞早解捐款"。其三，"捐官"一事与李焜瀛经历也不太相符，他是恩荫出身，光绪二十三年因李鸿藻去世"赏给郎中"。[2]其四，也是最重要的，我最近在"张之洞档案"中看到李焜瀛写给张之洞的信，表示愿去日本游学，其文气、字体则是完全不同。[3]

当我在中国社会科学院近代史研究所图书馆看到"百日维新密札"的原件时，立即觉察到孔祥吉可能有误。[4]

首先，孔先生称：

> 笔者在检阅高阳李氏存札时，发现了两通极为重要的密札。这两通密札没有写信人与收信人之姓名，只在第二札的末尾书有'付丙'二字。两札均为白纸墨笔书写，字体比较工整，笔迹纸张亦皆相同，故可以断定，两札皆出自一人之手。

然我看到此两信，与其他信件混杂在一起，粘贴在"风树亭"的页纸上，装订成册，蓝色封面上有红色签条，上书《李文正公文件·外官禀》。从粘

---

[1] 李鸿藻原配张夫人及长子李兆瀛于同治九年病故后，由长媳齐氏主持家务。齐氏之侄齐协民称："八国联军入侵，李鸿藻已逝世，我姑母率全家迁至河南开封避难。事定之后，又携全家回京。此时焜瀛、煜瀛兄弟均已娶妻生子，我姑母年亦五十，一日将他们兄弟二人，叫到她的屋里，把所有李家的财物，如存折和细软等物，都摆在两张大八仙桌上。计有：山西票号的存折二十个，内以大德通、大德亨两号的存折居多，共计一百万两，以及许多古玩、细软、珠翠等物。当时列清单，叫他兄二人点收……"（齐协民：《我所知道的李鸿藻》，《天津文史资料选辑》，第35辑，天津人民出版社，1986年，第67页）由此可知，至光绪二十七年时，李鸿藻家产数目仍是相当大的。我也看到了李焜瀛捐官的部照，时间甚晚，与孔祥吉的说法也对不起来。

[2] 李焜瀛光绪三十一年九月二十八日履历单称："臣李焜瀛，直隶荫生，年三十一岁，由恩荫员外郎，光绪二十三年七月初三日奉上谕'著赏给郎中'等因钦此。八月分轮选到班，回避胞弟，改归回避即用，今签掣兵部职方司郎中缺……"（《清代官员履历档案汇编》，第28册，第567页）由此可见，李焜瀛的官场经历主要是"恩荫"，非为捐纳。

[3] 《外致张文襄公函件》，《张之洞公文函电稿》，所藏档号：甲182-216。李焜瀛在信中表示，他与李煜瀛及亲戚姚彤浩、袁承厚愿去日本，"早为咨送"。

[4] 该札存于《李鸿藻存稿（外官禀）》，第1函第1册，中国社会科学院近代史研究所图书馆藏，所藏档号：甲70-10。

贴的次序来看，粘贴者并没有相应的文史知识，也不了解李家、张家的内情。我又仔细观察，可以看出，孔先生所言两信的纸张并不完全相同，"百日维新密札"的纸张要稍好一些；而两信的笔迹，以我的书法知识看来，亦为不同，属两人的字体风格。由此可见，孔先生的"两札皆出自一人"的推论，似不能成立。另从内容来看，末尾有"付丙"字样的一信，似写于光绪二十六年五月。[1]

其次，孔先生称：

> 李先生所发现的密函，据称是"购"来的，何人所购？购于何时何地？这样的密函何以恰巧会被高阳李氏购去？

由此可知，孔先生仅看过李宗侗《杨锐致张文襄密函跋：高阳李氏所藏清代文献跋之一》（《大陆杂志》，第22卷第4期，1961年2月28日出版）；没有注意到《杨叔峤光绪戊戌致张文襄函跋》（《大陆杂志》，第19卷第5期，1959年9月15日出版）。在后一文中，李宗侗对其收藏之来源也作了说明：

> 昔在北平，颇喜购名人信札，所积至万余件，带至台者不过数百札耳。此劫余之一也。……文襄遗物多经后门外估人之手，以其故宅在白米斜街，去诸肆甚近。忆曾购得两木箱，杂有诸人致文襄信札及文襄所批文件与亲笔电稿若干件，现回忆之，皆可谓为至宝矣。

---

[1] 该信称："去年九月杨崇伊与庆邸说通，奏保刘学洵、庆宽销案，自备资斧，往倭捉拿康、梁自赎。慈圣允准。今年四月，洵、宽既拿不着康、梁，无以自效；乃另生枝节，见倭王言明，中日联交两秘，以后往来秘计，倭不使渠外部知，我无令政府、译署知，由内电寄倭主，我须先施。并带二倭人来作见证，事妥，洵、宽即赍国书并赠物，往覆日本。宽遂以二万金买樵野之宅，洵、宽及倭人小田某住之，由杨于庆转上。慈旨照办，命庆索内库珍异先施，不许政府知。荣遂请假七、八日，与庆大怦。徐桐、朱祖谋、张仲炘、高燮曾、余诚格又御史某七人，交劾庆、杨、洵、宽，事将中止。今日又召裕庚，想必派裕随往，有不能中止之势……"（其后的内容，孔祥吉文章已引，不再录）这些内容也不像是李焜瀛所写的。"刘学洵"，即刘学询。"付丙"，指烧掉，"东方甲乙木，南方丙丁火……"

由于1935年"故宫盗宝案",时任故宫秘书长的李宗侗,避往上海租界,又于1948年受聘任台大历史系教授。我不知道他在此期间是否回过北平,但由此似可以推测,今收藏于近代史研究所图书馆的"李鸿藻档案"的一部分,很可能就是李宗侗当年存留在北平"所积至万余件"的收藏,辗转入藏该馆。因其来自李家,而被错误地命名为《李鸿藻存稿(外官禀)》。[1]如果这一推论能够成立的话,那么,前引李宗侗于1959年发表的光绪二十四年六月杨锐给张之洞密信中"近事数则,别纸录呈省览"一语,很值得注意,即杨锐在该信的正件(即"丹禀")之后,另有附件;孔祥吉发现的"百日维新密札",就是此类"别纸录呈"的附件,且我还以为,很可能就是此信的附件。两件似本为一封,本存一处,李宗侗离京时仅带走正件而未带走附件,故附件存于今日"李鸿藻档案"之中。

以上所言,还仅是一种推论,并不能加以证实,也得不出什么正式结论;但辨认作者的最可靠的方法,不是情景事由的考证,而是直接辨认其

---

[1] 近代史研究所图书馆所藏"李鸿藻档案",共计15函。其中《李鸿藻存札》8函22册,所内档号:甲70-0、1、2、3、4、5、6、7;《李鸿藻督办郑州河工文件》1函3册,所内档号:甲70-8;《李鸿藻行状列传》1册,所内档号:甲70-9;《李鸿藻存稿(外官禀)》4函9册,所内档号:甲70-10、11、12、13;《李鸿藻等人函札》1册,所内档号:甲70-14。孔先生提到的两信,皆粘贴在《李鸿藻存稿(外官禀)》第1函第1册。需要说明的是,尽管近代史所图书馆的编目为《李鸿藻存稿(外官禀)》4函9册,内仅是第1函第1册,其余8册或是贴条脱落,或是另有题名,编目时仅取第1册之名。我推测该馆所藏"李鸿藻档案"曾是李宗侗的收藏,最重要的证据是,《李鸿藻存札》,第8函(甲70-7)中第六册(编号3522)中,贴有一件是农矿部寄给"北平故宫博物院秘书处李秘书长"的信封。另两项重要证据是,《李鸿藻存札》,第4函(甲70-3)第7册中,大多是张之洞的文件;在这批文件中,还混有给李鸿章、翁同龢、许应骙等人的信件;这些很可能是李宗侗所收藏。然从《李鸿藻存札》22册、《李鸿藻存稿(外官禀)》9册的分类、粘贴来看,多有不当之处,又非李宗侗所为,而是对晚清历史及李鸿藻不太熟悉者所为,近代史研究所图书馆另藏有"李符曾存札"4函8册,所藏档号:甲63-0、1、2、3,粘贴情况与"李鸿藻档案"相同。其中有李宗侗写给李焜瀛的信件,也有他人写给李鸿藻的信件。疑其原为李宗侗之收藏,现分开。由此推测,这两批文件很可能另有转让等情事。又,"张之洞档案"中也有若干册电报、书信是粘贴在"风树亭"的页纸上的,贴者可能是同一人,即很可能曾是同一人的收藏。我曾就此询问管理人员,由于相关资料不完整,已不知"李鸿藻档案"入藏该馆之过程,也不知由谁粘贴整理。

笔迹。[1] 李宗侗发表杨锐光绪二十二年九月来信时称：

> 此札原至少系六页或更多，购时已佚其一，当是张文襄坐京杨锐对他的秘密报告。虽然未署名，但考证彼时文襄的坐京，共有四人，即刘恩溥（文襄之亲戚）、黄仲弢绍箕（文襄之门生兼一侄女婿）、杨叔峤锐（文襄之门生）及文襄之侄张黄楼彬，四人的报告余皆藏有，以笔迹相对，则此数页确属杨锐者。[2]

李宗侗称其认识杨锐笔迹（仅影印其中一页）。李景铭收藏的《张文襄公家藏手札·家属类》贴有杨锐光绪二十二年正月密信三页，写有签条"此三纸系杨锐号叔峤所写"，李景铭也称其认识杨锐的笔迹。以上两件和孔祥吉发现的《李文正公文件·外官禀》所贴"百日维新密札"（一大页），笔迹完全一样，然三件均无署名。[3] 除此之外，我还发现两条证据：其一是该图书馆所藏《梁鼎芬存札》中，亦有一信，是杨锐写给梁鼎芬的，有署名。[4] 该信的笔迹，与以上三信完全一样。其二是"张之洞档案"中还有一封杨锐亲笔的简短电文："广州。王雪澄：洪疏讹传，彦臣乞致慰。锐。"[5] 笔迹相同。近年中国国家图书馆所藏《赵凤昌藏札》影印出版，共收入杨锐的亲笔信十二件，笔迹亦相同。[6] 此外，可以参考的还有杨锐致赵凤昌的石印信一件和宁志奇、高成英、胡昌健诸先生发表的杨锐笔迹的照片。[7] 由

---

[1]孔祥吉在引用杨锐致沈曾植一信中称："这是一封极为重要的密札，无上下款，由该信的笔迹可以推断出自杨锐之手。据密札原收藏者考订注明，此札系杨锐写给沈曾植的。"（《关于杨锐的历史评价》，《晚清史探微》，第108页）孔未说明该真迹之收藏处及其品质特征；所称"由该信的笔迹可以推断"一语，也没有说明他的笔迹根据。

[2]《杨锐致张文襄密函跋——高阳李氏所藏清代文献跋之一》，《大陆杂志》，第22卷第4期。

[3]以我的书法知识来看，《大陆杂志》封面上影印的两页，署名杨锐的（光绪二十四年六月来信），字写得较正（楷书），未署名的（光绪二十二年九月来信），字写得较草，而字正之字很难作为字草之字的笔迹证明。

[4]《梁鼎芬存札》，中国社会科学院近代史研究所图书馆藏。所藏档号：甲135-2。

[5]《张之洞存来信电稿原件》，第1函，所藏档号：甲182-372。

[6]《赵凤昌藏札》，第5册，第267—282页。

[7]杨锐致赵凤昌，光绪十六年，陶湘编：《昭代名人尺牍小传续集》，《近代中国史料丛刊续辑》，文

此,从笔迹辨认上我可以确认,孔祥吉发现的"百日维新密札",其作者应是杨锐。

由于孔祥吉发现的杨锐该信内容极其重要,本书也多次引用,为读者阅读方便,以下再次刊出:

> 康有为条陈各衙门改为十二局,先设制度局,议论一切改革之事,有储才局、会计局、农政局、工政局、商政局、海军局、陆军局、刑律局、铁路局、矿务局各名目。交总署议,驳,再下枢、译两府议。上意在必行,大约不日即须奏上。都下大为哗扰云。
>
> 孙燮臣冢宰管大学堂,康所拟管学诸人,全未用,奏派许竹篔为大教习,张菊生元济总办,黄仲弢等提调,寿伯福等分教习。均极惬当。然其中亦有以请托得者,如涂国盛、杨士燮、余诚格诸人,颇招物议。孙又奏,康有为进呈所著《孔子改制考》中间"改制"、"称王"等语甚纰谬。奉旨:即令孙传谕康删去。
>
> 外间传言:康因内监王姓者以进,有所建白,皆直达御前,每日旨从中出,盖康笔也。或又云:康通李联英,以二事结慈圣知,一请大员奏事东朝,一请南巡,深当圣意,故所请无不行,以小臣而受殊知,实古今未有之奇遇也。康封奏皆径交军机大臣直上,不由堂官代奏,闻系上面谕如此。自康召对,枢臣每进见多被诮责,从前奏对,不过一二刻,近日率至五刻,诸大臣皆深嫉苦之,然以上遇厚弗敢较也。
>
> 黄仲弢、张燮钧、寿伯福三人召对,浙抚廖中丞所保也,此外尚有盛伯熙、袁爽秋及外官二人。袁不久来京,余二人亦电召入对,惟

海出版社,1984年,第748册,第1806-1808页。原件照片可见《赵凤昌藏札》,第5册,第271-273页。宁志奇:《杨锐家书暨杨聪墓志铭》,发表杨锐光绪二十四年七月二十八日家书的照片。《四川文物》,1985年第4期;高成英:《杨锐的诗草手迹》,发表杨锐所书扇面两幅的照片,《四川文物》,1989年第4期;胡昌健:《介绍杨锐的两件遗物》,发表杨锐"尊经书院会课墨迹"、"朝考优贡等名单"的照片(出处同上)。以上照片皆非精印,比例太小,不太清楚。

盛不用。《劝学篇》已由仲弢进呈，上谕令即交军机大臣，黄嫌与康同，仍由翰林院代呈。其奏对诸语，想已具渠函中，不复赘述。

现派梁启超办理译书局事务，分编、译二门。所编各书，必将删削诸经以就康学。将来科举，即由大学堂中出，人将讲王氏之新学矣。梁见寿州，谓"总教习必派康先生"。孙不应。康党大失望，然恐将来尚有改动也。此时台谏中，惟杨深秀、宋伯鲁最为康用，庶僚中亦多有攀附者。李盛铎与康时离时合，虽康党亦畏恶之。

上月初四日，胡公度侍御奏劾张荫桓，有借款得赂二百余万，七口改归税司经营，有私改合同事。又议增赫德薪水，每年骤至百廿万等语。慈圣大怒，次日面谕英年查抄、拏问。崇礼故缓之，旋有立山出为恳求，其事遂解。闻廖仲山亦苦求于上前，尚未允。立一人最得力也。

荣相到津后，奏保中外二十余人，以鹿制军为居首，中间有陈右帅、黄公度诸人，李盛铎亦在其内。

陈学棻奏报岁考事，附片论时文不宜轻废，忤上意，次日撤回。陈在浙最不喜言时务，所出观风题，即分咏西湖八景，至为尘陋。浙人士皆非笑之。

还需说明的是，孔祥吉发现并发表"百日维新密札"，意义是重大的，对该信所作的背景说明也是大体完备的，我没有须得补充的内容。

五、张之洞营救杨锐的行动

戊戌政变发生于光绪二十四年八月初六日（1898年9月21日），从"张之洞档案"中可以看出，他于次日凌晨丑时（1-3时）即得知消息。由于与康有为之间的政见分歧，他对政变后的前景一开始并不是很悲观，反而对康的落难，有着几分暗喜。但听到杨锐被捕后，张的感受一下子发生了很大的变化。

杨锐很可能是八月初八日（9月23日）早上在家中被捕的。[1]而在初九日的下午，张之洞就得到了消息。他于酉时（下午5-7时）分别发电给张权、黄绍箕：

> 急。京。立：叔峤奇灾骇绝，究因何故？尚有复文否，念甚。必已见明发，速摘要告。凡各处函电，务即付丙。即刻复。迁。佳。
>
> 京。温州馆，黄仲弢侍讲：急。叔峤受累可骇。何以牵涉？有余波否。速复。拙。佳。[2]

"立"，张君立，张权；"迁"、"拙"，张之洞闻政变后所改的自署。张之洞的电报，除要求查明事情的原委外，还希望了解慈禧太后的下一动作，即"余波"，并要求焚毁相关的电报函件。然仅过了几小时，张又于亥时（下午9-11时）再次发电张权：

> 急。京。立：杨、刘四人必革，已见明文否，若已见，当可无余波矣。叔峤事渠何时得信？王照、端方、吴懋鼎有事否。均即复。迁。

---

[1] 据魏允恭八月初八日致汪康年信中称："今早五更又奉密旨拿杨锐、刘光第、谭嗣同、林旭等四人。弟亲见步军统领监送登车，想已发交刑部矣。惟林旭尚未寻着，闻避往他处。此新政中之至新者。其余外间传说纷纷不一。"《汪康年师友书札》，第3册，第3115－3116页。并参见马忠文：《戊戌"军机四卿"被捕时间新证》，《历史档案》，1999年第1期。然杨锐的门人黄尚毅在《杨参政公事略》中称："初九日晨起，寓斋被围，锐与子庆昶及黄尚毅同逮去。至坊上，先书锐姓名，次庆昶，至尚毅，锐曰：'彼系公车，何事拘之？'尚毅及庆昶释回，锐遂拘去。至提督衙门，旋送刑部狱。"《丛刊·戊戌变法》，第4册，第66页。盛宣怀档案中的《虎坊撷闻》称："初九日，九门提督逮捕徐致靖、张荫桓、杨深秀、杨锐、林旭、谭嗣同、刘光第七人，皆以骑围门，擒置车中。杨锐寝未起，以索絷之，其长子，中途乃释其子。"上海图书馆编：《上海图书馆藏盛宣怀档案萃编》，上海古籍出版社，2008年，上册，第176页。

[2] 两电皆八月初九日亥刻发，《张之洞电稿》，光绪二十五年二月至八月，所藏档号：甲182-457。原整理者有误，根据内容，两电皆发于光绪二十四年。又，杨锐的门人黄尚毅在《杨参政公事略》中称：杨锐"旋送刑部狱。同乡京官乔树枏乃电知张文襄请救……十二日，直隶总督荣禄入京召见，是夜文襄电至津，请荣转奏，愿以百口保杨锐。次日已宣布行刑，而电始转送至，荣已无及矣"（《丛刊·戊戌变法》，第4册，第66页）。此中的细节虽有不准确之处，但可知乔树枏的作用。

佳。[1]

根据张之洞的判断，杨锐、刘光第等新任军机章京四人若有革职拿问的明发上谕，将不会再有新的行动，但他仍在打听慈禧太后是否会继续对王照等人动手。"叔峤事渠何时得信"中"渠"字，说明张权在电报中透露了消息来源。到了第二天，八月初十日（9月25日）辰时（7-9时），张之洞再发电张权：

> 急。京。立：闻逮问十六人，想已见明发，速详告。叔峤并非康党，何以四章京同罪，焦急亟念。岂康曾保四人耶？能知受累之故否？渠处文字、函电，事前曾预加检点？即复。蒸。[2]

张之洞所担心的，是杨锐等新任四章京由康有为所保，这将使案情变得极为复杂；同时也关心他发给杨锐的诸多电报及信件是否也被查抄。

在"张之洞档案"中，我还看不到张权等人此期的复电，而八月初十日张之洞关于杨锐的发电，也仅此一件，似为不全。而到了八月十一日（9月26日），张之洞开始行动了，档案中留下他大量亲笔电报。

八月十一日寅时（上午3-5时），张之洞发电其侄吏部主事张检：

> 京。化石桥，张玉叔：急。叔峤受累太奇，是否有人劾？究系何故？此外有要事速电告。如须密者，专人坐火车送至天津发电，并告权。即刻复。迂。真。寅。[3]

---

[1] 八月初九日亥刻发，《张之洞电稿》，光绪二十五年二月至八月，所藏档号：甲182-457。原整理者有误，根据内容，该电发于光绪二十四年。据原稿，"吴懋鼎"后删"李端棻"三字。王照，新任五品京堂，端方、吴懋鼎，新任农工商总局大臣，与四章京同属百日维新最后阶段的新任官员，张故有此问，以推测杨锐的命运。

[2] 八月初十日辰刻发，《张之洞电稿》，光绪二十五年二月至八月，所藏档号：甲182-457。原整理者有误，根据内容，该电发于光绪二十四年。"逮问十六人"的消息，张之洞得自于上海的赵凤昌。（参见本书第三章第七节）当时被捕者仅康广仁、杨深秀、徐致靖、张荫桓、谭嗣同、林旭和杨锐、刘光第，共8人。

[3] 八月十一日寅刻发，《张之洞电稿》，光绪二十五年二月至八月，所藏档号：甲182-457。原整理者

张之洞恐在京发电会泄露，让张检、张权将密电派人去天津发送。与此同时，张又发电此时正在京觐见的湖北按察使瞿廷韶：

> 急。琉璃厂外武阳会馆，湖北臬台瞿：急。蒸电悉。有要事速电示。或云康已获，确否？此事只在惩首恶，似不宜株连太多。见夔帅、寿帅时，似可婉陈。即复。洞。真。寅。[1]

"夔帅"，军机大臣王文韶；"寿帅"，军机大臣裕禄。张之洞命瞿向王、裕"婉陈""不宜株连太多"之意，即有意护杨。过了几小时，十一日午时（上午11时至下午1时），张之洞又命幕僚杨文骏，发电给其兄、直隶总督荣禄的幕僚杨文鼎，其下加重点号者为张之洞亲笔：

> 急。天津督幕杨俊卿：顷南皮师帅面告弟云：闻军机章京杨锐因康有为案同被拿问，骇愕之至。杨章京自四川学政任内，相随晋、粤、江、鄂二十余年，品行端洁，文学通雅，凡事最小心谨慎。平日议论极恶康学，确非康党。都中海内贤士大夫皆深信。此次召见，系陈右帅所保，与康丝毫无涉。今同康被逮，未知何故，故未敢遽行论奏。嘱电兄转恳荣中堂，设法保全，免受诬累。中堂爱才若渴，必能宏此善心，维持善类。至康之邪恶，先属瞿臬司详陈，已蒙烛照等语。望速陈。恳急电示复布局。骏。真。[2]

有误，根据内容，该电发于光绪二十四年。
[1]八月十一日寅刻发，《张之洞电稿》，光绪二十五年二月至八月，所藏档号：甲182-457。原整理者有误，根据内容，该电发于光绪二十四年。
[2]八月十一日午刻发，《张之洞电稿》，光绪二十五年二月至八月，所藏档号：甲182-457。原整理者有误，根据内容，该电发于光绪二十四年。电文中"面告弟云"由"谕"字改，"嘱"字由"命"字改。"杨俊卿"，即杨文鼎，云南蒙自人，举人，长期在北洋为幕，深受信任。此时为候选道，荣禄亦派其参与管理天津农工商分局事宜。后任福建盐法道、福建按察使、湖北布政使、湖南巡抚等职。"骏"，杨文骏，彝卿，杨文鼎之弟。曾随李鸿章、李瀚章，官至广东雷琼道。甲午战争中因广东巡抚马丕瑶奏参，永不叙用。此时由张之洞、盛宣怀派充协理汉口铁路分局。庚子年间为李鸿章议和随员，后由奕劻上奏，开复官位（杨文骏履历单见《清代官员履历档案全编》，第6册，第607-608页）。两人之背景，皆张海荣告诉我。"布局"，似指武昌织布局，张之洞与幕僚

第二章　张之洞与杨锐　177

张之洞恳请荣禄能出面保杨。然此时荣禄已去北京，护理总督袁世凯复电，表示"遵办"，即将此意转告荣。[1]又过了几小时，十一日亥时（下午9-11时），张之洞正式采取行动，发电瞿廷韶：

> 急。京。琉璃厂西门外武阳会馆，湖北臬台瞿：杨叔峤锐端正谨饬，素恶康学，确非康党。平日论议，痛诋康谬者，不一而足。弟所深知，阁下所深知，海内端人名士亦无不深知。此次召见蒙恩，系由陈右铭中丞保，与康无涉。且入直仅十余日，要事概未与闻。此次被逮，实系无辜受累，务祈迅赐切恳夔帅、寿帅，设法解救，以别良莠。天下善类，同感两帅盛德。叩祷。盼即复。洞。真。[2]

张之洞命瞿廷韶去找王文韶、裕禄，搭救杨锐。据瞿的回电，王文韶表示同情，裕禄未能相见。[3]与此同时，张之洞又发电盛宣怀：

> 急。上海。盛京堂。杨叔峤锐端正谨饬，素恶康学，确非康党。平日议论，痛诋康谬者，不一而足。弟所深知，天下端人名士所深知。此次召见蒙恩，系由陈右铭中丞保，与康无涉。且入直仅十余日，要事概未与闻。此次被逮，实系无辜受累，务祈飞电切恳夔帅，鼎力拯救，以别良莠。天下善类，感戴盛德。叩祷。盼即复。拙。真。[4]

常在此处聚会。

[1] 张之洞于十二日收到袁世凯电报："荣相昨日赴都，凯奉旨护理。真电敬悉。遵办。凯叩。"（戊戌八月十二日未刻发，亥刻到，《张之洞存各处来电》，第34函第5册，所藏档号：甲182-136）由此可知，袁世凯将该电急送北京荣禄处。

[2] 八月十一日亥刻发，《张之洞电稿》，光绪二十四年一月至八月，所藏档号：甲182-455。又见于《张之洞全集》，第9册，第346页。

[3] 瞿廷韶八月十三日发电："急。两电祇悉。初十见夔帅，备陈杨冤。帅云深知，公论俱同，惟现在派审，必俟审后方可设法。昨谒寿帅未见。本拟今早陛见后禀陈大略，以荣相来京推班，俟明日陛见后，分谒两帅，再行电禀。……但枢要多事，皆不易见，谭情节较重，事难逆料。敬帅晚年何堪？现尚在鄂否？乞示。……本司廷韶。在西苑。谨禀。文。"（京，瞿臬司，八月十三日午刻发，酉刻到，《张之洞存各处来电原件》，第14函，所藏档号：甲182-385/14）"谭"，谭嗣同。"敬帅"，谭嗣同之父湖北巡抚谭继洵，字敬甫。

[4]《张之洞电稿》，光绪二十四年一月至八月，八月十一日亥刻发，所藏档号：甲182-455。

张请盛转恳王文韶，搭救杨锐。盛对此完全照办。[1]张之洞的行动似起到了相当大的作用，据陈夔龙的笔记，当时主持审讯的奕劻，亦有意援救杨锐、刘光第两人，很可能就是转受他人之托。[2]

从清晨的寅时，到夜间的亥时，张之洞的动作有如三级跳，先是由瞿廷韶"婉陈"，继而由其幕僚转求，最后方是自己出面，这一系列的动作，自然与京中的来电有关。张之洞电文中"召见蒙恩"，"与康无涉"，说明他已查明康确未保杨。而在同一时刻，即十一日寅时，张的大幕僚王秉恩发电给乔树枬的电报，很可能说明内情：

> 急。京。骡马市，恒裕，转乔茂萱：钝平安，何以知之，速示慰。如弟凭人言，仍恐难测。闻同乡拟公保，万不可缓。肖岩明日赴京。息清。真。[3]

"钝平安"一语，说明杨锐的情况良好；"凭人言"一语，说明乔报告其所闻有利杨锐的消息；"同乡拟公保"，指四川京官准备公同具结为杨锐担保；而杨锐的弟弟杨悦（肖岩）也准备立即进京。

由于得到了京城来的好消息，八月十二日（9月27日）一天，张之洞的电报稍显暖意。十二日丑时（1–3时），张之洞发电张检，要求交给张权：

---

[1] 张之洞八月十二日收到盛宣怀复电："真电所言杨叔峤事，已转电仁和，力恳保全。圣躬未愈，有旨酌医。宋伯鲁革职。余无所闻。补。文。"（上海，盛督办，八月十二日申刻发，亥刻到，《张之洞存各处来电原件》，第14函，所藏档号：甲182–385/14。又见于《张之洞全集》，第9册，第346页）"仁和"，王文韶，其为浙江仁和人。

[2] 陈夔龙称：奕劻于八月十三日清晨"命材官来余寓所，促入府商议要件。余遵谕趋往，铁君良亦至（时为工部司员，后字江宁将军）。邸云：'康广仁等一案极为重大，吾忝领班，不能不借重两君，速往刑部会讯。'并谓：'同案六人情形亦复不同，闻杨君锐、刘君光第皆系有学问之人，品行亦好，罗织一庭，殊非公道，须分别办理。君等到部，可与承审诸君商之。'余等趋出，时甫上午九钟，爰往译署，先行片文咨照刑部，略述奉派会审缘由……"《梦蕉亭杂记》，中华书局，2007年，第20页。

[3] 八月十一日亥刻发，《张之洞电稿》，光绪二十五年二月至八月，所藏档号：甲182–457。原整理者有误，根据内容，该电发于光绪二十四年。该电原写"钝平安，因何解"，"因何解"三字由张之洞亲笔改为"何以知之，速示慰"。

> 急。张玉叔转交立：叔峤无他虑，有何端倪？想因查无与康往来字据耶？所云信件发还，想并未查封衣物耶？速明晰复。再，闻有妄人保懋勤殿十员，有仲弢在内，确否？亟系甚。速询复。黄遵宪有事否？宋伯鲁何以漏网？日来见廉舅否？有何议论？汝与各处来往电报，务即付丙。真。戌。[1]

从电文中可以看出，张权向其报告杨锐"无他虑"、"信件发还"等情节，张之洞虽心存疑问，但其关注点已转向他处，尤其是黄绍箕，担心其为"懋勤殿"之累。[2]过了几个小时，十二日巳时（上午9-11时），王秉恩发电乔树枏：

> 急。京。骡马市，恒裕，转乔茂萱：或云峤等因有密谕复奏被累，密谕系何事？峤如何复奏？何以四人联衔？再何以知峤、培两人独平安，想峤、培查无违碍信件，林、谭有耶？均速示。息。文。[3]

这封电报虽用王秉恩的名义，但"密谕系何事？峤如何复奏？何以四人联衔？再何以知峤、培两人独平安，想峤、培查无违碍信件，林、谭有耶？均速示"一段，是张之洞删去"何解？速详示"五字后亲笔添加的。"密谕复奏被累"，指七月三十日光绪帝单独召见杨锐，发下密谕，并指示杨锐等人复奏。[4]"何以四人联衔"，似为乔树枏的电报称，杨锐给光绪帝的复奏

---

[1] 八月十二日丑刻发，《张之洞电稿》，光绪二十五年二月至八月，所藏档号：甲182-457。原整理者有误，根据内容，该电发于光绪二十四年。"廉舅"，国子监祭酒、南书房行走王懿荣，他是张之洞的夫人王氏之兄，号廉生。

[2] 相关的细节，可参见本书第三章第一节。

[3] 八月十二日巳刻发，《张之洞电稿》，光绪二十五年二月至八月，所藏档号：甲182-457。原整理者有误，根据内容，该电发于光绪二十四年。

[4] 在此次召见中，光绪帝颁下了一道密诏给杨锐："近来朕仰窥皇太后圣意，不愿将法尽变，并不欲将此辈老谬昏庸之大臣罢黜，而登用通达英勇之人，令其议政，以为恐失人心……朕亦岂不知中国积弱不振至于阽危，皆由此辈所误，但必欲朕一旦痛切降旨，将旧法尽变，而尽黜此辈昏庸之人，则朕之权力实有未足。果使如此，则朕位且不能保，何况其他？今朕问汝，可有何良策俾旧法可以全变，将老谬昏庸之大臣尽行罢黜，而登进通达英勇之人，令其议政，使中国转危为安，

是四章京共同署名的。"培",刘光第,字裴村。"林、谭"分别指林旭、谭嗣同。到了当天晚上,十二日亥时(下午9-11时)张之洞发电张权:

> 急。京。立:林、谭查有违碍信件否,所讯何事?即刻复。间或告茂萱统复亦可,但嘱其勿写号,只可写一慎字。文。[1]

在这封电报中,张之洞没有提到杨锐,他大约认为此案杨锐自当脱罪。由于杨锐、刘光第是陈宝箴所保,杨、刘"平安"的消息也从武昌转到长沙。陈宝箴致沈曾植信称:

> 返署接节庵电,杨、刘平安,喜极。惟康、超为洋船接去等语。杨、刘既平安,大抵只查抄,无交私之件便不问耳,似此不与钩党之狱矣。[2]

梁鼎芬已将"平安"的消息电告陈。而陈信中的内容,似为张之洞及其幕中对杨锐一案及其发展的判断。

张之洞似乎放心了,目光也有了转移。我在"张之洞档案"中,竟然找不到八月十三日(9月28日)张关于杨锐的电报。由此可推测,张可能一整天没有发电,若真如此,又似可说明他的信心。乔树柟、张权等人的回电,一定带来了极为有利的消息。我在"张之洞档案"中虽未找到乔树柟、张权等人的复电,然张权此时给张之洞密信一残件,透露出当时的

化弱为强,而又不致有拂圣意。尔其与林旭、刘光第、谭嗣同及诸同志等妥速筹商,密缮封奏,由军机大臣代递,候朕熟思,再行办理……"(赵炳麟:《光绪大事汇鉴·戊戌之变》,《赵柏岩集》,第239-240页)赵炳麟称:"此诏后至宣统元年由杨锐之子呈都察院。是时炳麟掌京畿,主持代奏,并连疏请宣付实录。"赵炳麟有"请宣布德宗手诏编入《实录》疏"宣统元年八月十七日、"请再宣布德宗手诏编入《实录》疏"宣统元年十一月初九日两折,说明杨锐之子杨庆昶、门人黄尚毅交还光绪帝密诏,请都察院代奏,并编入《实录》(同上书,第491-493页)。由此可知,根据光绪帝的密诏,杨锐等须复奏。

[1] 八月十二日亥刻发,《张之洞电稿》,光绪二十五年二月至八月,所藏档号:甲182-457。原整理者有误,根据内容,该电发于光绪二十四年。
[2] 转引自许全胜:《沈曾植年谱长编》,中华书局,2007年,第208页。

情景:

> 八月十三日之事,午前尚毫无信息。十二日见乔茂萱,渠尚云杨、刘二人或可无虞。缘杨曾在上前面劾康,欲令其速出。谭保康有为及其弟康广仁,刘不署名。此二事可站得住也。[1]

既然杨锐在光绪帝面前弹劾康有为,并欲令康迅速离开北京,那么,杨完全可以在审讯中将自己摘出,说明自己并非康党。恰也就在张极为放心、很可能一日无电的八月十三日,慈禧太后恐外人干涉,下令处死杨锐等"六君子"。

八月十四日(9月29日),噩耗突然传来。是日戌时(下午7-9时),张之洞收到瞿廷韶发来电报:

> 昨日陛见后,分谒枢廷,未见。便见合肥,论杨、刘事,尚谓必有分别。旋见钱密缄,已云仓猝,虑难挽回。果于四点钟遽同谭、林等同时处决。在京多称杨、刘之冤,奈内旨迫切,于午刻迳由刚相奉密旨立办。措手不及。遗骸已由各同乡代殡。敬帅晚年难堪,闻湘人已电藩司矣。本司廷韶谨禀。寒。[2]

"钱",钱恂。该电说明李鸿章都认为杨锐、刘光第"必有分别",此案由刚毅奉密旨"立办"。与此同时收到的,很可能还有张权、黄绍箕的电报。张之洞得报后,随即发电张权:

> 急。京。立:迁。来电及绥电均悉。芝艾同焚,奇冤至痛。到部数日,所闻何供?峤曾劾康,想必供明。何以不理?何以昨日忽催

---

[1] 引文及背景参见本书第一章第四节。
[2] 京,瞿臬司,八月十四日申刻发,戌刻到,《张之洞存来往电稿原件》,第14函,所藏档号:甲182-385。这份电报到达奇快,从原件来看是下午四点四十分发出的。至当日亥时(下午9-11时),张之洞又收到赵凤昌从上海发来的电报,报告杨锐遇难。上海,十四日酉刻发,亥刻到,出处同上。相关的背景,又可参见本书第三章第四、七节。

泪？日来英、俄有何消息？并告绥速复。绥即韬也。复电以"可"字或"慎"字冠首，不必署于尾。即刻复。盐。此电即付丙。[1]

"来电"指张权的来电，"绥电"，指黄绍箕的来电。张之洞急切想知道，杨到刑部后的审讯过程，"峤曾劾康"是对杨最为有利的情节，可他为何会遇难呢？这一封电报原文上没有发报时间，但下引张之洞发给乔树柟的电报为十四日亥时（下午9—11时），很可能两电为同一时间。以往给乔树柟的电报多以王秉恩的名义，此次张之洞亲笔写道：

> 急。京。骡马市，恒裕，转乔茂萱：迁。不料峤事如此，千古奇冤，惨痛难言。临难时有何语，到部后复问何事，共问几堂，诸大臣有何语，同乡公呈已递否，东海何以不论救，何以木讷一人主持？均电示。闻峤有劾康疏，系何时上，供明否？问官定案时奏内叙入否？日来都人公论如何？其世兄恳诸公切为抚慰。均速电示。节、雪统此。盐。峤此稿务钞寄。[2]

张之洞非常不理解审判的结果，亟想知道杨锐遇难前的遗言，并要求将杨锐弹劾康有为的奏稿抄寄。"到部后"，指到刑部后，"共问几堂"，指堂审几次，"东海"为徐桐，"木讷"为刚毅。他此时还不知道，杨锐、刘光第等人是不审而诛！直到第二天晚上，八月十五日（9月30日）亥时，张之洞发电黄绍箕："……叔峤恐系为杨崇伊所潜害，望详加考究。黄遵宪实是康党，都人有议之者否？……"[3]此日原本是中秋佳节，张之洞却在悲痛中度过，且以悲为恨而记仇于杨崇伊、黄遵宪等人；且在其极为悲痛之际，竟

---

[1]《张之洞电稿》，光绪二十五年二月至八月，原件被人用铅笔标为"七月二十七日"，误，"盐"，十四日。所藏档号：甲182-457。原整理者有误，根据内容，该电发于光绪二十四年。

[2] 八月十四日亥刻发，《张之洞电稿》，光绪二十五年二月至八月，所藏档号：甲182-457。原整理者有误，根据内容，该电发于光绪二十四年。"其世兄"指杨锐之子杨庆昶；"节"，节庵，梁鼎芬；"雪"，雪澄，王秉恩。"峤此稿务钞寄"，指杨锐弹劾康有为之奏稿务必抄寄给张之洞。

[3] 八月十五日亥刻发，《张之洞电稿》，光绪二十五年二月至八月，所藏档号：甲182-457。原整理者有误，根据内容，该电发于光绪二十四年。

突然指责昔日的朋友黄遵宪是康党！[1]这在当时是一个很大的罪名。又过了几天，八月二十三日（10月8日），张之洞又发电为杨锐收尸的乔树枏：

> 急。京。骡马市恒裕，转乔茂萱：迂。肖岩到否？思永扶柩何日行？如需费，速示。湘水生波，因何而起？漾。[2]

"思永"，杨锐之子杨庆昶的字。杨锐的棺柩由杨庆昶、杨悦一路送行，由北京经西安至其家乡四川绵竹安葬。至时，张之洞会想到什么，能做些什么？[3]两年后，光绪二十六年（1900），张之洞另两位得意门生、总理衙门大臣许景澄、袁昶在极端保守派的鼓噪下被杀，张之洞又会想到什么？又能做些什么？这是一条伤痛的河，从这位"忠臣"的心上淌过……

---

[1] 杨崇伊加害杨锐之说并不确，但当时亦有传言。杨崇伊后于光绪二十五年为人所劾，于五月初八日上奏"廷臣交章自请罢斥折"，自辨称："……夫去秋大祸在目前，诸臣岂得不知？臣又两至徐桐寓所相告，不识当时以臣言为何，如今乃远见他日之大祸乎？""去秋大局岌发，徐桐惟引疾高卧，以杨锐之诛，不能无恨于臣，盖杨锐为徐桐倾信之门生。今日所言，大约门生立稿，虽非为康报仇，或有的是因私起意，徐桐为门生所用……"（《军机处录副·补遗·戊戌变法》，3/168/9447/11，中国第一历史档案馆藏）杨崇伊、徐桐因杨锐去世而深衔之。黄遵宪原与张之洞等人交善，因《时务报》、梁启超诸事，张、梁视黄为康党，相关的内容可参见本书第四章。

[2] 八月二十三日午刻发，《张之洞电稿》，光绪二十五年二月至八月，所藏档号：甲182-457。原整理者有误，根据内容，该电发于光绪二十四年。"湘水生波"，指八月二十一日陈宝箴等人革职事。又，杨悦在上海发电："凤病吐泻，劝止其行，悦午渡海。"（《张之洞存来往电稿原件》，第15函，所藏档号：甲182-386）可见赵凤昌亦有意于北上。再又，八月十八日，上海委员曾馨发电张之洞时，赵凤昌另加一段："典兄：小岩十六北上。其兄事未曾明告。"（《张之洞存来往电稿原件》，第14函，所藏档号：甲182-385）"小岩"，即肖岩，杨悦。"兄事未曾明告"，即未告明其兄杨锐遇害之消息。"典兄"，梁敦教，号典午，梁敦彦的堂弟，时任张之洞电报文案。当时上海到北京最快需五天，杨悦似为刚到。

[3] 至同年十月二十二日，杨庆昶从西安发电武昌："督幕邹元辨鉴：帅赐赙，领，谢。廿四启行。昶。马。"（光绪二十四年十月二十二日酉刻西安发，二十三日午刻到，《张之洞存来往电稿原件》，第15函，所藏档号：甲182-386。"马"是二十一日的代日，似为第二天发出）"邹元辨"，邹履和，张之洞的文巡捕。十一月二十六日，张之洞的幕僚发电给杨悦："重庆。杨肖岩。大令兄柩及全眷是否到渝？阁下是否亲送回籍？抑自回鄂？遵谕询，祈电复。教。宥。"（《张之洞电稿》，光绪二十四年十一月，所藏档号：甲182-455）"大令兄"指杨悦的大哥杨聪。"教"，梁敦教。前后两月，杨聪、杨锐两兄弟皆亡。杨家两大难，其中一难是张之洞不让杨锐奔杨聪之丧所致，张会原谅自己吗？

光绪二十八年（1902），张之洞再度署理两江总督，重游鸡鸣寺，"徘徊当年与杨锐尽夜酒谈之处，大为震悼，乃捐资起楼，为杨锐纪念，更取杨锐所颂'忧来豁蒙蔽'句，曰'豁蒙楼'。"[1]南京城内鸡鸣寺豁蒙楼，成为张之洞所写下的他与杨锐关系极为悲情催泪的浓重一笔。[2]

还需说明的是，唐才常被杀后，康有为极为悲愤，作《驳后党逆贼张之洞、于荫霖诬捏伪示》，称言：

> 杨锐者，张之洞入室弟子，岁馈千金，养之京师，而一切托之者也。杨锐与刘光第之入军机，亦张之洞托陈宝箴荐之者也。……张之洞本为新党，自恐不免，乃请杀谭、杨等六人，以求避党祸，其忍于杀帝党久矣。

相同的说法又见于康此期所作《张之洞电日本外部书后》、《逆贼张之洞罪案》等文，称张之洞"电请杀六烈士"。[3]此本是康在政治斗争中的诬词，不足为据，然今亦见有学者引用而信之，失察之误。

在本章结束之际，我还想呼吁各位多多地注意杨锐的信札与电报，现

---

[1] 刘禺生：《世载堂杂忆》，第55—56页。刘禺生称：张之洞在甲午战争第一次署理两江总督时，"某夜，风清月朗，便衣减从，与杨叔峤锐同游台城，憩于鸡鸣寺，月下置酒欢畅，纵谈经史百家、古今诗文，憺然忘归，天欲曙，始返督衙……八哀诗，锐能朗诵无遗，对于《赠秘书监江夏李公邕》一篇，后四句'君臣尚论兵，将帅接燕蓟。朗咏六公篇，忧来豁蒙蔽'，反复吟诵，之洞大感动。"

[2] 宣统元年六月二十四日，在京任军机大臣的张之洞发电："武昌高学台、存古学堂纪监督：诚密。《九家诗》刻本已阅，惟《崔次龙集》不见重九诗、怀人诗及吊刘仙石观察诗，此外似亦有遗诗。又有鄙人手选陆眉生奏稿诗稿，亦均遗漏未刻。尤不胜诧异焦急。以上各种，原稿想尚存。又，杨叔峤诗稿已选出，亦交存纪处。无论各种草本，务请悔轩侍读速将各家已刻未刻所有之诗文稿清本，均请从速一律检齐，即候派妥人往取。百叩主祷。盼先电复。冰。敬。"（《张文襄公电稿墨迹》，第2函第11册，所藏档号：甲182-219）由此可见，张之洞晚年还编选了杨锐的诗集，并交存纪钜维处。"高学台"，湖北提学使高凌霨。"纪监督"、"悔轩侍读"，纪钜维，存古学堂监督，号悔轩。

[3] 《康有为全集》，第5册，第278、287、290、309页。

在发现得还太少。这些重要的材料将会一一揭开戊戌变法中的许多内幕。我一直以为，它们有可能还存世，只是因其无抬头、无署名、无日期而未被人所识所重，不知道落到了哪个角落里，静静地睡觉。

第三章

戊戌政变前后张之洞与京、津、沪的密电往来

发生于光绪二十四年八月初六日（1898年9月21日）的戊戌政变，是中国近代史上的最大疑团之一，史学界对此有着诸多研究，取得了重大的进展，仍留下许多问题。当我接触到"张之洞档案"时，最初的目的之一，就是企图找到能解破戊戌政变过程与原委的核心史料。为此而特别注重政变前后（即八月初六日前后）各种文件，一一反复阅读。

在此须向读者报告的是，我虽然在戊戌政变上没有特别重大的发现，但所见到的许多史料，可说明当时迷乱的政情，可清晰以往不解的细节，可感受到北京、武昌、上海等地在政变前的紧张和政变后的因应之策，更可以感受到张之洞的情报网络及其功用。种瓜得豆，虽有不小的遗憾，但毕竟也算是有了一点收获。

一、张之洞给张权、张检、黄绍箕等人的指令

随着"百日维新"的进程，京城中的温度越来越高，张之洞对京中情报的需求也越来越大。从"张之洞档案"中可以看到，除了杨锐之外，张之洞还给其他正式或临时的"坐京"们下达了许多指令，也提出了具体的情报要求。

光绪二十四年七月十九日（1898年9月4日），张之洞发电其子张权：

京。张君立。急。叔峤召见奏对如何？有何恩旨？闻仲韬辞教习，允否？许竹筠辞总教习，改派何人？湖南庶常熊希龄奉旨正速来京召

见，系何人所保？谭嗣同到京召见否？岑春煊是否康保？康近日有何举动？制度局究竟议定开办否？汝名是否本部堂官已经咨送总署？速明晰复。壶。效。[1]

这一份电报要求了解的内情甚多，其中包括光绪帝七月十六日召见杨锐、黄绍箕欲辞大学堂教习、许景澄欲辞大学堂总教习等等一大堆事件。[2]而从电文中仍可以看出，康有为及其一派的政治活动仍是其中的重点，特别是康有为提议设立的政治机构——制度局。[3]两天后，七月二十一日（9月6日），张之洞又发电其侄张检：

> 京。张玉叔：王照是否即直隶开小学堂之王小航？何以堂官谓为挟制？所条陈何事？何以遽蒙超擢？速复。壶。箇。[4]

---

[1] 七月十九日亥刻发，《张之洞电稿》，光绪二十五年二月至八月，所藏档号：甲182-457。原整理者有误，根据内容，当发于光绪二十四年。

[2] "叔峤"，杨锐。"仲韬"，黄绍箕。"许竹筼"，许景澄。黄绍箕辞大学堂教习、许景澄辞大学堂总教习之事，从后来发生的情况看来，此为传言，非为事实。"庶常"，指翰林院庶吉士。熊希龄奉旨召见，系康党重要人物李端棻于光绪二十四年七月初三日所保，当日发电旨给湖南巡抚陈宝箴："湖南在籍庶吉士熊希龄，著陈宝箴传知该员，迅速来京，预备召见。"（参见军机处《随手档》、《电寄档》光绪二十四年七月初三日，中国第一历史档案馆藏）而张之洞得知熊希龄召见一事，很可能由于陈宝箴的电报："长沙抚台来电。佳电谨悉。前总署派人往日本学堂电，湘未奉到。东电所云，与姚牧锡光所查相合，似并束修在内矣。前议湘派五十人，现尚未挑考，本拟以熊秉三于八月间带往，今熊奉旨著饬速来京，预备召见等因。此外尚未定人。……箴叩。蒸。"（戊戌七月初十日戌刻发，亥刻到，《张之洞存各处来电》，第34函第4册，所藏档号：甲182-136）熊后未赴京，戊戌政变后被革职。岑春煊于七月初七日上奏改革官制的奏折，七月十四日光绪帝未待军机处、总理衙门议复，即下旨裁撤詹事府等京内六衙门及湖北等处三巡抚、河漕两总督及其以下系统（《军机处录副·光绪朝·内政类·戊戌变法项》，3/108/5616/26；军机处《随手档》，光绪二十四年七月十三、十四日，中国第一历史档案馆藏；《光绪宣统两朝上谕档》，第24册，第330-332页）。七月十五日，岑以前太仆寺少卿超擢广东布政使，从目前的材料来看，此中似无康党的运作。"汝名是否本部堂官已经咨送总署"，指当时总理衙门有意派司官去日本学习一事，张权对此极有兴趣，张之洞也表示支持。张权后未能成行。

[3] "制度局"是康有为的政治改革方案"上清帝第六书"提出的核心内容，即建立由其控制的"议政"机构，实为决策机构。"制度局"及其多种变体，包括后面提到的"懋勤殿"，亦为戊戌变法中政治斗争的核心之一。

[4] 七月廿一日未刻发，《张之洞电稿》，光绪二十五年二月至八月，所藏档号：甲182-457。原整理者

礼部主事王照因上条陈受阻,光绪帝大怒,于七月十九日罢免礼部六堂官,超擢王照为五品京堂。此是戊戌变法中的大事,张之洞很快得到情报,并要求提供更详细的内情。又过了两天,七月二十三日(9月8日),张之洞再发电张权:

> 京。张君立:急。王照条陈系何事?速详复。万勿迟延。检侄之子及他亲友有愿东游否?漾。

在该电稿原件中,张之洞还删去一句:"康不能入内,如何主持法?"[1]张之洞删去的一句,实为关键,"入内",即入大内,此处似指入值军机处、南书房等能见到光绪帝的机构。"主持",指对朝政的影响力。此语说明当时盛传康能对光绪帝施加影响,张知康不能入宫,故有此问;似又考虑到张权无从了解内情,故删去。又过了两天,七月二十五日(9月10日),张之洞发电张检:

> 京。张玉叔:急。王照条陈何事?僵电权儿未复,何也?谭嗣同召见作何语?江苏道员志钧召见后有何恩旨?均速复。壶。有。[2]

他为未能收到张权的及时回电而着急,并关心于谭嗣同、志钧等人的召见。[3]又过了三天,七月二十八日(9月13日),张之洞发电张权:

有误,根据内容,当发于光绪二十四年。所藏档号:甲182-457。该电原是发给杨锐的,张之洞后改为张检,相关的细节参见本书第二章第三节。在此前一天,张之洞发电张检:"京。张玉叔:急。慎。函来太缓,速将大意电告,仍作函详达,下款可用慎字。哿。"(七月二十日亥刻发,出处同上)还是情报之要求。

[1] 七月二十三日戌刻发,《张之洞电稿》,光绪二十五年二月至八月,所藏档号:甲182-457。原整理者有误,根据内容,当发于光绪二十四年。"检侄之子及他亲友有愿东游否",指张之洞准备以湖北的名义派员游学日本,与总理衙门拟派司员往日本学习大体相同。

[2] 光绪二十四年七月二十五日午刻发,东方晓白:《张之洞(湖广总督府)往来电稿》,《近代史资料》,第109期,第21页。韵目中并无"僵"字,"僵电"似为"漾电"之误。

[3] 谭嗣同由徐致靖所保,光绪帝命其入京预备召见。他于七月初五日到达北京,七月二十日,由光绪帝召见。当日与杨锐、林旭、刘光第一同被光绪帝任命为军机章京,"参预新政"。江苏补用道志钧由江苏巡抚奎俊保荐为使才,七月初二日由光绪帝召见。光绪帝未任命其新职务。

京。张君立：既已咨送，即可速回鄂，不必候黄遵宪，此事与黄无涉。年限一切，以及种种章程，如恐有不便应须变通之处，我自能设法与日本外部商，不必顾虑。王照曾相识否？不可不与一谈。是否由陆路，川资若干？均速发急电复。壶。感。[1]

"咨送"，即指户部将张权赴日本学习咨送总理衙门事，然张之洞此时希望他尽快返回武昌。从电报中还可看出，张对黄遵宪已有不满，并让张权离京前与王照一谈。八月初五日（9月20日），张之洞再发电张权：

京。张君立：急。闻英俄已开战，确否？即刻复。壶。歌。

"英俄开战"指当时俄国强租旅顺、大连后与英国之间的激烈冲突，当时许多清朝官员认为英俄将有一战。张之洞问"英俄开战"是收到了天津巢凤冈的电报（后将详述），因此事关系重大，张之洞还同时发电给杨锐、钱恂及上海的赵凤昌等人，询问此事。[2]

第二天，八月初六日（9月21日），戊戌政变发生。张之洞是八月初七日子时（前一日11时至当日1时，按传统记时惯例，属次日）收到盛宣怀发来的电报得知消息的（后将详述）。至八月初八日（9月23日）丑时（凌晨1-3时），张之洞发电张权：

急。京。张君立：王廉翁必有见闻，可速询之。两日来明发上谕速摘要急电告。纪钜容求助引见费，力不能多助，已汇百金，速告之，请其见谅。迂。庚。以后此间密电下署迂字，汝来电署可字。[3]

---

[1] 七月二十八日丑刻发，《张之洞电稿》，光绪二十五年二月至八月，所藏档号：甲182-457。原整理者有误，根据内容，当发于光绪二十四年。

[2] 张之洞发给张权、杨锐、钱恂的三电，写于一纸上，皆八月初五日亥刻发，《张之洞电稿》，光绪二十五年二月至八月，所藏档号：甲182-457。原整理者有误，根据内容，三电皆发于光绪二十四年。张之洞发给上海的电报，后将详述。

[3] 八月初八日丑刻发，《张之洞电稿》，光绪二十五年二月至八月，所藏档号：甲182-457。原整理者有误，根据内容，当发于光绪二十四年。

"王廉翁",王懿荣,号廉生,时任国子监祭酒、南书房行走,他是张权的舅舅。张之洞让张权向王打探内情,并命电告明发上谕。八月初九日(9月24日)丑时,张再发电:

> 急。京。张君立转仲弢:英俄战事又有续电否?宋伯鲁外,有黜革者否?速示。折差寄去绥字密电本,想收到。速复。报费已告百川送。拙。庚。以后敞处密电署拙字,来电下款署何字?并示。或绥字亦可。[1]

此电让张权转给翰林院侍讲黄绍箕,也是打探各种消息。张之洞为防止意外,还改变了电报的署名,并另寄密码本。到了这一天的下午,张之洞得知杨锐被捕,在其后一段时间,他与张权、张检等人的电报主要围绕于此事。[2] 八月十二日(9月27日)子时,张之洞发电黄绍箕:

> 急。温州馆,黄仲弢侍讲:绥。来电"有"字下、"至"字上共两字有误,再明晰示。此电及各处来往电,务即付丙。真。[3]

由此可见黄绍箕已有电给张之洞,张命其销毁来往电报。过了一个时辰,十二日丑时(1-3时),张之洞又发电张检,要求交给张权:

> 急。张玉叔转交立:……再,闻有妄人保懋勤殿十员,有仲弢在内,确否?亟系甚。速询复。黄遵宪有事否?宋伯鲁何以漏网?日来

---

[1] 八月初九日丑刻发,《张之洞电稿》,光绪二十五年二月至八月,所藏档号:甲182-457。原整理者有误,根据内容,当发于光绪二十四年。张在原稿上于"速示"前删去"谣言甚多,近日确闻望"九字;"并示"前删"□□□孺有见闻否□"九字。"宋伯鲁",御史,康党重要成员,他于八月初六日上奏保举康有为等人主持与外国结盟事,恰遇慈禧太后第三次训政,被革职,"永不叙用"。"百川",百川汇,张之洞办理汇兑的票号。

[2] 参见本书第二章第五节。

[3] 八月十二日子刻发,《张之洞电稿》,光绪二十五年二月至八月,所藏档号:甲182-457。原整理者有误,根据内容,该电发于光绪二十四年。

见廉舅否？有何议论？汝与各处来往电，务即付丙。真。戌。[1]

张之洞此时听到了"懋勤殿"（即制度局之变种）的消息，担心黄绍箕为之牵连；[2]同时又命打听黄遵宪、宋伯鲁等康党成员的消息，并向王懿荣打听消息。在杨锐被捕后生死未明之际，张之洞已不想黄绍箕再受到任何打击。他随即又再次发电给张检：

> 急。京。张玉叔：速面告仲韬，可见夔帅及孙相，陈明与康不同道，素诋康学。至要。杨崇伊方得意，恐其诬陷正人也。并嘱其各处函电，务宜付丙。必须格外谨慎。即刻复。迂。真。[3]

"夔帅"，军机大臣、总理衙门大臣、户部尚书王文韶，字夔石，曾任直隶总督而被称"帅"。"孙相"，协办大学士、吏部尚书孙家鼐。张之洞命黄绍箕直接去找王文韶、孙家鼐，说明与康的分歧，以免受懋勤殿传闻之累。在电报中，张还再次强调销毁信函电报。八月十三日，杨锐遇难，张之洞得知消息后，极为悲痛，于十五日（9月30日）发电黄绍箕：

> 急。京，温州馆，黄仲韬侍讲：绥。前闻日本使改派李盛铎，确否？叔峤恐系为杨崇伊所潜害，望详加考究。黄遵宪实是康党，都人有议之者否？均速示。阅过即付丙。咸。[4]

---

[1] 八月十二日丑刻发，《张之洞电稿》，光绪二十五年二月至八月，所藏档号：甲182-457。原整理者有误，根据内容，该电发于光绪二十四年。

[2] 张之洞听到黄绍箕被荐入懋勤殿的传闻，很可能得自盛宣怀。盛宣怀档案中有《虎坊摭闻》，称言："……或言李端棻、宋伯鲁（旁注：约在七月二十七、八日）皆请开懋勤殿，以康有为、黄遵宪、梁启超等入殿行走。于是传言选入殿行走者十人：康有为、康广仁、李端棻、徐致靖、徐仁铸、徐仁镜、黄遵宪、梁启超、黄绍箕、张元济也。"《上海图书馆藏盛宣怀档案萃编》，上册，第177页。

[3] 八月十二日丑刻发，《张之洞电稿》，光绪二十五年二月至八月，所藏档号：甲182-457。原整理者有误，根据内容，该电发于光绪二十四年。

[4] 八月十五日亥刻发，《张之洞电稿》，光绪二十五年二月至八月，所藏档号：甲182-457。原整理者有误，根据内容，该电发于光绪二十四年。与此同时，张之洞还发电张权："急。京。立：迂。各部考司员约在何时，京员赴东游学尚举行否？即复。咸。"（八月十五日亥刻发，出处同上）此电

他认为，杨锐可能是杨崇伊所加害，且直接攻击黄遵宪，"都人有议之者否"一句，隐隐有让黄绍箕向外披露之意。至八月二十三日（10月8日），张之洞发电张权：

> 京。立：迁。湘事何以忽然想到，即刻复。东文不晓，自应据实陈明，派否听之。各衙门通东文而愿往者几人，已定议否？漾。[1]

据原稿，"湘事何以忽然想到"一句，原写为"陈、江等获咎，是否有人劾？抑内中查出？"八月二十一日，慈禧太后将湖南巡抚陈宝箴、前湖南学政江标等人革职，永不叙用，张电问其详情。"内中查出"一语，是指是否查出陈、江等人与康党交往的证据。在原稿中，张还删去"近事速详书，交邮政局"一语。此后，张之洞又给张权数电，仍是关于京中的政治情报。[2]

张之洞下达的指令，确属戊戌变法中的关节点，如能看到张权、张检、黄绍箕等人的复电，自可解开变法过程中的许多谜点，重建众多重要史实，甚至有可能直接解开戊戌政变的谜团；可我在"张之洞档案"中却找不到他们的复电，这不由得让我极度失望。

然而，能让我稍感心舒的是，我意外地看到了张之洞与此期入京的湖

的内容涉及张权去日本学习一事，但原稿中删去一句"黄遵宪到否？众人有议为康党否？"

[1] 八月二十三日午刻发，《张之洞电稿》，光绪二十五年二月至八月，所藏档号：甲182-457。原整理者有误，根据内容，该电发于光绪二十四年。"东文不晓"一事，指张权有意由官派去日本学习，但不懂日本文，张之洞让其"据实陈明"。

[2] 八月二十六日，张之洞发电张权："急。京。立：迁。谣传都下有议及湖北者，确否。速复。宥。"（八月二十六日子刻发，《张之洞电稿》，光绪二十五年二月至八月，所藏档号：甲182-457。整理者有误，根据内容，该电发于光绪二十四年）此电的背景为上海赵凤昌的来电，后将详述。九月初三日，张之洞发电："急。京。立。迁。韬想平安，甚念。日来有何见闻，闻多有携眷出京者，确否？速复。措词须慎。晤损庵望告知，致渠电有迁字者，即此间电也。出洋游学，恐须停止，是否必须在京侯信，即复。江。"（九月初三日戊刻发，《张之洞电稿》，光绪二十四年九月至十月，馆藏档号：甲182-455）"损庵"是乔树枏之号。九月初五日再发电："急。京。立。迁。歌电悉。复抚事，廷议拟复乎？拟不复乎？顷谣传川督查此查鄂事，确否？所查何事。速电告。微。"（九月初五日亥刻发，出处同上）"复抚"，恢复设立在戊戌变法期间撤去的湖北巡抚。

北属官恽祖祁、钱恂、瞿廷韶之间的电报。这些电报虽未涉及清朝的核心机密，但对于政变前后的政情有着相当准确的记录，当属珍贵。而张之洞又在天津、上海安设坐探，天津为巢凤冈，上海为赵凤昌和曾磐，此外还有在上海的盛宣怀，同时也发来的许多电报，其情报内容虽不那么准确，但可以了解当时的传言，并可从中观察张之洞的内心。以下分别介绍张之洞与他们之间的电报往来，并加以背景的说明。

二、江西试用道恽祖祁

恽祖祁，字心耘，一作莘耘，江苏常州人，捐纳出身，入左宗棠、王文韶等幕，累迁为道员，曾委署江西盐法道。他是湖北按察使恽祖翼之弟。甲午战争期间，由署理两江总督张之洞调赴南京，办理支应、转运、筹饷等局。光绪二十一年十二月，由张之洞保举，获军机处记名。[1] 此后办理宜昌盐厘局等肥、要之差。光绪二十四年闰三月，张之洞以办理京山堤工再次保举，光绪帝朱批："恽祖祁著交部带领引见。"[2] 是年五月，恽祖祁领咨进京赴吏部，准备引见，途中回其家乡常州。[3] 五月初九日（6月27日），恽发电给张之洞：

> 常州，恽道来电：藩司转饬谨悉。宪恩优厚，感叩。常熟端节出京，闻因谏事拂慈圣意。朝政忽变，时局日非。职道拟引见即回，未

---

[1]《张之洞全集》，第3册，第340–341页。张之洞该折保湖南按察使俞廉三、安徽徽宁池太广道袁昶、奏调江南差委分省补用道黄遵宪、奏调江南委署江西候补道恽祖祁、在任候补道江宁知府李廷箫、江苏候补道朱之榛、江苏候补道志钧、甘肃庆阳府知府徐庆璋、奏调湖北差委分省补用知府钱恂、江苏候补知县薛培榕。皆是其极为器重之人。

[2] 故宫文献编辑委员会：《宫中档光绪朝奏折》，台北，故宫博物院，1973年，第11辑，第778–779页。

[3] 以上恽祖祁经历见《清代官员履历档案全编》，第3册，第699页；第4册，第458页；第6册，第462–463页。

行先却，恐辜期望。祖祁禀。佳。[1]

"常熟"，指刚被罢免的军机大臣、总理衙门大臣、户部尚书翁同龢，与恽祖祁私交甚密。张之洞与翁同龢的私人关系不好，但常利用恽祖祁的关系，向翁施加影响。"张之洞档案"中有多件以恽的名义、经张修改而发给翁的电报，他是张、翁间联络的管道。[2]此时翁虽未回籍，而恽在这份电报中向张报告了其在家乡听到的翁被罢免的原因，即"因谏事拂慈圣意"；恽同时也看出京师已成是非之地，决计早日离开，为此向张致歉，"恐辜期望"。未过多久，因湖南巡抚陈宝箴保荐，光绪帝下令恽祖祁"预备召见"，由此他在进京途中身份已变。[3]他原本是"赴部引见"，即由吏部带领多人入见，不过瞻仰而已，光绪帝一般也不问话；此时又增"预备召见"，即光绪帝单独召见他，君臣之间将有直接交流。

光绪二十四年七月十八日（1898年9月3日），光绪帝召见恽祖祁。[4]十九日，恽再由吏部带领引见，光绪帝下旨："著以本班尽先补用，并交军机处存记。"[5]二十日，又发生他绝没有想到的事情，差一点以军机章京入值。[6]七月二十一日（9月6日），恽祖祁发电武昌：

[1] 光绪二十四年五月初九日酉刻发，初十日未刻到，《张之洞存各处来电》，戊戌第2册，所藏档号：甲182-136。"藩司"，似指其兄恽祖翼，此时改任浙江布政使。

[2] 现仅存张之洞于光绪二十一年九月初三日致翁一信，亦称："……数月以来，每有托恽莘耘观察处转达之件，均得领悉尊指。"（《张之洞全集》，第12册，第68页）恽祖祁是张、翁之间的联络通道。

[3] 光绪二十四年六月十八日，湖南巡抚陈宝箴保荐贤员陈宝琛、杨锐、刘光第等十七员，其中亦有恽祖祁。陈的评语是："开敏精勤，才能胜应。近办湖北工赈，切实精到，舆颂翕然。"国家档案局明清档案馆编：《戊戌变法档案史料》，中华书局，1958年，第160-163页。光绪帝于七月十三日收到该折，下令"预备召见"。《光绪宣统两朝上谕档》，第24册，第328页。

[4] 军机处《早事》、《早事档》，光绪二十四年七月十三日，中国第一历史档案馆藏。

[5] 《清代官员履历档案全编》，第6册，第462页；恽祖祁：谢恩折，光绪二十四年七月二十一日。《光绪朝朱批奏折》，第13辑，第370页。

[6] 由于当时司员士民上书的数量极大，军机处已来不及处理。根据光绪帝的旨意，七月二十日，军机处递《保举业经召见人员名单》："内阁候补侍读杨锐、刑部候补主事刘光第、内阁候补中书林旭、江西候补道恽祖祁、江苏候补知府谭嗣同，"其中谭嗣同是当日刚被召见。光绪帝在该名单杨、刘、林、谭名字上画有朱圈（军机处《随手档》，光绪二十四年七月二十日；《光绪宣

> 京,恽道来电。密。职道蒙召对,得尽先存记。宪恩高厚,感戴莫名。新政均列电抄。军机惴惴,时惧弗胜。新议甚多,圣必广纳。职道月内出京回里。祖祁禀。号。[1]

这一份电报内容虽简,但有政治经验的官员很容易读出其中一句的含义:"军机惴惴,时惧弗胜。新议甚多,圣必广纳",即军机大臣对时局的发展,心有惴惴不安,亦感能力"弗胜"。而年轻的光绪帝对"新议"有"广纳"的态度;对于此时进行的变法,军机处与光绪帝之间,有着不小的差异。七月二十七日(9月12日),恽再发电武昌:

> 京,恽道来电。号电禀谢,度上达。职道面圣,蒙询练兵暨宜、施情形,当陈梗概,并宪台筹款艰苦。谕:折陈未尽之言。今晨遵谕折详,未知圣意如何。职道月内起程,叩谒呈稿。祖祁禀。有。[2]

恽报告了十八日光绪帝召见时的谈话内容,并称光绪帝命其将召见时"未尽之言",用奏折的方式上陈。在此电中,光绪帝决心变法的意志仍清晰可见,但似无完整的设计与步骤。查军机处《随手档》,七月二十六日总理衙

统两朝上谕档》,第24册,第351页。该名单又见《军机处录副·光绪朝·内政类·其他项》,3/111/5736/14,中国第一历史档案馆藏)。查军机处《早事》、《光绪二十四年京官召见单》、《光绪二十四年外官召见单》,此时已被召见的保举官员有:康有为、张元济、吴懋鼎、梁启超、端方、杨锐、恽祖祁、刘光第、林旭、谭嗣同;由于康有为、张元济、吴懋鼎、梁启超、端方已分别另有任用,故军机处开出了一个仅五人的名单。当日奉明发谕旨:"内阁候补侍读杨锐、刑部候补主事刘光第、内阁候补中书林旭、江苏候补知府谭嗣同,均着赏加四品卿衔,在军机章京上行走,参预新政事宜。"(《光绪宣统两朝上谕档》,第24册,第350-351页)光绪帝当时未选中恽祖祁,我猜测有以下原因:一、年龄太大,当时已五十七岁;二、捐班出身,没有功名;三、一直在地方任职,没有中央政府的经历;四、也是最重要的,他是张之洞的幕僚,其兄恽祖翼也是张之洞的幕僚,已放浙江布政使,军机章京不应与外官有太多的联系。

[1] 光绪二十四年七月二十一日申刻发,二十六日申刻到,《张之洞存各处来电》,戊戌第4册,所藏档号:甲182-136。"号"为二十日,是其拟电的时间。"新政均列电抄"一句,似指光绪帝此时发布的新政令皆以电报的形式尽快送到各省。

[2] 光绪二十四年七月二十七日午刻发,八月初一日亥刻到,《张之洞存各处来电》,戊戌第5册,所藏档号:甲182-136。"有"为二十五日,是其拟电的时间。"宜、施",指宜昌、恩施两地。

门代奏恽祖祁条陈,当日奉旨交张之洞处理。[1]恰于此时,光绪帝召见在小站练兵的直隶按察使袁世凯;八月初一日,光绪帝升袁世凯为候补侍郎。袁的调整引出了系列的职缺变动。八月初二日,袁的直隶按察使遗缺由当天召见的福建兴泉永道周莲接任,而周莲的遗缺由记名江西尽先补用道恽祖祁接任。[2]从当时的官场游戏规则来看,恽获实缺,是捡到了一个大便宜。他当日发电武昌:

> 京。恽道来电,并禀抚台。蒙授兴泉永道。即日起程叩谒。祖祁禀。[3]

恽祖祁与张之洞的关系,不属核心层一类,其拟电、发电到收电的时间很长,有点例行公事的味道。现存两人之间的电报也不多,但从恽在政变前发出的两份电报,仍可以看出光绪帝的热情和军机处的忧虑。

---

[1] 军机处《随手档》,光绪二十四年七月二十六日;《光绪宣统两朝上谕档》,第24册,第379-380页。该谕旨称:军机处字寄湖广总督张之洞,奉上谕:"总理各国事务衙门奏代递道员恽祖祁条陈一折。据称,民团办法,各业固可设团。民与兵习,久即民兵。鄂中八省通衢,水陆云附,民业既多,民团易集,大可因利乘便,徐图进步等语。筹办民团,前经降旨,谕令各直省限三月内覆奏。兹既据该道筹度鄂省民兵及预计饷源一切事宜,所有矿团、农团、岭团、滩团、堤团、客团六事,是否能于办团之内兼谋兴利之方,实有试练民兵之效。著张之洞斟酌该省情形,先行试办。原折著钞给阅看。"再,按当时递折惯例,二十六日之折当在二十五日子夜前送到宫内奏事处,恽的条陈由总理衙门代奏,时间当更早。七月二十八日(9月13日),恽再电武昌:"有电计早呈,顷知职道折,由廷寄宪台斟酌。谨上闻。祖祈禀。感。"(七月二十八日未刻发,八月初二日子刻到,《北京来电·三》,光绪二十四年,《张之洞存北京来电·光绪十六年至二十四年》,所藏档号:甲182-407)"感"为二十七日,是其拟电的时间。

[2]《光绪宣统两朝上谕档》,第24册,第404、407页。

[3] 光绪二十四年八月初二日亥刻发,初六日申刻到,《张之洞存各处来电》,戊戌第5册,所藏档号:甲182-136。又,恽祖祁于八月十三日发电给张之洞的幕僚邹代钧:"督署邹:祁甫抵沪,二十来鄂。乞禀明。"上海,恽道。八月十三日戌刻发,十四日申刻到。《张之洞存来往电稿原件》,第14函,所藏档号:甲182-385。

三、奏调湖北差委分省补用知府钱恂

在恽祖祁离京之前，分省补用知府钱恂已到达北京。

钱恂，字念劬，浙江归安人，附贡生。曾为薛福成的门人，随薛出使英国，后由许景澄、龚照瑗奏调派驻俄、德、法等国。甲午战争期间，由张之洞电调，钱从法国回国。[1] 随即入其幕，充洋务文案，后任自强学堂提调、武备学堂提调等差使。他是张之洞的亲信幕僚。光绪二十一年十二月，由张之洞保举，获军机处记名。[2] 光绪二十四年六月初一日（1898年7月19日），张之洞保举使才，其中有钱恂，称言：

> 该员中学淹通，西学切实，识力既臻坚卓，才智尤为开敏。历充欧洲各国出使大臣随员、参赞，于俄、德、英、法、奥、荷、义、瑞、埃及、土耳其各国，俱经游历，博访深思。凡政治、律例、学校、兵制、工商、铁路，靡不研究精详，晓其利弊，不同口耳游谈，洵为今日讲求洋务最为出色有用之才。[3]

光绪帝于六月十四日收到此折，发电旨：命钱来京"预备召见"。[4] 此时张

---

[1] 张之洞致电清朝驻英驻法公使龚照瑗："致伦敦龚钦差：南洋洋务需人，拟调尊处委员钱恂，请速饬回华。至感。洞。有。"（光绪二十一年二月二十六日寅刻发，《张之洞电稿乙编》，第36册，所藏档号：甲182-68）龚次日复电："巴黎龚钦差来电：有电调钱恂，遵饬回华。三月内起程。瑗。感。"（光绪二十一年二月二十七日未刻发，二十八日申刻到，《张之洞存各处来电》，乙未第7册，所藏档号：甲183-131）至光绪二十一年闰五月二十七日，即甲午战争结束后，张之洞上奏诸事，其中一片言及战争期间所调钱恂、朱滋泽、刘祖桂、联豫等人，称言："江南交涉事务极为殷繁，营务筹防亦难懈弛，兼营分应，在在需才。查有分省补用知府钱恂，学精才敏，洋务博通，尤能研究中外商务，历经出使德国大臣许景澄、出使英国大臣龚照瑗调充参赞。现经臣电商龚照瑗，咨调回华……"上奏时间据《张文襄公奏疏未刊稿》，第2函，所藏档号：甲182-398；又见《张之洞全集》，第3册，第273页。

[2]《张之洞全集》，第3册，第340-341页。

[3]《张之洞全集》，第3册，第499页。张之洞该折共保5员，另4员为：降调内阁学士陈宝琛、湖南盐法长宝道黄遵宪、直隶候补道傅云龙、江苏候补同知郑孝胥。

[4] 军机处《随手档》、《电寄档》，光绪二十四年六月十四日。

之洞有意派钱恂去日本，作为他的代表，处理湖北派遣留日学生、与日本陆军合作等事务。钱恂为此先去上海，与日本方面建立了联络。七月十四日（8月30日），他有一电给张之洞：

> 上海，钱守来电。武昌督宪钧鉴：宪致荣、王函，未颁到。荣函似亲投较有情。恂应候函到再行，抑可先附明日"新丰"行？请电遵。恂禀。元。[1]

"荣"，直隶总督、北洋大臣荣禄。"王"，王文韶。由此可见，张之洞欲通过钱恂此行与荣禄建立特殊关系（盛宣怀当时也有此议，后将述及）；并与王文韶加强联络。[2] 钱恂于七月十五日离开上海，二十三日之前到达北京。[3]

由张之洞同时保举"使才"的江苏候补同知郑孝胥，于七月初十日到

---

[1] 光绪二十四年七月十三日午刻发，亥刻到，《张之洞存各处来电》，戊戌第4册，所藏档号：甲182-136。钱后又发电："删电敬悉。荣、王处，初恐人先函至耳，既函先人，恂可勿候续件，今晚行。函到由赵令转寄。日本署领诸井言，小田前电实系其外部意而用小田名，应视同外部电云。夔电嘱振绮遵发。恂禀。翰。"（光绪二十四年七月十五日戌刻发，十六日未刻到，《张之洞存来往电稿原件》，第14函，所藏档号：甲182-385）"赵令"，赵凤昌。"诸井"，诸井六郎，代理日本驻上海总领事。"小田"，小田切万寿之助，日本驻上海总领事。"夔"，王文韶。"振绮"，钱塘汪氏的堂号，此处似指汪康年。

[2] 张之洞此时致荣禄信未能发现，致王文韶信，"张之洞档案"中有底稿和抄件，主要是介绍钱恂："……分省补用知府钱守恂，此次奉旨入都上预备赐对。该守才识坚卓，昔年叠随使节出洋，通达泰西各国风俗政事，而于今日中国新政，尤能通贯中西，心知其意。在鄂派办学堂、练军以及洋务各要件，均称得力。因遵保荐使才，列入剡章。此次到京晋谒时，尚祈俯赐训诲，俾得直以遵循，无任铭感。鄂省近日一切情形，并嘱该守面陈，询之可知详悉。湖北现拟派学生前往东洋学习，业经定议。并有工艺、商务、聘募武备教习等事，亦须借照东瀛。东人以钱守与其国中士大夫近多相识，较易联络，屡次函电，谆嘱敝处委派该守为带领之员，以便面商一切等语。且该守在鄂经手要件甚多。该守召见后，望仍即令回鄂，以便早日派令东行。此中关键，惟祈执事维持……""七月望日交邮政局寄赵令转交"，《京信稿·二十五、六、七号》；《张之洞函稿·光绪二十五至三十一年》；所藏档号：甲182-215；抄件见《张文襄公函牍未刊稿》，所藏档号：甲182-393。

[3] 郑孝胥于七月二十四日日记称，"钱念劬来"。劳祖德整理：《郑孝胥日记》，中华书局，1993年，第2册，第678页。

达北京。二十日，光绪帝召见郑孝胥，二十四日又命其为总理衙门章京。很可能受此影响，张之洞于七月二十五日（9月10日）发电总理衙门：

> 接日本总领事小田切自日本来电云："湖北与日本所商派学生赴东及聘各种教习来鄂各节，望速遣知府钱恂赴东一行，以便面商。"并云："此系外部令其发电，应即作为外部之电"等语。查钱恂已遵旨赴京，日内计已到。鄂省本与日本议定即派该守带学生前往，今外部催其速往，可否于召见后即令该守速回鄂，以便赴东，至祷。应否代奏，请钧署裁酌，并传知该守。有。[1]

张之洞恐钱恂会与郑孝胥相同，以总理衙门章京一职而留京，妨碍正在进行的湖北与日本的合作。[2]总理衙门请示后，复电同意。[3]七月二十八日（9月13日），张之洞发电钱恂：

> 急。京。孙公园兴胜寺，钱念劬太守。何日召见？京师要事大概，速电示。郑用道员译署，尚能奏派赴东洋否？并询示。洞。感。[4]

"郑"，郑孝胥，张之洞保举使才后，有意奏请派其出任驻日本公使。[5]八

---

[1]《张之洞全集》，第9册，第342页。又据《总理衙门清档·收发电》，该电于当日收到。（台北中研院近代史所档案馆藏）

[2]张之洞发电后，另发电张权，要求将该电送钱恂，并于次日发电小田："钱太守现奉旨入京召见，八月内可回鄂。回时即当复令送贵国，面商一切。"《张之洞全集》，第9册，第342-343页。

[3]"总署来电：有电悉。已传旨，令即回鄂。卅。七月三十日申发，八月初一日丑到。"《北京来电·三》，光绪二十四年，《张之洞存北京来电·光绪十六年至二十四年》，所藏档号：甲182-407；又见《张之洞存各处来电》，戊戌第5册，所藏档号：甲182-136。

[4]光绪二十四年七月二十八日丑刻发，《张之洞（湖广总督府）往来电稿》，《近代史资料》，第109期，第22页。

[5]先是张之洞于光绪二十四年六月初一日保举"使才"，其中有郑孝胥；光绪帝于六月十四日下旨，命郑进京预备召见（《张之洞全集》，第3册，第499页；军机处《随手档》《电寄档》，光绪二十四年六月十四日）。张之洞曾有三电给盛宣怀、郑孝胥，说明其保举，旨命郑孝胥"来京，预备召见"，并让郑来武昌，以给咨文（《张之洞全集》，第9册，第335页）。但郑表示不便去武昌。钱恂发电郑孝胥："致上海铁路公司郑：电悉。帅以使才荐，故有此旨。东使需人，行期不宜缓。帅云，阁下既不能来，即将咨文由恂带去转交。恂。效。"（光绪二十四年六月十九日午刻发，

月初一日（9月16日），张之洞发出两电，一给钱恂，一给杨锐：

> 京。孙公园兴胜寺，钱念劬太守。急。念何日召见，恩旨如何？速复。洞。东。
>
> 京。乔。急。钱念劬何日召见，有何恩旨？速复。钝。东。[1]

其焦急之情从电文中直接散溢。

钱恂到京后，于七月二十八日由光绪帝召见，二十九日（9月14日）拟电，发给张之洞：

> 京。钱守来电。昨召见三刻。上询鄂，为详敷奏，兵为先，蒙许可。<u>然平实不新，故例记，不特用。望前出京</u>。议政局必设，未发。黄有尚书衔充头等使说，然病稽沪。<u>郑有烘托，望大用，充使则愿，奏派不屑也</u>。恂拟上奏，求电纲要，能详尤感。<u>神尾章程可删润上闻，下鄂议试办否</u>？伊藤觐日未定，望后到鄂，颂词劝练兵。袁枭明后见，欲请帅入枢。<u>荣意渐洽，函之效</u>。外致枢、译、部电，全分呈，或各堂未周知而已上达。上最喜询近旨均到鄂否。请嗣后凡新旨，宜先电数语上意（原文如此，似有误）。东渡阅操，彼定北洋十员，鄂五，订九月望行。恂禀。艳。[2]

钱恂的这一份电报，内容极其丰富。然许同莘编《张文襄公全集》时作了大的删节，其中下划线的文字，即是许同莘删去的部分。"议政局必设"，说明了光绪帝有意建立"制度局"、"懋勤殿"之类的机构，"未发"，即尚

《张之洞电稿乙编》，第56册，所藏档号：甲182-72）由此可见，张之洞很希望郑能出任驻日本公使。

[1] 两电写于一纸上，皆八月初一日亥刻发，《张之洞电稿》，光绪二十五年二月至八月，所藏档号：甲182-457。整理者有误，根据内容，两电皆发于光绪二十四年。

[2] 光绪二十四年八月初一日午刻发，初二日午刻到，《张之洞电稿甲编》，第61册，所藏档号：甲182-47。"艳"为二十九日，为钱拟电时间。该电经删节后编入《张文襄公全集》（见《张之洞全集》，第9册，第344页）。"枢、译、部"分别指军机处、总理衙门、六部（当时主要指户部）。

未下旨。"郑有烘托"，指郑孝胥已另有靠山，且对驻日本公使之任，表示无意由张出面来奏请。[1] 很可能光绪帝召见时有面旨，钱恂也准备像恽祖祁那样上奏言事，并请张之洞授意大纲。伊藤在觐见时将"劝练兵"，由此加强中日军事合作，即"神尾章程"之内容。袁在觐见时将面请光绪帝调张之洞入京，主持朝政。"荣意渐洽，函之效"，说明张与荣禄的关系在此关键时刻开始走近，张的函件已发生效用。"外致枢、译、部电，全分呈，或各堂未周知而已上达"一句，说明当时光绪帝非常注意外省的电报，下令将致军机处、总理衙门及各部的电报全文进呈，甚至各机构堂官"未周知"。最后，钱恂报告两事，一是请张之洞收到电旨后，立即上电奏表示态度，以迎合光绪帝之意，然此处电文有错漏，张后来发电询问；二是派军官去日本观操之事，即此期中日军事合作的一部分。八月初二日（9月17日），钱恂再次发电：

> 京。钱守来电：恂恭叩祝。伊藤初五言于署，日变法不从远大始，外患内乱将至。中国办事大臣，惟帅一人云。恂禀。冬。[2]

这一份电报是抄件，电文中"初五"恐有误。"署"，为总署，即总理衙门。伊藤博文于七月二十九日到达北京，三十日拜访总理衙门，八月初一日总理衙门大臣回拜，初二日晚总理衙门大臣张荫桓宴请。"初五"似为"初一"所误。钱简要报告了伊藤博文缓进改革的政治主张，赞同张之洞，不赞同康有为。

张之洞直至八月初二日才收到钱恂的"艳电"，于初三日（9月18日）连发两电：

---

[1] 郑在七月二十四日日记中称："钱问余曰：'如有使日之命，亦可去否。'余曰：'某或不可，公去何疑哉？'"（《郑孝胥日记》，第2册，第678页）此语可为钱恂电报中"充使则愿，奏派不屑也"一句作为注脚。

[2] 光绪二十四年八月初二日戌刻发，初五日亥刻到，《张之洞存各处来电》，戊戌第5册，所藏档号：甲182-136。

京，孙公园兴胜寺，钱念劬太守："艳"电"沃"始到。此次仅止例记，殆受法勒根汉之累也。然赐对详明，自邀简在，不在一时耳。圣意求言，阁下拟上条陈，甚好。容一二日内详思电达。尊见已有几条，亦可摘要电示，以资触发。出京迟数日无妨，惟拟请将神尾章程下鄂办一节，万万不宜。恐总署一经推敲酌改，以后转多窒碍。不如外办后再奏闻为妥。切切。此次来电"新旨宜先电数语"以下两字，恐有脱误，祈再明晰电示。以后发电宜详明，万勿过简练，易误解。尤必添加急字。电费可开报。望用急电即复。壶。江一。[1]

京，孙公园兴胜寺，钱念劬太守：闻黄有留京入枢、译之说，故托病辞使。如黄不去，或云拟熊希龄，确否？<u>郑可望否？烘托者为谁？</u>袁如拟请召不才入京，务望力阻之。才具不胜，性情不宜，精神不支，万万不可。渠如以鄙人为不谬，请遇有兴革大事，亦电饬鄙人酌议，俾得效其管窥，以备朝廷采择。则于时局尚可有益，而于鄂事不致废弃，尚是尽职安分之道。切祷。<u>即用急电复</u>。壶。江二。[2]

前一份电报对钱恂进行安慰，并予以指示。[3]后一份电报由许同莘编入《张文襄公全集》，删去了下划线的部分。钱恂收到张的电报后，于八月初四日（9月19日）发电：

---

[1] 八月初三日辰刻发，《张之洞电稿》，光绪二十四年一月至八月，所藏档号：甲182-455。尽管张之洞对钱恂电报中"请嗣后凡新旨，宜先电数语上意"一语，不甚理解，发电询问，但仍于八月初二日发电："总署：奉旨藩臬道府凡有条陈，专折具奏，州县等官由督抚原封代递，士民上书言事，径由道府代奏等因钦此。当即通行司道府州县一体钦遵。谨电奏。请代奏。之洞肃。沃。"光绪二十四年八月初二日巳刻发，《张文襄公电稿墨迹》，第2函第10册，所藏档号：甲182-219。

[2] 八月初三日辰刻发，《张之洞电稿》，光绪二十四年一月至八月，所藏档号：甲182-455。从原件来看，在"郑可望否"后，张之洞删去原写"如郑赴东，较好"一句。抄件又见于《张之洞电稿甲编》，第61册，所藏档号：甲182-47。该电删节本，可见于《张之洞全集》，第9册，第344页。

[3] 法勒根汉（Erich von Falkenhayn），德国陆军军官，此时任湖北武备学堂教习，为控制军队及学堂事务，与时任武备学堂提调的钱恂发生了激烈的矛盾。他为此提出辞职，德国驻清朝公使海靖为此进行干预。张于光绪二十三年十二月二十一日致电海靖，予以拒绝（《张之洞全集》，第3册，第279页）。法勒根汉后来出任德国陆军参谋总长。"例记"，即军机处记名，由于记名人数甚多，在当时已不起什么的作用。张之洞认为钱恂"仅止例记"，是受海靖告状之累。

急。江两电谨悉。迩日奇文太夥,甚至劝上逊位。恂且默避,况神尾件已由郑拟稿,为盛上矣。康有为严旨责赴沪。或曰此林旭曲笔,林、康交过密,有意令暂避;或曰此上意,林效力不周云。闽党太甚,亦一病。康密奏劝勿见伊藤,勿信联交,言可怪。奏上,北屋不令南屋知,请密。伊藤告恂曰:变法固亟务,然不得人,无纲领,必致乱。京朝无可谈,到鄂当尽吐所见,亦请帅尽情相告,此非一二日所能罄,嘱先告帅云。伊语语(原文如此,似有误)注帅一人。又询帅亦许康否?答以读《劝学篇》便知,伊点首。伊到鄂,宜为备住处于省城,便频晤,且尽主谊。武学堂不宜,恐更启德嫌。凡新旨到鄂,请电奏数语,以慰上廑。上最盼电。濮子潼昨奏,新政宜概下鄂预议,期可施行,有旨再闻。东使果有熊说,郑亦可望。此须兼徇(询)东意。袁处当谆达帅意。恂禀。豪。[1]

钱恂发电时,慈禧太后已回西苑,离政变仅是一天多一点的时间。该电的内容极为丰富,所言细节似未必全可靠,但亦可说明当时京中的传言:其一是京城内的言论已达到了"劝上退位"的惊人地步;其二是拟与日本进行的军事合作,即"神尾件",已由郑孝胥拟稿,由盛宣怀上奏;其三是八月初二日光绪帝命康有为去上海的明诏,其中有新任军机章京林旭的作用,

---

[1] 京,钱守,光绪二十四年八月初四日酉刻发,初五日子刻到,《张之洞存来往电稿原件》,第14函,所藏档号:甲182-385。"神尾",神尾光臣,原任日本驻华使馆陆军武官等职,此时奉日本参谋本部次长川上操六之命来华与张之洞商议中日军事合作之事,张之洞已进行了初步的接触。"闽党太甚",此处虽指林旭,然更主要是指郑孝胥等人的活动,从郑孝胥日记中可看出他与同乡京官的交往。"北屋不令南屋知",军机大臣办公处在紫禁城隆宗门内之北屋、军机章京办公处在隆宗门内之南屋,此处指军机大臣对军机章京保密。"武学堂不宜,恐更启德嫌"一句,指让伊藤居住在湖北武备学堂不妥(此处也多为张之洞招待外国来访者之居处),与日本的军事合作将会引起该学堂内德国军事教官的反感。又,伊藤博文后到武昌访问,张之洞命姚锡光在上海先行接待,姚锡光发电亦称:"……现晤两次,大致言变法无序,本必致乱,且谓无明达威重大臣压服,故无济。意盖惜帅不居政府。又密告圣躬无恙,可放心。伊慕帅尤切,谓抵鄂必多谈。看来必住省城……"上海姚令来电,光绪二十四年八月二十二日申刻发,亥刻到,《张之洞存各处来电》,戊戌第6册,所藏档号:甲182-137。

并称林旭有意让康"暂避";其四是康有为密奏,请光绪帝不见伊藤,不与日本联交;其五是伊藤博文对于戊戌变法的观感,并说明其将往武昌的主要目的(对此"盛宣怀档案"中也有相同的说法[1]);其六是说明上次电报中错漏;其七是濮子潼的条陈,请张之洞参预政治决策;其八是新任驻日公使(即"东使")之命有任用熊希龄之传说,郑孝胥亦有希望;其九是袁世凯请张之洞入京一事,钱将向袁表示张本人的态度。钱恂当时不可能了解很多内幕,其中第三、第四、第八条只是传闻。从今天可见的材料来看,第四条内容不确,[2]第七条实有其事。[3]

张之洞于八月初五日收到钱恂八月初二日、初四日两电,看到伊藤博文对其的极高评价,并见来电有"此须兼徇(询)东意",即征询日本政府之意见,于当日亥时(9月20日晚9—11时)发电给钱:

> 京。孙公园兴胜寺,钱念劬:密。熊希龄乃康死党,赴东必不相宜。此意能密告伊藤沮之否?康出外,系何人之力?闻英俄已开战,确否?即急复。壶。歌。[4]

为了打击康有为一党的势力,阻止熊希龄出任驻日本公使,张之洞不惜让钱恂与伊藤博文联手作戏。"康出外",指光绪帝命康有为离京赴上海办

---

[1] 上海图书馆藏《盛宣怀档案》中,有一件"盛宣怀密函(残破)",称言:"……伊藤上月廿九日到京,初五日在勤政殿觐见,闻颇不以中国变法为然,谓断无一旦变更之理处。太骤,适启乱端也。望前后,即拟出京赴鄂,见香帅矣。都中奏保用伊藤者颇多。"(档号:061139-7,从内容来看,该件题名应该为"某人致盛宣怀函",其人无署名,极有可能是冯敦高。从该信内容来看,写于光绪二十四年八月初六日)该件是张海荣代为查找的。

[2] 康有为通过杨深秀于光绪二十四年八月初五日上奏,又通过宋伯鲁八月初六日上奏,皆是主张与日本等国联交(孔祥吉编著:《康有为变法奏章辑考》,第399—401、404—406页)。可知钱电第四条之误。

[3] 前军机章京、新任松江府知府濮子潼于光绪二十四年八月初二日由军机处代奏"请将新政令张之洞参议片",提议今后交军机大臣等"会议之件,拟请一并发张之洞议奏","实于新政大有裨益"(《军机处录副·补遗·戊戌变法项》,3/168/9453/35,中国第一历史档案馆藏)。此议与张之洞的想法极为吻合,不知是否另有背景。

[4] 八月初五日亥刻发,《张之洞电稿》,光绪二十五年二月至八月,馆藏档号:甲182-457。整理者有误,根据内容,该电发于光绪二十四年。

《时务官报》之谕旨，钱恂前电称是林旭的作用，张让其再查底细。"英俄开战"一事之原委前已叙及，张之洞动员所有力量确查此事。

八月初六日（9月21日），戊戌政变发生，慈禧太后再次走向前台。而在"张之洞档案"中，我已经找不到钱恂此后在京发出的电报，很可能张之洞作了处理；但从张之洞给钱恂的电报中，仍可以看出钱恂来电内容之大略及张之洞目光之所注。八月初七日亥时（9月22日晚9-11时），张之洞发电钱恂：

> 急。京。孙公园兴胜寺，钱念劬太守：鱼电悉。圣躬已安否？日来闻有更张新政否？徐致靖有人劾否？康已拿获否？伊藤觐见否？何时出京？闻拿康后伊藤云何？熊之为人已告伊否？张荫桓事何如？日来要事速电告。壶。阳。[1]

"鱼"，初六日之代日。钱恂的"鱼电"必是向张之洞报告了政变的消息，而张又向钱布置任务，搜集更多的情报，其中关键语在于"圣躬已安否"。除了前已关注的康有为、熊希龄及伊藤博文诸人诸事外，其视野又扩大到康党成员徐致靖及与康党关系甚密的张荫桓。在该原件中，张之洞删去原写"日来紧要上谕必多，文繁电局必缓，择要急电告"一段，可见该电的本意是，张已等不及电报局的例行电报，而让钱恂将上谕择要急电武昌。八月初九日丑时（9月24日凌晨1-3时），张之洞发电：

> 急。京，孙公园兴胜寺，钱念劬太守：海使为法勒根汉恨阁下，前日已电总署，言阁下已开去武备提调差，并沥陈法勒揽权、阁下持正各节。伊藤究已准觐见否？何日出京，何日到鄂？阁下何日出京？速示。愚。庚。以后敝处密电下署"愚"字，来电下署"心"字。[2]

---

[1] 八月初七日亥刻发，《张之洞电稿》，光绪二十四年一月至八月，馆藏档号：甲182-455。
[2] 八月初九日丑刻发，《张之洞电稿》，光绪二十四年一月至八月，所藏档号：甲182-455。"海使"，德国驻清朝公使海靖。张之洞于八月初五日发给总理衙门两电。前电说明事情原委："此事前据德国教习斯泰老禀，当经查悉，规条中迹涉吞蚀一语，本系警戒收支委员之词，不与法勒根法相涉。

八月初十日午时（中午11时－下午1时），张之洞再发电：

> 急。京，孙公园兴胜寺，钱念劬：闻尊翁病重，阁下自应及早归省。所有应办各要事及都中近事，或于束装时，或于途中，务须分条见示。至要。何日行，即电复。壶。蒸。[1]

八月十二日子时（前一日晚11时－本日1时），张之洞再发电：

> 急。京，孙公园兴胜寺，钱念劬太守：心。（尊公大故，曷胜震悼，谨奉唁，祈勿过毁。）蒸电所拟上一字有误，十员下一字有误，东使下一字有误，祈再示。曾廉疏何说？杨崇伊有折否？（阁下何日出京？）即复。不必署名。真。戌。[2]

从以上张的四电可知，钱恂一直有电报来，报告京中密情。然不久后钱因其父病故，离开北京奔丧。然钱到达上海，于八月二十一日发电张之洞，仍是情报：

> 上海来电。武昌督宪：心。塘沽候船急极。顷始到，已晚。明日赴苏。伊藤同舟，随员四人，可否留住八旗会馆？较便。伊意在多谈。局面虽变，伊藤仍宜联络，并嘱姚令折回鄂招呼。十七，英、俄、德兵进京城，确。今日"连升"又载兵北行，遇于吴淞。苏寓四井巷。

惟文义未甚分晰清楚，以致误会。未免疏忽。当将该提调申饬，旋即将钱恂饬令开去武备学堂提调差使"，"且于行知斯泰老文内，已经声明法都司办事绝无弊端"，"实系极力顾全德国睦谊、海使交情"。后电为密电："法勒根法与钱结怨之由，实系法勒根法事事揽权，直不许提调管事。且必欲以兵一千交伊管，屡渎不应。洞坚持不允。钱于学堂事不能不管，已招法之忌，且因不获干预我兵权，疑钱所沮，尤恨。故怂海使必欲令出学堂。现已另委要差矣。"（出处同上）"法勒根法"即法勒根汉。

[1] 八月初十日子刻发，《张之洞电稿》，光绪二十四年一月至八月，所藏档号：甲182-455。

[2] 八月十二日子刻发，《张之洞电稿》，光绪二十五年二月至八月，所藏档号：甲182-457。整理者有误，根据内容，该电发于光绪二十四年。"蒸"为初十日的代码，钱恂有电报来。括号内的字后由张之洞删去，由此可见，张另有一电给钱。

心禀。哿。[1]

由于钱恂回乡后须丁忧守制，张之洞也相应调整了其对日本交涉的部署。[2]

四、湖北按察使瞿廷韶

在钱恂尚未离京之前，湖北按察使瞿廷韶也到达了北京。

瞿廷韶，字赓甫，又称耕甫，江苏武进人。举人。先后入河南巡抚张之万、李鹤年幕，获分省补用知府。同治十年（1871）报捐指分湖北，委署宜昌知府。张之洞督鄂后，他一路升迁，历任武昌盐法道、汉黄德道兼江汉关监督。光绪二十三年七月二十九日，由张之洞保举，获军机处记名。[3]光绪二十四年四月升湖北按察使。此次入京，属任新职后进京聆训。[4]

瞿廷韶北行较晚，八月初六日即戊戌政变时，他尚在天津。八月初九日（9月24日），张之洞发电瞿廷韶：

---

[1] 光绪二十四年八月二十一日午刻发，二十二日酉刻到，《张之洞存各处来电》，戊戌第6册，所藏档号：甲182-137。"姚令"，为姚锡光，曾赴日本考察学校。"连升"，轮船名。"英、俄、德兵进京城"一事，指戊戌政变后英、俄、德、法、美、日本、意大利、奥匈帝国少量军队进入北京东交民巷馆区，可参见拙文《日本政府对于戊戌变法的观察与反应》，《戊戌变法史事考》，生活·读书·新知三联书店，2005年，第505-520页。"哿"是二十日的代码，是钱恂拟电的日期。由于署名为"心"，该卷的整理者也不知发电者为何人，仅称"上海来电"。

[2] 张之洞后有电："急。苏州，四井巷。钱念勋：尊公弃养，闻之惊痛。望勉节哀。谨奉唁。葬期何时？并示。洞。支。"光绪二十四年九月初四日亥刻发，《张文襄公电稿墨迹》，第2函第10册，所藏档号：甲182-219。张之洞又于次日发电给小田切万寿之助："上海，日本护领事诸井、翻译官船津，速转小田切。中历八月十四日电想已转达。钱太守已丁忧，须明春方能出门。至借款扩充枪炮厂一事，及约神尾来鄂教习弁兵一事，此系鄙人筹拟办法，须奏明奉旨方能办理。如奏准后，即当电达。如贵外部、参谋本部尚有须商酌之处，彼时再当详商。特此布达。即望电复。湖广总督张。九月初五日。"九月初五日亥刻发，《张之洞电稿》，光绪二十四年九月至十月，所藏档号：甲182-455。

[3]《张之洞全集》，第3册，第435-436页。

[4] 瞿廷韶接新任旨后，上奏谢恩，并请陛见。光绪帝朱批"著来见"。

> 天津。湖北臬台瞿：急。庚电悉。阁下何日到津？何日见荣相？即示复。张荫桓有事否？荣相以张荫桓为然否？英俄战事确情如何？均即刻用急电示复。洞。齐。亥。[1]

"庚"为初八日的代日，瞿廷韶该电未见。然张之洞收该电后又开出一大堆问题，命其用急电作复。瞿廷韶此时已进京，收到此电后，于初十日（25日）回复：

> 京，瞿臬司来电。武昌督宪钧鉴：齐电祇悉。本司初五到津，初六见荣相。昨午后进城，住武阳馆。因拿康有为，搜查张荫桓住宅，本人无事。荣相亦不以张为然。英俄战信不确。前日有英人自海参威来，电局委员询之，绝无其事。昨日杨、谭等四新参，均奉密旨革职，被系提督府。闻尚有续拿之人，俟探确再禀。本司廷韶谨复。蒸。辰。[2]

瞿廷韶此电具体回答张电中各种问题，其中最重要的信息是，他已代表张之洞与荣禄建立起特殊关系，以能共同对抗康有为一派的活动。[3]当日晚，瞿廷韶再发电：

> 京，瞿臬司来电：张樵野昨晚奉密旨革职拿问。顷见夔帅始悉。本司廷韶谨禀。蒸。申。[4]

---

[1] 光绪二十四年八月初九日子刻发，《张文襄公电稿墨迹》，第2函第10册，所藏档号：甲182-219。

[2] 光绪二十四年八月初十日未刻发，酉刻到，《张之洞存各处来电》，戊戌第5册，所藏档号：甲182-136。"电局委员"，电报局官员。"杨、谭四新参"，杨锐、谭嗣同、刘光第、林旭四位新任军机章京，谕旨中亦有"参预新政"一语。"提督府"，指九门提督，即管理京城治安的步军统领的衙门。

[3] 光绪二十四年八月十一日，张之洞命其幕僚杨文骏发电其兄荣禄的幕僚杨文鼎，以营救杨锐，其中电文称："至康之邪恶，先属瞿臬司详陈，已蒙烛照等语。"（八月十一日午发，《张之洞电稿》，光绪二十五年二月至八月，所藏档号：甲182-457。整理者有误，根据内容，该电发于光绪二十四年）并可参见本书第二章第五节。

[4] 光绪二十四年八月初十日亥刻发，十一日子刻到，《张之洞存各处来电》，戊戌第5册，所藏档号：甲182-136。"申"，下午3-5时。

这是他从王文韶处听到的最新消息。然此时张之洞已得知杨锐被捕,通过瞿廷韶开始其营救活动:先是发电命瞿廷韶往见王文韶、裕禄时"婉陈":"此事只在惩首恶,似不宜株连太多";后又发电命瞿"切恳"王、裕,"设法营救,以别良莠,天下善类,同感两帅盛德"。[1] 瞿廷韶收到两电后,于八月十三日(9月28日)复电:

> 急。两电祗悉。初十见夔帅,备陈杨冤。帅云深知,公论俱同,惟现在派审,必俟审后方可设法。昨谒寿帅未见,本拟今早陛见后禀陈大略,以荣相来京推班,俟明日陛见后,分谒两帅,再行电禀。但枢要多事,皆不易见。谭情节较重,事难逆料,敬帅晚年何堪?现尚在鄂否?乞示。昨沪电,康为英人保护,拿而未获。本司廷韶在西苑谨禀。文。[2]

"寿帅",军机大臣、总理衙门大臣、礼部尚书裕禄,字寿山,曾任四川总督,故称为"帅"。"谭",谭嗣同。"敬帅",谭嗣同的父亲已裁湖北巡抚谭继洵,字敬甫。瞿廷韶的电报说明其初十日见王文韶时已言杨之冤狱事,但没有能够见到裕禄。原定十二日觐见,由于荣禄入京而推迟到十三日,他准备于十三日觐见后去拜访王文韶和裕禄。他还认为,谭嗣同很可能难以援救。八月十三日(9月28日),瞿廷韶觐见后立即发电张之洞:

> 北京,瞿臬司来电。武昌督宪钧鉴。本司今早陛见,颇详询湖北情形,奖宪台为国勤劳。一切详细容再续禀。本司廷韶谨禀。覃。[3]

---

[1] 前电八月十一日寅刻发,见《张之洞电稿》,光绪二十五年二月至八月,所藏档号:甲182-457。整理者有误,根据内容,该电发于光绪二十四年;后电八月十一日亥刻发,见《张之洞电稿》,光绪二十四年一月至八月,所藏档号:甲182-455,又见于《张之洞全集》,第9册,第346页。相关的细节,可参见本书第二章第五节。

[2] 京,瞿臬司,光绪二十四年八月十三日午刻发,酉刻到,《张之洞存来往电稿原件》,第14函,所藏档号:甲182-385。"西苑",紫禁城西之园林,今中南海和北海。慈禧太后从颐和园回来后,住在此地,成为政务处理中心。官员的觐见亦在此。瞿廷韶可能是在等待觐见时写的电文。

[3] 光绪二十四年八月十三日午刻发,十四日未刻到,《张之洞存各处来电》,戊戌第5册,所藏档号:

此时的召见，已是慈禧太后与光绪帝同见，光绪帝一般不发言。"奖宪台为国勤劳"一语，当是慈禧太后所言。而电报中没有提到往见王、裕之事，恰在此日下午，杨锐等六君子遇难。八月十四日（9月29日），瞿廷韶发电：

> 昨日陛见后，分谒枢廷，未见。便见合肥，论杨、刘事，尚谓必有分别。旋见钱密缄，已云仓猝，虑难挽回。果于四点钟遽同谭、林等同时处决。在京多称杨、刘之冤，奈内旨迫切，于午刻迳由刚相奉密旨立办，措手不及。遗骸已由各同乡代殡。敬帅晚年难堪。闻湘人已电藩司矣。本司廷韶谨禀。寒。〔1〕

"合肥"，李鸿章；"钱密缄"，似指钱恂的密信。该电说明了杨锐等遇难是"刚相（毅）奉密旨立办"。至八月二十二日，张之洞发电瞿，希望其尽快回鄂。〔2〕二十四日（10月9日），瞿廷韶回电：

> 两电祗悉，已转告张次珊。本司请训后电禀行期。拟纡道常，耽搁旬日，不请假。新藩司系文相庆之子，今早谒谈。据称菊秒出都，并云今早召对，慈圣谕及宪台，甚顾大局，上次内召，因沙案中止。余问奉天事。本司廷韶禀。迥。〔3〕

在这份电报中，瞿告知慈禧太后在召见湖北新任布政使善联时对张之洞的

甲182-136。

〔1〕京，瞿枭司，光绪二十四年八月十四日申刻发，戌刻到，《张之洞存来往电稿原件》，第14函，所藏档号：甲182-385。
〔2〕张之洞电文称："急。京。武阳会馆。湖北枭台瞿耕甫。巧电悉。阁下请训后望速回鄂。王藩司又奉电旨赴川，已委岑署枭司兼署。何日出都，尚请假回常州否，均望电示。洞。祃。"八月二十二日亥刻发，《张之洞电稿》，光绪二十四年一月至八月，馆藏档号：甲182-455。
〔3〕瞿藩（枭）司来电，八月二十四日申刻发，二十六日申刻到，《北京来电·三》，光绪二十四年；《张之洞存北京来电稿·光绪十六年至二十四年》，所藏档号：甲182-407；又见《张之洞存各处来电》，戊戌第6册，所藏档号：甲182-137。"张次珊"，工科给事中张仲炘，"两电"事为误传武昌洪山建操场，涉及张家人坟墓。瞿廷韶、张仲炘皆有电报给张之洞。"请训"，指新官离京上任前的最后一次觐见。

评价，即"甚顾大局"。也就在同一天，张之洞发电：

> 京。武阳馆，瞿臬台。急。漾电想达。右铭获咎，不知因何发端？新湘抚放何人？日来都下波澜已定否？祈示。洞。敬。[1]

"右铭"，湖南巡抚陈宝箴。"漾电"，二十三日之电，未见。张之洞让瞿查明陈宝箴为何获咎，并打听新任湖南巡抚的人选。瞿于次日复电：

> 敬电祗悉。马、养两电已复，未得漾电。右帅以滥保匪人获咎，闻湘绅及谏官参折甚多，想由新政谕旨结怨。遗缺放俞廉三。熊希龄、江标、王锡藩、张元济等革职。张百熙严议。试士复旧制，农工商局撤，特科停，报馆封禁。波澜仍未大定。本司廷韶禀。有。[2]

瞿廷韶的电报，回答了京中的一般政情。但张之洞未能等到复电，于八月二十六日再发急电：

> 急。京。武阳会馆，瞿臬台。鄂藩善联，是否在京？已晤否？其议论如何？约何时出京。阁下何时行？鄂省事繁，岑暂兼署，似可不请假回常。谣传复八股、禁报馆，确否？都下新事新论，有关系鄂省者否？并祈示。洞。宥。[3]

由于张之洞所询内容，前电已复，瞿廷韶于九月初二日，即其请训的当日再发电：

> 京瞿臬司。督宪钧鉴：宥电各节，因前复电均详，未禀复。今早

---

[1] 光绪二十四年八月二十四日午刻发，《张文襄公电稿墨迹》，第2函第10册，所藏档号：甲182-219。

[2] 瞿藩（臬）司来电，八月二十五日未刻发，二十七日子刻到；《北京来电·三》，光绪二十四年；《张之洞存北京来电稿·光绪十六年至二十四年》，所藏档号：甲182-407；又见《张之洞存各处来电》，戊戌第6册，所藏档号：甲182-137。

[3] 八月二十六日子刻发，《张之洞电稿》，光绪二十四年一月至八月，馆藏档号：甲182-455。

请训平安。慈谕：督饬各州县，持平办理民教各案。昨见善藩司，据称须赴彰德府省兄。小阳到鄂。前言菊杪出京，系未定之辞，嘱代禀明。本司初八出京，到常耽搁旬日。粮道选谭启宇。复抚交议，尚未复奏。各省裁缺，均驳。伏乞传谕本司寓所。本司廷韶谨禀。萧。[1]

"复抚"，指已裁巡抚再度恢复，牵涉到已裁的湖北巡抚谭继洵。张之洞立即发电询问，并命瞿出京前"作函，详示一切"。[2] 瞿廷韶也回电说明。[3]

瞿廷韶是张之洞的下属，关系未如钱恂那么亲密，两人的电报中也多有公事公办的味道，但从电报的内容中可以感受到戊戌政变后北京的政情与舆情。

五、天津委员巢凤冈

至戊戌变法前，津沪海路航运的繁忙与津芦铁路的开通，天津已成为连接南北交通的枢纽和北方最重要的工商城市，而北洋大臣的长期驻节，又使之成为政治与外交的中心。各种各样的政治与商业情报数量甚多且内容非常重要。张之洞最初派往天津的坐探是汪乔年。甲午战争期间，汪乔年提供了大量北洋方面的情报。光绪二十一年七月，汪乔年请假回籍，将职委之罗熙禄。[4] 此后未久，即由直隶候补县丞巢凤冈接任。[5]

---

[1] 光绪二十四年九月初二日戌刻发，初三日申刻到，《张之洞存各处来电》，戊戌第7册，所藏档号：甲182-137。

[2] 张之洞电称："急。京。武阳会馆。瞿臬台：萧电悉，已告尊寓矣。复抚事，必已定议，望速示。阁下归出京时，务望作函，详示一切，交邮政局寄出。洞。江。"光绪二十四年九月初三日戌刻发，《张文襄公电稿墨迹》，第2函第10册，所藏档号：甲182-219。

[3] 瞿廷韶电称："京瞿臬司来电。武昌。督宪钧鉴。复抚已定，尚未奏。事由慈笔，无可挽回。本司明早行。十月初到鄂。另有详禀。本司廷韶禀。虞。"光绪二十四年九月初七日申刻发，戌刻到，《张之洞存各处来电》，戊戌第7册，所藏档号：甲182-137。

[4] 《致天津水师营务处罗道台》，光绪二十一年七月初四日，《致天津罗令熙禄》，光绪二十一年七月初九日，《张之洞电稿丙编》，第58册，所藏档号：甲182-91。

[5] 从"张之洞档案"来看，光绪二十二年正月二十六日即有巢凤冈发来的情报。抄本《张之洞电

巢凤冈，字季仙，江苏武进人。对于他的早期经历，我了解不多，有一小传称：

> 幼孤，沉静多思，严毅如宿德。及长，讲求经济，游燕赵，为诸候客。浏阳李勤恪公勉林方掌北洋财政，一见器之，事必咨度而行。又受十一省督抚之聘，为驻津外交情报。庚子拳匪祸起，朝旨依违，即力辟其谬，分电各督抚，惟张文襄、刘忠诚二公题其议……[1]

由此来看，他于李兴锐任天津道时受到赏识；此后不仅为湖北一省，且担任多达十一省驻天津情报员，为各地发送政治、外交情报。"张之洞档案"中有一电报可说明巢当时的身份："天津来电。督院报房：巢委员系通永镇所委工部关大沽口分卡委员兼各省坐探差。津。"[2]而另一份电报又称其"事务甚少"，"薪水尚优"。[3]而在当坐探期间，他结识了诸多高官，后来成为东北的重要经济官员。[4]

巢凤冈的工作就是提供情报，百日维新期间，他向张之洞提供相当多的情报，其中有一些似乎不太准确。[5]戊戌政变前后，巢凤冈的电报多了

稿》，第21册，《直隶来电一（湖广）》，中国社会科学院经济研究所图书馆藏。张之洞于是年七月二十三日还发一电给巢凤冈："天津。侦探委员直隶候补县丞巢凤冈：廿二电悉。时事多，须续探，暂缓销差，仍遇事电禀为要。鄂督院。漾。"《张之洞全集》，第9册，第147页。

[1]《清代毗陵名人小传稿》卷十；见《清代传记丛刊》，明文书局，1985年，第197册，第305页。

[2] 光绪二十四年十一月二十八日申刻发，二十九日戌刻到，《张之洞存各处来电》，戊戌第11册，所藏档号：甲182-138。

[3] 该电称："天津坐探委员巢县丞凤冈：八月二十五日，该委员禀督、抚两院，共缮一禀，殊属可怪，从来无此办法，该员事务甚少，以后不得如此苟且省事。鄂督院。"（九月十三日午刻发，《张之洞存来往电稿原件》，第14函，所藏档号：甲182-385。其抄件又见《张之洞电稿丙编》，第73册，所藏档号：甲182-94）该件由张之洞幕僚所拟，张之洞亲笔修改，删去了"薪水尚优"、"应即严饬"二语。

[4] 八国联军之役时巢凤冈崭露头角，到了清末民初，巢凤冈先后任职于中国通商银行、东三省官银号、本溪煤矿等处，成了财界中的实力人物。又，当时另一有同名同姓之人，进士出身，在甘肃当知县，须注意分别。

[5] 以下举光绪二十四年七月的三份电报为例："天津巢委员来电：部有先废詹事、通政、太常、鸿胪四卿之议。广西信宜失陷。广东有匪暗助军火。俄工程司在东三省时被胡匪虏劫。冈禀。文。"

起来，价值亦大增。七月二十六日，巢凤冈发电称：

> 天津巢委员来电：旅大俄兵屡次在界外扰民，营口士民与俄兵为难，恐酿事端。伊藤今日可到埠。倭荐头等矿师敬介来华，惟充顾问官则可，如矿师则不允。惠州又出教案，闻有杀伤教士。京函：圣躬欠安，不能珍摄，幸津之说，恐尚未定。乞秘之。冈禀。宥。[1]

此中最重要的是关于光绪帝的病情。"幸津"，指光绪帝奉慈禧太后至天津阅兵之事，以病情而中止天津之行，在当时是重大政治动作。巢的这一消息十分重要，但没有提供其来源，很可能只是一种传闻。八月初三日，巢凤冈又电：

> 天津巢委员来电：粤匪蔓延日广，黄中丞自请督队出剿。京函：稽查上谕奏事处收发谕折，岁有不符，收少发多，不知折件从何呈进。夔帅因议停捐，奏对求缓，上怒呵斥，原折掷地。冈。江。[2]

其中最重要的是两事：一是有些奏折未经过奏事处而私下进呈光绪帝；二是光绪帝与王文韶（户部尚书）为"停捐"一事而当面发生了争论。八月初四日，巢凤冈又电：

> 天津巢委员来电：昨洋河口报，自初一起，英提督带领铁甲雷艇

（光绪二十四年七月十二日亥刻发，十三日亥刻到）"天津巢委员来电：闻袁藩司患怔忡，左胁生疮，坐卧不便，一时不克赴鄂。广州保军宪十一出缺。天津农工商分局派在城司、道及奭良、王修植、谭启瑞、杨文鼎、聂时隽等，于本月十六开局。冈禀。寒。"（光绪二十四年七月十四日未刻发，十八日亥刻到）"天津巢委员来电：粤西贼目李立亭、杨衢云、田福志三股，现李、田不知窜往何处。杨驻北流五百里山内，粮尚足，械较少，闻有孙文在倭接济，行阵均按倭法，所向甚勇，官军不敌。冈禀。皓。"（光绪二十四年七月十九日巳刻发，二十日子刻到）以上三电皆见《张之洞存各处来电》，戊戌第4册，所藏档号：甲182-136。"袁藩司"，新任江宁布政使袁昶。

[1] 光绪二十四年七月二十六日戌刻发，二十九日午刻到，《张之洞存各处来电》，戊戌第4册，所藏档号：甲182-136。

[2] 光绪二十四年八月初二日巳刻发，戌刻到，《张之洞存各处来电》，戊戌第5册，所藏档号：甲182-136。"黄中丞"，广西巡抚黄槐森。

八只，陆续到口停泊，离岸八里许，约三千余人。询，称俄意不善，欲取营口、榆关，特来保护。冈禀。支。[1]

这份关于英俄相争的电报，关系极为重大，结果引起张之洞发给张权、杨锐、钱恂、曾磐等人的一系列电报，以确查英俄是否开战。

八月初六日，戊戌政变发生。巢凤冈于初七日酉刻（9月22日下午5-7时）发电：

> 京巢委员来电：昨晚杨崇伊奉密旨严拿康有为。今日轮车均停开。闻康之弟已在京拿获。瞿臬司拟明日入都。冈禀。阳。[2]

这份电报是抄件，"京"自是"津"之误；其内容虽不完全准确，但也点明了"杨崇伊"是祸首。"轮车"即火车，八月初七日津京两地的火车停开。八月十三日（9月28日），巢凤冈又发电：

> 天津巢委员来电：京函：南海可开脱。圣躬自初五日以后，颇难支撑。海盐入总署，并有进枢府之说。合肥恐仍难重用。冈禀。元。[3]

"南海"，户部侍郎、总理衙门大臣张荫桓，广东南海人。他于八月初九日由慈禧太后下令被捕，此时英国与日本正在为此活动，以免其死。"海盐"，吏部侍郎徐用仪，浙江海盐人。他曾任军机大臣、总理衙门大臣，党附孙

---

[1] 光绪二十四年八月初四日未刻发，申刻到，《张之洞存各处来电》，戊戌第5册，所藏档号：甲182-136。又，八月初六日，巢凤冈又电："金州副都统报，闻英俄在海参崴开仗。昨有俄铁甲一艘来大连湾，见其受伤甚重。旅大俄兵甚慌张，抽调赴海参崴。洋河英舰已分散各口游弋。冈禀。歌。"（光绪二十四年八月初六日巳刻发，初七日午刻到，出处同上）这又是关于英俄相战的错误情报。

[2] 光绪二十四年八月初七日酉刻发，初八日丑刻到。《张之洞存各处来电》，戊戌第5册，所藏档号：甲182-136。

[3] 光绪二十四年八月十三日午刻发，酉刻到，《张之洞存各处来电》，戊戌第5册，所藏档号：甲182-136。

毓汶。光绪二十一年六月，恭亲王、翁同龢等人合谋，由御史王鹏运出奏，光绪帝罢去其军机、总理衙门两职。戊戌政变后，慈禧太后于八月十一日命徐重入总理衙门，于是又有其重入"枢府"即军机处的传言。"合肥"，李鸿章，"京函"称不能东山再起。而该电最重要的情报是光绪帝的情况"颇难支撑"。八月二十日，巢凤冈发电张之洞、湖北布政使王之春：

> 天津巢委员来电：督宪张、藩司王钧鉴：裕寿帅今午临津，申刻接篆。南海十八起解。昨今两日洋兵接踵而来，欲乘火车进京。经署力阻，暂留津站。冈禀。号。[1]

此中最重要的情报，是英、俄、德等国士兵欲进入北京的消息。至九月初三日（10月17日），巢凤冈又发电：

> 督宪张钧鉴：南海起解，有西人护送。合肥前月杪，屡次递牌，未见，退志更切。京师谣言惶惑，挈眷而去者颇多。冈禀。江。[2]

此中最重要的是关于李鸿章的政治情报。"递牌"，即主动要求觐见，慈禧太后仍未见。

需要说明的是，以上巢凤冈的电报全是抄件，根据"张之洞档案"的抄录情况来判断，巢凤冈此期发来的电报决不止这些。但从以上所引的有限情报中，已可对当时的政局进行较为深刻的分析。

---

[1] 光绪二十四年八月二十日午刻发，申刻到，《张之洞存各处来电》，戊戌第6册，所藏档号：甲182-137。"裕寿帅"，新任直隶总督裕禄。"南海十八日起解"，指张荫桓发遣新疆的日期。然巢凤冈同时发电两人的做法，立即受到批评："天津。巢委员。此后若非明发事件，凡有关系大局者，只可密电本部堂衙门，断不宜分电司道各署，免致播扬。切要。即电复。鄂督院。箇。"八月二十一日辰刻发，《张之洞电稿》，光绪二十四年一月至八月，馆藏档号：甲182-455；其抄件又见《张之洞电稿乙编》，第11函第56册，所藏档号：甲182-72。巢凤冈立即回电："督宪张钧鉴：箇电敬悉。此后遵办。冈禀。敬。"光绪二十四年八月二十四日亥刻发，二十五日巳刻到，《张之洞存各处来电》，戊戌第6册，所藏档号：甲182-137。

[2] 光绪二十四年九月初三日巳刻发，午刻到，《张之洞存各处来电》，戊戌第7册，所藏档号：甲182-137。

六、太常寺少卿盛宣怀

盛宣怀本是李鸿章集团中的重要人物,长期办理电报、招商等局事务。甲午战败后,他与张之洞、王文韶等人走得很近,此时任太常寺少卿,督办中国铁路总公司,驻在上海。光绪二十四年五月,张之洞要求其命所属北京电报局将阁抄择要加急发报。[1]七月,盛宣怀入京,商办芦汉铁路诸事。[2]离京回沪时,盛路过天津,与荣禄有交往,回沪后发电张之洞:

> 武昌制台:十四上船,十七到沪。途遇大风,为从来未有之苦,须略养数日,方能办事。濒行在仲相前密言,内外大臣志在自强者不多人,务需联络一气。仲相深然之,允即先与钧处通函,以后好商量办事。并云:素来佩服,惜未晤面耳。或候其函到,多写数张复之;或竟不待其函到,先致数行?乞酌。宣叩。霰。[3]

"仲相",大学士荣禄,字仲华。盛宣怀此电希望张之洞与荣禄建立紧密的关系,并提出了具体方案。[4]这一建议为张之洞所采纳。前节已述,张之

---

[1] 张之洞电称:"上海盛京堂:近日电传阁抄极迟,要事太缓,而无关紧要之事却不甚缓,令人闷极。京局必是台端选择才识敏捷之员,何不能权缓急耶?阁下能设法令京局择要加急电传否?各省歌欢阁下功德者必不少矣。盼复。洞。佳。"(光绪二十四年五月初九日巳刻发,《张之洞电稿》,光绪二十四年前后,所藏档号:甲182-488)该原件由张之洞亲笔修改,删去一段"甚至有七八日始到者。即如夔帅进京陛见,之后有何恩旨,至今尚未转来"。王文韶进京入军机,荣禄改任直隶总督,是当时重大事件,难怪张之洞要发火。"阁抄",宫门抄,指由内阁明发的上谕。

[2] 盛宣怀有电称:"京盛京堂来电:初三到卢沟桥,初四到涿州验工,初五到京,初六宫门请安,召对,称旨。总署铁路总局尚有应商事,俟商妥即出京。宣叩。鱼。"(光绪二十四年七月初六日巳刻发,初七日午刻到,《张之洞存各处来电》,戊戌第4册,所藏档号:甲182-136)而张之洞与盛宣怀此时的其他电报往来,可参见《张之洞全集》,第9册,第336-338、340-341页。

[3] 光绪二十四年七月十七日申刻发,十八日丑刻到,《张之洞存各处来电》,戊戌第4册,所藏档号:甲182-136。

[4] 光绪二十三年十二月十八日,张之洞发电为解运湖北所造枪炮正在北京的湖北委员汪洪霆:"枪炮试验,承各邸堂称赞,并优赏工匠,感幸欣慰。荣中堂素未通信,不敢冒昧致函。望婉为致意请安致谢为要。"(《张之洞电稿乙编》,第54册,所藏档号:甲182-72)张在"各邸堂"中专门点

洞派钱恂、瞿廷韶与荣禄交往，也有了初步的效果。

八月初六日，戊戌政变发生，而张之洞收到的第一份情报，是由盛宣怀发来的：

> 上海电局来电。武昌制台、江宁制台、杭州抚台、苏州抚台、长沙抚台：本日上谕，太后垂帘听政，并严拿康有为。鱼。

这份电报标明为光绪二十四年八月初六日亥刻发，初七日丑刻到，即9月21日晚上9–11时，仅仅两个时辰后，即于次日1–3时收到。[1]而到了这一天的晚上亥时（9月22日晚9–11时），张之洞才收到总理衙门发来的八月初六日谕旨，时间上晚了二十个小时！[2]为此，张之洞发电盛宣怀：

> 上海盛京堂：急。日来新政长篇上谕必多，电局太缓。望飞电京局，一见阁抄，即刻摘要电告敝处，可照官报给费。如昨日沪电局传来垂帘上谕，即甚简要。切祷。尊处日内见闻，望即摘要电示，尤感。洞。阳。戌。[3]

盛宣怀收到此电后，立即于八月初八日申刻（9月23日下午3–5时）复电：

> 武昌督署：阳电已转京局。垂帘上谕系敝处摘寄。有旨严拿康有为。其弟已获。萧墙不可测，洋人谣言甚多。能请圣上出洋讲求武备，如彼得保故事，可期两全。此诚危急存亡之秋，应出诸何人之口乃妥？乞酌示。补。庚。以后密电下署补字。

出了荣，此时他与荣的关系尚未建立。

[1]《张之洞电稿甲编》，第62册，所藏档号：甲182-47。

[2] 该谕旨称："……再三吁恳慈恩训政，仰蒙俯如所请"，"由今日始在便殿办事，本月初八日朕率诸王、大臣在勤政殿行礼……"总署来电，八月初六日戌刻发，初七日亥刻到，《北京来电·三》，光绪二十四年，《张之洞存北京来电稿·光绪十六年至二十四年》，所藏档号：甲182-407。

[3] 光绪二十四年八月初七日亥刻发，《张文襄公电稿墨迹》，第2函第10册，所藏档号：甲182-219。此为张之洞亲笔之件，抄件见《张之洞电稿甲编》，第62册，所藏档号：甲182-47。又见《张之洞全集》，第9册，第345页。

该电由许同莘编入《张文襄公全集》,但删去了下划线部分,并有文字之增加及修改。[1]该电明确说明八月初六日电报由盛所发,并提出建议,让光绪帝仿照俄国彼得大帝出洋考察军事政治,以求能够保全。这是一个惊世骇俗的设想!盛还暗喻由张之洞提出此策。张对此于初九日回电予以拒绝:"洋谣未闻,恐不可信,外洋事恐难仿照,实不敢赞一词。请熟思妥酌为要。"[2]盛收到此电后,并没有完全放弃,于八月初十日(9月25日)再电:

> 武昌制台:昨杨深秀、徐致靖、刘光第、杨锐、谭嗣同、林旭均拿问。闻康有为"重庆"到沪,被英兵船挟去。康无足轻重,但于中英交际有碍。英虑俄惟所欲为,颇想先发,深宫似不可再有举动,以防彼干预内政。补。蒸。[3]

盛此电一方面报告京中情况,更重要的是强调"深宫似不可再有举动",以当时的政治用语而言,此为强调保全光绪帝。他再次暗喻张之洞应有所举动。八月十一日(9月26日),盛宣怀又通报情况:"荣相奉旨即刻晋京,有面询事件。袁慰廷暂护直督。真。"[4]然张之洞对盛的暗喻并无行动,而是于十一日发电盛,要求转电王文韶,援救杨锐。[5]盛宣怀次日复电称:

> 真电所言杨叔峤事,已转电仁和,力恳保全。圣躬未愈,有旨征医。宋伯鲁革职。余无所闻。补。文。[6]

---

[1] 光绪二十四年八月初八日申刻发,亥刻到。《张之洞存各处来电》,所藏档号:甲182-136,戊戌第5册。又见《张之洞全集》,第9册,第345-346页。许同莘增"近日沪上"四字,并将"乞酌示"改为"姑以密闻"。

[2]《张之洞全集》,第9册,第345页。

[3] 光绪二十四年八月初十日申刻发,戌刻到;《张之洞电稿甲编》,第62册,所藏档号:甲182-47。又见《张之洞全集》,第9册,第345页。"重庆",康有为搭乘的英商轮船。

[4] 上海,光绪二十四年八月十一日未刻发,戌刻到,并致江宁刘制台、杭州廖抚、各局,《张之洞存来往电稿原件》,第14函,所藏档号:甲182-385。

[5] 该电的电文及相关背景,可参见本书第二章第五节。

[6] 上海,盛督办,光绪二十四年八月十二日申刻发,亥刻到,《张之洞存来往电稿原件》,第14函,

从"余无所闻"等语来看,张当另有电给盛,要求其提供其他情报。八月十四日(9月29日),盛宣怀再次通报情况:

> 上海来电。武昌制台、江宁制台、长沙抚台、杭州抚台:十三旨,荣入军机,裕授北洋。杨、谭、刘、林、杨深秀、康广仁即正法。寒。[1]

而到了八月二十二日,张之洞得知陈宝箴被罢免,于八月二十四日发电盛宣怀:"上海。盛京堂:新湘抚放何人?速示。洞。敬。"[2]

盛宣怀发来的电报数量并不多,但内容对张之洞十分重要且相当及时。[3]

七、上海委员赵凤昌与曾磐

赵凤昌(1856-1838),字竹君,江苏武进人。早年入两广总督张之洞

所藏档号:甲182-385。又见《张之洞全集》,第9册,第346页。

[1] 光绪二十四年八月十四日亥刻发,十五日寅刻到,《张之洞存各处来电》,戊戌第5册,所藏档号:甲182-136。

[2] 光绪二十四年八月二十四日巳刻发,《张文襄公电稿墨迹》,第2函第10册,所藏档号:甲182-219。盛宣怀当日复电:"湘抚放俞廉三。湘藩调毓贤。鄂藩放善联。补。"上海。盛督办。光绪二十四年八月二十四日酉刻发,二十五日丑刻到,《张之洞存来往电稿原件》,第14函,所藏档号:甲182-385。

[3] 此处不妨记一有趣之事。九月二十九日,盛宣怀发电张之洞:"闻两江派程仪洛赴鄂密查事件。补。勘。"(光绪二十四年九月二十九日丑刻发,申刻到;《张之洞电稿》,光绪二十三年至二十九年,所藏档号:甲182-209)张之洞当日立即发电:"上海,赵竹君:急。顷接盛京堂电,两江委程仪洛来鄂密查事件等语。所查何事?是否奉旨?速询速复。再,程系鄂省奏调办商务,曾咨两江,盛想已知。艳。"(光绪二十四年九月二十九日亥刻发,《张之洞电稿》,光绪二十四年九月至十月,馆藏档号:甲182-455)程仪洛本是张之洞奏调的办理汉口商务局的官员,因修墓尚未到任。程在其家乡绍兴时发电请假:"有电敬悉。茔事七月廿一开办,现造三合土,必得亲自监工,至速秋节前造竣。仪洛准于八月十八日起程,月杪必到鄂。拟请王道布置开局。宥。"(光绪二十四年七月二十六日申刻发,二十七日亥刻到,《张之洞存各处来电》,戊戌第4册,所藏档号:甲182-136)此时稍有风吹草动,张就显得非常紧张。

幕,为文巡捕,随侍左右。张之洞改任湖广,亦随任,充文案,办理督署笔墨事件,保举为候补直隶州知州。他与张之洞关系极密,有"一品夫人"之称。[1]光绪十九年,大理寺卿徐致祥上奏弹劾张之洞,捎带赵凤昌,光绪帝旨命李瀚章、刘坤一查实。刘坤一的回奏对赵凤昌稍有微词,光绪帝下旨:"赵凤昌不恤人言,罔知自爱,著即革职,勒令回籍。"[2]此后,张之洞派赵凤昌到上海,办理湖广及他本人委派事宜,每月发给津贴。甲午战争期间,赵凤昌给张之洞发去了大量的电报,事涉情报、联络、建策诸多方面。他最初的电报署名为"惜阴",光绪二十年年底起其署名改为"坦"。"张之洞档案"中有着两人之间的大量电报。如果说杨锐是张之洞的"坐京",赵凤昌实为张之洞的"坐沪"。

曾馨,此时在《字林西报》做事[3],官衔为候选同知。很可能出自赵凤昌的介绍,张之洞在奉旨入京之前,于光绪二十四年闰三月密委曾馨"在

---

[1] 刘禺生:《世载堂杂记》,第64页。

[2] 中国科学院历史研究所第三所:《刘坤一遗集》,中华书局,1959年,第2册,第767页;《光绪宣统两朝上谕档》,第19册,第60—61页。相关的情节,又可参见本书第六章第一节。

[3] 关于曾馨的身世,邬国义先生写信告诉我:"……文中所说曾馨其人,据我所知,应即曾子安(亦名曾笃恭,字子安)。广东海阳人,为第一批留美幼童。先期成立的'出洋肄业局',曾聘其父曾兰生(曾恒忠)及其二子曾溥(字子睦)及子安为英文教习。曾兰生祖籍潮州,出生于新加坡,母为马来人,后成孤儿,为美国传教士抚养,至美国汉密尔顿学院学习。学成后至中国,先在外国公司任职,后入左宗棠幕府,曾任福州船政局教习。1873年第一批幼童赴美,曾兰生任翻译,其二子均随行(曾溥列为第二批留美名单)。曾子安时年已十六岁,是留美幼童中年龄最大的一位。曾溥及曾子安后均入耶鲁大学就读,其父则于次年回国,此后一直任李鸿章的英文翻译,直至1895年去世。关于其父及曾子安的情况,容闳《西学东渐记》及《郭嵩焘日记》均有一些零星的记录。曾子安入耶鲁后,未毕业而被清廷提前召回。归国后,先任上海《北华日报》、《字林西报》记者、编辑,《申报》上称其为'西字报馆翻译人',也有一些其事的记载。(1880年代初,一度在天津北洋水雷学堂任'洋教习',与严复是同事。) 1890年代以后,光禄寺卿曾广有保荐'广东在籍候选知府曾馨'之事。戊戌时期,张之洞密委其在上海坐探洋情,即兄文中所说之事。其与张之洞之认识,是否即出自赵凤昌的介绍,尚可探讨。因其父长期在李鸿章幕府,其兄曾溥与张佩伦等也相熟,本人又在天津北洋办过事,说明其家在当时有相当广泛而复杂的人脉关系。在1900年之后,曾氏入两江总督幕府办事。又曾为复旦大学的校董,与复旦校长李登辉和严复等编有《中国环球学生会报》,为四主编之一。《环球学生报》首期上还有一张其与李登辉、严复的照片。(附后)其晚年的情况,据现有的资料,辛亥革命后,在南京政府外事局工作,后任津浦铁路秘书和株萍铁路局长,1916年逝于天津。"这是非常详细的关于曾馨身世的介绍。又,中

上海坐探，凡有关时局情事，随时确探电禀。如有紧要事宜，除节要电达本部堂行辕外，并随时派专差飞禀行辕"。曾磐为此"月支薪水银三十两"。[1]从"张之洞档案"中可见，自是年四月十五日起，曾磐即向张之洞发电，数量一直较大。[2]其主要内容是与中国有关的外国事务。[3]八月初五日，张之洞接到天津委员巢凤冈关于英俄可能开战的电报，立即发电："上海。赵竹君转曾委员磐：闻英俄已开战，确否？如开战在何处？即复。鄂督抚院。歌。"[4]曾磐为此回复两电，说明英俄并未开战。[5]

戊戌政变后，赵凤昌、曾磐的电报也一下子多了起来。两人经常共发

国社会科学院近代史研究所图书馆藏有《赵竹君藏札》（所藏档号：甲120），其中有关于庚子前后的情报，共计三件，信封上称"字林曾缄"，内中署名"磐"。信封有英文印 North China Herald North China Daily News Office。由此可知曾磐在《字林西报》做事。此一材料是马忠文提示的。

[1]《密委同知曾磐在上海坐探洋情》，光绪二十四年闰三月十六日，《张之洞全集》，第6册，第135页。又据《张文襄公督楚公牍》光绪二十四年，该密委还有以下内容："计发密电码一本。""开报除札委该员遵照云云委任外，合亟札行。札到该局，即便遵照发给，并录报抚部院查考。毋违。札北善后局。"中国社会科学院经济研究所图书馆藏。后一内容是札湖北善后局开支的行文。

[2]《上海来电四（湖广）》，抄本《张之洞电稿》，第二十四册，中国社会科学院经济研究所图书馆藏。

[3]此处可以举曾磐发来的两电，可知其工作之内容："武昌督宪钧鉴：英京廿二电，英、俄因中国交涉不洽，即有干戈。俄于十九晚，急令向泊俄巴而的海海军，拣派铁甲巨舰、水雷共十三艘，火速来华。又旅大一带，现有陆师二万五千，海军大小五艘，海参威水陆军不在内。又探德藩亨利如（称）小吕宋一役，欧洲不与美争夺，拟于八月底赴长江游历。又，北京英公使电，并无因沙市事请开口岸，目下惟助中国，岂有挟求。又电，美国刻向中国租山东距兖州一百五十里之口，为屯煤泊舰之用云。曾磐禀。"（光绪二十四年六月二十二日戌刻发，二十三日申刻到）"巴而的海"，似为波罗的海；"德藩亨利"，德国亲王亨利，是德皇威廉二世的弟弟；"小吕宋一役"，指美西战争中美国占据菲律宾。"武昌督宪：按英电，中国李相受俄贿，心向俄，亦藉俄在朝廷前保护，故在总署遇事助俄，挟制政府。致英相沙侯忿甚，拟檄窦使，请总署奏参李相系大奸臣，乐为俄用。若现不速阻其奸，不去其权，则中国自主之权必失矣。磐禀。啸。"（光绪二十四年七月十八日未刻发，亥刻到）。此上两电见《张之洞存各处来电》，戊戌第3、4册，所藏档号：甲182-136）"李相"，李鸿章。"沙侯"，英国首相兼外相莎士伯雷侯爵，又译"索尔兹伯里侯爵"。"窦使"，英国驻华公使窦纳乐。

[4]八月初五日亥刻发，《张之洞电稿》，光绪二十四年一月至八月，所藏档号：甲182-455。

[5]曾磐电称："武昌督宪：英俄并未开战。恐两国与中国交涉，已密相议妥。有闻再电。磐禀。语。"光绪二十四年八月初六日未刻发，酉刻到。"武昌督宪：ума谕，再往探英总领事署，亦并未闻有战事。中外均无此说。有即电禀。磐禀。"光绪二十四年八月初九日戌刻发，初十日寅刻到，《张之洞存各处来电》，戊戌第5册，所藏档号：甲182-136。

一报,也有分工,赵凤昌报告国内之政情,曾磐报告外国或在华外人舆情。八月初八日(9月23日),赵凤昌发电:

> 昨京电云:上不豫及禁闭九门。又电仅云:训政后尚有大变。已询京,未复。端、吴已革职。沪道奉电旨,严拿康有为,闻初五出京。顷京电,樵野查抄。又闻英电,有派兵舰进大沽定乱。此说实可忧。坦禀。庚。[1]

这份电报中涉及许多内容,其中最关键者是英国可能干预,此虽是不确之情报,但可由此而知沪上的传闻。八月初九日(9月24日),赵凤昌发电:

> 盛接本日京发来两电:一、初六后,太后、皇上同见大臣,圣躬无恙。一、本日旨:徐致靖、张荫桓、张元济、梁启超、王照及谭、刘、林、杨四章京等共十六人拿问。嘱代复云:顷悉康搭"重庆"至吴淞,夜被英兵船派小轮接去。同行四人,接二人去。沪道接京电,令拿梁启超。又另闻,训政系杨崇伊密奉懿旨,告各大臣奏请。初三赴津,见荣面启云。坦禀。佳。崧兄:函件到否?祈示。康事曾面谈,竟为弟料及矣。[2]

"盛"是盛宣怀。该电报告了康有为逃脱的过程,并说明政变的起因是杨崇伊奉慈禧太后之旨告各大臣奏请,并有天津一行。这也是后来广为流传的说法。张之洞收到此电后,立即回电:"急。上海赵竹君:前闻梁启超在

---

[1] 上海,光绪二十四年八月初八日酉刻发,亥刻到。《张之洞存来往电稿原件》,第14函,所藏档号:甲182-385。"端、吴革职",指农工商总局大臣端方、吴懋鼎被革,是不确的传言。
[2] 光绪二十四年八月初九日戌刻发,初十日寅刻到,《张之洞存各处来电》,戊戌第5册,所藏档号:甲182-136。"十六人拿问"的数字不确,张元济、王照当时并无拿问之旨,当时被捕者仅徐致靖、张荫桓、杨深秀、杨锐、谭嗣同、刘光第、林旭、康广仁,仅八人。又,此电与曾磐前引电为一电。"崧兄",指梁敦彦,字崧生。"康事",指康有为之事。此为赵凤昌所附给梁之电。

沪，今已逃否？英俄战事如何？速复。"[1]该电虽未署名，然是张之洞的亲笔。八月初十日（9月25日），赵凤昌回电：

> 梁并未来沪，或已与康同为英舰接去。沪上康党已全逃。沪道向英领索康。有闻即电。英俄无战事。钧电、佳电已复。闻英必干预我国事。坦禀。蒸。[2]

赵凤昌此处再次强调英国干预的风险。也就在同一天，曾磐、赵凤昌再次发电：

> 英政府今午电沪英总领事云：俄王现不愿将大连湾作通商口，英甚不悦。又，牛庄即欲被俄占踞，已派英正水师提督西君，速带海军前往牛庄海面，伺俄动静；并派副都督费君分带八舰在大沽口，候北京信息。又，北京现不靖，如有人害皇上，英必保护，不任李鸿章党奸谋成事。又，现北京乱，正中俄之奸谋，已令窦使力阻矣。磐禀。
>
> 商局郑道昨晚急回粤，想为避祸。康已乘英兵轮赴香港。又传，如圣躬无恙，英人必挟制太后还宫，英以太后、合肥为俄也。闻英已派兵到京，保使馆。坦禀。蒸二。[3]

"窦使"，英国驻华公使窦纳乐（Claude Maxwell MacDonald）。曾磐的电报强调英国认为北京之变是俄国和李鸿章的密谋。"商局郑道"，指招商局郑观应。赵凤昌也认为英国将会出兵干预俄谋。八月十二日（9月27日），曾磐、赵凤昌发电：

---

[1] 八月初九日亥刻发，《张之洞电稿》，光绪二十四年一月至八月，所藏档号：甲182-455。
[2] 上海，光绪二十四年八月初十日未刻发，十一日寅刻到，《张之洞存往来电稿原件》，第14函，所藏档号：甲182-385。
[3] 上海，光绪二十四年八月初十日亥刻发，十一日午刻到，《张之洞存往来电稿原件》，第14函，所藏档号：甲182-385。"牛庄"，今营口。

沪英官接北京电,李鸿章初六晚电求俄王,派陆军一万入北京弹压,为太后复权,有不测云。又,俄海军十四艘初八晚由旅顺赴山海关,伺英海军动静为(原文如此,有错字)。英闻俄兵赴北京之信,在山海关海边守通京大道,以阻俄兵去路。又,英、俄海军在山海关相距二、三英里,不合即开战云。又,英欲助皇上立新政,能自强,俄不愿中国自强,俾可挟制,是以英助皇上、俄助太后及李鸿章云。又,康有为密奏皇上:预置太后别宫,并逐李鸿章回籍,否则李奸谋皇上必被算计;宗室不愿新政者,不防必为患。此折太后初五晚得知,即震怒,将皇上撤位,康等拿问也。再,康在英小炮船,今午接至中等兵船,因有俄大水雷船在吴淞口,恐其截康交李鸿章。又,英即有大巡舰两艘由威海来,明晨到沪,系来守吴淞口。磐禀。真。

洋电:英由印度派兵二万五千,定一月到北京。又,闻俄已由旅调兵赴山海关。又,沪税司告盛京卿,康有为已附英公司出洋云。遍察洋电情形,西人议论,英、俄定必干预,一发即不可收拾。康已为英庇,正如韩之闵泳孝,恐英人将以大院君待慈圣。如俄得志,则我更为所挟。朝廷、国事危在呼吸,惟望深宫勿再操切,更有举动,并左解康党,以缓英、俄之势。然外廷断难陈请,不知可将英、俄伺隙危险情形上达否?或电致译、枢否?关系非常,宪台或商酌南洋,将详情合达枢、译否?顷在盛处商拟电语,彼即电荣相。已请便发京后照转宪台矣。坦禀。真。[1]

曾磐的电报再次强调英俄矛盾,并称康有为密奏光绪帝,别置慈禧太后。这当然是上海新闻界的传言。赵凤昌的电报也以英俄矛盾为题,但强调的

---

〔1〕上海,光绪二十四年八月十二日丑刻发,十三日寅刻到,《张之洞存来往电稿原件》,第14函,所藏档号:甲182-385。"沪税司",上海税务司。"盛京卿",盛宣怀。"左解",原件在"左"字上有记号,当时即疑该字有误。

是英国与俄国可能会干涉。"深宫勿再操切",即不能对光绪帝再下手。"南洋",两江总督、南洋大臣刘坤一。赵凤昌求张之洞与刘坤一商量,"将英、俄伺隙危险情形"上报军机处与总理衙门。赵还声称已与盛宣怀商议,由盛发电给荣禄。至于盛宣怀此电的背景,赵凤昌后来回忆道:

> 忽八月十三日朝旨,不谳即决新党六人。……中外震惊,以为将有废立。十四下午,上海各国领事会访铁路大臣盛宣怀探消息。盛答谣传废立,必不可信。英领即言:"常言最毒妇人心,英亦有此语。或竟有此举,中国必纷乱,各国不能默尔。于一月内,英可调印度兵三十万来华。"各领去后,盛即告予与梅生。予言应速电荣禄,俾知外人意见。盛以信可详达。予谓:"信缓恐不及,且见痕迹,不如简电迅发。"盛既亦以为然,即电荣。大意:本日午后沪各领事约来探问北京情形,恐中国多事,英于一月内可调印度兵三十万来云,望勿再有大举。次日得荣复电,决无大举。……盛后到京晤荣,追述其时幸得汝电而止……[1]

此为赵凤昌事后的回忆,细节上多有不准确之处,但可以看清盛、赵等人以外人干涉为由保全光绪帝之用意。而此期刘坤一的两封著名电报,即其致荣禄电、请总理衙门代奏电,很可能就是盛、赵等人活动所致。[2]八月

---

[1] 赵凤昌:《戊庚辛纪述》,《人文月刊》,第2卷第5期,转引自《丛刊·戊戌变法》,第4册,第318—319页。"梅生",何嗣焜,时任南洋公学总理。

[2] 前节已叙,盛宣怀暗喻张之洞出面上奏,以保全光绪帝;以盛宣怀与刘坤一的关系而言,既能与张言,亦可与刘言。赵凤昌请张之洞与刘坤一商量,亦有可能请刘与张商量。胡思敬称:"戊戌训政之后,孝钦坚欲废立。贻毂闻其谋,邀合满洲二三大老联名具疏请速行大事。荣禄谏不听,而恐其同负恶名于天下也,因献策曰:'……臣请以私意先觇四方动静,然后行事未晚。'孝钦许之。遂以密电分询各省督臣,言太后将谒太庙,为穆宗立her。江督刘坤一得电,约张之洞合争。之洞始诺而中悔。……(刘)遂以一人挺身独任,电复荣禄曰:'君臣之义至重,中外之口难防。坤一所以报国者在此,所以报公者亦在此。'道员陶森甲之词也。荣禄以坤一电入奏,孝钦惧而止。"《国闻备乘》,中华书局,2007年,第92页。胡思敬此说流传甚广,然缺乏具体时间。查《刘坤一集》,刘于光绪二十四年七月二十一日发电荣禄:"自我皇太后训政,于变法各事,应办者仍办,停者即停,措置合宜,天下欣然望治。我皇上恭已以听,仰见两宫慈孝相孚,始终无间。我公与

十四日（9月29日），赵凤昌发电：

> 京电：昨将拿问康弟、谭子并两御史等六人已办。不知叔峤如何？惨急之至。坦禀。寒。[1]

此为报告六君子赴难。八月十五日，赵凤昌发电：

> 戴道北来，述袁侍郎召见，上令调兵入京，请问何事，不明谕，袁对非明诏不敢调。袁即出京，然以上语泄人，深宫得知，嗣事急。上密谕交谭赴津，令袁拿荣即正法。袁迳告荣。荣电京。慈圣令荣速入都。密谕传系士奇拟，故不免。荣亦面告悝，险遭不测。及闻康系四章京面奉旨密告，始行。初调袁，康主意，威逼慈圣。真胆大绝伦，人神共愤。现调董军入京，已有到者。坦禀。咸。[2]

此是关于戊戌政变原因的另一种说法。"戴道"，不详其人。其称光绪帝当

礼邸、庆邸从中调护，永保安全，外议纷纭，无可籍口，是皆社稷之福，始得有此转机。现闻康逆监禁香港狱中，似可将其恶迹宣布各国，照会英使交犯惩办。伏祈卓裁，并候电复。"《刘坤一遗集》，第6册，第2560页。该电的发电时间当有误，查康有为八月十四日到达香港，在中环警署住了7天。由香港至上海再至南京的消息传播时间，刘此电发于八月中下旬，很可能是八月二十一日。八月二十八日，刘电奏："国家不幸，遭此大变。经权之说须慎，中外之口宜防。现在谣诼纷腾，人情危惧，强邻环视，难免借起兵端。伏愿我皇太后、我皇上慈孝相孚，尊亲共戴，护持宗室，维系民心……坤一受恩深重，图报无由，当此事机危迫之际，不敢顾忌讳而甘缄默。"同上书，第3册，第1415页。电文中"中外之口宜防"、"强邻环视，难免借起兵端"，皆是赵凤昌、盛宣怀给张之洞电报中的内容。关于两电的背景，刘于九月二十日致工科给事中冯锡仁的信中称："现在两宫慈孝相孚，诚为宗社苍生之福，而其枢纽全在荣相，内则设法调停，外则勉力撑持。宁国即以保家。此公解人，当见及矣。""敝处前此电奏，不好措辞，止合浑含劝谏，希冀动听。"同上书，第5册，第2233页。

[1] 上海，光绪二十四年八月十四日酉刻发，亥刻到，《张之洞存来往电稿原件》，第14函，所藏档号：甲182-385。

[2] 上海，光绪二十四年八月十五日酉刻发；十六日酉刻到，《张之洞存来往电稿原件》，第14函，所藏档号：甲182-385。又，该电文下有十九字未译，不明其原因。"士奇"，似为明代大臣杨士奇，此处暗指杨姓，很可能是指杨锐，即光绪帝命杨锐起草密谕给谭嗣同；"故不免"，指杨锐由此不免于死。

面命袁世凯调兵入京,是最重要的情节,但难以验证;另有诸多细节不确,如"上密谕交谭赴津,令袁拿荣";又如"慈圣令荣速入都",就目前所能见之史料,皆为不可能之事。"恽",似为恽祖祁,此时请训后离京,可能在津与荣禄见面,荣告之。"董军",董福祥部。八月十八日,曾磐发电:

> 洋电:北京英、美、日三使拟于数日内同请觐皇上,病亦必见。知已服短宴贺也。磐禀(典兄:小岩十六北上。其兄事未曾明告)。[1]

此为各国公使施压之事。对照史实,主要是英国公使,清朝最后同意由法国公使馆医官入宫给光绪帝看病。八月二十五日,赵凤昌发电:

> 督宪。黄看管,候旨。闻英领事已电沙侯,保其命云。顷京洋电,复八股,停农局,禁报馆,办主笔;又所陈维新者,均革职云。《字林报》今日论,湘抚已罢,深宫须有主见,勿为人谣动两湖。是中国欲兴,切勿造屋先去大栋云。坦禀。[2]

"黄"为黄遵宪。这份电报最重要的内容是"勿为人谣动两湖",由此将威胁到张之洞的地位。张之洞收电后立即发电张权,并让梁敦彦发电经元善,询问北京对其有何议论。[3] 相同的事件此后还有一次。[4] 九月初三日,赵凤

---

〔1〕上海,曾委员。光绪二十四年八月十八日酉刻发,二十日丑刻到。《张之洞存往来电稿原件》,第14函,所藏档号:甲182-385。括号是原件所有。"知已服短宴贺也",原文如此,似有错字。"典兄",梁敦教,时为张之洞电报文案。"小岩",肖岩,杨锐之弟杨悦。这一段话,为赵凤昌发报时加上的。

〔2〕上海,八月二十五日戌刻发,亥刻到,《张之洞存往来电稿原件》,第14函,所藏档号:甲182-385。

〔3〕梁敦彦给经元善的电报称:"急。上海。经道。谣传京中系何人弹议,所议何事。望探询盛京堂。速复。彦。"(光绪二十四年八月二十六日子刻发,出处同上)此电原发给赵凤昌,并删去"来电所云",是作为给赵凤昌的回电,后改发经元善。同日,张之洞亦发电张权询问此事,详见本章第一节。

〔4〕九月初五日,张之洞听闻有关湖北的谣传,新任四川总督奎俊将过鄂访查,立即发电张权,并以梁敦彦的名义发电赵凤昌,要求查明确情。梁敦彦的电报称:"上海。赵竹君。鄂谣系指何事?所云

昌再发电：

> 督宪。京洋电，已选定庆王之孙、蓝公之子，十三岁。闻候太后万寿嗣统。日公使前数日照会总署，如废立，必竭力阻止。庆、礼两邸即奏太后，故近日懿旨一切已从宽云。另闻荫桓赐死，尚不确。坦禀。江。〔1〕

这是第一次传出废立的消息，其中"庆王之孙、蓝公之子"必有误。〔2〕"太后万寿"即慈禧太后生日，十月初十日。日本政府当时确有阻止废立的外交行动；张荫桓将处死的消息当时有传闻，英、日两国驻华公使及前来访问的伊藤博文对此也进行了干预。〔3〕

八、余论

以上所引张之洞与京、津、沪之间的来往密电，使今人得以窥见这一特殊历史时期的诸多内部场景：在戊戌政变之前，北京的政治局势已是相

奎查鄂事，系何处信息？确否？此间并无所闻。祈即刻详示。彦。歌。"（九月初五日亥刻发，《张之洞电稿》，光绪二十四年九月至十月，馆藏档号：甲182-455）与此同日，张之洞亦发电张权，询问此事，见第194页注释2。此后梁敦彦又发电："上海。赵竹君。急。语电悉。武昌西电所言，鄂院奉旨留任一节，乃因有拟复鄂抚之议而讹。所谓留任，即仍留此抚一缺也。所指鄂院者，即抚院也。而顷阅《新闻报》，竟载有督宪奉旨革职留任一条，实堪诧异。细思此说，必因鄂电'鄂院留任'四字之不明故，疑鄂院为督院，又因留任二字无著，故又妄加革职二字耳。至奎查鄂事一节，已经确访（后三字由'得京电'改），实无其事。请将鄂电所以误传之故，告知该报馆更正，并望转告星海为祷。彦。蒸。"（九月初十日亥刻发，出处同上）"星海"，梁鼎芬。由此又可见，张之洞对当时报纸上的不实言论也极为担忧。

〔1〕上海，九月初三日酉刻发，亥刻到，《张之洞存来往电稿原件》，第14函，所藏档号：甲182-385。
〔2〕庆亲王奕劻之子载振当时未封为辅国公、镇国公，且庆亲王身居重位，又血脉太远，其孙不宜入嗣。"京洋电"只能是音译。"蓝公"若是"澜公"之误，似指辅国公载澜，他是咸丰帝的五弟惇亲王奕誴第三子，血脉很近。后来封为"大阿哥"溥儁，是其兄端亲王载漪之子。若是如此，又应写为"惇王之孙、澜公之子"。
〔3〕相关的研究参见拙文《日本政府对于戊戌变法的观察与反应》，《戊戌变法史事考》，第485-490页。

当紧张;而政变之后,因无准确之情报,当时即有多种版本的政变起因,并流传至今。而特别让人感兴趣的是,盛宣怀、赵凤昌竟想让张之洞出头上奏以保全光绪帝。毫无疑问,以上密电中的许多具体内容虽未必可靠,但却可以真实地反映出当时的官场政情和舆情。

张权、张检、杨锐、黄绍箕是张之洞绝对信任之人,他们发来的电报,内容绝对重要;钱恂也是张之洞的亲信,其内容应与张权、张检、黄绍箕相同等级。但是,我在"张之洞档案"中却找不到戊戌政变前后他们的回电(钱恂戊戌政变后的电报也未见)。由此,我怀疑,张之洞在频频下令张权、黄绍箕等各位在京人士销毁他们的电报信件时,很可能对这些重要的来信和电报也进行了特别处理或特别收藏,即从正式的公务档案中抽出,密藏于其私人文件之中,或也有可能部分"付丙"。杨锐、张权等人的重要信件在张死后由"后门外估人"所收,让李宗侗、李景铭得之收藏,似可作为一证。[1]而现藏于中国社会科学院经济研究所图书馆的电报抄本共计47册,其中36册以地区、以任所、以"来电""去电"分类,抄写相当工整,用纸也相同,时间从光绪十五年开始,至光绪二十六年七月为止。[2]由此可以推断,这批档案是张之洞于光绪二十六年七月以后下令抄的,以便自己随时查考。但很有意思的是,其中没有光绪二十四年五月至十二月的电报,有的甚至只是半本,即将戊戌变法的内容完全抽去。[3]那么,又是

---

[1] 相关的情况,可参见本书第一章第一节、第二章第四节。
[2] 此为抄本《张之洞电稿》,原编为第一至二十五册,其中有两个第十册;第二十七、二十八册;第三十至三十六册;第24册。原编目稍有混乱(有汉字及阿拉伯数两种序号),中缺第二十六、二十九诸册。
[3] 在该类抄本中,第十九册《北京来电》,中缺《北京来电三》(光绪二十四年闰三月至十二月);第二十册中《致北京电·三》(光绪二十四年六月至七月)仅是半本,而光绪二十四年七月至十二月完全没有;第二十一册中《直隶来电三》(光绪二十四年正月至五月)仅是半本,而光绪二十四年五月至十二月完全没有,该册中《致直隶电二》(光绪二十三年至二十四年正月)也是半本;第二十二册中《致北洋电一(湖广)》(光绪二十二年至二十四年)仅是半本;第二十三册中《江苏来电二》(光绪二十三年十一月至二十四年闰三月)仅是半本,《致江苏电二(湖广)》(光绪二十四年正月至闰三月)也是半本;第二十四册中《上海来电四(湖广)》(光绪二十四年闰三月起)仅是半本,时间到五月为止,而《上海来电五(湖广)》整册缺;第二十五册中《致上海电

谁下令抽去这些电报的呢？旁人似无此等权力，只能是张本人。可以再追问的是，张之洞为何要下令抽去这些抄件呢？这些被抽去的电报内容究竟隐藏着什么样的秘密呢？

我在阅读这批档案时，给我印象最深的是张之洞的情报网络。李宗侗两次谈张之洞的"坐京"，稍有不同，前次称有杨锐、黄绍箕、吴敬修（菊农）、张彬；后次称有刘恩溥、黄绍箕、杨锐、张彬。[1]然从张之洞之子张权、之侄张检的来信可知，这一名单上还可加上张权、张检、李荫銮；从王秉恩电报可知，还可再加上乔树枏。担任张之洞"坐京"的具体人数，今已不可考，大体为其门生、亲戚及清流同党。[2]而各种原因进京的湖北官员，都充当了他的临时情报员。在一些重要之区，张之洞还派定其亲信，甚至雇佣专门的情报委员，如赵凤昌、曾磐和巢凤冈。

由此似可以推定，张之洞在戊戌变法中收到的情报是一个很大的数字，我们今天能够看到的只是其中极少数。我在这里可举一个例子，戊戌政变后，张之洞于光绪二十四年十二月初五日（1899年1月16日）亲写电文，发电给新任湖南巡抚俞廉三，称言：

三（湖广）》（光绪二十四年正月至五月），仅是半本；第二十七册《本省来电七（湖广）》（光绪二十四年闰三月）仅是数页，以后缺；其余如第三十一、三十二、三十四、三十六和第二十四册中，有关戊戌时间的电报都是整本缺。

[1]《杨叔峤光绪戊戌致张文襄函跋》，《大陆杂志》，第19卷第5期；《杨锐致张文襄密函跋——高阳李氏所藏清代文献跋之一》，《大陆杂志》，第22卷第4期。

[2]此后，张的门生许景澄以工部侍郎出为总理衙门大臣，门生袁昶以三品京堂候补出任总理衙门大臣，身为高官，亦时常发电。试举数例："京。张玉叔译送总署袁大臣：急。常熟重被遣，因何而起？竹筠到署能主持数事否？速示。迂。蒸。"（光绪二十四年十一月十一日子刻发，《张文襄公电稿墨迹》，第2函第11册，所藏档号：甲182-219）此让张检转其电，询问翁同龢交地方官看管之原由。"京许侍郎来电。制台：旨亲康、梁、王三人，李复难办。澄。"（光绪二十四年十一月初一日已刻发，初二日子刻到，《张之洞存各处来电》，甲182-137，戊戌第10册）此为慈禧太后命在日本捉拿康有为、梁启超、王照，驻日本公使李盛铎复电"难办"。"许侍郎、袁京堂来电。两湖总督张钧鉴：将领学堂事，未称慈意。澄、昶。支。"（光绪二十五年二月初四日戌刻发，初五日丑刻到，《张之洞电稿》，光绪二十三年至二十九年，所藏档号：甲182-209）即向张透露慈禧太后的意图。

急。长沙，俞抚台：密。蔡与康有为甚厚，康在广西开圣学会，乃蔡力助成之。康入京后，蔡允岁筹二千金供康用。前桂抚史念祖被劾，蔡及某绅有力。史既革，遂劾游藩、蔡臬。奉旨：游、蔡交部议处。部议降调。康侦知吏部具奏之前一日，嘱言官力保游、蔡，旨遂交新任黄抚查，遂均无事。康电蔡居功，由首府转达，其事遂泄，桂省皆知。蔡调湘臬者，康欲召黄遵宪大用，使蔡移湘，袭黄所为，助其传教也。粤督谭查出人与康来往书信甚多，已进呈，著名者四五人，蔡其一也。实在事迹如此，请公细访详酌。洞。[1]

此中牵涉人物甚多，关系到京城、桂林、广州诸地，我们也不妨设想一下，张之洞又是从何处用何方法获知这些极其秘密的情报的？

---

[1] 光绪二十四年十二月初五日子刻发，《张文襄公电稿墨迹》，第2函第10册，所藏档号：甲182-219。"蔡"，广西按察使蔡希邠，后调湖南按察使；"游"，广西布政使游智开；"黄抚"，广西巡抚黄槐森；"谭"，两广总督谭钟麟。

第四章

张之洞与《时务报》、《昌言报》

——兼论张之洞与黄遵宪的关系

"百日维新"期间,张之洞与康有为在政治上已经对立,但两派一直没有直接交手。就我所见的材料来看,康有为一派似不太注意偏于湖北的张之洞一派,而张之洞一派对康有为一派在政坛上异军突起,有相当大的恐惧感。康、张两人的政治地位虽有很大差距,但京师毕竟重于武昌,且康已见重于光绪帝。张之洞的幕僚陈庆年,在光绪二十四年四月三十日(1898年6月18日)的日记中,生动兼具形象地写道:

> ……南皮师知康学之为邪说,而不敢公发难端,作书与梁节庵云:"康学大兴,可谓狂悍。如何,如何!"梁答之云:"贼猖悍,则讨之,不当云如何也。"[1]

此中"不敢公发难端","康学大兴","可谓狂悍"诸语,描绘出张之洞此期忧愤且无奈之情状。然而,当康有为、梁启超准备将《时务报》收归其有,以掌控当时最重要的舆论阵地时,张之洞出手了,但他仍没有正面出场,而只是暗中操纵。

需要说明的是,关于《时务报》和《昌言报》和戊戌前后的黄遵宪,已经有了相当多且好的研究著作与论文。[2] 本章只是对先前的研究进行一

---

[1]《戊戌己亥见闻录》,《近代史资料》,总81号,第113页。
[2] 可参见汤志钧:《戊戌时期的学会和报刊》;廖梅:《汪康年:从民权论到文化保守主义》,上海古籍出版社,2001年;蒋英豪:《黄遵宪师友记》,上海书店出版社,2002年;郑海麟:《黄遵宪传》,中华书局,2006年。崔志海:《论汪康年与〈时务报〉:兼论汪梁之争的性质》,《广东社会科学》,1993年第3期;廖梅:《〈时务报〉三题》,《近代中国》,第4辑,上海社会科学院出版社,1994年;管林:《黄遵宪与陈三立的交往》,《学术研究》1995年第3期;杨天石:《黄遵宪与苏州开埠

些补充,其主要目的之一,在于披露"张之洞档案"中尚未发表的材料。

一、相关背景:《时务报》的创办与汪、梁矛盾

前已述及,光绪二十一年九月,以湖广总督署理两江总督的张之洞,与新中进士康有为相会于南京,决定开办上海、广东两处强学会。其中上海一处由汪康年办理,汪未到时,由康有为等人先行办理。然因康在上海《强学报》中用孔子纪年诸事,显示其独特的学术与政治之倾向,张之洞大为光火,于十二月初四日(1896年1月18日)发电尚在武昌的汪康年:

> 武昌两湖书院汪山长穰卿:请速来宁,商强学会事。切盼。并望转催邹、叶诸君,洋务书何时可纂成?即示复。洞。肴。[1]

而等到汪康年最终到达上海时,上海强学会和《强学报》已由张之洞下令停办,康有为也已返回广东。[2]

汪康年(1860-1911),字穰卿,浙江钱塘(今杭州)人。光绪十五年(1889)举人,十六年为张之洞的家庭教师,后入张之洞幕。十八年中贡士,未应殿试;二十年补行殿试,又未应朝考。他在湖北的六年中,与张之洞幕中诸人交往甚深,并以此张开与全国官僚士人的关系网络。今存上海图书馆且已出版的《汪康年师友书札》,正显示了他此种特殊的交际能力。康有为当时亦对汪有较多的好感。[3]

交涉》,《学术研究》,2006年第1期;马勇:《近代中国知识分子的悲剧:试论〈时务报〉内讧》,《安徽史学》,2006年第1期;李吉奎:《因政见不同而影响私交的近代典型:康有为、梁鼎芬关系索隐》,《广东社会科学》,2006年第2期;黄升任:《黄遵宪与〈时务报〉》,《学术研究》,2006年第6期;孔祥吉:《黄遵宪若干重要史实订证》,《清史研究》,2010年第2期。

[1] 光绪二十一年十二月初四日辰刻发,《张之洞存往来电稿原件》,第11函,所藏档号:甲182-382。在该电稿中,张之洞删去"星海想已到鄂"一句。其抄件又见于《张之洞电稿乙编》,第48册,所藏档号:甲182-71。"邹",邹代钧。"叶",叶澜。

[2] 相关的内容,可参见本书导论第一节。

[3] 康有为于光绪二十一年十二月十二日致其弟子何树龄、徐勤信称:"……今彼既推汪穰卿来,此

早在光绪二十年，汪康年就有办报的设想，最初的设计为《译报》；亦曾与梁启超商定在上海办报的计划。汪此次来到上海，所接收者仅是强学会余款银三十余两及七十余元，但并没有放弃。[1]他与正在上海办理教案与苏州开埠事务的金陵洋务局总办、分省补用道黄遵宪商议此事，得到了黄的支持。汪又与上海绅商经元善（张之洞此时派在上海的账房）商量，以索回张之洞捐赠上海强学会的余款。经最初对此并不同意，且言词激烈；[2]然他奉到张之洞的幕僚黄绍箕、梁鼎芬的信件后，立即予以拨款。[3]光绪二十二年五月初三日（1896年6月13日），经致汪信称："昨承左顾，罄谈甚畅。兹送上强学会余规银七百两庄票一纸……"[4]此款后来成为《时务报》开办的主要经费之一。与此同时，梁启超抵达上海。黄遵宪、汪康年、梁启超、吴德潚、邹凌瀚共同发起《时务报》。张之洞虽未直接参与其事，但也表示了对汪未从其命返回湖北而坚持在上海办报的谅解。[5]

光绪二十二年七月初一日，《时务报》第一期在上海出版。梁启超以其

人与卓如、孺博至交，意见亦同（能刻何启书三千部送人，可想是专持民主者，与易一必合）。"（《康有为遗稿·戊戌变法前后》，第236—237页）"孺博"，康有为弟子麦孟华。"易一"，何树龄。

[1] 据《申报》光绪二十二年三月十一日刊登的《强学局收支清单》，"共收银七百十两，收洋二千二百四十七元九角二分。除支洋二千一百七十二元七角八分，口存银七百三十两，存洋七十五元一角四分，所有余款数目单据及自置书籍、木器、物件于去腊廿五皆点交汪进士穰卿收存"。"除香帅余款七百两函经莲珊太缴回外，余款交汪穰卿进士"。相关的情况亦可参见本书导论第一节。

[2] 光绪二十一年十二月三十日，经元善致信汪康年："……强学会事，诚是当务之急，一唱百和，方期逐渐扩充，以树自强之本，忽然封禁，浩叹殊深。惟康长翁之手段，似长于坐而言，绌于起而行，欲集众人之资以逞一己之见，物议之来，或有由致。弟本为门外汉，又为局外人，早已禀陈香帅力辞会董之职，……谨谢不敏，自后勿以此事相告为幸。"《汪康年师友书札》，第3册，第2425页。

[3] 经元善为此发电张之洞："强学会余款七百金，据黄绍箕、梁鼎芬两太史函，拨交汪进士康年手收，已付讫，以清经手。元善禀。"（光绪二十二年五月初四日亥刻发，初六日午刻到，抄本《张之洞电稿》，第32册，《上海来电一·湖广》，中国社会科学院经济研究所图书馆藏）强学会余款由梁鼎芬等人处理，也是张之洞先前的决定。可参见本书导论第一节。

[4]《汪康年师友书札》，第3册，第2426页。

[5] 相关的研究，可参见廖梅的论文《〈时务报〉三题》，《近代中国》，第4辑及其著作《汪康年：从民权论到文化保守主义》第三章。光绪二十二年五月，汪康年从上海去武昌，向张之洞说明情况。

精锐的思想、出色的文笔，使之风行于世。汪康年亦于该报出版初期写信向张之洞报告，并附呈其报：

> 广雅年伯尚书大人钧察：前奉禀敬，谅尘鉴览。《时务报》已于初一出报，曾托念劬转呈，想蒙赐察。第二期报已印成，谨由信局寄呈贰册，并附第一期报二册。伏乞察入。所虑论卑识近，不足尘大雅之观。惟望训正。专函敬请崇安。年愚侄汪康年谨上。[1]

"念劬"，张之洞的亲信幕僚钱恂。张之洞收到此信后，于七月二十四日（9月1日）命钱恂发电：

> 上海《时务报》馆：头期报三百五十、二期二百速寄。恂。[2]

二十五日，张之洞又命全省文武大小衙门书院学堂一律官费派阅。[3]此后，浙江巡抚廖寿丰、湖南巡抚陈宝箴、安徽巡抚邓华熙、两江总督刘坤一、江西布政使翁曾桂等官员纷纷下令派阅或协助销行，使《时务报》短期内获有极大的销路。[4]然而，康有为的"今文公羊"、"孔子改制"等学说为张之洞等官员所不喜，汪康年更多地代表着张之洞一派的立场。梁、汪之间，由此生隙。

梁启超考虑到《时务报》此时的财务困局及自办报纸不易，对"孔子

---

[1]《张之洞存札残件》，所藏档号：甲182-478。原信无日期，然《时务报》第2册出版于光绪二十二年七月初十，此信当写于此时。

[2] 七月二十四日午刻发，《张之洞电稿》光绪二十一年七月至八月，所藏档号：甲182-482。整理者有误，根据内容，此电发于光绪二十二年。又，该电原稿中另有钱恂的附注："私电廿字请崧生仁兄大人速发。此系奉帅谕饬取之件，维自出报费，实官事也。弟恂。""崧生"，梁敦彦，张之洞的幕僚。由此可知，钱恂奉张之洞之命发电。

[3]《札善后局筹发〈时务报〉价》，光绪二十二年七月二十五日，"共计二百八十八本，共价一千一百五十二元"。《张之洞全集》，第5册，第506-507页。

[4]《购订〈时务报〉发交通省各书院观阅札》，《陈宝箴集》，中册，第1131-1132页；并参阅廖梅《汪康年：从民权论到文化保守主义》，第66-69页。又，汪康年给陈宝箴的信中称："……报册得荷提倡，湘省业已畅销。此间每期可销至七千余份，年内添译书籍并建藏书楼，以仰副盛意……"《陈宝箴友朋书札》（三），《历史文献》，第5辑，第179-180页。

纪年"等项,采取了"不复力争"的态度,对康有为提出的"再蹶再兴"的强硬要求,也提出了"稍谐众论"、"然后徐图"的和缓对策。[1]而他在致汪康年之弟汪诒年的信中,将其在《时务报》馆中的委曲,尽情发泄出来:

> 启超之学,实无一字不出于南海。前者变法之议(此虽天下人之公言,然弟之所以得闻此者,实由南海),未能征引(去年之不引者,以报之未销耳),已极不安。日为掠美之事,弟其何以为人?弟之为南海门人,天下所共闻矣。若以为见一康字,则随手丢去也,则见一梁字,其恶之亦当如是……[2]

同为《时务报》撰述的章太炎,亦因学术分歧,于光绪二十三年三月十三日(1897年4月14日)在上海被康有为弟子所殴,狼狈不堪,避走杭州。[3]汪康年与章太炎同乡且交善,汪自然袒章。

张之洞一开始并没有参预《时务报》的内部纷争。

从"张之洞档案"来看,他最初对梁启超极欣赏。光绪二十二年十二月二十八日(1897年1月30日),张之洞通过其大幕僚梁鼎芬发电梁启超:

> 《时务报》馆梁卓如:南皮有要事奉商。明正第一轮来,住芬处。

---

[1] 梁启超致康有为信称:"孔子纪年、黄、汪不能用,后吴小村文(父)子来,又力助张目,仍不能用。盖二君皆非言教之人,且有去年之事,尤为伤禽惊弦也。去年南局之封,实亦此事最受压力。盖见者以为自改正朔,必有异志也。四月廿七书云:改朔为合群之道,诚然。然合群以此,招忌亦以此。天下事一美一恶,一利一害,其极点必同比例也。今此馆经营,拮据数月,至今仍有八十老翁过危桥之势(旁注谓经费)。若因此再蹶,则求复也更难矣。故诸君不愿,弟子亦不复力争也。来书谓:再蹶再兴,数败不挫,斯法立矣。然我辈非拥朱、顿之赀,事事仰人,欲集万金,以就一事,固不易易。故毋宁稍谐众论,俟局面既定,然后徐图……"(《觉迷要录》,录四,第22页)"黄",黄遵宪。"汪",汪康年。"吴小村文(父)子",吴德潚、吴樵。"南局",上海强学会。"朱、顿",春秋时富豪陶朱公(范蠡)和猗顿的并称。尽管康有为提出"改朔为合群之道","再蹶再兴,数败不挫"的强硬主张;梁仍持"稍谐众论"的和缓态度。

[2] 《汪康年师友书札》,第2册,第1862页。

[3] 相关的细节,可参见本书导论第三节。

专待,盼复。芬。俭。[1]

梁启超于光绪二十三年正月十五日到达武昌,次日即去拜访。他在信中详细说明了与张之洞相见的情况:

> 十六日适南皮取侄媳,贺客盈门。乃属节庵入与之言,其午乃入见。南皮撇开诸客延见,是夕即招饮,座中惟节庵、念礽两人相陪,谭至二更乃散。渠相招之意,欲为两湖时务院长,并在署中办事,以千二百金相待。其词甚殷勤,又其辨过于伍……

张之洞撇开宾客专门与梁相见,又以梁鼎芬、钱恂两亲信幕僚相陪欢宴至日"二更",再以"院长"、年薪银一千二百两相待,在我所见的"张之洞档案"中,张待梁之规格,似属其待人的最高优礼。然梁仍以《时务报》之需为由辞之。[2] 光绪二十三年六月二十一日(1897年7月20日),张之洞又发电盛宣怀:

> 上海盛京堂:梁卓如孝廉即经奏调在沪,曾见面否?此人必须优礼。如尚未晤,似须台端先往拜更好。洞。箇。[3]

对于一位年仅二十四岁的举人,要求如此施敬,意味着对其才华的肯定。

---

[1] 光绪二十二年十二月二十八日西刻发,《张之洞电稿丙编》,第69册,所藏档号:甲182-93。

[2] 《汪康年师友书札》,第2册,第1841页。"伍",伍廷芳,此时新任驻美公使,亦欲聘梁为参赞。梁辞之。"其辨过于伍",即是张之洞的说词超过了伍廷芳。又,原注称该信"约为二十二年到湖北时所发",似为误。此信似发于光绪二十三年正月十七日。

[3] 光绪二十三年六月二十一日西刻发,《张之洞电稿丙编》,第72册,所藏档号:甲182-94。张之洞之所以建议盛宣怀礼遇梁启超,是由于盛新近向朝廷奏请调用梁氏帮办铁路。"丁酉四月,直隶总督王文韶,湖广总督张之洞,大理寺卿盛宣怀,连衔奏保,有旨交铁路大差遣,余不之知也。既而以札来,粘奏折上谕焉,以不愿被人差遣辞之。张之洞屡招邀,欲致之幕府,固辞。"梁启超:《三十自述》,丁文江、赵丰田编:《梁启超年谱长编》,第66页。又,盛宣怀之《奏调人员片》,光绪二十三年三月,可见盛宣怀:《愚斋存稿》,刊本,思补楼藏版,1939年,卷一,第26页。该片请求奏调何嗣焜、蔡汇沧、郑孝胥、梁启超四人辅助办理铁路,其中关于梁启超的考语称:"举人梁启超博通古今,志气坚强……"

光绪二十三年七月二十日，张之洞给汪康年、梁启超的信中再次邀请梁："……甚盼卓老中秋前后来鄂一游，有要事奉商，欲得盘桓月余。此不多及。"[1]是年秋，梁启超去湖南任时务学堂职时过鄂，张之洞仍与之多次交谈。[2]到了光绪二十三年底，张之洞对梁启超遵从其师康有为的思想，已经极为反感，但仍有意做梁的工作，等待其改变态度。[3]

汪康年毕竟是其旧属，张之洞也视《时务报》为自家之物件。光绪二十三年八月二十八日（1897年9月24日），张发电汪：

> 致上海《时务报》馆汪穰卿。急。汤蛰仙大令寿潜来鄂，谈甚洽。昨已赴沪，请挽留贵馆，三四日作一文，取其持论正大，既可分诸君之劳，兼以救他报新奇之弊。在鄂时，汤已许可。每月由敝处筹送薪资四十金。即送关。祈转致，并示复。俭。[4]

从电报的语气来看，与对待其在武昌的下属并没有什么两样。汪康年对此完全照办，并复电同意。[5]此外，张之洞还经常委派他办理聘请湖北新学堂教习诸事，"张之洞档案"中存有两人之间此类事务的多件电报。

---

[1]《汪康年师友书札》，第2册，第1672页。原件无年份，根据该信中"戒缠足会"、"农学会"的内容，当写于光绪二十三年。

[2] 梁启超给汪康年的信中称："过鄂为南皮留谭，至今尚未成行，度明日亦必行矣……"《汪康年师友书札》，第2册，第1841—1842页。该信署日期为"十五日"，又注"十月廿二到"，似写于十月十五日。又该信称："南皮于汤蛰仙文亦频问讯，无已，并刻之如何？"可知该信写于光绪二十三年。

[3] 张之洞企图通过湖南学政徐仁铸改变梁启超思想一事，参见本书第五章第三节。

[4]《张之洞全集》，第9册，第254页。"大令"，知县，汤寿潜曾任安徽青阳县知县。"以救他报新奇之弊"，也有针对康学之意。

[5] 汪康年复电："汤大令已由报馆延请，月作文，如谕。余函详。康。绛。"光绪二十三年九月初三日申刻发、初四日午刻到，抄本《张之洞电稿》，第32册，《上海来电二·湖广》，中国社会科学院经济研究所图书馆藏。

二、张之洞与黄遵宪的交谊

前节已叙,在《时务报》的创办过程中,黄遵宪也是一位主角,起到了非常重要的作用。然他又是张之洞极其欣赏的人才,"张之洞档案"中对此留下了大量的材料,多未发表,我在这里稍加详细地予以介绍。

张之洞电调回国　黄遵宪(1848-1905),字公度,广东嘉应州(今梅州)人。光绪二年(1876)中举。次年由清朝驻日本公使何如璋奏调赴日本,任使馆参赞,撰写《日本国志》。后任清朝驻美国旧金山总领事、驻英国使馆参赞、驻新加坡总领事等职,官职历保为二品衔补用道。[1]长期驻外的经历,使之对外国事务多有了解。甲午战争初期,两江总督刘坤一北上统军,湖广总督张之洞奉命署理两江总督,未行前即于光绪二十年十月十一日(1894年11月8日)电奏,请调时任新加坡总领事的黄遵宪来南京交其"差委"。光绪帝下旨予以批准。[2]黄遵宪奉旨后,于十月十六日发电:

---

[1]《清代官员履历档案全编》,第6册,第186-187页。
[2] 张之洞电奏中称:"……候选道黄遵宪,现充新嘉坡总领事。该员才识闳远,熟悉日本情形。领事无甚要事,仰恳圣恩将二员(注:另一员为前任雷琼道朱采)饬调迅赴江南,交洞差委,必于时局大有裨益。并请电敕出使英国大臣电知黄遵宪,将总领事关防暂交委员代办,即日迅速回华,五六日可到粤。一面由臣电知该道速行。"(《张之洞全集》,第4册,第410页)与此同时,张之洞还发电驻英公使龚照瑗:"致伦敦龚钦差:弟调署两江,十一抵宁,十六接印。昨奏调新嘉坡总领事黄道来江差委,十三日奉电旨:黄遵宪著准其调用,其新加坡总领事即著该督电知照瑗改派等因。钦此。祈即钦遵办理,并请饬该员将总领事关防暂交委员代办,即日迅速来江为祷。洞。愿。"(光绪二十年十月十四日辰刻发,《张之洞电稿丙编》,第42册,所藏档号:甲182-88)龚照瑗复电称:"愿电敬悉。叩贺钜禧。新嘉坡总领事遵旨改派驻槟榔屿副领事、候选知府张振勋代办,已电黄道交卸,速起程到江。瑗。咸。"(光绪二十年十月十五日申刻发,十六日辰刻到,《张之洞存各处来电》,甲午第7册,所藏档号:甲182-126)龚又电称:"黄道下月初起程,顷路透社自横滨电称,倭三批运兵船四只或云赴南,或云赴北,乞转津。瑗。沁。"(光绪二十年十月二十七日申刻发,申刻到,甲午第9册,出处同上)

遵宪蒙奏调差委，奉旨准往，即钦遵办理。约月底交卸，即行启程。谨禀谢。叩贺。职道遵宪。铣。[1]

此后，黄遵宪一路皆有电报给张之洞，报告行程诸事。[2]至十一月底，黄到南京，张派其主持金陵洋务局，由此成为张在战争期间的主要幕僚。[3]张荫桓等人赴日谈判议和，途经上海，电请黄遵宪到上海，共同商议对策；黄亦将相关内容向张之洞汇报。[4]

---

〔1〕“新嘉坡总领事黄道来电”，光绪二十年十月十六日亥刻发，十七日午刻到，《张之洞存各处来电》，甲午第7册，所藏档号：甲182-126；又见于抄本《张之洞电稿》，第22册，《外洋来电一》，中国社会科学院经济研究所图书馆藏。

〔2〕“遵宪现由法船来江。佳。”（新加坡黄道，十二月初九日未刻发，亥刻到，《张之洞存来往电稿原件》，第12函，所藏档号：甲182-383，该件有误，当为十一月初九日。原电发于新加坡，写明5/12，系公历，“佳”是初九日的代码，故整理时误为十二月初九日，而公历12月5日恰是十一月初九日。抄件又见《张之洞存各处来电》，甲午第20册，所藏档号：甲182-128，该件亦误作十二月）“遵宪坐法船来，因修整机器，廿三晚甫到沪，廿七由沪来。宪谨禀。”（上海黄道，光绪二十年十一月二十七日午刻发，申刻到，《张之洞存来往电稿原件》，第9函，所藏档号：甲182-380；抄件又见《张之洞存各处来电》，甲午第17册，所藏档号：甲182-128）

〔3〕张之洞于光绪二十二年正月初四日“黄遵宪调鄂差委仍办南洋教案片”中称：“该员在新加坡总领事任内，经臣奏调，即委办金陵洋务局……”（《张之洞奏折原件》，第13函，所藏档号：甲182-314；抄件又见《张之洞督江奏稿初稿》十，所藏档号：甲182-190）“张之洞档案”中有一便条，上写：“黄遵宪，总办洋务局；吴奇勋，总统各兵轮（名目须查案）；李田粤（随吴来），管带兵轮；吴其藻，管带兵轮。”（《张之洞存来往电稿原件》，第8函，所藏档号：甲182-379）又，黄遵宪任洋务局总办时，收到驻在芜湖的徽宁池太广道袁昶两电：“洋务局黄道台鉴：蒸、真电敬悉。法兵轮昨午到，候提督信，乃上驶。皖、浔均小停，如水浅，即不赴鄂，仍回沪云。昶。文。”（光绪二十一年五月十二日收到）“南京洋务局黄大人鉴：法兵船探上游水浅，今晨仍下驶。昶。铣。”（光绪二十一年闰五月十六日收到，以上两电皆见《张之洞存来往电稿原件》，第14函，所藏档号：甲182-385）可见其平日工作之一斑。

〔4〕“上海张侍郎来电：新架（加）坡总领事黄遵宪拟暂约来沪一晤，幸。饬遵。桓。有。”（光绪二十年十二月二十五日午刻发，未刻到，《张之洞存来往电稿原件》，第12函，所藏档号：甲182-383；又见《张之洞存各处来电》，甲午第24册，所藏档号：甲182-129）张之洞当即回电：“上海张钦差：黄道遵宪昨已面饬迅赴沪。洞。有。”（光绪二十年十二月二十五日申刻发，《张之洞电稿丙编》，第45册，所藏档号：甲182-88）黄遵宪于光绪二十年十二月二十九日电告张之洞：“张钦使云：准元旦附英船往倭。旨初令缓行，近复有旨促往。此事有美使居间，惟并非调处。彼所允者，接见华使，即派大员，两日即开议。如何要素，均未明言。国书载明‘全权’，另有‘所议随时请旨’之谕。政府亦无定见。钦使之意，割地万不能许云。钦使留职少住。开春回宁，再详细面禀。宪。潮州馆。”（十二月二十九日巳刻发，申刻到，《张之洞存来往电稿原件》，第12

甲午战争结束后，根据总理衙门的指令，张之洞于光绪二十一年七月派黄遵宪到上海，与法国驻上海总领事谈判办理江苏等五省历年教案。[1]黄遵宪事事皆向张禀报请示，其中包括江苏教案、日本租界、法国兵船拟入长江、五省教案谈判地点等，张之洞对此亦有回电，予以指示。[2]至十一

函，所藏档号：甲182-383；又见抄本《张之洞电稿》，第8册，《上海来电二》，中国社会科学院经济研究所图书馆藏）张荫桓次日再发电张之洞："密。黄道来，询悉起居。此行不及面别为怅。时事纷纭，已托黄道缕达。岁朝东渡，遥叩年禧。桓。艳。"（十二月三十日丑刻发，已刻到，出处同上）

[1]光绪二十一年六月初五日，总理衙门发电张之洞："五省未结法国教案，闰月廿三日咨请派员与上海法总领事秉公商结。顷法使催询，特电请速办。歌。"（初五日亥刻发，初六日丑刻到）初八日再发电："语电悉。查五省未结法国教案：江南徐州、常州、泰州，江西赣州，湖南澧州属界溪桥，湖北利川、荆门，浙江孝丰县属宋坑；均系旧案。望速结。此外有无遗漏，希分咨确查，一并了结，并先电复。庚。"（初八日申刻发，亥刻到）二十二日再电："前请派员与法领事商结五省教案，已派几员？希将衔名电复。养。"（二十二日戌刻发，二十三日辰刻到，以上三电见《张之洞存北京来电稿·光绪二十一年一月至八月》，所藏档号：甲182-407）总理衙门的积极态度，与"三国还辽"后的国际形势有关，清朝欲与法国保持亲善关系。张之洞于七月初一日发电："……至江南教案，已委候补道黄遵宪驰赴上海会同上海道与该国领事议办。"（《张之洞全集》，第9册，第1页）张又于光绪二十二年正月初四日"黄遵宪调鄂差委仍办南洋教案片"中奏称："嗣接总署函电，法使屡请南洋派员，将江苏、江西、浙江、湖北、湖南五省历年教案办结。当即派该员赴沪，专办此事。先将江苏本省历年五案办结，已咨总署在案。其他各省之案，已咨各该省督抚饬各地方官将案情证据查讯详确，咨明南洋，再与上海法总领事商办。今各案尚未咨复，已与法总领事商明：以后随到随办；如在沪难了者，该总领事亦允由黄遵宪前赴沿江各省，就近与本省领事商办。"（《张之洞奏折原件》，第13函，所藏档号：甲182-314；抄件又见《张之洞督江奏稿初稿》十，所藏档号：甲182-190）

[2]从档案来看，此时在上海、南京等处的黄遵宪有多电给张之洞，报告办理情况：一、"遵宪密禀：钧谕敬悉，应即往苏。惟教案业经开议，上告法领事。渠谓：两国政府委办之事，未便开议即停。电询苏局，复称倭领日内回沪。职道窃思，要索不允，停议亦事理之常，但求总署坚持，将来可再将宝带桥续议。此彼困，而我应可坐以待之。如何办法，候示遵行。"（光绪二十一年九月十九日午刻发，申刻到，《张之洞存来往电稿原件》，第19函，所藏档号：甲182-390；又见《张之洞存各处来电》，乙未第22册，所藏档号：甲182-134）此电是对张之洞电报的回电。张于九月十六日发电："上海道转交黄公度观察遵宪：苏州正在议租界地段，彼欲在阊门外，鄙人只许在宝带桥，彼尚未允。阁下速赴苏会商。此事为紧要关键，若此时不与议，日后到苏，无大益矣。教案可与法领事言明，回沪再议办不迟。两江。谏。"（戌刻发，《张之洞电稿乙编》，第45册，所藏档号：甲182-70）二、"遵宪密禀：法领事云，九江有一法兵船接报称，该地遭散北勇，甚虑扰乱，拟再派吴淞法船前往。职道言，可请宪台电令地方官加意弹护，不必派船。渠已允行。恳求电饬，并请示复。"（九月二十日未刻发，戌刻到，《张之洞存往来电稿原件》，第19函，所藏档号：甲182-390；又见抄本《张之洞电稿》，第10册，《上海来电八》，中国社会科学院经济研究

月，黄遵宪将江苏五教案办结，张之洞对此也甚为满意，发电上报总理衙

所图书馆藏）三、"黄道来电。遵宪密禀：教案现既议妥三事。徐州议定：一、将原房归教士；二、派中国教士住居料理，西士每岁巡察数次，并不久住；三、或将此房作义学、医院。泰州议定：一、房归教会；二、教士无建堂之意，因泰州系通衢，专备教士来往偶然驻足之所；三、滋事时被毁房、物，由地方给价修复。又，阳湖朱姓抵产案，议将原地归教会管业，作为教会公产，可以租给华人，为住居、贸易、耕种各项之用，惟并不建堂传教，教士亦不住居此地。按：徐、泰均系原拟办法，惟阳湖一处殊非拟议所及，惟绅士所不愿只在建堂传教耳。今此地不住教士，于事无碍；而绅士筹出备赎之积谷公款四千余两，可以领还，尚属有益。统求宪台核示，以便遵照签押。号。"（光绪二十一年九月二十日未刻发，戌刻到，出处两处同上）张之洞对此回电："上海黄道台公度：号电悉。徐州、泰州、阳湖朱姓三案，所议尚妥，即照此定议。两江。号。住何处，即电复。"（光绪二十一年九月二十一日子刻发，《张之洞电稿丙编》，第61册，所藏档号：甲182-92）四、"遵宪密禀：钧谕敬悉。面商法领事，据称仍愿照总署与公使所议，在沪会商，倘有难决之事，必须就近办理之处，届时再拟前往，或委就近领事与地方官会办等语。先此禀复，余俟详禀。咸。"（光绪二十一年十月十五日酉刻发，戌刻到，《张之洞存来往电稿原件》，第20函，所藏档号：甲182-391；另一抄本出处同上）张之洞对此于十七日发电："咸电悉。商办教案，法领事愿在沪会商，究竟与该道前往各省办商，孰为便易？速筹复。两江。篠。"（申刻发，张之洞电稿乙编》，第45册，所藏档号：甲182-70）十九日再发电："上海黄道台遵宪：篠电问商办五省教案，拟在何处为便？即刻速复。两江。效。"（辰刻发，《张之洞电稿丙编》，第62册，所藏档号：甲182-92）五、"遵宪密禀：靖江朦买基地，契内并无'天主堂'字，既照会不准管业。阳湖陈福盗卖案，系卖给华人，议归本国自办。各案俱结。现惟阳湖朱姓抵债案，领事翻议，后只愿申明不造欧洲教堂，职道告以请示遵行。俟禀到，请核示。漾。"（光绪二十一年十月二十三日戌刻发，亥刻到，原件出处同上，抄件另见《张之洞存各处来电》，乙未第23册，所藏档号：甲182-134）张之洞亦为此发电："致常州阳湖县李令：该县朱致尧基地抵给教堂欠债案，法领事声明办法，既由黄道札询，该令应即商绅士，从速覆复。以凭核办。两江。漾。"（光绪二十一年十一月二十四日丑刻发，《张之洞电稿乙编》，第9函第47册，所藏档号：甲182-70）六、"黄道来电：有电敬悉。遵谕补入，即行刊布。遵宪谨禀。"（光绪二十一年十二月二十六日午刻发，未刻到，《张之洞存来往电稿原件》，第19函，所藏档号：甲182-390；抄件另见《张之洞存各处来电》，乙未第26册，所藏档号：甲182-134）七、"黄道来电：忭悉沿途安好，谨叩新喜。前由宪台接总署咸电后，岘帅复，约中丞联衔，电请总署：知照倭国简员，授以四处开埠商议暂行章程之权；亦由总署派员与商，拟即派黄道遵宪。总署宥电复开，已知照林董，得复再电饬黄道遵办。日内未有续电。职道拟即往苏、沪。江西教案，帅派员已起程。奉谭督宪札，湖北有荆门州、湖南有澧州、武陵等案，请饬从速钞录。法领事三月间回国，趁其未归，将案办清，庶免另起炉灶，再生波澜。统求鉴核。职道遵宪谨禀。东。"（光绪二十二年二月初一日酉刻发，初二日巳刻到，抄本《张之洞电稿》，第23册，《江苏来电一》，中国社会科学院经济研究所图书馆藏）从以上电报内容看来，第一电是张之洞命其去苏州，与日本新任领事办理苏州开埠事，黄告之法国总领事不愿暂停谈判；第二电关于法兵船入江之事；第三电是说明谈判过程；第四电是张之洞有意各省教案与发生地的法国领事谈判，黄再告法国总领事的态度；第五电说明江苏阳湖县地基一案的情况；第六电内容不详，似为刊布关于教案结案的文件；第七电是张之洞回湖广本

门。[1]与此同时,张之洞又命黄遵宪与容闳等人办理沪苏铁路招商等事。[2]这些电报的数量较多,我也将相关的档案在注释中抄录,以供研究黄遵宪的学者参考。光绪二十一年十二月二十九日(1896年2月12日),张将离开南京回任湖广,保举其在署理两江任内的人才,其中就有黄遵宪。[3]

留苏及北洋任职　　新任直隶总督、北洋大臣王文韶,不愿全用李鸿章的班底,于光绪二十一年十二月初四日奏调黄遵宪赴北洋差委,任总办水师营务处。光绪帝予以批准。[4]王为此于十二月初十日(1896年1月

任之后,黄此时尚在南京,向张报告准备与日本开议苏州等四口事宜,并汇报江西、湖北、湖南等处的教案谈判的准备情况。"岘帅",两江总督刘坤一;"中丞",江苏巡抚赵舒翘;"林董",新任日本驻华公使;"德帅",江西巡抚德寿;"谭督",署理湖广总督、湖北巡抚谭继洵。此外,张之洞于光绪二十一年十月二十八日还有一电给黄遵宪:"上海黄道台遵宪:日来公事过繁,本部堂芬乏已甚。望婉阻法船官裴尔勿来为要。如来,实难拨冗接见也。两江。宥。"(丑刻发,《张之洞电稿丙编》,第63册,所藏档号:甲182-92)

〔1〕"张之洞档案"中有一件黄遵宪的报告:"金陵洋务局总办黄遵宪谨呈:窃查江南教案现均议结,日内再分案详叙,禀请宪台分饬各地方官查办。内泰州一案,职道照会内声明,即饬知地方官加意保护等语。诚虑教士不时来往,该州尚未知悉。又阳湖朱致尧案,既由职道札询阳湖李令,应电催该令速禀,以凭核办。谨分别赵拟两电,缮呈钧核。"附有黄遵宪起草的给泰州赵牧、阳湖县李令的电报,张之洞批示"两电皆速发";并于光绪二十一年十一月二十四日丑刻发出(《张之洞存来往电稿原件》,第5函,所藏档号:甲182-376)。次日,二十五日,张之洞发电总理衙门:"江南教案五起,铜山一案、泰州一案、靖江一案、阳湖一盗卖案、一将地抵给教堂欠债案,均经道员黄遵宪与上海法领事议结。其余各省教案,俟将案情咨到,再与议办。详情咨呈。之洞肃。有。"《张文襄公电稿墨迹》,第2函第9册,所藏档号:甲182-219;抄件又见《张之洞电稿乙编》,第9函第47册,所藏档号:甲182-70。

〔2〕《张之洞全集》,第9册,第93、96页。又,张之洞曾于光绪二十一年十二月二十九日发电黄遵宪等人:"感电想已接到,华商究竟实附股者几家?可集若干?李将大概情形即刻电复。两江。勘。"(丑刻发,《张之洞电稿乙编》,第48册,所藏档号:甲182-71)此电是让黄遵宪去查验容闳的底,相关的情况,可参见本书第六章第二节。

〔3〕张对其的评语称:"奏调江南差委分省补用道黄遵宪。学识赅通,心思沉细,洋务素能精心考求。近日委办五省教案,先办江省各案,皆系积年胶葛之件,与法领事精思力辩,批郤导窾,该领事颇就范围,挽回甚多。已咨明总署有案。是其长于洋务,确有明征。堪胜海关道之任。"《张之洞全集》,第3册,第340页;其原稿见《张之洞密保人才等奏折》,光绪十三年至二十九年,所藏档号:甲182-25。

〔4〕参见孔祥吉:《黄遵宪若干重要史实订证》,《清史研究》2010年第2期。

24日）专门发电张之洞，请求关照：

> 北洋以合肥故，连类而及，旧时在事之人，几为众射之的。其中人才本少，不得不借助他山。昨奉调黄道遵宪来直，已奉谕旨允准。除备文知照外，合先电闻。两江、两湖人才济济，务求分润，俾资臂助。感荷实深。韶。蒸。亥。[1]

王文韶虽是张之洞在战时及战后的政治盟友，但张得知王调黄遵宪，立意决不放人，于光绪二十二年正月初四日（1896年2月16日）上奏：

> ……兹准直隶督臣王文韶咨，奏调该员赴北洋差委，奉旨允准。窃思洋人性情，凡商办一事，已与何人议办者，即不愿更换他人，取其端绪清楚，易于商量。且凡交涉等事，不能徇人率准，亦不能逞臆强驳，必深明中外事理，则其言易入。今黄遵宪议办江苏教案，深悉外洋情状、法律，操纵兼施，准驳中肯，尚为顺手。法总领事似颇多就范之处。虽多驳正，而该领事意颇欣悦。若另委他员，断不能如此妥惬……

张不仅要求将黄留下办理江苏等五省教案，并声称湖北将新开商埠沙市、宜昌有洋兵击毙官员、汉口将添租界，"是湖北一省兼有新增商务、洋务三处，实较他处尤为棘手。湖北远在上游，需才罗致，又较难于江南"，由此提出：

> 合无仰恳天恩，俯念湖北商埠初开，准将黄遵宪由臣调往湖北差委，并仍办理南洋五省教案。江轮甚便，来往甚速，上海有事，仍可随时派令回江。如此办法，似于湖北荆、汉、宜三处通商事务及江南

---

[1] 光绪二十一年十二月初十日亥刻发，十一日丑刻到，《张之洞存来往电稿原件》，第19函，所藏档号：甲182-392；抄件见《张之洞存各处来电》，乙未第26册，所藏档号：甲182-134，又见抄本《张之洞电稿》，第7册，《直隶来电四》，中国社会科学院经济研究所图书馆藏。

五省教案均有裨益。

对于张之洞的这一请求，光绪帝朱批"著照所请"。[1]二月初七日，张之洞发电黄遵宪，以沙市开埠为由，命黄"速来鄂"。[2]此时刘坤一已回任两江，听到这一消息，亦不放人，于二月十三日（4月5日）电奏：

> ……查江西教案，电经西抚，已委员携卷即日至沪，必须由该道商办，势难迁离。即其余各省之案，亦须该道接续办理。各口非驻有领事，仍须上海总领事、主教主持。该道既为法总领事信服，在沪与议，当易就范。且苏、浙、鄂、湘四口通商，曾商总署，拟均在沪由该道与商。四口之中，苏浙彼尤注意，是该道留苏，教案、商务皆得兼顾。恳恩准将黄遵宪暂留两江，俟各事大致商定，鄂有要事，再令往来其间。

次日，光绪帝又一次批准。[3]刘坤一为此发两电给张之洞，留黄遵宪在苏州，与日本领事荒川已次开议苏州开埠通商之事。[4]

王、张、刘是当时权势最大的三位总督，而黄是三人点名奏调的洋务

---

[1] "黄遵宪调鄂差委仍办南洋教案片"，光绪二十二年正月初四日，《张之洞奏折原件》，第13函，所藏档号：甲182-314；抄件又见《张之洞督江奏稿初稿》十，所藏档号：甲182-190。

[2] 《张之洞全集》，第9册，第104页。

[3] "南洋大臣电"，二月十三日；光绪帝旨，二月十四日，中国第一历史档案馆编：《清代军机处电报档汇编》，中国人民大学出版社，2005年，第17册，第81-82页；第2册，第7页。"苏、浙、鄂、湘四口通商"，指马关条约规定的苏州、杭州、沙市、重庆开埠之事，"湘"是刘坤一之误。

[4] 刘坤一先是与赵舒翘联名发电张之洞，尚有商量语气："日本领事荒川今日到苏，黄道遵宪亦来此，拟令黄道与议埠界事。沙市领事永隆（泷）在沪署事，往鄂尚需时日。拟令公电饬黄道在沪并议沙埠事，则一举而两处成，似较直捷。此仍遵公前议而行，想必合兼善之量也。祈复示。坤、翘。盐。"光绪二十二年二月十四日酉刻发，亥刻到，抄本《张之洞电稿》，第23册，《江苏来电一》，中国社会科学院经济研究所图书馆藏。刘坤一奉到电旨后，再电张之洞："前得黄道遵宪电，奉尊处饬赴鄂，坤因该道正在沪办江西教案，未能遽离，且苏、浙、鄂、川四口通商，前商总署拟均在沪由该道与商，电请总署代奏，请将黄道暂留两江，俟各事大致商定后，鄂有要事，再令往来其间。顷总署电，奉旨：'黄遵宪著暂留江苏，办理教案、商务各事宜。钦此。'合电闻。坤。寒。"二月十四日亥刻发，十五日丑刻到，出处同上。

人才，可见黄此时声望极大。然在此后的苏州开埠谈判中，黄遵宪与日本方面议定的"商埠章程"条款，引出了前驻箱根副理事（副领事）刘庆汾许多意见。刘发电张之洞大加批评，张即发电江苏巡抚赵舒翘及黄遵宪等人，要求修改。此中的曲折，也稍稍影响了张、黄关系。[1]很可能是因苏州开埠谈判遭至各方责难，黄遵宪尚未完成谈判，即躲开争议，以"请假"名义去了天津，于光绪二十二年八月十五日到达。[2]王文韶八月二十九日（10月5日）上奏，"委令总理北洋水师营务处并随同办理洋务"；光绪帝下旨"吏部知道"。[3]十月初九日（11月13日），总理衙门发电王文韶，调黄遵宪"商苏州租界事"，黄十二日去北京。[4]黄遵宪到京后，十三日光绪帝下旨预备召见，十六日光绪帝召见，十九日（11月23日）以"四品卿衔"命其为清朝驻德国公使，二十一日光绪帝再次召见。[5]黄随即发电张之洞：

> 顷奉旨，赏四品卿衔，简使德国。屡邀荐拔，敬谢恩知。遵宪。[6]

未久，黄遵宪因其任命被德国所拒，再次发电张之洞：

> 遵宪禀。密。宪定派往英，奉谕前日，或唆英使到署偶询，遂改

---

[1] 杨天石论文《黄遵宪与苏州开埠交涉》，对此解说甚详。我在"张之洞档案"中又读到了一些材料，拟另撰文予以补充。

[2] 刘坤一于光绪二十二年七月十九日致赵舒翘信中称："黄公度因闻北洋相需甚殷，将以津海关道为之位置，故亟欲修谒，而以请咨引见为名。弟以该道既抱奢愿，默计此间无力相偿，朋友相与有成，不敢苦为维絷。第系奉留办理埠务人员，现在事尚未完，碍难措词准其销差赴引；劝令来苏面禀请示，若事属可行，即由尊处给咨。"八月初三日致赵舒翘信又称："公度去留，祗合听其自审。"《刘坤一遗集》，第5册，第2179-2180页。由此可见，黄遵宪当时听闻将出任津海关道而去天津，这是一个重要的职务。刘坤一本不同意，因"无力相偿"而不得不放人。相关的细节可参见杨天石论文《黄遵宪与苏州开埠交涉》。

[3] 参见孔祥吉论文《黄遵宪若干重要史实订证》。

[4] 袁英光、胡逢祥整理：《王文韶日记》，中华书局，1989年，下册，第966-967页。

[5] 《清代官员履历档案全编》，第6册，第186-187页。

[6] "黄钦差来电"，光绪二十二年十月十九日未刻发，亥刻到，抄本《张之洞电稿》，第19册，《北京来电·一》，中国社会科学院经济研究所图书馆藏。

德。德使谓，华预商英，不商德，英不愿接，德当照办。现据英使函，言明无预商事，亦无不接之言。已由署电许公，未得复。此次来京，召见两次，上垂意甚殷，廿五召见张侍郎，连称"好！好！"惟国事过弱，终虑不堪驱策，孤负圣恩耳。艳。[1]

黄遵宪以上两份电报，说明了其受命到被德国所拒的过程，也说明了其对张之洞"荐拔"的感激。十一月二十日（12月24日），张之洞发电杨锐，命其转交黄：

> 京。乔：转交黄公度。彼族误听传言，致阻乘槎，深为怅闷。译署必另筹位置。祈示。洞。号。[2]

黄遵宪收到电报后，立即回电：

> 承温谕，感甚。初十，德使申给地沽（泊）舟之请，言华允所求，便可接黄。廿二，复来转圜。转（总）署既（答）以黄有别差，伊不愿往，辞之。至有无位置，自关国体，亦出自圣恩，宪未敢预闻。宪禀。敬。[3]

黄遵宪此次虽未获职，仍回任天津北洋水师营务处，然光绪帝已对其有较大的好感。

湖南长宝盐法道任上

时间又过了半年，光绪二十三年五月，光

---

[1]"黄钦差来电"，光绪二十二年十月二十九日申刻发，三十日子刻到，抄本《张之洞电稿》，第19册，《北京来电·一》，中国社会科学院经济研究所图书馆藏。"许公"，清朝驻俄、驻德公使许景澄。"张侍郎"，户部侍郎、总理衙门大臣张荫桓。

[2]十一月廿日酉刻发，《张文襄公电稿墨迹》，第2函第11册，所藏档号：甲182-219。原件无年份，根据其内容，该电发于光绪二十二年。

[3]"黄钦差来电"，光绪二十二年十一月二十四日亥刻发，二十五日申刻到，抄本《张之洞电稿》，第19册，《北京来电·一》，中国社会科学院经济研究所图书馆藏。括号内的字是我推测的。"申给地沽（泊）舟之请"，指德国此时要求清朝给予一港口，以能停泊军舰，后借故占领胶州湾（青岛）。

绪帝任命黄遵宪为湖南长宝盐法道,黄立即发电张之洞:

> 蒙恩补授湘盐道。凤荷恩知,重依仁宇,私衷感幸,敬谢垂廑。职道遵宪谨禀。[1]

张之洞闻讯后,发电祝贺,并称:"湖南官绅正汲汲讲求洋务,而苦无精通洋务之人,阁下此来大有益于湘也。何日出都,祈示。"[2]黄遵宪收电后,再次发电:

> 奉谕感奋。前在坡奉调,未及回粤。兹拟中旬南旋,准九月到湘。过鄂面求训诲,冀有遵循。遵宪禀。冬。[3]

然黄遵宪未回籍,也未等到九月,而是在陈宝箴的催促下,于是年七月中旬赴任。途中过鄂,与张有密切且长久的交谈。[4]七月二十一日,湖南巡抚陈宝箴发电张之洞,有意让黄遵宪署理湖南按察使。[5]张之洞次日回电,称言:

> 箇电悉。黄道遵宪署臬篆,极为相宜。当即将尊电录示黄道。黄意以台端初六日即须入闱,该道拟二十七日行,约初一日到湘,尚可谒见数次。至李臬司入觐批折,虽于初十日外方到,该道渥蒙优待,俾权臬事,到省后谨当静候数日。嘱代请示等语。鄙意黄道似以月初

---

[1] "黄道来电",光绪二十三年五月二十一日未刻发,二十二日子刻到,抄本《张之洞电稿》,第19册,《北京来电·一》,中国社会科学院经济研究所图书馆藏。

[2] 光绪二十三年五月三十日辰刻发,《张之洞全集》,第9册,第234页。

[3] "黄道来电",光绪二十三年六月初二日午刻发,初三日子刻到,抄本《张之洞电稿》,第19册,《北京来电·一》,中国社会科学院经济研究所图书馆藏。"坡",新加坡。

[4] 见黄遵宪"致梁鼎芬函"、"致王秉恩函",《黄遵宪全集》,上册,第408、412页。

[5] 陈宝箴来电称:"新授臬司李经羲必须入觐,批折约八月初十外到湘,乃能交卸。实任道员,只但道一人,近颇重听,难署臬篆,且已派提调入闱。候补道亦无人。惟黄道遵宪为宜。闻拟日内由鄂来湘。如钧意谓然,乞迅饬黄道暂缓,俟八月十一、二日到省,以免悬候为便。伏乞核示。箴。箇。"光绪二十三年七月二十一日未刻发,酉刻到,抄本《张之洞电稿》,第35册,《各省来电·二(湖广)》,中国社会科学院经济研究所图书馆藏。

到湘为便，庶可早得晋谒。即候十余日，再委署臬似无妨。盖将委以重任，即无投闲之疑也。特此奉达。尊意究以如何为妥，祈速电示，以便饬遵。祃。[1]

陈宝箴、张之洞为黄遵宪的仕途作了精心的安排。黄到湘后，张、黄两人电报频频，交情亦好。[2]

前已述及，光绪二十四年闰三月初三日，清廷下旨召张之洞进京，黄遵宪闻讯即于初四日（1898年4月24日）发电张之洞：

闻奉召入觐，此事关系中国安危，谨代通国志士叩贺。遵宪禀。[3]

此时张之洞对召见的背景一无所知，黄遵宪如此发电，很可能与湖南巡抚陈宝箴等人共同参与了杨锐、刘光第在京的密谋。[4] 闰三月十二日（5月2日），张之洞决计北上入京，发电黄遵宪：

---

[1] 光绪二十三年七月二十一日巳刻发，《张之洞电稿》，光绪三十四年，所藏档号：甲182-484。原整理者将该册题错年份。又，该电是抄件，时间可能有误，电文署"祃"，为二十二日。

[2] 八月十四日，张发电黄遵宪："前晤谈时，所举德文译员是何姓名？学业若何？现在何处？薪水约须若干？即望电复。鄂督院。盐。"（戌刻发，《张之洞存来往电稿原件》，第14函，所藏档号：甲182-385）黄回电称："谕敬悉。德文程遵尧，出于微族，学业极好，现在同文馆。钱守当知其人。遵宪禀。咸。"（七月十五日西刻发，十六日丑刻到，七月似八月之误）"钱守"，钱恂。八月十七日，黄发电张："奉札委署臬司，十八接篆。凤承知遇，敬谢恩施。职道遵宪谨禀。洽。"（八月十七日未刻发，戌刻到）九月初三日，张发电黄："权臬大喜，欣贺。贱辰蒙恩逾分，愧悚，远荷齿及，感谢。江。"（亥刻发）九月初十日，黄发电张："谕敬悉。该副将与邵阳聂令互讦，正委朱守其懿查办。奉电即并札朱守迅究。除禀抚宪外，遵宪谨禀。"（九月初十日午刻发，未刻到）九月十三日，张又发电黄："湖南榜，两湖书院肄业生中式几名？元系何名？何处人？祈查明速电示。文。"（子刻发）黄回电称："两湖肄业中，谭心休、杨仁俊、梁昌纸、易顺豫、李致桢。解元，安化黄运藩。遵宪禀。"（九月十四日巳刻发，未刻到）"梁昌纸"的"纸"上有记号，即当时人疑有误。以上张之洞电见《张之洞电稿》，光绪三十四年，所藏档号：甲182-484。原整理者将该册题错年份；以上黄遵宪电见抄本《张之洞电稿》，第35、36册，《各省来电二（湖广）》、《各省来电三（湖广）》，中国社会科学院经济研究所图书馆藏。

[3] 光绪二十四年闰三月初四日亥刻发，初五日午刻到，抄本《张之洞电稿》，第36册，《各省来电三（湖广）》，中国社会科学院经济研究所图书馆藏。

[4] 相关的情况，可参见本书导论第四节、第五章第四节。

急。初四电愧悚。此行不过备顾问耳。尊意有何救时良策,祈详电指示,以便力陈。感祷。洞。文。[1]

黄遵宪为此于闰三月十六日(5月6日)发回一份长电报,详细说明其外交与内政的主张:

捧读文电,感悚无似。宪台此行,倘进枢府,必兼总署。自三国协谋还辽后,彼以索报、以争利、以均势之故,割我要害,横索无已,至今日已明明成瓜分之局。俄、法、德皆利在分我土地,惟英以商务广博,倭以地势毗连,均利我之存,不利我之亡。故中国是必以联络英、倭为第一要义。

然联络英、倭,尚不足以保国;欲破瓜分之局,必须令中国境内断不再许某国以某事独专其利、独擅其权而后可;既不能理喻势格,何以阻其专利、擅权?故必须设法预图,守我政权,将一切利益公分于众人而后可。彼欲争揽于我者——铁路,不如商立铁路条例,无论何人,均许其入股。彼所垂涎于我者——矿山,不如商立开矿条例,无论何人,均许其开采。彼素责我以不愿通商,今即与之设开通之法,无论何处,均许通商。彼责我以不愿传教,今即与之商保护之法,有法保护,任听传教。自订约五十年来,凡彼所求于我者、责于我者,譬如昨死今生,一切与之图谋更始。所有均利之法、保护之法,但使于政权无所侵损。凡力所能行者,均开诚布公,与之熟筹举行。如谓华官不能妥办,宁可由中国国家聘雇西人,委以事权,俾代襄办。举从前未弭之衅端及他日应杜之祸患,均与之约束分明。

既许各国立(入)我内地筑路、开矿、通商、传教,应照万国公例,此均系各国子民自图之利益,不必由各国政府出头干预。不幸有进入内地亏产受害者,均照新议条例办理,专就商人、传教人本事,

---

[1] 光绪二十四年闰三月十二日戌刻发,《张之洞电稿乙编》,第55册,所藏档号:甲182-72。《张之洞全集》录此电(见第9册第312页)称是十一日,似为误。

秉公妥办，不得于本事之外，牵涉他事，责偿于中国国家。倘再有无故侵我土地者，中国必以死拒。援大同之例，期附公法之列；藉牵制之势，以杜独占之谋；处卑屈之位，以求必伸之理。朝议一定，便邀约各国商办，并请各国公保不相侵占，务使中国有以图存。如此办理，英、倭必首先允诺，俄、法、德亦无辞固拒，或者瓜分之祸可以免乎？

国势既定，乃能变法，以图自强。变法以开民智者为先。著先于京师广设报馆，以作消阻闭藏之气，博译日本新书，以收事半功倍之效；再令各省设学堂，开学会，以立格致明新之堂。而先务之急，尤在罢科举，废时文，其他非一时所能猝及也。

窃为宪台熟计，如入参大政，必内结金吾，外和虞山，乃可以有为。倘若奉诏回任，不如留驻京师，专以主持风会、振新士气为己任，其补益较大。

以遵宪之愚，何敢及军国至计，顾受知最深，辱承下问，敢倾臆缕陈，伏惟裁鉴。谨叩荣行，并贺公子捷音。遵宪谨禀。咸。[1]

黄遵宪的这份长电，从未发表过，故录全文，以说明其在戊戌变法期间的政治主张。其中全面开放铁路、矿山、通商、传教四事，未必能真阻列强各国之进逼；而开报馆、设学堂、废时文，又是当时主张改革者的共同主张；"金吾"，步军统领，此处指荣禄。"虞山"，常熟城外有虞山，此处指翁同龢，前者与张之洞不通交，后者与张之洞派系相异，黄皆主张联合。至于"倘若奉诏回任，不如留驻京师"一句，似指光绪帝若命张之洞回任，张即以病求退，留在北京，主持舆论。黄于此确实开诚布公，说明其真意。然张之洞对此似无复电。是年六月初五日，张之洞保举使才，其中包括黄

---

[1] 光绪二十四年闰三月十六日辰刻发，酉刻到，抄本《张之洞电稿》，第36册，《各省来电三（湖广）》，中国社会科学院经济研究所图书馆藏。括号内字，是我猜测的。"并贺公子捷音"，指张之洞长子张权该科中进士之事，可参见本书第一章第二节。

遵宪。[1]黄于六月十四日复电张之洞：

> 长沙黄道来电。奉谕敬悉。职道自海外奉调，始屡邀荐举，感念恩知，愧难报称。过鄂重亲训诲，冀有秉承。启行定期，容再续禀。遵宪谨禀。[2]

"过鄂"，指黄遵宪因徐致靖保举，光绪帝命其入京预备召见，他将经武昌再拜见张（后将详述）。从"启行定期"等语来看，张之洞曾有邀请其过鄂相谈之电，黄对此表示同意。

以上我用了极大的篇幅来说明张之洞与黄遵宪的关系，正是为了反衬此后张之洞与黄遵宪的决裂。

三、黄遵宪对《时务报》内部分歧的态度及张之洞幕中反应

由前节的叙述可知，当康有为从南京到上海办理《强学报》时，黄遵宪已在上海与法国总领事谈判办理江南教案。康、黄虽为广东同乡，但两人的结识却由梁鼎芬介绍。黄遵宪《人境庐诗草》卷九《己亥杂诗》中有一首称：

> 怜君胆小累君惊，抄蔓何曾到友生，终识绝交非恶意，为曾代押党碑名。

该诗另有注文曰：

> 八月二十五日得一纸曰：□与□绝交。然乙未九月，余在上海，

---

[1]张之洞共保举五人：陈宝琛、傅云龙、黄遵宪、钱恂、郑孝胥。其中张对黄的评语称："该员学富才长，思虑精细，任事勇往，曾充日本及出使英、法大臣参赞及新加坡总领事等官，深悉外洋各国情形，著有成书，于中外约法、西国政事，均能透澈。"《张之洞全集》，第3册，第499页。
[2]光绪二十四年六月十四日未刻发，酉刻到，《张之洞存各处来电》，戊戌第3册，所藏档号：甲182-136。

> 康有为往金陵谒南皮制府，欲开强学会。□力为周旋。是时，余未识康，会中十六人有余名，即□所代签也。又闻□与康至交，所赠诗有南阳卧龙之语。及康罪发，乃取文悌参劾之折，汇刊布市，盖亦出于无奈也。[1]

此中"□与康至交"的□，即为梁鼎芬。以"南阳卧龙"——即在野而尚未出山的诸葛亮——来比拟康有为，可见梁此时的评价之高。上海强学会名单中黄遵宪之名，亦是由梁代签。当康有为因上海《强学报》中用孔子纪年诸事遭张之洞强压时，黄遵宪曾致书梁鼎芬，欲从中调解关系。[2]

前节已述，《时务报》之创，张之洞已回武昌，黄遵宪仍在上海，是该报最主要的创始人之一。从今存《汪康年师友书札》来看，黄遵宪对该报初期事务甚为关注，有着许多指示；黄于光绪二十二年八月北上天津后，仍是书信不断。[3]对于《时务报》内部的汪康年、梁启超之争，黄遵宪虽在北方，仍十分关注。光绪二十三年三月初十日（1897年4月11日），黄致汪信称：

> 馆中仍请聘铁乔总司一切，多言龙积之堪任此事，铁乔不来，即访求此人何如？而以公与弟辈为董事。公仍住沪，照支薪水，其任在联络馆外之友，伺察馆中之事。[4]

---

[1]《黄遵宪全集》，上册，第161-162页。"八月二十五日"为光绪二十四年八月二十五日，此时黄遵宪、梁鼎芬皆在上海，然具体时间稍有不确；黄称梁的绝交属"胆小"，当属不确。另，戊戌政变后，八月十六日黄遵宪给张之洞的电报中称："识康系梁介绍，强学会亦梁列名。乙未十月在沪见康后，未通一信。"更是明确说明梁鼎芬的中介作用，并洗白其是"康党"，本章第七节将详述。

[2] 相关的细节，可参见本书导论第一节。

[3]《汪康年师友书札》，第3册，第2331-2346页。又，黄遵宪于光绪二十二年七月二十五日给陈三立的信中称："此半年中差自慰者，《时务报》耳（能以吴铁乔让我作报馆总理否？亦可兼о矿务，穰君恳勤可敬，惟办事究非所长也）。"柳岳梅整理：《陈宝箴友朋书札》（四），《历史文献》，第6辑，第159-160页，引文已与上海图书馆所藏原件核对。

[4]《汪康年师友书札》，第3册，第2348页。"铁乔"，吴樵；"龙积之"，龙泽厚。四月十一日（5月12日），黄致汪信又称："书言弟为公筹休息之方。此语似误会弟意。弟以为此馆既为公众所设，当如合众国政体，将议政（于馆中为董事）、行政（于馆中为理事）分为二事，方可持久。此不仅

黄提出由汪的朋友吴樵或康的学生龙泽厚出任《时务报》经理，黄和汪仅任该报董事，汪的责任仅是"联络馆外之友"，实际是削汪之权。光绪二十三年七月，黄遵宪去湖南赴任途中路过上海，与汪康年、梁启超均有商谈，其削减汪《时务报》之权限一事并没有成功。[1] 前节已叙，在章太炎与康党矛盾中，汪与章一党，且为同乡；而在汪康年、梁启超的矛盾中，黄遵宪护梁责汪。黄又与康、梁同乡。此中又有浙、粤地域之见。

《时务报》第40册梁启超《知耻学会叙》一文，引起了张之洞的反感。光绪二十三年九月十五日（1897年10月10日），张之洞让其幕僚钱恂发电《时务报》馆：

　　《时务报》馆汪：四十报速电京缓发。恂。咸。[2]

虽是短短数字，且未说明原委，然汪康年、梁启超十分谨慎，仍立即联名回电：

　　奉电谕，感切。惟报早分寄，容设法改正。康、超。咸。[3]

为公言之。至于公则或为董事（专司设章程，兼馆外联络酬应），或为总理（守章程而行，馆中一切事皆归督理），即以董事而兼总理（近与卓如书言及此），均无不可。馆事烦重，必须得襄理之人为辅助。此事今且阁置，他日到沪再详陈之，谅公意必谓然也。"（同上书，第2356—2357页）黄的说法虽有一些让步，但还是要逼汪让权。郑孝胥光绪二十三年四月初二日日记称："傍晚，谭复生来，谈《时务报》馆中黄公度欲逐汪穰卿……"《郑孝胥日记》，第2册，第598页。

[1] 郑孝胥光绪二十三年七月初二日记："午后过《时务报》馆，晤汪穰卿，言黄公度在此，欲令穰卿以总理事畀其弟汪颂阁，而身为董理。"初四日记："汪（康年）与黄公度有隙，余为排解久之。"（《郑孝胥日记》，第2册，第610页）谭嗣同七月初十日致汪康年信中称："公度昨来言将为《时务报》馆改订章程，专为公省去许多烦劳，嗣同闻之，不胜其喜。想尊处必乐用新章也，嗣同当即画押矣。"（《汪康年师友书札》，第4册，第3261页）此时谭似在南京，似黄由沪至宁时与谭所言。

[2] 九月十五日巳刻发，《张之洞存往来电稿原件》，第14函，所藏档号：甲182—385；又见抄本《张之洞电稿》，第25册，《致上海电二（湖广）》，中国社会科学院经济研究所图书馆藏。该原件上有钱恂的字："要电请速发为感。典五兄大人。恂。""典五"，梁敦教，号"典午"。

[3] "汪进士、梁孝廉来电"，光绪二十三年九月十五日未刻发，十六日丑刻到，抄本《张之洞电稿》，第32册，《上海来电二》，中国社会科学院经济研究所图书馆藏。

即在电中表示了完全妥协的态度。然张之洞却未与梁启超细加计较，直接去交手，而是于九月十六日（10月11日）发电陈宝箴、黄遵宪：

> 《时务报》第四十册，梁卓如所作《知耻学会叙》，内有"放巢流彘"一语，太悖谬，阅者人人惊骇，恐遭大祸。"陵寝蹂躏"四字亦不实。第一段"越惟无耻"云云，语意亦有妨碍。若经言官指摘，恐有不测，《时务报》从此禁绝矣。……望速交湘省之人，此册千万勿送……[1]

上海的《时务报》刊文、在上海的梁启超作文，张之洞却发电湖南长沙，实际上是想用黄遵宪来约束梁启超。张当然听说了黄与梁的关系，可能也听说了湖南官绅已聘梁来长沙任时务学堂总教习。陈宝箴、黄遵宪对此立即回电。[2] 黄遵宪回电称：

> ……既嘱将此册停派，并一面电卓如改换，或别作刊误，设法补救，如此不动声色，亦可消弭无形。……卓如此种悖谬之语，若在从前，诚如宪谕，"恐招大祸"。前过沪时，以报论过纵，诋毁者多，已请龙积之专管编辑，力设限制，惟梁作非龙所能约束。八月初旬此间官绅具聘延卓如来学堂总教，关聘到沪，而卓如来鄂，参差相左，现复电催从速来湘，所作报文，宪当随时检阅，以仰副宪台厚意。[3]

---

[1]《张之洞全集》，第9册，第259页；张之洞亲笔原件见《张文襄公电稿墨迹》，第2函第10册，所藏档号：甲182-219。"放巢"，指"成汤伐桀，放于南巢"，即夏桀王被灭亡后，流放在南巢的地方。"流彘"，指"流王于彘"，即周厉王虐，国人暴动，他逃亡到彘地。梁启超在《知耻学会叙》中称，当时中国有诸弊，首属无耻，"数无耻者，身有一千此罔不废，家有一千此罔不破，国有一千此罔不亡，使易地居殷周之世，则放巢流彘之事，兴不旋踵，使移此辈文欧墨之域，波兰、突厥之辙，将塞天壤……"梁启超使用"放巢流彘"之典，意指亡国，并无此时的清朝君王将会"放巢流彘"之意。

[2] 陈宝箴回电称："……《时务报》四十册尚未到，预饬停发，并嘱公度电致卓如，以副盛意。"《张之洞全集》，第9册，第259页。

[3] 苑书义等主编：《张之洞全集》，河北人民出版社，1998年，第9册，第7404页。

"宪当随时检阅"一语，也承担其中的连带责任。十月初二日（10月27日），黄又发电："四十号《时务报》抽撤两页，如常分派，即电报馆通行，鄂省可否照此办法？宪禀。"[1]在此之后，康有为的学生徐勤在《时务报》上的文字，也得罪了张之洞。[2]

光绪二十三年秋，在黄遵宪等人的操办下，梁启超离开上海，到长沙主持时务学堂。[3]在此前后，《时务报》馆中的康有为各弟子亦陆续离开。由此可见，汪康年、梁启超之争中的第一个回合，以汪胜梁败为结局。

虽说在第一个回合的纷争中，张之洞在梁、汪两人之间稍偏于汪，但仍是很不明显的。张的这种态度，不仅是私人关系的远近，也有学术观念与政治立场间的差异。

光绪二十四年二月，汪康年到长沙，梁启超于十一日（1898年3月3日）致信汪康年称：

>……公等在上海歌筵舞座中，日日以排挤、侮弄、谣诼、挖酷南海先生为事。南海固不知有何仇于公等，而遭如此之形容刻画！然而弟犹靦然为君家生意出死力，是亦狗彘之不如矣。此等责弟，有意见诚不敢避也。要以此事一言以蔽之，非兄辞，则弟辞；非弟辞，则兄辞耳。弟此次到申，亦不能久留，请兄即与诸君子商定，下一断语，或愿辞，或不愿辞，于廿五前后与弟一电（梅福里梁云云便得），俾弟得自定主意。如兄愿辞，弟即接办。并非弟用私人阻挠，此间已千辛万苦，求人往接办，必不用康馆人也。如兄不愿辞，弟即告辞，再行

---

[1] 光绪二十三年十月初二日亥刻发、到，抄本《张之洞电稿》，第36册，《各省来电三（湖广）》，中国社会科学院经济研究所图书馆藏。

[2] 光绪二十三年秋冬，康有为弟子徐勤在《时务报》第42、44、46、48期刊载《中国除害论》，梁鼎芬致信汪康年称："徐文太悍，直诋南皮，何以听之？弟不能无咎也。弟自云不附康，何以左是。""徐文专攻南皮，弟何以刻之，岂此亦无权耶？后请格外小心。"《汪康年师友书札》，第2册，第1901页。

[3] 相关的情节，可参见本书第五章附录三。

设法另办此事。[1]

梁启超此信是摊牌，以迫汪康年辞职。然汪至此仍不肯交出《时务报》，在其背后已有张之洞撑腰。[2]梁启超随后离开长沙进京参加会试，《时务报》完全由汪控制，另聘郑孝胥为主笔。汪又在武昌宣称："梁卓如欲借《时务报》行康教。"[3]这正是张之洞及其一派最为担心者。

光绪二十四年闰三月，清朝驻日公使裕庚致函总理衙门，称："孙文久未离日本，在日本开中西大同学校，专与《时务报》馆诸人通。"[4]而汪康年恰于光绪二十三年冬有日本东京一行。康有为、梁启超欲将此归咎于汪。黄遵宪出面发电让汪康年交出《时务报》，梁鼎芬则出头致电湖南与黄相抗。[5]时在张之洞幕中的陈庆年，于光绪二十四年闰三月二十日（1898年5月10日）日记称：

---

[1]《汪康年师友书札》，第2册，第1853—1854页。
[2] 光绪二十四年三月十七日，邹代钧致汪康年信中称："《时务报》馆事，鄙人早知南皮必作如是议论，已与公面言，切不可为南皮所动摇，公当记忆也。南皮议论未尝不正大，为公计，断无再办之理。……望公以孔子为圭臬，南皮之空议似可不听。"邹代钧后又一信又称："报事鄙人与考功均以交出为是。"（原信无日期，似为光绪二十四年闰三月，两信见《汪康年师友书札》，第3册，第2752—2754页）"考功"，吏部考功司，此处指陈三立。由此可见，汪康年在湖南时，邹代钧、陈三立皆主张汪康年交出，然汪以张之洞为词而拒不交出。
[3] 陈庆年光绪二十四年三月十三日日记称："……适汪穰卿在座上，少谈《时务报》，知今年销数较上年为少，旧主笔梁卓如久在湘中时务学堂为教习之事，不甚作文。近从穰卿添延郑苏庵为总主笔。卓如遂与寻衅，恐自此殆将决裂。"十四日日记称："汪穰卿过，言梁卓如欲借《时务报》以行康教（康长素为梁师，其学专言孔子改制，极浅陋），积不相能，留书痛诋，势将告绝。"（《戊戌己亥见闻录》，《近代史资料》，总81号，第107页）"郑苏庵"，郑孝胥。
[4] 见汪大燮致汪康年信，光绪二十四年闰三月初五日，《汪康年师友书札》，第1册，第775页。大同学校，是孙中山派与康有为派在日本横滨开设的中文学校，由康有为弟子徐勤负责。
[5] 光绪二十四年四月十四日，汪大燮致信汪康年称："裕函到京，闻康、梁去皆支吾，欲归咎于弟。"（《汪康年师友书札》，第1册，第782页）邹代钧致汪康年信中称："东游事，公之心鄙人与伯严都知之，惟若辈甚欲以此相陷。公度已将此电节庵，伯严极言公度不可如是，公度始悔改，而康党用心尚不可知。"（同上书，第3册，第2758页）"伯严"，陈三立。叶瀚于闰三月二十三日致信汪康年称："闻公度居然打电驱逐，此吾兄日前太因循畏缩之故也。今既至此，不得不据事直争，表白于众，否则人必疑吾兄有私心病矣。心海甚不愤，善余与公函想详言之。公度等出此拙计，必不肯干休……"（同上书，第3册，第2609页）"心海"，即星海，梁鼎芬；"善余"，陈庆年。

> 闻康长素弟子欲攘夺《时务报》馆，以倡康学。黄公度廉访复约多人，电逐汪穰卿，悍狠已极。梁节庵独出为鲁仲连，电达湘中，词气壮厉，其肝胆不可及也。

四月初一日日记又称：

> 闻节庵说，黄公度复电，以路远不及商量为词，且诬汪入孙文叛党。其实公度欲匈挟湘人以行康学，汪始附终离，故群起攘臂……[1]

而在闰三月二十一日，陈庆年致信汪康年：

> 闻报馆之事，群起攘臂，殊堪骇异。梁公节庵独出为鲁仲连，电告湘中，词气壮厉，幸如所嘱，坚持无动，鬼神之情状，圣人知之，何足畏哉！[2]

陈庆年的话，表明了张之洞一派的集体态度。他们此时与康有为一派不仅是学说上的分离，而且已在政治上对立，汪康年又一次度过了危机。梁鼎芬之所以能"出为鲁仲连"与黄遵宪对抗，是其背后站着张之洞。光绪二十四年五月二十五日（1898年7月13日），即《时务报》改官报风波之前夜，张之洞发电汪康年：《时务报》"六十五期尊撰'必至之势论'，精确悚切，有功世道人心，海内自有报馆以来第一篇文字。敬佩。"[3]这是张的公开表态。

还需说明的是，尽管张之洞对康有为意见极大，但对梁启超却仍存有"爱护"之心。梁启超曾于光绪二十四年正月二十七日（1898年2月17日）发电张之洞："患疟经旬，惫甚。刻难行。届时奉闻。超叩。"[4]这是梁对张

---

[1]《戊戌己亥见闻录》，《近代史资料》，总81号，第110-111页。"鲁仲连"，战国时的名士。
[2]《汪康年师友书札》，第2册，第2070页。
[3]《张之洞全集》，第9册，第330页。
[4] "梁孝廉来电"，光绪二十四年正月二十七日未刻发，戌刻到，抄本《张之洞电稿》，第36册，《各省来电三（湖广）》，中国社会科学院经济研究所图书馆藏。此时梁启超已有意离开湖南，北上参

邀请其来武昌的回电,张的原电我尚未见。而到了光绪二十四年春保荐经济特科人选时,张之洞保举了杨锐,也保举了梁启超……[1]

四、《时务报》改官报与汪康年、张之洞等人的对策

梁启超与汪康年在《时务报》之争,以梁退出而告终,但康、梁对此并不甘心。光绪二十四年五月二十九日(1898年7月17日),在京风头正健的康有为,以御史宋伯鲁出面上奏由其代拟的"请将《时务报》改为官报折",称言:

> ……臣窃见广东举人梁启超,尝在上海设一《时务报》局,一依西报体例,议论明达,翻译详博。……两年以来,民间风气大开,通达时务之才渐渐间出,惟《时务报》之功为最多,此天下之公言也。闻自去岁九月,该举人应陈宝箴之聘为湖南学堂总教习,未遑兼顾,局中办事人办理不善,致经费不继,主笔告退,将就废歇,良可惋惜。臣恭读邸抄,该举人既蒙皇上破格召见,并著办理译书局事务,准其来往京沪,臣以为译书、译报事本一贯,其关系之重,二者不容偏畸,其措办之力,一身似可兼任。拟请明降谕旨,将上海《时务报》改为《时务官报》,责成该举人督同向来主笔人等实力办理,无得诿卸苟且塞责。[2]

先是梁启超于五月十五日召见后,光绪帝旨命以六品衔办理上海译书官局及大学堂编译局。对于这一安排,康、梁并不满意。此时让梁执掌《时务

加会试,张之洞很可能闻此而发电相邀至武昌。
[1] 胡思敬:《戊戌履霜录》,卷四,《丛刊·戊戌变法》,第1册,第391页。
[2] 孔祥吉编著:《康有为变法奏章辑考》,第297—299页;原档见《军机处录副·补遗·戊戌变法项》,3/168/9447/56,中国第一历史档案馆藏。此折由康起草,康在《我史》中也承认:"时《时务报》汪康年尽亏巨款,报日零落,恐其败也,乃草折交宋芝栋上之,请饬卓如专办报,并请选择各省报进呈。"《丛刊·戊戌变法》,第4册,第151—152页。

官报》，康亦有意以此来掌控全国的舆情。[1]光绪帝收到该折后，当日将之交给其师傅孙家鼐，"酌核妥议奏明办理"。[2]

自翁同龢被罢斥之后，孙家鼐是光绪帝最为信任的大臣之一，此时任协办大学士、吏部尚书、管理大学堂事务大臣，光绪帝时常将重要事件交其议复。而孙在政治上、学术上又与康有为甚不相合。[3]六月初八日（7月26日），孙家鼐上奏"遵议上海《时务报》改为官报折"，称言：

> ……该御史请将《时务报》改为官报，进呈御览，拟请准如所奏。该御史请以梁启超督同向来主笔人等实力办理，查梁启超奉旨办理译书事务，现在学堂既开，急待译书，以供士子讲习。若兼办官报，恐分译书功课，可否以康有为督办官报之处，恭请圣裁。[4]

---

[1] 值得注意的是，由康起草的宋伯鲁该折还提出："每出报一本，皆先进呈御览，然后印行。仍请旨饬各省督抚通札所属文武实缺候补各员一律购阅。依张之洞所定原例，其报费先由各善后局垫出，令各员随后归还。其官及各学堂诸生，亦皆须购阅，以增闻见。其官报局则移设京都，以上海为分局，皆归并译书局中相辅而行。梁启超仍饬往来京沪，总持其事。至各省民间所立之报馆言论，或有可观，体律有未尽善，且间有议论悖谬记载不实者，皆令先送官报局，责令梁启超悉心稽核，撮其精华进呈，以备乙览。其有非违不实，并令纠禁。其官报局开办及稽核各报详细章程，即令该举人妥拟，呈总理衙门代奏察行，似此广收观听，于新政裨补，量非浅鲜。"即康另有三项目标：一、新的《时务报》是官报，以京师为本部，上海为分局。"每出报一本，皆先进呈御览，然后印行"，可在思想上影响光绪帝，且经光绪帝"御览"后，实际上获得了"钦定"的地位。同时又规定京师与各省实缺候补官员、学堂诸生"一律购阅"，不仅保证其销路，同时也可影响清朝全部官员士子的思想。二、各地的民间报刊，由梁启超"悉心稽核"。如梁认为的"精华"，即由梁"进呈"；如有梁认为"非违不实"，即梁"纠禁"。通过这种"稽核"权，梁实际上可以控制全国的报刊。三、《时务官报》的开办以及"稽核各报"的详细章程，由梁启超妥拟。也就是说，全部游戏规则都由游戏者本人自我决定。康企图通过此举统制全国的报刊舆论并掌控光绪帝阅报内容。

[2] 军机处《随手档》，光绪二十四年五月二十九日；《光绪宣统两朝上谕档》，第24册，第246页。

[3] 参见拙文：《京师大学堂的初建：论康有为派与孙家鼐派之争》，《戊戌变法史事考二集》，第247-261页。

[4] 《丛刊·戊戌变法》，第2册，第432-433页。对于宋伯鲁奏折中请求将《时务报》改以京师为主，上海为分局之议，孙家鼐未作一词，即拒绝将《时务报》迁往北京。对于宋伯鲁奏折中要求以《时务报》"稽核"各报并负责送呈御览之议，孙表示反对。由此，新成立的《时务官报》只是一份有官方固定订户并获开创补贴的报刊，并无特殊的地位。孙家鼐还对《时务官报》提出了警告："如有颠倒是非，混淆黑白，挟嫌妄议，渎乱宸聪者，一经查出，主笔者不得辞其咎。"

孙家鼐由此改变了事情的性质：原是康党要求夺回《时务报》，并以此控制全国的报刊舆论，孙却顺势将康有为请出北京，政治手段运用得相当圆滑老辣。光绪帝当日明发谕旨，同意孙家鼐的提议，"著照所请，将《时务报》改为官报，派康有为督办其事"。[1]

汪康年本是消息灵通人士，五月二十九日谕旨一发，他就十分注意孙家鼐的动作。他的堂哥汪大燮正在北京张荫桓幕中，随时与他通消息。[2] 六月初八日晚上，汪康年刚得到一简单的消息，立即发电武昌：

> 报馆事，奉谕归官办。此事于大局有关，应如何办法，乞为主持。康。[3]

然在"张之洞档案"中，该电及汪康年此期发往武昌的电报，大多没有收电人的名字，很可能是张之洞，或是张幕中的重要幕僚如梁鼎芬、王秉恩、钱恂、梁敦彦等人，只能根据内容进行推测。[4] 汪该电初十日（7月28日）午间到达武昌，张之洞当日夜间发急电给汪康年：

> 上海赵竹君转交汪穰卿。急。电悉。闻派康管上海官报局，大局坏矣。此事甚难维持，惟有速请节庵为总理，即日刊布。则康虽来，必以敌之。此是急著要策，先办此节，然后可徐思补救。此外更无他法，万勿游移。康是否特派，抑系总署奏派，系何字样、章程？速详示。须加急字，不可吝电费。即复。壶。蒸。亥。[5]

---

[1] 军机处《洋务档》、《随手档》，光绪二十四年六月初八日。
[2] 见汪大燮致汪诒年、汪康年信，《汪康年师友书札》，第1册，第786—788页。致汪诒年信注明"五月廿日"，似有误，两信当均发于光绪二十四年五月三十日，即宋伯鲁上奏的第二天。
[3] 上海，汪进士，六月初八日戌发，初十日午刻到，《张之洞存来往电稿原件》，第14函，所藏档号：甲182—385。
[4] "张之洞档案"中的这一类电报，虽无收电人之名，但在右上角分别有一、二、三小圈，此中应有特别的意思，但我还不能解读。
[5] 光绪二十四年六月初十日亥刻发，《张之洞电稿墨迹》，第2函第10册，所藏档号：甲182—219。该电稿原写"时务报馆"，后删去，改为"赵竹君转交"，以能保密。"赵竹君"，赵凤昌。该电稿中还删去"从前屡谏，未蒙采纳"等字样。电文中"特派"，指光绪帝特旨派出，"总署奏派"，指

由此可知，张收到汪电，立即作出对策，以梁鼎芬出面与康有为对抗。同时也可以看出，张在京另有情报来源，但内容过于简单，他要求汪报告其中的详情。汪康年得电后，于十一日（7月29日）发电武昌：

> 急。蒸电敬悉。顷奉电谕，知竟归康办。章程三条未详。现拟将《时务报》三字空名归官，而另行出报，改名《时务杂志》，与从前《时务报》一气贯注，并请节庵为总理，已电焦山。谨候电复。康。真。[1]

汪康年刚得到六月初八日的上谕，方知《时务报》交给康有为办；但他却以极快的速度提出了对策，即仅"将《时务报》三字空名归官"，另行出版《时务杂志》。此即后来汪、张所采用之计。汪在此电中还同意梁鼎芬出为总理。六月十三日（7月31日），汪康年发电钱恂：

> 督署，钱念劬：报拟改《时务杂志》，请节庵为总理。时报即归官。一、不背旨；二、有以对捐款、代派诸人；三、大局不致掣动。恳告帅及节庵。即电复。康。覃。[2]

汪康年要求钱恂此中帮忙做工作。他还同时发电张之洞：

> 前电言改名出报，似非奏明不可。钧意若何？候电示遵行。康。覃。[3]

"前电"似指六月十一日汪康年之电，要求张之洞设法上奏，请光绪帝旨

总理衙门上奏获准。张之洞此时还不知康有为系孙家鼐所奏请。

[1] 上海，汪进士，六月十一日酉刻发，十二日子刻到，《张之洞存来往电稿原件》，第14函，所藏档号：甲182-385。"章程三条"，指孙家鼐六月初八日奏折中关于《时务官报》等项的对策，已由光绪帝批准。见《丛刊·戊戌变法》，第2册，第432-433页。

[2] 上海，汪进士，六月十三日未刻发，十四日午刻到，《张之洞存来往电稿原件》，第14函，所藏档号：甲182-385。

[3] 上海，汪进士，六月十三日未刻发，十四日午刻到，《张之洞存来往电稿原件》，第14函，所藏档号：甲182-385。

准。六月十七日（8月4日），汪康年再发电武昌：

> 谏电敬悉。报从七月朔起遵即改名《时事新报》，并请节庵为总理，声明报首。《农报》事，容会商再复。敬诒极愿相助，必留。康。霰。[1]

"谏电"指武昌方面六月十六日的复电，但由于档案保管等因，我在"张之洞档案"中，尚未找到该电及武昌方面此期的其他回电；而时在武昌的叶澜在给汪康年的信中，却透露出张之洞及其幕中的内情。叶澜在六月十六日（8月3日）的信中写道：

> 昨日由念劬交来密电，已照译送梁。弟又亲至星海处打探。星海目疾未愈，晤社耆云：星海以前次兄请其为总理，后又不说起，心颇不悦。此番笑兄急来抱佛脚云，欲其为总理，尚须斟酌。惟社兄言其心中未始不愿帮兄，而社特不好进言。故弟又至念劬处，恳其至星海家竭力劝驾。念劬已经允许。又据念云：兄前日电请帅出奏，帅以馆在上海，不涉两湖之事，恐难越俎代庖。惟兄所言将报改名《时务杂志》，捐款一概清出。帅意甚以为然，云：不过让《时务报》空名与康，而馆中经费由绅商乐捐，毫无官款，犹之电报、招商等局不能入公家也。且官报开办另有经费，此种捐款概出绅商，虽有上谕，断无强之捐入官报之理。特飞告兄知。[2]

由此可见，汪康年六月十三日给钱恂之电，钱将之交梁鼎芬，并劝梁出面向张之洞进言。张之洞对汪求其"出奏"即上专折一事，未能同意；但同意汪的"改名"方案，称"不过让《时务报》空名与康"，并称捐款"不能

---

[1] 上海，汪进士，六月十七日午刻发，亥刻到，《张之洞存来往电稿原件》，第14函，所藏档号：甲182-385。"敬诒"，又作敬贻，曾广铨，曾国藩之孙，曾随曾纪泽长期驻外，精通英语，为《时务报》英文翻译。该电后有附电："典兄：帅与汪电，仍用弟电码，密为要。竹。""典兄"，典午，梁敦彦；"竹"，竹君，赵凤昌。看来此期汪康年与张之洞的电报往来，很可能经过赵凤昌之手。

[2]《汪康年师友书札》，第3册，第2610—2611页。"社耆"，汪洛年。

入公家"。此中提到的汪康年前次请梁鼎芬为《时务报》总理一事,很可能发生于光绪二十四年闰三月,即黄遵宪发电驱汪之时,张之洞六月初十日电稿中删去的"从前屡谏,未蒙采纳"字样,也可能即指此事;然汪恐梁夺其权,后不再提起。由此又可见,梁对汪虽有意气,但为了共同对付康有为,梁仍同意出山。

除对上海的汪康年进行部署外,张之洞另向京师打探消息,于六月十七日发电其子张权:

> 急。京。张君立:……宋伯鲁请将《时务报》改官报折及孙燮相请派康办折,大意如何?馆中款项须归康否?言明汪康年办理不善否?速摘要电告。即复。壶。洽。[1]

他要求将宋伯鲁、孙家鼐奏折摘要电告,以便其下一步的行动。第二天,六月十八日,张之洞再电张权,问道:"康肯出京否?"[2]

时在北京的康有为,奉到六月初八日光绪帝谕旨,最初也准备去上海。六月十二日(7月30日),康有为发电汪康年:"奉旨办报,一切依旧,望相助。有为叩。"与此同时,他还发给汪一信,称言:

> 昨日忽奉上谕,命弟督办报事,实出意外。殆由大臣相爱,虑其喜事太甚,故使之居外,以敛其气。……报事本足下与公度、卓如承强学而起。弟连年在粤,一无所助,馆中诸事仍望足下相助为理,凡百皆拟仍旧。前经电达,想已洞鉴。……闻卓如与足下曾小有意见,然我辈同舟共济,想足下必不因此而芥蒂也。顷因进呈书籍尚未告成,

---

[1]《张之洞电稿》,光绪二十五年五月至七月,六月十七日巳刻发。所藏档号:甲182-456。整理者有误,根据内容,该电发于光绪二十四年。"孙燮相",孙家鼐,字燮臣。

[2] 该电全文为:"急。京。张君立。初六日颁发《劝学篇》之上谕,首句云'翰林院侍讲黄'云云,'院'字下'侍'字上似当有一奏字,文义方明,盖此翰林院代仲韬奏也。速查京报,是否脱此字,即刻复。鄂拟将此旨刊入新印本卷首。康肯出京否?"《张之洞电稿》,光绪二十五年五月至七月,六月十八日辰刻发。所藏档号:甲182-456。整理者有误,根据内容,该电发于光绪二十四年。

>须十日外乃可成行,或先奏派一、二人出沪商办……[1]

以此信中的"十日外乃可成行"为计,康有为将于六月下旬到达上海;信中"先奏派一、二人出沪",康派出的接办人员是狄葆贤。狄到达上海后,于六月二十六日(8月13日)给汪康年一信:

>顷接康先生电,想电局于尊处已分送矣。此事究应如何办理?伏乞详示,以便遵办,恭候回音。[2]

同在北京的汪大燮也听到康欲离京的消息,于六月十一日写信告汪康年:"闻康二十边动身赴申"。[3]

而上海这一边的情况进展,可见之于汪康年电报。他于六月十八日(8月5日)发电武昌:

>密。洽电敬悉。奏折早电京,昨又发急电,尚未得复。康何日出京,未详。日前来电,系敷衍语。康。巧。[4]

"洽电",指六月十七日之武昌复电。比照张之洞六月十七八日给张权的电报内容,此电中的"奏折"似指宋伯鲁、孙家鼐奏折,汪表示已一再发电北京,要求急送;康有为"何日出京",当是武昌"洽电"所关心的内容。至于"日前来电",似指康有为六月十二日电报。同一天,汪康年再次发电:

---

[1]《汪康年师友书札》,第2册,第1664-1665页。原件无日期。梁启超作《创办〈时务报〉源委》,内称:"康先生之待穰卿,自启超观之,可谓得朋友之道矣。……此次奉旨督办《时务报》后,即致一电一函与穰卿,请其仍旧办理,已不过遥领而已。电文云:'奉旨办报,一切依旧,望相助。有为叩。'其函则系六月十二日由邮政局寄出者,文长不能全录。"(《知新报》,第66册,光绪二十四年八月十一日出版,澳门基金会、上海社会科学院出版社影印本,1996年,第1册,第902页)由此可知,该电与该信发于十二日。
[2]《汪康年师友手札》,第1册,第1152页。该信注"即晚收",似为当日晚上收到此信。
[3]《汪康年师友书札》,第1册,第789页。
[4]上海,汪进士,六月十八日午刻发,酉刻到,《张之洞存来往电稿原件》,第14函,所藏档号:甲182-385。

> 啸电敬悉。遵改《昌言》。康。[1]

"啸电"指十八日的电复,从"遵改"的语气来看,似为张之洞的电报。至此,《时务报》改《昌言报》由张之洞定计。六月二十日(8月7日),汪康年又发电武昌:

> 急。复奏已见。首言准改官报。次派康督办。三进呈各报章,三条:一、由官报局责成,主笔慎选;二、各报由书局慎选;三、官报费派各州县月一两,创办费令康商筹,并不提及从前款目。康。哿。[2]

"复奏",指孙家鼐六月初八日议复宋伯鲁之折的奏折,似由汪大燮寄来。[3] 汪康年看到了孙折的内容,松了一口气。他给武昌的此电,已属是上报好消息。次日,汪康年写信给张之洞,抄录孙折,并对该折的内容,竭力作其"改名出报"的理解:

> 广雅尚书年丈大人阁下:十九日曾上一书,亮蒙钧察。孙相原折,前晚方由京友寄到,昨已摘其大旨,发急电奉闻。兹再钞录一通,寄呈左右。折中前言改作官报,末段又言创办经费令康主事自筹,似乎前后不符。然终赖有此一节,则此间之改名出报,待康主事另起炉灶,正与朝议相符。亮寿州亦计及于此,故为此调停之计也……(以下是关于四明公所事件的内容)[4]

---

[1] 上海,汪进士,六月十八日戌刻发,十九日子刻到,《张之洞存来往电稿原件》,第14函,所藏档号:甲182-385。

[2] 上海,汪进士,六月二十日巳刻发,未刻到,《张之洞存来往电稿原件》,第14函,所藏档号:甲182-385。"三条"是孙家鼐奏折中的三条章程。

[3] 汪大燮于六月十三日致汪康年的信中称:"原奏复奏即抄寄,惟似无所用……"《汪康年师友书札》,第1册,第791页。

[4] 《张之洞存札》,所藏档号:甲182-217。从内容来看,该信发于光绪二十四年六月二十一日。"寿州",孙家鼐,他是安徽寿州人。

然而，武昌给汪康年以上三电的回复，我仍未能从"张之洞档案"中找到；叶澜六月二十二日（8月9日）给汪康年的信，再次展示了张之洞及其幕中的内情：

> 今日念兄言，帅座接兄复梁函后，似兄有不仗梁力之意，恐兄误会帅意。盖帅欲梁为总理，专为助汪敌康起见。梁为总理，并不须报馆另筹薪俸，而可以出面挡康。申报一切事，会归兄经理，而兄何以接帅电后尚有活动之说？梁见此大不悦，幸帅极力为兄说项，梁始允至申一行。故帅虽怪兄不知好歹，而又怒康太横，怜兄太弱，必力为扶助，亦为大局起见，望兄此后善体帅意。至帅命兄改《时务》为《昌言》，系因上谕有"从实昌言"之语，嘱兄即作一序，申明遵上谕"昌言"二字之义，并述改名之由。其说维何？则以《时务报》既奉谕改为官报，现虽督办未来，而我等所办，系属商款商办（商报与官报有别，兄宜专抱定此意，则商款不至为康所据），不敢复揽"时务"之名，故特改名"昌言"，以副捐款诸君之望。[1]

"念兄"，钱恂。叶澜的消息全来自钱恂，自是相当可靠。由此可以看出：汪康年对梁鼎芬仍有所顾虑，恐其来上海会全盘接管，张之洞则表示梁仅是"出面挡康"。"帅命兄改《时务》为《昌言》"，应是张之洞的"啸电"之内容。"上谕"指光绪二十四年六月初八日改《时务报》为《官报》的上谕，其中一段为："至各报体例，自应以胪陈利弊、开广见闻为主，中外时事均许据实昌言，不必意存忌讳，用副朝廷明目达聪勤求治理之至意。"张之洞欲借用"据实昌言"的谕旨，来封他人之口。至于梁鼎芬与汪康年之间的意气，张也作了调和。与此同时，梁鼎芬也致函汪康年："兄出死力为弟，幸勿怯。无论如何，有我在，吴狄如要硬到，飞电告我。"[2] "吴狄"，指康派到上海的狄葆贤，他是江苏人。

---

[1]《汪康年师友书札》，第3册，第2611页。
[2]《汪康年师友书札》，第2册，第1909页。

而在北京的汪大燮,与黄绍箕、孙家鼐几经商议后,却是另出一策,于六月十三日(7月31日)写信给汪康年:

> 兹有要事奉达,仲弢以前事与寿州往复函商。欲以新创选录进呈报务,嘱其奏调足下来京办理。得寿州复言:"汪君之事,请世兄作一私函,嘱其进京办理选报,从缓再行奏派,不著痕迹尤妙"云云。窃谓此事如此转圜,亦属大妙,京城薪水未必能丰,但面子究好看些。望即行定见,密速电复为祷。……又,寿州云:"此事自有办法(时务馆交割),断不难为汪君。"则寿州有言在先,如有纠葛帐目,除自己私亏外,可开清单交康,即驳亦可听之,自己尽管先行入都。……仲弢日内见寿州,再问选报薪水,容即奉达。寿州原为推康出去起见,并非不知君之委曲,其人柔而愎,与君性情相似。[1]

汪大燮主张将《时务报》交出,他与黄绍箕、孙家鼐商议的密谋,竟是调汪康年来京负责"选报",即由其负责挑选全国各报刊的文章,上呈光绪帝。孙家鼐让汪大燮写信给汪康年,先行进京,然后再上奏奉旨派定,以"不著痕迹"。孙家鼐不愧为一个官场运作的老手。如此一来,康督办的《时务官报》文章是否被选上呈,将由汪来选定,以此来遏止康、梁。[2]

所有这些密谋,康有为全不知情,就连在张之洞幕中的陈庆年,也不知情。[3]

---

[1] 《汪康年师友书札》,第1册,第790—791页。"仲弢",黄绍箕。

[2] 康有为原本有意通过《时务官报》来控制全国舆论,由官报选择内容上呈皇帝。孙家鼐对此反对,上奏称由官书局人员"仿陈诗之观风,准乡校之议政,惟各处报纸送到","详慎选择,不得滥为印送";"现在天津、上海、湖北、广东等处,皆有报馆,拟请饬各省督抚,饬下各处报馆,凡有报单,均呈送都察院一分,大学堂一分,择其有关时局,无甚背谬者,均一律录呈御览……"由此,各地报刊送都察院、大学堂各一份,如"无甚背谬",即进呈皇帝,而负责此事者为孙家鼐本人(《丛刊·戊戌变法》,第2册,第432—433页)。孙拟将此职交给汪康年。

[3] 陈庆年在六月二十二日日记中称:"本月初八日上谕:以上海《时务报》改为官报,派康有为督办。朝廷不知其中隐情,至若辈快其攘夺之计,惜无人入告耳。"(《戊戌己亥见闻录》,《近代史资料》,总81期,第118页)陈直到此日,才仅看到上谕,且对策是请人上奏入告,以揭露康有为。而选录的日记中也不见关于《昌言报》的记载。

五、汪康年改《时务报》为《昌言报》与光绪帝旨命黄遵宪"查明""核议"

汪康年六月十一日电报即提出"将《时务报》三字空名归官,而另行出报"之策,得到张之洞支持后,立即开始了行动。光绪二十四年七月初一日(1898年8月17日),《昌言报》第1册刊行,并在封面上注明"续《时务报》第六十九册"。《昌言报》第1册卷首刊印了六月初八日孙家鼐奏折及当日光绪帝的谕旨,并在其后刊出汪康年所作的"跋语":

> 谨案:康年于丙申之春,倡设《时务报》,惟时南皮张制军提倡于先,中外诸大吏振掖于后,各省同志复相应和,先后延请梁卓如、麦孺博、章枚叔、徐君勉、欧云樵诸君为主笔;张少塘、郭秋坪、古城坦堂、潘士衾、李一琴、曾敬诒诸君翻译东文、西文各报;复旁罗章奏要件,以备考求时事者之采择。方惧指斥稍过,不免干触忌讳。不意言官奏请,遽蒙优诏改为官报,复派康有为督办报务,实为草野之至荣。惟官报体裁,为国家所设,下动臣民之瞻瞩,外关万国之听闻,著论译文,偶有不慎,即生瑕衅,自断非草莽臣所敢擅拟。谨已暂时停止,俟康工部到申,再由其筹办。本报特改名《昌言报》,仍与从前《时务报》蝉联一线,既上承圣主旁罗之至意,复仰体同志扶掖之盛心。特谨跋于此。汪康年恭跋。[1]

---

[1]《昌言报》,中华书局影印本,1991年,第4页。"麦孺博",麦孟华;"章枚叔",章太炎;"徐君勉",徐勤;"欧云樵",欧榘甲;"张少塘",张坤德;"郭秋坪",郭家骥;"古城坦堂",古城贞吉;"潘士衾",潘彦;"李一琴",李维格;"曾敬诒",曾广铨。又,《国闻报》光绪二十四年六月二十四日刊出:"上海时务、昌言报馆告白:启者。康年于丙申秋在上海创办《时务报》,延请新会梁卓如孝廉为主笔,至今两年,现即奉旨改为官报,《时务报》名目自非草野所敢擅用,刻即从七月初一日起谨遵六月初八日谕旨'据实昌言'之谕,改为《昌言报》,一切体例皆与从前《时务报》一律,翻译亦仍其旧……"

言词中机锋甚利。且从该报形式和内容来看,此次改报,仅是换一名称而已,一切皆如《时务报》之旧。

康有为很快得知消息,立即发电各地禁止。七月初五日(8月21日),两江总督刘坤一发电总理衙门:

> 顷康有为电,奉旨改《时务报》为官报,汪康年私改为《昌言报》,抗旨不交,望禁发报云。应如何办理,请钧示。坤。歌。[1]

初六日,总理衙门将该电呈光绪帝,光绪帝下旨发电湖广总督张之洞、两江总督刘坤一,以转送黄遵宪"查明""核议"。"张之洞档案"中收有该电:

> 总署来电。并致江宁刘制台。转电出使日本大臣黄:刘坤一电称,康有为电,奉旨改《时务报》为官报,汪康年私改《昌言报》抗旨不交等语。该报馆是否创自汪康年,及现在应如何交收之处,著黄遵宪道经上海时查明原委,秉公核议电奏,毋任彼此各执意见,致旷报务。钦此。鱼。[2]

前已叙及,四月二十五日,翰林院侍讲学士徐致靖上奏保举康有为、梁启超、黄遵宪、谭嗣同、张元济五人,当日下旨康有为、张元济于二十八日召见,召黄遵宪等人入京,预备召见。[3]然黄遵宪一直没有起程,以病留在湖南。[4]六月二十四日(8月11日),光绪帝旨命黄遵宪接任驻日本公

---

[1]《总理衙门清档·收发电》,01-38/17-1,台北中研院近代史研究所档案馆藏。
[2] 七月初六日午时发,七月初七日午时到,《张之洞存各处来电》,戊戌第4册,所藏档号:甲182-136;该电旨又见《清代军机处电报档汇编》,中国人民大学出版社,2005年,第2册,第85页。刘坤一为此也给张之洞发来相应的电报:"初六总署电传谕旨,台端想亦奉到。黄大臣过鄂,乞并转致。顷又请右帅饬各电局探呈矣。康有为并嘱禁发报,故请总署核示。谨闻。坤。遇。"光绪二十四年六月初七日午刻发,初八日午刻到。《张之洞存各处来电》,戊戌第3册,所藏档号:甲182-136。该抄件时间有误,当为七月。
[3] 相关的情节,可参见本书导论第二节。
[4] 陈宝箴于六月十四日发电张之洞称:"……黄道遵宪拟于六月内起程北上,乞挈衔电复……"午刻

使,并发电催促黄即来京。[1]黄仍因病再推行程。[2]光绪帝此时发电南京、武昌,是认为黄遵宪已在进京途中,让刘坤一、张之洞转交。张之洞于七月初七日午刻(上午11时到下午1时)收到该电旨,因黄遵宪尚未起程,当即将此电旨转发长沙。[3]是日申刻(下午3—5时),张又收到两电。其一是康有为发来:

> 京康主事来电。奉旨改《时务报》为官报。汪康年私改为《昌言报》,抗旨不交。望禁发报。康有为叩。[4]

该电发于七月初五日未刻(下午1—3时),内容与给刘坤一电报相同,很可能是两电同时发出。另一是湖南巡抚陈宝箴发来:

> 湖南陈抚台来电。黄遵宪病稍愈,已饬于初七交卸道篆,初八力疾起程。乞即系衔电达总署代奏,并示复。箴叩。鱼。[5]

张之洞接到此电,知黄遵宪即将北上,即用两人的名义电奏上闻。[6]初八

发,酉刻到。《张之洞存各处来电》,戊戌第3册,所藏档号:甲182-136。六月二十六日再发电张称:黄"因本月二十二日感冒请假,现实未能就道。俟月初稍愈,即催令力疾趱行……"午刻发,亥刻到。出处同上。

[1]光绪帝于六月二十四日明发上谕:"湖南长宝盐法道黄遵宪著开缺,以三品京堂候补,充出使日本国大臣。"同日,军机处电寄湖广总督张之洞、湖南巡抚陈宝箴旨:"前经降旨,电催黄遵宪来京。现在计已起程。无论行抵何处,著张之洞、陈宝箴催令趱程迅速来见。"军机处《随手档》、《洋务档》、《电寄档》,光绪二十四年六月二十四日。该电旨由张之洞传黄遵宪。黄即复电:"奉电传旨,敬悉。职道以感冒故,未起程。月初稍愈,即行。遵宪谨禀。"光绪二十四年六月二十七日戌刻发,亥刻到。《张之洞存各处来电》,戊戌第3册,所藏档号:甲182-136。

[2]六月二十七日,总理衙门收张之洞、陈宝箴电:"敬电谨悉。奉旨饬催黄遵宪起程,迅速来京等因钦此。遵即传催,惟黄道本拟月内起程,因本月二十二日感冒请假,现实未能就道。俟月初稍愈,即催令力疾起行。请代奏。之洞、宝箴同肃。宥。"(《总理衙门清档·收发电》,01-38)"宥"是二十六日的代日。

[3]致长沙出使日本黄大臣,光绪二十四年七月初七日午刻发,《张之洞电稿乙编》,第56册,所藏档号:甲182-72。

[4]七月初五日未刻发,初七日申刻到,《张之洞存各处来电》,戊戌第4册,所藏档号:甲182-136。

[5]七月初七日巳刻发,申刻到,《张之洞存各处来电》,戊戌第4册,所藏档号:甲182-136。

[6]七月初八日,总理衙门收湖广总督张之洞、湖南巡抚陈宝箴电:"黄遵宪病稍愈。已饬于初七交

日,黄遵宪来电:"宪初七交印,即日起程。升任南盐道遵宪禀。庚。"[1]张之洞派湖北小军舰"楚材"往迎。[2]黄于七月初十日复电张之洞:"温谕感甚,蒙派'楚材',谨叩谢。遵宪。"[3]这是黄遵宪北上时赴鄂"重亲训诲",而此时总理衙门再次电催黄遵宪进京。[4]

然而,在黄遵宪尚未到达武昌之际,七月初六日(8月22日)下午,张之洞收到汪康年的电报:

> 急。顷康电蔡道云:奉旨改《时务报》为官办,特命督办,即派狄平接办;汪康年违旨私改为《昌言报》,抗据不交;商孙中堂,令请禁发《昌言报》,劝汪交出,无干参劾;如何电复云云。恳即属节庵前来,商办如何。乞示。康。物。[5]

"蔡道",苏松太道蔡钧,他也收到了康有为的电报内容,其内容还牵涉到孙家鼐。"商孙中堂,令请禁发《昌言报》,劝汪交出,无干参劾"一段,其字面的意思是,"康有为已与孙家鼐商量,孙令蔡钧禁发《昌言报》,孙

卸道篆,初八力疾起程。请代奏。之洞、宝箴同肃。阳。"(《总理衙门清档·收发电》,01-38)"阳"是初七日的代日。

[1] 光绪二十四年七月初八日巳刻发,未刻到,《张之洞存各处来电》,第34函第4册,所藏档号:甲182-136。

[2] 见王秉恩于七月初八日发电、张之洞初九日发电,说明"已派'楚材'奉候"。见东方晓白:《张之洞(湖广总督府)往来电稿》,《近代史资料》,第109期,第15-16页。

[3] 长沙,黄钦差,七月初十日巳刻发,申刻到,《张之洞存来往电稿原件》,第14函,所藏档号:甲182-385;抄见又见《张之洞各处来电》,戊戌第4册,所藏档号:甲182-136。

[4] 七月十一日,张之洞收到总理衙门来电:"总署来电,转出使黄大臣。裕使电称,裕病足不能步,昨访晤大畏(隈),竟不能上楼。九月间日君寿,又大坂(阪)督大操,皆不能到,成何事体等语。查裕使久病,确系实情,使臣在外,以联络邦交为重,非能卧治。希速来京请训。赶八月杪到东。勿迟,为要。卦。"(光绪二十四年七月初十日亥刻发,十一日酉刻到,《张之洞存各处来电》,戊戌第4册,所藏档号:甲182-136)张之洞连发三电催促。十三日,张之洞又给一陈宝箴来电:"真、文、元三电因线断,同到。公度已于十一日展轮。曾牧亦附轮往鄂。箴复。覃。"(光绪二十四年七月十三日酉刻发,亥刻到,出处同上)张之洞"真"、"文"、"元"给陈宝箴、黄遵宪的电报,见《张之洞(湖广总督府)往来电稿》,《近代史资料》,第109期,第16-17页。

[5] 上海,汪进士,七月初六日巳刻发,未刻到,《张之洞存来往电稿原件》,第14函,所藏档号:甲182-385。

并令蔡劝汪康年交出该报，即可不加参劾"。[1]当日，汪康年与蔡钧见面，表示其交报之"为难"。[2]七月初十日（8月26日）丑刻（清晨1-3时），张之洞再次收到汪康年的电报：

> 得孙相回电云：并无封禁、参劾语。合电告。用洋牌事似可暂缓。念劬已见。康。屑。[3]

孙家鼐明确表示了自己的态度。"洋牌"指《昌言报》挂租界洋人的商牌，以挡康有为；其最初很可能还是张之洞的主意。[4]念劬，钱恂，此时进京觐见，路过上海，对于交报一事，他与汪有着详细的讨论。而孙家鼐的这一明白态度也激励了张之洞，张于当日上午巳刻（9-11时）发一长电给孙家鼐：

> ……查《时务报》乃汪康年募捐集赀所创开，未领官款，天下皆知，事同商办。兹奉旨交黄遵宪查明核议，自应听候黄议。康主事辄电致两江、湖广各省，请禁发《昌言报》，殊堪诧异。康自办官报，汪自办商报，自应另立名目，何得诬为抗旨？官报有开办经费，有常年经费，皆系巨款，岂有夺商报之款以办官报之理？况《时务报》馆并无存款。且近日谕旨令天津、上海、湖北、广东各报俱送钧处进呈，是朝廷正欲士民多设报馆，以副"明目达聪"之圣谕，岂有转行禁止

---

[1] 汪康年七月初五日收蔡钧信称："顷接康工部来电，禁发《昌言报》，劝汪交出，如何电复等因，用特照抄原电奉布，即祈阁下查照办理，并望将办理情形从速见示，以便转复为荷。"（《汪康年师友书札》，第3册，第2963页）由于未见到该信之附件，只能按字面去理解汪康年初六日的电文。

[2] 汪康年七月初八日收蔡钧信称："顷承惠顾，藉聆一是，所有为难情形，已经电复康主政查照。兹奉督宪电谕，饬查黄大臣行抵何处等因，用特抄电送呈察览。即祈阁下确探黄大臣行踪，现抵何处，即日见示，以便电复为荷。"《汪康年师友书札》，第3册，第2964页。

[3] 上海，汪进士，七月初九日戌刻发，初十日丑刻到，《张之洞存来往电稿原件》，第14函，所藏档号：甲182-385。

[4] 叶瀚于七月十四日致信汪康年称："近日忽闻有奉旨令公度查办之说，究竟所查所办者何事，实令人无从索解。前帅座曾嘱念兄请公速改挂日商牌，想近已照办，然此亦是掩耳盗铃之计……"（《汪康年师友书札》，第3册，第2612页）"念兄"，念劬，钱恂。

之理？康主事所请禁发《昌言报》一节，碍难照办。[1]

张之洞此电的核心，在于说明《时务报》的性质为商报，并表明其不能禁发《昌言报》。孙家鼐收到此电后，于十二日回电称：

> 蒸电悉。公所言者公理，康所电者私心，弟所见正与公同，并无禁发《昌言》之意，皆康自为之。公能主持公道，极钦佩。鼐。文。[2]

张、孙两人对此态度已是大体一致，孙亦认为"大致与商报略同"。[3] 在发电孙家鼐的同时，张之洞又发电赵凤昌，转汪康年：

> 急。上海。赵竹君转汪穰卿：密。细思洋牌万不宜挂。康电两江及湖北，均请禁发报，何谓无之？各省想皆同。或未请孙相奏禁耳。且俟黄议。名心叩。蒸。[4]

张之洞认为康有为有可能未请孙家鼐禁报，"且俟黄议"，字面意思是等待黄遵宪的议复，似也表明张准备出面与黄进行交涉。七月十三日（8月29日），张之洞又收到汪康年电报：

> 文电敬悉。丙夏起，戊六月止，共收七万四千余元，共用七万二千余元，实存二千数百元。另代派欠约八千余元，存货六千余

---

[1]《张之洞全集》，第9册，第339页。

[2] 光绪二十四年七月十二日卯刻发，二十日申刻到，《张之洞电稿甲编》，第13函第61册，所藏档号：甲182-47。然该电为何长达八天方到，原因不明。又，该电收入《张之洞全集》，第9册，第339-340页。

[3] 汪康年于七月十四日收到孙家鼐的回信："……上海《时务报》馆开设之初，弟不知其源委。近因言官请改为官报，奉旨交弟议奏，弟以悬靴设铎，谏鼓善旌，通达下情，可以上神圣治，遂议准言官之奏，奉旨遵行。……虽非集股之商报，大致与商报略同。弟意康水部处此，必有一情与义尽办法。接来电，水部电致上海道，有奏参封禁之语。此水部之言，弟并无此语，宜分别观之。前已有复电，兹再函达其详……"（《汪康年师友书札》，第2册，第1430页）孙家鼐话说得非常委婉周全，但已大体认可为"商报"。"康水部"，康有为，其为工部主事。

[4] 光绪二十四年七月初十日午刻发，《张之洞电稿墨迹》，第2函第10册，所藏档号：甲182-219。

元。康年亏六百余元,梁、麦、龙共亏一千四百元。均有据可查,不敢隐讳。康。文。[1]

"文电"指张之洞十二日的电报,尚未得见;"丙夏"指丙申年即光绪二十二年的夏天,"戊六月"指戊戌年即光绪二十四年六月。张此时让汪确报《时务报》的明细账目,似为准备与黄交谈、交待之用。七月十五日(8月31日),张之洞收到其幕僚钱恂从上海发来的电报:

> ……外国无官报,近访与鄂所闻同。穰无巨亏,沪有公论,黄、吴告白早见报馆,开办于丙年四月,全赖宪台千元之助;黄款千元七八月才交付一半,谓报馆藉此而开,未确。穰上夔书,恂带去。恂禀。盐。[2]

"外国无官报",似为张之洞一派新寻找的反对《时务报》改官报的理由;"穰上夔书",即汪康年上书给其同乡、军机大臣王文韶,当然是申诉之信,将由钱恂带往北京;另一重要的理由是,《时务报》开办全靠强学会余款银,黄遵宪的捐款很晚才到。

由于光绪帝旨命黄遵宪到上海"查明""核议",黄此时成了关键人物。

六、黄遵宪对事件的处理

黄遵宪在先前《时务报》内汪康年、梁启超之争中,站在梁的一边,此时光绪帝命其主持查核,当然会对康、梁更为有利。[3] 他于七月十一日

---

[1] 上海,汪进士,七月十二日亥刻发,十三日午刻到,《张之洞存来往电稿原件》,第14函,所藏档号:甲182-385。
[2] 上海,钱守,七月十四日戌刻发,十五日卯刻到,《张之洞存来往电稿原件》,第14函,所藏档号:甲182-385。"吴",吴德潚。"千元之助",指强学会余款银700两,约等于银元千元。"夔",王文韶,字夔石。
[3] 陆懋勋于七月初十日致信汪康年称:"昨日下午,又闻梁、康发电与南洋,谓兄抗旨不交,南洋电总署,总署电闻,旨饬公度查办。弟闻之尤为心悚。公度固兄之劲敌也,一旦查办,则必不留余

（8月27日）离开长沙，乘船北上，很可能于十五日到达武昌。七月十六日，总理衙门收到他的电报：

> 宪到岳，因察看商地，略有沉搁。奉鄂督转奉电旨，饬查《时务报》事宜。查此馆章程皆宪手定，系宪所创办，作为公众之报，以汪康年充总理，梁启超充总撰。今公报改为官报，理正势顺，不知何以抗违不交？俟到沪，即议交收，毋令旷报。事定再电奏。请回堂宪。遵宪。[1]

此电报是一抄件，未有发报时间与地点。从当时的发报速度来看，若无加急，需一至两天，即此电很可能是黄到武昌前所发。黄遵宪认定《时务报》的性质是公报，完全否认了汪康年、张之洞的理由——即为"商报"，并称"公报改为官报，理正势顺"；他还称到沪"即议交收"，"事定"后"再电奏"，即已有明确的处理方针——"交收"。

黄遵宪到达武昌后，立即受到了张之洞、梁鼎芬等人的巨大压力。此时在武昌管理《时务报》发行事务的翟性深，于七月十六日（9月1日）致汪康年信中称：

> 一、公度昨已来鄂，现知子培与梁髯等与其联络，不知可能妥洽否？一、梁髯近日病，故子培来亦不能久坐常谈。一、梁髯本欲与公度同来，现已不果，半因有病，半思我馆之事，莫若在鄂可设法。以上均社兄处道问来。[2]

"子培"，沈曾植。"梁髯"，梁鼎芬。"社兄"，社耆，汪洛年，他与沈、梁

> 地，吾兄何以堪之。……因闻此信之后，立即至太原处请为斡旋，已允为设法，惟尚无复信。若查办之人或另派，则兄亦急宜妥为布置，万不可再为彼等播弄……"（《汪康年师友书札》，第3册，第2164页）"南洋"，南洋大臣，刘坤一。"太原"，按郡望为王姓，此处指王文韶。陆懋勋已知黄遵宪将不利于汪康年，请王文韶出面斡旋，以便另派人查办此事。

[1]《总理衙门清档·收发电》，01-38。"堂宪"，指总理衙门大臣。
[2]《汪康年师友书札》，第4册，第3640页。

皆交深,其消息是可靠的。梁鼎芬原准备与黄遵宪同来上海,但考虑到"在鄂可设法",便没有同行。而在张之洞幕中的邹代钧,于七月二十八日(9月13日)致汪康年信中称:

> 《时务报》改为《昌言报》,办法尚不错,惟康居然以抗旨入告,殊属无谓,且交公度查复,尤形鬼蜮。伯严已力言于公度,谓此事必须公允,万不可稍涉偏倚,公度却面允。昨闻子培言,公度到鄂已与南皮商妥,当不至离经也。云系欲公将旧账交与南皮,而南皮转交公度,《昌言报》则仍《时务》之旧,官报则另起炉灶。[1]

"伯严",陈三立。黄遵宪在陈三立、张之洞的直接施压下,已经有所退让。七月十八日,武昌收到汪康年电报:

> 康电江西藩,请禁登《昌言报》,业已札县示禁。康年。篠。[2]

七月二十日,武昌再收到汪康年电报:

> 现拟与开《汉报》之宗北平商,互列名报端,则馆不能摇,与寻常挂洋牌异。可否?候示。康。啸。[3]

---

[1]《汪康年师友书札》,第3册,第2761—2762页。

[2] 上海,汪进士,七月十七日申刻发,十八日丑刻到,《张之洞存来往电稿原件》,第14函,所藏档号:甲182-385。江西后来实未禁。汪德年于八月二十一日致汪诒年之信称:"前禁《昌言报》,初闻示出,后来并未出示。省城由南昌出一谕单,递送各处,并未留下,亦未取结,系七月十三日之事……九江则藩札到县,即由县署请福康公司管事至署,将文书送阅,取具甘结,未出示,亦无谕单,此时实无从取揭。兄回江后,即托首县转达中峰,将上海情形略说大概,已许仍旧照送。窃以此事系由康电所致,当道以其为奉旨办理官报之人,不得不与为维持。"(《汪康年师友书札》,第4册,第3873页)从此信中可见,江西虽禁,但只是应付一下。

[3] 上海,汪进士,七月十八日已刻发,二十日子刻到,《张之洞存来往电稿原件》,第14函,所藏档号:甲182-385。宗北平,日本人,汪康年于六月十八日收到其信:"自今《时务报》改为官报,康有为总理报务,未知道兄此时去就如何?伏望示知。弟拟月底必下申,逗留旬余而后归去故山……"(《汪康年师友书札》,第4册,第3335页)又,该电后另附一电:"典兄:十六康电请速转梁、沈两太史,候复。昌。""典兄",梁敦教;"梁",梁鼎芬;"沈",沈曾植;"昌",赵凤昌。"十六康电",七月十六日汪康年电报,"张之洞档案"中未存,我亦未见。

而武昌方面对此两电的回复，我在"张之洞档案"中没有找到。

黄遵宪离开武昌后，途经南京，与刘坤一会见，[1]于七月二十三日（9月8日）到达上海。七月二十五日，张之洞发电黄遵宪：

> 致上海出使日本黄钦差。报事中外议论纷纭，弟不敢置议。在鄂所谈，作为勿庸议可也。惟《昌言报》，则鄙意以为万不宜禁耳。洞。有。[2]

此中的"在鄂所谈"，很可能就是前引邹代钧信中所称，由汪"将旧账交与南皮，而南皮转交公度，《昌言报》则仍《时务》之旧，官报则另起炉灶"。此时张之洞有所退让，一方面是梁启超与汪康年在《国闻报》等阵地打起了笔墨官司，引起了很大的反响，另一方面很可能是听到黄遵宪另有大用的消息。他不再强调《时务报》"空名归康"；而改为以不禁《昌言报》为对策。而汪康年在上海受到黄遵宪的压力，连连发电武昌。七月二十五日（9月10日）汪发电称：

> 照黄言，报馆所有统行交出，《昌言》如何办法？请电示。康。有。[3]

二十七日发电称：

> 黄意须统行交出，康拟俟彼电奏请旨，或彼备公文着交，即照办，以昭慎重。康。[4]

---

[1] 汪康年曾向刘坤一求助，刘坤一于七月二十六日回信汪，称言："商报与官报似可并行不悖。……顷间黄大臣过宁，弟已面告一切，即日弭节沪滨，必当遵旨确查，据实复奏。此公淹贯古今，歇历中外，报律商情，均所洞察，似不致徇一面之词，昧两端之择。"《汪康年师友书札》，第3册，第2873页。

[2] 光绪二十四年七月二十五日午刻发，《张之洞电稿乙编》，第56册，所藏档号：甲182-72。

[3] 上海，汪进士，七月二十五日戌刻发，二十七日申刻到，《张之洞存来往电稿原件》，第14函，所藏档号：甲182-385。

[4] 上海，汪进士，七月二十七日申刻发，亥刻到，《张之洞存来往电稿原件》，第14函，所藏档号：

二十八日发电称：

> 黄至今无公文，亦未将办法开出，昨电均属人传言康。如何办理？请示。康。[1]

第一份电报可见汪康年的意外，原以为此事会按其意即"空名归官"而了结。第二份电报可见汪的对策，即请黄遵宪先行电奏，奉旨后再交，或请黄下达明确公文，黄自然不会如此办理。第三份电报中，汪又做解释，称黄遵宪的做法是嘱人"传言"给他。张之洞在收到前两份电报、尚未收到第三份电报时，于七月二十八日（9月13日）发电赵凤昌：

> 上海赵竹君转汪穰卿。前屡电已详。诸事请自酌。感。[2]

到了这一时候，张之洞已不想再出面，也不想再多说什么。很可能也就在此时，他又想到了息事宁人之法，写给梁鼎芬一信：

> 再启者，前子培致万木电未发，至今思之，乃大误也。此电稿猝难寻捡，可否即由尊处代拟数语速发为要？要语云："闻《时务报》事，□□与穰卿龃龉，此间曲折，弟未深知，然盍少缓之以存气类乎？曾植。"一面电子培，似无妨。[3]

"万木"，指康有为，其办有"万木草堂"。沈曾植于七月十九日离开武昌，二十三日到长沙。此信当写于沈离开武昌之后。"□□"是原文不清之处，似为梁启超或康有为。张让梁以沈曾植的名义发电给康有为，以能稍稍缓和之。七月二十八日，即张发电汪"诸事请自酌"的当日，黄遵宪亦在上

甲182-385。
[1] 上海，汪进士，七月二十八日亥刻发，二十九日午刻到，《张之洞存来往电稿原件》，第14函，所藏档号：甲182-385。
[2] 光绪二十四年七月二十八日丑刻发，《张之洞电稿墨迹》，第2函第10册，所藏档号：甲182-219。
[3] 武汉市博物馆藏张之洞致梁鼎芬函，《张之洞全集》，第12册，第85页。但从"张之洞档案"中看不出此电是否发出。

海发电给张：

宪廿三到沪，承派"楚材"，感激无已。报事昨奉有电，言鄂议作罢论，惟《昌言报》不能禁等语。敬悉。宪到此，即持刺拜汪，汪未来见。初言将人欠馆款，馆欠人款，概交官报。昨廿六函称：必待南洋公文到日，商酌声复；此馆系集捐而成，捐款诸公皆应与闻，断非康年一人所能擅行等语。汪前刊《告白》，称系己创，改作《昌言》，今又称馆系集捐，已难擅行，似交收尚无定议。遵宪所奉电旨，一曰：是谁创办，查明原委。查此馆开办，宪自捐一千元，复经手捐集一千余元，汪以强学会余款一千余元，合四千元，载明《公启》，作为公款，一切章程帖式，系宪手定。《公启》用宪及吴、邹、汪、梁五人名，刊印万分，布告于众。内言"此举为开风气，扩闻见，绝不为牟利起见"。又言"有愿捐赀相助扩充此报、维持此举者，刊报以表同志"。是此报实系公报。以公报改作官报，理应遵办。且宪系列名倡首之人，今查办此事，不遵议交收，宪即违旨，此宪所断断不敢者。旨又云：秉公核议，如何交收。昨由汪送到刊布结账存款：一、存现银；一、存新旧报；一、存自印书籍；一、存各种书籍；一、存器具，及代派处未缴书赀报赀，合共若干。宪以为，均应交出。其报馆应付人项及应派各报，官报亦应接办。如汪能照交，即行电奏，自可妥结。如汪不交，宪只得将核议各节，电奏请旨办理。宪自问所以尽友道而顾大局者，一则改为《昌言报》一事，绝口不提；二则所列结账，即有不实不尽之处，宪断不究问；三则所存各项，倘不能照刊报结账，如数交出，当为通融办理，或约展缓，或告接收之人，设法商量。此为宪心力所能尽者，若不议交收，非宪所敢出也。为汪计，理应交出，倘或不然，结局难料。再，宪有密陈者，汪在沪每对人言，此报改为《昌言报》，系宪台主持，惟宪实不愿此事牵涉及于宪台，流播中外。缕缕愚诚，伏求密鉴。又，《国闻报》所登有官民分办之说，宪以为倘系分办,即非遵旨。且前报系公报,非私报,不遵旨归官,将归谁手?又,两报分办,官报另起,旨中所谓"改作官报",如何著落?此亦汪、康两党意见之言,切望宪台勿为摇惑。总之,此事系将公报改作官报,非将汪报改作康报也。倘蒙宪台鉴宪微衷,求宪台将宪遵旨核议交收之法,电汪即行遵办,免旷报务而误程期。抑或别有办法,并求指示遵办。大局幸甚,私衷感甚。再,宪病到沪小变,医言因积疾成肺炎,必须调养。现在赶紧调理,焦急万状。遵宪。午。[1]

就以往黄遵宪给张之洞的电报而言,此电的用语是相当严峻的:他强调《时务报》是公报而非商报、私报,强调其系遵旨办事,其中还婉转点明汪不肯交收、改为《昌言报》是由于张的"主持"。黄虽在具体细节上有所让步,但完全否定了汪、张"让《时务报》空名与康"的设想;"两报分办,官报另起"一语,很可能也是有所指。黄此电二十九日申刻(下午3—5时)到达武昌,张之洞此时也无法继续相抗,于七月三十日(9月15日)辰刻(上午7—9时)复急电给黄遵宪,并附一电给汪康年:

> 上海,出使日本大臣黄:急。廿八日电悉。报事与阁下在鄂晤谈后,曾劝汪交出,不必系恋。兹当更劝其速交,但不知肯听否耳。至此事恭绎电旨语意,并无偏重一面之词。阁下如何办法,自必能斟酌妥善,上孚圣心,下洽公论也。程期甚迫,似须早日北上。洞。艳。
>
> 附致汪一电,请转交汪穰卿:报事速交,最为简净,千万不必纠缠。《昌言报》既可开,若办得好,亦可畅行,何必恋此残局,自生荆棘哉。洞。艳。[2]

张之洞此电,也隐隐给黄遵宪施加压力。一是称"恭绎电旨语意,并无偏

---

[1] 上海,黄钦差,七月二十八日酉刻发,二十九日申刻到,《张之洞存来往电稿原件》,第14函,所藏档号:甲182-385。"楚材",隶属湖北的一小军舰。

[2] 光绪二十四年七月三十日辰刻发,《张文襄公电稿墨迹》,第2函第10册,所藏档号:甲182-219。

重一面"，二是让黄转汪电中称"《昌言报》既可开"；张的用意是黄不能袒护康、梁，也不能禁《昌言报》。同一日，张之洞还发电上海：

> 上海赵竹君，转送汪穰卿一阅，阅过索回付丙。急。报事速交，万勿系恋，恐生波澜。前途狂悍，不能讲理。惟有电恳当道。临时相机维持耳。速复。艳。[1]

此处的"前途"，指黄遵宪。从档案原件来看，此电张之洞改动甚大，"电恳当道"后，删"夔帅"，意请汪向其同乡、军机大臣王文韶告状。他还害怕此电会作为其为汪康年后台老板之证据，竟让赵凤昌送汪阅后，索回烧掉。

八月初一日（9月16日），黄遵宪因其病欲缓北上，发电张之洞：

> 遵宪在湘积受寒湿，患脾泄水蛊。六月复患感冒，一时未能进京，当由宪台代奏。七月初旬，感冒稍愈，因屡奉诏旨，催令趣程，力疾就道。过鄂谒宪台，过宁谒岘帅，见具病状，均蒙饬令调养。惟遵宪万分焦急，仍欲力疾至京。至京如未能请训，再拟在京请假暂养。乃到沪，病犹未痊。医生言，因积病伤肺，故言语拜跪，均难如常。如勉强登舟，海风摇簸，病势益增，转虑负天恩而误国事。不得已，暂拟在沪调养十数日，一俟稍痊，即行迅速趣程，断不敢稍有迟误。既求岘帅会同宪台、湘抚代奏乞恩，敬恳俯允，感祷无已。除电湘、宁外。遵宪敬肃。东。[2]

张之洞当日收到此电，立即予以回拒。当晚复电称：

> 上海出使日本大臣黄：东电悉。尊恙极为驰系。承嘱会衔代奏一

---

[1]《张之洞电稿》，光绪二十五年二月至八月，七月三十日辰刻发，所藏档号：甲182-456。整理者有误，根据内容，该电发于光绪二十四年。

[2] 八月初一日巳刻发，申刻到，《张之洞存各处来电》，戊戌第5册，所藏档号：甲182-136。

节，此时在沪调养，自应由南洋代奏，鄙人在鄂，未便列衔越俎。已电达岘帅。尚祈鉴原。洞。东。[1]

与此同时，张之洞还发电给刘坤一。[2] 八月初二日（9月17日），黄遵宪复电：

> 东电敬悉。因过鄂小愈，曾电总署遵旨趱程，故拟求会衔。现已由岘帅单衔代奏。又，总署知宪病状，九月内日主诞辰，经电裕使照常庆贺，程限自可展缓。承注感极。报事转电，已交汪。日内复奏，即抄稿电陈。遵宪。沃。[3]

"报事转电"，指七月三十日张之洞电报中的附电；"日内复奏"，指黄遵宪办理此事的电奏。也就在这一天，八月初二日，黄遵宪发一长电报给总理衙门，说明《时务报》交接的方式与结果，要求转奏光绪帝：

> 窃遵宪前奉电开，奉旨：刘坤一电称，康有为电，奉旨改《时务报》为官报，汪康年私改为《昌言报》，抗旨不交等语，……伏查丙申春月，遵宪奉旨暂留江苏办理教案、商务各事宜，因住上海。当时官书局复开，刊有官报。遵宪窃意朝廷已有变法自强之意，而中国士大夫闻见浅狭守旧。自知非广刊报章，不足以发聋聩而祛意见。先是康有为在上海开设强学会报，不久即停，尚存有两江总督捐助余款，进

---

[1] 光绪二十四年八月初一日亥刻发，《张之洞电稿》，光绪二十四年一月至八月，所藏档号：甲182-455；抄件又见《张之洞电稿乙编》，第56册，所藏档号：甲182-72。

[2] 张之洞致刘坤一电称："江宁，刘制台：黄公度星使在沪养病，电请会衔代奏一节，鄙人远在鄂疆，未便列衔。应请尊处酌办为荷。洞。东。"（光绪二十四年八月初一日亥刻发，《张之洞电稿》，光绪二十四年一月至八月，所藏档号：甲182-455；抄件又见《张之洞电稿乙编》，第56册，所藏档号：甲182-72）刘坤一复电称："张制台：东电悉。黄星使在沪养疴，昨已由敝处代为电奏矣。坤。冬。"（光绪二十四年七月初二日酉刻发，戌刻到，《张之洞存各处来电》，戊戌第4册，所藏档号：甲182-136）该档为抄件，所记时间当有误，此电应发于八月初二日。

[3] 光绪二十四年八月初二日申刻发，亥刻到，《张之洞存各处来电》，戊戌第5册，所藏档号：甲182-136。

士汪康年因接收此款来沪，举人梁启超亦由官书局南来，均同此志。因共商报事，遵宪自捐一千两，复经手捐集一千余两，汪康年交出强学会余款一千余两，合共四千两，作为报馆公众之款。一切章程格式，皆遵宪撰定。公商以汪康年为总理，梁启超为总撰。刊布《公启》，播告于众，即用遵宪等名声明"此举在开风气，扩闻见，绝不为牟利起见"。又称"有愿捐赀裹助拓充此报、维持此举者，当刊报以表同志"。遵宪复与梁启超商榷论题，次第撰布。实赖梁启超之文之力，不数月间风行海内外，而捐赀助报者竟有一万数千元之多。是此报实为公报。此开设《时务报》馆之原委也。今以公报改为官报，理正势顺。遵宪行抵沪上，汪康年送到报馆本年六月结册，除收款、付款各项，业经收支销数，官报接收，毋庸追问外；据其所开存款各项：一、存现银，一、存新、旧报，一、存自印书籍，一、存各种书籍，一、存器具，一、存未缴之书赀报赀，共值额数均（约）一万数千元。遵宪筹商核议，窃谓均应交与官报接收。所有派报处所及阅报姓名，亦应开列册单交出，官报接收，即接续公报，照常分派，以便接联而免旷误。如结册中有未付之款，派报处已经收钱尚未满期之报，官报接收之后，亦应查照原册，一律接办。又，《公启》称"将来报章盛行，所得报费并不取分毫之利，归入私囊，或加增报纸，或广招译人翻书，以贱价发行"；又称"捐款在百元以上者，可以酌议成数，分别偿还，其不愿取回者，听"。官报接收之后，如果清算旧数，实有赢余，此二条似亦可酌量办理。如此接收，官报与公报联络为一气，派报更易推广，于报务似有裨益。所有遵宪遵旨查明开报原委及秉公核议支收之法，是否有当，理合请旨遵办。除将《〈时务报〉公启》及《时务报》馆现在结册，另行赍呈总署、军机处备查外，伏乞代奏皇上圣鉴。出使日本大臣黄遵宪谨上。沃。[1]

---

[1] "收出使黄大臣电"，光绪二十四年八月初三日，《总理衙门清档·收发电》，01-38。"沃"是初二日的代码。张之洞收到此电，有若干字相异，两处皆是抄件，但无大的差别，不影响理解本意。

这一份电报强调《时务报》非为"私报"而属"公报",宣称"公报改为官报,理正势顺",并要求《时务报》现存一切财产交给《时务官报》。黄的这一做法,并没有顾忌到站在汪康年背后的张之洞。

八月初三日(9月18日)辰刻(上午7-9时),黄遵宪将上引电奏转发给刘坤一、张之洞、陈宝箴:

> 上海黄钦差来电。武昌张制台、江宁刘制台、长沙陈抚台:密。新电奏查议《时务报》事,谨抄稿呈电。窃遵宪前奉电开……(以下同上引电文)[1]

黄遵宪将此处理结果同时报告刘坤一、陈宝箴,自因刘、陈曾对黄有劝告之语,也想因此稍分张之洞一家之责。此电次日到达武昌。而在张之洞于八月初二日收到钱恂从北京来电:"黄有尚书衔充头等使说,然病稽沪",此即光绪帝有意命黄遵宪出任清朝驻日本的大使(头等钦差大臣)。[2]在黄遵宪发电的同时,即八月初三日辰刻(上午7-9时),张之洞亦发电:

> 京,孙公园兴胜寺,钱念劬太守:闻黄有留京入枢、译之说,故托病辞使。如黄不去,或云拟熊希龄,确否?……[3]

"枢",军机处;"译",总理衙门。张之洞已听说康党谋划留黄遵宪在京主持大计,对黄在上海发电称病一事,根本不信。也在同一天的稍晚时刻,

---

又,"遵宪自捐一千两,复经手捐集一千余两,汪康年交出强学会余款一千余两,合共四千两",此处的"两",似为"元"之误。

[1] 光绪二十四年八月初三日辰刻发,初四日丑刻到,《张之洞存各处来电》,戊戌第5册,所藏档号:甲182-136。

[2] 光绪二十四年八月初一日午刻发,初二日午刻到。《张之洞电稿甲编补遗》,所藏档号:甲182-61。原电日期称"艳",当属二十九日所拟,次日发出。又,该电经删节后,见于《张之洞全集》,第9册,第344页。光绪帝有意命黄遵宪为驻日本大使事,可参见孔祥吉2010年论文。又,当时的外交使节多为"公使"级,"大使"极为罕见。

[3] 八月初三日辰刻发,《张之洞电稿》,光绪二十四年一月至八月,所藏档号:甲182-455。又见《张之洞全集》,第9册,第344页。与原件相比,多处删改。

八月初三日巳时（上午9–11时），汪康年发电张之洞：

> 报账遵谕即交。《昌言》无款，有人允接办。恳公暂假二千元，以资接济，俟顶出后即还。否则即停。候谕。康。[1]

这一幕戏中出场的三个主角黄、张、汪，在同一时刻表现出三种态度、三种心情，谁都不是胜利者。而在这一天的晚上，北京另有两出重头戏：谭嗣同按照康有为之意，面见袁世凯，提议其带兵入京；慈禧太后据御史杨崇伊的密折，决定第二天从颐和园返回宫中。这一天，离戊戌政变还有三天。

七、戊戌政变之后

光绪二十四年八月初六日（1898年9月21日），戊戌政变发生。八月初七日丑时（清晨1–3时），张之洞即收到由盛宣怀发来的电报："本日上谕，太后垂帘听政，并严拿康有为。鱼。"[2] 然他作出的第一个反应，竟是《时务报》可不改官报，仍交由汪康年续办。当日亥时（晚9–11时），张之洞发电孙家鼐：

> 康已得罪，上海官报万不可令梁启超接办。梁乃康死党，为害尤烈。方今朝野正论赖公主持，天下瞻仰，企祷企祷。窃思如有品学兼

---

[1] 上海，汪进士，八月初三日巳刻发，午刻到，《张之洞存来往电稿原件》，第14函，所藏档号：甲182–385。又，在"张之洞档案"中，还有一件汪康年的电报："督宪。近各路款不至，印费无出，前垫付《三测江海图说》五百两，拟恳赐汇。康。"（上海，汪进士，九月二十二日申刻发，酉刻到，《张之洞存来往电稿原件》，第14函，所藏档号：甲182–385）我还不能确定该电所发的年份，如是光绪二十四年，那是汪康年再次呼救。

[2]《张之洞全集》，第9册，第345页。而到了八月初七日亥时（晚上9–11时），张之洞才收到由总理衙门发来的八月初六日的谕旨："……再三吁恳慈恩训政，仰蒙俯如所请"，"由今日始在便殿办事，本月初八日朕率诸王、大臣在勤政殿行礼……" 总署来电，八月初六日戌刻发，初七日亥刻到，《北京来电·三》，光绪二十四年；《张之洞存北京来电稿》，光绪十六年至二十四年，所藏档号：甲182–407。

优之人，接办官报固好，否则不如暂停，从缓再议。至《时务报》本系捐款，似应仍归商办，即令汪康年照旧接续办理，不必改官报，较为平允。官报另作一事，自有巨款，岂藉区区捐凑余资哉？伏惟钧酌。阳。〔1〕

张的提议仍是"两报分办、官报另起"之旧策，但明显有不可行之处：改官报已是谕旨，如有所变，仍需上奏请旨；且《时务报》最后一期第69册于六月二十日出版后，已停一个多月，《昌言报》亦出版3期，忽又改换报名，也难以自解题目。然从张之洞此电中，看不出他对政变之后政情巨变的担心，反而对康、梁的落马，暗暗以为幸事。〔2〕对此，孙家鼐于初十日回电：

> 阳电悉。同恶共济，梁难复用。大憝漏网，虑走胡越。报馆有人查办，难以攙预。鼐。佳。〔3〕

孙家鼐以黄遵宪查办为由，拒绝了张的提议。

北京的情势急转直下。八月初八日，张之洞的亲信杨锐被捕。十四日，杨锐等六君子不审而诛。八月十五日（9月30日）亥时（晚9–11时），张之洞发电北京黄绍箕："黄遵宪实是康党，都人有议之者否？"〔4〕张之洞在极为悲痛之际，竟突然指责昔日的朋友黄遵宪是康党！〔5〕这在当时是一个

---

〔1〕《张之洞全集》，第9册，第345页。
〔2〕陈庆年在光绪二十四年八月初七日日记中称："梁节庵来书云：初六日逆贼康有为革职，天下快心。英、俄并未开战，此贼党嗣同欺其父之词也。"（《戊戌己亥见闻录》，《近代史资料》，总81期，第120–121页）梁鼎芬此信，很可能代表着张幕内的情绪。
〔3〕京，八月初十日戌刻发，十二日子刻到，《张之洞存来往电稿原件》，第14函，所藏档号：甲182–385。"佳"是初九日的代码，似为孙于初九日起草，初十日才发出。
〔4〕八月十五日亥刻发，《张之洞电稿》，光绪二十五年二月至八月，所藏档号：甲182–457。整理者有误，根据内容，该电发于光绪二十四年。
〔5〕张之洞发出这一指责时，有可能认为黄遵宪已到北京。他在发该电的同时，另有一电给张权，其中删去了一句："黄遵宪到否？众人有议为康党否？"八月十五日亥刻发，《张之洞电稿》，光绪二十五年二月至八月，所藏档号：甲182–457。整理者有误，根据内容，该电发于光绪二十四年。

极大的罪名。而在张之洞幕中诸人,均已公开敌视。第二天晚上,八月十六日亥时,黄遵宪发电张之洞,称梁鼎芬对其发难:

> 宪病调理未痊,自揣万难成行,二三日当请总署代奏开去差使,有负恩培,实深惶悚,惟有矢诚图报将来耳。近有人言,汪接梁电云,首逆脱逃,逆某近状,逆超踪迹何若。闻之骇诧。宪生平无党,识康系梁介绍,强学会亦梁代列名。乙未十月在沪见康后,未通一信。卓如实宪至交,偶主张师说,辄力为谏阻。此语曾经佑帅奏闻。在湘每驳康学,曾在南学会中攻其孔子以元统天之说,至为樊锥所诟争。此实佑帅所深悉,湘人所共知。不意廿年旧交之星海,反加以诬罔。宪不与深辩。伯严曾一再函电代鸣不平。至《时务》改为官报,彼此僻处湘鄂,均不可干涉。星海忽攘臂力争,借我泄忿,斥为预闻。过鄂往见,面言其故,并未绝交,乃腾播恶声,似有仇怨,殊不可解。当此危疑时局,遏冤杜祸,均惟宪台是赖。宪素荷恩知,不敢不告。伏求密察婉释,无任企祷。遵宪。铣。[1]

其中"汪接梁电云,首逆脱逃,逆某近状,逆超踪迹何若"一语,"汪"是汪康年,"梁"是梁鼎芬,"首逆"是康有为,"逆超"是梁启超,而"逆某"正指黄遵宪。黄遵宪此电自辩其非为"康党",并称自光绪二十一年十月与康有为相见后,未通一信。他此时还不知道,武昌方面早就视其为"附康",此时在张之洞的指斥下已是同仇敌忾。

八月十九日(10月4日),黄遵宪致电总理衙门,以病要求"请开差使"。[2] 八月二十一日,总理衙门又收到刘坤一的电报,称黄"患病属实",

---

[1] 上海,黄钦差,八月十六日亥刻发,十七日午刻到,《张之洞存来往电稿原件》,第14函,所藏档号:甲182–385。"佑帅",右铭,陈宝箴。"伯严",陈三立。

[2] 黄遵宪电称:"宪病复发,热增剧。使事重要,断难延误。昨已电岘帅代奏,请开差使。乞回堂宪为感。遵宪。效。""收出使黄大臣电",光绪二十四年八月十九日,《总理衙门清档·收发电》,01–38。

代奏黄的请求。[1]也恰在这一天，御史黄均隆上奏攻击湖南，涉及陈宝箴、黄遵宪等人。[2]清廷当日下旨将陈宝箴等人革职，并下旨：

> 出使大臣黄遵宪因病请开去差使。江南道监察御史李盛铎著赏给三品卿衔，以四品京堂候补，派充驻扎日本国二等钦差大臣。[3]

第二天，二十二日，黄遵宪发电给张之洞，报告此旨命。[4]又过了一天，二十三日，因御史黄桂鋆上奏，清廷下令将黄遵宪秘密看管。[5]二十五日，赵凤昌在上海发电："黄看管，候旨。闻英领事已电沙侯，保其命云。"[6]至二十六日，在日本等国的外交施压下，清廷又命黄"即行回籍"。[7]二十八日（10月13日），黄遵宪给张之洞发去电报：

---

[1] 刘坤一电称："准出使大臣黄遵宪在湘患病，以鄂督湘抚电奏，力疾到沪，病又加剧，复请假十日。现调治未痊，万难成行。使事重要，诚恐延误，惟有恳求电奏吁请天恩，开去差使，回籍调理。又准效电，时艰至此，病势稍可支持，本应销假速行，无如近转发热增剧。使事重要，前以裕庚奏，已派李盛铎代理，岂容遵宪贻误。年甫五十，未必不能就痊，将来再行矢诚图报。除电告总署外，谨再电求等因。该大臣月前出宁，见其患病属实，迭准来电，情词恳切，不敢壅于上闻。请代奏。坤一。号。"（"收南洋大臣电"，光绪二十四年八月二十一日，《总理衙门清档·收发电》，01-38。"号"是二十日的代日。

[2]《戊戌变法档案史料》，第472-473页。

[3]《光绪宣统两朝上谕档》，第24册，第445页。

[4] 该电称："武昌督宪钧鉴：昨求岘帅奏请开缺，既邀恩准，改派李木斋。宪日内回籍调理。谨此叩谢。遵宪叩。养。"光绪二十四年八月二十二日午刻发，酉刻到，《张之洞存各处来电》，戊戌第6册，所藏档号：甲182-137。

[5] 八月二十二日，御史黄桂鋆上奏，攻湖南新政，牵涉黄遵宪。《戊戌变法档案史料》，第475-476页。次日慈禧太后下令秘密看管黄遵宪。该谕旨虽未见到，但可见刘坤一的回电："漾电谨悉。黄遵宪现住上海北洋务局，已饬沪道蔡钧派员妥为看管。惟洋务局密迩租界，深虑外人出而干预，转于政体有碍。黄遵宪系三品京堂，现未褫职，该道未敢径拘。应如何办理，请旨遵行。除饬该道严密防守外，请代奏。坤一。敬。"（"收南洋大臣电"，光绪二十四年八月二十四日，《总理衙门清档·收发电》，01-38）"漾"是二十三日的代日。又，八月二十三日，军机处《随手档》有一条记录："军机处奏片，电知刘坤一一道缮稿呈览由（由堂缮旨递上）"，此一道电旨可能就是下令看管黄遵宪之电旨。

[6] 上海，八月二十五日戌刻发，亥刻到，《张之洞存来往电稿原件》，第14函，所藏档号：甲182-385。"沙候"，英国首相兼外相莎士伯雷侯爵。

[7]《光绪宣统两朝上谕档》，第24册，第454页。

>武昌督宪钧鉴：奉旨：无事。即日回籍。遵宪叩。[1]

这是我在"张之洞档案"中所看见的黄遵宪给张之洞的最后一电，且从档案中也看不到张的回电，很可能就没有回电。也就在这一时候，梁鼎芬到达上海，递送与黄遵宪的绝交信。[2]

时间很快过去了一年，张之洞对黄遵宪的态度仍没有好转。光绪二十五年八月十六日（1899年9月20日），为左宗棠之子左孝同被参案，张发电湖南巡抚俞廉三：

>来函示及左孝同被参各节，深为骇异。去年湘省开保卫局，因保甲局有绅士、大府委左随同办理，一切皆黄遵宪主持，通国皆知，至主民权、改服色等事，尤无影响……[3]

他为保左孝同，将其中的一切责任皆归之于黄遵宪。时间又过去了两年，光绪二十七年九月十三日（1901年10月24日），两广总督陶模发电张之洞，询问黄遵宪"获咎有何字样，曾否褫职？"并声称："拟奏明令伊办理学堂，未知可否。"[4]此时八国联军还未全撤出北京，慈禧太后、光绪帝正从西安回銮，政治风向已大变。黄遵宪当时仅下旨"因病开去差使"、"即行回籍"，并无正式的惩处，陶模若上奏请其"办理学堂"的"总理教习"，很可能将东山再起。而张之洞在镇压了唐才常自立军之后，对康党的活动痛恨至极，收到此电后，再次激起他对黄遵宪的连带愤恨，于十五日发

---

[1] 光绪二十四年八月二十八日午刻发，酉刻到，《张之洞存各处来电》，戊戌第6册，所藏档号：甲182-137。

[2] 黄遵宪于《己亥杂诗》第七十六首注文称："八月二十五日得一纸曰：□与□绝交……"（《黄遵宪全集》，上册，第161-162页）其中的"□与□"，指梁与黄。八月二十五日"得一纸"的时间似有误，此时黄仍被看管，很可能是梁写绝交信所署日期。

[3] 光绪二十五年八月十六日辰刻发，《张文襄公电稿墨迹》，第2函第11册，所藏档号：甲182-219。

[4] 陶模原电为："武昌张制台：亥。恳转询梁星海，粤中何人可当总理教习之任，此间惟算学尚有人，黄公度究竟如何？其获咎有何字样，曾否褫职？拟奏明令伊办理学堂，未知可否？……模。元。"（光绪二十七年九月十三日酉刻发，十四日子刻到，《张之洞存各处来电》，辛丑第31册，所藏档号：甲182-151）

回电：

> 广州。陶制台：急。元电悉。黄遵宪真正逆党，戊戌之变，有旨看管，为洋人胁释。湖南风气之坏，陈氏父子之受累，皆黄一人为之，其罪甚重。且其人钻营嗜利，险狠鄙伪，毫无可取，屡经新嘉坡华商控告。公万勿误听人言。忝在相知，不敢不以密告。名心泐。寒。[1]

当我见到张之洞的这一份亲笔电报，几乎不相信自己的眼睛："钻营嗜利，险狠鄙伪，毫无可取"，竟用如此尖刻的语言来形容黄遵宪，很难想象黄曾是他极为信任的下属。张之洞此电斩断了黄在政治上复出的机会。又过了几个月，光绪二十八年正月十一日（1902年2月18日），张之洞又发电其妹夫、军机大臣鹿传霖：

> ……再，闻有人保黄遵宪，此人确系康党，又系张荫桓党，恶劣不堪，万不可用，务望阻之。祈电复。冰。真。[2]

张之洞很可能又听到了什么风声，立即毁灭之。在我所见的材料中，黄自从上海回籍之后，与张之洞再也没有交往。

《昌言报》自出刊后一直惨淡经营。梁鼎芬到达上海后，与汪康年的关系并不洽。九月十二日（10月26日），张之洞在上海的亲信赵凤昌发电：

> 真电悉。星海叠晤……《昌言报》坦初劝其停止，不可归洋人，即亦劝改名。汪均不听。遵再偕星海，切嘱挂名，其实事仍汪办。《中外日报》亦已挂洋牌。坦。元。[3]

---

[1] 光绪二十七年九月十五日子刻发，《张文襄公电稿墨迹》，第3函第15册，所藏档号：甲182-219；抄件又见《张之洞电稿乙编》，第74册，所藏档号：甲182-76。

[2] 光绪二十八年正月十一日酉刻发，《张文襄公电稿墨迹》，第3函第15册，所藏档号：甲182-219。

[3] 上海，九月十二日午刻发，申刻到，《张之洞存来往电稿原件》，第14函，所藏档号：甲182-385。"坦"，赵凤昌。张之洞复称："急。上海赵竹君转梁太史：密。咸两电悉……《昌言》挂洋牌，妥否？近沪上见闻祈示。"（九月十五日亥刻发，《张之洞电稿》，光绪二十四年九月至十月，所藏档号：甲182-455）

"切嘱挂名"、"事仍汪办"一语,表明还有意让梁鼎芬出任总理,也显露汪康年心有猜忌,恐梁夺权。至光绪二十四年十月初六日(1898年11月19日),《昌言报》出版第10册后停刊。与《时务报》更名《昌言报》同时,汪康年所办的《时务日报》亦更名为《中外日报》,仍在继续刊行。该报的一些消息引起了张之洞不满。光绪二十四年八月二十三日(1898年10月8日),张之洞的幕僚奉命发电:

> 上海《中外日报》馆汪穰卿、曾敬一:顷奉督帅谕云:阅八月初一日《中外日报》,内有辟筑操场一条,言鄂帅拟于东门外洪山开辟操场一所,习演西操,是处坟墓累累,闻每棺给钱二十串,以作迁柩费用等语。荒谬怪诞,毫无影响,煽惑人心,实堪诧异。……种种不近情理,明系奸民痞匪造作谣言,煽惑人心,实堪痛恨。至以前《日报》中言枪炮厂事,则云每枪一枝,约合银七十余两。此事则又如此诬妄,是《日报》于湖北事屡次虚捏,皆属关系紧要之事,似系有心诬诋。鄂省与汪、曾两公无嫌,断非出自两公本意。嗣闻贵馆有一叶姓,在鄂省刺探各事,与其兄某皆素喜康学,好为邪僻之说。如其人久在鄂省,必致煽惑人心,大为地方之害。如叶姓果系贵馆所派,即请属令迅速回沪;如其不去,鄂省必当拿办。倘以后《日报》于鄂事再听匪徒讹言,则不敢令鄂中官民阅看矣。嘱即转致等因,特此奉达,即祈电复。冯嘉锡。漾。[1]

《中外日报》刊出的武昌操场消息,涉及给事中张仲炘的祖坟,张仲炘为

---

[1] 光绪二十四年八月二十三日未刻发,《张之洞电稿》,光绪二十四年一月至八月,所藏档号:甲182-455。"敬一",敬诒、敬贻,曾广铨。"影响",影子与声响,"毫无影响",即没影的事、毫无根据的事。曾广铨于八月二十四日复电称:"遵谕将《中外日报》八月初一日辟操场条更正。访事自辞。曾广铨禀。"戌刻发,亥刻到。《张之洞存各处来电》,戊戌第6册,所藏档号:甲182-137。汪康年未在电报上署名。又,光绪二十四年八月二十二日,张之洞发给正在北京觐见的湖北按察使瞿廷韶的电报中写道:"再,《中外日报》所言鄂事,每多不实,转告各友,万不可信。"该句后又被删掉。出处同上。

此找了正在北京的湖北按察使瞿廷韶,并直接发电张之洞。而张之洞为此事如此大发光火,似有借题发作之嫌。汪康年后来还办过许多报刊,但都没有达到《时务报》的辉煌。[1]他与张之洞、梁鼎芬的关系,也从此走了下坡路。"张之洞档案"中有两件措词甚严的电报,一则由梁鼎芬于光绪二十五年正月二十三日(1899年3月4日)发:

> 上海《中外日报》馆曾、汪:于中丞二十二日到岳州。十三日报,荒谬已极,速更正,访事人屡造谣言,若不惩戒,于贵馆声名大损,亦恐地方官驱逐也。节。[2]

另一则是张之洞于光绪二十五年十二月十四日(1900年1月14日)亲笔所写电报:

> 上海。读。急。昨见十二月初六日《中外日报》云:传闻北京预备内禅,太后摄政,张制军已允其议云云。十分可骇。此报系汪穰卿之弟主笔,可速邀同朱强甫,往见穰卿,诘以我历年待渠兄弟不薄,何以捏造此等不根之事、悖谬之言,诬我害我,并煽乱大局耶?况穰卿曾中进士,食毛践土,必欲中国肇乱,有何好处?务须速即切实更正。不然,造言诬蔑,有干报律,中外同此一理,我断不能默然听之。日本尚不肯容梁启超在横滨妄传《清议报》,岂肯容华人在华出诬蔑害人、煽乱大局之报耶?速电复。壶。盐。[3]

"读",张之洞发电赵凤昌的电报代字。"汪穰卿之弟",汪诒年。"内禅",指此时正在密谋的"己亥建储"(己亥,光绪二十五年,慈禧太后立端王

---

[1] 参见廖梅:《汪康年:从民权论到文化保守主义》第八、十一、十三章。
[2] 正月二十三日未刻发,《张之洞存来往电稿原件》,第5函,所藏档号:甲182-376;据其内容,该电发于光绪二十五年。"曾",曾广铨;"于中丞",新任湖北巡抚于荫霖。
[3] 光绪二十五年十二月十四日亥刻发,《张之洞电稿》光绪二十五年十月至十二月,所藏档号:甲182-457。其中"日本尚不肯容梁启超在横滨妄传《清议报》"等语,很可能指《中外日报》挂日本洋牌事。

载漪子溥儁为储君,称"大阿哥",有将废光绪帝之意),当时众多官绅反对。[1]在此之前,梁鼎芬传来上海报馆中的相关言论时,张之洞曾发电力辩。[2]此时《中外日报》仍旧指责张之洞,不能不引发他的大怒。

  那么,戊戌变法的主角康有为呢?张之洞一派已站在其对立面,而其他人呢?从对《时务报》到《昌言报》这一事件的史料集中阅读,让我感到,康有为及其一派似在政治上相当孤立,清政府中好像没有什么人,尤其是高官,会全力支持他们。仅仅只是一个黄遵宪,显然是不够的,且黄在政变后还向张特别表明其非为康党。康有为的敌人,似乎不仅仅是慈禧太后及其极端保守派;在本次事件中多次出场的张之洞、汪康年、孙家鼐、梁鼎芬、钱恂、陈庆年、汪大燮、黄绍箕、陈三立……以及出场次数最少的章太炎,都是主张改革而不是反对改革的,都对康实行了不同程度的抵制。由此观察和思考,"百日维新"的命运还真不太妙。

---

[1] 相关的内容,可参见本书第六章第十节。
[2] 张之洞曾于光绪二十五年十月初一日发电赵凤昌:"转梁太史来函述沪报馆人云:内问昌邑事于江、鄂,刘正谏,某骑墙等语。全无影响。不惟未问鄂,且未问江。国家大事,任意造谣,可恨万分。望节、坦两君代为力辩,至感。"(《张之洞全集》,第10册,第18页)"昌邑事",指西汉昭帝死而无嗣,大将军霍光迎立昌邑王刘贺继位,刘贺骄淫失德,仅二十七日,又被霍光所废事。"刘",刘坤一;"某",指张之洞;"节",梁鼎芬;"坦",赵凤昌。

第五章

张之洞与陈宝箴及湖南维新运动

当我最初阅读"张之洞档案"时，视野集中于武昌与北京之间，也比较关心上海，而未注重长沙。我虽然很赞赏我在《自序》中所列历史学家陈寅恪关于变法思想源流的言论，也知道陈宝箴、陈三立父子在政治思想上与张之洞大体一致，但还没有足够多的资料去证明。等到我将这批档案通读一遍后，抄录了一大批相关的资料，深深感受到张之洞与陈宝箴的关系甚深，张之洞对湖南维新运动也有一定的影响。于是便有了本章的写作。[1]

张之洞与陈宝箴的关系，以及与湖南维新运动的关联，一直为张、陈两人文集编辑者所关注，从"张之洞档案"来看，与之相关的文献大都收录于已出版的苑书义等主编《张之洞全集》、赵德馨主编《张之洞全集》与汪叔子等编《陈宝箴集》。本章的写作，与前几章稍稍不同的是，虽着重于发表先前未见的史料，但为了研究与表述的完整性和连续性，使读者的思路不至于中断，还会比较大量地引用已发表的史料，也会重复少许我先前其他研究论著中的内容。

---

[1] 关于陈宝箴与湖南维新运动的论文与著作甚多，大多与本章的主旨稍稍有异，此处不一一开列；但有一个例外，即刘梦溪先生的《陈宝箴与湖南新政》（故宫出版社，2012年）。该书由作者先前一系列的论文改写而成，关注的是"义宁之学"的源头，与本章叙述多处有关。我也是本章写完之后，才看到该书的。敬请有兴趣的读者，可再阅读该书。

一、张之洞与陈宝箴的早期交谊

　　陈宝箴（1831-1900），字右铭，江西义宁州（今修水）人，咸丰元年（1851）中举。[1]早年入湘军，参席宝田幕，以知县、同知、知府累保至道员，然皆为候补官衔，且多命留在湖南候补。王文韶初任湖南巡抚时，对其深为倚用，光绪元年（1875）派其署理辰永沅靖道。次年，陈宝箴丁母忧回籍守制，期满后仍回湖南。光绪六年实授河南省河北道，八年补浙江按察使。九年（1883），因坐"王树汶案"，降三级调任。[2]从以上简历来看，陈宝箴虽是江西人，但与湖南的渊源极深，与王文韶的关系甚好。[3]而提议罢斥者，是当时的清流健将、张之洞的好友张佩纶。[4]从这一背景来看，他与张之洞属于两个系统，关系本来应该是不密切的。

---

[1] 据陈宝箴光绪二十一年觐见时之履历单，自称"六十三岁"，据此似应出生于1833年（《清代官员履历档案全编》，第6册，第4-5页）。然范当世所作《墓志铭》，陈三立所作《行状》，皆称其享年70岁（虚岁），据此似为1831年出生。我采用后一说。

[2] "王树汶案"，清末四大案之一。光绪五年，河南镇平县胥吏胡体安率众抢劫，案发后以家僮王树汶顶罪，被判处斩立决。至光绪七年临刑前，王树汶喊冤，案件重新审理。清流党借此事发难，朝廷命河南巡抚李鹤年重新审理，后又命东河总督梅启照会同审理。梅启照又命陈宝箴参预审理。此案涉及前参审官员甚多，河南官场有意回护，刑部特将该案全体案犯、卷宗调京审理。光绪九年，该案审结，王树汶最终获释。参预审理此案的河南官员受惩处者甚多。李鹤年、梅启照皆因此降革。陈宝箴被罢免后，曾写信给欧阳润生，表达自己坦荡的心情。致欧阳润生书，光绪九年，柳岳梅、许全胜整理：《陈宝箴遗文（续）》，见中山学社编：《近代中国》第13辑，上海社会科学院出版社，2003年，第351-354页。

[3] 参见王文韶："保举惩创宁远欧阳族匪有功之湖南候补道陈宝箴片"同治十二年七月十六日，《军机处档》110969；"道员陈宝箴期满甄别片"同治十二年九月初八日，《军机处档》111923。台北故宫博物院图书文献馆藏。

[4] 光绪九年六月十五日，张佩纶上奏要求将陈宝箴议处，并称："陈宝箴浙臬到京之日，正此案提审之时，该升道日营营于承审各官之门，弥缝掩饰……"六月二十八日，据吏部议复，旨命陈宝箴降三级调任，不准抵销。陈宝箴上奏对张佩纶的指责提出责疑，御史陈启泰、刘恩溥亦上奏要求对陈宝箴的要求置之不理。旨命户部尚书阎敬铭查核。阎洗白了陈宝箴在京"弥缝掩饰"的不实之词。以上内容可参见汪叔子等编：《陈宝箴集》，上册，第2-7页。

广州委员任上　　陈宝箴于光绪九年七月在浙江按察使任上被降调后，回到了家乡。十年（1884），署理湖南巡抚庞际云奏调陈来湖南"办理营务"，显然是看中他对湖南军务与事务的熟悉，获旨批准。然陈以病辞。[1] 十一年，中法战争期间，钦差大臣彭玉麟、两广总督张之洞、广东巡抚倪文蔚联名电奏调陈赴粤委任，称其"与现在两粤客将率皆契合，拟调来粤，必能联络诸将"，更是指明他与湘系将领的特殊关系，再次获旨批准。[2] 然陈仍以病辞。光绪十二年八月，两广总督张之洞上奏：

> ……查有降调前浙江按察使陈宝箴，才长干济，学识深通，久在湖南防营，深明兵事。该员堪任以筹办边海防务诸事宜。上年正月臣电奏调东差遣，奉旨允准。旋准江西抚臣来咨，该员患病未愈，未能赴粤分发补用。……合无仰恳天恩，俯念粤省防务、洋务需才孔亟，请旨饬下江西抚臣，催令陈宝箴仍遵前旨迅速赴粤差委……

九月初六日，张之洞该片获旨批准。[3] 张之洞为何一再请陈宝箴出山，我限于史料尚不能说明，但推测起来，很可能有两个原因，一是听闻陈的才干与人品，二是对清流党人的过激行动做一些补偿。然在这一次，张之洞显然吸取了先前的教训，放下了身段，于光绪十二年九月二十六日（1886年10月23日）发电江西巡抚德馨：

> 晓峰中丞鉴：本月初六日奉上谕：陈宝箴著发往广东，交张之洞差遣委用等因。钦此。粤省需才甚急，此系明发，已见邸抄。请公录此旨，并达鄙意，知照陈右铭廉访，劝令速来粤为盼。除咨达外。洞

---

[1] 庞际云："请饬降调浙江按察使陈宝箴来湘俾资臂助片"，《军机处档》127125；潘霨："陈宝箴在江西省城养病未能赴湘片"光绪十年六月二十日，《军机处档》128638；以上皆台北故宫博物院图书文献馆藏。

[2]《张之洞全集》，第4册，第364页。

[3]《张之洞全集》，第1册，第441–442页；《清实录》，第55册，第132页。

拜恳。有。[1]

一电劝书,多显诚意。而湖南巡抚卞宝第也发来一电:

> 右铭饶有才识,而淡于荣利。昨已将来电寄义宁本籍,催其速行矣。第复。[2]

从该电文可见,为了劝陈,张之洞还另发电湘抚卞宝第,亦请其出面。很可能是这一番劝功,陈宝箴同意了,于光绪十二年十一月十三日(1886年12月8日)发电张之洞:

> 两辱疏调,虽自知不堪驱策,然不敢不趋领钧诲,兼陈下悃。兹由籍抵湘,道乐昌前来。宝箴谨禀。[3]

这是他降调后第一次出山,也是其第一次成为张之洞的下属,尽管这一位春风得意的新长官年龄比他还小6岁。

陈宝箴于光绪十二年十二月到达广州,张之洞先委派其总理营务处,"诸臻妥协";次年张又派其总理省城内外缉务总局,为此于光绪十三年闰四月二十日(1887年6月11日)上奏:

> 现经委派该员(陈宝箴)会同广东按察使王毓藻,总理省城暨南海、番禺、香山、顺德、新会等五县巡察缉捕、保甲团练各事宜,于省城设立缉务总局。所有各该处缉捕勇丁、各段巡船归其统率,水陆汛防缉捕、营弁练兵归其考核,饬令随时亲往各处周巡督缉,以专责成而资整顿。[4]

---

[1] 光绪十二年九月二十六日未刻发,《张之洞电稿丙编》,第8册,所藏档号:甲182-81。
[2] 光绪十二年十一月初二日亥刻发,初三日巳刻到,《张之洞存各处来电》,丙戌第9册,所藏档号:甲182-109。
[3] 光绪十二年十一月十三日未刻发,十五日未刻到,《张之洞存各处来电》,丙戌第10册,所藏档号:甲182-109。"乐昌",粤北门户。
[4]《张之洞全集》,第1册,第530页。上奏日期据《张文襄公奏疏未刊稿》,所藏档号:甲182-

由此可见，陈宝箴的职责是负责广州省城及其附近地区的地方治安与防务。从当时广东地区三合会等会党和宗族势力强盛、地方不靖的情况来看，陈的责任不轻，张是授其重任。若循当时官场规则，陈宝箴将来有"实绩"，经张之洞的"奏保"，很快即可开复官职。此期"张之洞档案"中关于陈宝箴文件较少，其中有一件是张之洞代陈发一电，询问罗正谊遗棺事。[1]陈宝箴也结识了张幕中的多位才俊，特别是与广东名士梁鼎芬结成好友。

然而，陈宝箴任职广州后未久，又奉旨他调了。

"郑工"委员任上 光绪十三年八月，黄河在郑州段决口，灾情极重。河南巡抚倪文蔚等人上奏，调陈宝箴等人赴豫，协助堵合缺口，九月十一日获旨批准。[2]"郑工"是当时的急务，张之洞没有理由不放人；陈宝箴已在广州当差，也不能以病请辞。他奉到旨命后，立即起程。光绪十三年十月二十日（1887年12月4日），张之洞发电陈宝箴："致上海前浙江臬台陈右铭：倪豹帅来函，嘱阁下由津赴豫。特奉闻。请自酌。洞。效。"[3]二十六日，陈宝箴在上海回电："效电谨悉。定计道清江，明日诣金陵。箴叩。宥。"[4]他没有听倪文蔚从天津赴河南之建议，而是由清江浦（今淮安）北上，以能途中仔细观察水灾及其影响。十一月初四日，陈宝箴在南京

397；又可参见《札东臬司总理巡辑事务》,《张之洞全集》, 第5册, 第122—123页。"营务处"，当时的军务幕僚机构。

[1] "致东兴王道：陈右铭廉访云，湘潭罗顺同孝廉函问，罗监生正谊遗棺自去年三月由龙启行，八月尚未到湘，恐中途有失，请查问等语。罗监生之弟名恩绶，现在尊处，是否尚浅厝未归，抑另有故，请详问速复。督署。阳。"（光绪十三年四月初七日发。《张之洞电稿丙编》，第12册，所藏档号：甲182-82）由此可见，陈宝箴最关心的，还是湘系人士之事。罗正谊之事，亦可参见李吉奎整理，黄濬：《花随人圣庵摭忆》，中华书局，2008年，中册，第464—467页。

[2] 《清实录》, 第55册, 第320页。

[3] 光绪十三年十月二十日发,《张之洞电稿丙编》，第14册，所藏档号：甲182-82。"倪豹帅"，倪文蔚，号豹岑。"效"是十九日的代日，张之洞该电次日发出。

[4] 上海来电，光绪十三年十月二十六日酉刻发，戌刻到，《张之洞存各处来电》，丁亥第19册，所藏档号：甲182-114。而在陈发电的同一天，张又发电："致南京前浙江臬台陈右铭：倪豹帅来函，嘱阁下由津赴豫。特奉闻。请自酌。前日电沪未复，闻已到宁，兹再电达。洞。宥。"（光绪十三年十月二十六日发，《张之洞电稿丙编》，第14册，所藏档号：甲182-82）

发电:

> 河至皖分入湖、淮,溢庐北。塞口需料万垛,见不及千,未兴工,明春若难浚,里下河极可虑。箴由清江往,起程恳奏报。宥电、感电悉。箴禀。江。[1]

该电报告了黄河决口对安徽和江苏北部的影响,也指明了堵口的工料不足。十二月初十日(1888年1月22日),陈宝箴赶到河工,再电张之洞:

> 箴腊十日力疾抵豫,顷乞销差。堵口稽甚艰,定念日兴工。高阳折回督办。余另禀。宝箴叩。霰。[2]

"高阳",李鸿藻,直隶高阳人,此时任礼部尚书。他是清流的领袖,同治帝的师傅,曾任军机大臣等职。黄河郑州段决口造成的灾难极大,当地官员对灾情颇有隐匿,清廷特派李鸿藻前往查看,至十二月,又派其为督办郑州河工大臣。陈宝箴由此建立了与李鸿藻的私人联系,在陈后来的仕途发展中,李是一大推力。[3] 而张之洞与李鸿藻的特殊关系,也拉近了张、

---

[1] 自南京,陈臬司来电,光绪十三年十一月初四日未刻发,申刻到,《张之洞存各处来电》,丁亥第20册,所藏档号:甲182-114。"宥电"即张之洞前电,"感电"说明张另有一电。"感"是二十七日的代日。"起程恳奏报",即陈宝箴请求张之洞将其起程及行程路线上奏。又,"湖",洪泽湖。"淮",淮河。"里下河",是指江苏省江北里运河与下河之间的地区,是江苏省长江与淮河之间最低洼的地区。

[2] 光绪十三年十二月二十日未刻发,二十四日亥刻到,《张之洞存各处来电》,丁亥第20册,所藏档号:甲182-114。"霰"是十七日的代日,陈宝箴此日写电,三日后才能发出,说明此时当地尚无电报局。"腊",腊月,十二月。"念日",二十日。

[3] 参见《陈宝箴集》,下册,中华书局,2005年,第1650-1652页。中国社会科学院近代史研究所图书馆"李鸿藻档案"中亦存有一件陈宝箴给李鸿藻的信,称言:"敬禀者:宝箴于周令以翰来鄂,知其在都时曾亲榘范,就讯起居,伏稔中堂杖履康和,神明强固。寻复春闱校士,赏拔英贤,九陌喧传,得人为盛。故知元老衡鉴有真,而文章与时会为盛衰进退,冥漠之中,实足以默持气运。自顷以来,朝廷政事清明,举措之际,同符禹汤,海内喁喁向风,士气为之丕变,抑若有默相符契者。天降时雨,山川出云,机缄之应,捷于桴鼓,诚有莫之为而为者矣。中堂体国忧时,勤勤在抱,精诚之所感召,其所识拔,必有国士出于其间,岂不可为至庆耶? 宝箴薄植下材,凤蒙陶埴,常惧不自树立,上辜眄睐之殷。凡于职分之所当,为智力之所能及,罔敢不尽,而内自维省,

陈的关系。[1]光绪十四年二月二十八日（1888年3月30日），张之洞发电陈宝箴：

> 致河南前浙江臬司陈：闻阁下已到豫，现办何事？工程约得几分？料集若干？已进占若干丈？口门尚有若干丈？闻大溜渐趋北岸，确否？三月能合龙否？一切甚悬系。诸公主见如何？阁下卓见如何？均速详示。洞。艳。[2]

张之洞一下子开出了"郑工"问题的大单子。而在"张之洞档案"中，存有几份陈宝箴关于河工的回电：

> 艳电敬悉。河工无定，如不盛涨，四月底可望合龙。箴随节使商办。详另禀。箴叩。[3]
>
> 进占渐至深水，较艰。五月竣。箴禀。江。[4]
>
> 郑南岸决口，全河南徙，此下东北皆断流。前报溜势外移，谓不

称塞正难。幸到官稍久，自长官以逮吏民，谅其顽钝，亦相与习而安之。近二三年间，差少水灾，民气稍静。省会发审局为讼狱总汇，自去年春至今，未结之狱，常不过十数起。除无可究结之数起外，其实不过数起，盖前此所未尝有也。然而无业之民，陷于非僻，惩儆甫毕，而无所事事，故态依然，驯或罹于重典，私窃悯之。因与同人议扩迁善所，以收养二百数十人为度，教之技艺，限满技成而出之，使得挟其技以衣食而不为非。顷已购地鸠工矣。筹捐小引一纸，奉呈海鉴，亦可知其力之所能及者，仅此区区小补云尔。铁厂业于四月十九日开炉。诸关廑系，用特陈。渐热，伏惟为时珍卫，无任悃款。宝箴。"该信的信封亦存，上写："礼部大堂李／宫保中堂安禀／头品顶戴湖北按察使陈宝箴口"，信中写有"右铭五月二十日"，似为李鸿藻的字［《李鸿藻存稿》（外官禀），第一函，所藏档号：甲70］。从铁厂开炉来看，该信写于光绪二十年四、五月间，陈宝箴任湖北按察使，而从内容来看，皆是亲近密切之语。其中"宝箴薄植下材，夙蒙陶填，常惧不自树立，上辜眄睐之殷"一句，值得注意，即李鸿藻对陈宝箴有奖掖提拔之举。

[1] 张之洞与李鸿藻的关系，可参见本书第六章第五节。
[2] 光绪十四年二月二十八日发，《张之洞电稿丙编》，第16册，所藏档号：甲182-83。"艳"是二十九日的代日，原文如此。
[3] 自开封发，光绪十四年三月十二日酉刻发，二十一日酉刻到，《张之洞存各处来电》，戊子第2册，所藏档号：甲182-115。
[4] 自开封发，光绪十四年四月初三日酉刻发，初四日巳刻到，《张之洞存各处来电》，戊子第3册，所藏档号：甲182-115。

逼近河占耳，无北趋之说。洋人止量口门丈尺。余随量旧乾河，多无槽。函艰达，奈何？箴。元。[1]

"节使"，指督办河工大臣李鸿藻。"详另禀"，说明陈宝箴将另写信，详细说明情况。陈宝箴的三电，说明"郑工"正处于关键之际。五月初五日（6月14日），张之洞又发电：

> 致河南陈臬台右铭：东西各已得若干占？引河已成若干里？尚需几日成？新滩近东，恐东坝吃重。各情形祈示。洞。歌。[2]

陈宝箴对此亦复电："口门剩八十丈，如仍河顺料足，下旬可合。箴。佳。"[3] "郑工"是清朝当时最大的工程，前后共耗资银1100万两。身在广州的张之洞与正在河工的陈宝箴频频电报，除了关心该工程外，也有注目李鸿藻之意。然而，"郑工"的进展并不顺利，至光绪十四年五月中旬，东西两坝眼看就要合龙，然河水大涨，填料不足，已建堤坝有所破损，河工陷于瘫痪。七月，清廷将东河总督李鹤年革职，发往军台效力，将督办大臣李鸿藻、河南巡抚倪文蔚革职留任，降为三品顶戴，另调派广东巡抚吴大澂任东河总督，吴到任前由李鸿藻署理。八月，吴大澂到任，李鸿藻返回北京；与此同时，陈宝箴也以眼疾请假回籍。[4] 然而，至当年十二月，

---

[1] 自开封来，光绪十四年四月十三日巳刻发，十四日巳刻到，《张之洞存各处来电》，戊子第3册，所藏档号：甲182-115。

[2] 光绪十四年五月初五日发，《张之洞电稿丙编》，第17册，所藏档号：甲182-83。

[3] 自开封来，光绪十四年五月初十日申刻发，十六日巳刻到，《张之洞存各处来电》，戊子第4册，所藏档号：甲182-115。

[4] 陈宝箴在其履历单中称"十三年九月，奉旨发往河南随同办理河工事宜，十二月到工。十四年八月，因患目疾请假回籍调理。"（《清代官员履历档案全编》，第6册，第4-5页）"张之洞档案"中亦有两电说明当时情况："河南开归道来：闻旧工稳固，阁下派掌西坝，慰甚。李星使何日入都？李和帅何日赴戍，尚须进京否？陈右铭办何事？即复。洞。宥。"（八月二十六日午刻发，《张之洞存来往电稿原件》，第5函，所藏档号：甲182-376。原件无年份，根据内容，当发于光绪十三年）"朱"，朱寿镛，曾是张之洞的下属。"李星使"，李鸿藻。"李和帅"，李鹤年，字子和。"朱道来电：高阳回京。义州由京赴戍，豫绅正集赀代赎。右铭疾辞。镛будет受代，仍司工局兼东坝。承注感甚。镛叩。"（自开封来，光绪十四年九月初九日亥刻发，初十日未刻到，《张之洞存各

大坝终于合龙。

鄂臬及署藩任上　　光绪十四年，是光绪帝亲政之年；十五年三月，因上皇太后徽号，光绪帝下旨"若有事系冤枉被革、果有才力堪用者"，由各大吏奏明起用。先是军机大臣、总理衙门大臣、户部侍郎王文韶因"云南军需案"为清流党人所攻，于光绪八年"乞养"，此时已复官再任湖南巡抚，又刚升任云贵总督（尚未赴任）。他于光绪十五年八月上奏，保举四人，其中一人为陈宝箴：

> ……臣正在巡抚任内，见其学问优长、识量超卓，深器重之。……该员才大而性刚，往往爱惜羽毛，有不轻寄人篱下之概，所如稍不合，辄置荣辱于度外，而其秉性忠直，感恩图报之心，固未尝一日忘也。……倘蒙圣恩量予录用，俾回翔两司之间，以备封疆之选，当不至随俗浮沉、碌碌无所表见也。

王文韶的保语，十分贴切，对陈宝箴爱惜羽毛的性格，刻画逼真；而臬、藩两司之任，封疆大吏之备，恰又是陈后来的官宦之途。王文韶该折奉光绪帝朱批："姚觐元等，均著交吏部带领引见。"[1]光绪十六年夏天，陈宝箴到达北京，六月初十日（1890年7月26日）由吏部带领引见，光绪帝当日下旨："著开复降调处分。"陈于十二日上奏谢恩。[2]四个月后，十月十七日（11月28日），光绪帝又下旨："湖北按察使著陈宝箴补授"。陈此时仍在北京，次日再上奏谢恩。[3]陈宝箴此次迅速补缺的背景，我还不太清楚。而张之洞恰于前一年由两广总督改任湖广总督，陈宝箴第二次成为其下属。

处来电》，戊子第5册，所藏档号：甲182-115）"义州"，李鹤年，他是盛京义州（今辽宁义县）人。

[1]《光绪朝朱批奏折》，第6辑，第467—470页。除姚觐元外，其余三人为陈宝箴、陈湜、徐淦。

[2]《宫中档光绪朝奏折》，第5辑，第368页。陈宝箴在该折中简述了他在广州和"郑工"的经历："嗣复从公岭峤，效力郑工，未报涓埃。"

[3]《光绪朝朱批奏折》，第7辑，第89页。

十月二十一日（12月2日），陈发电张：

> 幸隶陶冶，慰符积恼。拟乘轮，未审及否？再电禀。先请钧安。箴禀。箇。效到。[1]

此后在赴任途中，张、陈频频电报来往。[2]

光绪十六年十二月初四日（1891年1月13日），陈宝箴到达武昌。然因湖北布政使黄彭年突然去世，张之洞随即于十二月初八日委派陈署理布政使。[3]至光绪十七年十月，新任布政使王之春到任，陈方返其按察使原任。[4]光绪二十年七月，王之春因慈禧太后六十岁生日赴京祝嘏，陈再次署理布政使。[5]由此至甲午战争时张之洞署理两江总督，陈宝箴与之相处了近四年。"张之洞档案"中可以说明两人关系的文件并不多，这是档案保存方式所致。[6]然从张、陈此后的关系来看，大体可以认定，这一时期两

---

[1] 北京陈臬司来电，光绪十六年十月二十一日未刻发，二十三日午刻到，《张之洞存各处来电》，庚寅第9册，所藏档号：甲182-120；又见《张之洞存北京来电》，所藏档号：甲182-407。"效"是十九日的代日，"效到"，很可能是"效电到"，即陈发电之际，突然收到张之洞来电而作补充说明。

[2] "天津紫竹林电报局来电：臬台陈已搭牛庄轮船赴沪。报存局。紫。"（光绪十六年十一月初五日亥刻发，初六日巳刻到）此电说明张之洞有一电给陈，然陈已离津，其电报"存局"了。"微电计呈览。歌电谨悉。顷抵沪。行期再禀。箴禀。真。"（陈臬司来电，光绪十六年十一月十一日申刻发，十二日巳刻到）"微"是初五日的代日，陈宝箴发给张之洞一电；"歌"是初五日的代日，张之洞发来一电。"文电谨悉。昨已函致李守转禀。俟行期定再电。中途无耽搁。箴禀。愿。"（陈臬司来电，十一月十四日巳刻发，未刻到。以上三电皆见于《张之洞存各处来电》，庚寅第9册，所藏档号：甲182-120）"文"是十二日的代日，张之洞又发来一电。此外，张之洞的亲信幕僚赵凤昌亦有一电："沪局经莲翁：请探湖北陈臬台宝箴现寓上海何处，何日来鄂？电示。昌叩。"（原件无发电日期，《张之洞存来往电稿原件》，第4函，所藏档号：甲182-375）"经莲翁"，经元善。

[3] 张之洞："委署司道片"，光绪十六年十二月初八日，《张之洞全集》，第2册，第407页。

[4] 光绪二十年五月二十八日，陈宝箴在鄂臬任满三年，依例上奏，请求陛见，其折称："十六年十月仰蒙天恩，补授湖北按察使，十二月到任，旋署藩司篆务，十七年十月复回本任……"（《军机处档》133339，台北故宫博物院图书文献馆藏）光绪帝对陈宝箴要求陛见的请求，于光绪二十年六月十九日朱批："毋庸来见。"

[5] 《张之洞全集》，第3册，第188页。陈宝箴："奏报接署藩篆日期并谢恩折"，光绪二十年八月初一日，《军机处档》135006，台北故宫博物院图书文献馆藏。

[6] "张之洞档案"中保存最好的是电报与奏折，一般的书信及平日之公文往来，缺失甚大。"张之洞

人的配合相当和谐。[1]

光绪二十年六月，中日甲午战争爆发。张之洞奉旨加强湖北沿江的防御，然此时却无一台一炮。除在上海购买枪炮外，张之洞于七月初四日（1894年8月4日）发电两江总督刘坤一求援，提出借"三丈长之炮二尊"、

档案"中涉及此期陈宝箴的文件，有以下各件：光绪十七年十一月初十日、二十六日，陈臬司禀云南王制台文韶，关于滇银（《张之洞电稿丙编》，第29册，所藏档号：甲182-85）。同年十一月二十七日，王文韶复陈臬司电："宥电备悉，一切照办。"（《张之洞存各处来电》，辛卯第7册，所藏档号：甲182-122）这是张之洞利用陈宝箴与王文韶的关系。光绪十八年二月十八日，陈宝箴致荆州方道电，关于旗民一案。（《张之洞电稿乙编》，第22册，所藏档号：甲182-66）同年三月十三日、十九日，陈宝箴致裕太守，关于案件审理。（《张之洞电稿丙编》，第30册，所藏档号：甲182-85）。同年闰六月二十五日，张之洞致宜昌罗镇台电报中称陈宝箴的土方，治半身不遂病（《张之洞电稿丙编》，第32册，所藏档号：甲182-86）。同年十一月三十日，张之洞致刘坤一电称："前读致右铭廉访书云，川督刘仲帅有奏请川盐不必行楚之议。敝处至今未接川咨，不知曾否具奏，是否交部议？尊处是否接到川咨川函？抑系传闻？祈示为感。洞。卅。"（《张之洞电稿丙编》，第34册，所藏档号：甲182-86）同年十二月十四日，张之洞致襄阳朱道台电报，提到了其给陈宝箴电报（出处同上）。光绪十九年十二月二十九日，陈宝箴致荆州周道台，关于审案（《张之洞电稿丙编》，第38册，所藏档号：甲182-87）。陈宝箴在湖北臬司任上给张之洞两件公信，一件不全，另一件称"顷接刘岘帅函，谨呈钧鉴"云云（《张之洞文件》，所藏档号：甲182-218，原件无时间，似为光绪十九年）。陈宝箴致高燮曾电："京城高都老爷印燮曾：来电佩悉。避炮果用何法？克虏伯系厂名，所云试的可靠，何指？请详示，稍慰杞忧。电费多，由鄂汇付。鄂省垫发北上军饷三十余营，罗掘已竭。京饷不准汇解，若请旨允后，由户部电致督抚，宪决当设法。喻、洪两君均鉴。宝箴。江。十月初四日子刻发。"（《张之洞存来往电稿原件》，第5函，所藏档号：甲182-376，原件无年份，根据内容当发于光绪二十年）值得注意的是，陈宝箴保留了张之洞许多信件，现存上海图书馆"陈宝箴友朋书札"，存有四十件张之洞给陈的信件（许全胜整理：《陈宝箴友朋书札》一，上海图书馆历史文献研究所编：《历史文献》，第3辑，上海科学技术文献出版社，2000年，第149-162页）。我亦去该馆阅读原件，整理工作相当好。从内容来看，似皆为陈宝箴在鄂臬及署藩任上，张之洞给他的工作信件。

[1] 陈三立作《行状》称："时总督为张公之洞，而谭公继洵为巡抚，两公颇异趣，要皆倚府君为助，府君亦益发舒，用职事自效。然有不合，必力诤，皆犯颜抗辨，不少挠，两公初不怿，卒辄从府君议也。"（《陈宝箴集》，下册，第1999-2000页）刘坤一给陈宝箴的私信中称："当此时世一新，情伪百出，我公以两姑之妇，为孤掌之鸣，凡遇定难决疑，安得不熟思审处……"（"复陈右铭"光绪十九年八月二十三日，《刘坤一遗集》，第5册，第2058页）"两姑"，此处指张之洞、谭继洵。而陈宝箴的同乡京官陈存懋，此时给他的信中称："楚中人士公车北行，每称先生以术饬吏治，以公和处同寅，而事事尤持大体。因念先生昔年上沈文肃书中有'饬吏治以苏民困，赈难民以培元气，明学校以育人材，禁邪教以消祸萌。'其于楚北切近而宜行者，轻重缓急之间，固筹之最久，而为故乡后进所企望忻羡于无已者也。"[柳岳梅整理：《陈宝箴友朋书札》（三），《历史文献》，第5辑，第178页]又，张之洞与谭继洵的关系，可参见本章附录二。

"较大台炮十七八尊";刘坤一于初七日回电,同意借炮四尊。[1]刘坤一的答复当然不能使张满足。七月十二日,张之洞、谭继洵、王之春、陈宝箴四人联名发电刘坤一,除了刘已答应的四炮外,又提出要求:四炮每炮配弹300发,另借水雷四十二具、八十磅克虏伯炮一尊、一百八十磅前膛台炮四尊。[2]为了此事能顺利办成,张之洞派与湘系关系甚好且与刘有私交的陈宝箴专程去南京,与刘坤一面谈。[3]陈宝箴到达南京后,将相谈及相关的情况上报:

> 十三日到。岘帅言,院司借雷、炮,公电已复。炮台操看过两次,颇中靶。苏臬陈湜奉电旨募勇数营入都,拟募十营。岘帅坚嘱住署,明日且搬入,余继陈。箴禀。元。[4]

张之洞收到此电后,立即复电,再次提出新的要求:

> 江南演炮有准,甚慰。岘帅前借四炮,又借雷药,极可感,代致谢。金陵局中残缺水雷甚多,如果修理可用,鄂省当派人赴宁局修之。……沪局现尚存八十磅子后膛台炮一尊,似无甚需用之处,可否以尊意相机言之,能再借此一炮,……<u>惟万不可言出自鄙意,不能言则止,免致烦渎□厌。切嘱</u>。[5]

"以尊意相机言之",明显是在公务之外另求助于私谊。由于陈宝箴的特殊

---

[1]《张之洞全集》,第8册,第153页。

[2]《张之洞全集》,第8册,第154页。张之洞以四人名义发电,甚有用意。谭继洵、王之春是湖南人,且与湘系多有关系,陈宝箴与湘系关系亦密,与刘坤一另有私交。

[3] 大吏出疆须得请示,光绪二十年七月初十日,张之洞、谭继洵电奏:"现拟委臬司陈宝箴即日乘轮,驰赴江宁,与江督刘筹商一切,不过旬日即回。"(《张之洞全集》,第4册,第402页)又,张派陈往南京,除借军火外,似另有感谢刘坤一之意,即刘在前年奉旨查办徐致祥弹劾张之洞案时,对张多有维护。可参见本书第六章第一节。

[4] 陈臬司来电(并禀抚台及致司道),光绪二十年七月十四日亥刻发,十五日子刻到,《张之洞存各处来电》,甲午第2册,所藏档号:甲182-125。"岘帅",刘坤一,字岘庄。

[5] 光绪二十年七月十五日亥刻发,《张文襄公电稿墨迹》,第1函第3册,所藏档号:甲182-219;下画线处,许同莘编《张文襄公全集》时删去。

第五章 张之洞与陈宝箴及湖南维新运动

关系，刘坤一同意查明后照拨。[1]为了使陈宝箴能尽早顺利返鄂，张之洞还派小轮"问津"号专程接回。[2]

战争的局势越来越坏，光绪二十年九月初十日（1894年10月8日），根据徐世昌的提议，清廷下旨："张之洞著来京陛见"，很可能有意让其入军机处。张对入京一事心存疑虑，竟不回复。十月初四日，清廷再次电旨催促；张于次日方回电，以调拨军伍、军械、军饷及身体有病等因而拖延行期，并称将于十月初八日起程。[3]然就在这一天，十月初五日（11月2日），清廷改变方针，下旨："刘坤一著来京陛见。两江总督著张之洞署理，迅赴署任，毋庸来京。"张由此于十月十一日到达南京，十六日接两江署任。[4]

---

[1] 陈宝箴发电称："洽电谨悉。准十八黎明附'江孚'还鄂。昨已电司道，乞饬'问津'不必下驶。八十磅台炮一尊，系沪局物，不深悉。岘帅即电饬刘道，果有，即照拨，毫无难色。箴禀。篠。"[陈臬司来电（并禀抚台），光绪二十年七月十七日酉刻发，戌刻到，《张之洞存各处来电》，甲午第2册，所藏档号：甲182-125]张之洞又发电："上海制造局刘道台：陈臬司回鄂言，岘帅许借拨沪局八十磅克虏伯台炮一尊，语意甚切实，毫无游移。恳阁下慨允，点交宗、萧两委员速起运。至感。即候示复。洞。漾。"（光绪二十年七月二十三日巳刻发，《张之洞电稿丙编》，第40册，所藏档号：甲182-87）"刘道"，上海制造局总办道员刘麒祥。

[2] "致扬州淮军转运局请交'问津'：湖北陈臬司赴南京公干，交饷后即赴南京候接回。鄂督署"。光绪二十年七月十一日午刻发。"致江宁督署湖北陈臬台：前数日电扬州告'问津'，赴金陵往迓，乃汉口局误发钦州。昨晚钦局将电打回，'问津'已上驶。明晨可回鄂。到后当即令下驶赴金陵。计二十日可到。洞。洽"。光绪二十年七月十七日午刻发。"致江宁督署湖北陈臬台：'问津'来电，今午已由九江折回金陵，明日未刻可到，阁下可乘'问津'回鄂。洞。洽。申"。光绪二十年七月十七日申刻发。以上三电见《张之洞电稿丙编》，第40册，所藏档号：甲182-87。"未刻"，下午1-3时，陈宝箴原定次日黎明附'江孚'，改乘"问津"是来得及的。

[3] 《张之洞全集》，第4册，第409页。此时军机处孙毓汶当政，但已备受攻击；恭亲王奕訢、翁同龢、李鸿藻尚未起复，政情前景极为不明。这也是张犹豫的原因。并参见本书导论第四节。

[4] 参见《张之洞全集》，第3册，第213-214页；第4册，第409-410页。又，张之洞离鄂后，对湖北事务仍继续操纵。"武昌陈署藩司来电：楚功甫在湖口，迎广炮。顷奉电示，已由抚宪派轮往代，俾即东下。宝箴禀。元"。光绪二十年十月十三日未刻发，十四日午刻到，《张之洞存来往电稿原件》，第9函，所藏档号：甲182-380；抄件《张之洞存各处来电》，甲午第6册，所藏档号：甲182-125。"汉口陈署司、恽道来电：宝箴猥蒙圣恩，深荷宪台裁成之意，先辱注及，谨谢。刘提督十八由宜登舟，因轮船延搁，念三晚始到。昨日渡江，意极感启，并无迟疑。已详有电。厚安冬月朔必行。升字营系周提督得升统绕。宝箴、祖翼禀。径希代谨呈"。光绪二十年十月二十六日申刻发，二十七日午刻到，《张之洞存来往电稿原件》，第9函，所藏档号：甲182-

直藩任上　　也就在张之洞刚刚离开湖北之际,光绪二十年十月十五日(1894年11月12日),清廷下旨命陈宝箴接任直隶布政使。[1]署理湖广总督谭继洵因布政使王之春进京,下属无人,有意活动留下陈宝箴;十一月初三日,清廷又有电旨催促陈即赴新任。[2]由此,陈宝箴于十一月二十九日交卸,十二月初三日起程北上。他在一路上时时发电张之洞,并推荐了贵州古洲镇总兵丁槐。[3]

380;抄件又见《张之洞存各处来电》,甲午第9册,所藏档号:甲182-126。"宝箴猥蒙圣恩,深荷宪台裁成之意"一句,说明陈已知其新任直隶布政使之旨命。

[1] 此时李鸿藻、翁同龢等人刚入军机,王文韶正从云贵总督任上进京陛见,朝政转向于"甲申易枢"之前。陈宝箴的任命应与此有关,很可能与李鸿藻有关。

[2] 此事可见以下三电:"致汉口恽道台:令弟经江西德中丞奏,委北上各军驻京后路粮台,是否须留京?闻右铭方伯经敬帅奏留,已奉准否?均速示复。洞。艳。"(光绪二十年十一月初一日子刻发,《张之洞电稿丙编》,第42册,甲182-88。"敬帅",谭继洵,字敬甫。"汉口恽道来电:抚帅坚留陈藩司,政府回电活动。初四奉旨催令北上,俟清理讫,即速道。抚帅已电催龙臬司来鄂署藩司,奏请暂缓陛见。祖翼禀。虞。"光绪二十年十一月初七日戌刻发,初八日亥刻到,《张之洞存来往电稿原件》,第9函,所藏档号:甲182-380;抄件又见《张之洞存各处来电》,甲午第11册,所藏档号:甲182-126。"政府回电活动",指军机处回电口气有所松动。"初四奉旨"指十一月初三日旨,催陈北上。"龙臬司",指湖北新任按察使龙锡庆。"湖北恽道来电:陈藩司急欲北上,祖翼奉兼宪委署藩篆,彭道世华署关篆,谨以奉闻。藩司事繁,虽系暂局,惧难胜任。求宪台训诲。祖翼禀。勘"。光绪二十年十一月二十八日酉刻发,二十九日巳刻到,《张之洞存各处来电》,甲午第17册,所藏档号:甲182-128。

[3] "湖北陈署藩司来电:闻巡江阴必阅视娄河口一带。顷晤古洲丁镇,与论昔人越南战事,极得法,与唐维卿日记符合。其谋略勇悍,鲜与为比,惟所统二千人,所携皆前膛枪,若得宪台酌给精枪,必得决胜。磨剑赠烈士,非宪台无玉成之者。丁镇素蒙识识,即当趋谒。伏乞垂鉴。宝箴叩。养"。光绪二十年十一月二十二日戌刻发,二十三日申刻到,《张之洞存各处来电》,甲午第15册,所藏档号:甲182-127。"扬州陈藩司来电:丁镇地营法甚好,似应催令迅速北上,俾各营传习。又小轮尚可至清江,乞仍令两船速来。至感。宝箴禀。真"。光绪二十年十二月十一日巳刻发,未刻到。《张之洞存来往电稿原件》,第12函,所藏档号:甲182-383;抄件《张之洞存各处来电》,甲午第20册,所藏档号:甲182-128。"扬州陈藩司来电:派来两枪风大不能出江,比令回函告沈道。昨风逆,故电请,顺可不来。箴、邵伯禀"。光绪二十年十二月十二日酉刻发,戌刻到。《张之洞存各处来电》,甲午第21册,所藏档号:甲182-128。张之洞亦有回电:"丁镇昨日清晨已乘轮赴镇江北上,两小轮本令送至清江,何以未往?究系送至何处折回,现在何处?祈电示,当一面查明电饬前往。真。"光绪二十年十二月十一日申刻发,《张之洞全集》,第8册,第207页。又,此后张之洞对丁槐部极为重视。

第五章　张之洞与陈宝箴及湖南维新运动　*313*

光绪二十一年正月初旬，陈宝箴到达北京，正月十二日觐见光绪帝，光绪帝命其襄助在山海关统兵的钦差大臣刘坤一，管理湘军粮台，并授予专折奏事权。陈宝箴于正月二十九日（1895年2月23日）发电张之洞，对此作详细汇报：

> 箴十二陛见，天颜充实光辉，纶言切要，可为至庆。询枪炮厂、铁厂甚详。奏对毕，因言添造快炮，已成二具，快枪二月可成，一分钟可放三十余出，从此可令津、沪推广；铁旺而佳，可造轨。上甚欣悦，嘉奖宪台，数年苦心，悉蒙宸鉴，有"办事极为认真"之谕。二月快枪成，似宜先解数百枝入都，俾速推广。军务处亦甚盼。上于问兵事后，忽言及湘军粮台。阅两日，旋奉旨：办理湘粮台，准奏事。二十请训，念四抵津，念六至榆。津榆一带防务布置颇密，并有游击劲旅两大军，敌来，有以待之。畿防固，敌不竞矣。英、法、俄、美以商故约请，未知何如。箴以藩司兼粮台，势难专注转运，仍归林道专办。苟事涉地方，仍即极力经理，藉纾钧注。明日返津。宝箴禀。艳。[1]

陈宝箴在觐见时大谈张之洞在湖北的功绩，特别强调了花银甚多、饱受争议的湖北铁厂与枪炮厂的重要性与必要性；"英、法、俄、美以商故约请，未知何如"一句，说明当时谋求外援一事尚不顺利；至于管理粮台一事，陈认为自己难以插手，便返回天津了。而此时在天津署理直隶总督的，正是其老上司王文韶。钦差大臣刘坤一对于陈宝箴不兼管粮台一事，还专门发电给张之洞，进行解释。[2] 三月初一日（3月26日），张之洞发电陈

---

[1] 山海关陈藩司来电，光绪二十一年正月二十九日戌刻发，三十日未刻到，《张之洞存来往电稿原件》，第19函，所藏档号：甲182-392；抄件又见《张之洞存各处来电》，乙未第4册，所藏档号：甲182-130。"念"，二十之意。"榆"，榆关，即山海关。

[2] "刘钦差来电：陈右铭于二十六晚抵关，与坤面商湘军东征粮台事宜。力称：'难于兼顾转运，总、分各局仍由林道一手照旧办理，如有应由藩司招呼之处，无不惟命是从，伏祈俯如所请，俾各安心供职为荷。'此次陈藩司办理湘军东征粮台，实出上意重视，湘军亦不过存此名目。其实湘军如

宝箴：

> 天津直隶藩台陈：到任大喜，欣嘉。前奉来电，至为感佩。驻扎何处？办事当顺手。日来天津情形如何？祈示。洞。东。[1]

此时正值马关条约谈判的关键时刻，张之洞此电的真实用意是打听内情。陈宝箴随即回电：

> 东电谨悉。李傅相来电，念八会议，归途遇刺客，用手枪击中左颊，眩晕复甦。随带医及倭主遣医诊治，子入二寸余，难取出，部位幸不致命。倭举国震悚，慰问纷来，和议冀渐就绪等语。乃闻刺客已获。津沽南北得曹、聂等军三万余人为游击，近京董、陈两大军为策应，局势一振。现无倭船窥伺。闻将派冯军北来，果尔威棱弥厉。箴现在津，未到任。承注感刻。宝箴禀。江。[2]

陈宝箴报告了正在马关谈判和约的李鸿章来电内容及京津一带的布防，可以看出，他对局势及决策的基本倾向与张之洞相同：反对条件过于苛刻的议和，并准备再次开战。而直隶总督的正式驻所是保定，布政使的驻所亦在保定，陈此时尚未正式到任。三月十三日（4月7日），陈宝箴从保定发电：

> 箴今日到保定，受篆。粮台事，暂由襄办毛部郎庆蕃料理。岘

唐、如刘、如魏、如余、熊各营之饷，多不归该粮台，而该粮台所管有淮军程、陈、宋等营在内，何尝全是湘军。目前难以分别厘正，听之而已。尊指以为何如？候电复。坤。艳"。光绪二十一年正月二十九日申刻发，三十日未刻到，《张之洞存各处来电》，乙未第4册，所藏档号：甲182-130。当时北上湘军各部，粮台分为两处，有两江负责的天津转运局，由道员林志道管理，也有刘坤一所辖粮台，由户部郎中毛庆蕃管理。由于饷银拨处不一，陈宝箴并无能力统一管理。刘电对此进行了说明。

[1] 光绪二十一年三月初一日申刻发，《张之洞存来往电稿原件》，第13函，所藏档号：甲182-384。
[2] 陈藩司来电，光绪二十一年三月初三日午刻发，酉刻到，《张之洞存来往电稿原件》，第7函，所藏档号：甲182-378；抄件又见《张之洞存各处来电》，乙未第8册，所藏档号：甲182-131。"念八"，二十八日之意。

> 帅电云，宪台饬垫付陈、李二军饷八万两，请饬林道领解。宝箴禀。元。[1]

陈宝箴向张之洞报告了自己的行迹，并报告原应由两江支付的陈湜、李占椿两部军饷，刘坤一同意张之洞的请求，可由在天津的湘军粮台垫付。这对正为军费无出作难的张之洞是一个好消息，张之洞一面发电驻天津的江南转运局，一面回电陈宝箴：

> 保定陈藩台：履任大喜，欣嘉。承借垫陈、李两军四月饷八万，感甚。已饬津局林道。洋报倭议约刁难万状，李相伤未愈甚痛，尊处如有所闻，祈示。洞。盐。[2]

张之洞电报的用意，还是打探北洋的情报。陈宝箴对此回电：

> 愿电谨悉。现奉旨派李经方为全权大臣，会办和议去。想日相难，多议论耳。余不相闻。宝箴禀。寒。[3]

此时在保定的陈宝箴，与在天津时大不同，他自己的消息也是很闭塞的。过了一个月，即马关条约批准互换之后，张之洞于四月二十一日（5月15日）发电给管理湘军粮台的户部郎中毛庆蕃：

> 天津湘军粮台毛部郎实君：长材济运，承借湘饷，感谢。和议后

---

[1] 陈藩司保定来电，光绪二十一年三月十三日戌刻发，亥刻到，《张之洞存来往电稿原件》，第7函，所藏档号：甲182-378。

[2] 光绪二十一年三月十四日辰刻发，《张之洞存来往电稿原件》，第13函，所藏档号：甲182-384。张之洞同时发电天津："天津江南转运局林道台：急。本日接湘军粮台陈方伯来电称：岘帅电饬垫陈、李二军饷八万两，请饬林道领解等语。查此系陈臬司湜十营、李占椿总统十五营四月饷，该局速即领出分解，勿延。李部在呈子口，可解德州。并速复。两江。元。亥。"光绪二十一年三月十四日丑刻发。出处同上。

[3] 陈藩司来电，光绪二十一年三月十四日亥刻发，十五日巳刻到，《张之洞存各处来电》，乙未第9册，所藏档号：甲182-131。"愿"，原文如此，亦有可能张之洞在"盐电"外，另有"愿电"。

患无穷,台端与右铭方伯有何良策?祈示。洞。马。[1]

张之洞在电报中表示了对《马关条约》的相关条款的担忧。陈宝箴不在天津,电报的内容自是由毛庆蕃转致。四月二十三日(5月17日),陈宝箴发一长电给张之洞,详细说明他对时局的思考和相应的对策:

> 马电谨悉。日前寄梁电,想已达。前闻换约展期,即电禀李、翁,乞请旨派宪台全权,往烟台与各国论议改约,且言俄王游鄂时宪所心佩云云。今虽无及,而通商各条激变万端,至时仍必决裂,岂可坐待祸来?目前至计,仍亟以让地结俄与立密约为一要义。俄能听我,则要盟可背,胜算可操;次之亦可藉俄主持,更改商务各条,另议妥约,期可相安。然全权仍非宪台不可。若此时不亟结俄,原约断不能稍改,且恐各国更为倭结,求为苟安,愈不可得矣。钧意如谓然,乞力陈之。此间近无所闻。各国情势与中朝议谋若何?乞赐电示。宝箴禀。漾。[2]

陈宝箴此电,说明他先前曾有一项重要的举动,即当"三国干涉还辽"之时,清廷有意《马关条约》延期换约以待三国的最后消息,陈宝箴发电军机大臣李鸿藻、翁同龢,请旨派张之洞为全权谈判大臣前往烟台,与各国商议改约。此时条约虽换,他又提出了联俄之策,试图利用俄国的力量来抵制日本的进逼,并力主由张之洞出任对日本商约谈判的全权大臣。从历史的结局来看,陈宝箴的联俄策是不合适的;但从历史的过程来看,此时张之洞、刘坤一都主张联俄,或有陈宝箴的影响。"梁",似指梁鼎芬,此时在南京张幕中,"日前寄梁电",即陈与梁之间已用电报交换过意见。陈

---

[1] 光绪二十一年四月二十一日未刻发。《张文襄公电稿墨迹》,第1函第7册,所藏档号:甲182-219;抄件又见《张之洞电稿丙编》,第53册,所藏档号:甲182-90,"承借湘饷",即前刘坤一同意借陈湜、李占椿两部四月军饷事。
[2] 保定,光绪二十一年四月二十三日酉刻发,二十四日丑刻到,《张之洞存来往电稿原件》,第20函,所藏档号:甲182-391。

第五章 张之洞与陈宝箴及湖南维新运动

宝箴在电文中明显透露出敌视李鸿章一派的态度。[1]五月初四日（5月27日），陈宝箴发电张之洞：

> 湘军粮台现办军米四万石，派员赴南采买，业具公牍。顷委员苏、吏目江兆自芜湖电称：须请南洋护照，方可购运出境。仰恳宪台先行电饬芜湖关道准其采办，并乞填给护照八张，发交关道转给苏委员，以便分批赶运。切恳。宝箴禀。支。[2]

这本来只是请求运米的过境"护照"，但改在江苏购买，将可抽取一大笔厘金，张之洞幕中人士对此频频活动，要求改在镇江购买，完全把陈宝箴当作了自家人。[3]

从陈宝箴在直藩任上与张之洞的电报来看，两人的关系极洽。张将这

---

[1] 陈三立作《先府君行状》，称言："其时李鸿章自日本使还，留天津，群谓且复总督任，府君愤不往见，曰：'李公朝抵任，吾夕挂冠去矣。'"（《陈宝箴集》，下册，第2000页）黄濬著《花随人圣庵摭忆》，称陈三立此时在武昌发电张之洞，请其"联合各督抚数人，力请先诛合肥，再图补救"（见该书上册，第300—301页）。"张之洞档案"中还存有此时俞明震给陈三立电报的抄件："台湾俞刑部（明震）致陈三立电：李伯行电云：'事已合拍。'总署顾司员及盛道电云：'各口通商、赔款三万万、割辽割台，已画押。'痛心切齿之事，伯行谓之'合拍'，岂复有人心？维帅招集义士万人，由粤赴台，部署己定，台民十日内捐饷二十六万。闻信丧气，大乱将起。三日内四次电奏，甚于痛哭，概置不答。奏中有'如台不能战，俟臣死后再割，不敢奉诏云。'现传文武，询愿去者听，留者营官勇丁加饷，拟拼命一战。维帅自审甚坚，震亦得死所矣。两弟竟不来视阿兄，密事告知。震从此不写家信矣。敬。寅。"（《张之洞存来信电稿原件》，第14函，所藏号：甲182-385）"伯行"，李经方，李鸿章之子。"顾司员"，似为总理衙门章京顾肇新。"盛道"，盛宣怀。"维帅"，唐景崧，字维卿。"敬"是二十四日的代日，此电似发于光绪二十一年四月二十四日。

[2] 陈藩司来电，自天津来，光绪二十一年五月初四日申刻发，戌刻到，《张之洞存各处来电》，乙未第15册，所藏档号：甲182-132。

[3] "厘局嘱致陈佑民电。直隶保定陈藩台：米市聚镇江，购千万石亦易，运北尤速。厘税吃亏尚轻，自当即发护照起运。奸商逃厘，串朦在芜湖轮运，岂特关饷源大局，数万号民船衣食无望，救北病南，南患急矣。公四万石，请速电委员在镇购买，请照之轮速运。夔帅处请公电禀，饬委员亦改镇购运。南北兼顾，关系甚巨。公固解人，切祷。祁。阳。"（光绪二十一年五月初七日未刻发，《张之洞存来往电稿原件》，第5函，所藏档号：甲182-376；抄件又见《张之洞电稿丙编》，第53册，所藏档号：甲182-90）"恽道"，恽祖祁，陈宝箴在湖北的旧属恽祖翼之弟，此时在张之洞幕中。"夔帅"，王文韶，字夔石。后又有张之洞幕僚王秉恩给湘军粮台户部郎中毛庆蕃之电（五月十一日亥刻发，出处同上），还是要求在镇江购粮。

位昔日的部下仍旧当作部下，陈也视这位昔日的长官依然是其长官。

二、湘鄂之间

光绪二十一年七月二十四日（1895年9月12日），在直隶布政使任上官椅未热的陈宝箴，升任湖南巡抚。这是重新掌权的恭亲王奕訢、李鸿藻、翁同龢等人对各省官员的一次大调整。以陈宝箴治湘，提议者当为熟悉陈宝箴与湖南关系者。陈虽是江西人，但湖南早已成其半个家了。

从理论上说，湖广总督有管理湖南之权限，陈宝箴第三次成为张之洞的下属；但由于湖南巡抚有直接上奏权，因而在当时的政治操作中，湖广总督除了例行公事的人事与军务，一般都不干涉湖南的具体事务，需要联衔上奏之公务，大多也互相知会而已。[1]然张之洞与陈宝箴之间的特殊关系，使得两人之间有着密切的配合。"张之洞档案"中此期张、陈之间的电报与书信，存量相当大，但绝大多数只是例行公事，也有一些已在张、陈新编文集上发表，若一一列举，将会不胜烦渎清听。我在此仅精择数例，以说明两人关系以及湘鄂之间的互动。

需要说明的是，湖南曾修建过电报线路，后因保守绅民抵制而未成。[2]光绪二十二年十月，长沙与武昌之间的电报线路再次动工，光绪二十三年四月接通，为此张之洞还发电致贺：

> 长沙陈抚台：湘鄂线通，公之功也。风气既开，要政递举。湘中富强之基，始于此矣。大快。敬贺。洞。艳。[3]

---

[1] 按照当时的政治习惯，闽浙总督对于浙江，两广总督对于广西，两江总督对江西、安徽，陕甘总督对于陕西也一般不直接干预其事务。

[2] 参见王文韶与盛宣怀之间的电报，《陈宝箴集》，下册，第1479-1480页。并参见张之洞"札委郎中陆继良等勘设长沙电线"光绪十六年四月初十日，《张文襄公公牍未刊稿》，所藏档号：甲182-402。

[3] 光绪二十三年四月二十九日戌刻发，《张之洞电稿甲编补遗》，第5册，所藏档号：甲182-61。湘鄂电线开工等事，参见《张之洞全集》，第3册，第397、415-416页

而"张之洞档案"中电报保存较全,书信存量不多,以下叙述的内容,大多是光绪二十三年四月之后的,尤以光绪二十四年为多。这是受制于现存文献,绝不说明两人先前关系稍有任何疏离。

本地产品出口及免税　　湖南是矿产资源丰富的省份,陈宝箴抵任后,为开辟利源,最为重视者为开采矿产,为此投入大量精力。光绪二十一年十二月十六日(1896年2月9日),陈宝箴突然发电张之洞:

> 衡州、湘潭均有佳煤,可炼焦炭。正拟开采,供铁厂之用,忽闻铁政将与洋商合办,极用怅然。我公此举原为铁路、枪炮及塞漏卮而设,诚中国第一大政,我公生平第一盛业。今需用正急,忽与外人共之,与公初意大不符合。且此端一开,将无事不趋此便易之路,彼资日增,我力难继,必至喧宾夺主,甚为中国惜之。想公必早见及。或其中尚有曲折,或合办定有年限、仍可归还,外不及知;然究不如请借洋款为得。如公苦衷难可共白,箴虽人微言轻,当力陈之。乞示复。宝箴。[1]

"铁厂"、"铁政",汉阳铁厂,陈宝箴听到该厂将与洋商合办,与其借洋债不招洋股的观念不合,湖南的焦炭出路也将成为问题。他由此犯起了真性情,用激烈的语气向张之洞责难。在我所见材料中,陈对张用语如此严厉也仅为此次。张之洞当时还在署理两江总督任上正准备回任,湖南电报线路未通,陈宝箴即派人到武昌去发电,可见其心情之急乱。张之洞的回电未见。张此时因汉阳铁厂财务、技术诸问题,而确实有意交洋商"包办",因陈宝箴等人的反对,才改变主意,交给盛宣怀改为商办。[2]

---

[1] 武昌,光绪二十一年十二月十六日午刻发,亥刻到,《张之洞存来往电稿原件》,第19函,所藏档号:甲182-392。

[2] 光绪二十一年十一月十四日,张之洞致电蔡锡勇:"兹有洋商包办铁厂,该道速即来宁面商一切,勿迟。该商议定后,尚须赴鄂厂看视也。"(《张之洞全集》,第9册,第66页)盛宣怀亦称:"铁政不得法,徒糜费,几为洋人得,右铭、松云讽阻,乃属意宣督。"(寄翁叔甫,光绪二十二年四

光绪二十二年十月二十八日（1896年12月2日），陈宝箴会同张之洞上奏，要求湖南各类矿产出省一律免抽税征厘，光绪帝朱批"该衙门知道"。[1]陈宝箴奉到朱批后，于光绪二十三年二月咨会张之洞。张之洞由此发现，该政策将对湖北厘金收入影响甚大。他于五月十九日（1897年6月18日）札湖北布政使、江汉关道、善后局、牙厘局，"悉心妥议，刻日详复"，并提出基本对策：新、旧区别，"其物若非向来所有，事尚可行；若向来运销历完厘税之铁料等物，似宜量加区别"。[2]湖北是湖南矿产最主要的出省通道，若按张之洞此策，湖南此时新矿和官矿尚不多，实际收益并不大。九月初五日（9月30日），张之洞亲笔写电报给陈宝箴，进行解释：

> 长沙陈抚台：微电悉。前接大咨，当饬局议。厘局以鄂省向有湘煤厘巨款，与官款新开各矿不同，似应区别。尊奏自系指官开者而言。旋据宝塔洲禀，以湘煤过该局者，已逾大咨万石之数，因筹议分别官煤、商煤之法，日内即具详。鄙意官开之煤自应免，焦炭专为铁厂之用，将来铁厂扩充，焦炭需用尤多，亦应免，商煤则未便免。如宝塔洲误抽官煤之厘，可发还。此意早告司局。惟湘省矿局发照，有何杜绝商煤朦领局照影射之法，祈筹示。总之，湘省利源在五金各矿，在新开佳煤、新炼焦炭，不惟官本所系，且此乃湘省大利所在，鄙人自必极力，协助台端，鼓舞维持，以兴湘中地利。若五金之矿，虽商民所开，亦可免抽。盖非此不能开风气，民富即国富也。至寻常商煤抽厘，相沿已久，荩筹富强要政，自不在此，只可姑仍其旧，故不得不

月初三日，《愚斋存稿》，卷89，第13页）"松云"，即荥耘，恽祖翼，此时新任湖北按察使。

[1]《陈宝箴集》，上册，第288—289页。陈宝箴在该折中称："臣惟湘省办理矿务，风气初开，首在维持官商资本，徐图扩充。当兹试办伊始，拟暂量加体恤，免其抽税完厘，一俟成效渐著、行销渐广，即行咨商户部酌定税则，由湘省坐地并作一次抽收，汇款解部，以归简易而免流弊。所有湖南目前及将来运出各种矿砂，无论已炼、未炼，和臣前次奏定'官办销行内地各省硝磺，经过各关卡应完税厘'，拟合仰恳天恩，俯准一律免其抽收。由臣分别发给护照，持验放行……"按照此折，湖南矿产出省将完全免税。张之洞会衔出奏时，可能还没有想到湖北厘金会为之大受损失。

[2]《张之洞全集》，第6册，第47—48页。

量加区别，以免鄂局藉口。卓见以为何如？洞。歌。[1]

张之洞只允诺湖南"官煤"、"焦炭"、"五金各矿"免征厘税，而这些都是新矿。陈宝箴的复电未见，但从当时官场规则来推测，他似也不能过于反对。光绪二十四年五月，张之洞发电陈宝箴：

> 长沙陈抚台：据布局禀称：商人朱民广购布局纱十大捆，计二十件，已向江汉关完过正税，有税单及布局运单为凭，局纱并有双龙抱珠纸，与洋纱迥别。经过鄂湘各卡，均经验放，惟衡州府东洲卡百般留难，勒令加倍罚款等情。查湖北布局所出布疋、绵纱，奏明完过正税，概免重征，历经咨明通行有案。湖南运出各矿及官煤，经过湖北关局，均免税厘，湖北官局纱布运湘，事同一律。今朱民广购办之纱，不特有布局凭单，且有江汉关完税单，何致误为假冒。请速饬放行，并将罚款交还原人。此后如有湖北官局纱布运湘，并请分饬各局卡一体验放。至祷。洞。卅。[2]

这是为湖北机纺纱出省免税一事进行交涉，张之洞提到"湖南运出各矿及官煤，经过湖北关局，均免税厘，湖北官局纱布运湘，事同一律"，即南北经济互惠。然张毕竟是长官，电文最后使用了命令语气。陈宝箴对此复电称："衡州厘局罚布商事，已饬总局转饬遵照。"[3]

---

[1] 光绪二十三年九月初五日子刻发，邹取二送抚台、牙厘局，《张之洞存来往电稿原件》，第14函，所藏档号：甲182-385；抄件又见《张之洞电稿甲编补遗》，第5册，所藏档号：甲182-61。陈宝箴的"微电"，见抄本《张之洞电稿》，第35册，《各省来电》，中国社会科学院经济研究所图书馆藏。

[2] 光绪二十四年六月三十日午刻发，《张之洞电稿丙编》，第75册，所藏档号：甲182-94。该件是抄件，发电时间原文时间如此，阴历六月本无三十日，据下引陈宝箴之复电日期，似为五月三十日之误。

[3] 光绪二十四年六月初一日午刻发，申刻到，《张之洞存各处来电》，戊戌第3册，所藏档号：甲182-136。

运米与送枪　湘鄂本是中国的粮仓,有"湖广熟,天下足"之谚。然在光绪二十一年至二十二年,两湖地区皆受大灾,粮食成为当时最紧缺的救灾物资。[1]光绪二十三年湖北大春荒,张之洞向陈宝箴求援,请开湘米出省禁令一个月。陈宝箴对此仅同意在邻近湖北的数县由鄂商采购米谷四十万石,并派官员前往武昌,进行解释。这是同为米荒的湖南对湖北的很大帮助。光绪二十三年六月,张之洞与湖北巡抚谭继洵联名写信给陈宝箴:

> 右铭仁兄大公祖大人阁下:
>
> 顷奉复函,并寄示各件,均已领悉。承允于安乡、龙阳、华容、沅江四县,拨谷四十万石,由鄂招商发照,前往购运,具纫大君子轸念邻疆,泽及旧治,曲折筹画,感荷靡涯。并承派委刘道来鄂,备述湘中情形,全省待泽之多,绅民阻米之切,大府擘画之艰,因应之烦,种种焦劳,良殷驰系。执事慎开米禁,自系不得已之苦衷,弟等久已深喻。兹经刘道觍缕面述,益知其详,乃犹复顾念鄂民,设法分济,敬佩尤深。湘省上游,民食尚歉,弟洞职在兼辖,安危与有责成,弟洵谊切梓桑,休戚本属一体,远隔重湖,同深焦念。正盼阁下抚绥安集,代谋生计,岂肯置之膜外,为瘠鲁肥杞之举。
>
> 前函商请暂行开禁一月,系专指下游岳、常、澧一带而言。缘岳、常、澧之米,断不能逆流而上,贩运长沙以上及衡州各属,若准其流通,似于湘无损,而于鄂有益。且北以货往,南以粮来,互相补济,亦属两利。今蒙拨运滨湖数县之谷,正惬鄂民所望。惟鄂省招商发照往购,殊费周折;其为难情形,已由藩、臬两司复书详陈。且鄂省砻房素少,运到后再行碾售,不免纡折稽迟。而远道运谷,运费过重,

---
[1] 湖南之灾情可参见陈宝箴:"灾民待抚孔亟需开办赈捐折"光绪二十一年十月二十三日,"勘明各属受灾情形吁恳分别蠲缓、递缓钱漕折"光绪二十一年十二月十八日,"查明光绪二十二年各属水灾情形吁吁恳蠲缓、递缓钱漕折"光绪二十二年十二月十九日,《陈宝箴集》,上册,第30-32、70-77、325-329页。

商情亦恐不愿。似不如径由湘省给照，准由湘民运米出境。至出江以后，无论上下游，皆系湖北地方，其米自系全销在湖北，无虞影射。至此四县准销之米谷，既有定数，随处皆有厘卡炮船，可以稽查，则无论或湘民运出，或鄂商往运，何县多售，何县少售，均听其便。总之，各卡稽核通计，总不逾尊定之数。如此办法，较为简易迅速。

查鄂省各属需米皆急，而上游荆州、宜昌为尤甚，远在武汉以上千余里，价尤贵，运尤艰。近得祥立亭将军函咨告籴，情词迫切。宜昌亦委专员来省乞米，守候不去。此外咸宁、蒲圻、通山、黄州等处，官绅纷纷请米平粜，至再至三。束手无以应之。通山因贫民勒粜抢谷，竖旗聚众千余入城，几酿祸变。昨派大员率兵前往，多方开导弹压，始就安帖。而潜江、江陵、应山、孝感、罗田等处，叠报水灾。省内省外各仓谷均已散发将罄。弟等德薄能鲜，治理无状，目击民艰，愧悚无以自容。

兹拟请尊处飞速札饬四县，出示晓谕，准由商贩就县领照，以谷二十万石，折合米十二万石，由藕池口、太平口等处及以上各口出江。此各处江口，皆荆州辖境，自可运济荆、沙、宜昌等处。其余二十万石谷之米，由何口运鄂，应听商民之便。惟澧州距荆最近，大河通流，似可添入澧州一处，其米亦准出江，庶于荆州受益较速。应请台端酌定，飞速饬遵。现因扎道勒哈哩赴澧勘垸之便，令其会商岳常澧道，并由弟洞札行该道，照遵示所定谷数，出示办理。彼时湖田新谷计已登场。至米照，应否用尊处之照，或即迅饬各该州县，由州县发照，统听卓裁。

此间现又赴芜湖采运粜米，无如库款已竭，捐款无闻，购办殊不能多。箪醪投河，岂能有济。近得芜湖电，皖南北霖雨为灾，稻禾腐烂，荒象已成，外运之米日少，以后恐亦难购办。鄂省自入六月以来，雨多涨盛，甚属可危。夙夜惴惴，不知所届。惟盼久晴水定，无害秋收，庶几穷黎渐苏，稍宽咎责。

湘省仰赖仁政周浃，必能感召祥和，一俟七月初间，丰亨有象，似可先将岳、常、澧等处米粮，慨然弛禁，不更限定数目，亦不限定四县，亦不限定运出何口。即或上游尚非大熟，但于靖港以上，暂缓开禁，至湘阴以下之米，听其驶行无阻，自于长、衡两属仍无妨碍。如此则鄂民必更欢欣感戴，即湘省之巴陵、临湘等处，得本省米谷自相流通，亦必鼓腹讴歌，免劳苶画矣。此节度宏谟深虑，必已早为筹及，成算在胸，无待再三烦渎者也。

专泐布复，敬申谢忱，祗请勋安，诸惟惠照，谨璧尊谦不尽。治愚弟张、谭顿首。[1]

这一封信虽然很长，但文辞得体，情绪稍张，底稿上也有张之洞稍加修改的痕迹，故全录之。张在信中表示了感谢，更提出了由湘商运米的方案，并希望尽早解除湘米出省的禁令。这也符合他做事"得寸进尺"的一贯风格。陈宝箴的回信未见。

光绪二十四年五月二十五日（1898年7月13日），陈宝箴发电张之洞，并抄送湖北巡抚谭继洵：

湘中镇协各营，均来省请领来复枪，以资练习。近来给发已尽。闻鄂省此枪甚多，拟请协拨二千枝，藉壮声威，至为感幸。乞电复为祷。宝箴叩。有。[2]

来复枪是当时先进的单兵枪械，陈宝箴开口就要两千支。他将此电另送谭继洵，当是请湖南籍的谭继洵能考虑乡谊，从中帮忙说项。张之洞即刻回电：

---

[1]《致各省函稿》，《张之洞函稿·光绪二十五年至三十一年》，所藏档号：甲182-215（原整理者有误，该函写于光绪二十三年）。抄件又见《张文襄公函牍未刊稿》，所藏档号：甲182-393。"祥立亭"，荆州将军祥亨。
[2] 光绪二十四年五月二十五日戌刻发、到，《张之洞存各处来电》，戊戌第2册，所藏档号：甲182-136。

> 长沙陈抚台：有电悉。来福枪局存可用者，只二千余枝，余多废坏。兹拨千枝，以供尊处目前之用。此等枪似须购储若干，以备缓急。价亦不贵。洞。宥。[1]

从二十五日戌刻（下午7—9时）收电到二十六日巳刻（上午9—11时）回电，张之洞在最短的时间里即做出决定。1000支虽是陈宝箴要求的一半，也是鄂省仓储的一半。陈宝箴对此回电称："蒙允拨来福枪千枝，甚感。此枪近颇难买。上年两次在沪托购，仅得二千余枝耳。"[2]

湖南铁路建设　　湖南是当时思想相对保守的省份，西洋事物引入较难。长沙与武昌间电线修通之后，张之洞有意建设湘鄂铁路，并作为粤汉路之一段。光绪二十三年七月十二日（1897年8月9日），张之洞发电陈宝箴：

> 盛京卿来电，亟欲筹办粤汉铁路，拟先派华员勘路，因洋人皆须华人领导，究由湘、由江西，请商尊处电示等因。查湖南物产极富，而限于山溪阻深。铁路所经，南则香港所来南洋各外国之货，北则辽津所来北洋各外国之货，全数引归湖南境内，而湘省土产之五金、煤炭各矿，运道既通，机器能入，土货能出，从此湖南为第一富强之国。而铁路为中国独专之利权，洋人不能藉口侵占干预，胜于仅行小轮远矣。<u>淮（惟）风气未开，民情能否相安，请速询商绅士</u>，酌度情况电复。鄙意莫若先修武昌至长沙六百里，此即驿路，亦即电路，无高山

---

[1] 光绪二十四年五月二十六日巳刻发，《张之洞电稿》，所藏档号：甲182-406；抄件又见《张之洞电稿丙编》，第75册，所藏档号：甲182-94。相同的情况又可见张之洞另一电："长沙陈抚台：东电悉。遵派测海兵轮赴沪，运湘省枪炮至岳。惟船大煤多，往返须一千数百金，为数较多。此款似须湘出。祈示。洞。江。"（九月初三日戌刻发，《张之洞存来往电稿原件》，第14函，所藏档号：甲182-385。原件无年份，根据内容似发于光绪二十三年）

[2] 光绪二十四年六月初一日午刻发，申刻到，《张之洞存各处来电》，戊戌第3册，所藏档号：甲182-136。

大河，费省工速。鄂境易办，入湘境后，路尚不多，若造至省城，绅商皆知铁路之利，再往南修，顺流而下矣。望速裁示。洞。文。[1]

张之洞虽描绘了湖南兴建铁路后的美妙前景，但毕竟提出了对湖南来说极为困难的问题，即"风气未开，民情能否相安"。陈宝箴一时未作复。七月十五日（8月12日），张之洞再次发电：

长沙陈抚台：接函，知政体违和，近想已大愈，念甚。文电论湘境铁路事，想达。此路仍系盛京卿总公司一手经理，自汉口经湖南至广东。先借洋款，修成，陆续招股。待其路成利见，然后入股。将来湘省绅商，或愿入数百万，或入数十万，或全不入，均可自便。似此招股之法，似为最妥。至先修武昌至长沙六百里云云，乃弟筹计修路缓急之法，并非专修此一段即止。全局仍是自汉至粤，利益方大。前电恐阅者或未明晰，致有误会，特再缕陈。洞。咸。[2]

张之洞补充说明将来该路会允许湘人入股，且是粤汉铁路的一部分。陈宝箴经过反复思虑后，于七月十七日（8月14日）复电，同意在湖南修建铁路：

窃维国家创举大役，以立自强之基，芦汉已行，鄂粤继举，江、

---

[1] 光绪二十三年七月十二日亥刻发，《张之洞电稿甲编补遗》，第5册，所藏档号：甲182-61。又，《张之洞全集》第9册第244页所录河北省博物馆所藏该电，下划线处删节；"而铁路为中国独专之利权，洋人不能藉口侵占干预，胜于仅行小轮远矣"一句，误为"胜于仅行小轮远矣。而铁路为中国独专之利权，洋人不能藉口侵占干预"。其原因不明。

[2] 光绪二十三年七月十五日酉刻发，《张文襄公电稿墨迹》，第2函第11册，甲182-219；抄件又见《张之洞电稿甲编补遗》，第5册，所藏档号：甲182-61。"知政体违和"一语，是张之洞与陈宝箴之间的私谊，两人或间有体贴此。光绪二十三年十二月十八日，陈宝箴夫人黄氏去世，张之洞为此发电："长沙陈抚台：闻台端悼亡，驰系之甚。时艰政繁，祈强排解。谨奉慰并唁。伯严世兄承示年终密考函，何日发？祈速示。英、俄顿起大波，时局难料，愤极，容再布。洞。宥。"（光绪二十三年十二月二十六日亥刻发，《张之洞电稿丙编》，第73册，所藏档号：甲182-94）"伯严"，陈三立。"英、俄顿起大波"，指德国强占胶州湾之后，英国与俄国在旅顺、大连及借款、铁路等项上的竞争，以扩大其在华利益。

湘莫非王土，岂能有所阻挠。况湘人素怀忠义，同德同仇。……但令当事宣布诏旨，俾知事在必行，并谕以铁路不运湘中煤、米，无损船户生计。所经各省境内工程，即由各省遴委员绅督率照料。督办大臣任用得人，无官场倚势凌人之习，无遇事苛刻因以为利之心，说以使人，宽严互济，此所谓人事斡旋者。往年澧州电线，盖因司事先失人心，即今年设电长沙时，电工委员亦几因工费肇衅，旋因得曾牧庆溥调停寝事，后乃悉由该牧代发，沿途迄无异言，此明征也。……至湘境修路工程，愚意仿芦汉成式，由鄂、粤边境同时接修，至事权合缝。或由鄂边接修，上迎粤路，或由粤边接修，下迎鄂路，统由委员委绅勘定插标，通行晓谕，届时大举，一气呵成。似可不必由长沙先修至鄂，以免南路另起炉灶，致启疑议。湘绅所见亦同。

陈宝箴此电提出了诸多先决条件：一、须奉旨举行；二、不运湖南煤、米，不夺小民生计；三、由本省委派员绅配合；四、有合适的督办大员。他还提出，湖南铁路作为粤汉铁路之一部分，不必分段修建，而是一次完工。陈宝箴只是考虑了如何减少湖南士绅对修建铁路的抵制，并没有考虑到该路将是耗资巨大、工程困难的大工程。该电发于光绪二十三年七月十七日申刻，十八日酉刻（下午5-7时）收到，张之洞奉电大喜，在原电上加头尾即于当日戌刻（下午7-9时）转发盛宣怀。[1]粤汉铁路途经湖南由此定下大计。

此后，张之洞、陈宝箴、盛宣怀之间多有电报，主要围绕着勘路一事。陈宝箴恐引发湖南士绅之疑虑，提出"惟初勘路时暂不可带用洋工师，致启疑谣而误始基"；盛宣怀提出，"先勘大概者，止用两华人，札内止说勘查矿产，不动声色"，即在勘查矿产的名义下，行勘路之事。[2]张之洞提

---

[1] 光绪二十三年七月十七日申刻发，十八日酉刻到，《张之洞存来往电稿原件》，第14函，所藏档号：甲182-385。该电又可参见《张之洞全集》，第9册，第246页；苑书义等主编：《张之洞全集》，第9册，第7377-7378页。

[2] 参见苑书义等主编：《张之洞全集》，第9册，第7375-7376、7379-7380页；《愚斋存稿》，卷92，

出由张、陈、盛三人会衔札委官员办理此事。[1]光绪二十三年八月十八日（1897年9月14日），张之洞发电陈宝箴：

> 长沙陈抚台：密。委勘湘粤交界地势，作为查铁厂需用佳煤，叠商盛京卿，现议定三衔会委，由盛主稿，各派一人。盛拟派绘图学生陈庆平，敝处拟派江苏候补知州汪乔年，均勘路熟手。尊处只须派一熟悉湘粤路径之员，即可向导。罗运来似可派，取其于尊处较熟，详细情形，可以面询。如尊意别有所属，祈酌示，以便电盛照委。洞。啸。[2]

陈宝箴奉到此电后，认为罗不合适，提议由办理湖南电线事务颇为得力的曾庆溥出任此事。[3]然湘路的勘察，随后没有进行。

光绪二十三年十月二十日，德国以曹州教案为借口，出兵占领了胶州湾（青岛），国际形势变得极为严峻。张之洞为预防列强强占粤汉铁路筑路权，授意湖南籍湖北布政使王之春，发电湖南暗中操作，以民意呈请朝廷先行批准粤汉铁路的承办权；陈宝箴等人为此进行了配合。十一月初八日（12月1日），陈宝箴发电张之洞，称湖南官绅呈请创建湘粤铁路公司，"集股开办"；张之洞回电，提议湘粤鄂三省为兴办粤汉铁路一事上奏。[4]十二

第8页。该电报原件见《张之洞存来往电稿原件》，第14函，所藏档号：甲182-385。
[1] 苑书义等主编：《张之洞全集》，第9册，第7383-7384、7386、7387页。该电报原件见《张之洞存来往电稿原件》，第14函，所藏档号：甲182-385。
[2] 光绪二十三年八月十八日午刻发，《张之洞存来往电稿原件》，第14函，所藏档号：甲182-385；抄件又见《张之洞电稿甲编补遗》，第5册，所藏档号：甲182-61。
[3] 苑书义等主编：《张之洞全集》，第9册，第7390页。
[4] 参见苑书义等主编：《张之洞全集》，第9册，第7424-7428、7433-7434页。张之洞亦于十一月十八日发电陈宝箴，摊其底牌："目前固为立案抵制起见，然就此即可筹办实事，事机甚急，一议定即可布置矣……总之，只定大概主意，无须现有巨款也。熊、蒋似仍来鄂一商为佳。请酌。""熊"，翰林院庶吉士熊希龄，"蒋"，江苏候补道蒋德钧。两人在后来王文韶、张之洞、盛宣怀联衔上奏中，被称为湖南绅士的代表。又，熊希龄致陈宝箴信中亦称："……惟有铁路奏稿系王爵堂方伯寄龄者，兹并送呈……"柳岳梅整理：《陈宝箴友朋书札》（二），上海图书馆历史文献研究所编：《历史文献》，第4辑，上海科学技术文献出版社，2001年，第137页。

月,直隶总督王文韶、湖广总督张之洞、督办铁路总公司盛宣怀联衔上奏一折两片,称"兹据湘、粤、鄂三省绅商联名呈请会奏前来",要求兴建粤汉铁路。光绪二十四年正月初五日(1898年1月26日),光绪帝收到该折片,当日下旨批准,"各国如有以承办此路为请者,即由总理衙门王、大臣告明以三省绅商自行承办,杜其要求";对"请暂用中国工程师勘路片",光绪帝又下旨:"詹天佑、邝景阳二员,已谕令胡燏棻暂时借调,即著陈宝箴派员协同该二员,将湘省应造铁路之地测量勘绘。"[1]张之洞得知该折片获旨批准,即于正月初九日发电陈宝箴通报消息。[2]

尽管光绪帝下旨调詹天佑等人至湖南勘路,但此时负责兴建关内外铁路的胡燏棻仍不放人。[3]光绪二十四年二月初八日(1898年2月28日),张之洞发电陈宝箴,提议"用洋工师勘路";陈宝箴立即复电,表示不可:"勘路猝用洋人,一人倡谣,千人和之,一哄之后,地方正绅必不肯出身任怨,始基不慎,事必难为。"他为此提出折中方案:由汪乔年等鄂、湘委员先行勘察一次,并告谕地方绅士,此是奉旨之事,于地方有益,且"谕知须洋工师再勘一次即便兴工","汪乔年等只算是联络地方,即所勘不确,不过多一小劳费耳"。盛宣怀对此表示同意,张之洞要求盛宣怀也派员参加湖南勘路。[4]然湘路的勘察,随后仍没有进行。[5]

---

[1]《张之洞全集》,第3册,第465—466页;并参见第9册,第280页;《愚斋存稿》,卷2,第2—11页,其中"请饬调中国工程师测勘湘路片"署日期为"光绪二十三年九月",误,当为光绪二十三年十二月;《清实录》,第57册,第411页,同日并下旨:"詹天佑、邝景阳二员,著胡燏棻饬令前赴湖南,交陈宝箴差委,办理勘路事宜。"又,直隶总督王文韶当时负有督办芦汉等铁路之责。

[2]《张之洞全集》,第9册,第287页。

[3]参见苑书义等主编:《张之洞全集》,第9册,第7510、7514—7515页;《愚斋存稿》,卷31,第6页。

[4]苑书义等主编:《张之洞全集》,第9册,第7516—7517、7523页;《愚斋存稿》,卷31,第8—10页,卷92,第37—38、48—49页。

[5]盛宣怀于光绪二十四年闰三月初四日发电张之洞、陈宝箴:"美款已成,即有人来勘路。湘中华员勘路,似宜早办,何日起程,乞示。"苑书义等主编:《张之洞全集》,第9册,第7562页。张之洞亦于闰三月初六日发电:"长沙陈抚台:微电悉。勘路委员曾牧,祈即饬迅速来鄂。洞。语。"《张之洞全集》,第9册,第309页。陈宝箴的"微电"未见。此后,湘路委员陈兆葵、曾庆溥在武昌禀告张之洞,铁路总公司所派委员罗国瑞以请病多次推迟来鄂,张之洞于五月初三日发电盛

光绪二十四年四月，有法国人4名从广东来到湖南，沿途勘察，当地士绅怀疑其勘察修建铁路而大哗。五月初二日（6月20日），熊希龄发电张之洞：

> ……今盛京卿徒有铁路之名，不集款，不速办，设他人先我，或不幸湘有戕法之案，法肆要索，政府恐未必能以粤汉虚名抵制，异日弃湘之咎，责有攸归，惟年伯与盛公图之。龄意，现在英商毛根在北京，愿集资千万，承办湘矿，似可商之，盛公先借此款，速修长沙至永州铁路，以遏法谋……[1]

张之洞将此电转给盛宣怀处理。[2] 五月十二日（6月30日），陈宝箴发电张之洞：

> 顷读电传邸抄，有旨催办铁路。盛京卿委勘粤汉一路，罗某闻久到鄂，应请饬催，偕鄂、湘委员就道。箴叩。文。[3]

这是陈宝箴首次催促勘路。盛宣怀于十六日复电，称铁路总公司所派委员罗国瑞生病，"可否俟过盛暑登程？"[4] 盛的这一态度，大大刺激了陈宝箴，他于十七日（7月5日）发电：

宣怀，责问此事。盛宣怀于初四日复电称："罗国瑞稽延可恨，此外苦无人。"苑书义等主编《张之洞全集》，第9册，第7611-7612页。

[1] 光绪二十四年五月初二日辰刻发，申刻到，《张之洞存各处来电》，戊戌第2册，所藏档号：甲182-136。

[2]《张之洞全集》，第9册，第328-329页；《愚斋存稿》，卷32，第17-18页。张之洞另发电陈宝箴："本日致盛京堂啸电云，接湘绅熊云云，盼复等语。特录呈，祈裁示，并转熊太史诸君一阅。洞。啸。"光绪二十四年五月十八日亥刻发，《张之洞电稿乙编》，第56册，所藏档号：甲182-72。陈宝箴亦复电："致吞孙电，已转示秉三。"光绪二十四年五月二十日辰刻发，已刻到，《张之洞存各处来电》，戊戌第2册，所藏档号：甲182-136。

[3] 长沙陈抚台来电，光绪二十四年五月十二日戌刻发、到，《张之洞存各处来电》，戊戌第2册，所藏档号：甲182-136。

[4] 苑书义等主编：《张之洞全集》，第9册，第7626页。张之洞亦于十八日发电盛宣怀："惟罗国瑞病倘秋凉仍不愈奈何？此时似宜物色熟悉测量之员，以备替换为要。"

> 沪望电悉。前准会咨,即委曾牧庆溥至鄂,候同勘路,已两月余。屡报起程,均因罗国瑞缓延。湘中多谣,有谓借款无著,将改为外人造办者,于事颇有关系。缘各属晓谕已久,又将沿途颇难肆应牧令,量为移换,而罗委久延,故滋疑议。今已盛暑,自难就道。惟究竟借款如何?能否开办?尚乞明示,以凭转谕为祷。箴。篠。[1]

由于迟迟未能勘路,湘中已有谣言,陈要求说明借款情况。盛宣怀回电称,与美国公司签订的粤汉铁路借款合同有支线条款,并提出允许美国人勘路。[2] 陈宝箴对此十分生气,于五月二十三日(7月11日)发电张之洞、盛宣怀:

> 杏翁效电敬悉。本年二月初,曾电请先以督帅委员汪乔年等,由鄂勘路至粤界,再偕洋工师沿湘至鄂,只算是联络绅士,即所勘不确,不过多一小劳费等语。即昨电所云自南而北,与尊意自北而南稍殊,非请缓也。汪既不能来,延至三月,接准录折、会咨,即委曾牧庆溥至鄂,候罗委员两月余,未能成行。前日曾牧及原道自沪来电称,京堂谕,候交秋后勘路。前此致缓之由,非由湘请,更不任咎矣。今美款果确,又能兼永州一路,苟可早定,足杜法谋。但须将通广东之路,由长沙改向湘潭、衡州、耒阳、兴宁,仍经永至郴州,抵广东界,为干路;又由衡州接修,经祁阳至永州,抵广西界,为枝路。如此则前议由醴陵、攸、茶、安仁以达永兴数百里之路可省矣。第衡、永一路,民情较为浮动,尤必用华员先勘一次,沿途示谕,随后再用洋工师勘估,方稳,亦不致因此过延时日,惟不可似此次之久不就道耳。至法人何利雅等,总署来文,只言有格致法员过境,到省后,始意其似为

---

[1] 长沙陈抚台来电,光绪二十四年五月十七日已刻发,未刻到,《张之洞存各处来电》,戊戌第2册,所藏档号:甲182-136;《愚斋存稿》卷93,第2—3页。

[2] 苑书义等主编《张之洞全集》,第9册,第7625—7626页;《愚斋存稿》卷32,第18—19页。盛电称:"湘中既许法人沿途测量,并虑外人争路,似可乘机劝导,准令美人勘路,以免延宕。"盛宣怀这一说法是很轻率的,且推卸其勘路延迟的责任。

铁路起见。然不过于马上持镜一照,并非真正测量,而保护弁勇受伤多人,互殴十次。若非先用华员勘谕,即遽以洋人从事,则非不材所能知也。箴。簡。[1]

陈宝箴这份长电,分清勘路延迟之责任,并重申华员先行勘路之必要。其中最有价值者,是他提出了粤汉铁路湖南段和衡桂铁路的走向,实属高瞻远瞩,此后该两路大体按此路线建设。盛宣怀于五月二十七日回电,同意七月起派员在湖南勘路,却又提出新方案:

> 湘矿不久必属英、法,可否归并总公司,亦借美款开办。余利湘得若干分,为练兵费,美得若干分,总公司得若干分,帮还湘路债。[2]

当时虽有各国向清政府强索采矿权,但盛称"必属英、法",仍无根据。[3]湖南矿务是陈宝箴兴湘计划的重头戏,一下子交给盛宣怀把持的铁路总公司,以美国借款来开办,对湖南的利益确有损害。张之洞发电陈宝箴:"盛京堂宥电想已到,事体重大,尊意以为如何?祈明示。"[4]陈宝箴对此并没有直接回答,仅称:"盛电矿事体大,诚如钧谕。"[5]而他给盛宣怀的回电,轻描淡写地将此拒绝了。[6]

---

[1] 长沙来电并致盛京堂,光绪二十四年五月二十三日辰刻发,酉刻到,《张之洞存各处来电》,戊戌第2册,所藏档号:甲182-136;《愚斋存稿》,卷32,第20—21页。

[2] 苑书义等主编《张之洞全集》,第9册,第7629页;《愚斋存稿》卷32,第21—22页。张之洞对此于二十八日复电:"宥电悉。借美款修枝路并办湘矿,所虑甚当,惟铁路公司欲分矿利,恐湘人必不愿。且看陈中丞复电耳。俭。"同上书,第7633页。

[3] 盛宣怀此说,也有可能根据熊希龄五月初二日致张之洞电中所称"英商毛根在北京,愿集资千万,承办湘矿"一语,但此议未获湖南当局及总理衙门的同意。

[4] 光绪二十四年五月二十八日午刻发,《张之洞全集》,第9册,第331页。

[5] 长沙陈抚台来电,光绪二十四年六月初一日午刻发,申刻到,《张之洞存各处来电》,戊戌第3册,所藏档号:甲182-136。

[6] 陈宝箴回电称:"至养路之有无把握,此公司事,非能知也。湘绅借洋款之电,口头语耳,他何论焉。"《愚斋存稿》,卷32,第22页。盛宣怀给张之洞电称:"右帅复电:'养路,公司事,非所能知。湘绅借洋款,口头语耳,他何论'云。则矿事大不然矣。"苑书义等主编:《张之洞全集》,第

湖南铁路建设一事,十分清晰地展现了张之洞与陈宝箴的关系。陈虽经常听从张的意见,但在重大决策上仍以国家利益和湖南实际为本位,未以私谊代替公务。在思想保守的湖南建设铁路,有很大的难度,陈宝箴尽量予以化解;张之洞对陈的处境,也相当体谅。在他们的共同努力下,湖南铁路建设总算有了一个开头,尽管此后的路程,要比张、陈所预计的要遥远得多。[1]

张之洞挖湖南人才　　张之洞虽在诸多事务上对湖南颇有体谅,然在人才方面,时有下手,并不客气。光绪二十一年底,张之洞回任湖广总督后,大办学堂,翻译西书,需才甚多,四处网罗。湖南邹代钧是中国第一代的近代地理学家,曾在清朝驻英使馆研习西方地图与地理学知识,时在湖南矿务局任职。张之洞写信邀请其出任两湖书院舆地分教,破例地给予岁修银一千二百两的高薪。[2] 为了使湖南顺利放人,张之洞又写信给陈

9册,第7634页。"矿事大不然"一语,表示盛已了解陈拒绝之意。

[1] "张之洞档案"中关于该路还有一件:"致长沙陈抚台:罗国瑞在鄂久候,曾牧未到。该牧何日来鄂,祈示,并催速行。切祷。洞,元。"光绪二十四年七月十三日午刻发,《张之洞电稿丙编》,第75册,所藏档号:甲182-94。可见该年秋天已开始勘路。

[2] 张之洞致邹代钧信,用词十分谦和、邀请之意又极诚恳:"沅帆大令尊兄大人阁下:久隔芝辉,时深葭溯,辰惟筹猷懋介,台候多绥,以欣以颂。弟重回鄂渚,虚叨陶阴,建树无能,补苴乏术。此间两湖书院,每月朔望两课,但止凭文奖励,其聪颖有才者类皆泛览涉猎,仓卒所办,仍系以词华取胜。而平日是否读书,不能深悉。学问既非专门,亦无片断。兹拟于明年改章,分经、史、地舆、时务四学,停其月课,令诸生分门纂修,于四学中自认一门。计书院课额三百四十名,由四学每一门限定六十人,或校勘或纂录或蒐采,三项均可。每十日或五日将所纂辑之书,呈请分教考核一次,随时指示得失。其应纂何书,由分教量材酌派,大约或十人或二十人共纂一种。但按季由官考季课一次,即以所习纂辑课程并就所习,试文一首,以分优劣。惟地舆较诸学尤为切实,非深通此道者不足以资指授;且拟购置书图器具,令诸生俱习绘图测量之法。阁下地舆之学,远方裴、贾,复能会通中西,精研博贯,久所钦佩。兹闻人言,湘省矿务局尚未大盛,局事较简,阁下有意游鄂。如果确有此意,拟即奉订分教一席,岁奉修脯一千二百金。惟分教共四席,向章止八百金,若一律全加,著为定章,诚恐万一以后或有学业不能如台端之餍众望者,修敬一加,不能复减,转以良师无所区别。兹拟例修仍系八百金,另由敝处送加修四百金,则与优礼通儒之意相协,而于以后事体亦无窒碍。倘承季诺,便当关订。湘鄂声息相通,如矿务有应商之件,仍可随时函达,遥为商度,不致偏废。造就人才为今日救时急务,枕杜道左,企望良殷。即希速赐

宝箴：

> 右铭仁兄大人阁下：鲤缄互达，尘教恒睽，辰维善政宏敷，荩躬多祐，定孚臆颂。此间两湖书院创设数年，诸生趋重者，仍是偏于泛览，好文者为多。时势日艰，储才为急，必须力求实际，一洗浮华玩愒旧习。拟明年改定章程，分经义、史事、地图、时务四学，令诸生分门纂辑认习之书，以征实学。地舆学并须兼习绘图，严立课程，按旬考校，以至月要岁会，务令日起有功。四门中惟地舆一门，较诸学尤为切实，得师最难。邹沅帆大令深通此道，于中西舆图精研博贯，久擅专门。湘中矿务局开办以来，诸事已有端倪，且闻局中人才甚多，尚不仅恃邹令一人。拟即奉订分教地舆一席，函稿另纸录奉詧览。如其惠然肯来，湘鄂一水可达，音书良便。即矿务有应商之件，仍可随时通信，遥为商度，不致偏废。窃惟两湖书院，湘汉两省人材俱萃其中，阁下关怀时局，注意人才，湘为部民，汉为旧治，本无畛域之可分。如有培植造就之术，知尊意亦必乐观厥成。矿务尚可别求博通之士，而地图罕有专门之师。故特专函奉商，即望代为速驾，为荷为感。肃此，布达。尚希惠鉴，祗请勋安。延候赐复。不备。愚弟。[1]

该信无日期，但从内容来看，当写于光绪二十二年秋冬季。尽管张之洞信中敷陈高义，且情真意切，然以矿务入手倡导新政的陈宝箴仍不为所动，坚不放手。邹代钧此次未能赴鄂。张对此并不放弃，光绪二十五年二月初三日再致电新任湖南巡抚俞廉三，要求放人。[2] 邹代钧由此去了武昌，任

示复，是所翘祷。并望婉达右铭中丞是幸。尚渤，奉布。敬颂升祺，诸惟推照。专候惠复。不具。愚弟张之洞顿首。"（《张之洞墨迹》，所藏档号：甲182-405。又，该册有该信的两份抄件，内容一致）该信无日期，似写于光绪二十二年秋冬季。"沅帆"为邹代钧的字，其官衔为候补知县，故称"大令"。"三百四十人"，原文如此，按其一门六十人，当为"二百四十人"。"远方裴、贾"，"裴"似为裴秀，"贾"似为贾耽。

[1]《张之洞电稿》，所藏档号：甲182-490。该信是草稿，上未有张之洞修改笔迹。
[2] 张之洞发电称："长沙俞抚台、但署藩台：邹大令代钧地理之学最精，前鄙人请来分教两湖书院，岁修八百金，以矿务局事忙辞。现在湘省局事清简，想可来鄂，望转致代为延订。湘省有经手事，

两湖书院舆地学分教,主持刻印了中国第一批圆锥投影法的地图,铜版彩印,标明比例尺。这是中国地理测绘和地图印制史上的里程碑,张之洞还将之作为礼物送给军机大臣。[1]上海《时务报》的英文翻译李维格,曾游学英国等国,光绪二十三年秋受聘于湖南时务学堂,任西学总教习。张之洞闻之,命其大幕僚蔡锡勇发电,其下加重点号者,为张之洞亲笔所加:

   上海《时务报》馆李一琴翁:帅意坚请译书,并云译书事关系重要,与教初学者不同。鄂省相约在先,似宜先到鄂等语,拟俟兄到后,即电右帅,商留在鄂。盼速来。勇。寒。[2]

蔡锡勇与李维格本有私交,以其名义发电,乃是借助私谊。张之洞知道李维格到了湖南后,陈宝箴必不放人,由此想在中途截人,然后再与湖南进行电商。李维格此次未留在武昌译书,仍去了湖南时务学堂。[3]戊戌政变后,李维格应邀再去湖北,出任汉阳铁厂的翻译、总办等职,是中国钢铁工业最初的创立者之一。

  甲午战败后,清朝有意振作,西学人才紧缺。执意兴湘的陈宝箴,对老上司仍不给面子。[4]至于传统类型的人才,陈又比较大度。湖南候补道

  仍可兼办。如肯来,即嘱其速来,开学在即,关聘到鄂补送。川资五十金,即请方伯代垫,即汇还。盼电复。洞。江。"二月初三日午刻发,《张之洞存来往电稿原件》,第14函,所藏档号:甲182-385。原件无年份,根据内容,似发于光绪二十五年。

[1] 参见拙文"'张之洞档案'阅读笔记之七:张之洞的礼单",《中华文史论丛》,2012年第2期。又,张之洞于光绪二十八年九月上奏请优奖两湖书院监督、分教,亦提名邹代钧。《张之洞全集》,第4册,第84页。

[2] 光绪二十三年九月十四日午刻发,《张之洞存来往电稿原件》,第14函,所藏档号:甲182-385;抄件又见《张之洞电稿丙编》,第73册,所藏档号:甲182-94。

[3] 此时在湖南的熊希龄发电张之洞:"时务学堂定廿四启学,梁、李两君闻已到鄂。'长庆'现送主考,恐迟,乞赐派小轮送湘为感。侄希龄。铣。"长沙庶常来电,光绪二十三年十月十七日辰刻发,未刻到,抄本《张之洞电稿》,第36册,《各省来电》,中国社会科学院经济研究所图书馆藏。"梁、李",梁启超、李维格。熊希龄要求张派小轮送梁、李两人入湘。张之洞欲留梁启超在武昌任教并参其幕一事,可参见本书第四章第一节。

[4] 张之洞曾为化学人才陈骧而发电:"长沙陈抚台:举人陈骧通晓化学,前在湘局,去冬回津过鄂,见之。或云渠请假,台端不允,或云已允,究竟尊意如何?闻湘省化学制造各事,因无款未开办,

张鸿顺是一位精明的老官僚，张之洞有意留在湖北委用。[1]他为此发电陈宝箴：

> 长沙陈抚台：鄂省创办农务学堂、工艺学堂，拟派张道洪（鸿）顺总办，祈饬速来鄂，另咨冰案。洞。敬。[2]

陈对此表示同意，张即命张鸿顺为湖北农务、工艺学堂总办，并以钱恂为提调，梁敦彦为翻译兼照料委员。[3]然湖北农务、工艺学堂一时未获进展，戊戌政变后，张之洞又将张鸿顺送回湖南。[4]张鸿顺后来出任岳常澧道，主持岳州自开口岸。至于湖南经学家胡元仪，张之洞聘其为两湖书院分教，陈宝箴则全力配合。[5]当然，从"张之洞档案"来看，张之洞的挖角行动

鄂省现就设工艺学堂，正需教习，如湘非急需，拟留鄂。至感。祈示复。洞。效。"光绪二十四年正月十九日戌刻发。《张之洞电稿丙编》，第74册，所藏档号：甲182-94。由于未见其他史料，不知后况如何。光绪二十八年十二月，张之洞保举经济特科人才，亦保举了陈骧。《张之洞全集》，第4册，第111页。

[1] 张鸿顺是直隶安肃人，拔贡出身，曾任湖南州县官，并随李鸿藻办理河南"郑工"等项，所办事件甚多（参见《清代官员履历档案全编》，第5册，第58-59、103-104、650-651、665-666页）。张之洞曾发电其侄张彬："京。楼。急。张鸿顺观察何以至今未来，现在何处？问小帆当知。速询以复。如愿来即催之，迟则无差矣……"九月二十九日巳刻发，《张之洞电稿》，光绪二十四年九月至十月，所藏档号：甲182-455；原整理者有误，根据内容似发于光绪二十三年。

[2] 光绪二十四年二月二十五日午刻发，《张之洞电稿丙编》，第74册，所藏档号：甲182-94。

[3] "札委张道鸿顺等督办农务、工艺学堂"光绪二十四年二月二十六日，《张之洞全集》，第6册，第114-115页。

[4] 张之洞为此发电湖南巡抚俞廉三："长沙俞抚台：湖南候补道张鸿顺，在湘作州县多年，情形熟悉。去年赴湘禀到后，复来鄂，委办农务学堂。现在堂尚未建，无事可办。鄙意似令该道回湘，究是本省，尚可积资累劳，在鄂日久，毫无益处。可否予以寻常道班差，不令赋闲。深感深感。该道才具素优，于地方之事尚能裕如。……祈示复。洞。敬二。"九月二十四日亥刻发，《张之洞电稿》光绪二十四年九月至十月，所藏档号：甲182-455。

[5] 梁鼎芬曾发电陈宝箴："长沙陈抚台：致子威电，请速转交。来否？盼复。芬。胡子威兄鉴：别久思深，南皮制府奉请今年分教两湖书院，岁修八百两，务祈允许。上元后即到鄂，与菉（芬）同事，商量旧学，当所不弃。芬。佳。"（光绪二十四年正月初九日午刻发，《张之洞电稿丙编》，第74册，所藏档号：甲182-94）陈宝箴回电称："密。子威已允就分教，惟其母现正就养永兴儒学，到馆约在花朝前后，属转商。箴。蒸。"（陈抚台致梁太史，光绪二十四年正月初十日戌刻发，十一日子到，抄本《张之洞电稿》，第36册，《各省来电》，中国社会科学院经济研究所图书馆藏）此后张之洞为胡元仪尽快到鄂事，与陈宝箴多有电报往来。胡元仪，字子威。

并非仅针对湖南一省；其眼光主要放在江苏与广东，只是这些人才大多无官差，重金聘请即可。而对于有官差的西学人才，若有机会，不管其在何处，张之洞都是不会放过的。[1]

陈宝箴保举张之洞的班底　　实际上，陈宝箴与张之洞两人多有心通，在许多事务办理时未必经过商议。光绪二十四年六月十八日（1898年8月5日），陈宝箴上奏两折保举官员，其一是保举本省道府州县官员，共十五人[2]；其二是保举"京外贤员"，称言：

惟是国家当力图振兴之会，庶政方新，需才尤重。凡为臣子，具

---

[1] 此方面可引"张之洞档案"中四电以说明：一、"杭州菜市桥求是书院瞿鹤兄鉴：读兄致献廷函，知有意游鄂，快甚。张帅求才甚殷，此间译书局、经心书院均需人，来必倚重。但电商穀帅，转恐穀帅不允。兄能自请假而来，鄂中相待必优。来否？盼电复。先已函布，再电达。恂。江。"（光绪二十三年十二月初三日未刻发，《张之洞存来往电稿原件》，第14函，所藏档号：甲182-385；抄件又见《张之洞电稿丙编》，第73册，所藏档号：甲182-94）其下加重点号者，为张之洞亲笔。"瞿"，瞿昂来，字鹤汀，同文馆学生，曾在江南制造局翻译馆译书，并任驻英使馆翻译等职。"穀帅"，浙江巡抚廖寿丰，字穀似。"恂"，张之洞大幕僚钱恂。二、"上海制造局钟鹤笙转瞿鹤汀：奉帅谕，邀兄来鄂，经心书院分教暨译书局两差，月薪共百金。何日能来？盼电复。以速为妙。经心二月初必开课也。恂。梗。"（光绪二十四年正月二十三日巳刻发，《张之洞电稿丙编》，第74册，所藏档号：甲182-94）三、"杭州菜市桥求是书院瞿鹤汀：电悉。兄允来鄂，帅意欣盼。请速驾来开馆，并望即复。恂。江。"（光绪二十四年二月初二日亥刻发，出处同上）由此可见，张之洞挖角成功。四、"天津候补道台傅印云龙。孟原仁兄鉴：昨岁匆晤，未尽，至歉。尊事无妄之至，处分如何？此时是否仍在局，抑另有别差？月薪若干？可敷用否？南皮师钦迟有素，意欲借重长才。如愿来鄂一游，或自行请假，抑须由帅商之夔帅调鄂，统俟复电再定。多年睽别，亟思叩教。弟秉恩。文。"（十二月十二日未刻发，《张之洞存来往电稿原件》，第5函，所藏档号：甲182-376。原件无年份，根据内容，似发于光绪二十二年）其下加重点号者，为张之洞亲笔。傅云龙，曾任游历使，前往日本及美洲等处考察，著书甚多。"秉恩"，张之洞大幕僚王秉恩。

[2] 候补道夏献铭、试用道黄炳离、长沙知府颜钟骥、署衡州府事候补知府陈其懿、署永顺府事试用知府任国钧、候补直隶州知州郭庚平、署江华县事准补永桂通判车玉襄、武冈知州毛隆章、署宁远县事准补邵阳县知县卜彦伟、衡阳县知县盛纶、衡山县知县黎埔、桃源县知县汤汝和、署溆浦县事泸溪县知县陈自新、署新化县事前任芷江县知县起复候补知县李弼清。陈宝箴折、单在整理中分离，据其内容确定，见《军机处录副·光绪朝·内政类·职官项》，3/99/5362/62；3/99/5370/2，光绪二十四年六月十八日，中国第一历史档案馆藏。

有天良,苟其人有过人之长,为平日所深悉,自当不限方域,毕以具陈,庶几上副圣主图治之怀,下逭人臣窃位之咎。是以不揣冒昧,谨将臣耳目所及京外各员,择其名位未显,而志行可称,才识殊众,为臣素所知信者,共得十有七员,谨缮清单,各具考语,随折上陈。

其名单为:降调前内阁学士陈宝琛、内阁候补中书杨锐、礼部候补主事黄英采、刑部候补主事刘光第、广东候补道杨枢、广东试用道王秉恩、江苏试用道欧阳霖、江西试用道恽祖祁、江西试用道杜俞、湖北候补道徐家干、江苏候补道柯逢时、奏调北洋差遣湖北试用道薛华培、奏调北洋差遣候选道左孝同、记名简用道两淮海州盐运分司运判徐绍垣、浙江杭州府知府林启、江苏常州府知府有泰、四川邛州直隶州知州凤全。[1]这是陈宝箴在戊戌变法中最重要的政治举措之一。七月十三日(8月29日),光绪帝收到该折,当日下旨:

> 陈宝箴奏遵保人才开单呈览各一折。湖南候补道夏献铭、试用道黄炳离、降调前内阁学士陈宝琛、内阁候补侍读杨锐、礼部候补主事黄英采、刑部候补主事刘光第、广东候补道杨枢、试用道王秉恩、江苏试用道欧阳霖、江西试用道恽祖祁、杜俞、湖北候补道徐家干、江苏候补道柯逢时、湖北试用道薛华培、候选道左孝同,以上各员在京者,著各该衙门传知该员预备召见,其余均由各该督抚饬知来京,一体预备召见。[2]

在这个名单中,大多是张之洞的亲信及好友:陈宝琛、杨锐、杨枢、王秉恩、恽祖祁、杜俞、徐家干、柯逢时……其中陈宝琛本是清流健将,中法战争中获咎革职,张之洞屡保未果。[3]陈宝箴如此大规模地保举张之洞的

---

[1]《戊戌变法档案史料》,第160—163页。
[2]《光绪宣统两朝上谕档》,第24册,第328页。
[3]陈宝琛此次得获召见,张之洞甚喜,发电陈宝琛:"福州。陈阁学:奉旨赐对,欣喜无可言喻。鄙人屡请不获。今竟得之于义宁,快极。何日北上,务电示。洞。有。七月廿五日午刻发。"东方晓

班底，很可能与他在广州、武昌的经历有关，其中一些人是他过去的同僚或下属。我先前一直以为，陈宝箴的此次保举，似有张之洞操作之背景，然我在档案中没有发现任何材料可证明之，相反的却有陈宝箴一电：

> 督署转王道台秉恩：密。新电悉。密保共三十二人，宣召之十五人，自是久契圣心，非推毂也。并告。箴。效。[1]

王秉恩，广东试用道，张之洞的大幕僚，张在两广总督任上时即加以重用，他与陈宝箴似亦相识于广州时期。此是王秉恩发电感谢后陈宝箴的回电，以两人之谊，陈自会告以真言而不必另以客套，但从陈宝箴电文的内容来看，此事他似乎没有与张之洞商量过。

三、《湘学报》之争

湖南是一个思想较为保守的省份，陈宝箴主湘后，一直为开通士绅思想而努力，湖南学政江标更是以转变风气为己任。光绪二十三年三月二十一日（1897年4月22日），江标等人创办了《湘学新报》（后更名为《湘学报》）。该报为旬刊，设史学、时务、舆地、算学、商学、交涉、格致等栏，宣传新知识新思想。《湘学新报》的出版也引起了张之洞的关注，六月二十九日（7月28日），张发电江标：

> 《湘学报》闳通切实，洵为有裨士（士）林，佩甚。秉笔者系何人，祈胪示。惟刻工尚非极精，且间有讹字，阅者不能爽目。似宜再加精刊，务令十分精美，字体光洁可爱，毫发毕现，方易畅行。弟当劝勉楚人多看，以副盛意。管见祈酌。洞。艳。[2]

白：《张之洞（湖广总督府）往来电稿》，《近代史资料》总109号，第20页。

[1] 湖南陈抚台来电，光绪二十四年七月十九日巳刻发，申到，《张之洞存各处来电》，戊戌第4册，所藏档号：甲182-136。"新电"，原文如此，"新"字或是其电码密本，或为误。

[2] 致长沙江学台，丁酉六月二十九日巳刻发，《张之洞电稿》光绪三十四年，所藏档号：甲182-484。

张之洞的来电既赞扬了该报，又有意订阅，这使得江标十分兴奋，立即回电：

> 奉书惭感。学报蒙允广播，至幸。惟刻劣校疏，病在速成。以后当求精慎。惜款绌，无铅板、石墨耳。主笔唐才常、蔡钟濬、杨毓麟、姚炳奎、李固松、陈为镒，皆湘士。晚标叩。东。[1]

张之洞主张广阅报刊，此后所著《劝学篇》中辟有《阅报》一章，称之"可以广见闻，长志气，涤怀安之酖毒，破扪籥之瞽论"。[2]然而，张之洞相示订阅《湘学新报》，却另有极其重要的附加条件，从后来的事态发展来看，甚至可以认为是张的一个计谋。七月十二日（8月9日），张之洞给江标发去一长电：

> 《湘学报》阅通切实，弟拟发通省书院阅看，以广大君子教泽。惟有一事奉商。《湘学报》卷首即有"素王改制"云云，嗣后又复两见。此说乃近日公羊家新说，创始于四川廖平，而大盛于广东康有为。其说过奇，甚骇人听。窃思孔子新周、王鲁、为汉制作，乃汉代经生附会增出之说，传文并无此语，先儒已多议之，然犹仅就《春秋》本经言。近日廖、康之说，乃竟谓六经皆孔子所自造，唐虞夏商周一切制

该册全是丁酉年（光绪二十三年）之电，原整理者将该册题错年份。此时在武昌两湖书院任史学分教习的陈庆年，在光绪二十三年六月十七日日记中写道："定《农学报》一年，价洋三元，又《湘学报》一年，值钱八百八十文。"陈庆年：《〈横山乡人日记〉选摘》，《近代史资料》，第76号，第200页。陈庆年此时与张幕人士多熟悉，张之洞后来提出订阅《湘学报》与《农学报》，不知是否与此有关。

[1] 江学台来电，光绪二十三年七月初一日申刻发、到，抄本《张之洞电稿》，第35册，《各省来电二》，中国社会科学院经济研究所图书馆藏。又，江标在给陈宝箴的信中，谈到了《湘学报》的经营情况："……学报用费亦逾千两，本省收款仅抵刻费（各县买报已皆绝响，可哭）。所有纸张、刷刻、装订，每月须用百金，皆由标填用，将来或可于省外报费内收还也。"（柳岳梅整理：《陈宝箴友朋书札》（三），《历史文献》，第5辑，2001年，第187页）江标写此信时即将交卸，"省外报费"是他所认定的能补亏损之源。

[2] 《张之洞全集》，第12册，第179页。

度事实，皆孔子所定治世之法，托名于二帝三王，此所谓"素王改制"也。是圣人僭妄，而又作伪，似不近理。《湘学报》所谓改制，或未必如廖、康之怪，特议论与之相涉，恐有流弊。且《湘报》系阁下主持刊播，宗师立教，为学校准的，与私家著述不同。窃恐或为世人指摘，不无过虑。方今时局多艰，横议渐作，似尤以发明"为下不倍"之义为亟。不揣冒昧奉商，可否以后于《湘报》中勿陈此义。如报馆主笔之人，有精思奥义、易致骇俗者，似可藏之箧衍，存诸私集，勿入报章，则此报更易风行矣。尚祈鉴谅赐教，不胜惶恐，即盼电复。元。[1]

此电大批康有为"孔子改制"说，要求《湘学新报》不得涉及于此，并以推广该报而诱江标让步。与此同时，张之洞还将此电抄送给陈宝箴，并称：

顷致江学使电……即盼电复等语。此节于世道学术，甚有关系。伏望婉商建霞学使，如能俯采刍荛，当为广播，以助成其嘉惠士林之美意。如能作一条辨正此语，尤好。但不便深说耳。祈示复。洞。元。[2]

就张之洞的电报而言，语气如此之重是比较少见的，也说明其话外有音。而此时在张之洞幕中的陈庆年，在日记中道出了内幕。他在七月十一日（即张发该电的前一日）日记中写道：

---

[1]《张之洞全集》，第9册，第244页，然中有两错字，"为下不倍"误为"为下不信"，"易致骇俗"误为"勿致骇俗"，皆据《张之洞电稿甲编补遗》第5册（所藏档号：甲182-61）所录此电改。"为下不倍"，典出于《礼记·中庸》："居上不骄，为下不倍"。"不倍"，不背叛之意（此条是邹国义告我的）。又，该《补遗》有许同莘注记："右电稿补遗五卷，从君立京藏本录出，皆初次编录时未有者。同莘谨记。""君立"，张之洞之子张权。该电另一抄件又见《张之洞电稿》光绪三十四年，所藏档号：甲182-484，原整理者将该册题错年份。

[2] 光绪二十三年七月十二日亥刻发，《张之洞电稿甲编补遗》，第5册，所藏档号：甲182-61。"建霞"，江标。又见《张之洞电稿》光绪三十四年，所藏档号：甲182-484。原整理者将该册题错年份。这一份电报由许同莘最先发表于《张文襄公年谱》，第116页。

薄暮，南皮师招赴八旗会馆谈，宴散后，在小亭观月。同人围坐。南皮师说：康长素辈主张素王改制，自谓尊孔，适足诬圣。平等、平权，一万年做不到，一味呓语云云。反复详明。三更始散。[1]

由此可见张之洞两电是针对康有为的，并对康有为学说流传到湖南，极为光火，以至"反复详明"，言及"三更始散"。然张之洞由"素王改制"一直谈到"平等、平权"，又可见其对康有为学说的判读与警惕，即他认为康有为政治思想是"平权"。[2]陈庆年的这一记录，可以作为张之洞给江标、陈宝箴两电的注脚。江标奉电后，只能是诺诺顺从，回电称：

赐谕悚感。《湘学报》本旨力求平实，而诸子意在闳肆。学派旁分，一尊无定，可愧可惧。兹拟将已刊者分误义、误字、误例三类，一一校订，附刊于后。未刻者，当守谨严笃实之义，以副厚望。晚标谨复。元。[3]

陈宝箴在回电中称："建霞得钩电甚感，即以拟作刊误奉报，无俟再商矣。"[4]谭嗣同也听说了此事，在私信中对此愤愤不平："湘信言，南皮强令《湘学报》馆改正素王改制之说，自己认错，而学使不敢不从。南皮词甚严厉，有揭参之意，何其苛虐湘人也。湘人颇为忿怒，甚矣！达官之压力，

---

[1]《〈横山乡人日记〉选摘》，《近代史资料》，第76号，第201页。
[2] 相关的内容，又可参见本书导论第二节。
[3] 江学台来电（自长沙来），光绪二十三年七月十三日亥刻发、到，抄本《张之洞电稿》，第35册，《各省来电二》，中国社会科学院经济研究所图书馆藏。又，从个人的政治思想来看，江标与康有为是有分歧的。光绪二十四年六月十三日（1898年7月31日），江标和李盛铎拜访日本公使馆书记官中岛雄，中岛对此记："江标云：康氏之新学，与鄙人颇有异同；康氏取其虚，而吾求其实。江氏又云：近日中国主张变法之人，论政者多，而论学者少。然而，政自学中来，倘舍学而言政，其实是舍本逐末。总之，目前办事各人，均无学。有学则有识，无学则无识；无识之人何以能办好天下之事？"转引自孔祥吉、村田雄二郎：《一个日本书记官见到的康有为与戊戌维新：读中岛雄〈随使述作存稿〉与〈往复文信目录〉》，《广东社会科学》，2009年第1期。
[4] 光绪二十三年七月十七日申刻发，十八日酉刻到。《张之洞存来往电稿原件》，第14函，所藏档号：甲182-385；参见苑书义等主编：《张之洞全集》，第9册，第7377-7378页。

真可恶也。"[1]谭嗣同此时在南京，所闻是"湘信"，很可能是其好友唐才常等激进派为之所言。而张之洞收到江标的电报后，立即下达了《通饬各属州县订阅湘学、农学各报》的札文：

> 本部堂近阅湖南《湘学报》，大率皆教人讲求经济时务之法，分为史学、掌故、舆地、算学、商学、交涉之学六门，议论闳通，于读书讲艺之方，次第秩然。惟其中有"素王改制"一语，语意未甚明晰，似涉新奇。现准湖南学院江电称：《湘报》本旨力求平实，此语由编纂者一时讹误，词不达意，现已更正等语。是此报议论，均属平正无弊。……除省城两湖书院发给五本，经心书院发给二本，本部堂衙门暨抚、学院、司道、荆州将军衙门各一本，由善后局付给报资外，合行通饬。札到，该道、府、州即便遵照转行所属各州县，将以上两报一体购阅……

张之洞要求大中州县订三份，小县订一份，整个湖北共计一百五十二份。[2]其数量虽不多，但将置之书院以供传阅，影响力还是会很大的。江标奉到张之洞的咨文后，回电表示将寄该报。[3]从张之洞后来的电报来看，江标寄去《湘学新报》的第1至9期，张之洞也将之发下去了。

光绪二十三年九月十六日（1897年10月11日），张之洞发电陈宝箴、

---

[1] 谭嗣同致汪康年，光绪二十三年九月初六日。《汪康年师友书札》，第4册，上海古籍出版社，1989年，第3266页。

[2]《张之洞全集》，第6册，第76页。该件注明时间为光绪二十三年七月初十日，似有误，江标的电报七月十三日才收到。又，张之洞此札文中称"此语由编纂者一时讹误，词不达意，现已更正等语"，为江标前引电报中所无，不知江是否另有电报。又，《湘学报》第十五册（光绪二十三年八月十一日出版）刊出了张之洞的这一札文，并以《湘报馆》的名义，补一《附志》："素王改制之说，《例言》中本云过激，不以为然，惟以后报中三见，是与《例言》刺谬，殊恐蹈经生附会之陋。故特重订正义，明分泾渭，已著第十四册，阅者祈详辨之。"（转引自《丛刊·戊戌变法》，第4册，第555页）

[3] 江标发电张之洞："奉咨感荷，报已印订齐，候轮即寄。标。支。"（江学台来电（自长沙来），光绪二十三年八月初四日酉刻发，戌刻到，抄本《张之洞电稿》，第三十五册，《各省来电二》，中国社会科学院经济研究所图书馆藏）

黄遵宪，对于梁启超在《时务报》第40期上的文字提出批评，同时要求湖南禁发该期《时务报》。以上海《时务报》内容而发电湖南，尤其是同发给黄遵宪，张之洞自是别有用意。[1]

也就在此年，学政到期更换，翰林院编修徐仁铸继江标出任湖南学政。徐在赴任途中经过武昌，张之洞对其大谈《湘学报》中的"不妥"，徐表示到湖南后"必加匡正"。光绪二十四年正月十八日（1898年2月8日），张之洞发电徐仁铸：

> 长沙徐学台：去腊函、十四电均悉。《湘学报》一期至九期报费，已由善后局交江建翁算清矣。兹请自第十期接续，寄至敝署。每期需报一百五十二分，其报费饬局陆续垫解。余函复。洞。啸。[2]

由此电可见，《湘学新报》第10期及之后各期，至光绪二十四年正月之后方寄，且是集中寄到湖广总督衙署，不是分散寄到各书院。

光绪二十四年闰三月十六日（1898年5月6日），张之洞札行湖北善后局，突然下令停止订阅《湘学报》：

> 为札饬事。准湖南学院徐函开，由"湘帆"轮船寄来《湘学报》自第十册至第二十六册，每期一百五十二分，共计二千五百八十四本，又陆续由轮船寄来二十七至三十三册，共计一千零六十四本，到本部堂。准此。查《湘学报》一期至九期，前经札发该局，分别呈送转发，嗣据该局呈报，一期至九期报资计钱一百九十八串文，如数送交前湖南学院江，查收清款，并咨明湖南学院在案。兹准前因，查近来《湘学报》谬论甚多，应俟本部堂派员将各册谬论摘出抽去后，再行札发。所有以前报费应由该局先行寄湘，以清款目。现已咨明湖南学院，《湘

---

[1] 相关的内容，可参见本书第四章第三节。
[2] 光绪二十四年正月十八日亥刻发，《张之洞电稿》（光绪二十四年前后），所藏档号：甲182-488；抄件又见《张之洞电稿丙编》，第74册，所藏档号：甲182-94。

学报》一项,湖北难于行销,以后勿庸续行寄鄂外,合就札行。为此札仰该局即便遵照,所有以前应付报资核明若干,仍由局先行筹垫,遇便解湘具报。毋违。

从该札文的行文来看,《湘学新报》和《湘学报》的第10至33期,分两次寄到;张之洞收到后检阅了一遍,发现"谬论甚多",没有下发各衙门与书院;其称"派员将各册谬论摘出抽去",也不知后来执行的具体情况如何。与此同时,张之洞又以同样的内容咨会湖南学政徐仁铸。[1]闰三月二十一日(5月11日),张之洞为《湘学报》一事接连发出数电。其致陈宝箴电称:

> 湘中人才极盛,进学极猛,年来风气大开,实为他省所不及。惟人才好奇,似亦间有流弊。《湘学报》中可议处已时有之,至近日新出《湘报》,其偏尤甚,近见刊有易鼐议论一篇,直是十分悖谬,见者人人骇怒。公政务殷繁,想未寓目,请速检查一阅,便知其谬。此等文字远近煽播,必致匪人邪士倡为乱阶,且海内哗然,有识之士必将起而指摘弹击。亟宜谕导阻止,设法更正。公主持全湘,励精图治,忠国安民,海内仰望。事关学术人心,不敢不以奉闻,尤祈切嘱公度随时留心救正。至祷。妄言祈鉴。鄙人撰有《劝学篇》一卷,大意在正人心、开风气两义,日内送呈,并祈赐教。洽。[2]

---

[1]《张文襄公督楚公牍》光绪二十四年,中国社会科学院经济研究所图书馆藏。《张之洞全集》第6册录此札,未录给徐仁铸的咨会:"为咨复事。准贵院函开,由'湘帆'轮船寄来《湘学报》自第十册至第二十六册,每期一百五十二分,共计二千五百八十四本,又陆续由轮船寄来二十七至三十三册,共计一千零六十四本,到本部堂。准此。查《湘学报》一期至九期,前经札发该局,分别呈送转发,嗣据北善后局呈报,一期至九期报资计钱一百九十八串文,如数送交前湖南学院江,查收清款,并咨明贵院在案。兹准前因。查《湘学报》鄂中难于行销,善后局未能再行筹垫,除业经电达贵院以后勿庸续行寄鄂外,以前报资已饬局垫,遇便解湘。相应咨复。为此合咨。"出处同上。

[2]《张之洞全集》,第9册,第315页。

张之洞用如此严厉的言词发电,十分罕见,而给陈宝箴的电报如此严厉,绝为仅见。"尤祈切嘱公度随时留心救正"一句,点名黄遵宪,很可能与此时黄遵宪欲逐《时务报》汪康年有关。陈宝箴次日回电:

>督帅张:本日奉洽电,论《湘报》。眷爱勤至,感佩疚歉,匪可言喻。固甚冀宪台此言,以资警动也。前睹易鼐所刻论,骇愕汗下,亟告秉三收回,则两日散布已尽。惟据称外省未发,当摘去此纸。复嘱其著论救正。次日见刊有复欧阳书一段,申明其措词之失,然亦嫌推原处词气不平。此外所刻,亦常有矫激。迭经切实劝诫,近来始无大谬。然终虑难尽合辙,因属公度商令此后删去报首议论,但采录古今有关世道名言,效陈诗讽谏之旨。公度抱恙,尚未遽行。兹得钧电,当切属公度,极力维持,仰副盛指,并纾厪系。宝箴叩。筱。[1]

陈宝箴对此是完全让步,提出的对策也是相当极端,即"删去报首议论"。且从陈宝箴后来的施政对策来看,他对学会、学堂等项的态度也越来越趋严格(后将详述)。张之洞致徐仁铸电称:

>去岁驺从过鄂时,鄙人力言《湘学报》多有不妥,恐于学术人心有妨,阁下主持风教,务请力杜流弊。承台端允许,谓到彼后必加匡正。嗣奉来函复云,某君已经力劝等语,是以遵命代为传播,转发通省书院。息壤在彼,尚可覆按。乃近日由长沙寄来《湘学报》两次,其中奇怪议论较去年更甚。或推尊摩西,或主张民权,或以公法比《春秋》。鄙人愚陋,窃所未解,或系阁下未经寓目耶?此间士林见者喷有烦言,以后实不敢代为传播矣。所有以前报资,已饬善后局发给。以后请饬即日截止,毋庸续寄。另将《湘学报》不妥之处签出,寄呈

---

[1] 长沙陈抚台来电,光绪二十四年闰三月二十二日巳刻发,二十三日午刻到,《张之洞存各处来电》,戊戌第1册,所藏档号:甲182-136。下划线者在《张文襄公全集》中删去,似为许同莘所为。

察阅。学术既不敢苟同，士论亦不敢强拂。伏祈鉴谅。洽。[1]

其中的"某君"，指梁启超。在此之前，张之洞还另有一信给徐仁铸，意思大体相同。[2] 徐仁铸的回电未见，他此时已在学问上服膺康、梁之说，并作《輶轩今语》。[3] 只是过了很久，徐仁铸才以衙署的名义发去一电，称言：

> 长沙来电。签驳《湘学报》谬，求速寄复遵改。湘学署复。[4]

"签驳《湘学报》谬"，似指张之洞来电中"另将《湘学报》不妥之处签出，寄呈察阅"一语。该日还有一电，张之洞以衙署的名义给《湘学报》馆：

---

[1] 致长沙，转寄出常德一带探交徐学台。《张之洞全集》，第9册，第315页。又见《张之洞电稿甲编》，第59册，所藏档号：甲182-46。

[2] "致湖南学台徐。再启者。叠奉惠函，并大箸札谕诸生文一道，均已诵悉。札文立言正大剀切，善诱循循，足以启发愚顽，消弭衅端，不特文笔之简妙也。佩甚。尊体想经勿药，春雪增寒，诸祈节劳珍卫。承示梁卓如进德甚孟，渐趋平实，此次到鄂，惜未能晤。寄来《湘学报》第十册至第廿六册，每期一百五十二分，计二千五百八十四本，昨已照收。惟此报因承台嘱代销，有'公羊末流之说，止而勿登'之语，是以电请续寄。乃检阅此次来报中，尚有以公羊、耶苏立说者，于人心学术，大有关系，未便转发。但既经远寄来鄂，亦不便缴还。所有报资，当由敝处照数筹缴。此后请饬蔡文广勿再缄寄。至祷。至岳嗣佺已豫支薪水北上。令亲朱令（祖荫）事，自当留意。惟人员拥挤，机会甚稀，殊不易耳。敝处学报条例，事冗尚未脱稿，缓当奉寄候教。时局孔棘，忧心如焚，作答稍迟，当祈原谅为荷。肃复。再请辂安。弟顿首。"（《张之洞电稿》，所藏档号：甲182-490，原稿无时间，但未提《湘学报》第二十七至三十三期寄鄂，当在前引电报之前）"此次过鄂，惜未能晤"，指光绪二十四年二月梁启超从湖南回上海经过武昌一事。

[3] 徐仁铸此时已为康有为一派的重要成员。他到湖南后，与梁启超等康门弟子相交，甚服康、梁之学说。其著《輶轩今语》，梁启超作为《中西学门径七种》中第二种，于光绪二十四年在上海大同书局刻印。戊戌政变后，徐于八月十五日请湖南巡抚陈宝箴代为电奏"请代父囚折"，称其父翰林院侍读学士徐致靖与康有为的结识，也是由他介绍，并由他拟保举康有为等人折："臣去岁入湘以来，与康有为之门人梁启超晤谈，盛称其师之品行才学。臣一时昏聩，慕其虚名，谬谓可以为国宣力，当于家信内附具节略，禀恳臣父保荐。臣父溺于舐犊之爱，不及博访，遂以上陈。兹康有为获罪，臣父以牵连逮问，推原其故，皆臣妄听轻举之所致也。……微臣以不肖之身过听人言，乃至陷父于狱……"（《总理衙门清档·收发电》，01-38-17-04-111，光绪二十四年八月十六日收到）

[4] 光绪二十四年四月二十九日午刻发、到，《张之洞存各处来电》，戊戌第1册，所藏档号：甲182-136。

> 致长沙校经书院《湘学报》馆。奉督帅谕,《湘学报》书院诸生不愿看,以后请不必再寄鄂。湖广督辕文巡厅。洽。[1]

该电的语气更加严厉,然其所言"书院诸生不愿看",自是张之洞"不愿书院诸生看"之意。

张之洞围绕着"素王改制"的《湘学报》之争,一开始就不是学问之争,而是政治之争;正如康有为提出此说非为学问之进步,而是其政治主张之宣言。张对康有为学说在湖南的传播极为警惕,在其幕中,有关湖南康、梁一派活动的消息很多,但难以握有确据,且许多时候他也不便直接出面干预。[2] 此次他拿《湘学报》来开刀,其目标很可能不仅仅于此;而徐仁铸给他的信中特别指出梁启超"进德甚孟,渐趋平实",也说明张之洞另有注目之处。正因为学问之争已经演变成政治之争,张之洞对经学中的公羊一派也相当反感。[3] 他先是听闻松江举人张锡恭学问甚好,便于光绪二十四年正月初四日(1898年1月25日)发电住在苏州的内阁中书曹元弼,托其聘张为两湖书院史学分教。[4] 三天后,正月初七日(1月28日),张之洞又发电:

> 苏州阊门内内阁曹叔彦:闻张君锡恭系讲公羊,如此则于书院既

---

[1] 光绪二十四年闰三月廿一日戌刻发,《张之洞电稿乙编》,第55册,所藏档号:甲182-72。

[2] 此时张之洞幕中对湖南事务多有关注,从其幕僚陈庆年日记中可以看到一些痕迹。如光绪二十四年四月二十一日,陈庆年在日记中称:"湖南学臣徐研甫作《輶轩今语》,以张康学。长沙叶焕彬(名德辉)作评语条驳之,现已刻出。子咸得一册持示,大意甚善,惜义据不详,间有游移,未甚精也。"(引文及相关背景,可参见本书导论第二节)"研甫",徐仁铸之号。

[3] 张之洞晚年作《抱冰弟子记》,称言:"平生学术最恶公羊之学,每与学人言,必力诋之。四十年前已然,谓为乱臣贼子之资。至光绪中年,果有奸人演公羊之说以煽乱,至今为梗。"《张之洞全集》,第12册,第517页。

[4] "苏州阊门内翰林院内阁曹叔彦:……闻松江孝廉张君锡恭,经学甚深,与阁下至好。张君系治何经?能兼通诸经否?祈示知。拟延请来鄂,作帮分教,以为阁下之助,尊体稍可节劳。束修拟六百金,即望速作专函询商。如有意愿来,请即同来,商酌一切。尤感。张君川资当即寄,关聘到鄂再送。祈即电复。洞。支。"光绪二十四年正月初四日巳刻发,《张之洞全集》,第9册,第285页;原件见《张文襄公电稿墨迹》,第2函第10册,所藏档号:甲182-219。

不相宜,前电请作罢论。如阁下知有博通史学之人,祈速示。拟添延史学分教一位,以助姚、陈两君。务即示复。洞。阳。[1]

又过了几天,正月十九日,张之洞发电陈宝箴:

> ……胡君子威正月杪来,甚慰。汇寄川资五十金。并请胡君代访湘士深于经史学者,拟再请一两人来鄂纂书,史学尤要,但须询明非讲公羊者。至恳……[2]

四、张之洞奉召进京与陈宝箴的建策

光绪二十四年闰三月初三日(1898年4月23日),清廷向张之洞发出电旨,召其入京,"有面询事件"。这是杨锐、刘光第等人暗中策划的大计谋,由大学士徐桐出面上奏,让张之洞入京主持朝政。杨锐、刘光第等人似未将其行动计划告诉张之洞,但很可能告诉了陈宝箴。[3] 由此,闰三月初四日,即朝廷电旨的次日,陈宝箴发电张之洞:

> 昨晚闻宪台被命入觐,喜跃无似。已肃函,专轮赍上。启节似不宜迟。宝箴叩。支。[4]

---

[1] 光绪二十四年正月初七日辰刻发,《张之洞全集》,第9册,第286页;原件见《张文襄公电稿墨迹》,第2函第10册,所藏档号:甲182-219。张之洞后来也发现了自己的错误,又发电松江知府濮子潼,再次礼请张锡恭:"上海电局专差送松江濮紫泉太守:履新敬贺。贵治张闻远孝廉锡恭,经学湛深,品行端谨,久所佩仰,今拟延为两湖书院经学分教,上堂讲授,岁修八百两,盘费五十两,常年住院。此间有曹叔彦中书,与张至熟,不患寂寞也。恳阁下代请。如张孝廉允来,即函并关聘寄上。费神感祷,盼示复。张之洞启。有。"光绪二十四年十二月二十六日丑刻发,《张之洞电稿》光绪二十四年十二月,所藏档号:甲182-455;抄件又见《张之洞电稿丙编》,第78册,所藏档号:甲182-95。

[2] 致长沙陈抚台,光绪二十四年正月十九日午刻发,《张之洞电稿丙编》,第74册,所藏档号:甲182-94。

[3] 相关的情况,可参见本书导论第四节、第四章第二节。

[4] 陈抚台来电(自长沙来),光绪二十四年闰三月初四日酉刻发,亥刻到,抄本《张之洞电稿》,第

朝廷的电旨一般不发给无关人士，陈宝箴获得此电旨，自是京中另有人电告。而从陈的电文中可以看出，当张之洞尚不明朝廷的用意时，他完全了解此中的底细——张之洞此番入京将有大用；杨锐等人很可能早与他通消息，甚至可能商量过此事。他还知道这位老长官不太愿意入京为政——光绪二十年九月初十日即甲午战争初期，清廷命张之洞入京，作为下属的陈宝箴亲眼看见张是如何借词延宕。此次劝驾，陈除此电外还专门另写一信，并派专轮送上。对于陈宝箴此电此函，张之洞一时并未作复；然其迟迟不肯动身的行为，又如旧日甲午时的做派。闰三月初八日、十一日，清廷两次电旨催促张之洞起程，其中十一日电旨用词极严，张之洞慌忙于闰三月十二日（5月2日）复电，表示将尽快入京。[1]也就在这一天，张之洞发电陈宝箴，询问政策意见：

> 长沙陈抚台：急。函、电均悉，厚望愧悚。此次内召，不知何事，若尊示云云，必无之事也。惟目前外侮日迫，必蒙询及，尊意有何要策，敢祈指示，以便力陈，至感。电稿已读，钦佩。盼即复。洞。文。[2]

"若尊示云云，必无之事"一语，即张之洞此时仍称其不会入军机处和总理衙门，显然是一种谦托之词，而非为其内心的真实判断。但他很想知道陈宝箴对于德、俄、英诸国进逼下的对策。陈宝箴为此思考了三天，于闰三月十五日（5月5日）复电张之洞：

> 奉文电，具仰虚衷。旋闻有旨促行，必资助赞。君立复有捷音，

36册，《各省来电三（湖广）》，中国社会科学院经济研究所图书馆藏。

[1] 军机处《电寄档》，光绪二十四年闰三月初八日、十一日；《张之洞全集》，第4册，第469页；张之洞亲笔原件见《张文襄公电稿墨迹》，第2函第9册，所藏档号：甲182-219。
[2] 光绪二十四年闰三月十二日戌刻发，《张文襄公电稿墨迹》，第2函第10册，所藏档号：甲182-219；抄件又见《张之洞电稿甲编》，第59册，所藏档号：甲182-46。凡被许同莘编入《张之洞电稿甲编》者，大多会发表，此件不知许同莘为何没有发表。

家庆国祥,以兹行卜之矣。目前转环之计,似无过于亟联英、日,此宪台本谋,若秉国钧,必当如志。箴曾以此言之总署,复电谓:俄方有加于我,遂联英以拒之,欧洲之人皆不直我也。大抵前此实曾与俄立有拒英密约,故有为难。不知联英非必拒俄,且借购船炮,不联之联,无嫌背约。郎威理昔为华用,尤出有名,助华即以助英,必能尽力。海军既立,并练陆军,国自振,狡谋自戢。乃益多借债以兴利,获利以偿债、赡军,犹为可也。一切不为,而惟搜括以偿无尽之款,幸皮之存,而伐其毛,有与之俱尽而已。愚虑所及,昨录呈致翁、荣电稿,已蒙钧鉴。幸而宪台果辅大政,造膝密筹,水陆兼营,标本并治,转祸为福之机也。妄谓今日事势,必须用一拼字。公度、杏孙俱有中国急畀通商之议,箴电稿所云,多借洋债以造官路,与洋商合伙以开矿产,似皆以通为塞、以拼图存之理。是否有当,伏惟裁察。……十七果启节否?不胜颂祷。箴叩。翰。[1]

陈宝箴此电提出两大对策:其一是联英联日以拒俄,这是当时张之洞、刘坤一等人以及康有为一派皆主张者,而总理衙门因李鸿章之故,反对此策。[2]其二是多借洋债,以兴建铁路,这与当时的芦汉铁路和拟建的粤汉铁路相关,也是张之洞所主张的。在这封电报中,陈宝箴用"必资劢赞"、

---

[1] 陈抚台来电(自长沙来),光绪二十四年闰三月十五日午刻发,亥刻到,抄本《张之洞电稿》,第36册,《各省来电三(湖广)》,中国社会科学院经济研究所图书馆藏。"君立复有佳音",指张之洞之子张权中进士之事。该电又称:"又奉愿电,总署拟专设关道等因,似应如钧示,以岳常澧道移住岳州为宜,既有地方事权,府县较易为用,且可节省经费,实为两得。仍乞裁示,俟咨文到湘,即遵照复。"此为岳州自开口岸事,参见本书第六章第六节。再又,由于张之洞后未进京,陈宝箴将此电中的主要内容,归纳扩展为"铁路、矿务、洋税"三策,于光绪二十四年四月二十六日上奏。光绪帝于五月二十四日收到,下旨交总理衙门议复。总理衙门于六月二十三日奏复,大体同意。以上内容可参见《戊戌变法档案史料》,第24-33页。
[2] 陈宝箴曾于光绪二十三年十二月发电总理衙门,提出联英、联日之策。张之洞为此致电陈宝箴:"急。前从节庵处转示尊电,言联英事尊处已电奏,并言鄂派郑、乔、姚等语。此电奏望速转电一读,切恳。以便敝处此后电奏不致与尊电矛盾。祈即复。洞。沃二。"(光绪二十四年正月初二日酉刻发。《张之洞电稿乙编》,第55册,所藏档号:甲182-72)陈宝箴于光绪二十四年正月初三日将其电报内容相告。见苑书义等主编:《张之洞全集》,第9册,第7465-7466页。

"幸而宪台果辅大政"等语，表明了他对张之洞主政的期待；"十七果启节否"一语，是他对张北上的催促，又说明除张此电外，他另有湖北方面的消息。

光绪二十四年闰三月十九日，张之洞离开武昌前往上海，准备由海路进京。但在张到达上海之前，清廷又因湖北沙市事件，于闰三月二十四日发电旨，命张折回湖北，处理此案。此电旨的背景与翁同龢等人的阻挠有关，然该电旨中称"俟办理此案完竣，地方一律安静，再来京"一语，又让陈宝箴等人看到了希望。四月十二日（5月31日），陈宝箴发电张之洞：

> 闻宪节因沙市事折回。昨据澧牧钞呈沙绅黄牧世煦函称，招商局司事张洪泽素横，纵轿夫殴伤湘人，复坚不转环，痞徒因之起衅。太古等轮局只系延烧，与洋案不同。完结后，似可即奏报起程，以慰人望。……箴叩。文。[1]

陈从其下属澧州知州处得知沙市一案的情况，认为事件简单，"与洋案不同"，他的意见是让张之洞处理完沙市事件后，不等待旨命，立即主动奏报起程。张之洞回到武昌后，对入京主政一事更加犹豫为难，于四月十八日（6月6日）回电，说明其不想再次北上的理由：

> 文电悉，厚望愧悚。沙市案虽已获犯惩办，英日两国赔款尚未议妥。近日武、汉谣言甚多，洋人甚为惊惧，正在多方弹压防护。此次回任，奉旨俟沙案完竣，地方一律安静，再行来京等因。目前地方情形如此，自未便遽请北上，且自顾迂庸孤陋，即入都一行，岂能有益时局，惟有听其自然。在外所办虽系一枝一节之事，然尚有一枝一节可办耳。……洽。[2]

---

[1] 光绪二十四年四月十二日戌刻发，十五日酉刻到，《张之洞存各处来电》，戊戌第1册，所藏档号：甲182-136。该电又称："钱漕减收款，闻已奏作学堂经费，如确，乞以折稿行湘何如？送学生往日本事，似须奏明。湘省拟五十名，请挈衔会奏。乞示复。"
[2]《张之洞全集》，第9册，第319页。

张之洞似乎是在给自己找理由,以能不再北上,"尚有一枝一节可办"一语,很可能是他此时的真心情。然他给清廷的电奏和奏折中仍称言"武、汉谣言甚多,人心不靖,洋人异常惊惶"云云。[1]陈宝箴仍未放弃,于四月二十日(6月8日)发电,继续劝说:

> 洽电谨悉……沙市延烧英日房屋,赔偿后即无他事,至地方并长江一带本属安静。沙事竣后,似亦应据实复奏,若钧从入京,必于大局有益。……箴叩。哿。[2]

"据实复奏"一语,说明他对张之洞声叙理由之不以为然;"大局有益"一语,又以"家国天下、儒生之责"来立意。张之洞对此没有回复。五月二十七日(7月15日),清廷再次下令,命张之洞"毋庸来京陛见"。[3]

五、张之洞、陈宝箴联衔上奏变科举及与康有为的间接交锋

最能说明张之洞、陈宝箴在戊戌变法中之合作者,是他们两人联衔上奏变科举一事。此事又恰是他们与康有为一派的间接交锋。

戊戌变法期间,张之洞有意变科举,其著《劝学篇》中有《变科举》一章,开首即言:"朱子尝称述当时论者之言曰:朝廷若要恢复,须罢三十年科举。以为极好。痛哉斯言也。"然而又该如何变,该书又言:"变科举者,非废《四书》文也,不专重时文,不讲诗赋、小楷之谓也";"欧公

---

[1]《张之洞全集》,第3册,第490页;第4册,第470页。

[2] 光绪二十四年四月二十日巳刻发,未刻到,《张之洞存各处来电》,戊戌第1册,所藏档号:甲182-136。该电又称:"送学生往东事,湘省须出示招考。此事系附托姚倬锡光议办。闻姚已回鄂。伏乞饬即来湘一行,俾询悉情形,及议定节目。至为恳祷。……胡文忠公一折,实人心天理之公然,驳斥所不敢计,惟惜辞笔不称,未得宪台削稿,时以为歉耳。"除了陈宝箴外,时任徽宁池太广道的袁昶亦有此想法,电报称:"……沙市案结,师何日还朝,面陈要政,以维大局。"光绪二十四年五月二十六日酉刻发,亥刻到,《张之洞存各处来电》,戊戌年第2册,所藏档号:甲182-136。

[3] 军机处《电寄档》,光绪二十四年五月二十七日。相关的细节,可参见本书导论第四节。

（欧阳修）之欲以策论救诗赋，犹今之欲以中西经济救时文也"。张之洞由此提出分三场考试之办法：

> 第一场试以中国史事、本朝政治论五道，此为中学经济，假如一省中额八十名者，头场取八百名。……大率十倍。……二场试以时务策五道，专问五洲各国之政、专门之艺。政如各国地理、官制、学校、财赋、兵制、商务等类，艺如格致、制造、声、光、化、电等类，此为西学经济。其虽解西法，而支离狂怪、显悖圣教者斥不取。中额八十名者，二场取二百四十名。……大率三倍。……三场试《四书》文两篇、《五经》文一篇。……如是则取入二场者，必其博涉古今、明习内政者也，但恐其明于治内而暗于治外，于是更以西政、西艺考之。其取入三场者，必其通达时务，研求新学者也。然又恐其学虽博、才虽通而理解未纯、趣向未正，于是更以《四书》文、《五经》文考之。其三场可观而中式者，必其宗法圣贤、见理纯正者也。[1]

这是"旧学为体、新学为用"在变科举中的完整展示。按照这一设计，虽未明确提出废八股（时文），但若沿用之，已是最后一场所考。光绪二十四年闰三月初十日（1898年4月30日），即《劝学篇》大体完成之际，张之洞发电陈宝箴，提议共同上奏：

> 拟奏请变科举，第一场考时务策，专问西政西学，二场考中国史学、国朝政治，三场考《四书》文两篇、《五经》文一篇。每场皆有去取，如府、县考。假如乡试头场取一千人，二场取三四百人，三场中式如额，既可得通才，又不废《四书》、《五经》文。曾向伯严世兄详谈，当已转达。……如尊意谓然，请再加斟酌，即拟稿送阅，会同台端暨谭中丞、南北两学院具奏。祈卓裁，迅即电示。[2]

---

[1]《张之洞全集》，第12册，第180—182页。
[2]《张之洞全集》，第9册，第311页。

张之洞此处对三场考试的次序,与《劝学篇》中所言,有所调整,即将"西学西政"作为首场。张还为变科举一事,与陈三立(伯严)进行了讨论,并请代转其父。为了郑重其事,张拟约请陈宝箴、湖北巡抚谭继洵和湖北学政王同愈、湖南学政徐仁铸,五人联衔上奏。陈宝箴于闰三月十二日(5月2日)复电,对此表示同意,称言:

> 变法原重时务,第俗情专事吹求,似不如以国朝政治、史学移作首场,著尊王之义,而以西人政学为第二场。惟时文不废,则书院不能一律改章。若处处另设学堂,则经费难给。于造士之方终多掣肘,且士子用志不专,人材无由振奋。窃谓第三场,用《四书》、《五经》命题,似宜专以发挥义蕴为主,不用八股体式,摒除浮华排比旧习。议者或以祖制为碍,然如武科,亦已全废弓矢,改用枪炮,时文事同一律,当不虑干部驳。……乞赐鉴夺,主稿会奏。[1]

陈提议将"国朝政治、史学移作首场",与《劝学篇》中的三场次序,暗中相合。[2]而更为重要的是,陈在该电中提议废除八股,这将是一个大行动,整个科举的性质会为之一变。前节已叙,此时张之洞准备北上进京,拟折联衔上奏变科举之事,也就拖了下来。

当时正在北京的康有为、梁启超,也有变科举之设计,并付诸行动。光绪二十四年三月二十日(1898年4月10日),康有为上奏"请按经济科例推行生童岁试片",要求该年生童岁试正场,试"专门一艺、时务策一艺",而复试"以《五经》题一艺、《四书》题一艺",废除八股;[3]四月十三日(6月1日),御史杨深秀上奏由康有为代拟的"请斟酌列代旧制

---

[1]《陈宝箴集》,下册,第1597页。
[2] 此时《劝学篇》正在拟稿中,陈宝箴尚未看到原著。这也提示了另一种可能性,即《劝学篇》中的三场次序,是根据陈宝箴的提议而确定的。
[3] "专门一艺",康指"天文、地舆、化、光、电、重、图算、矿律"。复试中《五经》、《四书》之艺,康有为称:"略如论体,以发明圣经大义为主,罢去割截枯困侮圣言之题,破承开讲八股之式,及连上犯下钓渡挽悖谬之法。"(孔祥吉编著:《康有为变法奏章辑考》,第189-190页)

正定四书文体折",要求废除八股,次日光绪帝发下上谕:"国家以制艺取士,原期阐发经义,讲求实学,勉为有用之才",将该折发下礼部议奏;四月二十九日(6月17日),御史宋伯鲁上奏由康有为代拟的"请改八股为策论折";五月初四日(6月22日),总理衙门代奏康有为"请商定教案法律厘正科举文体并呈《孔子改制考》折",该折第二项即是废除八股,并请求光绪帝不经礼部议复而直接下达诏令;同日,侍讲学士徐致靖上奏由康有为代拟的"请废八股以育人才折",也要求光绪帝直接下诏令;五月初五日(6月23日),光绪帝与慈禧太后共同召见军机大臣,下旨废除八股,改试策论。[1] 由此可见,戊戌变法期间废八股、改策论的政治决策,是康、梁精心运动的结果。

陈宝箴很可能也听到了一点风声,他于五月初七日(6月25日)主动发电张之洞:"朝政方新,前示改科目议,似宜速上,敬盼拨冗为之。"[2] 次日,张之洞复电同意:"变通科举一事,现已叙奏稿,一切章程与《劝学篇》所拟办法相同,惟添叙首尾,及措词处于旧章加以斡旋之笔耳。日内即须具奏,不及送稿奉商。台端如愿会衔,祈速电示,以便缮发。盼即电复。"[3] 张为加快速度,尽快上奏,表示"不及送稿奉商",仅邀陈会衔。五月初九日(6月27日),陈宝箴再电张之洞:

> 庚电谨悉。科举如《劝学篇》所议,极善。惟愚意不废八股,则学者难捐旧习,志意不专。若主试者仍不免意有偏重,则首、二场皆成剩义,亦只如向来经、策,与不变同。且书院亦难尽变通,教育无具。似宜用四书五经命题,革除排比词藻故技,既可阐发圣贤精义,

---

[1]《康有为变法奏章辑考》,第204—206、246—247、256—261、266—267页;《光绪宣统两朝上谕档》,第24册,第167、206页。

[2]《张之洞存各处来电》,戊戌第2册,所藏档号:甲182-136。该电前有"前上艳电计蒙钧览,沙市已否就绪,前说曾电总署否?至念"一段,许同莘编《张文襄公全集》时删去。

[3]《张之洞全集》,第9册,第325页;张之洞亲笔原件见《张之洞电稿》光绪二十四年前后,所藏档号:甲182-488)

又足潜移揣摩悦人心志，庶几拔本塞源之道。如钧意谓然，伏乞拮衔会奏。宝箴叩。佳。[1]

陈宝箴再次强调了废除八股，可见他还不知道五月初五日光绪帝已有废八股之谕旨。初十日，张之洞再次复电：

佳电极佩，透澈之至。即径请废八股，改为四书义、五经义，其文体略如讲义，经论经说，一切拘挛俗格、苛琐禁忌，悉与删除云云。并请通籍以后，勿考诗赋小楷。稿已具矣。惟顷接盛京卿电，有"下科改试策论"一语，想因康议而然，不知但将头场改为策论耶？抑三场均有改动耶？此奏此时尚宜发否？或待部议出后，再视其未周妥者补正之？或仍发？祈酌示。蒸。[2]

如果对照张之洞亲笔原件，其最初的底稿是：

昨读致节庵电，即径请废八股，改为四书义、五经义，其文体略如讲义，经论经说，一切拘挛俗格、苛琐禁忌，悉与删除云云。并请通籍以后，勿考诗赋小楷。读佳电已悉，甚佩……[3]

由此可知，为了说服张之洞，陈宝箴另发电给梁鼎芬，详细说明其废八股的主张。张电中的"径请废八股，改为四书义、五经义，其文体略如讲义，经论经说，一切拘挛俗格、苛琐禁忌，悉与删除云云。并请通籍以后，勿考诗赋小楷"诸项，皆是陈给梁电报中所云，也是后来张、陈联衔会奏折中的重要内容。而张电中"顷接盛京卿电，有'下科改试策论'一语，想因康议而然"一语，又可见张此时亦未见五月初五日光绪帝废八股之谕旨，但他已非常敏锐地感到，此谕旨是因康有为奏议"而然"。同一天，张之洞

---

[1] 光绪二十四年五月初九日戌刻发，初十日午刻到，《张之洞存各处来电》，戊戌第2册，所藏档号：甲182-136。下划线者，许同莘编《张文襄公全集》时删去。

[2] 《张之洞全集》，第9册，第326—327页。

[3] 光绪二十四年五月初十日戌刻发，《张之洞电稿》光绪二十四年前后，所藏档号：甲182-488。

再发电盛宣怀:

> 致上海盛京堂:急。佳电悉,下科改试策论,已见明发上谕否?仅将时文改策论耶?抑三场均有改动耶?请速将此旨照录电示。至祷。洞。蒸。[1]

陈宝箴收到张之洞的电报后,于五月十一日(6月29日)再电:

> 蒸电谨悉。<u>径废八股,改为四书五经义论说,屏除一切拘忌俗格,及通籍后勿考诗赋小楷,皆极有关紧要</u>。即令如盛电,三场皆有改动,然必如《劝学篇》所论节目,乃为尽善。况又有蒸电所云耶。又早奏请,或可悉如钧论议行。应请饬缮速发,并挈贱衔为盼。……箴叩。真。[2]

陈宝箴再次强调了废八股等项内容,并请张之洞尽早上奏,以能影响朝廷的最后决策,即按张之洞所上奏折提出的方案来施行。

光绪二十四年五月十六日(1898年7月4日),张之洞、陈宝箴联衔会奏"妥议科举新章折"。"张之洞档案"中有该折的底稿,即其上奏前的最后一稿,张之洞对此仍有大量修改。以下据该底稿录出,下加重点号者,为张之洞的亲笔添加或修改:

> 四书五经,道大义精,炳如日月,讲明五伦,范围万世,圣教之所以为圣,中华之所以为中,实在于此。历代帝王经天纬地之大政,宅中御外之远略,莫不由之。国家之以四书文五经文取士,大中至正,

---

[1]《张之洞全集》,第9册,第327页。原件见《张之洞电稿》光绪二十四年前后,所藏档号:甲182-488。盛宣怀回电未见。

[2] 光绪二十四年五月十一日申刻发,十二日丑刻到,《张之洞存各地电稿》,戊戌第2册,所藏档号:甲182-136。该电后又称:"又,昨上佳二电语,拟请宪台转电总署,湘即不另复矣。"下划线处及后一段,许同莘编《张文襄公全集》时删去。又,此件为抄件,"又早奏请"一句,不知有无误抄,许同莘所编本称"及早奏请",似更为合适。

无可议者也。……今废时文者,恶八股之纤巧苛琐浮滥,不能阐发圣贤之义理也,非废四书五经也。若不为定式,恐策论发题,或杂采群经字句,或兼采经史他书,界限过宽,则为文者必至漫无遵守,徒骋词华。行之日久,必至不读四书五经原文,背道忘本。此则圣教兴废、中华安危之关,非细故也。……其诡诞浮薄务趋风气者,或又将邪诐之说,解释四书五经,附会圣道,必致离经叛道。心术不端之士,杂然并进,四书五经,本义全失,圣道既微,世运愈否,其始则为惑世欺民之谈,其终必有犯上作乱之事,其流弊尤多,为祸尤烈。……今宜筹一体用一贯之法,求才不厌其多门,而学术仍归于一是,方为中正而无弊。

张之洞的这些话,明显是针对康有为及"康学"的,"体用一贯"又是该折的宗旨。在乡会试的三场考试中,该折提出:

拟为先博后约随场去取之法,……第一场试以中国史事、国朝政治论五道,此为中学经济。……二场试以时务策五道,专问五洲各国之政、专门之艺。……三场试四书义两篇,五经义一篇,取其学通而不杂,理纯而不腐者。合校三场均优者,始中式,发榜如额。其磨勘之日,于三场尤需从严,如有四书义、五经义理解谬妄、离经叛道者,士子、考官均行黜革。……以前两场中西经济补益之,而以终场四书义、五经义范围之。[1]

由此可见"抵康"之用意。然该折仅以张、陈两人联衔,未如其前所称以张、陈、谭继洵、王同愈、徐仁铸五人联衔,自然是时间上已来不及,也有此期因《湘学报》等事与徐仁铸学术分歧之故,而湖北巡抚谭继洵因意

---

[1]《紧要折稿》光绪二十四年五月至十二月,《张之洞紧要折稿》,第12函,所藏档号:甲182-14。该件注"缮折:杨锺、朱承钧,对折:双寿、朱承均"。在该折中,关于生童考试中"其童试孝经论、性理论应仍其旧"一句,也是张之洞所加。又,该折见《张之洞全集》,第3册,第490-493页。

见不同单独上奏。[1]该折于六月初一日到达御前。

张之洞、陈宝箴联衔上奏的"妥议科举新章折",虽未经陈的过目,但基本思想两人是一致的。光绪二十四年五月十八日(7月6日),即上奏两天后,张之洞发电陈宝箴:

> 会奏请妥议科举新章折已发,悉如尊指。因谕旨只浑言策论,故请三场用四书义、五经义,其文体大略即如讲义,经论经说,准引史事群书,专用四书五经原文命题,以免废弃经书,尊意想必谓然。余俱如前电。稿即专呈。[2]

张认定该折内容一定符合陈的思想,并将该折专送给陈。陈宝箴于五月二十日(7月10日)复电:

> 科举议当可照行,或以三场移作首场,亦未可知。……箴叩。哿。[3]

陈此时尚未看到该折,认为考四书义、五经义的第三场,可以移作第一场,以表示对四书五经的重视。六月十一日(7月29日),陈宝箴再次发电:

> ……科场折稿,集欧、朱之精义,兼温公之要指,从来考试之法,当推为至善。特邀宸断,尤近所仅见。箴得附名,至为幸矣……[4]

陈此时已看到了该折,大为赞赏。"欧",欧阳修,"朱",朱熹,"温公",司马光,皆是史上名贤;"推为至善"一语,可见陈宝箴对此折的评价;而

---

[1] 徐仁铸学术分歧一事,可参见本章第三节;谭继洵意见不同一事,可参见本章附录二。

[2] 《张之洞全集》,第9册,第329页。

[3] 光绪二十四年五月二十日辰刻发、巳刻到,《张之洞存各处来电》,戊戌第2册,所藏档号:甲182-136。该电又称:"武科折稿俟奉到谨复。致杏孙电,已转示秉三。沙市案闻已议结,乞见示。"

[4] 光绪二十四年六月十一日戌刻发,十二日丑刻到,《张之洞存各处来电》,戊戌第3册,所藏档号:甲182-136。

第五章　张之洞与陈宝箴及湖南维新运动

"特邀宸断"一语,又指光绪帝批准了该折所提出的一切建议。

自光绪二十四年五月初五日光绪帝下旨废八股改策论后,康有为等人也力图将科试的具体方案纳入其范围之内。五月十八日(7月6日),侍读学士徐致靖上奏了由康有为代拟的"请酌定各项考试策论文体折",提出乡、会试分为两场:首场试时务,共作策论五篇;二场试四书、五经、史学三艺,其中四书论为通学,人皆考之,五经与史学分科出题,士子可据其专科应试。[1] 该折上达后,光绪帝没有明确表态,仅下旨"暂存"。[2] 五月二十二日(7月10日),礼部上奏"遵旨改试策论章程折",对乡、会试制定详细章程:乡、会试分为两场:首场为经论,出题为"四书论一篇,经论一篇,史论一篇";"次场即试以策论五通",具体为"第一问拟出专门题,每门各一道,次出时务题四道。除时务应通场合试外,其专门题,则听士子各就所长,条举以对"。[3] 光绪帝当日下旨:"嗣后一切考试均著毋庸用五言八韵诗。余依议",即批准了礼部所议章程。[4] 至六月初一日(7月19日),光绪帝收到张之洞、陈宝箴联衔上奏的"妥议科举新章折",十

---

[1]《戊戌变法档案史料》,第223-224页。该折关于五经与史学分科为:"臣考朱子《学校贡举议》,古今称善,今宜采用其说,略经经史分科。经以诗为一科,书、易二科,仪礼、礼记为一科,春秋公羊为一科,凡五经分为五科。史以史记、汉书、后汉书为一科,三国、六朝史为一科,唐书、五代、宋史为一科,辽金元史为一科,明史为一科,资治通鉴、纪事本末为一科,文献通考为一科,国朝掌故为一科,凡诸史分为八科。……如此,则根据经义、本原圣道、通达掌故之才备矣。"值得注意的是,《五经》中不提《周礼》和《春秋》左氏传、谷梁传,史书又分得极为详细。这与"康学"的特色是相吻合的。

[2]当日军机处给慈禧太后的奏片称:"本日翰林院侍读学士徐致靖奏请酌定各项考试策论文体折,奉旨'暂存'。谨将原折恭呈慈览。"《光绪宣统两朝上谕档》,第24册,第232页。

[3]《戊戌变法档案史料》,第224-228页。该章程关于"经论",称"历科次场经艺,向分五经命题,今改试经论,拟仍于五经中,不拘何经命题考试";关于"史论",称"至诸史卷帙繁博,而《御批通鉴辑览》,业经圣断折衷,古今政治得失,均已赅备,史论命题,宜以《辑览》一书为断"。即经论与史论不分科。该章程还规定,生员岁试四书论一篇,经论一篇。科试则减去经论,用策一道。童试正场四书论一篇,经论一篇,复试四书论一篇,小学论一篇。童生县、府试正场复试如之。优、拔贡考试,均首场试四书、经论各一篇;二场试史论一篇、策问一道。优、拔贡朝考,及考试教习,并乡、会试复试,改为四书论一篇、策一道。

[4]军机处《随手档》,光绪二十四年五月二十二日《光绪宣统两朝上谕档》,第24册,第241页。

分赞赏，当即改变8天前已下达的谕旨，再度下旨：

> ……朕详加披阅，所奏各节剀切周详，颇中肯綮，著照所拟，乡会试仍定为三场。第一场试中国史事、国朝政治，论五道。第二场试时务，策五道；专问五洲各国之政、专门之艺。第三场试四书义两篇、五经义两篇。……礼部即通行各省，一体遵照。……其未尽事宜，仍着该部随时妥酌具奏。[1]

光绪帝全盘肯定了张、陈联衔之折，为此还改变先前的谕旨，这在当时是极为罕见的，即前引陈宝箴电报中"特邀宸断，尤近所仅见"。此时以总理衙门大臣留在北京的李鸿章，于六月初七日写信给其子李经方，命家中子弟改其所习：

> 时文、八韵既废，张香涛等奏定，三场考艺，中西并重。学堂、家塾宜多备书籍，俾子弟有所观摩，如冯林一《校邠庐抗议》，于中国政治最得要领，可由书坊购觅（板存江西书局）。牛孙等此时只能专攻五经，稍长循序渐进，此书亦不可少。[2]

此时在北京充当张之洞"坐京"的内阁候补侍读杨锐，亦致信张之洞：

> 近日变法，天下大哗，人人欲得康有为而甘心之。然康固多谬妄，而诋之者至比之洪水猛兽，必杀之而后快，岂去一康而中国即足自存乎？公条陈科举一奏，立奉俞旨一切允行，天下仰望。上方锐意新政，凡关涉改革之事，但有论建，无不采纳，转较胜于身在政府也。京中大老，空疏无具，欲以空言去康，何能有济？[3]

---

[1]军机处《上谕档》，光绪二十四年六月初一日。六月初三日，光绪帝又下谕旨，根据张、陈奏折，废除了进士朝考。七月初二日，礼部根据六月初一日谕旨，就张、陈奏折的"未尽事宜"，再次上奏"遵议乡会试详细新章程折"，奉旨："依议"。军机处《随手档》，光绪二十四年七月初二日。
[2]《李鸿章全集》，第36册，第186页。"学堂"，指此时拟由庐阳书院改制的新式学堂。
[3]引文及相关的背景，可参见本书第二章第四节。

杨锐将此举比作高层次的"诋康"行动,甚至称张"较胜于身在政府",即张之洞在外建言胜过入军机处。此时在张之洞幕中的陈庆年,六月二十日日记称:"五月二十九日上谕:以后第一场试中国史事、国朝政治论;二场试时务策五道,专问五洲各国之政,专门之艺;三场试四书义,五经义。从南皮师之请也。"七月三十日又记:"书院送新刻南皮请变科举奏,并畀上谕两道,板大字朗,令人爽豁。"[1] 由此又可知,张幕中已遍传此事,并将该折精刻出版,以扩大宣传。

前已述及,翰林院侍讲黄绍箕向光绪帝进呈张之洞的《劝学篇》,光绪帝于六月初七日(7月25日)下达谕旨:"朕详加披阅,持论平正通达,于学术人心大有裨益",并命各省"广为刊布,实力劝导,以重名教而杜卮言"。[2] 前后数日,光绪帝两次肯定了张之洞的学术取向和政治方向。然而,《劝学篇》中的"刺康"言论,多不被外界所察;张、陈联衔"妥议科举新章折"的"抵康"用意,当时人也认不太清楚。光绪帝看来不知底里。康有为此时在北京,甚忙乱,很可能也没有仔细去看,由康、梁派完全控制的《知新报》在第64册(光绪二十四年七月二十一日出版)刊出了张、陈之折。戊戌政变后,张之洞的大幕僚梁鼎芬致函缪荃孙,道出了内情,称言:

> 张、陈二公变科举奏文(张稿、陈会衔),内痛言康有为学术乖谬穷极,至于犯上作乱,可谓先几。今事不成,文仍可存也。[3]

八月二十四日,慈禧太后下达懿旨:"嗣后乡试、会试暨岁考、科考等场,悉照旧制,仍以四书文试帖经文策论等项,分别考试。经济特科易滋流弊,

---

[1]《戊戌己亥闻见录》,《近代史资料》,总81号,第117、120页。"五月二十九日",自是六月初一日之误。

[2]《光绪宣统两朝上谕档》,第24册,第257页。相关的内容,可参见本书导论第三节。

[3] 顾廷龙校阅:《艺风堂友朋书札》,上海古籍出版社,1980年,上册,第151页。梁又称"寄上红字四册,墨字二十册,送云自在龛主人。"

并著停罢。"[1]由此,张之洞、陈宝箴所奏准的科举新章被废止。九月初八日(10月22日),荆门知州徐嘉禾发来电报:

> 督宪鉴:顷接吴星阶侍郎函称,现奉上谕,考试仍如旧制。是否即试文、诗,抑暂出策论题?卑州初十开考,乞迅赐电示,俾有遵循。嘉禾叩。庚。[2]

该知州尚不知科举恢复旧制之谕旨。张之洞当即发电:

> 荆门州徐牧:急。考试正场仍用八股试帖,一切照旧。府县考向有考古一场,过古场仍可各题兼出也。督院。佳。[3]

六、陈宝箴与康有为的直接交锋与保举张之洞

梁启超于光绪二十三年秋来到湖南主持时务学堂后,湖南的维新思潮一下子高涨起来,由此激发了一些矛盾,其中有学术思想的,也有政治思想的。光绪二十四年二月,梁启超离开湖南,而湖南内部的矛盾非但未减弱,反而日趋激化。湖南巡抚陈宝箴、其子陈三立对于康、梁的学术思想,即新学伪经、孔子改制之类并不认同,陈寅恪称:"先祖先君见义乌朱鼎甫先生一新'无邪堂答问'驳斥南海公羊春秋之说,深以为然。"[4]然对湖南新兴起的维新思想,陈宝箴、陈三立仍精心加以维护,以能用此促变湖南

---

[1]《光绪宣统两朝上谕档》,第24册,第451-452页。
[2] 荆门徐牧来电,光绪二十四年九月初八日戌刻发,九日丑刻到,《张之洞存各处来电》,戊戌第7册,所藏档号:甲182-137。该件是抄件,"吴星阶",吴兆泰,湖北麻城人,光绪二年进士,曾任御史;"侍郎"似为"侍御"之抄误。
[3] 光绪二十四年九月初九日亥刻发,《张之洞电稿》,光绪二十四年九至十月,所藏档号:甲182-455;抄件又见《张之洞电稿丙编》,第76册,所藏档号:甲182-95。
[4]《读吴其昌撰〈梁启超传〉书后》,《陈寅恪集·寒柳堂集》,第167页。"先祖",陈宝箴;"先君",陈三立。

士绅的保守风气。[1]作为一位地方官，陈宝箴在新旧两派对立中采取了折中主义的作法，尽力予以调和。尽管此时张之洞及其幕中对署理湖南按察使、长宝盐法道黄遵宪已有很大的负面意见，陈宝箴对黄仍是信任有加。

然由学术对立而造成的政治对立，也使陈宝箴感到忧虑。经过一番深思熟虑后，光绪二十四年五月二十七日（1898年7月12日），陈宝箴上奏"请厘正学术造就人才折"：

> 臣尝闻工部主事康有为之为人，博学多材，盛名几遍天下，誉之者有人，毁之者尤有人。誉之者无不俯首服膺，毁之者甚至痛心切齿，诚有非可以常理论者。臣以为士有负俗之累而成功名，亦有高世之行而弋虚誉。毁誉不足定人，古今一致。近来屡传康有为在京呈请代奏折稿，识略既多超卓，议论亦颇宏通，于古今治乱之原、中西政教之大，类能苦心探讨，阐发详尽，而意气激昂慷慨，为人所不肯为，言人所不敢言，似不可谓非一时奇士。意其所以召毁之由，或即其生平才性之纵横、志气之激烈有以致之。及徐考其所以然，则皆由于康有为平日所著《孔子改制考》一书。……当康有为年少时，其所见译出西书有限，或未能深究教主之害，与其流极所至。其著为此书，据一端之异说，征引西汉以前诸子百家，旁搜曲证，济之以才辩，以自成其一家之言，其失尚不过穿凿附会。而会当中弱西强，黔首坐困，意有所激，流为偏宕之辞，遂不觉其伤理而害道。其徒和之，持之愈坚，失之愈远，嚣然自命，号为康学，而民权平等之说炽矣。甚或逞其横议，几若不知有君臣父子之大防。《改制》一编，遂为举世所忿疾，其指斥尤厉者拟为孟氏之辟扬墨，而康有为首为众射之的，非无自而然也。第臣观近日所传康有为呈请代进所辑《彼得变政记》折稿，独取

---

[1] 皮锡瑞在光绪二十四年二月二十日日记称："……午后至学会，中丞、廉访旋至……中丞曲为譬喻，嘱湖南莫打洋人。学会之设，原为此事，至今日始点题。"《师伏堂未刊日记》，《湖南历史资料》，1958年第4期，第112页。皮锡瑞至此明白，陈宝箴设立湘学会，是为了开风气，避免与外国人的冲突。

君权最重之国以相拟议,以此窥其生平主张民权,或非定论,……即如现办译书局事务举人梁启超,经臣于上年聘为湖南学堂教习,以尝受学康有为之门,初亦间引师说,经其乡人盐法道黄遵宪规之,谓"何乃以康之短自蔽",嗣是乃渐知去取。……康有为可用之才,敢言之气,已邀圣明洞鉴。当此百度维新力图自强之际,千人之诺诺,不如一士之谔谔,谓宜比之狂简,造就而裁成之。可否特降谕旨,饬下康有为即将所著《孔子改制考》一书板本,自行销毁……[1]

陈宝箴此折,陈词极为委婉,对康有为弹劾之时又有保全之意,这主要是考虑到当时光绪帝对康的态度;陈宝箴此折,又显示了他比张之洞更为敢言的性格,即直接站出来反对康有为学说。而该折最重要的言词,在于"其徒和之,持之愈坚,……嚣然自命,号为康学,而民权平等之说炽矣","以此窥其生平主张民权,或非定论"等句,即将"康学"的根本定为"民权平等之说"。[2] 陈对康有为政治思想的推测,又与前引陈庆年日记中所言张之洞称"康长素辈主张素王改制,……平等、平权,一万年做不到",即张之洞的推测,是完全一致的;尽管从"张之洞档案"中还看不出来陈为此折与张商量过。六月十八日(8月5日),光绪帝收到该折后,没有直接处理,而是发下交片谕旨给孙家鼐:

> 谭继洵奏请变通学校科举、陈宝箴奏请厘正学术各一折,著孙家

---

[1]《陈宝箴集》,上册,第777—781页。陈宝箴该折未从档案中检出,又据军机处《随手档》光绪二十四年六月十八日所记,光绪帝收到此折时另有两折三片一单,其中有"设立制造枪弹两厂就盐斤加价拨款折",知其上奏日期为五月二十七日,由此可推知该折之上奏日期。又,陈三立为其父作《行状》,对此事也有记录,可见陈三立认为此为其父的重要事迹。《陈宝箴集》,下册,第2003页。

[2] 陈寅恪称:其父陈三立主张聘梁启超主持时务学堂,"新会主讲时务学堂不久,多患发热病,其所评学生文卷,辞意未甚偏激,不过有开议会等说而已。惟随来助教韩君之评语,颇涉民族革命之意……"(《读吴其昌撰〈梁启超传〉书后》,《陈寅恪集·寒柳堂集》,第167—168页)"新会",梁启超。"韩君",韩文举,康有为万木草堂弟子,时任时务学堂教习。陈寅恪此语,似可作陈宝箴该折中"其徒"之注解。

鼐于明日寅刻赴军机处，详细阅看，拟具说帖呈进。[1]

孙家鼐奉旨对陈宝箴奏折"拟具说帖"，即"议复陈宝箴折说帖"，措辞要比陈折严重得多，称言：

> 臣谨将康有为书中最为悖谬之语，节录于后，请皇上留心阅看。……臣观湖广总督张之洞著有《劝学篇》，书中所论皆与康有为之书相反，盖深恐康有为之书煽惑人心，欲救而正之，其用心亦良苦矣。皇上下诏褒扬，士大夫捧读诏书，无不称颂圣明者。……今陈宝箴请将康有为《孔子改制考》一书销毁，理合依陈宝箴所奏，将全书一律销毁，以定民志而遏乱萌。[2]

孙家鼐完全赞成陈宝箴的意见，同时他也看出了张之洞在《劝学篇》中的"刺康"用意。但光绪帝没有采纳陈宝箴、孙家鼐的意见，而是对康有为依旧信任有加。

湖南矛盾的激化，也传到了北京，康有为、梁启超的对策是通过光绪帝给陈宝箴施加压力。光绪二十四年六月二十三日（1898年8月10日），御史杨深秀上奏由康有为代拟的"请申谕诸臣力除积习折"。该折虽未从档案中检出，但当天光绪帝对此下发的谕旨称：

> 即如陈宝箴自简任湖南巡抚以来，锐意整顿，即不免指摘纷乘。此等悠悠之口，属在搢绅，倘亦随声附和，则是有意阻挠，不顾大局，

---

[1]《光绪宣统两朝上谕档》，第24册，第280页。
[2] 苏舆辑：《翼教丛编》，第38-39页。孙家鼐在该说帖中称："臣谨将康有为书中最为悖谬之语，节录于后，请皇上留心阅看。其书有云：异哉王义之不明也。贯三才之谓王，天下归往谓之王；天下不归往，民皆散而去之，谓之匹夫。又云：以势力把持其民，谓之霸，残贼民者，谓之民贼。夫王不王，专视民之聚散向背，非谓其黄屋左纛，威权无上也。又云：今中国四万万人，执民权者二十余朝，问人归往孔子乎，抑或归往嬴政、杨广乎？又云：天下义礼制度皆从孔子，皆不归往嬴政、杨广，而归往大成之殿。有归往之实，即有王之实，乃其固然。又云：于素王则攻其僭悖，于民贼则许以贯三才之名，何其舛哉。"由此可见，孙家鼐之关注点，在于康有为在《孔子改制考》中散发出来的民权、民本思想。

必当予以严惩,断难宽贷。[1]

这表面上是一道温旨,但指向却十分明确,如果对照当时湖南的情势,光绪帝是要陈宝箴对王先谦、叶德辉、欧阳中鹄一派下手,"予以严惩,断难宽待"。按照当时的通信速度,陈宝箴奉到此旨似在七月初旬,以他的政治经验,当知京中必有奏折。如果对照当时湖南对立的两派,及熊希龄、唐才常等人与康、梁派的关系,他也应知道,康、梁一派是背后的操作手。然而,湖南的形势仍未依康、梁的愿望而发展,时务学堂自放假后未能再度开学,南学会不复再开,《湘学报》的管束亦加严格,而陈宝箴的态度也越来越明显偏离湖南的激进派。七月二十九日(9月14日),御史杨深秀再次上奏由康有为代拟的"裁缺诸大僚擢用宜缓特保新进甄别宜严折",直接攻击陈宝箴:

> 臣前奏湖南巡抚陈宝箴锐意整顿,为中华自强之嚆矢,遂奉温旨褒嘉,以励其余。讵该抚被人胁制,闻已将学堂及诸要举全行停散,仅存保卫一局,亦复无关新政。固由守旧者日事恫喝,气焰非常,而该抚之无真识定力,灼然可知矣。今其所保之人才,杨锐、刘光第、左孝同诸人,均尚素属知名,余多守旧中之猾吏。……倘皇上以该抚新政重臣,信其所保皆贤,尽加拔擢,则非惟无补时局,适以重陈宝箴以咎。仍请严旨儆勉,以作其气,于其保举之人,分别加以黜陟,万勿一概重用。[2]

"被人胁制"、"无真识定力",都是非常严重的用语,该折还要求光绪帝对陈宝箴"严旨儆勉"。光绪帝收到此折,感到情况十分严重,当日发电旨给陈宝箴:

---

[1]军机处《随手档》,光绪二十四年六月二十三日;《光绪宣统两朝上谕档》,第24册,第292-293页。
[2]《康有为变法奏章辑考》,第397页。

> 有人奏，湖南巡抚陈宝箴被人胁制，闻已将学堂及诸要举全行停止，仅存保卫一局等语。新政关系自强要图，凡一切应办事宜，该抚当坚持定见，实力举行，慎勿为浮言所动，稍涉游移。[1]

这是一道不留余地的严旨，陈宝箴奉到后自知京中情况大变，圣恩不可测，上奏人必是康、梁一派。他于八月初二日（9月17日）发电上奏，说明情况：

> 昨承钧署电，奉旨：有人奏，湖南巡抚陈宝箴被人胁制，闻已将学堂及诸要举全行停散各等因。仰蒙圣训周详，莫名钦感。窃湖南创办一切应兴事宜，并未停止。现复委绅蒋德钧往湘潭等处，联络绅商，来省设立商务等局。前议派聪颖学生五十名至日本学习，近日来省求考选者千数百名。风气似可渐开。言者殆因学堂暂放假五十日，讹传停散所致。前七月十三日学生均已来馆，续聘教习亦到。其余已办各新事，当另折具陈。现在亦无浮言。自当凛遵圣训，坚持定见，实力举行。请代奏。宝箴肃。冬。[2]

尽管陈宝箴找了许多理由为自己回护，但仍没有正面回答学堂、学会、学报等"要举"之情。

到了此时，陈宝箴已在思考北京的政治形势，光绪帝前后两道严厉谕旨，是他为政期间前所未有之事。他感到朝廷的谕旨已很难继续贯彻执行。光绪二十四年八月初六日（1898年9月21日），即北京戊戌政变发生的当天，陈宝箴给张之洞发去一电：

> 廿二日接总署电，奉旨：昨日明降谕旨，令藩、臬、道、府上书言事等因。本应即行传谕，因明降谕旨未到，疑必尚有条目分别办理

---

[1] 军机处《电寄档》，光绪二十四年七月二十九日。
[2] 《总理衙门清档·收发电》，01-38-017-03-048。该电光绪二十四年八月初三日收到。当时军机处没有电报房，所有的电旨和电奏皆由总理衙门代转。

之处,故且恭候。本日始经电局传到。廿七日谕旨内有其州县官应由督抚代递,即由督抚将原封呈递,不得稍有阻隔,总期民隐尽能上达,督抚无从营私作弊等因。是既设督抚以管辖州县,又使数十百州县以管辖督抚。仅一督抚安能胜数十百倍州县之钤制耶?今日督抚本畏州县反噬报复,惮于纠参,今又授州县以钤束之权,更何敢稍一过问?又道府径自奏事,士民上书皆由道府代奏,不许稍有阻格,恐自此奸伪朋兴,纪纲扫地,图治转以致乱。似宜据理直陈,以资补救。惟应由外间上言,抑姑听近臣谏阻,乞钧裁速复为盼。箴叩。鱼。[1]

戊戌变法期间,光绪帝命司员士民可自行上书,后又扩大到藩、臬、道、府、州、县等地方官员,是当时重大的改革决策,也是康有为一派竭力推动的结果。[2] 陈宝箴对朝廷的这一决策非常不满。他认为,此举将会引发极大的政治混乱,致使督抚逐渐丧失对地方的控制力;而各地士民上书,由道、府代呈,将会"奸伪朋兴,纪纲扫地"。他先前奉到的两道谕旨,只是京官上奏的结果;如果地方官员及士绅也不停地"告御状",将激起湖南更大的政潮。陈宝箴由此提议向光绪帝进谏,以取消这些新政策。他为此询问张之洞,是由各地疆吏直接上奏,还是请朝中近臣内中谏劝?依照陈的性格,说了就会做,如果张表示同意,他会立即上奏要求光绪帝收回成命。[3] 仅过了一天,八月初七日(9月22日),陈宝箴发电总理衙门,请其代奏,要求光绪帝召张之洞进京:

---

[1] 湖南陈抚台来电,光绪二十四年八月初六日亥刻发,初七日寅刻到,《张之洞存各处来电》,戊戌第5册,所藏档号:甲182-136。与此同时,陈宝箴亦给总理衙门发电:"卅日承勘电,奉旨:昨已明降谕旨,令各省藩、臬、道、府均得上书言事等因。湖南于此件明降谕旨,至今尚未奉到,无从悬揣电奏,实深惶悚,敢乞赐电示知为幸。电局积习,鲜不纰脱迟漏,屡商该局总办无效。前奉旨饬,不心专候部文,是电报关系尤重。其应如何整顿,并乞裁夺。宝箴叩。鱼。"《总理衙门清档·收发电》,01-38-017-03-095。该电光绪二十四年八月初七日收到。
[2] 参见拙文《戊戌变法时期司员士民上书研究》,《戊戌变法史事考》,第222-248页。
[3] 后陈三立为其父作《行状》,亦记录此事:"及士民上书之诏下,愈煌急,以为求言诚是也,今以无智无学之中国责之使言,而荡无限度,则且坏纲维,燏乱天下,此有累圣聪不细。力草奏极谏,请必收成命,以政变而止。"(《陈宝箴集》,下册,第2003页)由此可见,陈已经起草了奏折。

近月以来，伏见皇上锐意维新，旁求俊彦，以资襄赞。如杨锐、刘光第、林旭、谭嗣同等皆以在军机章京上行走，参预新政。仰见立贤无方，鼓舞人才至意。惟变法事体极为重大，创办之始，凡纲领、节目、缓急、次第之宜必期斟酌尽善，乃可措置施行。杨锐等四员，虽为有过人之才，然于事变尚须阅历。方今危疑待决，外患方殷，必得通识远谋，老成重望，更事多而虑患密者，始足参决机要，宏济艰难。窃见湖广总督张之洞，忠勤识略，久为圣明所洞鉴。其于中外古今利病得失，讲求至为精审。本年春间，曾奉旨召令入都，询商事件。旋因沙市教案由沪折还。今沙案早结，似宜特旨迅召入都，赞助新政各事务，与军机、总理衙门王、大臣及北洋大臣，遇事熟筹，期自强之实效，以仰副我皇上宵旰勤求至意。愚虑所及，谨冒昧电陈。乞代奏。宝箴谨肃。阳。[1]

这是一封字斟句酌精心撰拟的长电，十分清楚地表示了陈宝箴对朝廷激进政策的不满，当然包含着对康有为一派政治倾向的不满；也十分清楚地表示了他对军机诸大员施政能力的不满，并直接提到"参与新政"四章京"阅历"不足。他用非常策略又相当明确的语言，请求光绪帝召张之洞入京主政，是其深思熟虑后开出的挽救时局的政治处方。他在该电中称张之洞"忠勤识略"、"于中外古今利病得失，讲求至为精审"——是他从光绪十二年到广州后与张相处十二年而得出的一个全面评价。这一份重要的电报，陈并没有与张商量。"张之洞档案"中录有张之洞幕僚许同莘所抄录的该电，题名"陈巡抚致总署电"，并书"同莘按：此电发后，陈中丞并未知会至鄂。兹从总署档案录出"。[2]这显然是张之洞去世后，许同莘整理其档案

---

[1]《总理衙门清档·收发电》，01-38-017-03-111。该电光绪二十四年八月初八日收到。
[2]《张之洞电稿甲编》，第61册，所藏档号：甲182-47。许同莘抄录此电，似为编《张文襄公年谱》之用，但后未用。又，陈三立为其父作《行状》，亦记录此事："四章京之初值军机亦然，曾疏言变法事至重，四章京虽有异才，要资望轻而视事易，为论荐张公之洞总大政，备顾问。"《陈宝箴集》，下册，第2003页。

时才抄录的,即张之洞生前根本不知此事。而这一份电报到达北京时,已是八月初八日,慈禧太后当日在西苑勤政殿举行了重新训政的仪式。

七、陈宝箴的罢免与保卫局的保全

如果从近代化的角度来看,湖南戊戌维新中所兴办的一切,如学堂、学会、学报、保卫局、小轮公司等等,并无新奇之处;在当时的通商口岸,如上海等处,已司空见惯;即便是放在其他省会城市,如广州、杭州、武昌,也不彰显;然而,湖南是一个思想相对保守的省份,湖南人的激烈性格使之冲突激烈,康有为、梁启超一派的介入又使之格外引人注目。湖南两派的对立,影响到了北京。除前节已述杨深秀两次上奏外,湖南籍保守京官左都御史徐树铭、御史黄均隆亦有相同的行动,先后上奏攻击湖南维新运动,而光绪帝皆未加处置,旨意十分明确。[1]

戊戌政变发生后,慈禧太后关注点是康有为及其北京的同党,对湖南并未十分注意。八月十二日(9月27日),御史黄桂鋆上奏攻击湖南维新运动,要求捉拿黄遵宪、熊希龄等人,罢免陈宝箴、徐仁铸,派员接任。[2] 慈禧太后于十四日下令将翰林院编修、湖南学政徐仁铸革职,十六日派户部侍郎吴树梅为新任湖南学政。此为首次涉及到湖南。八月十六日(10月1日),给事中张仲炘上奏攻击湖南维新运动,指名黄遵宪、熊希龄等人。[3] 八月二十一日(10月6日),湖南籍御史黄均隆上奏攻击湖南维新运动,指名陈宝箴、黄遵宪、熊希龄、陈三立、江标,涉及康有为、张荫桓、梁启

---

[1] 湖南籍左都御史徐树铭上奏两折两片,对于维新各说及保卫局表示反对,光绪帝下旨"存"。四月二十五日,湖南籍御史黄均隆上奏"湖南讲求时务有名无实折",攻击陈宝箴、梁启超、熊希龄、谭嗣同、黄遵宪等人,要求下旨令湖南巡抚陈宝箴另择人主持时务学堂,并解散南学会、撤消保卫局,光绪帝再下旨"存"(参见拙著:《从甲午到戊戌:康有为〈我史〉鉴注》,第631—632页)。光绪帝的这一做法,明显表示其站在康有为一边。

[2] 《戊戌变法档案史料》,第468页。

[3] 《戊戌变法档案史料》,第470页。

超、谭嗣同等人（皆是慈禧太后深恶痛绝之人），其中最重要的一段是：

> 陈宝箴信任梁启超、黄遵宪、熊希龄等……屡保康有为、杨锐、刘光第等，其称康有为至有"千人诺诺，不如一士谔谔"等语。……今逆党已明正典刑，陈宝箴应如何惩治之处，出自圣裁。[1]

黄均隆此折，是湖南籍保守京官与康有为一派斗争的继续。[2]但他完全歪曲了陈宝箴原折之意，将要求"自行毁版"称之为"保举"。慈禧太后不知陈宝箴前折之具体内容（此时似也无人敢以真情相告），盛怒之下，将该折中言及之人全部重惩：

> 湖南巡抚陈宝箴以封疆大吏滥保匪人，实属有负委任。陈宝箴著即行革职，永不叙用。伊子吏部主事陈三立招引奸邪，著一并革职。候补四品京堂江标、庶吉士熊希龄护庇奸党，暗通消息，均著革职，永不叙用，并交地方官严加管束。

此处"滥保匪人"的"匪人"，应指康有为。当日，慈禧太后并令军机处电寄谕旨给张之洞：

> 湖南省城新设南学会、保卫局等名目，迹近植党，应即一并裁撤；会中所有学约、界约、札说、答问等书，一律销毁，以绝根株。著张之洞迅即遵照办理。[3]

该电旨中的内容，亦为黄均隆弹章所言。湖南是戊戌政变后惟一受到惩处

---

[1]《戊戌变法档案史料》，第472-473页。
[2] 皮锡瑞在光绪二十四年九月二十一日日记称："右帅为湖南人所鹅，弹章五上，徐为之倡，言及梁启超事，长信震恐……"（《湖南历史资料》，1981年第2辑，湖南人民出版社，第144页）皮锡瑞该日所记传闻多有不准确之处，然"弹章五上"，大体是准确的，"徐"为徐树铭，是当时湖南京官品级最高者。徐树铭、黄均隆、黄桂鋆、张仲炘到黄均隆第二次上奏，确为五次。此后黄桂鋆、张萌鹤等人继有弹章。
[3] 军机处《随手档》《电寄档》，光绪二十四年八月二十一日；《光绪宣统两朝上谕档》，第24册，第445页。此外另有罢免黄遵宪及将其密加看管之旨。

与清算的省份，原因是康有为一派的活动及其人事关系。

裁撤南学会、保卫局的电旨，总理衙门于八月二十一日申刻发，二十二日寅刻（早上3-5时）到。[1]张之洞奉旨后立即执行，于当日（10月7日）戌刻（下午7-9时）发电湖南巡抚陈宝箴、布政使俞廉三、按察使李经羲：

> 总署来电，奉旨……自当钦遵裁撤销毁。查南学会应即日停撤，保卫局详细情形，未据湖南臬司详晰禀报。该局意在仿照洋街巡捕，究竟有无植党情事，近日绅民议论若何，每年实需经费若干，筹款是否有著，今裁撤以后应否改归保甲局，应如何另定章程，即请台端妥筹电示，并饬该司等妥筹速复。至会中学约、界说、札记等书，饬该司等务即密速查获，所有版片印本迅即解送鄂省，不得遗漏一件，以便在鄂销毁，俾昭核实，即候示复。该司等并即会衔电复。养。[2]

张之洞的这份电报，自是例行公事，但其中也提出了保卫局的问题，并提出将来改归保甲局的方案；至于将所有版片印本解送湖北，也隐隐有暗中保护之意，以免湖南各派互攻。陈宝箴于八月二十三日（10月8日）回复一长电，说明南学会已在四月停止讲学，只是供人阅读书籍，学约、界说、札记只存于学堂，将派司检呈，然后以很大的篇幅，介绍新设立的保卫局：

> ……湘省向设保甲总局，委道府正、佐各员及大小城绅数十人，合同办理，而统于臬司，几糜金钱三万余串，久成虚设，痞匪盗贼充斥市廛。现在西人往来络绎，倘被激成巨衅，必致贻误大局。乃与署

---

[1] 总署来电，八月二十一日申刻发，二十二日寅刻到；《北京来电·三》，光绪二十四年；《张之洞存北京来电稿·光绪十六年至二十四年》，所藏档号：甲182-407；又见《张之洞电稿》光绪二十四年一月至八月，所藏档号：甲182-455；又见《张之洞存各处来电》，第35函，戊戌第6册，所藏档号：甲182-137。

[2]《张之洞全集》，第9册，第347页；张之洞亲笔原件见《张之洞电稿》光绪二十四年一月至八月，所藏档号：甲182-455。

> 臬司黄遵宪议仿欧洲法，设创巡捕。该司久历外洋，参酌中外情势，竭数月之力，议定章程数百条，至为精密。惟以臬司事繁，万难兼顾遽办，及交卸回任，乃令以长宝道专办此事，且预为岳州自行通商设立巡捕、挑选备用之地。惟当积重难返、人情极玩之时，非改易观听，不能有功，乃尽汰易向办员绅，改名保卫局，而谣谤起矣。……箴力持，决令试行三四月再定行止。开办之日，痞匪竟聚众哄毁城外三局，亦坚不为动。布置既定，匪徒无可涸迹，相率散遁。逾一月，盘获拐带窃盗甚重，交新设迁善所分别收管习艺。迄今三阅月，城市肃清，商民无不称便……宝箴申。漾。[1]

陈宝箴虽奉严旨，仍有意保全保卫局。八月二十四日，湖南布政使俞廉三、按察使李经羲发电：

> 督宪张宪台钧鉴：电谕敬悉。南学会自四月底停讲，现仅准人看书。从前讲义，列于《湘报》，另无刊本。孺约、界说、答问、札记连封面，共版一百四十一块，皆存学堂，均已查提备解，印本亦派员搜集，会所即日遵停，司事人等亦即裁撤。保卫局细情，已由右帅电复。初办时议论不一，近尚相安，每月局费需洋银万余元，公款难筹，捐集尚无把握。今既遵旨裁撤，似应改归保甲，加以整顿，另定章程，庶臻周密。是否有当，伏候宪台定议，谕饬遵办。本司廉三、经羲。迥。[2]

在该电中俞廉三等人主张将保卫局改为保甲局，另定章程，这也是张之洞前电之意。张之洞于八月二十五日（10月10日）丑刻（早上1-3时）收到

---

[1]《张之洞全集》，第9册，第347-348页；抄件又见《张之洞电稿甲编》，第62册，所藏档号：甲182-47。陈宝箴此电署"漾"，为二十三日之代日，该电抄件称："八月二十四日子刻发，酉刻到。"

[2] 长沙俞藩司、李臬司来电，光绪二十四年八月二十四日戌刻发，二十五日丑刻到，《张之洞存各处来电》，戊戌第6册，所藏档号：甲182-137。

此电,于当日辰刻(7-9时)电奏,报告此中的情况。[1]

然而,八月二十一日慈禧太后罢免陈宝箴、陈三立等四人的谕旨,由于不是电旨,总理衙门于八月二十二日(10月7日)申刻(下午3-5时)发,当日亥刻(晚9-11时)到达武昌。[2]张之洞奉到该电,很可能大吃一惊。自从杨锐等人不审而诛之后,张之洞已身感政变后的萧寒。陈宝箴的罪名是"滥保匪人",陈也确实保举过"戊戌六君子"中的杨锐、刘光第两人,但张之洞绝不会想到,慈禧太后因黄均隆的不实之词,误以为陈保举康有为而将之罢免。[3]八月二十三日中午,张之洞分别发电其子张权、刑部主事乔树枏,探询情况。[4]当日,陈宝箴发电张之洞,谈派学生留学日本之事,仍不知其已被罢免之事。[5]八月二十四日(10月9日),张之洞亲笔写下致陈宝箴电报:

---

[1]《张之洞全集》,第4册,第473页。

[2] 总署来电,八月二十二日申刻发,亥刻到,《北京来电·三》,光绪二十四年,《张之洞存北京来电稿·光绪十六年至二十四年》,所藏档号:甲182-407;又见《张之洞存各处来电》,戊戌第5册插入之页,所藏档号:甲182-136。罢免陈宝箴等四人之旨,属廷寄谕旨,当时有用电报发,也有仅用驿递发。

[3] 刘坤一在给欧阳润生信中称:"承示陈右帅函及'厘正学术疏稿',读竟为之喟然。夫祸患必有由来,君子小人各以其类。乃康有为案中诖误,内则翁中堂,外则陈右帅,是皆四海九州所共尊为山斗为柱石者,何以贤愚杂糅至此!若保康有为以致波及,闻翁中堂造膝陈词,亦是抑扬之语,右帅此疏,更足以自明矣。……右帅抉其隐微,斥为异说,伤理害道,甚至比之于言伪而辩行僻而坚两观行诛之少正卯,并将所著书自行销毁,而犹诬指为康党也耶!"(《刘坤一遗集》,第5册,第2230页)"若为保康有为以致波及"一语,很可能刘坤一已猜出"滥保匪人"的罪名,与康有为有关。欧阳霖,字润生。

[4] 八月二十三日,张之洞发电张权:"陈、江等获咎,是否有人劾,抑内中查出,即刻复。"后又删改为"湘事何以忽然想到,即刻复。"(八月二十三日午刻发,《张之洞电稿》光绪二十五年二月至八月,所藏档号:甲182-457;原整理者有误,根据内容,发于光绪二十四年)同时发电乔树枏:"湘水生波,因何而起?"(光绪二十四年八月二十三日午刻发,出处同上)相关的情况,可参见本书第三章第一节。

[5] "督帅张:日间正拟以学生赴日本事请示,适奉祎电,感悉。湖南拟送五十名,武备三十名,各门二十名,派绅云南补用知州黄忠勷带往,即在彼监督照料。现学生已考选额,仍送入公所小住一月,由监督审察汰留,以符五十人之数。亦拟十月送往,并恳挈衔会咨。伊藤是总督奏令来鄂否?乞电节庵见告大意为盼。箴叩。漾。"长沙陈抚台来电,光绪二十四年八月二十三日巳刻(上午9-11时)发,未刻到,《张之洞存各处来电》,戊戌第6册,所藏档号:甲182-137。

> 急。长沙陈抚台。贤桥梓忽遭袿误,不胜骇叹。因何挑动,未喻其故,尊处知之否?湘省失此福星,鄙人失此德邻,如何如何?以后湖南教案、开埠、铁路三事,必然枝节丛生,三湘无安枕矣。铁路如必不能办,只可缓办,教案、开埠,人岂容我缓哉?且路款已借,亦不能缓。思之忧灼,夜不成寐。新令尹尚未知何人。先此奉慰。敬。[1]

张之洞此电情真意切,其中提到的诸多教案、岳州开埠、粤汉铁路,在思想相对保守的湖南皆是难办之事。[2]当日,张之洞又发电盛宣怀和正在北京的瞿廷韶,询问新任湖南巡抚的人选。[3]恰张之洞发电未久,陈宝箴于二十四日未刻(下午1-3时)发来电报:

> 督帅张:李臬司因病,急欲交卸。部文已到,拟委夏道献铭暂行接署。箴父子俱蒙恩,不加严谴。至印务应如何交代,今日想可奉旨矣。箴叩。敬。[4]

从此电来看,陈宝箴已奉到革职的谕旨,但尚未接到张之洞"敬电"。该电只称"俱蒙恩,不加严谴",无一语称怨,实有古大臣之风度;[5]他将谕旨

---

[1]《张之洞全集》,第9册,第348页;张之洞亲笔原件见《张文襄公电稿墨迹》,第2函第10册,所藏档号:甲182-219。

[2]此时湖南岳州正在办理自开口岸事,可参见本书第六章第六节。

[3]张之洞发电盛宣怀:"新湘抚放何人?速示。洞。敬。"(八月二十四日巳刻发,《张文襄公电稿墨迹》,第2函第10册,所藏档号:甲182-219)张还发电瞿廷韶:"右铭获咎,不知因何发端?新湘抚放何人?"(光绪二十四年八月二十四日午刻发,出处同上)瞿于次日复电:"右帅以滥保匪人获咎,闻湘绅及谏官参折甚多,想由新政谕旨结怨。遗缺放俞廉三。"(光绪二十四年八月二十五日未刻发,二十七日子刻到,《张之洞存各处来电》,戊戌第6册,所藏档号:甲182-137)相关的情况,可参见本书第三章第四、六节。

[4]长沙陈抚台来电,光绪二十四年八月二十四日未刻发,酉刻到,《张之洞存各处来电》,戊戌第6册,所藏档号:甲182-137。

[5]皮锡瑞于光绪二十四年九月十六日,于欧阳中鹄家中见到陈宝箴,在日记中称:"适右帅至,得一见。彼天君泰然,一无激词,得大臣度。"《师伏堂日记》,《湖南历史资料》,1981年第2期,湖南人民出版社,第140页。

中"滥保匪人"一语，理解为保举杨锐、刘光第两人。[1]而当陈宝箴收到张"敬电"后，又于八月二十五日亥刻（晚9-11时）回电：

> 奉敬电，具蒙勤注，感刻零涕。湘中三年，幸叨广荫，获免颠隮，而溺职辜恩，复以丛疚之身，辱当世之士，为可痛耳。保卫局足为商埠程式，即欲创行新政，如印花税等类，亦非此不行。其法用意精深，实为一切善政始基，弃之良可痛惜。愿宪台派见信晓事之人，与湘密察事实，及商民向背，不行于湘，犹冀得行鄂汉，以闲执逸匿之口，留他日维新一线之机也。热血乍冰，忍勿能已，辄为我公一倾吐之。箴叩复。有。[2]

陈宝箴已是被罪之身，并未为其父子之莫须有罪名而辩解，只是希望能够保全保卫局，并请张之洞将之推广到湖北的汉口。张之洞于八月二十七日（10月12日）复电：

> 漾、有两电悉。保卫局似不能有植党情事，惟严旨令撤，不能不撤。已电饬两司，改归保甲局……[3]

与此同时，张之洞又发电俞廉三、李经羲、夏献铭：

> ……保卫局即是洋街巡捕，其详章敝处未能深悉，广询湘人，均言近来颇有成效，尚无植党情事。至兼办迁善习艺，教养穷民等事，乃地方应办之事。惟经费稍多，不易筹。窃谓若商民以为有益，自愿

---

[1] 后陈三立作《先府君行状》，称言："……二十四年八月，康、梁难作，皇太后训政，弹章遂蜂起。会朝廷斥诛四章京，而府君所荐杨锐、刘光第在其列，诏坐府君'滥保匪人'，遂斥废。"《陈宝箴集》，下册，第2002页。

[2]《张之洞全集》，第9册，第348页；抄件又见《张之洞电稿甲编》，第62册，所藏档号：甲182-47。发电时间据抄件。"以闲执逸匿之口"之"闲"字，据抄件改。该电发表时删去"安维理理屈词穷，已于廿三日瑟缩而去"一句。

[3]《张之洞全集》，第9册，第349页，张之洞亲笔原件见《张之洞电稿》光绪二十四年一月至八月，所藏档号：甲182-455。

捐赀,似可仍用旧日保甲局之名,而力扫冗滥糜费、敷衍具文之积习,采取保卫局章,参考民情,斟酌妥善。……明春岳州开埠,系我自设巡捕,此项章程留为岳州开埠之用,亦甚有益。……至原定章程数百条,敝处并未得见,望速寄并转达陈中丞为感。感。[1]

张之洞两电的基本意思,是在"保甲局"的名义下行"保卫局"之实,这是奉严旨而采取的回避周旋之法。张还根据陈电中提议,将之推广至即将开埠的岳州。陈宝箴和俞廉三等人对此均有复电,而陈宝箴再次建议在汉口试办。[2]由此,保卫局实际上被保全下来。[3]光绪二十四年十二月二十六日(1899年

---

[1]《张之洞全集》,第9册,第349页;张之洞亲笔原件见《张之洞电稿》光绪二十四年一月至八月,所藏档号:甲182-455。

[2]陈宝箴电称:"武昌督帅张:查保卫局章程,该局已详奉批示,想收文人因有册数本,未列入提要,故偶未见耳。仍饬检呈为速。此事实大善政,将有夜户不闭之效。失火五次,未然(燃)。举一即可例余。若能行之汉口,为益逾大矣。箴叩。东。"(长沙陈抚台来电,光绪二十四年九月初一日未刻发,申刻到。《张之洞存各处来电》,第35函第7册,所藏档号:甲182-137)俞廉三等电称:"武昌张督宪钧鉴:电谕祗悉。保卫局裁撤,应改循保甲名目,查考昔行局章,扫除疲玩积习,参用保卫新规。惟筹费为难,实缴方能作准。现由绅董向商民集议,出于自愿,每年捐款若干,合原有保甲常年经费二万余串,量入为出,酌核办理。大致裁并局所,省节浮费,从缓抽裁巡丁,汰惰留勤,方臻周密。闻民间亦有愿出费者,数目恐不能多。俟有端倪,即行会详。将来岳州开埠,即仰此项巡丁为教习,甚为便宜。章程、版片,另详派员送鄂。本司廉三、经羲、献铭谨禀。"长沙俞抚台、李藩司、夏臬司来电,光绪二十四年九月初三日酉刻发,亥刻到。出处同上。

[3]光绪二十四年十月十四日,湖南籍京官御史张荀鹤再次上奏,攻击保卫局,并称"候选道左孝同把持尤甚,……将改保甲之名,仍行保卫之实。……臣籍隶湖南,不忍缄默,相应仰恳天恩,饬谕湖南抚臣俞廉三,将保卫局章程概行销毁,仍复保甲局旧章……"(《戊戌变法档案史料》,第490页)清廷当日命湖南巡抚俞廉三:"有人奏……湖南保卫局既经裁撤,所有该局章程自应一律销毁,仍复保甲局旧章,即著俞廉三督饬府县,将保甲局事宜,认真兴办,以靖地方。候选道左孝同有无把持局务,依附奸邪,著俞廉三确切查明,据实具奏。"(《光绪宣统两朝上谕档》,第24册,第526页)由此可见保全之事压力甚大。此后,俞廉三将查办左孝同之事告张之洞,张回电称:"长沙俞抚台。来函示及左孝同被参各节,深为骇异。去年湘省开保卫局,因保甲避乡绅士、大府委左随同办理,一切皆黄遵宪主持,通国皆知,至主民权、改服色等事,尤无影响。《湘报》中从无左一语,是其确证。此皆鄙人所深知,湘省官绅所共见,可以饬查。其在沪上游学,江省自能办其虚实,其牵涉冢事,种种文离,湘中诸绅更当深知。左文襄公勋德名臣,而怨家必欲诬毁其后裔,真不可解。台端必能察访确情,主持公道,代为申雪。三湘士夫同深感仰。何时复奏,祈示复,洞。谏。"光绪二十五年八月十六日辰刻发,《张文襄公电稿墨迹》,第2函第11册,

2月6日），张之洞上奏"裁撤南学会并裁并保卫局折"，对保卫局多有维护词句，称已改为保甲局；"张之洞档案"中存有该折底稿，其中一段是张之洞亲笔加上的：

> 臣复于湘省来鄂官绅，详加询考，据称，保卫局系变保甲之名，而行保甲之实，颇有成效，尚无植党情事等语。[1]

很可能是由于这一经历，张之洞后在武昌、汉口试办警察，为中国最早的近代警察事务开展地区之一。

慈禧太后在罢免陈宝箴后，于光绪二十四年八月二十二日（1898年10月7日）下旨，命湖南布政使俞廉三升任湖南巡抚。[2]时在上海的盛宣怀也于二十四日发电，向张之洞报告这一消息。[3]俞廉三本是张之洞在山西巡抚任上的旧属，光绪二十年任湖南按察使，二十二年升山西布政使，二十四年二月改湖南布政使。[4]而由湖南布政使超擢湖南巡抚，且当此戊戌政变之后的特殊政情，俞廉三一时感觉莫名，发电张之洞，有意辞任：

> 武昌督宪张钧鉴：廉接京电，奉旨升任湘抚，闻命惶悚。湘本难

所藏档号：甲182-219。

[1]《紧要折稿》光绪二十四年五月至十二月，该折注明："缮折：王家槐；对折：沈伟、朱承均。"《张之洞紧要折稿》，第12函，所藏档号：甲182-14；《张之洞全集》，第3册，513—514页。该折奉朱批："知道了。即著严饬湖南保甲局认真办理，毋得有名无实。"

[2]《光绪宣统两朝上谕档》，第24册，第447页。该旨同时命山东按察使毓贤升任湖南布政使。

[3]"督署：湘抚放俞廉三，湘藩调毓贤，鄂藩放善联。补。"（上海，盛督办，光绪二十四年八月二十四日酉刻发，二十五日丑刻到。《张之洞存来往电稿原件》，第14函，所藏档号：甲182-385）

[4] 参见《清代官员履历档案全编》，第6册，第101、292页。光绪二十四年二月，湖南布政使何枢与山西布政使俞廉三对调，很可能有陈宝箴等人运作。又，《陈宝箴友朋书札》中存有俞廉三在山西藩司任上给陈宝箴的两信，其中谈到了山西的政治内情。其一信称："省门同官八人，除理事、通判内用旗员、不ließ地方公事外，院与臬司、同知、首县为同乡，与首道为房荐师生，于首府为会试同年，呼吸灵通，声气联络，与本司均素无交谊。若非竖起脊梁，脚踏实地，断难一日相处。然苍茫独立，况状可知。"另一信谈到方孝杰、刘鹗等出卖山西路矿权益，俞进谏不听，"廉三日坐愁城，无可告诉，用敢伸纸疾书，直舒胸臆，惟大人有以教之。"柳岳梅整理：《陈宝箴友朋书札》（四），《历史文献》，第6辑，第171—173页。

治,值此时艰,封疆任大,即声望素著者,居尚不易,况廉短材新进,于兵事洋务,素未讲求,岂堪独当一面。且两司暂署,俱难其选,辅助无人,必多贻误。在一身荣辱不足计,而偾事负恩,关系非浅,且有伤于大人知人之哲。湘为辖下,宪怀必不忍其败坏。量而后入,臣子之分。务求于部文未到前,将廉难以胜任之处,据情电奏,另简贤能。此恳实出至诚,并非畏难推诿,谅蒙鉴察。应如何措词上陈,并乞酌,千万叩恳。廉三禀。有。[1]

张之洞于八月二十七日(10月12日)复电俞廉三,言辞甚切:

> 长沙新授抚台俞:有电悉。开府大喜,欣贺。尊意拟辞湘抚,具仰谦退盛节,佩甚。惟方今朝旨森严,鄙人实不敢代为上达,阁下亦不宜自奏,总以诸事静听朝命为妥。切要。请商右帅及同人,当以鄙言为然。洞。感。[2]

张之洞明确表示反对,并让俞廉三与陈宝箴商量此事。从"张之洞档案"中可见,俞廉三此后事事皆向张之洞请示,张亦经常指点迷津,湘鄂关系一如从前。

由于吏部咨会于光绪二十四年九月十六日方到,陈宝箴与俞廉三的交接于九月十七日(10月31日)进行。[3] 在此之前,张之洞一如官场旧规,对湘省事务共同发电或分别发电新旧两抚,并未因陈宝箴获罪罢免而稍有差异,其事务涉及派员去日本留学、湖南军职任免、福建船厂银两和最为麻烦的教案等项。九月十七日,俞廉三发电张之洞:"制宪张钧鉴:廉定十七接印。可否委但道湘良署藩司,况道桂馨署粮道? 候复示。廉叩。

---

[1] 长沙俞抚台来电,光绪二十四年八月二十五日亥刻发,二十六日丑刻到,《张之洞存各处来电》,戊戌第6册,所藏档号:甲182-137。

[2] 光绪二十四年八月二十七日亥刻发,《张文襄公电稿墨迹》,第2函第10册,所藏档号:甲182-219;抄件又见《张之洞电稿丙编》,第76册,所藏档号:甲182-95。

[3] 陈宝箴:"奏报交卸日期折",光绪二十四年九月十七日,《戊戌变法档案史料》,第483页。

霰。"[1]九月十八日，陈宝箴、俞廉三联名发电张之洞："督帅张：铣电谨悉。廉已于十七接篆。箴定廿日开船。谨同复。"[2]

八、尾声

光绪二十四年九月十八日（1898年11月1日），陈宝箴发电梁鼎芬，并抄送此时正在武昌的新任贵州布政使于荫霖：

> 督署梁节庵：箴已交卸，从此不问人事，为之洒然。定廿日开船，因挈亡室榇，过鄂拟不泊。至浔后，再青鞵布袜走谒南皮与次公及公辈，聚谈一夕而返。乞鉴，并代白。箴。啸。[3]

陈宝箴的电报，用词极为委婉，虽称"不泊"，又称"代白"，隐隐有让梁鼎芬请张之洞出面挽留相邀之意。然此时梁鼎芬已赴上海，并转往镇江焦山，张之洞随即发电梁鼎芬：

---

[1] 长沙俞抚台来电，光绪二十四年九月十七日巳刻发，午刻到，《张之洞存各处来电》，戊戌第8册，所藏档号：甲182-137。张之洞复电称："霰电悉。履新大喜，敬贺。但道署藩，况道署粮，既经裁酌，自必妥善。请即照委。洞。洽。"光绪二十四年九月十七日酉刻发，《张之洞电稿丙编》，第75册，所藏档号：甲182-94。

[2] 长沙陈、俞抚台来电，光绪二十四年九月十八日午刻发，未刻到，《张之洞存各处来电》，戊戌第8册，所藏档号：甲182-137。张之洞的"铣电"称："致长沙陈抚台、新授抚院俞中丞：据江汉关俞道禀：接九江关诚道函称，昨准来电，以英教士安维理在湘抚署强保要犯等因，当经函商英领事，将安教士撤回，并先电复在案。兹据英领事复函，以护照载明，如该教士有不法情事，就近送交领事官惩办。兹安教士在湘省如有不法，是湘抚院尽可就近送交驻汉领事官惩办等因函复前来，祈转禀等语。特奉达。洞。铣。"光绪二十四年九月十六日亥刻发，《张之洞电稿》（光绪二十四年九月至十月），所藏档号：甲182-455；抄件又见《张之洞电稿丙编》，第75册，所藏档号：甲182-94。这是张之洞最后一份发给陈宝箴的官电。又，安维理是临湘县教堂英国教士，因强保匪徒谭文达，大闹湖南巡抚衙署。陈宝箴于八月二十日有详电给张之洞，并请由江汉关道与英国领事进行交涉。《张之洞存各处来电》，戊戌第6册，所藏档号：甲182-137。

[3] 长沙。送于藩司。光绪二十四年九月十八日午刻发，午刻到，《张之洞存往来电稿原件》，第14函，所藏档号：甲182-385。"挈亡室榇"，指随带其夫人黄氏棺榇回籍安葬之意。"青鞵"，似为"青鞾（鞋）"。"次公"，于荫霖，字次棠。于荫霖在赴任途上重病，此时正在武昌养病。

> 镇江电局，专差速送焦山，探交梁太史。觉叟电，箴已交卸，廿开船。因挈眷，过鄂不泊，至浔后，再回鄂聚谈等语。雅转。啸。[1]

过了一天，九月十九日（11月2日），张之洞思之不妥，另请幕中人士发电陈宝箴：

> 急。长沙陈抚宪鉴：啸电帅座暨次公均呈阅，节已赴沪。宪舟过鄂，拟请稍驻，有事面陈。恩。效。[2]

"恩"，似为王秉恩，该电请求陈宝箴过鄂停留，显然是张之洞之意。然该电发于亥刻（晚上9-11时），虽是急电，次日开船的陈宝箴能否及时收到，仍然是个问题。"张之洞档案"存有湖南电报局一电，称言："督署鉴：陈右帅今日午刻开船。湖。"[3]此电当为复电，答复湖广总督衙门的询问，发于二十日申刻，当日酉刻（下午5-7时）收到。张之洞收到此电后，于二十日（11月3日）亥刻（晚9-11时）再发电：

> 岳州。陈抚台：台旌东下，过武昌时，务望留两三日，一罄积怀。已于纱局扫榻以待，局楼临江，登舟甚便。于次公病已愈，程雨亭亦将到，可以共谈。节庵赴沪，须月底方回。祈示复。洞。号。[4]

---

[1] 九月十八日亥刻发，《张之洞电稿》光绪二十四年九月至十月，所藏档号：甲182-455。"觉叟"，陈宝箴，晚年自号四觉老人。"雅"，广雅，张之洞自谓。梁鼎芬于九月二十三日来电："督署：安到，今返沪。请转于：病愈未？赴滇抑在鄂？告。或往湘？念及。敷。漾。"镇江。梁太史。光绪二十四年九月二十三日酉刻发，亥刻到，《张之洞存来往电稿原件》，第14函，所藏档号：甲182-385。从该电来看，梁鼎芬此时尚未收到张之洞此电。又，梁鼎芬赴上海事，参见本书第六章第七节。

[2] 九月十九日亥刻发，《张之洞存来往电稿原件》，第14函，所藏档号：甲182-385。

[3] 湖南电。光绪二十四年九月二十日申刻发，酉刻到，《张之洞存来往电稿原件》，第14函，所藏档号：甲182-385。

[4] 光绪二十四年九月二十日亥刻发，《张文襄公电稿墨迹》，第2函第10册，所藏档号：甲182-219。"纱局"、"局楼"皆指湖北纺纱局。"程雨亭"，程仪洛，江苏候补道，此时由张之洞奏调办理湖北商务局。

此电为张之洞亲笔，读起来情意切切，发电至岳州，用意当是请岳州电报局送往陈宝箴的座船。然这一份电报，陈宝箴很可能也没有收到。长沙电报局于九月二十六日回电称："督院鉴：陈中丞的系廿日由省开船，因风阻，于今早过洞庭湖。顷得岳电，于未刻过岳。长局禀。"[1]而岳州电报局于九月二十六日回电又称："督署鉴：陈中丞于今午后过岳，未停轮。号电已由县专红船赶送。岳局复。"[2]可见陈宝箴的座船因风受阻于洞庭湖，至二十六日未刻（下午1-3时）过岳州，又为赶时间而未在岳州停留。从现存"张之洞档案"来看，陈宝箴似未到武昌停留；他回到南昌后，也未再去湖北。由此至光绪二十六年六月二十六日（1900年7月22日），陈宝箴"忽以微疾卒"。[3]两人终未能相见。[4]

---

[1] 长沙。光绪二十四年九月二十六日戌刻发，亥刻到，《张之洞存来往电稿原件》，第14函，所藏档号：甲182-385。
[2] 岳州电局。光绪二十四年九月二十六日申刻发，酉刻到，《张之洞存来往电稿原件》，第14函，所藏档号：甲182-385。又，陈宝箴当时乘坐小轮船，县里专红船似难以赶上。
[3] 参见陈三立：《先府君行状》，《陈宝箴集》，下册，第2004页。
[4] 从"张之洞档案"来看，此后未见陈宝箴的文电，亦未见相告陈宝箴去世之电。此时正是八国联军进攻之时，局势大乱，很可能当时已无法正常发电发信，张之洞也无暇顾及于此。

附录一　陈宝箴之死

宗九奇先生作《陈三立传略》，称言：

> 据近人戴明震先父远传翁（字普之）《文录》手稿，有如下一段记载："光绪二十六年（庚子）六月二十六日，先严千总公（名闵炯）率兵弁从巡抚松寿驻（驰）往西山靖庐，宣太后密旨，赐陈宝箴自尽。宝箴北面匍伏受诏，即自缢。巡抚令取其喉骨，奏报太后。"[1]

宗先生据此认为，陈宝箴在庚子年间由慈禧太后"赐死"。宗先生所引的这一条记载本属荒诞不经，然庚子年（光绪二十六年）本是荒诞不经之年，多有荒诞不经之事，且"己亥立储"之后，上海等地也有相应的传闻。[2] 此一"赐死"说，也引起了一些论者之关

---

[1]《江西文史资料》，江西人民出版社，1982 年第 3 辑，第 119 页。
[2] 宋恕在光绪二十六年春写信给其内弟孙仲恺，称言："……经（指经元善）既得保，成济、贾充辈大怒，于是下密电两江，着将翁师相、沈太史立刻就地斩决，以绝帝党之领袖。现已监禁苏狱，陆中丞欲免其死，电奏假报疯求宽，未知得免否？翁师相住宅已发兵围守（数日内事），闻有日本义士救之出难，或云已逼令自尽，二说未知孰实？荣、刚又下密电于江西，着将陈宝箴中丞就地正法，其余稍涉帝党，无不着令严拿。上海派密差七八人专拿帝党，除文廷式学士、宋伯鲁御史、张元济主事指拿立决外，计开发电谏阻之五十人，一一严拿，以特指出三人严之又严者，一为叶瀚（杭州诸生）、一为王季列（吴人）、一为汪诒年（汪康年之胞弟）。……看来陈中丞如不出亡海外，必不能免死。……闻此外各省指拿名士又共有三百余人（此信已确，惟名单未传于外）。但未知地方大吏实在举行否耳？情形已与明代末年无异。"（胡珠生编：《宋恕集》，中华书局，1993 年，下册，第 700–701 页）"成济"，三国后期曹魏武将，"贾充"，西晋开国元勋，司马家族的亲信大臣。贾充曾指使成济，刺死魏主曹髦。此处暗指刚毅等人。"翁师相"，翁同龢。"沈太史"，

注。[1] 但我个人以为，此说过于离奇，似不可采信。

其一、清代杀大臣是一件大事，须得有明确的谕旨。所谓"密旨"、"密奏"，只是不公开而已，在清朝档案中皆应有相应的记录。此前被处死的前户部侍郎、总理衙门大臣张荫桓，吏部侍郎、总理衙门大臣许景澄，太常寺卿、总理衙门大臣袁昶，兵部尚书、总理衙门大臣、前军机大臣徐用仪，内阁学士、总理衙门大臣联元，户部侍郎、总管内务府大臣立山，在档案中皆有明确的谕旨。清朝此时档案大体完备，为何查不到慈禧太后或光绪帝"赐死"陈宝箴的谕旨和江西巡抚松寿执行后报告的奏折？且我所见过的各种档案中，也从未见过与此"赐死"谕旨相涉的任何记录。再查军机处《随手档》光绪二十六年六月二十六日至十一月二日，即陈宝箴之死至松寿作为江西巡抚最后一批奏折到达行在（西安）之日，军机处共19次收到松寿上奏的正折55件、附片41件、附单20件、电奏3件，从军机章京的"摘由"来看，皆无与"赐死"有关的内容。[2] 若说是慈禧太后的口谕，没有文字记载，松寿曾任总理衙门章京多年，知道清代制度之严，仅凭着口谕，又何敢执行？更何况当时京、津等地的电报线已被义和团所焚毁，清廷的电旨最初先用"六百里加急"送到保定发出，后又改送到山东济南再发出，有着多道环节，杀张荫桓的谕旨是用"六百里加急"的传统方式送出，何以陈宝箴"赐死"之谕旨能如此不落痕迹？[3]

其二、若说是档案保存不全，军机大臣荣禄、王文韶皆是陈宝箴的京

沈鹏。"陆中丞"，陆元鼎。"荣"，荣禄。"刚"，刚毅。"发电谏阻五十人"，指联名发电反对"己亥立储"的名士五十人。从该信的内容来看，全非事实，但可以表明当时上海的传言之盛。宋恕是在上海的报纸上看到这些消息的。

[1] 参见桑兵：《庚子勤王与晚清政局》，北京大学出版社，2004年，第230页。

[2] 军机处收到松寿奏折的时间为：光绪二十六年七月初四日（六月二十三日发）、七月十四日、七月十五日、七月十六日、八月十二日（电奏）、八月二十一日、八月二十二日、闰八月初七日、闰八月十七日、闰八月二十六日、九月二十三日、九月二十八日、九月二十九日、十月初三日（电奏）、十月二十四日（电奏）、十月二十七日、十一月初二日、十一月十一日、十一月十二日。

[3] 杀张荫桓谕旨见《光绪宣统两朝上谕档》，第26册，第164页。又，光绪二十六年八月十二日清廷给江西巡抚松寿的电旨是用"六百里加急"送到济南，让袁世凯转发给松寿。

中奥援,当为知情者。陈宝箴的官场人缘甚好(与张荫桓相反),又从未担任京官,慈禧太后对他也不太熟悉,何以突然会有"杀机"?且在当时军情危急的情境下,慈禧太后又如何能有时间能有心情来操办此事?若慈禧太后真有此旨,荣禄、王文韶此时因地位下降而不能出手相救也罢,何以至辛丑之后形势大变时,他们仍未进言?荣禄死于光绪二十九年(1903),王文韶死于光绪三十四年(1908),他们竟然会至死都不进一言?若不便或不敢向慈禧太后进言也罢,何以又未留下相应的私人记载?

其三、陈宝箴若"赐死",陈三立当为知情者。他于光绪二十六年底返回南京,此事何以不说?若不方便说给别人听也罢,又如何能不告诉刘坤一?陈宝箴与刘坤一同属湘系,关系极好,陈三立不可能不告以真情。民国建立之后,已无政治忌讳,陈三立与沈曾植、梁鼎芬、陈宝琛、沈瑜庆、樊增祥等旧好乃至康有为、梁启超交往甚多,又为何不说?若不方便对旧朋新友说也罢,又何以不对陈寅恪等子孙说?

其四、江西巡抚松寿,以荫生任工部笔帖式,累迁至郎中,光绪九年至十六年任总理衙门章京,出为陕西督粮道、山东按察使等职,其任江西巡抚三年,后又出任河南巡抚、兵部尚书、察哈尔都统、闽浙总督等职,历官甚久甚多。他与京中高官及地方大吏极相熟,何以不说?手下幕客甚众,又何以不记?

其五、"千总"本是一下级武弁,不掌机要,至清末,由于湘、淮军之后的保举大行,很可能只是"衔名"。此等大事,何以竟由一下级武弁的子孙传出?先已言及,若是荣禄、王文韶、刘坤一、沈曾植、梁鼎芬、陈宝琛、沈瑜庆、樊增祥、康有为、梁启超、陈寅恪、松寿等人得知此事,必会有所言说,必会有所记载。真是满朝文武皆不知,密旨儿子不传孙,突有微员子孙出,说出惊天大秘闻。此又让人何以信之?而此说直接露出破绽之处,即是"取其喉骨"之情节。按照当时的律法与观念,"斩"与"绞"本是大有区别,"赐死"更含有"全尸"之"恩",松寿何以会有如此暴戾之恶行?且清朝"赐死"官员从无"取其喉骨"之先例。《文录》的作者似熟悉民间戏文,方有如此戏剧化的情节描写,熟知清代掌故者自可看出其谬。

近日又拜读了邓小军、刘梦溪、李开军三先生之宏文[1]与马卫中、董俊珏之大作,[2]方知此一史事已经开展了讨论。然我个人以为,晚清以降,文献与档案留存甚多,报刊等媒体已经出现,历史研究似应以直接史料为主,"以诗证史"虽可显示解读者的智慧,而在坐实史事上似又显得力道不足。诗之解读,本为主观,一人即可得一解。且此一史事至此已无人世间的一切忌讳,诗人们似也不必以如此曲折之方式来表达己见。史事研究与文学研究不同,古代文献不足与今日记载甚多不同。李开军所引护理江西巡抚周浩于光绪三十一年四月三日(1905年5月6日)的奏折,是一条很重要的证据,再次引录于下:

> ……陈宝箴钦遵交卸湖南抚篆,率其子陈三立回籍后,闭门思过,追悔异常。陈宝箴业于二十六年在籍病故。臣伏查陈宝箴父子受恩深重,当时情殷报答,过出无心。揆其心迹,尚有可原。况陈三立年壮才长,废弃不无可惜。兹据署藩司陈庆滋、署臬司锡恩会详请奏前来,可否仰恳天恩,俯准将已革原任湖南巡抚陈宝箴开复原衔、已革吏部主事陈三立开复原官,出自逾格鸿慈。除咨部外,谨会同署两江总督周馥恭折具陈,伏乞皇太后、皇上圣鉴训示。

该折的原件及军机处录副件皆存于中国第一历史档案馆,在原件上,有光绪帝的亲笔朱批:"著照所请,该部知道。"[3]再查军机处《随手档》,该折

---

[1] 邓小军:《陈宝箴之死的真相》,《诗史释证》,中华书局,2004年;刘梦溪:《慈禧密旨赐死陈宝箴考实》,《中国文化》,2001年第17、18期;李开军:《陈宝箴赐死考谬》,《文史哲》,2011年第1期。

[2] 马卫中、董俊珏:《陈三立年谱》,苏州大学出版社,2010年。

[3] 周浩原折见"朱批奏折",档号:04-01-01-1072-054,缩微号:04-01-01-163-1189,中国第一历史档案馆藏。该件曾影印出版,见《光绪朝朱批奏折》,第32辑,第842-843页。李开军先生引用的即是该版本。该折的军机处录副件见"录副奏折",档号:03-5618-011,缩微号:423-2486。中国第一历史档案馆藏。该抄件上录有朱批:"光绪三十一年四月二十日奉朱批:著照所请,该部知道。钦此。"

于光绪三十一年四月二十日（1905年5月23日）收到。[1] 周浩此处明言"在籍病故"，若是陈宝箴果真为"赐死"，周浩何敢上奏时以如此轻松的笔调奏请"将已革原任湖南巡抚陈宝箴开复原衔"、何敢言称"伏乞皇太后、皇上圣鉴训示"，光绪帝也不会朱批"著照所请"了。顺带地说一句，光绪三十三年十二月十一日（1908年1月14日），江西巡抚瑞良再次保举了陈三立，该折于十二月二十四日（1月27日）收到，光绪帝亲笔朱批："吏部知道。"[2]

附录二　张之洞与谭继洵父子、于荫霖的关系
——罗惇曧对《抱冰弟子记》的误读

由中国史学会主编、翦伯赞等人编辑的《中国近代史资料丛刊·戊戌变法》，是一套影响力很大的资料书。其第4册节录了张之洞的《抱冰弟子记》：

---

[1] 军机处《随手档》光绪三十一年四月二十日，录有"朱批周浩折。一、请将戊戌案内之陈宝箴开复原folder官其子开复原官由。著照所请，该部知道。交。"另录当日收到周浩其他折片九件的摘由。又，《清实录》记有此事：光绪三十一年四月"壬戌（二十日）……护理江西巡抚周浩奏，查明戊戌案内获咎人员情尚可原，请将已革原任湖南巡抚陈宝箴开复原衔、已革吏部主事陈三立一复原官。从之。（折包）"（中华书局，1987年，第59册，第231页）"折包"一语，说明当时的编者所依据的资料为军机处折包，即已经看到了档案原件。再又，朱寿朋编：《光绪朝东华录》亦记有此事：光绪三十一年四月"乙卯（十三日）……允周浩请，予戊戌案内已革湖南巡抚陈宝箴开复原衔。"（中华书局，1958年，第5册，总5342页）朱寿朋所记时间有误。
[2] 瑞良的原折见"朱批奏折"，档号：04-01-12-0659-083，缩微号：04-01-12-126-1122；该折的军机处录副件见"录副奏折"，档号：03-5495-073，缩微号：415-1497。中国第一历史档案馆藏。瑞良在奏折中称："查吏部候补主事陈三立，学识闳通，议论纯正，于新旧各学研究最深。奴才每与谈及时事，忠爱之忱溢于言表。自回籍以后，凡地方公益之事，时有建白，不干以私。前经学部奏充二等谘议官，本年江省设立学务公所，复由奴才咨请学部奏派该主事为议长，规画倡导，不遗余力，士论佥然。该主事前被公举为全省铁路协理，殚心路事，筹集股款，基础已立。适八月间总理易人，远近知与不知，函电交推，举为总理。其办事持大体而不偏激，其志趣崇切实而屏浮华。奴才前闻其名，及亲接言论，考察行事，益信其名实相副，实为江右杰出之人才。"瑞良自称与陈三立有较多的交往，熟悉其学识性情，而从瑞良的赞词中，可以看得出这是一位其父被慈禧太后"赐死"的人吗？

……某中丞素与龃龉，及罢官归，语人曰："为我致谢张公，吾父子惟有感激而已。"盖力劝其勿附康党，言之四次也（按某中丞指义宁陈宝箴，其子陈三立也）。某中丞自负而偏执，论事多不惬，及去官里居，始悟在鄂之多误（按某中丞指浏阳谭继洵，谭嗣同之父也）。（《张文襄公全集》卷二二八及罗惇曧《宾退随笔》）[1]

这是将《抱冰弟子记》与《宾退随笔》合编而一。就编者的用意而言，是恐读者不明白张之洞之所指，特将罗惇曧的按语作为提示附上，以方便读者。

然而，我以为，罗惇曧的这一说法是错误的。而这一错误的说法又因《中国近代史资料丛刊·戊戌变法》的流行而广为传播，也有一些学者未细加分辨而采信之。由此须得细加说明，以能予以纠正。

罗惇曧（1872—1924），广东顺德人，名士。曾入广雅书院，亦入万木草堂，在晚清任邮传部郎中，至民国又任袁世凯总统府秘书等职。[2] 所著《宾退随笔》，多述晚清掌故。然他与张之洞并无直接的交往，对张之洞及其幕中情况也不知情。他指认某中丞为陈宝箴、陈三立父子，某中丞为谭继洵，只是其阅读《抱冰弟子记》之后的推测，并没有相关的根据。

从"张之洞档案"来看，从陈宝箴所留下的文献来看，陈宝箴、陈三立与张之洞关系甚好，并无龃龉之事；从陈宝箴、陈三立的个人经历来看，也绝无"附康党"之事，并与康有为及其学说有着直接或间接的交锋，张之洞又何来"力劝"之事，又何来"言之四次"之情节？本章先前各节的叙述，也已经说明了以上两点。

我个人认为，张之洞在《抱冰弟子记》中所言第一个中丞指谭继洵、谭嗣同父子，第二个中丞指于荫霖。他所说的"中丞"应指湖北巡抚，同城办事，职守上多有重叠，不免也多有冲突。陈宝箴身为湖南巡抚，职守

---

[1]《丛刊·戊戌变法》，第4册，第231页。
[2] 陈汉才：《康门弟子述略》，广东高等教育出版社，1991年，第67—69页。

大不相同，张之洞没有理由到了晚年还与之计较。

张之洞与谭继洵父子　　谭继洵（1832-1901），字子实，号敬甫，湖南浏阳人。咸丰十年（1860）进士，光绪十五年（1889）任湖北巡抚，与张之洞同城为官九年。戊戌变法高潮期间，光绪帝于光绪二十四年七月十四日（1898年8月30日）下令裁撤督抚同城的湖北、云南、广东三巡抚。七月二十三日（9月8日）发电旨："湖北巡抚关防著交张之洞收缴。谭继洵来京听候简用。"[1]戊戌政变后，谭嗣同等六君子于八月十三日就义，八月十七日（10月2日）清廷再下谕旨："裁缺湖北巡抚谭继洵著无庸来京，即行回籍"，[2]并没有因其子谭嗣同获罪而进一步追究其责。

张之洞任湖广总督期间，与谭继洵同城为官的时间最长。谭为人虽十分谨慎，而张办事十分专断，两人的关系经常有"龃龉"。[3]这在张之洞幕

---

[1]军机处《电寄档》，光绪二十四年七月二十三日。

[2]《光绪宣统两朝上谕档》，第24册，第437页。

[3]光绪二十年十月至二十二年正月，张之洞署理两江总督，谭继洵署理湖广总督，然张之洞对湖北事务多有干预。在此举湖北各书院山长、分教习人事安排一例以说明。十月二十九日，张之洞发电谭继洵："武昌谭制台：两湖书院明年经、史分校，拟（请）仍请杨惇甫、汪穰卿两君。两君于经、史各有专长，品行尤粹。尊意以为然。特此奉商，祈示复。洞。艳。"（十月二十九日戌刻发，《张文襄公电稿墨迹》，第2函第9册，所藏档号：甲182-219；原件无年份，根据内容，当发于光绪二十一年。括号内为衍字）这是他对两湖书院的人选做出安排。"奉商"一语，仅是面子上的话。十一月二十七日，张之洞再发电谭继洵："武昌谭制台：尊函及鄂省京绅函均悉。鄂省各书院，从前如左笏卿、胡乔年、张书城，又主襄阳之张太史，皆鄂人，皆弟所请也。此外，周伯晋遥领黄州，余士彬现主晴川，亦皆鄂人也。周福陔先生出赴浙而弟挽留者也，张廉卿坚留而不得，关棠、杨守敬屡请分教而不愿，钱桂笙暂充分教而力辞。现在鄂绅在籍者实罕矣。两湖书院四分教，现有一湖南之邓、一湖北之杨，已得其半，似不能藉口。自强学堂系洋务，与书院无涉。惟江汉、经心向多本省人。窃拟请黄翔云观察还鄂，主江汉，而移李太史联芳主荆门，请吴星阶侍御兆泰回省主经心。如此，则鄂绅似已无辞。如黄云因喜古学，自愿主经心，则吴主江汉。总之，先问黄所愿可也。至两湖分教，文学应仍请杨太史承禧，经学应仍请杨敦甫户部裕芬，弟当电促其来。理学拟请湘潭孝廉罗顺循名正钧，其人品高学博，最为相宜。如罗不来，则益阳传胪、今改某部主事萧大猷，品学均好，亦可任理学一席。史学拟请蒯履卿太史光典，博雅知名，似甚相宜，现在金陵。四分教仍是两湖及外省各半。谭仲修、汪穰卿已有书来，辞明年馆。缪小山早已言定离鄂。邓葆之老病甚笃，必不能来。若梁星海本不愿看卷，钟山尚不肯就，九月内已辞，何论其他。特此奉商，如以为然，即请裁酌示复，以便速订。再，黄翔云掌教于江南尊经，

中也是众人周知的，时任湖北按察使的陈宝箴也经常调解两人关系。就政治思想而言，谭继洵较张之洞更保守，对张改革主张多不附和，也经常不在张力主改革的奏折上联衔；张之洞反而不时与湖南巡抚陈宝箴联衔。最为明显的一例是关于改科举，前节已叙，张之洞与陈宝箴联衔上奏，而谭继洵则另外单独上奏。[1] 关于谭继洵父子之间的政治差异，我虽然没有找到更多的具体资料，但从一般性的观察来看，谭继洵对其子谭嗣同的激进主义并不欣赏；谭嗣同遇难后，他也没有留下任何资料认可谭嗣同的政治主张。因此，从他的政治立场来观察，他很有可能对张之洞心存感激，尽管其子已遇难。

谭嗣同（1865-1898），字复生，号壮飞。他的政治思想与其父有着很

张廉卿掌教直隶莲池，屠梅君掌教山西令德堂，鄂人主讲外省，外省不以为非，何鄂中不可请外省人耶？向来无此章程。此函京绅并未全列名，似非公论。祈鉴察。洞。宥。"（光绪二十一年十一月二十七日寅刻发，《张之洞存来往电稿原件》，第11函，所藏档号：甲182-382；抄件又见《张之洞电稿乙编》，第9函第47册，所藏档号：甲182-70）谭继洵、鄂省京绅的原信虽未见，很可能是对张十月二十九日电报的回复，但从张之洞的电文可见，已将两者的意见全驳。十二月初四日，张之洞又发电谭继洵："致武昌谭制台：艳电悉。现拟办法，江汉、经心皆鄂人，两湖分校一鄂一湘是两，书院之中，山长六人，两湖人已居其四，似不为少。至李太史联芳，究系陕西籍，如未订，似可婉辞，如已订，可否婉商预说明年全年修金，请其明年不必到馆，或即名为程仪。此可动闲款。所遗江汉，即可改请黄翔云、吴星阶两君。昨得吴星阶自荆门来电，已允明年就省城书院矣。至或江汉或经心，先从黄翔云所愿。总之，此两席一黄一吴可也。所遗荆门一席，即请张太史鸿翊，此君人品纯粹，教士有法，必于士林有益。至此外待馆者，如彭鸿翊、王荣光、曹步云三君，如系鄂人，弟回鄂后必当均为设法位置，每年必筹数百金薪修。此三人孰翰林、孰部属？系何科分、籍贯？请即示知。至两湖书院，乃弟积年心血经营，必须精选，期于两湖士林有益。前所拟删甚相宜，杨惇甫尤不宜更动也。至自强学堂，弟回鄂后拟大加整顿，非寻常馆席可比，文人不皆擅长也。特奉商，统请裁酌示复。洞。宥。"（辰刻发，《张之洞电稿乙编》，第9函第47册，所藏档号：甲182-70）此是复电，张之洞仍是坚持其意见，仅让出荆门书院一席。张由此定下明年聘请湖北各书院山长、分教的盘子。电文中虽有"奉商"、"请裁酌示复"之词句，但实际上仍由张来作主。

[1] 张之洞与陈宝箴改革科举的奏折于光绪二十四年五月十六日上奏,光绪帝于六月初一日收到（详见本章第五节）。谭继洵"变通学校科举折"于光绪二十四年六月十八日到达（该日军机处《随手登记档》），光绪帝当日下旨："谭继洵奏请变通学校科举、陈宝箴奏请厘正学术各一折，著孙家鼐于明日寅刻赴军机处，详细阅看，拟具说帖呈进。"（《光绪宣统两朝上谕档》，第24册，第280页）由此可见，谭继洵的奏折上奏时间晚于张、陈联衔之折。又，谭继洵奏折见《戊戌变法档案史料》，第231—234页。

大的不同，也因家庭内部的诸多关系与其父并不亲近。他很早就与梁启超等人有交往，亦服膺康有为的学说。在康有为及其党人的运作下，谭嗣同因徐致靖、李端棻的先后保举，而奉旨进京引见。[1]谭嗣同于光绪二十四年七月初五日（1898年8月21日）到达北京，七月二十日召见，光绪帝当日下旨："著赏给四品卿衔，在军机章京上行走，参预新政事宜。"[2]当谭嗣同听说其父奉旨入京时，也采取了阻止的手段。七月二十七日（9月12日），由康有为起草、由御史杨深秀上奏的"新旧人员宜慎重选用折"，明言指责谭继洵："守旧迂拘，虽人尚无他，要非能奉行新政者。"该折还建议，谭继洵与裁缺广东巡抚许振祎、裁撤河道总督任道镕：

> 此等即不逢裁缺，亦当分别罢斥，或优之听其告休。兹既被裁，即请任其归去，勿汲汲别议擢用，庶免阻挠新政。[3]

此时谭嗣同与康有为等人在京中交往甚密，康如此行文，似应与谭商议过。时在张之洞幕中的陈庆年在八月初五日（9月20日）日记中称：

> 晚间，至王息存谈宴。同座者为姚石荃、梁节庵、陈叔伊诸君。席上得王芍棠方伯抄谭复生自京来电与其尊人敬甫抚帅，云：英俄已开战。各国兵船布满北洋，恐有奇变，缓行为妙。此昨日辰刻电也。

八日初六日恰是戊戌政变。八月初七日，陈庆年日记又称：

> 梁节庵来书云：初六日逆贼康有为革职，天下快心。英、俄并未开战，此贼党嗣同欺其父之词也。[4]

---

[1] 参见拙文《戊戌变法期间的保举》，《戊戌变法史事考二集》，第152—159、170—171页。
[2] 《光绪宣统两朝上谕档》，第24册，第350—351页。
[3] 孔祥吉编著：《康有为变法奏章辑考》，北京图书馆出版社，2008年，第396—397页。
[4] 《戊戌己亥见闻录》，《近代史资料》，第81号，第120—121页。"王息存"，王秉恩；"姚石荃"，姚锡光，"石荃"，又作"石泉"；"梁节庵"，梁鼎芬；"陈叔伊"，陈衍；皆是张之洞的幕僚。"王芍棠方伯"，湖北布政使王之春。

可见谭嗣同确有电报阻其父北上进京。从私家记载来看，谭嗣同被捕前，曾害怕牵累其父，写了一些假信，以期被抄走，由此可证明父子间的决裂而减轻其父的罪名。[1]

谭嗣同与张之洞之间确实有思想上的冲突。从现有的材料来看，比较明显的有两次。

其一是在光绪二十三年底，张之洞为防粤汉铁路之权落于外人之手，授意湖北布政使王之春发电湖南暗中操作，以湖南民意的名义成立湘粤铁路公司。[2] 谭嗣同此时从南京至武昌回长沙，也负有使命。[3] 根据张之洞、陈宝箴等人的安排，熊希龄、谭嗣同皆为此事到武昌，与张之洞面议。谭嗣同此期写给陈宝箴的信中，十分明显地说明了他在武昌与张之洞之间的思想冲突：

> ……善亡之策有二：曰国会，曰公司。国会者，群其才力，以抗压制也。湘省请立南学会，既蒙公优许矣，国会即于是植基，而议院亦且隐寓也。……钟簴无固，度力不能争，即可由国会遣使，往所欲分之国，卑词厚币，陈说民情，问其何以待之，语合则订约以归；

---

[1] 胡思敬在《谭嗣同传》中称："其父继洵，方巡抚湖北，年七十矣，知嗣同必以躁进贾祸，一月三致书，促之省，嗣同报父书，言老夫昏耄，不足与谋天下事。闻者无不怪骇。"《戊戌履霜记》卷四，《丛刊·戊戌变法》，第4册，第55页。陈叔通又称："戊戌政变六君子中，谭嗣同为湖北巡抚谭继洵之子。政变时……嗣同恐其父连坐，正代父写家书，信中无非痛戒其子如何如何，以见其父教子之严。信甫写完，缇骑已至，遂被捕弃市，家亦查抄。……但继洵并无处分，或即因查抄时发现家信，有人为之解释，故获免。于此可见谭嗣同之从容就义，而仍不忘其父。……此段轶闻为江阴夏孙桐（闰枝）告余者。夏为光绪壬辰翰林，时在京供职。"《谭嗣同就义与梁启超出亡》，同上书，第329页。

[2] 相关的内容，可参见本章第二节。

[3] 皮锡瑞光绪二十三年十一月初七日日记称："……到右帅处。萧希鲁、谭朴吾、谭复生已先到。复生乃香帅遣来促办铁路、轮船者。……香帅恐德人更窥南边铁路，复生云：德人已向香帅开口，法人亦有由龙州开铁路过湘潭到汉之议，故宜赶急自办。倭有十轮到内江开行之说，小轮亦宜赶办，今小轮初九借官轮先行，铁路亦即挂牌开局，徐议章程筹款，请黄公度总办。未终席，电报又至，复生即起身……"（《师伏堂未刊日记》，《湖南历史资料》，1958年第4期，第74页）由此可见，张之洞在此事上对谭嗣同还是有所倚重的。

不合，然后言战，亦未为晚。无论如何天翻地覆，惟力保国会，则民权终无能尽失。于有民权之地，而敢以待非、澳棕黑诸种者待之，穷古今，亘日月，可以断无是事矣。公司者，群其赀产，以防吞夺也。……若夫善亡之策，如所陈二事，与凡兴民权之类，公力已多优为之，且无俟嗣同哓渎矣。……而动辄与言民权者为敌，南皮督部于此为大不仁矣。且南皮抑又闇于自计矣。夫民何为而乐有权乎哉？良以绝续存亡之交，其任至重，脽而累人，不忍使一二人独任，以召绝朕折脰之惨祸。乃群出而各任其任，厥祸乃息耳。南皮则悍然不顾，负万钧，走千里，骨散气尽，敝敝然立槁矣，而犹不得休止。或哀而拥助之，方且大怒曰：是争吾权也。呜呼！是能保中国之必无割灭也，是能保生民之必无遭杀虏也，是能保四万万人之身家性命而代尸其饔飧也。夫如是，民复何为不乐而忧？呜呼！是蚊负山而螂当车也，是大愚至顽而不可瘳也，是丧天下而身先及祸，怨毒且百世随之也。嗣同诚无如南皮何，又况其烈于南皮者。悲愤之机括，一触即跃如故，不觉其词之汹汹也。方今海内能兴民权者，綮惟我公，又恃垂爱之久而弥厚，故敢蠲除忌讳，陷触文网……[1]

谭嗣同的这封信，十分清楚地表白了他与张之洞之间关于兴民权的争论。谭认为列强瓜分即至，为抗其"压制"而须兴民权、办公司。以民权的"国会"对付列强的强权，以私营的公司对抗列强的霸占。从信中可以看出，他向张之洞面陈其意见，遭到了"与言民权者为敌"的张之洞的严厉驳斥，两人言论"汹汹"，谭故在信中泄露其悲愤之情。此后谭嗣同的日本之行，亦因张之洞等人的反对而未能成行。[2]

---

[1] 蔡尚思、方行编：《谭嗣同全集》增订本，中华书局，1981年，上册，第278-279页。又，该信称："抵鄂后，一切详细情形，除已电达外，余由熊庶常面陈，今不具述。"可知该信写于武昌，且是熊希龄返湘之后，时间似光绪二十三年十二月间。
[2] 谭嗣同于光绪二十四年正月二十一日致信其友刘世珩称："别后风水俱逆，直至十九始行抵鄂渚。……然因此迟误，又误却一大事。南皮、义宁会派姚石泉及兄密赴日本（此事乞密之），定今

其二是在光绪二十四年六月，谭嗣同北上进京觐见，路过武昌，见张之洞。康有为后来致赵必振（曰生）信中称：

> ……复生之过鄂，见洞逆，语之曰："君非倡自立民权乎？今何赴征？"复生曰："民权以救国耳。若上有权能变法，岂不更胜？"[1]

由此可见，张之洞与谭嗣同之间再次为"民权"而发生争论，而此时张之洞已视谭为康党的重要成员。[2]

以上两例，似可为《抱冰弟子记》中"力劝其勿附康党，言之四次"作一注脚。

张之洞与于荫霖　于荫霖（1838—1904），字次棠，吉林伯都讷厅（今榆树）人。咸丰九年（1859）进士，入翰林院，散馆后授编修。光绪六年（1880）补詹事府右赞善、左中允等职。光绪八年升湖北荆宜施道，十一年升广东按察使，十三年丁忧。光绪十六年四月补台湾布政使，五月

日行，兄到迟检点不及，家严遂不允许，饬令即速还湘。失此大事因缘，明日即急装返里。"（《谭嗣同全集》增订本，下册，第526页）谭嗣同此期的行踪，尚难以确定。他似为光绪二十三年十二月由武昌返回家乡过年，然后又赶往武昌。"义宁"，陈宝箴。若派谭赴日本，很可能是陈宝箴的意见。张之洞不同意，很可能不仅是谭到达已晚，因为从武昌到上海，再从上海赴日本，晚几天也不算大事，而是谭的"民权"思想让张不放心。且在此后的正月二十四日，张之洞还加派枪炮厂委员徐钧溥去日本（《张之洞全集》，第9册，第294页）。"家严遂不允许"一语，又牵涉到谭继洵的态度，其父让他速回家乡，很可能也听到了张之洞的意见。至该年闰三月，张之洞委派谭嗣同总办湖南制茶公司（《湘报》，中华书局影印，2006年，上册，第561页，下册，第1084页）。可见张之洞虽有不满，仍注意安排谭嗣同的生计之事。又，姚锡光一行赴日的主要任务是考察教育兼与日方建立政治、军事等方面的联系。相关的背景材料，可参见《张之洞全集》，第6册，第108—109页，第9册，第294、297、299、302、306—307、309页。

[1] 蒋贵麟编：《万木草堂遗稿外编》，下册，第601页。又可参见黄彰健：《戊戌变法史研究》台北版，第2页。

[2] 光绪二十四年六月十三日，即张之洞与谭嗣同相见之前，发电正在北京的其子张权，并转给黄绍箕、杨锐，电称："京，张君立转韬、峤：急。……昨有电旨催黄遵宪、谭嗣同迅速来京，系办何事？必康秘谋。速复。钝。元。"（六月十三日戌刻发，《张之洞电稿》光绪二十五年五月至七月份，所藏档号：甲182-456。原整理者有误，根据内容，该电发于光绪二十四年）张之洞让黄绍箕、杨锐去查黄遵宪、谭嗣同来京的背景，并认定此中必有康有为的密谋。

因病告退，十月因家族在当地包办货捐等事被查办革职。[1]甲午战争期间，他奉旨到奉天将军伊克唐阿军营帮办事务。[2]光绪二十一年七月署理安徽布政使，二十四年五月改任云南布政使。戊戌政变后，慈禧太后复设湖北巡抚，先以甘肃布政使曾鉌任之。未久，曾鉌因同情变法的言论受到翰林院侍讲学士贻谷、光禄寺少卿张仲炘的攻击，是年十二月，朝廷罢免曾鉌，以于荫霖为湖北巡抚。

于荫霖与张之洞的交往，可追溯到翰林院同官时期，且同属于清流一党。光绪四年崇厚与俄国擅订《里瓦几亚条约》，消息传出，他与张之洞等人交章弹劾，请诛崇厚，弹劾李鸿章，名重一时。[3]民国年间，柯劭忞为《于中丞奏议》作序，称言：

> 光绪之初，公在春坊，与南皮张文襄公、翰林侍讲学士丰润张公、詹事府少詹瑞安黄公并以直言敢谏闻名天下，凡朝廷用人行政，一不惬于舆论，必抗疏力争，不避怨嫌。而两张公与黄公皆公馆阁后进，一切建白，必与公熟筹审计，公亦侃然以匡君之责自任，故当世称为翰林四谏……[4]

---

[1] 先是御史德荫参伯都讷厅绅董于岱霖（于荫霖的堂兄）等侵吞公款等事，朝廷命吉林将军长顺确查。根据长顺的报告，朝廷于光绪十六年五月初六日下旨将涉案的翰林院编修于钟霖（于荫霖的弟弟）革职。四月初七日方授台湾布政使的于荫霖为此呈请都察院代奏呈诉，并以病告辞。朝廷五月二十六日派左都御史贵恒（后改吏部尚书麟书，再改吏部侍郎敬信）、工部侍郎汪鸣銮前往吉林查办。十月初二日，根据敬信、汪鸣銮的奏折，朝廷将已告病辞官的于荫霖革职。参见《清实录》，第55册，第793、801、802、805、858页；亦可参见《清史稿》，中华书局，1977年，第41册，第12523页；于荫霖的奏折见《悚斋奏议》卷一，沈云龙主编：《近代中国史料丛刊》，第1辑，文海出版社，1972年，第223册，第61—80页。根据以上的经历，于荫霖未到台湾任职。

[2] 于荫霖在伊克唐阿军营时，曾拟片上奏将梁鼎芬调往该军营。其评语称："降调翰林院编修梁鼎芬，夙昔以气节忠义自期，淹贯经史，罢官后弥复砥励行名，关心时局。寄居湖北、江南两省，间为督臣张之洞所礼敬……"《悚斋奏议》卷三，《近代中国史料丛刊》，第1辑，第223册，第111—112页。

[3]《悚斋奏议》卷一，《近代中国史料丛刊》，第1辑，第223册，第27—39、54—62页。

[4]《悚斋奏议》序，《近代中国史料丛刊》，第1辑，第223册，第3页。称张之洞、张佩纶、黄体芳为"馆阁后进"，似为误。

柯劭忞的说法，细部似有误，但称于荫霖为清流干将，与张之洞、张佩纶、黄体芳交善，是不错的。按照柯劭忞的说法，当他风头正健，朝中"用事大臣终以其不便宜所为"，将之调出京城出任外官。于荫霖出任广东按察使时，是两广总督张之洞的下属，与翰林院的旧友梁鼎芬再度相交，并结交陈宝箴。此后于荫霖丁忧、出任台湾布政使后被革，张之洞都为之牵挂。甲午战败后，光绪帝先是下令命张之洞保举铁路人才，后又下令命各地大员保举人才。张之洞奉前旨时于光绪二十一年六月初九日（1895年7月30日）电奏，保举于荫霖、陈宝琛为铁路人才，对于的评语称："品行端方，才识明决，事必核实，应变有方。"[1] 九天后，六月十八日，张之洞奉后旨而上奏保举人才十六人，第一人即是于荫霖，其评语为："该员品行端重，器识闳深，不畏强御，而才具甚长，复能理烦应变。历任湖北、广东司道，所到之处，政声卓然，吏民翕服，实堪大受。"[2] 光绪二十三年七月二十九日（1897年8月26日），张之洞又一次上奏保举人才六人，其中仍有于荫霖。[3] 在不长的时间里，张之洞三次保举，这是很罕见的，而张在其评语中特别强调了于的"品行"。值得注意的是，张之洞前两次保举时，于荫霖正是革职休闲在家，一个月后，七月二十六日，他奉旨署理安徽布政使，二十七日，赏给三品顶戴。这些旨命很可能与张之洞的保举有关。[4] "张之洞

---

[1]《张之洞全集》，第4册，第444页。

[2]《张之洞全集》，第3册，第269—270页。其余的15人是黄体芳、陈宝琛、李用清、林寿图、梁鼎芬、孙葆田、赵尔巽、程仪洛、陆元鼎、恽祖翼、黎庶昌、袁世凯、王秉恩、联元、江毓昌。从这个名单可以看出张之洞对于荫霖的赏识程度。

[3]《张之洞全集》，第3册，第435—436页。此次张之洞保举6人的顺序为：廷杰、于荫霖、瞿廷韶、余肇康、郑孝胥、黄忠浩。于荫霖为第二位，评语为："该员学有本原，体用兼备，品望素优。前任湖北荆宜施道，节省堤工土费。任广东按察使，察吏戢匪，两处官声均好。今官皖省，与湖北邻境，吏民称颂，敬其方严而感其诚恕，实为两司中不可多得之员。论其公正廉明而不避嫌怨，素与山东巡抚李秉衡齐名。而思能综合，才能应变，似尚胜之。"

[4] 于荫霖于光绪二十年八月奉旨到伊克唐阿军营差遣委用，二十一年四月因病请离营。五月初五日，根据山东巡抚李秉衡的保举，奉旨交吏部带领引见。《清实录》，第56册，第799页；《清代官员履历档案汇编》，第6册，第130—131页。《清史稿·于荫霖传》称："总督张之洞、山东巡抚李秉衡交章论荐，诏赏三品顶戴。署安徽布政使"，可能有所本。《清史稿》，第41册，第12523页。

档案"中涉及于荫霖的文电也有一些。[1] 这里可举其中一例，以说明他们之间的关系。光绪二十三年二月十三日（1897年3月15日），张之洞发电：

> 安庆于藩台：黄漱翁已于初六日到沪，此时想已抵皖，祈询明速示。仲韬有家信一函，前五日由敝处加封交邮政局寄尊处较交，已收到否？并祈电复。洞。元。[2]

一个月后，三月二十三日，张之洞再次发电：

> 安庆于藩台转交黄漱翁：请与同节庵来鄂，盘桓兼旬。至盼。洞。箇。[3]

黄体芳、梁鼎芬此时皆住在于荫霖处，由此可见清流党人之间的交往与关联。而于荫霖改任云南布政使时，亦在上任途中住在武昌养病，盘桓多时。[4] 至于以于荫霖出任湖北巡抚，朝中似有人予以特别关照。他们知道张、于关系甚好，本是一条船上的人，相互欣赏，自然可以同舟共济。

于荫霖到武昌任官后，与张之洞在政治观念上有着较大的差异，两人之间也有着一些争议。《清史稿·于荫霖传》称：

> 之洞为总督，颇主泰西新法。荫霖断断争议，以为："救时之计，在正人心、辨学术，若用夷变夏，恐异日之忧愈大。"之洞意迕之，然仗其清正，使治吏事。湖北财赋倚厘金，荫霖精心综核，以举劾为激扬，岁入骤增数十万。[5]

---

[1] 光绪二十二年，张之洞为李鸿藻治病，曾与于荫霖有着较多的文电往来，参见本书第六章第五节。
[2]《张之洞存往来电稿原件》，第14函，所藏档号：甲182-385；抄件又见《张之洞电稿》光绪三十四年，所藏档号：甲182-484，原整理者有误，将"丁酉"误为"光绪三十四年"。"黄漱翁"，黄体芳。"仲韬"，黄绍箕。
[3] 子刻发，《张文襄公电稿墨迹》，第2函第9册，所藏档号：甲182-219。"节庵"，梁鼎芬。
[4] 相关的情节，可参见本书第六章第七节。
[5]《清史稿》，第41册，第12523页。

尽管两人政见不同，两人的工作关系也一直处理得很好。光绪二十六年正月十一日（1900年2月10日），张之洞发电许景澄、樊增祥，其中涉及于荫霖：

> ……再，闻王爵堂恐因军务调浙，刘树堂系皖籍，或令刘来鄂，而于调皖。此本外间拟议，惟于在湖北在励精图治，舆论歌颂，皖人却不称赞。若于调皖，似非楚民之福。此情望速与贵同乡商之为祷。[1]

许景澄为浙江人，"贵同乡"似指军机大臣、总理衙门大臣王文韶及同为总理衙门大臣的袁昶；而樊增祥为湖北人，朝中权贵中并无其同乡，但他此时在军机大臣荣禄的幕中，张之洞此处似暗示樊与荣禄"商之"。从这份电报可以看出，张之洞此时对于荫霖的评价很高："励精图治，舆论歌颂。"为了不让于荫霖调任安徽或不让刘树堂任职湖北，张还不惜走了荣禄的门子。

未过多久，义和团兴起于北方，张之洞与于荫霖的矛盾一下子爆发出来了。于荫霖的学术门径是理学，曾师事于当时的大儒倭仁，政治思想上趋于保守。这也是清流党人的底色。先是在光绪二十三年秋，德国借口"曹州教案"强占青岛，清廷亦在德国的压力下，将当时著名的"清官"与"能吏"前任山东巡抚、新任四川总督李秉衡解职。时任安徽布使政的于荫霖，对朝廷对外软弱的政策极为不满，于光绪二十四年三月十五日（1898年4月5日）上奏弹劾李鸿章、翁同龢、张荫桓，要求将其解职，并称：

> 如蒙皇上采纳臣言，即请明颁谕旨，召见徐桐、崇绮，并速发电旨召张之洞、边宝泉、陶模、陈宝箴诸臣入都，任以事权，询以今日

---

[1] 正月十一日未刻发，《张之洞电稿》光绪二十五年正月，所藏档号：甲182-456。原整理者有误，根据内容，该电当发于光绪二十六年。"王爵堂"，王之春，此时任安徽巡抚。"军务调浙"，指此时意大利强索浙江三门湾事件，清廷决意力争，不惜于开战，即以王之春调浙江，浙江巡抚刘树堂调湖北，湖北巡抚于荫霖调安徽。

第五章　张之洞与陈宝箴及湖南维新运动

应补救者何事，应筹办者何事，迅速整理，大局必有转机。[1]

徐桐与崇绮，皆是思想极其保守者，也是于荫霖在思想上所推崇的理学大师。"己亥立储"后，徐桐、崇绮、"大阿哥"的本生父端郡王载漪走向前台，朝廷的政治方向也越来越趋于极端保守，他们为了与列强对抗，开始利用义和团，北京的局势大变。湖广总督张之洞与两江总督刘坤一对朝政不满，更不同意对外开战，私下派员与英国等国驻上海领事商议，在长江流域达成互不侵犯的默契，即"东南互保"。湖北巡抚于荫霖却在忠君保国的思想激励下，主张对外强硬。光绪二十六年五月十九日（1900年6月15日），于荫霖电奏："速召李秉衡入都，畀以帮办武卫军事权。"二十二日，他又恐电报中断，另发奏折两件，分别由陆路与海路上呈。[2]六月初五日，张之洞、于荫霖根据朝廷的命令，派两湖兵勇10营由湖南布政使锡良统领北上；而于荫霖又自行派募两营，制造抬枪，准备亲自率领入京。[3]六月二十日，于荫霖再次上奏保举李秉衡，总统京畿各军。[4]然张之洞对北方的政情与军情并不看好，两湖援军迟迟不北上，于荫霖一再催促。从此期于荫霖的日记，可以看出其心思之所系：

（光绪二十六年五月二十二日）见十九日上谕，此人（指李鸿章）内召，事愈不可为矣。

---

[1]《光绪朝朱批奏折》，第120辑，第664-671页。是年闰三月初八日，光绪帝收到该折，朱批："留中"，且未将该折上呈慈禧太后。军机处《随手档》，光绪二十四年闰三月初八日，并参见该日《上谕档》、《洋务档》。

[2]故宫博物院明清档案部编：《义和团档案史料》，中华书局，1979年，上册，第151-152页。又据于荫霖光绪二十六年五月十八日日记："……星海来商，请内召鉴翁，所见甚是。电鉴翁告知之。"十九日日记："鉴复电，有闻召即登程之语，真忠忠可钦。即日入奏。"（《悚斋日记》卷五，《近代中国史料丛刊》，第1辑，第224册，第1096-1097页）"鉴翁"，李秉衡，字鉴堂。据此，请电召李秉衡是梁鼎芬与于荫霖商议的结果。五月二十八日，清廷召李秉衡进京陛见；次日，于荫霖的奏折到京（见该日军机处《随手档》）。而于荫霖的电奏是否到达，尚未查出。

[3]《张之洞全集》，第4册，第482页；《义和团档案史料》，上册，第638页。

[4]军机处《随手档》光绪二十六年六月二十八日；《悚斋奏议》卷五，《近代中国史料丛刊》，第1辑，第223册，第198-201页。

（二十四日）失大沽炮台信确，晤南皮，拟会奏请速剿拳，以纾急祸。两宫忧危，日间竟不知何若，忧迫无以自安。

（二十九日）鉴帅（李秉衡）电来，北行事定，颇心慰。移晤南皮，商遣兵事。

（六月初三日）鉴电来云：是日接廷寄，令陛见，明日午即起程……鹿滋帅（鹿传霖）电来，亦奉旨入卫，乃滋帅自请也。二公皆令人起敬。

（初五日）制军挈衔电奏，遣方总兵友升统五营，并湖南五营，统归湖南锡清弼（锡良）方伯总统北上。余既不能行吾初志——亲身入卫，而南北两军成行尚未有日，此事真令人愧憾。

（初七日）函催南皮云：若再迟迟其行，不但于心不安，吾等将受天下之责矣。

（初九日）定意招营北上。

（十一日）定令候补副将吴清泰赴河南招军。

（十六日）锡方伯到，见其五营官崧、周、张、傅、张。吴清泰、李连元、青林往信阳招勇。初七日谕旨，因京师情形紧急，急寄英俄日三国之书，复召李某（指李鸿章）。

（十七日）"宗社必灭裂"，此何语！而行诸公牍，真无人理者矣。可骇可骇！斯人也，真无所不至、无忌惮之极矣。

（二十七日）清弼方伯六钟启行，未得送此行。可敬也。

（七月十六日）连日闻十二日北仓失，裕制军（裕禄）死之（或云阵亡，或云自尽），总之，无亏大节……山东电，旋传十五日河西务官军被洋兵冲散，鉴帅受重伤。惊极！但盼其不死。

（二十一日）……鉴公十六日已陨矣。公之忠烈，炳如日星，志决身死，于兹无愧。惟人之云亡，大事去矣！环顾诸烈，无复能似此者矣。悔不当请公统援军，为国家留此支木也。痛何如之。

（八月初九日）前两日接初三保电，有崇公（崇绮）前宵自经之语，悼惋实深……

（十五日）南皮付阅京沪各电四纸，时局万难措置。敌以请回銮而后开议要我，此最虎狼毒计。闻某相（指李鸿章）已以此请。

（十八日）接文叔瀛（文治）初八日来函，并寄南皮函，大声疾呼，忠愤恻人。事虽未行，足以药我矣。

（二十日）……又保电：徐相国（徐桐）与公子、眷属，王祭酒（王懿荣）与妾、媳同殉节，真堪敬痛。[1]

于荫霖作日记时，已是准备刊行的，而刊刻者又有选录，许多真情会有隐匿。然从以上摘录中已经可以看出，于荫霖与张之洞之间已经矛盾激化。他反对李鸿章，推崇李秉衡、鹿传霖、崇绮、徐桐，这虽是他一贯的政治态度，但到了这个关键时刻，又有着特别的意义——张之洞、刘坤一、李鸿章、袁世凯此时已经结成了新的政治同盟，反对主持朝政的极端保守派，主张对外和议。他又以忠臣烈子之心，请求亲自率兵入京勤王，指责张之洞缓以发兵。[2] 需要说明的是，他此期身体极差，不久后出任河南巡抚，从武昌到开封，就走了一个月另八天，若其真统兵北上，或将数月之后方到北京或将病死于途中。这也是"明知不可为而为之"的儒生本性。

光绪二十六年闰八月十七日（1900年10月10日），已经逃到西安的慈禧太后，因河南地位的突显，调于荫霖改任河南巡抚。二十一日，又下旨

---

[1]《悚斋日记》卷五,《近代中国史料丛刊》, 第1辑, 第224册, 第1097–1127页。"定意招营北上", "定令候补副将吴清泰赴河南招军", "吴清泰、李连元、青林往信阳招勇"等语, 皆是于荫霖自行招军入京勤王之举。

[2] 于荫霖后于光绪二十六年闰八月初四日日记称："文叔瀛前此致南皮信云：'窃闻不可已而已者, 无所不已。'又云：'率天下勤王, 非人微望轻者所能为, 固知此举非阁下不能。既非阁下不能, 便是责无旁贷。'又曰：'君父之大难, 朝廷之大辱, 天下之大变, 中国之大耻, 夷狄之祸, 至于此极。臣子何以为生? 而今南北判若两家, 从古所未有也。'又曰：'不患者众之不从, 只恐我之不断。'词无激烈而意却咄咄逼人, 事虽未能行, 此意可一日忘哉？！"(《悚斋日记》卷五,《近代中国史料丛刊》, 第1辑, 第224册, 第1137–1138页) 此信即是八月十八日日记中所谈到的文治来信。然于此时八国联军已占领北京, 慈禧太后和光绪帝已逃到西安, 在政治上已是尘埃落定, 然于荫霖一个月后仍在日记中如此抒发心中的悲愤, 可见其情已极。

催其迅速赴任筹办。张之洞闻讯即向其姐夫、军机大臣鹿传霖打听消息。[1]于荫霖奉到电旨后,于九月初七日离开武昌,张之洞似乎大大地松了一口气。十多天后,山东巡抚袁世凯向他打听消息时,一肚子的怨气一下子发了出来,他在给袁世凯的电报中称:

> 济南袁抚台:某公敬徐、尊崇、师李、护端、助刚、爱毓、赞董、奖拳、亲文。文者,劾沿江沿海督抚之文治也。恶铁路、恶学堂、恶洋操、恶探员电报、恶闻惩首祸。调豫抚后,宗旨忽变。名叩。啸、卯。[2]

"徐"为大学士徐桐,"崇"为前礼部尚书、同治帝的岳父、"大阿哥"的师傅崇绮,"李"为前山东巡抚李秉衡,"端"为"大阿哥"的父亲端郡王载漪,"刚"为军机大臣刚毅,"毓"为前任山东巡抚、时任山西巡抚的毓贤,"董"为武卫后军(甘军)首领、参与攻打北京使馆区的董福祥,皆是极端保守的高官。文治,字叔瀛、叔平,满洲镶红旗人,同治四年(1865)进士,入翰林院。时任兵部侍郎,出为浙江学政。他曾写信给张之洞、于荫霖,指责他们违反儒家的教义,未能领兵勤王;亦曾于光绪二十六年八月十六日上奏,弹劾浙江巡抚刘树堂,并要求朝廷下令各省派精兵强将,先行攻占已被八国联军占领的通州、天津。[3]对于这一位多年的旧友,张之

---

[1] 张之洞电称:"潼关,军机大臣鹿尚书:泰密……于、裕互调,因豫紧要耶,抑因鄂无旗员耶?裕在豫招拳未妥,朝廷知之否?须陛见否?闻浙臬荣铨疏诋东南督抚,内意如何?……"光绪二十六年闰八月二十四日午刻发,《张文襄公电稿墨迹》,第3函第13册,所藏档号:甲182-219。

[2] 光绪二十六年九月十八日卯刻发,《张之洞电稿乙编》,第68册,所藏档号:甲182-74。"名叩",原文如此,似为"名心叩"之误。

[3] 《义和团档案史料》,上册,第570-572页。值得注意的是,文治在附片中称:"主辱臣死,古今通义,时事至此,实君父之大难,国家之大耻,为臣子者断无坐视不动之理。……拟将学政印信移交巡抚兼管。奴才当前往湖北与湖广总督、湖北巡抚面议,随同北行。奴才迂疏庸懦,素不知兵,并不干预军事。只欲藉资练习,亲历行阵,观行军用兵之法,期日报忠朝廷,效死行间。倘必不遇勤王之师,便当奔赴行在,一觐天颜,稍纾瞻恋之忱。"由此可见,文治还打算亲自去武昌,以说服张之洞、于荫霖起兵勤王。又,文治的折片来看,并无"劾沿江沿海督抚"之举,当时上

洞在给新交的电报中竟然使用如此恶毒的语言——"恶铁路、恶学堂、恶洋操、恶探员电报、恶闻惩首祸",可见恶感之深。而张之洞不利于于荫霖的言论,我在"张之洞档案"中仅见到此件,很可能也是他一生中对于荫霖惟一的恶评,他本人也未在该电上署真名。至于张之洞称于荫霖调任河南后"宗旨忽变",并非是那种"识时务"的机变,而是于荫霖的政治取向有了变化。

光绪二十七年正月十三日(1901 年 3 月 3 日),清廷进行官员的调整,命于荫霖回任湖北巡抚。然正在北京与各国进行谈判的全权大臣庆亲王奕劻、李鸿章,于正月二十四日发来电报,称接到英国公使萨道义(Ernest Mason Satow)的照会,"于荫霖不得再回原任"。[1]当时各国正提出惩办"首祸",清廷对于英国的要求也不敢掉以轻心,而英使萨道义的要求实在理由不足:不反对于荫霖继续出任河南巡抚却反对其回任湖北,似乎回任湖北将对英国不利而留在河南将利于英国?军机处对此于正月二十六日回电,小心翼翼地反驳萨道义的理由,"何得以未经查明之事干预我用人之权?"[2]全权大臣奕劻、李鸿章收到此电后,立即照复萨道义,而萨道义却提出了言词更为激烈的照会。奕劻、李鸿章于二月初五日咨复军机处,引用该照会,其中的一段话很有意思:

> ……总之,于荫霖复任鄂抚,系属不宜之举。鄂督果有办理交涉专责,而调一相左之员襄助,致掣其肘,亦非公允。且彼此意见既殊,

---

奏弹劾"东南各省督抚"的,是文治的同官浙江按察使荣铨。见同上书,第 572-574 页。

[1]《义和团档案史料》,下册,第 990 页。该照会称:"该员嫉视西人,众所共知,任鄂抚时办理甚不妥善,设非调像,早经照请他调,今回本任,碍难允从。前此晋省避难教士,道经晋豫,地方官于优待之意相去迳庭,抵楚之后,方获合宜之款,足昭前言非谬。本大臣越俎内政,本非所愿,但事关重要,不午不尽忠告。"从照会内容来看,并没有提出对于荫霖不利的事件。

[2]《义和团档案史料》,下册,第 994 页。军机处电称:"英使照称,于荫霖嫉视西人,在鄂抚时办理不善。前此晋省教士避难,道经晋豫,地方官于优待之意相去迳庭,抵楚后方合宜,等语。彼时晋抚系毓贤,豫抚系裕长,教士抵楚后款待合宜,正于荫霖任鄂抚之时。且交涉皆鄂督主政,鄂抚何以办理不善?是英使照会系错误,何得以未经查明之事干预我用人之权?应请详细辨明,勿任狡执侵越为要。"该电报从事实层面上全面驳斥了萨道义提出的理由。

难期和衷为理。

萨道义竟然为张之洞、于荫霖是否能合作而担心,为此要求"合即再请贵王、大臣将本大臣力驳于荫霖调任鄂抚之处明晰奏闻"。对于萨道义的要求,奕劻、李鸿章称:"查更调督抚,关系朝廷用人之权,本未便任其干预。该使函内亦自以越俎为嫌,而其用意似盼我疆寄得人。就目前时势而论,似不能不兼筹并顾,以固和局。究应如何办理之处,自应请旨裁夺。"[1]自"东南互保"后,张之洞与英国外交官多有交往,此时更因俄国拒还东三省而与英国外交官联系密切;萨道义此次交涉是否有张之洞的暗中活动,我在"张之洞档案"中还没有看到相关的资料,但我仍隐隐地感到,张很可能不愿意于回任,而向英方透露了什么,否则萨道义又何从知道于荫霖任鄂抚时"疾视西人"的态度呢?

全权大臣奕劻、李鸿章将萨道义与他们之间的全部照会文件抄送军机处,用"六百里加急"的速度从北京送往西安。十多天后,光绪二十七年二月十六日(1901年4月14日),清廷根据奕劻、李鸿章的呈文,下令于荫霖调补广西巡抚;[2]再过十多天后,三月初三日,清廷下令将于荫霖免职,"另候简用"。[3]

据于荫霖的日记,他于光绪二十七年正月十五日得知回任湖北,二月十六日接电旨得知改任广西,三月初六日得知已开缺。他在与新任豫抚松寿交卸后,上了一道奏折,要求觐见并休假三个月:

> 惟臣自上年九月由鄂省渡江,感受风寒,未及医治。……因此数

---

[1]《义和团档案史料》,下册,第1004—1005页。
[2] 军机处《随手档》光绪二十七年二月十六日记:"递庆、李咨文一件(附照会二件)"。由此可见两者之间的关系。
[3]《光绪宣统两朝上谕档》,第27册,第26、50页。《清史稿·于荫霖传》称:"廷议荫霖不善外交,复降旨开缺。"第41册,第12524页。然查三月初一日至初三日的军机处《随手档》、《上谕档》,未能找到任何线索。而三月初三日清廷设立督办政务处,派奕劻、李鸿章、崑冈、荣禄、王文韶、鹿传霖为督办政务大臣,刘坤一、张之洞"遥为参预",是清末新政开始的标志性事件,不知此事与于的开缺是否有关。

月已来，旧疾尚未就痊，转觉痰涎凝滞。……据医者云：症由肝火郁结，侵扰中焦，上冲心营，遂见怔忡之症，必须静养多时，治疗方能见效各等语。合无吁恳天恩，赏假三个月，俾得从容医治。北方素乏良医，并拟寄居豫楚间水土清润之区，息心调理。[1]

他所选择的"豫楚间水土清润之区"，即是河南西南部的南阳（诸葛亮当年"卧龙"之处）。四月初二日，他离开省城，十一日到达，在此读书与休养。[2]

南阳休养的生活，使于荫霖的思想有了较大的变化。他在光绪二十七年五月十三日（1901年7月2日）日记中记：

> 变法事，极宜慎重，思今日凡百，全是坏在欺蔽二字，似莫若自内及外，自上及下，一切事全行揭开敞明。某事有几多层折费，几多花用（凡干系利者尤要），不但不作罪过，可留者留，当去者去，先成一个光明白地，无所用其掩盖敷饰，然后再讲办法……

次日，十四日又记：

> 闻传来谕旨，屠梅君以五品京堂起用，甚喜！用在政务处，尤当。前此诸人不如也。今日变法事，非用第一等人不可，能持之得当者，即能了今日之事。[3]

---

[1]《悚斋奏议》卷十，《近代中国史料丛刊》，第1辑，第223册，第425-426页。又据军机处《随手档》该折于四月十一日收到，朱批："著赏假三个月"。

[2] 据于荫霖日记，光绪二十七年四月二十六日，他"接豫抚松公来牍，奉旨赏假三个月。"（《悚斋日记》卷六，《近代中国史料丛刊》，第1辑，第224册，第1186页）

[3]《悚斋日记》卷六，《近代中国史料丛刊》，第1辑，第224册，第1194-1195页。需要说明的是，庚子事变后清廷于光绪二十六年十二月初十日下达的改革谕旨，对于荫霖也是一个促动。该谕旨要求各省督抚"各就现在情形，参酌中西政要，……各举所知，各抒己见，通限两个月，详悉条议以闻"。（《光绪宣统两朝上谕档》，第26册，第460-462页）由此于荫霖于光绪二十七年三月上奏，要求：一、改兵制（设民兵）；二、求将领（文官将兵）；三、改军械（兼用抬炮）；四、变学校（多设义塾）；五、改科举（徐改，勿废制艺，兼试时务）；六、变通条例文牍（删繁就简以实）；七、课吏以实政；八、京官加俸（《悚斋奏议》卷九，《近代中国史料丛刊》，第1辑，第

此时他离开职位仅一个多月，竟然已经提到了"变法"！他虽然强调了变法的条件，但毕竟是方向性的转折。而于此时发生的另一事件，既可说明他的政治态度，似又说明对张之洞的态度。五月二十三日（7月8日）日记称：

> 昨夜心中劳扰不眠，愈见以前错处。湖北抚端午樵中丞方来拜，闻端言：两宫意见又如前；和局赔款三十年，年二千六百万；回銮后，诸事全无把握；全权李（鸿章）仍主联俄，亦无把握。甚为可忧。[1]

端方是新任湖北巡抚，上任途中在南阳与于荫霖相见。端方告诉了京师的政情，使于担忧；于在自我反省中的"愈见以前错处"，也应向端方表白过；这与张之洞所言"及去官里居，始悟在鄂之多误"，是大体一致的。由此似可以推论，于荫霖向端方表白过去的错误，端方按自己的理解将之报告张之洞，张之洞又按自己的理解来看待于荫霖的表白。传话与理解之间，自然会有一些走形。

223册，第373-396页）。从该折的内容来看，还是按照传统的精义来办理实政，援引西方政治学说及相关事例者极少。又据军机处《随手档》，该折于光绪二十七年三月二十九日到达。还需注意的是，于荫霖的门人胡元吉亦录其言："今日变法非用第一等人不可，能持之得当，即能了今日之事（先生屡言变法必得屠仁守、夏震武二人在政务处，以二人尚知政体而敢言也）。"（《南阳商学偶存》，《近代中国史料丛刊》，第1辑，第223册，第634页）再又，于荫霖此时对变法与政治的看法，又可见其于光绪二十七年九月十七日在河南洛阳觐见慈禧太后与光绪帝时的进言，更为详细，但主旨仍同。《悚斋日记》卷六，《近代中国史料丛刊》，第1辑，第224册，第1254-1264页。

[1]《悚斋日记》卷六，《近代中国史料丛刊》，第1辑，第224册，第1204页。端方，字午桥。又，于荫霖的门人胡元吉曾录其言："去年崇文节公（绮）洋兵入城一家尽节，先令家人死，然后自尽，如此从容就义。……虽开衅之时，轻信邪教，公亦不免，然此节断不能磨灭。"（《南阳商学偶存》，《近代中国史料丛刊》，第1辑，第223册，第636页）他肯定了崇绮的节气，也指出"轻信邪教"之误，即"以前错处"。再又，慈禧太后从西安回銮，于荫霖在洛阳觐见时有一段对话："（太后）问：张之洞办事还好？对：办事尽心。问：他办洋务还好？对：他留心外国情形，通达洋务。问：湖北省交涉教案事多，州县中能办教案者尚有人？对：也还有。"（《悚斋日记》卷六，《近代中国史料丛刊》，第1辑，第224册，第1257页）于荫霖的口气似有勉强，但毕竟给了肯定的回答。

于荫霖在南阳住了下来,除了慈禧太后、光绪帝回銮时赴洛阳觐见外,一直没有离开。清廷后来没有"简用",张之洞也没有保举。在读书与修行的平静之中,于荫霖度过了他的晚年。光绪三十年(1904),他去世了。从于荫霖日记与"张之洞档案"来看,两人此后似无交往。

《抱冰弟子记》是张之洞晚年对其一生的总结,用词极为谨慎。他与陈宝箴父子关系很好,不可能突加指责。罗惇曧作为康有为的弟子,对陈宝箴父子的评判很可能受到了康有为的影响;[1]康、梁并不完全了解陈宝箴父子对他们的评价,甚至将之当作他们可资利用的对象。下节将细述之。

附录三 康有为一派对陈宝箴父子政治态度的误解与夸张

戊戌变法期间,康有为没有去过湖南,与陈宝箴、陈三立父子没有直接的交往;梁启超于光绪二十三年九月二十二日到达长沙,任时务学堂总教习,宣传康有为学说,至光绪二十四年二月十四日因病离开,共在长沙住了四个多月;康有为的弟子韩文举、叶觉迈、欧榘甲,亦曾先后任时务学堂的分教习。

康有为、梁启超对陈宝箴、陈三立父子态度之三变 以梁启超出任湖南时务学堂的总教习,是黄遵宪的主意,得到了陈宝箴、陈三立父子的支持。[2]皮锡瑞在日记中记录了梁启超与陈宝箴、陈三立父子之间

---

[1] 蒋贵麟编:《万木草堂遗编外编》,录罗惇曧致康有为三信,可作参考。见该书下册,第874-875页。

[2] 熊希龄光绪二十三年八月十二日致汪康年信称:"湘学堂中文教习无人,初,各绅议,只立分教,而缓立总教,及公度到湘,力言总教无逾于梁卓如者……"(《汪康年师友书札》,第3册,第2840页)邹代钧同日致汪康年信称:"湘中开设学堂,西文、中文教习,均未觅得其人。公度已荐一琴为西文教习,卓如为中文教习。义宁父子及湘绅无不喜悦。""公度以……卓如在馆仅作论,若来湘,仍可作论寄沪,于报事毫无妨碍,且卓不来湘,必为南皮强去云云。故义宁已下关聘两君矣。"(同上书,第2743页)"义宁父子",陈宝箴、陈三立。谭嗣同致汪康年的信中称:"熊秉三来书,言湘中官绅决计聘请卓如、一琴两君为时务学堂总教习,黄公度尤极力赞成……"(光

的交往：

> （光绪二十三年十一月初四日）易中实邀游麓山，约巳刻往，登舟则主客皆未到齐，巳过午矣。中实与陈笠唐、江建霞、梁卓如、李一琴、陈伯严、熊秉三、蒋少穆及予共九人，黄公度不到……

此是梁启超、陈三立等人共游岳麓山。

> （光绪二十四年正月初四日）致书卓如，属以上右帅书及南学会序稿见示，复云书稿在研甫处，以刊成学会章程见示，序文淋漓痛切，言群谊切湖南之病。

此是梁启超上书陈宝箴事。

> （正月三十日）下午，秉三约到时务学堂议开讲事，至则诸君未到，卓如病疟不出。……秉三共公度廉访、沅帆、复生、唐黻丞先后至，即在卓如房中共谈，见卓如头名共数十人请南北洋、两湖总督及右帅出奏，为妇女裹足伤生，请旨禁革，立定分限。

此是梁启超领衔上书给刘坤一、王文韶、张之洞、陈宝箴，请求上奏禁止缠足。

> （二月初十日）闻右帅已具奏，请殿试、朝考，概用糊名易书之

绪二十三年九月初六日，《谭嗣同全集》增订本，第511页）陈寅恪称："……丁丑春，余偶游故宫博物院，见清德宗所阅旧书中，有《时务学堂章程》一册，上有烛烬及油污之迹，盖崇陵乙夜披览之余所遗留者也。归寓举以奉告先君，先君因言聘新会至长沙主讲时务学堂之本末。先是嘉应黄公度丈遵宪，力荐南海先生于先祖，请聘其主讲时务学堂。先祖似以此询之先君，先君对以曾见新会之文，其所论说，似胜于其师，不如舍康而聘梁。先祖许之。因聘新会至长沙。"（《读吴其昌撰〈梁启超传〉书后》，《寒柳堂集》，生活·读书·新知三联书店版，第167页）"丁丑"，1937年。"德宗"、"崇陵"，指光绪帝。按当时的官场规则，时务学堂总教习一职，须经湖南巡抚陈宝箴的认可或批准，然陈三立向陈寅恪说明其提议招聘梁启超，亦有重要意义，即其承认当时的罪名"招引奸邪"。

法,梁卓如之笔也。卓如将往粤为乃翁五十祝寿,病已愈矣。[1]

此是梁启超为陈宝箴代拟奏折稿;又查军机处《随手档》,该折未上奏。皮锡瑞在长沙是不属核心圈子的人物,他学宗西汉伏胜,主今文经、公羊学,与康、梁在学术上很接近,又因曾在江西讲学,以江西学务而与陈宝箴、陈三立父子交往,但从日记中可以看出,相见也甚不容易。他留下的记录,只能是梁启超与陈氏父子交往的极小部分。梁启超此期致陈宝箴之上书,今可见者为两件:其一由叶德辉录于《觉迷要录》,谈湖南自立。[2]其二由梁启超录于《戊戌政变记》,谈开民智、开绅智、开官智。[3]梁启超此期致陈三立、熊希龄信,今可见者为一件,由熊希龄刊于《湘报》,谈时务学堂事。[4]1915年2月11日,梁启超在陈宝箴写给陈豪的一信件上作跋:

> 丁酉、戊戌间与义宁中丞缄札往复至多,钩党之役悉散佚矣。穷冬孤镫,对展兹册,顿如山阳闻笛,不能为怀,而兰洲丈人潇洒出尘之概,亦于象外得之。叔通宝此与《冬煊集》同永永也。甲寅腊不尽三日。启超。[5]

"丁酉"、"戊戌",光绪二十三、二十四年,即梁启超在湖南的日子,梁称其与陈宝箴之间有着"至多"的通信往来。有一件材料很值得注意,光绪二十四年正月十七日,翁同龢在日记中记:

---

[1]《师伏堂未刊日记》,《湖南历史资料》,1958年第4期,第73、84、96-97、104页。"易中实",易实甫。"研甫",徐仁铸。"唐蔽丞",唐才常。又,"约已刻往,登舟则主客未到齐,已过午矣"一句,似为"约已刻往,登舟则主客未到,齐已过午矣"。

[2]《觉迷要录》,录四,第26-28页。又,夏晓虹编:《饮冰室合集集外文》(北京大学出版社,2005年),亦录之,称其录于"1898年10月湖南刊本《翼教丛编》"。见该书上册,第11-13页。

[3]《戊戌政变记》,续四库版,第275-279页。

[4]《湘报》,中华书局影印,下册,第1061页。又可参见《饮冰室合集集外文》,上册,第7页。

[5]许全胜、柳岳梅整理:《陈宝箴遗文》,中山学社编:《近代中国》,第11辑,上海社会科学院出版社,2001年,第234页。"兰洲",陈豪的字。"叔通",陈叔通,陈豪之子。"腊不尽三日",指腊尽前三日,即该年的腊月二十八日,查甲寅年腊月二十八日,为1915年2月11日。

> 陈右铭致荣仲华函，一开矿，一派容闳、黄遵宪借美债、集南洋股，一以三十万饷练湘兵五千。余以长篇答仲华。[1]

其中派容闳去美国借款，是当时康有为等人解救清朝财政危机的方案，康亦代御史陈其璋、宋伯鲁拟折，要求派容闳去美国借巨款银二三万万两、五万万两不等。[2] 陈宝箴此时提出此策，很可能亦有梁启超的暗中策划。还有一件材料更值得注意，叶德辉在一信中称：

> 朝传一电报曰，康有为赏五品卿衔，游历各国，主持弭兵会；夕传一电报曰，湘抚陈宝箴入军机，黄遵宪督办铁路大臣。招摇撞骗，彰彰在人耳目。其前电至时务学堂也，同年汪诵年编修为余言之，余笑曰："此康谣耳，不足信。"数日往询其弟子梁启超，则言之怩怩。梁固笃信康教，终身不欲背其师，而亦不能为其师讳。[3]

按照叶德辉的这一说法，前一份电报发至时务学堂，梁尚在长沙，后一份电报的发报时间与收报地点均未涉及，似在梁启超离开湖南之后。"湘抚陈宝箴入军机"，即康有为、梁启超有意将陈宝箴作为可利用对象而在政治上推出。梁启超后来作《戊戌政变记》，亦提到此事（后将叙述）。

前节已述，梁启超离开长沙后，湖南的局势发生了变化，陈宝箴、陈三立父子采用折中调和的手法，与激进一派的关系也越来越疏远。[4] 这些消息传到了北京，康有为一派对陈宝箴的态度发生变化。光绪二十四年六月二十三日（1898年8月10日），御史杨深秀上奏由康有为代拟的"请申

---

[1]《翁同龢日记》，第6册，第3091页。"荣仲华"，荣禄。又，陈宝箴于光绪二十二年曾拟一折，请派容闳赴美商办借款、办铁路之事（参见《陈宝箴集》，上册，第261-267页；亦可参见柳岳梅、许全胜整理：《陈宝箴遗文（续）》，《近代中国》第13辑，第306-308页）。又，查军机处《随手档》，该折未上。

[2] 参见拙著：《从甲午到戊戌：康有为〈我史〉鉴注》，第343-355页；容闳的情况，又可参见本书第六章第三节。

[3]《叶吏部与刘先端、黄郁文两生书》，见苏舆编：《翼教丛编》，第165页。

[4] 相关的内容，可参见本章第六节。

谕诸臣力除积习折"。该折虽未从档案中检出，但当天光绪帝对此下发的谕旨可以看出，康、梁一派对陈已有所不满。该谕旨称：

> 即如陈宝箴自简任湖南巡抚以来，锐意整顿，即不免指摘纷乘。此等悠悠之口，属在搢绅，倘亦随声附和，则是有意阻挠，不顾大局，必当予以严惩，断难宽贷。[1]

该谕旨虽有"锐意整顿"一语，但主旨是压陈宝箴对"搢绅"即王先谦、叶德辉、欧阳中鹄一派下手。七月二十九日（9月14日），御史杨深秀再次上奏由康有为代拟的"裁缺诸大僚擢用宜缓特保新进甄别宜严折"，直接攻击陈宝箴。[2]

然而，当陈宝箴因"滥保匪人"、陈三立因"招引奸邪"被革职后，已经逃到日本的康有为、梁启超对陈氏父子的态度，再次发生了变化。康有为在《我史》中称：

> 时湖南巡抚陈宝箴奏荐我而攻改制考，上留中。是时王先谦、欧阳节吾在湘猖獗，大攻新党、新政，学会学堂一切皆败，于是草折交杨漪川奏请奖励陈宝箴。上深别白黑，严旨责湖南旧党，仍奖陈宝箴认真整饬，楚事乃怡然。……杨（锐）、刘（光第）为楚抚陈宝箴所荐，而陈宝箴曾荐我，杨漪川又曾保陈宝箴，上亦以为皆吾徒也，而用之。

康有为的《我史》，叙事多有自夸，须得小心使用，称"草折交杨漪川奏请奖励陈宝箴"、"杨漪川又曾保陈宝箴"，皆指杨深秀光绪二十四年六月

---

[1] 军机处《随手档》，光绪二十四年六月二十三日；《光绪宣统两朝上谕档》，第24册，第292—293页。

[2] 该折称："臣前奏湖南巡抚陈宝箴锐意整顿，为中华自强之嚆矢，遂奉温旨褒嘉，以励其余。讵该抚被人胁制，闻已将学堂及诸要举全行停散，仅存保卫一局，亦复无关新政。固由守旧者日事恫喝，气焰非常，而该抚之无真识定力，灼然可知矣。……仍请严旨儆勉，以作其气。"《康有为变法奏章辑考》，第397页。相关的内容，可参见本章第六节。

二十三日的奏折，前已说明，从光绪帝下发的谕旨来看，其用意是让陈宝箴惩戒王先谦、叶德辉等人，其中并无"请奖励"或"保举"之意；但从以上引文中，可以明显看出，康有为将陈宝箴的罪名"滥保匪人"，当作保举他本人，即"曾荐我"，将陈宝箴的"请厘正学术造就人才折"，理解为"奏荐我而攻改制考"。[1] 这是康的误解。梁启超此期作《戊戌政变记》，亦多处褒扬陈宝箴、陈三立父子，称言：

> 我国此次改革，以湖南为先导，是时虽新政屡下，然因皇上无权，不敢多所兴举，然守旧诸臣，已腹诽色怒，群聚谤议。斯时湖南守旧党力与新政为难，先后参劾巡抚陈宝箴、学政江标、徐仁铸、按察使黄遵宪、学校教习梁启超、绅士谭嗣同、熊希龄等，妄造谣言，不可听闻。至是皇上下诏褒奖陈宝箴，而切责顽固党，自此浮议乃稍息。

> 自四月以来，明诏累下，举行新政，责成督抚，而除湖南巡抚陈宝箴外，寡有能奉行诏书者，上虽谆谕至于三申五令，仍复藐为具文。

> 先是湖南巡抚陈宝箴、湖南按察使黄遵宪、湖南学政江标、徐仁铸、湖南时务学堂总教习梁启超及湖南绅士熊希龄、谭嗣同、陈宝箴之子陈三立等，同在湖南大行改革，全省移风。而彼中守旧党人疾之特甚，屡遣人至北京参劾，于是左都御史徐树铭、御史黄均隆相继入奏严劾。皇上悉不问。而湖南旧党之焰益炽，乃至哄散南学会，殴打《湘报》主笔，谋毁时务学堂。积谋数月，以相倾轧。

> 皇上自四月以来，屡次所下新政之诏，交疆臣施行，而疆臣皆西后所擢用，不知有皇上，皆置诏书于不问。皇上愤极而无如之何。至六月初十日，乃下诏严责两江督臣刘坤一、两广督臣谭钟麟、直隶督臣荣禄，又将督抚中之最贤而能任事之陈宝箴下诏褒勉，以期激发疆

---

[1] 参见拙著：《从甲午到戊戌：康有为〈我史〉鉴注》，第 626-635、680-683 页。又，根据康有为的《我史》，他是逃到香港后得知陈宝箴、陈三立父子被革职的消息，参见同上书第 847-854 页。

臣之天良。

陈宝箴，江西省人，湖南巡抚，力行新政，开湖南全省学堂，设警察署，开南学会，开矿，行内河轮船，兴全省工艺，勇猛精锐，在湖南一年有余，全省移风。皇上屡诏嘉奖，特为倚用，欲召入政府，今革职永不叙用。陈三立，宝箴之子，吏部主事。佐其父行新政，散家养才人志士。今伪诏谓其招引奸邪，革职永不叙用，圈禁在家。

湖南向称守旧，故凡洋人往游历者动见杀害，而全省电信轮船皆不能设行。自甲午之役以后，湖南学政以新学课士，于是风气渐开。而谭嗣同辈倡大义于下，全省沾被，议论一变。及陈宝箴为湖南巡抚，其子陈三立佐之，黄遵宪为湖南按察使，江标任满，徐仁铸继之为学政，聘梁启超为时务学堂总教习，与本省绅士谭嗣同、熊希龄相应和，专以提倡实学，唤起士论，完成地方自治政体为主义……[1]

梁启超的以上说法，与康有为起草的杨深秀七月二十九日奏折中对陈宝箴的评价，大不相同，如若细加分析，又多有不准确之处：称"皇上下诏褒奖陈宝箴"，指光绪二十四年六月二十三日因杨深秀的奏折而发之旨，前已说明，该旨非为"褒奖"；称"屡诏嘉奖"，查军机处《上谕档》等档案，除六月二十三日之旨外，光绪帝并无相应之旨；称"除湖南巡抚陈宝箴外，寡有能奉行诏书者"，并不属实，当时光绪帝的新政诏书是刚刚下达，各省尚无时间去执行，光绪帝又表现出十分心急，由此而指责刘坤一等人，湖南执行的情况与各省是完全相同的，即来不及奉行（对此，我拟另文予以说明）；称光绪帝"欲召（陈宝箴）入政府"，即是"入军机"之意，前引叶德辉私信中亦有此议，然从现有的清朝档案中，看不出光绪帝有召陈宝箴入军机之意图，很可能是康、梁的一种设计或想象而已；[2]称陈三立被

---

[1]《戊戌政变记》续四库版，第219、220、236—237、247、275页。
[2] 从现有档案来看，提出请陈宝箴入军机者仅是广西举人李文诏，他在上书中称："择老成硕望志在

革后"圈禁在家",更不属实。湖南是一个保守的省份,陈宝箴、陈三立、江标、黄遵宪等人所行之"新政",皆是上海等通商口岸已行之"旧政",他们的目的,是能让保守的湖南变得像沿海沿江省份一样,能够开埠、通铁路、通电线、办学堂,并聘用西师来开矿、修铁路等等——这些在江苏、广东、湖北已是司空见惯之事,而绝无梁启超所称的"完成地方自治政体为主义"之意。除了时务学堂和《湘学报》中的"康学"之外,张之洞对湖南新政皆是同意的、支持的。梁启超《戊戌政变记》中对陈宝箴、陈三立父子赞扬,很可能是认定陈三立的罪名"招引奸邪",即是"招引"他本人;而对湖南的变法大加褒奖,其中也有对其本人在湖南创办时务学堂、南学会诸事予以宣扬之意。

比以上康有为、梁启超的记载更为夸张的,是日本浪人宗方小太郎的记录。他于光绪二十四年九月十七日(1898年10月31日),即康有为到达东京后的第六天,访问康有为和唐才常。他在日记称:

> 与柏原同至加贺町访问康有为,湖南学会代表人唐才常在座。唐系湘中志士,声言因拟发动义兵,来日借兵并兼请声援。康有为频频乞求援助。余称:日本政府决不轻易出兵,但如时机到来,不求亦将提供援助。目前,只有我辈能为义军增添力量,期望使诸君之志愿得以实现。康称:南学会员约一万二千名,均为上流士子。前任湘抚陈宝箴为会长,徐仁铸、黄公度为首领。湖南势力实在此会。一旦举事,将引军直进,略取武昌,沿江东下,攻占南京,然后移军北上。官军能战者仅袁世凯、聂士成、董福祥三军,合计不过三万人。义军倘能进入湖北,当可得到张之洞之响应云云。谈话自十一时至午后二时

维新,其才识又足以负荷天下之重,如两湖总督张之洞、湖南巡抚陈宝箴两人者,速调进京,任以枢要,然后斟酌损益,次第施行。庶不至凌杂无序,疑谤沸腾。"(李文诏条陈见《军机处录副·光绪朝·内政类·戊戌变法项》,3/108/5617/27,光绪二十四年八月初五日都察院代奏,中国第一历史档案馆藏)李文诏在政治倾向上是张之洞派,与康、梁无涉,在"张之洞档案"中存有其请求张之洞予以经济帮助的电报。

归。[1]

康有为、唐才常为了让日本出兵中国，帮助光绪帝复位，竟然宣称仅仅举行了几次集会的南学会，有着一万二千名会员，以"陈宝箴为会长"，而且是一支能"举事"、"将引军直进"的武装力量——占据长沙，略取武汉、攻克南京，然后"移军北上"，北方的袁世凯、聂士成、董福祥三支主力军队都不在话下，并宣称"当可得到张之洞的响应"！康、唐的这些说词是用来打动日本人的，完全不符合事实；我以为，他们自己都不会相信。

陈宝箴、陈三立未参预唐才常、梁启超庚子年间的政治活动
有论者称，陈宝箴、陈三立父子参预了中国议会及唐才常等人庚子年间的政治活动，其最重要的证据是日本人井上雅二的日记。

井上雅二，东亚同文会上海支部干事，庚子年间与汪康年、唐才常等人有着很密切的交往。他的日记中涉及陈宝箴、陈三立父子的内容，一共为三条：

> （光绪二十六年七月初五日，1900年7月30日），……中国议会宗旨，昨天召开了第二次会，出席者六十多人。……陈三立不日将参加。

中国议会一共召开了两次会，第一次是七月初一日（7月26日），第二次是七月初四日（7月29日），都在上海，陈三立此时住在南京。从日记本身来看，"陈三立不日将参加"一语，不知是何人向井上雅二所说，很可能是唐才常；且"不日将参加"，表明陈三立将会参加、前两次会议都没有参加，而中国议会后来未开会，陈三立也不可能参加。

> （七月初十日，8月4日）……陈宝箴旧历六月二十五日卧病在床，第二天死了。陈三立回国。可以说已失去了援助。

---

[1]《宗方小太郎文书》，日本原书房，第637页；转引自杨天石：《寻求历史的谜底——近代中国的政治与人物》，首都师范大学出版社，1993年，第51页。"柏原"，柏原文太郎。

"回国"一词,似由"回籍"、"回乡"之所误,即陈三立听到陈宝箴病故的消息,立即从南京奔丧回籍。从日记本身来看,当时谈话人有唐才常、汪康年,而从与陈宝箴、陈三立父子的关系而言,似为唐才常所说的。此中的"援助",应该是唐才常的一面说词。

七月二十八日(8月22日),井上雅二在上海的东和洋行与梁启超见面,梁启超称:

> ……哥老会、三合会与康派已有联络,而且与大通的事件有关。失败后,杀了六百人,陈宝箴的死多少也造成了挫折。[1]

此时唐才常已被捕,已秘密来到上海的梁启超极力谋救。"陈宝箴的死多少也造成了挫折"一语,是梁启超对其失败的托词,并不说明陈宝箴已参预了唐才常、梁启超的政治活动。从日记中可以看出,井上雅二并没有与陈三立、陈宝箴有直接或间接的接触,以上三条记录皆是唐才常或梁启超所言,而言者又有自我张势或自我辩解之意图,是不可以当作确据的。如果再联系到前引康有为、唐才常对宗方小太郎之所言,唐、梁的这些说词,亦有可能是一种夸张。

与井上雅二的说法相同的,还有日本人田野桔次,他在《最近支那革命运动》一书中称:

> 尔时义宁陈公宝箴开府湘中,君(唐才常)以拔贡生执弟子礼,谒陈公于节署。陈公曰:"今日之师生,循故事也。若以学问经济论,吾当北面事君。"其见重如此。故陈公在湘兴时务学堂、设保卫局、开南学会,靡不资君参议。论者多谓陈公之虚己下人,而实亦君之才有以致之也。

---

[1]《井上雅二关系文书》,参见汤志钧:《乘桴新获:从戊戌到辛亥》,江苏古籍出版社,1990年,第355—356、360、370页;亦可参见杜迈之等编:《自立会史料》,岳麓书社,2009年,第367—368、373、382页。

> 自立会之设也，有康有为、梁启超等通其气脉，有容闳等赞其运动，有唐才常等为其主力。其目的以联络长江一带游勇及哥老会等而利用之。其始布置，亦自周密。及后，由陈宝箴之逝去而一挫；由大通之乱起而再挫；复由汉口之失败而三挫。然唐等之败，实自立会之一大钜创，盖由此而该会无主理之人矣。[1]

田野桔次与康有为、梁启超、唐才常交往甚久甚深，也没有见过陈宝箴、陈三立。他虽然没有在书中说明上引内容的消息来源，但以常理推之，应是得自于唐才常、梁启超。称陈宝箴"当北面事君（唐才常）"，自然是一种夸张之词；称"由陈宝箴之逝去而一挫"，与前引梁启超对井上雅二的说法完全一样，田野此说很可能来自于梁。

与此同理，此期章太炎致夏曾佑信，言及中国国会，称言：

> 海上党锢，欲建国会。然所执不同，与日本尊攘相异矣。或欲迎跸，或欲□□，斯固水火。就迎跸而言，信国欲借力东、西，铸万欲翁、陈坐镇，梁公欲密召昆仑，文言欲借资鄂帅。志士既少，离心复甚，事可知也。[2]

其中"铸万"指唐才常，"翁"指翁同龢，"陈"指陈宝箴，即唐才常有意在"迎跸"活动（即"勤王"）时由翁同龢、陈宝箴主持政务。章太炎此处所言，仅仅是唐才常的主观愿望，与翁同龢、陈宝箴的政治态度无涉。

在庚子事变中，保皇、革命等各派政治力量都有着紧密的活动，也有

---

[1] 田野桔次：《最近支那革命运动》，见桑兵主编：《辛亥革命稀见文献汇编》，国家图书馆出版社，2011年，第43册，第549、577页。

[2] 朱维铮、姜义华编注：《章太炎选集（注释本）》，上海人民出版社，1981年，第115页；又参见姜义华：《章太炎思想研究》，第137页。□□指排满。"信国"，文天祥，封信国公，此处指文廷式。"东、西"指日本与英国等列强。"铸万"，唐甄，字铸万，指唐才常。"梁公"，狄仁杰，追封梁国公，指狄葆贤。"昆仑"，李介，号昆仑山樵，指李鸿章。文言，东林党人汪文言，指汪康年。"鄂帅"，指张之洞。

着其策动的对象,其中最为重要的是三大疆臣——两江总督刘坤一、湖广总督张之洞、两广总督李鸿章。从事实层面来看,这类活动并无效果。今天的研究者似不能将这些活动家的言论当作事实,尤其是他们在为了得到财物、甚至军力援助时所言。

那么,在庚子年间陈宝箴、陈三立的政治态度究竟如何呢?

根据陈三立光绪二十六年闰八月为其父所写的《行状》,陈宝箴被革职后随带其夫人黄氏棺椁,从湖南回到南昌。

> 囊箧萧然,颇得从婚友假贷自给。明年营葬吾母西山下,乐其山川,筑室墓旁,曰"崝庐",日夕吟啸偃仰其中,遗世观化,浏乎与造物者游。尝自署门联,有"天恩与松菊,人境拟蓬瀛"之名,以写其志。至其所难言之隐,菀结幽忧,或不易见诸形式,独往往深夜孤镫,父子相语,仰屋欷歔而已……

这一段话的意思本来是明确的,即陈宝箴、陈三立父子在南昌郊外的西山,筑室静养,过着远离尘嚣的生活;然"难言之隐"、"深夜孤镫"、"仰屋欷歔"等语,引出了后来的研究者过多推测。以我个人的揣度,陈氏父子此期大约有两事仍在心中不能排遣:其一是他们在一生事业的高峰时突遭严谴,陈三立在光绪二十五年六七月间曾大病几死。[1]其二是"己亥建储"引出光绪帝帝位不稳之政治危机,尤其是对陈宝箴,在其被革职前曾发电荣禄"讽其尊主庇民,息党祸,维元气"。[2]但是,若从陈氏父子的一生经

---

[1] 陈三立致俞明震,《陈宝箴集》,下册,第1680-1681页。又,陈三立对此自称:"既葬吾母,余复得病几死……"《大姊墓碣记》,李开军校点,陈三立:《散原精舍诗文集》,上海古籍出版社,2003年,下册,第860页。

[2] 见陈三立所作《行状》,《陈宝箴集》,下册,第2003页。又,皮锡瑞光绪二十四年九月二十一日日记称,陈宝箴致荣禄的电文为:"慈圣训政,臣民之福。而尊主庇民,全仗中堂主持。万代瞻仰,在此一举。"并称此电的电文为夏献铭所告。二十五日日记又称:"节吾至,言右帅电奏两次,岘帅奏意更显明,为禀告荣禄。其实奏上所说,与子新丈言合。"(《师伏堂日记》,《湖南历史资料》,1981年第2期,第143-144、146页)"节吾",欧阳中鹄。"子新",夏献铭。

历来看，此两项似不会引发他们政治立场的大变化，更不可能引出他们与"康党"趣味相投的"谋乱"之心。陈三立另有《崝庐记》，描写陈宝箴的晚年生活：

> ……因得卜葬其地，明年遂葬吾母，穴左亦预为父圹，光绪二十五年之四月也。吾父既大乐其山水云物，岁时常留崝庐不忍去，益环屋为女墙，杂植梅、竹、桃、杏、菊、牡丹、芍药、鸡冠、红踯躅之属，又辟小坎种荷，蓄鲦鱼，有鹤二、犬猫各二、驴一。楼轩窗三面当西山，若列屏，若张图画，温穆杳霭，空翠蓊然扑几榻，须眉、帏帐、衣履皆映黛色。庐左为田家老树十馀亏蔽之，入秋叶尽赤，与霄霞落日混茫为一。吾父澹荡哦对其中，忘饥渴焉……[1]

如此田园山居的生活态度，显示了陈宝箴的大臣风度，"乐天而知命，悲天而悯人，道所并行不悖"。人世间的百态，可以放在心上，而不会自我压塌。光绪二十六年四月，陈三立离开崝庐去南京，陈宝箴亦称"秋必往"，即秋天亦会去南京。

当陈三立到达南京时，中国的政治局势开始了大动荡。义和团大量进入了天津与北京，焚烧教堂，打杀教民，掌握朝政的端郡王载漪、大学士徐桐、军机大臣刚毅、启秀、赵舒翘"主抚"，即利用义和团对各国施压，荣禄、奕劻的地位下降。五月十四日，各国组成"西摩尔联军"约二千人，从天津向北京进发，二十一日，各国海军攻击大沽炮台。慈禧太后在二十日至二十三日连续举行了四次御前会议，二十五日下达了宣战诏书。就在这一时刻，陈三立的思想亦有所变动，参预了"东南互保"等活动。[2] 六

---

[1]《陈散原〈崝庐记〉》，《花随人圣庵摭忆》，中册，第526-527页。

[2] 光绪二十六年五月，陈三立为吴樵作《墓表》，其中称言："其（吴樵）论治颇喜称民权，与余不合。余尝观泰西民权之制，创行千五六百年，互有得失。近世论者或传其溢言，痛拒极诋，比之逆叛，诚未免稍失其真。然必谓决可骤行而无后灾余患，亦谁复信之。彼其民权之所由兴，大抵缘国大乱，暴君虐相迫促，国民逃死而自救，而非可高言于平世者也。然顷者吾畿辅之变，义和团之起，猥以一二人恣行胸臆之故，至驱呆竖顽童张空拳战两洲七八雄国，弃宗社，屠人民，莫

月十三日,陈三立致张之洞的大幕僚梁鼎芬一信:

> 读报见电词,乃知忠愤识力,犹曩日也。今危迫极矣,以一弱敌八强,纵而千古,横而万国,无此理势。若不投间抵隙,题外作文,度外举事,洞其症结,转其枢纽,但为按部就班,敷衍搪塞之计,形见势绌,必归沦胥,悔无及矣。窃意方今国脉民命,实悬于刘、张二督之举措(刘已矣,犹冀张唱而刘可和也)。顾虑徘徊,稍览即逝,独居深念,讵不谓然?顷者陶观察之说词,龙大令之书牍,伏希商及雪澄,斟酌扩充,竭令赞助。且由张以劫刘,以冀起死于万一。精卫之填,杜鹃之血,尽于此纸,不复有云。节庵老弟密鉴。立顿首。[1]

这一封信已有多人的解读,我个人以为,似有过度解读之嫌。信中关键有两个,其一是"题外作文,度外举事"指何事?其二是"且由张以劫刘",即由张之洞为首倡而刘坤一响应。张謇此时亦到达南京,在日记中记有与陈三立的交往,共三条:光绪二十六年五月二十六日日记称:"赠陈伯严吏部三立诗。"三十日称:"与伯严议易西而南事。"六月初二日称:"与伯严定蛰先追谒李帅,陈安危至计。"[2]"赠诗"谈的是交往与时局。"李帅",为前四川总督李秉衡,以对外态度强硬著称,此时正奉旨北上。"蛰先"是汤寿潜。张謇与陈三立商议,请汤寿潜说服李秉衡,不要为刚毅等人所误。而五月三十日所谈"易西而南"又何指?张謇在《啬翁自订年谱》中称:

之少恤。而以朝廷垂拱之明圣,亦且熟视而无如何,其专治为祸之烈,剖判以来,未尝有也。余意民权之说,转当萌芽其间,而并渐以维君权之敝。盖天人相因,穷无复之大势备于此矣。则君夙昔所持论,又乌得尽非而终不以为然邪?……余感时变,为略论述之如此,欲以明君生平所自待,而早死未为不幸也。"《散原精舍诗文集》,下册,第844—845页。陈三立曾指责吴樵的民权论为非,但到了此时,认为专制为祸之烈,可以萌生一些民权,以维君权之敝。这是他政治思想的一个变化。

[1] 周康燮:《陈三立的勤王运动及其与唐才常自立会——跋陈三立与梁鼎芬密札》,《明报月刊》,第9卷第10期,1974年10月。
[2] 《张謇全集》,第6卷,第437—438页。

  陈伯严三立与议迎銮南下。……与眉生、爱仓、蛰先、伯严、施理卿炳燮议合刘、张二督保卫东南。余诣刘（坤一）陈说后，其幕客有沮者。刘犹豫，复引余问："两宫将幸西北，西北与东南孰重？"余曰："虽西北不足以存东南，为其名不足以存也；虽东南不足以存西北，为其实不足以存也。"刘蹶然曰："吾决矣。"告某客曰："头是姓刘物。"即定议电鄂约张，张应。[1]

张謇虽与陈三立讨论过"迎銮南下"之事，但其主要精力仍放在"东南互保"一事上。戴海斌根据张謇的说法，推断陈三立提议的"题外作文，度外举事"为迎光绪帝南下，是一个值得注意的解读。[2] 我还以为，陈三立的这封信的收信人梁鼎芬，当时的政治态度似介于张之洞与于荫霖两者之间，忠于清朝，痛恨康有为及其党人，陈三立对此是十分清楚的。陈写信给梁，劝张来首倡刘来响应，其内容只能是反对清廷的某些决策而不能是反对清廷本身，更不可能与康有为、梁启超、唐才常等人的活动相涉。

  对于陈三立在南京的政治活动，陈宝箴是否知情？我个人以为是不太清楚的。陈三立在为其父所作《行状》中称："卒前数日，尚为《鹤冢诗》二章；前五日，尚寄谕不孝，憨憨以兵乱未已、深宫起居为极念。"[3] 由此可见陈宝箴去世前关注之所在。陈宝箴去世后，陈三立在《崝庐记》中又称：

  ……已而沉冥以思，今天下祸变既大矣，烈矣，海国兵犹据京师，两宫久蒙尘，九州四万万人皆危蹙莫必其命，益恸彼，转幸吾父之无所睹闻于兹世者也。[4]

---

[1]《张謇全集》，第6卷，第861页。
[2] 戴海斌：《"题外作文、度外举事"与"借资鄂帅"背后——陈三立与梁鼎芬庚子密札补证》，《近代史研究》，2011年第2期；马卫中、董俊珏《陈三立年谱》亦据张謇日记及《自订年谱》认定"迎銮南下"之说。见该书，第245-246页。
[3] 以上引文，未直接注明者，皆为陈三立所作《行状》,《陈宝箴集》，下册，第2003-2004页。
[4]《花随人圣庵摭忆》，中册，第527页。

陈三立"转"为其父未闻国破民危之悲惨情景而庆幸，而这种庆幸似为那些置身事外或涉事未深者方可得享，如果陈宝箴得知那些"东南互保"、"迎銮南下"之类的消息，未知国运之确果，将会至死仍是忧虑至极。

梁启超曾有一诗论陈三立及其诗学成就，曰：

> 义宁公子壮且醇，每翻陈语逾清新，啮墨咽泪常苦辛，竟作神州袖手人。

该诗另有梁启超的注：

> 义宁，陈三立，伯严。君昔赠余诗有"凭栏一片风云气，来作神州袖手人"之句。[1]

我不知道梁启超此诗的写作时间，也不知道陈三立赠梁诗的时间。梁认为，他看到陈诗中的"啮墨咽泪"之"苦辛"，不能理解陈竟然会作"神州袖手人"。然而，我以为，陈三立在此后的政治生活中确实不是"插手人"，而真是一个"袖手人"，只是在内心中仍无法置之度外，诗中不免常现"啮墨咽泪"的情感；他赠梁启超诗中"凭栏一片风云气，来作神州袖手人"一句，因无上下文和时间、背景等要素，还不可全解其意，但我在内心中隐约感到，他很可能是对梁启超当时向他提出的政治要求或期许，做了一个非常委婉的拒绝——"来作神州袖手人"。然于此处，李开军有着更为精准的解读。[2]

---

[1]《广诗中八贤歌》，《饮冰室合集》，第4册，《文集》之45下，第13页。

[2] 本书出版后，李开军先生写信给我："……在大著上看到，您仍然未览及'凭栏一片风云气，来作神州袖手人'二句诗的出处，恰巧因为我若干年来一直在从事陈三立作品的搜集整理，于此事略有知晓。此诗题作《高观亭春望》，为二首之一：'脚底花明江汉春，楼船去尽水鳞鳞。凭栏一片风云气，来作神州袖手人。'此诗作于光绪十九年，见《散原精舍诗文集补编》（江西人民出版社2007年）第82页。戊戌之后一直到民国十一年之前的二十五年中，陈三立和梁启超未曾相见，

然而,由于陈宝箴"滥保匪人"的罪名,很长时间未能予以认真的揭示。1958年国家档案局明清档案部编《戊戌变法档案史料》,将已折片分离、没有署名、内容为撤销保送康有为参加经济特科考试之附片,误标为陈宝箴之片,且将时间误记为光绪二十四年五月二十七日,而该片的真正作者是广东学政张百熙。[1]该书作为一部权威性的档案史料集,草草标拟作者姓名及时间,刊行时又未加其他说明。编者受到了此说的影响,结果又影响了他人。

则陈三立书扇相赠极可能在戊戌之前,更具体地说,应在梁启超戊戌春去湘转沪北上之前;而梁之《广诗中八贤歌》作于光绪二十七年春。在陈三立《诗录》四卷在南京图书馆被发现之前,人们一直认为此二句诗是陈三立对自己戊戌之后出处的一个自我定位,如今看来,颇有误差矣。以上是我对'凭栏'两句诗的粗浅了解,不避冒昧,惶恐奉告,希望对您解读相关史料有点作用。"(2014年4月)李开军的说法是正确的,且不仅是我错了,先前亦有多人出错。由此可知,诗是陈三立于光绪十九年所作,以诗相赠是光绪二十四年年初之事。为显示学术研究之递进,借此次重版之际,我在此处未加删改,而将李开军的信件附上,希望后来者能知并采用。

[1]《戊戌变法档案史料》,第231页;该原片见《军机处录副·补遗·戊戌变法项》,3/168/9448/15,中国第一历史档案馆藏。又据军机处《随手档》,张百熙该片的收到时间为光绪二十四年八月十二日。相关的研究,可参见孔祥吉:《读书与考证——以陈宝箴保荐康有为免试特科事为例》,《罕为人知的中日结盟及其他:晚清中日关系史新探》,第337—350页;拙著:《从甲午到戊戌:康有为〈我史〉鉴注》,第535—538页。

第六章

戊戌前后诸政事

"张之洞档案"中有一些机密性的文件，可以直接说明戊戌前后诸政事之内情；另有一些零散的文件，本身似不能说明什么，但若与其他文献相对照，亦可以解开戊戌前后的诸政事之内幕。这一类政事一般不算太大，且较分散而无连续性，易被忽略；但其对历史的发展经常起到相当重要或非常微妙的作用，对今人理解历史过程及其结局亦有助益，似可拣选这些史料来发表并稍加介绍与说明。由此，我在阅读档案时也予以留心，一一收集整理，作以下内容之叙述。

一、光绪十九年刘坤一查办张之洞

光绪十九年正月二十四日（1893年3月12日），大理寺卿徐致祥上奏弹劾张之洞，其罪名大约有四：一、怠慢政务，经常不接见下属，以个人好恶而乱派差使；二、重用恶吏，特别点名湖北布政使王之春、候补直隶州知州赵凤昌；三、滥耗钱财，以办理铁路、铁厂、开矿等项，到处勒捐，并奏留巨款；四、架设湖南电报线引起民愤致使电线杆被烧、总督衙门被毁不报、州县官补缺时勒捐等多件细故。值得注意的是，该折中有两段：

> 该督当时与已革翰林院侍讲学士张佩纶，并称畿南魁杰，洎光绪五六年间前军机大臣李鸿藻援之以进，蒙我皇太后、皇上虚衷延揽，不数年洊擢巡抚，晋授兼圻……
>
> 该督之兄张之万久居政府，中外臣工或碍于情面，不免存投鼠忌

器之见,故无一陈奏于我皇上前者。臣迹其行事,采诸公评,据实参劾,事理昭彰,谅张之万亦不能曲为之庇……[1]

前一条涉及清流领袖李鸿藻,后一条直指张之洞的族兄军机大臣张之万,两人恰是张之洞在朝中的靠山,徐致祥言及于此的用意是清楚的,即这两人不得"曲为之庇"。

从当时的政治游戏规则来看,徐致祥的弹章绝非个人行为,但此中的背景很不清楚,京中似有政治大老对张之洞不满。且从某种意义上说,徐致祥弹章的内容也是大体属实,张之洞起居无时,个人好恶太重,又好大喜功,别出心裁,花钱如泥沙。[2]但张的事业大多是传统社会没有先例的,先行者自然会多走弯路,多付学费。若对此严加追究,张虽未必落马,但受一个降革之类的处分,也是对其事业的极大打击。李鸿藻、张之万自然不能再出面帮忙说话,光绪帝当日下旨将徐致祥奏折抄送给两江总督刘坤一、两广总督李瀚章,"按照所参各节,确切查明,据实具奏"。[3]

"张之洞档案"中存有一件禀帖,题名是《问答节略》,所言恰是刘坤一奉旨查办张之洞之事,其全文如下:

> 初九日诣院,岘帅传入签押房,单见。
> 问:香帅近日公事想都顺手?
> 对:铁政局工程已十得八九,经费亦筹画有着。此次沈道到鄂,传奉大人口信,"张大人以办事苦心,备荷大人鉴及。"极为感激,属

---

[1]《军机处录副》,03-9379-049,缩微号:671-1899,中国第一历史档案馆藏。还需注意的是,据当日军机处《随手档》,徐致祥上奏一折一片,除此折外,另一片军机章京拟题为"湖上(北)臬司陈宝箴所至有声据实保奏由",即弹劾张之洞的同时又保举了陈宝箴。

[2]胡思敬称:"……闻其性情怪癖,或终夕不寐,或累月不薙发,或夜半呼庖人具馔,稍不惬,即呼行杖,或白昼坐内厅宣淫,或出门谢客,客肃衣冠出迎,偃卧舆中不起。其生平细行大节,鲜不乖谬者。"(《国闻备乘》,第84页)胡思敬的说法,得自于传闻,由此亦可知社会对张"细行"的一般性评价。

[3]《光绪宣统两朝上谕档》,第19册,第19253页。当日给刘坤一、李瀚章的谕旨也有所分别,刘坤一着重查张在湖广任上诸事,李瀚章则查张在两广任上诸事。

为请安致感。但此事非逐细详查，难得底蕴，现仍静候大人派员往查，公事为重，请勿以有碍面子为嫌。

问：陈右铭廉访来信，亦以此为言。其实我不派人细查，并非客气，公事只配如此。前经派人赴鄂走过一次，亦不过公事面子如此。今欲逐件考求，则谕旨并非派我验收工程；欲逐款勾稽，则谕旨并未派我办理报销。我踌躇再四，公事只问是非，煤、铁为中国开自有之利，立自强之基，无论如何，总应当办。香帅勇于任事，力为其难，若再从而苛求，实足寒任事者之心，以后国家事谁肯耽承？此事为中国创办，机器购自外洋，工匠雇自外洋，磅（镑）价时有涨落，断不能以中国例价相绳。即令多费若干，亦涓滴都归公用，并未以分毫自肥其私。

对：张大人公忠体国，其心迹光明磊落，天下皆能相谅。所有开矿等事，银钱都在本地方用，本地百姓个个沾光。如卑府即本省部民，那闻有扰民情事。至规模之闳大，工程之结实，机器之伟观殊制，卑府在北洋年久，觉此实别开生面。

帅连称善，并云：此间离鄂一水可通，都有人道及。记得那年陛见出京，即函致香帅，劝其做成一件，再接一件，不必兼营并骛。近见鄂咨，奏稿将造厂、炼铁划分两事，并将枪炮厂经费挪归铁厂之用，皆至当不易办法。总之，我此次复奏，只就大处落墨。朝廷既信任于先，应信任到底。只责成一手办成便得，若专就一事一物分晰辨别，转授人以指摘之端。似此，决不令香帅有为难处。至另参各款，全属子虚，别人乱讲乱说，我岂能跟随一样？香帅与我，交并不深，然所言公，公言之。此后遇事，我前亦有函致王方伯，属令随时匡救，亦是藩司应尽的道理。至复疏，初三日已发，可密禀香帅，此间不便函致云云。

谨略。[1]

这是与刘坤一在"签押房"（正堂之外较为私密的办公室）里"单见"的记录，虽不是当时的笔录，属事后追记，然其可靠性是很强的。该《问答节略》没有签名，但文内有几条线索——"卑府即本省部民"、"卑府在北洋年久"——即湖北籍、曾在北洋任事、知府一级。刘坤一提到了陈宝箴的来信，查此期刘坤一给陈宝箴信件，称其为"周司马"，即姓周，官职为知州，是"押犯到宁"。[2]再查此期张之洞的公文与电报，可知此人是押解湖北所获会党首领匡世明去南京的官员——补用直隶州知州、候补知县周耀崑。[3]谈话日期为"初九日"，查刘坤一上奏"遵旨确查折"署日期为二月二十九日，谈话内称"至复疏，初三日已发"，大约是折差离开南京的时间，据此，谈话的时间为光绪十九年三月初九日（1893年4月24日）。

清代官员被劾受查，大多查无实据，关键在于幕后的种种交易，但极少能见到相关交易的确据，正因为如此，此一《问答节略》显得十分珍贵。刘坤一，中兴名臣，做事不会下贱，张之洞以"公忠体国"自许，更不会

---

[1]《张文襄公文件·关于工程练兵等四》，《张之洞公文函电稿》，所藏档号：甲182-216。"王方伯"，布政使王之春，当时也称"方伯"、"藩司"。

[2] 刘坤一致陈宝箴信中，谈到了对周的评价："初二日贵委员周司马押犯到宁，祗奉手教，具领一是……务祈香帅、谨帅将全卷钞咨来江以为引证之地，是所盼祷。周司马明白精细，通达政体，善识极宜，诚牧令中之铮铮者，仰见赏鉴有真，良深欣佩。"（柳岳梅整理：《陈宝箴友朋书札》（二），《历史文献》，第4辑，第134—135页）"谨帅"，湖北巡抚谭继洵，号敬甫。

[3]《咨两江督院委周耀崑押解匪犯匡世明等赴江宁随同审讯》，《张之洞全集》，第5册，第404—406页。张之洞亦有数电给周耀崑和刘坤一："致江宁。江宁府转交湖北委员周令耀崑：电悉。刘制台电亦接到。速将细情电禀。该令寓何处？即复。鄂督院。歌。""致江宁。江宁府转交湖北委员周令耀崑：电悉。匡匪服毒，是否已毙？来电与桃黑认识，桃黑二字是否有误？是否系徐供认抑匡供认？愿与何人对质？殊未明晰，即电复。该令寓何处？并复。鄂督院。亥。"（以上两电皆光绪十九年三月初六日发）"致江宁评事街广聚栈房湖北委员周令耀崑：禀与供折均悉。巨案得破，大快人心。匡犯不必解还，听江南刘制台酌办。前已电帅，兹再告该令遵照。鄂督院。蒸。"（光绪十九年三月初十日发）"致江宁刘制台：咸电悉。匡匪世明与李洪商购军火一案，即奏结惩办，均遵尊示办理。匡世明即在江宁惩办。如委员周令耀已无事，请饬该令带其弟匡盛斌暨杨清和回鄂。洞。咸。亥。"（光绪十九年三月十五日发，以上四电见《张之洞电稿丙编》，第36册，所藏档号：甲182-87）

自我作贱，两人之间的交易，也绝不能将之与当时官场政以贿成的举动相类比。从《问答节略》的内容来看，两人更多是官官相护、心照不宣。

《问答节略》作者首先称："此次沈道到鄂，传奉大人口信，'张大人以办事苦心，备荷大人鉴及。'极为感激。""沈道"，我以为很可能是沈瑜庆，前两江总督沈葆桢之子，江苏候补道，此时由刘坤一委派宜昌加抽川盐厘局的差使，经常往来武昌，与张之洞、陈宝箴等人很熟，已代刘坤一向张之洞表白了"备荷鉴及"的态度。刘坤一在"遵旨确查折"中称：

> 伏查原奏所参各节，事隶鄂省，江宁相距较远，莫知底蕴。因即遴派妥员驰往该省，密为访察，并详询来往官绅，互证参观……

又据陈夔龙的笔记，刘坤一派往湖北查办的官员是江苏候补道丁葆元。[1] 从《问答节略》中"现仍静候大人派员往查"一句来看，周耀崑离开武昌时，丁葆元尚未到达；但刘坤一已经表示"其实我不派人细查，并非客气，公事只配如此。前经派人赴鄂，走过一次，亦不过公事面子如此"，即刘如此行事，为的是复奏时能有所交待。刘还提到"陈右铭廉访来信"，即湖北按察使陈宝箴亦有给刘的信件。刘自称"香帅与我，交并不深"，然陈本属湘系，与刘交情甚深。陈宝箴为此事给刘坤一的信，未见，而刘坤一的回信，今存世，称言：

> 另奉长械，议论精卓，指示周详，并承钞寄香帅奏稿，无任感佩。第此篇文章当从大处着笔，方合事体而杜后言，若必缕晰条分，转恐投间抵隙，筹之已熟，持之颇坚，仅将梗概面告周司马代达清听矣。铁厂与炼铁分为两截，以清眉目，是一定办法，前复王方伯书，微议及此。不审此次所请经费廿万能应手否？以理势揣之，当无异说

---

[1]《梦蕉亭杂记》，第73–74页。陈夔龙又称，丁葆元此行得罪了张之洞，刘坤一去世后，张之洞再次署理两江总督，曾向丁葆元发难。时任漕督的陈夔龙请沈瑜庆为之缓颊。

也。[1]

此信表明了刘坤一复奏中的主调,即"大处着笔",并称他已将大体内容告诉了周耀崑,即前引《问答节略》中的内容。他给王之春另有去信,大概也是安抚的话。从周耀崑《问答节略》中可以隐略看出,刘坤一对张之洞的做事风格并不满意,对布政使王之春也有意见,但表白了"决不令香帅有为难处"的基本态度。

光绪十九年二月二十九日(1893年4月15日),刘坤一上奏"遵旨确查折",为张之洞作了全面的辩护,也维护了王之春,但对赵凤昌稍有微词:

> 赵凤昌籍隶江苏,前以丁忧知县,由粤(调鄂),办理督署笔墨事件。其人工于心计,张之洞颇信用之。该员虽无为人营谋差缺实据,而与在省寅僚广为结纳,其门如市,迹近招摇,以致物议沸腾,声名狼藉。……保举候补直隶州知州赵凤昌不恤人言,罔知自爱,似应请旨即予革职,并勒令回籍,以肃官方。[2]

刘坤一的基本战术是"丢卒保车",可能听到了一些徐致祥弹章的背景。该折于三月十六日到达御前。从《随手档》来看,光绪帝当时未批,而是

---

[1]《陈宝箴友朋书札》(二),《历史文献》,第4辑,第135页。又,该信是前一信的附信,前信署日期为"十一",似发于光绪十九年三月十一日。《刘坤一遗集》亦录有此信(第5册,第2048页),但不是全文,仅是摘录。

[2]《军机处录副》,03-9379-051,缩微号:671-1906,中国第一历史档案馆藏。引文已与《刘坤一遗集》互校,见《刘坤一遗集》,第2册,第767页。又,刘坤一于光绪十九年二月二十五日给王之春的信中,称:"香帅之才足以振举一世,其所办煤铁独具手眼,实为时务所急需。若因其稍有糜费,而合力挠之、挤之,使其功亏一篑,以快外国人之心,谓我无能为役,沮中国人之气,以后不敢担当,似非计之得也……"(同上书,第5册,第2046页)大体说明了他对此的处理原则。再又,刘坤一此后给陈宝箴的信中称:"祇奉手教,具述香帅之语,读之不胜惭悚。香帅为国之重臣,上之信臣,不可毁,亦无待誉。惟铁政一局,实为时局所系,不可不辨得失、以明是非;否则吠影吠声,未免重烦宸听。治弟所欲力持者以此,其余无所用其斤斤也。香帅取人所长,自略其所短,既经台谏论列,则瑕瑜不掩之处,不敢不据实直陈,且欲藉此调停言路,以服其心而关其口……"同上书,第5册,第2057—2058页。

下令暂时封存。两广总督李瀚章的查复奏折迟至三月二十八日才上，声称"查明湖广督臣张之洞被参各款均系传闻失实"，完全否定徐致祥的指控，该折于四月十六日到达御前。[1]光绪帝当日下旨：

> ……张之洞、王之春均著毋庸置议。候补直隶州知州赵凤昌不恤人言，罔知自爱，著即革职，勒令回籍，以肃官方。张之洞向来办事尚属认真，嗣后于应办事宜，务当督率属员，力求撙节，妥为经理，用副委任。[2]

张之洞躲过了这一次政治危机，而赵凤昌后来被张之洞派到上海，处理各类事务，成为张的"坐沪"。[3]

二、光绪二十年至二十一年起用容闳

容闳（1828-1912），广东香山南屏（今属珠海）人，字达萌，号纯甫（又作纯甫）。他的个人经历极富传奇，是最早在美国大学——耶鲁大学完成学业的中国人。咸丰四年（1854）回国，曾为曾国藩等人代购军火、机器等项。同治十一年（1872），带领中国留美学童去美学习，任管理学童的副监督，后任清朝驻美国副使。光绪八年（1882）任满回国，到京叙职，命以二品顶戴、道员衔在江苏候补。[4]然此后不久，他又去了美国，一住便是十多年。

抵押台湾的计划　　光绪二十一年（1895）甲午战争结束后，容闳67岁时再次回国，开始他人生的另一段经历。他在回忆录中称：

---

[1]《宫中档朱批奏折》，04-01-02-0154-009，中国第一历史档案馆藏。
[2]《光绪宣统两朝上谕档》，第19册，第60-61页。
[3] 相关的内容，参见本书第三章第七节。又，赵凤昌，江苏武进人，委派在上海（时属江苏），也大体符合"勒令回籍"之旨令。
[4]《清代官员履历档案全编》，第4册，第97-98页。

1894—1895 年，中日之间因朝鲜问题爆发了战争。……我计划中的首要步骤就是奔赴伦敦去协商借款 1500 万美元，以购买已成铁甲舰三四艘，并招募 5000 人的外国部队，沿太平洋海岸从背部攻击日本，从而产生一个牵制力量。……当该步骤在落实中的时候，第二个步骤也同时并举，就是政府应准许并委任专人将台湾岛抵押给西方某一强国，以借款 4 亿美元，用来组建国家陆海军，继续进行战争。这些步骤陈述于我给蔡锡勇的两封信中，当时蔡锡勇任湖广总督张之洞的秘书。两封信被译成中文后呈交给张总督，那是 1894 年冬季的事。出乎我意料之外，张总督赞同我的第一步骤，他发来电报授权于我速赴伦敦商谈借贷 1500 万美元之事。……我在伦敦不到一个月，则成功地将借款事项商谈就绪，惟有其附属担保品问题，我必须托中国驻伦敦公使发电报给朝廷，请以海关关税为抵押。然而，中国海关总税务司罗伯特·赫德爵士和李鸿章总督拒不让以海关关税作抵押。理由是海关关税几乎不足以用作支付给日本的抵押款。……这样，借款之举遂成为泡影，而我却险些遭到承商借款的英国银行财团（London Banking Syndicate）的起诉。我回到纽约，致电张之洞，请他进一步指示还需要我做什么。他复电要我立即回国……[1]

容闳的自传，如同当时许多人的自传一样，有着许多的夸张。他的这一段经历，在"张之洞档案"中存有许多材料，可以对之一一进行印证。

张之洞在光绪二十一年十一月十二日（1895 年 12 月 27 日）上奏的"容闳留省差委片"中指出：

溯查上年六七月间，东洋兵事初兴，该员在洋即函致使署翻译官，谓抵押台湾，可得美国银十万万元，既保疆土，兼集巨款。计美银一元抵中国银一两有奇。嗣于十二月间，又电致臣，议及此举。是该员

---

[1] 石霓译注：《容闳自传：我在中国和美国的生活》，百家出版社，2003 年，第 284—285 页。

甚有先见之明。[1]

由此可见，容闳在甲午战争初期就向清朝驻美公使馆翻译官提出了"抵押台湾"以获取"美国银"（似即为美元）10亿元的计划，并在光绪二十年十二月，将此计划电告正在南京的署理两江总督张之洞。我不知道当时美元与银两的比价，但其回忆录所称4亿美元或电报中所称10亿"美国银"，对当时的美国政府或任何一家金融机构，都不是轻而易举之事，绝非像容闳所称的那么简单。[2] 张称容闳"甚有先见之明"，指此时台湾被迫割让日本而言。而容闳与张之洞之间联系人是张之洞幕中的蔡锡勇和梁敦彦。[3] 容闳称通过蔡锡勇给张之洞的两信，"张之洞档案"中未藏。

购买船炮 光绪二十年十二月二十日（1895年1月15日），清朝驻美公使杨儒代发容闳给张之洞的电报，该电称：

> 美京杨钦差。容道电：巴西炮船名尼塞募连，十五寸炸炮一尊，炸药五十罐，一律齐，价廿一万镑。西十二月内议购。再定炸药百罐备用，价二万镑，四十五天可成。两炸炮尚存，每尊美洋十二万五千元，汽筒弹药在外。炸药每罐千元，如定百罐，六礼拜可成。炮须现

---

[1]《张文襄公奏疏未刊稿》函二，所藏档号：甲182-398；又见《军机处录副》，03-98-5333-013，缩微号：403-1232，中国第一历史档案馆藏。

[2] 如果从美国政府历次购买领土的历史来看，绝无可能支付4亿美元或10亿"美国银"。又，当《马关条约》换约后，沈瑜庆曾发电翁同龢："……台绅联名函嘱转恳吾师：造膝密陈，愿照辽旅办法，赔款赎台。若倭奢求，亦可请各国公议价值。台地富饶，尚可力求生发，加赋加税，所不敢辞……且台地去岁议押，美人告容闳，估值十万万两，即赎回转押，以抵赔款，所得尚多……"（光绪二十一年四月二十七日申刻发，《张之洞存来电稿原件》，第13函，所藏档号：甲182-384）此时沈瑜庆在张之洞幕中，该电是通过恽祖祁的密电本发给翁的。"美人告容闳，估值十万万两"之语，说明张之洞、沈瑜庆相信了容闳的说法。

[3] 蔡锡勇（1847-1897），福建龙溪人，广东同文馆学生，曾任驻美公使馆翻译，与容闳相识。光绪十年入两广总督张之洞幕，此时任湖北候补道，管理湖北各项洋务事业，是张之洞最为信任的洋务幕僚（参见《清代官员履历档案全编》，第5册，第714-715页；第6册，第236页）。梁敦彦（1857-1924），广东顺德人，留美学童，与容闳关系甚深，同入耶鲁大学。光绪十年入张之洞幕，此时为候补知县。参见同上书，第6册，第768-769页。

款交易，宜速定。装配、教演须雇人至华。又，巴西验船、募水手、储煤粮，在在需费，须先有银行存款。募兵难办。拟聘洋员赴华，招兵训练。借款筹若干，用何作抵？如以台湾全省作押，可借二万万镑，即美洋十万万元云。嘱转电。儒。皓。[1]

当时越洋电报的费用极为昂贵，容闳作为个人开支无法承受，便请清朝驻美公使杨儒代发。这是"张之洞档案"中容闳最早的一份电报。然该电包括的内容很多，有购买巴西军舰、招募官兵水手和借款等项，也提到了"以台湾全省作押"（2亿英镑、10亿美元）一事；由此可见，在此电之前，容闳应该有详细的信件（或电报）来说明此情，应与张之洞幕中建立了初步的联系，不然的话，仅是如此简短的电文，很难让人理解其全部意图。其中"募兵难办"，似为答复语；"借款筹若干"，又似反问语。对于容闳的这份来电，张之洞考虑了很久，过了将近一个月，光绪二十一年正月十八日（1895年2月12日），张之洞发电驻美公使杨儒，请转告容闳：

华盛顿杨钦差转容道纯甫：前来电言之巴西炮船，并炸炮、炸药等件，拟即一并定购，祈速议定实价，电复。如能多觅一两艘，更佳。前致蔡道函言，洋海公司船改兵船，安炸炮，办法甚妥。拟购数艘为运船。能设法代购否？洞。啸。[2]

从此电文可见，容闳提出的购买巴西军舰、炸炮，并提出在远洋轮船安设火炮以改为军舰，张都表示同意，而对"抵押台湾"一事未作复；"前致蔡道函"一语，说明容确有信给蔡锡勇。正月二十二日（2月16日），杨儒代

---

[1] 华盛顿，光绪二十年十二月二十日辰刻发，二十日亥刻到，《张之洞存来往电稿原件》，第12函，所藏档号：甲182-383。又，张之洞后来的"容闳留省差委片"，称容闳光绪二十年十一月之后的开销列入报销，又称其到过南美洲，此电亦有可能是容在南美转发，然容在回忆录中未提其到过南美。

[2] 光绪二十一年正月十八日未刻发，《张之洞存来往电稿原件》，第13函，所藏档号：甲182-384；抄件见《张之洞电稿乙编》，第35册，所藏档号：甲182-68。

发容闳回电给张之洞,称言:

> 华盛顿杨钦差。容道复电:购船须人查验。车、客寓、电报等费无力筹垫。又,银行须汇存巨款,外人信我真心交易,方肯议实价,非空言可办。嘱转达,速汇款。儒。箇。[1]

杨儒转发容闳的电文,提出了相关的交通、食宿和电报费用,同时要求在其名下"汇存巨款"。与此同时,容闳亦从华盛顿发电:

> 巴西船,现有人议购,实价廿一万镑。欧洲有炮船六艘可购,炸炮两尊,须正月廿六前议定。以上船炮如决计购办,求速复、速汇款。又,派人验船、募水手,须求电给全权办理名目,方可代办。容闳。养。[2]

在容闳的电报中,除了汇款一项外,还提出了"正月二十六日"的期限与"全权办理"的授权。张之洞并没有立即回复。正月二十七日,容闳再发电催促:"箇、养电计登鉴,专候复电遵办。闳。沁。"[3]二月初一日,张之洞回电说明情况:"华盛顿杨钦差转容纯甫:船炮事,已入告。一俟奉旨允准,即行拨款。洞。东。"[4]此时张之洞手中款项极紧,正谋借款,须得请旨批准。二月初九日(3月5日),张之洞发电容闳,称其借款已成,可以购船炮:

> 华盛顿杨钦差转容道纯甫:江南已与英京Duncan Stewart借到洋

---

[1] 华盛顿,光绪二十一年正月二十二日未刻发,二十三日巳刻到,《张之洞存来往电稿原件》,第21函,所藏档号:甲182-392。

[2] 华盛顿容道,光绪二十一年正月二十二日亥刻发,二十三日亥刻到,《张之洞存来往电稿原件》,第21函,所藏档号:甲182-392。

[3] 华盛顿容道,光绪二十一年正月二十七日亥刻发,二十九日巳刻到,《张之洞存来往电稿原件》,第21函,所藏档号:甲182-392。

[4] 光绪二十一年二月初一日酉刻发,《张之洞存来往电稿原件》,第13函,所藏档号:甲182-384;抄件又见《张之洞电稿丙编》,第48册,所藏档号:甲182-89。

款一百万镑，合同早已定，将来尚可续借。船买成，即可拨价。外人当可信，似不必汇存美国，以省周折。先汇去托人、车船、电报等费银一万两，祈查收。巴西等国及欧洲各船，确可购否？某国有某船，各实价若干，速电复。船名须用洋字电知，以便查考。又，现需用外洋将弁，务望速代觅出色而曾经战阵者，水陆各数十人。水师同船来，陆路先来，要紧。炸药必须购。洞。佳。[1]

张之洞在该电中不仅提出了增加购买船炮，并提出聘雇"出色而曾经战阵"的"外洋将弁"，海陆军皆要，且陆军将弁须"先来"。张此电还同意汇银1万两，供容闳"托人、车船、电报等费"之用。[2]

商借洋款 然而，此期张之洞的借款并不顺利，二月二十日（3月16日），张之洞再发电：

> 华盛顿杨钦差转容道：前电英国借款，定后忽又游移，美国有洋款可借否？拟借二三百万镑，已经奏明，奉旨允准，海关作保，分二十年还。望速询明年息几厘、行用若干？速电复。洞。号。[3]

张之洞给容闳的使命，从购船炮、雇将弁，改为在美国借款。容闳于二月二十六日复电："款在美难借，须至欧洲商办。应否前往，并乘便验船？祈速复。闳。敬。"[4] 容闳的这一答复是很奇特的，他在美国居住了很多年，

---

[1] 光绪二十一年二月初九日酉刻发，《张之洞存来往电稿原件》，第13函，所藏档号：甲182-384；抄件又见《张之洞电稿乙编》，第36册，所藏档号：甲182-68。又，以该电文相核对，容闳在回忆录中称以战舰三四艘、雇佣军5000名袭击日本太平洋地区，似为其张扬之词。增购船只、雇佣洋将，是张的提议，且洋将数量仅是海陆军"各数十人"。

[2] 光绪二十一年二月十五日，张之洞的幕僚"沈、王道致上海义昌樊时勋电。帅谕：发美国杨钦差转交容纯甫道台，托人、船车、电报等费，规银一万两，祈照规银折美元，速电汇。虎威解款二十万，明日可到。并告雪门。爱。雪。"（该日未刻发，《张之洞电稿丙编》，第48册，所藏档号：甲182-89）"沈"、"爱"，沈瑜庆，号爱苍。"王"、"雪"，王秉恩，字雪澄。

[3] 光绪二十一年二月二十日酉刻发，《张之洞存来往电稿原件》，第13函，所藏档号：甲182-384。

[4] 容道来电，自华盛顿来，光绪二十一年二月二十六日申刻发，二十七日午刻到，《张之洞存来往电

应说有较多的人脉关系,但他却提出要去欧洲。张之洞的回电未见。

张之洞本有另建海军攻击日本本土的构想,但受制于军费与舰船等项,不能进展,派容闳购买船炮只是其多项计划中的一项。光绪二十一年二月初四日(1895年2月28日),当战场局势处于极端困难、军费开支处于捉襟见肘之际,张之洞电奏:

> ……去腊洞托寓居美国之道员容闳借洋款,容复电云,若肯以台湾作押,可借美国银元十万万元等语。……又,上海英律师丹文来言,若中国需银,可以台湾押与英人,可借巨款等语。……似可与英公使、外部商之,即向英借款二三千万,以台湾作保,台湾既以保借款,英必不肯任倭人盗踞……

张之洞看来已听进了容闳所言,准备以台湾作押向英国借款,并提出"许英在台湾开矿一二十年"。[1]然而,在战争期间一国政府若同意以台湾作押而借出巨款,将违反中立,近乎参战。且各大国财政皆有预决算,如此之大数额也需经过议会,且也难于短期支付,对此只要考察美国购买阿拉斯加的案例便可知其程序。容闳提出"抵押台湾"可借款10亿美元,然从现有的资料来看,似为容的自我设计,或咨询了某些不负责任的商人,并没有得到美国或西方任何一强国政府或大资本财团的同意之约定。清廷收到张之洞此电后,询问总税务司赫德,复以"势不能行";遂回电张之洞,"究竟有无确实办法,著详细电复"。[2]张之洞由此发电清朝驻英公使龚照瑗、驻俄公使许景澄,探寻英、俄两国对"押台借款"一策的反应,并复电总理衙门,建议以国家的名义命龚、许与英、俄商议,结果不甚了了。[3]

稿原件》,第13函,所藏档号:甲182-384。

[1]《张之洞全集》,第4册,第427页。"丹文",又译担文(William Venn Drummond),英籍出庭律师,在上海开业40年,常代理清朝多个地方政府在上海租界内的事务。参见陈同:《近代社会变迁中的上海律师》,上海辞书出版社,2008年,第61-68页。

[2]《张之洞全集》,第4册,第427页。

[3]《张之洞全集》,第4册,第428页;第8册,第255-257、270页。龚照瑗答复称:"押台事已密商

光绪二十一年三月初六日（1895年3月31日），容闳于华盛顿发电张之洞：

> 即日赴英，十四可以抵伦敦。祈电龚使，尊处电报往来须托转递。闳。微。[1]

"龚使"，清朝驻英国公使龚照瑗。从电文来看，容闳此行似得到了张之洞的批准。三月十六日（4月10日），容闳又从伦敦来电：

> 闳到英，晤龚使，询知邓干司都活（Duncan Stewart）借款尚未定，富因治（Finch）未见龚。邓干司都活允龚今晚准有回音。此款如借不成，请电嘱龚转告闳。英银行闳已晤面，事有头绪。闳。铣。[2]

容闳的来电称其已与英国某家银行有了接洽，据其回忆录应是London Banking Syndicate。三月二十四日，容闳再发电：

> 前寄龚使电已告知，闳现择可靠大银行，请电谕，议借之款不得少过九折，该款必列在西正月所借款后，在以后借款前，每百或可议加半厘或一厘行用，按款二厘，周息六厘，廿年还本利。详细章程仿

英，以室碍其多却之，并云如各公司肯办，英可不阻"。许景澄答复称："各国互有牵制，万难用战国法约诘，前奉旨商俄以兵胁和，未允。倭事棘手在此。"总理衙门未就此事发电驻英、驻俄公使。

[1] 华盛顿容道来电，光绪二十一年三月初六日午刻发，初七日申刻到，《张之洞存来往电稿原件》，第7函，所藏档号：甲182-378。

[2] 伦敦容道来电，光绪二十一年三月十六日申刻发，十七日午刻到，《张之洞存来往电稿原件》，第7函，所藏档号：甲182-378。与此同时，龚照瑗亦复电张之洞："咸电悉。富因治未来见，邓无回音。派员至该行，见富因治，据云：款可办，俟办就来使馆，不能限期，其情形自电禀制台云。瑗知格里无他，惟以无名洋商纷纷揽借款，去秋至今，十无一成，坏华声名，且误事。责之致招怨。瑗。十六。"（伦敦龚钦差来电，光绪二十一年三月十六日巳刻发，十八日午刻到，出处同上）对于富因治借款事，张之洞发电经手此事的唐绍仪："上海经道转交唐守绍仪：急。富因治款何以尚未汇到沪，所言是否可信？昨容道闳自轮墩来电，言富因治并未见龚钦差，其中显有虚诈。该守究竟实在亲见富因治自英来电否？即据实复，不可含糊误事。两江。啸。"（光绪二十一年三月十八日巳刻发，《张之洞存来往电稿原件》，第13函，所藏档号：甲182-384）"轮墩"，即伦敦。

照西正月借款。如照电复准,事立即成功。闳。敬。[1]

当时的借款,其主要形式是由外国金融机构代售清政府的长期债券。"西正月借款",即清朝户部与汇丰银行达成的300万英镑借款("汇丰金款");"九折"是指除去发行等各项费用后的实际得款;"周息"为年利。此时张之洞需款甚急,英国金融机构也看准是机会,开出了较高的条件。三月二十六日(4月20日),张之洞回电容闳:

> 致伦敦龚钦差转交容道闳:敬电悉。借款六厘息、廿年还,折扣行用共不得过八九折,早已叠次奉旨允准。此时不便再奏,若不须由总署告英使转告该行,则此借款即借定,可列为西正月借款之后,在以后借款之前。望与速商,即日电复。洞。宥。[2]

张之洞完全同意了对方借款的条件,但要求不经过总理衙门转告英国驻华公使再转告该银行,即由总理衙门出面通过英国驻华公使而向该银行作出清朝中央政府的担保。

从光绪二十年十二月起,张之洞四处借款,其主要有四端:一是"炽大借款",二是"德华借款",三是"瑞记借款",四是"克萨借款";除此之外,还有王之春在法国商议的借款和容闳在伦敦商议的借款。然张的借款计划受到翁同龢等人及户部的限制,恐张滥借外债而最后由中央政府还款,在谈判时外方皆要求由清朝中央政府出面并以海关税收担保,户部对此皆未同意,致使借款失败。张在前电中称"若不须由总署告英使转告该行",即是要绕过翁同龢之意。[3] 正当容闳在伦敦商谈借款时,三月二十一

---

[1] 伦敦容道来电,光绪二十一年三月二十四日午刻发,二十五日午刻到,《张之洞存来往电稿原件》,第7函,所藏档号:甲182-378。

[2] 光绪二十一年三月二十六日子刻发,《张之洞电稿丙编》,第51册,所藏档号:甲182-90。

[3] 总理衙门相告前,须得到户部的同意,且翁同龢亦兼任总理衙门大臣。又,光绪二十一年三月初一日,张之洞因"炽大借款"失败而电奏,要求按照"汇丰金款"的条件,允其借款,清廷于初四日复电:"著准其再行商借,惟数目不得过多,应以数百万为断"。《张之洞全集》,第4册,第431页。

日（4月15日），清朝驻英国公使龚照瑗发电张之洞，称"克萨借款"取得进展，二十四日，张之洞回电命"速定"；二十五日，龚照瑗电称其"签草约"，二十六日，张之洞电奏："现已经龚使签字立约，未便失信，仰恳天恩将此一百万镑准其借用"；二十八日，清廷下旨："即著准其借用，嗣后恪遵前旨，不得再借。"[1] 该电旨张之洞于二十九日收到，三十日，张发电龚，要求"即日先交银十万镑应急"。[2] 也就是说，三月二十六日张之洞通过龚照瑗回电容闳时，已通过龚达成了"克萨借款"；又根据三月二十八日的电旨，张已无权再办借款，四月初三日（4月27日），张通过梁敦彦电告容闳，命其回国，解除其借款的使命。[3]

---

[1]《张之洞全集》，第4册，第435页；第8册，第295、297-298页。龚照瑗在三月二十一日电报中称"容荐商未到"。

[2] 张之洞发电龚照瑗："有、宥、沁、勘、俭五电均悉。克萨借款一百万镑，二十八日奉旨照准，已于二十九日转电尊处，想早达，务祈催克萨速电上海麦加利即先交银十万镑应急。至感。洞。卅。"致伦敦龚钦差，光绪二十一年三月三十日戌刻发，《张之洞电稿丙编》，第51册，所藏档号：甲182-90。

[3] 该电为："Yung Hung London Come to China by order. Liang Tunyen"（梁委员致容闳电，四月初三日申刻发，并用汉字注明"右电言：奉谕：请即回华。梁敦彦。"《张之洞电稿丙编》，第52册，所藏档号：甲182-90）又，容闳四月十一日仍发电："款既奉旨，原不须再奏，但请署录旨照英使、饬龚使，即妥示。容闳。"（伦敦容道，光绪二十一年四月十一日未刻发，十二日子刻到，《张之洞存来往电稿原件》，第20函，所藏档号：甲182-391）此电尚不可解。按，召回容闳电报发于四月初三日，此时应收到，然此电仍是对张之洞三月二十六日电令的回电，其称"请署录旨照英使、饬龚使"，即请总理衙门将谕旨照会给英国驻华公使，并电告驻英公使龚照瑗，即容还要再进行借款，且违背张之洞三月二十六日电令的规定。再又，时任驻英使馆参赞的宋育仁于四月二十八日写密信给张之洞，称言："……爵使转属代订百万磅（镑），照江南订而未成，原息、原扣因价甚贱，难办，该行欲预揽大款，始允减价，成此小款。育仁窃计，有此小款作样，大款不致过昂，商于爵使，以为一举两得，遂定合同签押。旋闻容道来英办款，疑为苏格兰糖机行经手人分渠回洋所托，不知出自函丈所命。且闻与龚合局，稔知龚久，遂不敢与容相闻。四月初四会于龚座，出总署电禁并钧电允萨一款，停容借款令回华各节，容始嗒然自丧。育仁始悟容来因，急走访容，印证前后，共悔始未同谋，误堕彼术。其间明修暗度、李代桃僵，容归，自面陈，不赘述……"（《外致张文襄公函件》,《张之洞公文函电稿》（一函三册），所藏档号：甲182-216）"爵使"，王之春，字爵堂，此时奉使俄国，回程经法国等处。由此可知，王之春另奉宋育仁办理借款事，而宋育仁与龚照瑗有隙，所办借款未成；四月初四日，宋育仁见到了容闳，容闳已知命其回国之电，也应知道"克萨借款"已成。由此亦可见，容闳在其回忆录中称其借款未成是未获抵押批准，为不实之语。

第六章　戊戌前后诸政事　443

初次会面与银行章程　　光绪二十一年闰五月初一日（1895年6月23日），容闳到达上海，准备10天后赴南京与张之洞会面。[1]此次会面的具体情节，容闳在其回忆录中称：

> ……我说，中国要想恢复她原有的声誉并成为一个富强的国家，那么她将必须采取新政策。即中国必须行动起来，至少聘请四位外国人士分别担任在外务、陆军、海军、财政这四个部门的顾问，聘用期不妨为十年，任职期满还可以连续聘用。而所聘之人必须是富于实践经验、有杰出的才能和纯洁高尚的品格。因此，当所聘的这些人在各自部门提出最佳的见解时，朝廷应予以接受，且付诸实行。与此同时，选派才华出众的中国青年学生在这些顾问手下工作。由此，将会使政府依照西方的方法重新组建内部机构，使之系统及规范化，从而使中国行政机构在西方的原则和观念的基础上逐步实现改革。[2]

由外国顾问来掌控清朝的外交、陆军、海军和财政，这一"新政策"对张之洞来说已不新鲜，在此之前英国传教士李提摩太向张提议的"妙法"与之完全相同，不知两人此时是否在上海见过面，有过商议。[3]据容闳自称，张没有表态，"始终保持沉默，像一块干燥的海绵一样能吸水而不能向外吐水"。"张之洞档案"中对此次会谈没有相关的记录，但可以肯定的是，容闳在会见中谈到了银行。容闳在此次会见后，住在上海。六月二十日（8月10日），张之洞的幕僚梁敦彦奉命发电：

---

[1]"张之洞档案"中有一电，称："督署梁：容师纯甫由美昨安抵沪，拟十日内赴宁。乞代伊请宪安。俊。"（光绪二十一年闰五月初二日午刻发，申刻到，《张之洞存来往电稿原件》，第6函，所藏档号：甲182-377）"俊"，留美学童唐荣俊，此时在上海任怡行洋行买办。"张之洞档案"中有一电给唐荣俊："致上海怡和唐道荣俊：委该员驻沪侦探洋务，务须确认，随时电禀。至要。署督院。艳。"光绪二十年十一月二十九日酉刻发，《张之洞电稿丙编》，第43册，所藏档号：甲182-88。

[2]《容闳自传：我在中国和美国的生活》，第288页。

[3]关于李提摩太的"新政策"，详见本章第三节。

> 上海怡和唐转容大人纯甫。帅谕：请将前十数年所上银行章程速抄，寄来宁。何日寄？祈复。敦彦。[1]

张之洞所索，当为容闳在会见中所言，即其自称于光绪八年回国时曾上有"银行章程"。六月二十二日，容闳回电称："督署梁：前议设银行章程稿已遗失，应否从新另议？代请示遵。闳。"[2] 梁敦彦回电未见。七月初五日，容闳又电，称言："督署梁：银行章程繁琐，非可立就，俟议妥缮好寄呈。闳。"[3] 由此可见，张之洞已同意容的"从新另议"计划，容要求给予时间。梁敦彦即于七月初六日（8月25日）回电：

> 上海怡和唐道转容道电：帅盼银行章程甚切，谓非他人所能知其详，专候尊拟，饬再电。请早日拟就寄宁。何日可寄，祈示复，以便禀慰。彦禀。[4]

梁敦彦在电报中表示了张之洞对容闳所拟银行章程的极大兴趣，并要求尽快完成。容闳也当即电复，开出了具体条件：

> （督署）梁：电悉。现拨俗冗，专拟章程。查今昔不同，英美例繁，非可速就，须详慎方知底蕴。故延两友助译，缓缮妥寄呈。闳。[5]

然此后容闳所拟银行章程及其寄宁进呈张之洞的情况，"张之洞档案"中不

---

[1] 光绪二十一年六月廿日戌刻发，《张之洞存来往函电原件》，第8函，所藏档号：甲182-379。"怡和唐"，唐荣俊。"帅"，张之洞。
[2] 上海，光绪二十一年六月二十二日未刻发，酉刻到，《张之洞存来往电稿原件》，第14函，所藏档号：甲182-385。
[3] 上海，光绪二十一年七月初五日申刻发、到，《张之洞存来往电稿原件》，第20函，所藏档号：甲182-391。
[4] 光绪二十一年七月初六日未刻发，《张之洞电稿丙编》，第58册，所藏档号：甲182-91。
[5] 上海，光绪二十一年七月初七日午刻发，未刻到，《张之洞存来往电稿原件》，第20函，所藏档号：甲182-391。

见记载。

第二次会面与铁路计划 光绪二十一年十月十八日（1895年12月4日），张之洞发电容闳：

> 致上海同文书局容道台印闳：前接来禀，拟回江宁，极好。何以久未见到？望即速来为盼。并先电复。两江。洽。[1]

从此电内容来看，容闳前有禀帖表示愿去南京见张之洞，张对此表示了欢迎。尽管容闳在回忆录中称他与张之洞仅见过一面，但从下引"张之洞档案"的内容来推测，容又去了南京。容、张第二次南京会见的情况，也没有直接的材料，但可以认定，容闳在会见中谈到了苏沪铁路。十一月初六日（12月21日），梁敦彦发电：

> 梁委员致上海同文书局容大人纯甫：前闻大人言：苏沪铁路华商能办，多有愿承办者。现帅询：华商系何人？已集有成款、拟定章程否？何以不见具禀？祈速电复，以便转回为盼。彦禀。初六。[2]

由此可见，容闳向张之洞提出了华商能承办苏沪铁路，并同意由其招集款项、拟定章程上报。对此，容闳在该月内有数电回复：

> 督署梁松生：承询铁路事，因电简难详，即函达。纯。[3]
>
> 督署梁崧生：苏沪铁路商股，已集有眉目，本定今日来宁详禀大帅，因重加感冒，腰痛颇甚，稍愈立即前来。祈代转禀。闳。[4]

---

[1] 光绪二十一年十月十八日寅刻发，《张之洞电稿丙编》，第62册，所藏档号：甲182-92。

[2] 光绪二十一年十一月初六日辰刻发，《张之洞存来往电稿原件》，第11函，所藏档号：甲182-382；抄件又见《张之洞电稿丙编》，第63册，所藏档号：甲182-92。又，苏沪铁路，苏州到上海。

[3] 容道致梁委员来电，光绪二十一年十一月初九日申刻发、到，《张之洞存来往电稿原件》，第6函，所藏档号：甲182-377；又见抄本《张之洞电稿》，第十册，《上海来电八》，中国社会科学院经济研究所图书馆藏。

[4] 上海容道致梁委员，光绪二十一年十一月十三日未刻发，酉刻到，《张之洞存来往电稿原件》，第6

> 洽电谨悉。职现因感冒，拟月杪来宁。容闳禀。效。[1]

梁敦彦或张之洞回电皆未见。然从容闳以上三电可见，他对招集华股承办苏沪铁路是主动的，并称"已集有眉目"，然其月底是否去过南京，尚不可知。光绪二十一年年底，张之洞即将离开两江署任时，突然对建设苏沪铁路发生极大的兴趣。十二月二十三日（1896年2月6日），张之洞命其大幕僚蔡锡勇发电容闳：

> 上海同文书局容道台：帅谕：拟委阁下招商，承办苏沪铁路，请即回。委办洋务局札，想早已接到。勇。养。[2]

该电下加重点号者为张之洞的亲笔。同日，张之洞又发电黄遵宪、容闳、叶大庄：

> 铁路屡奉旨，且有旨令刘岘帅接续办理，断无更变。今先办苏沪一段，洋员测量止二百里，估费约二百万两，今定议奏明，先办此一段。……委苏臬司吴廉访总办，黄道遵宪、容道闳会同总办。吴管地方交涉弹压，黄管工作，容管招商。但此事只招华商，不得暗招洋股……[3]

函，所藏档号：甲182-377。
[1] 上海，光绪二十一年十一月十九日申刻发，酉刻到，《张之洞存来往电稿原件》，第20函，所藏档号：甲182-391；又见抄本《张之洞电稿》，第10册，《上海来电八》，中国社会科学院经济研究所图书馆藏。
[2] 光绪二十一年十二月二十三日子刻发，《张之洞存来往电稿原件》，第5函，所藏档号：甲182-376；抄件又见《张之洞电稿乙编》，第10函第48册，所藏档号：甲182-71。又，"委办洋务局札"，指张之洞委派容闳为金陵洋务局委员的札文，按当时的惯例，容闳每月将有一份酬金。
[3] 《张之洞全集》，第9册，第88页。当时的江苏按察使为吴承潞。又，这一段电文，根据张之洞的指示，有所加增："上海黄道台、黄道遵宪、容道闳、叶丞大庄：昨养电内，'吴管地方交涉弹压，黄管工作，容管招商'下，应添'但此事只招华商，不得暗招洋商附股，并请陆凤石祭酒督率绅商等筹办，兼招商股'三十三字，下接'日内出奏'云云。黄、容两道，速将此段补入，方可刊报。切切。两江。有。"（光绪二十一年十二月二十五日未刻发，《张之洞存来往电稿原件》，第5函，所藏档号：甲182-376）又，"上海黄道台"指时任苏松太道（上海道）的黄祖络。

张之洞如此安排,是以为容闳确有招集华人商股的能力,而委此重任。十二月二十七日,张之洞又发电黄遵宪、容闳、叶大庄:"铁路事,华商确实附股者已有几家,可集若干,速复。……感。"[1]十二月二十九日,张之洞再发电黄遵宪、叶大庄两人,不再有容闳:"感电想已接到,华商究竟实附股者几家,可集若干?务将大概情形即刻电复。两江。勘。"[2]这实际上是抛开容闳,查问实情。然容闳实际上并无此招商能力,当日,黄遵宪、叶大庄两人联名回电,说了实话:"华商尚无人附股。遵宪、大庄谨禀。艳。"[3]光绪二十二年正月初一日(1896年2月13日),黄遵宪、容闳、叶大庄三人联名回电:"感电谨悉。铁路招股,遵谕宣布,沪商尚无入股。电询粤商,亦无应者……"[4]苏沪铁路一事,至此也只能暂为搁置。

张之洞回任之后　　在此之前,清廷已决定前在山海关督师的刘坤一回任两江,张之洞回任湖广。张对其在两江的班底进行调整,对相关的人员予以安置。光绪二十一年十一月十二日,张之洞上有一片,说明对容闳此后的安排:

> 再,江苏补用道容闳久寓美国,熟悉洋务,上年海氛方炽之时,经臣叠次电饬至南美洲巴西、秘鲁等国购求战舰,并汇寄经费应用。

---

[1]《张之洞全集》,第9册,第93页;张之洞亲笔原件见《张之洞存来往电稿原件》,第11函,所藏档号:甲182-382,抄件又见《张之洞电稿甲编》,第51册,所藏档号:甲182-46。该书所录有衍字,据原件订正。

[2]致上海黄道台遵宪、松海防厅叶丞,光绪二十一年十二月二十九日丑刻发。《张之洞电稿乙编》,第48册,所藏档号:甲182-71。

[3]上海,光绪二十一年十二月二十九日未刻发,申刻到,《张之洞存来往电稿原件》,第19函,所藏档号:甲182-392。

[4]《张之洞全集》,第9册,第93页。由于黄遵宪等人在该电中称:"察访商情,意谓官商颇难合办。……职道等窃拟此事如专归商办,定能集股……"张之洞为此于正月初七日发电黄遵宪:"铁路事,商既不愿与官合办,假如全归商办,真正华商能集成巨款否?即使有人承办,其言究可靠否?如商办,系何人为首承揽此事?速将实情确复。"(同上书,第96页)黄遵宪回电未见。但从后来的铁路计划来看,即便全归商办,也很难筹措资金。

本年二月,又赴英、法各国商借洋款。重瀛跋涉,备极辛劳。旋值和议已成,购舰借款概从缓办。因电饬该员来华,五月间到省。臣接见之下,察其才识博通,忠悃诚笃。溯查上年六七月间,东洋兵事初兴,该员在洋即函致使署翻译官,谓抵押台湾,可得美国银十万万元,既保疆土,兼集巨款。计美银一元抵中国银一两有奇。嗣于十二月间,又电致臣,议及此举。是该员甚有先见之明。又访求新出之炸药炮请购,均经臣先后电奏在案。如该员之深明时势,识烛机先,洵不易觏。目前办理洋务,需才孔急,该员本系江苏候补人员,相应奏明,请旨留省差委,实于洋务诸要事,大有裨益。所有上年十一月起本年五月止,该员在外洋赴南美洲、欧洲往返川资,并随带洋员薪水,以及电报等费,共合银八千八百五十二两,应请在江南办防军需项下汇案报销。理合附片陈明。伏祈圣鉴。[1]

这一份奏片,写得很平稳,若对照张之洞平时对下属的态度,可见他对容闳的评价是相当一般:其一是没有保举,这在当时已是很普遍之事;其二是没有奏调,凡是张看中的人才,必会奏调湖北,为其所用。他只是将容闳留在江南,交给即将回任的刘坤一来安置。至于容闳在美国、英国等处花销共银8852两(张之洞原寄银一万两,已所剩无几,这在当时的出使经费中也是一个大数字),张也将之交"江南办防军需"中"报销",即交刘坤一来最后核销。从容闳此期的作为来看,他不是张所需要的能办事的人才,尽管后来还一再表示他在美国仍有着巨大的融资能力;另从年龄来看,他毕竟老了,在当时已属近古稀之年了。容闳对张之洞的意思也是完全明白的,他在回忆录中称:

在他(张之洞)离开南京去武昌之前,他任命我为江南洋务局委

---

[1]"容闳留省差委片"光绪二十一年十一月十二日,《张文襄公奏疏未刊稿》函二,所藏档号:甲182-398;又见《军机处录副》,03-98-5333-013,缩微号:403-1232,中国第一历史档案馆藏。光绪二十一年十二月初三日该片奉朱批:"著照所请。该部知道。钦此。"

员（Secretary of Foreign Affairs for Kiang Nan）。刘坤一回任两江总督之时，张之洞也回湖广总督任，但他没有邀我随他一同前往武昌。这非常清楚明白地暗示我，他不再需要我为他服务了，我不是那种适合他的目的之人……[1]

刘坤一回任两江后，对容闳并没有特加关注。容闳辞去了洋务局的差使，而在上海抛出了庞大的"银行计划"、"借款计划"、"铁路计划"，与梁启超、康有为等人建立了联系。[2] 光绪二十三年底，他进京活动，说服了翁同龢、张荫桓等高官。陈其璋、宋伯鲁先后上奏（由康有为代拟奏稿）向光绪帝提议派容闳去美国，以矿产等项为抵押借款数亿美元；[3] 翁同龢等人更是上奏容闳的"津镇铁路计划"。[4] 前者由于光绪帝未认可而罢议，后者得到了清廷的正式批准。但此后的事实表明，容闳并没有相应的国际融资能力。[5] 戊戌政变之后，容闳的活动又从经济领域转向了政治领域。

---

[1]《容闳自传：我在中国和美国的生活》，第 289 页，其中容闳的职位原译为"江南交涉员"，根据当时的名称改。

[2] 光绪二十二年，梁启超在上海结识他，写信给康有为称："容纯甫在此见数次，非常才人也。可以为胜、广。"（《觉迷要录》，录四，第 20 页）"胜、广"，陈胜、吴广。陈宝箴亦于此年拟一折，请派容闳赴美商借款、办铁路之事（参见《陈宝箴集》，上册，第 261-267 页）。查军机处《随手档》，该折未上。光绪二十四年正月十七日，翁同龢在日记中记："陈右铭致荣仲华函，一开矿、一派容闳、黄遵宪借美债、集南洋股，一以三十万饷练湘兵五千。余以长篇答仲华。"（《翁同龢日记》，第 6 册，第 3091 页）"荣仲华"，荣禄。以上两事皆可能是梁启超等人的暗中操作。相关的背景，又可参见本书第五章附录三。

[3] 陈其璋的奏折上于光绪二十四年二月十六日，宋伯鲁的奏折上于光绪二十四年二月十七日，见孔祥吉编著：《康有为变法奏章辑考》，第 160-167 页。

[4] 总理衙门："奏为道员容闳请办津镇铁路以广商务折"，光绪二十四年正月二十一日，孙学雷主编：《清代孤本外交档案》，全国图书馆文献缩微复制中心，2003 年，第 28 册，第 11743—11745 页。

[5] 参见拙著：《从甲午到戊戌：康有为〈我史〉鉴注》，第 343-355 页；张海荣：《津镇铁路与芦汉铁路之争》，北京大学硕士论文，2008 年。

三、光绪二十一年李提摩太的"妙法"

李提摩太（Timothy Richard，1845-1919），英国传教士，同治九年（1870）来华，在山东、山西传教。"丁戊奇荒"时，从事赈灾活动，在拯救生命的同时亦"拯救灵魂"，发展了大批教徒，也与曾国荃、李鸿章等高官拉上了关系。[1] 光绪十七年（1891），李提摩太到上海，主持广学会，翻译书籍，出版《万国公报》，在宣传宗教的同时也传播了大量西方科技文化、政治学说与社会历史知识。他与当时的政界与学界皆有着广泛的联系。

"张之洞档案"中存有一些与李提摩太相关的文件，其中比较完整的是甲午战争期间李提摩太与张之洞之间的来往电报与书信，涉及他后来著名的"新政策"。查清楚此中的细节，可对戊戌历史的关键之处能有较深的理解。

《泰西新史揽要》之资助与南京第一次会面　　先看李提摩太一信，称言：

> 英士李提摩太谨再拜言。尚书阁下：侧闻玉节荣涖金陵，蔚此名区，端资伟望。矧士频年羁旅，幸隶骈幪。燕贺之余，弥殷雀跃。士在沪江经办广学会事务，仰蒙垂注殷勤，锡之以兼金，申之以墨宝。士仰体宪意，昕夕劻书，未敢稍暇。今幸《西国百年来大事记》（改名《泰西新史揽要》）业已译毕，连旧作之《时事新论》，尽付手民。据云，明岁仲春时节可以毕事。知关廑念，先胪陈至。前承下问之《列国变通兴盛记》一书，顷已刷印齐全，又《富国捷径》二十九章，今

---

[1]"丁戊奇荒"，光绪二年至五年（1876-1879）发生于中国北方山西、河南、陕西、山东、直隶五省的大饥荒，其中以光绪三年（丁丑年）、四年（戊寅年）最为严重。死于此次饥荒的人数超过百万。

已成之;《农学新法》暨《生利分利之别》共二章,亦已蒇事。兹谨各奉十部,恭求斧海。极知谫陋,曷胜惭惶,惟冀惠存,荣幸无似。再,二阅月前,士曾疴一笺,略陈和东之意,未蒙赐复,不识有当于万一否?干冒尊严,惶恐惶恐。肃泐,恭贺任喜,并敬崇安,诸维霁鉴不赐。李提摩太谨上。

（附呈《中西年表图》二幅，又《欧洲八大帝王传》、《百年一觉》各十部,《列国变通兴盛记》十部）[1]

李提摩太的特点是爱用比较古雅的中国语文来写信,但其写手的水平不高,文字并不见好。这封信称"侧闻玉节荣涖金陵",当属张之洞到达两江署任后不久（张于光绪二十年十月十六日接任）,此信似发于此时;又称"二阅月前,士曾疴一笺,略陈和东之意,未蒙赐复",说明他在该年八月左右曾有信给张之洞,提议"和东",即与日本言和之策,而张没有回信;再称"锡之以兼金,申之以墨宝",即张之洞给予广学会的资金资助并有题词等件。关于这封信的背景,李提摩太在其回忆录中称：

> 在上海的这段时间里,我完成了麦肯西的《泰西新史揽要》一书的翻译,并付印出版,为的是让中国的政府官员们了解世界发展的最新进程,说明如果他们采取同样的改革措施,他们的国家也还是有希望的。在绪言中,犹豫再三,我还是冒险提出了这样的问题："近六十年来,中国一再遭外敌入侵,割地赔款,饱受屈辱,原因何在?"我的观点是：……他们不仅是在反对外国人,更是在反对上帝确立的宇宙规则。他们一再遭受的屈辱是上天对他们的惩罚。因而,如果对世界的排斥态度是中国遭受失败的原因,她应当代之以一种善意的、友好的态度。……我把本书和绪言寄给了一些督抚大员,焦急又不安地等待着对我这无忌惮之言的回应。但我并没有等得太久,李鸿章拍来

---

[1]《张之洞文件》,所藏档号：甲182—218。另有名片及信封,其信封书写："钦命署理两江总督部堂张 / 大人安禀 / 英士李提摩太自上海寄呈,外书一包、图一卷"。

了电报，邀我北上天津同他会面；而其时我已答应了南京的张之洞，将前往同他讨论中日战争问题……[1]

李提摩太的回忆录，有着许多自我张扬和情节不确之处，这也是他个人性格的一部分。前引他给张之洞的信，即是其中的一例，李提摩太并没有在该信中提出改变清朝对外政策的主张，而只是说明《泰西新史揽要》即将付印，并呈送了其他的印刷品。

而李提摩太所称张之洞邀请其去南京，则非为其信，而是起因于他的另一封电报。光绪二十一年正月初七日（1895年2月1日），李提摩太在上海发电给南京的张之洞：

> 华有新难，知者一二，独公能救之。电复。面禀。上海李提摩太。[2]

该电的基本意思是要求面见张之洞。在该电呈递件上，有张之洞亲笔批示："速复，全来。"当日，张之洞复电："致上海李提摩太：来电未甚解，请即来江面谈。两江。初七。"[3] 李提摩太由此去了南京。

根据李提摩太的回忆录，正月十一日（2月5日），他与张之洞进行了第一次会见。李提摩太在此次会谈中要求尽快结束战争，也谈到了教育与改革，并没有太多紧要的内容。[4] 然而，在与张谈话后的当日晚上，李提摩太没有睡好，"反复思考拯救可怜的千千万万中国人的方案。凌晨时候，

---

[1] 李提摩太：《亲历晚清四十五年：李提摩太在华回忆录》，第210—211页。
[2] 上海来电，光绪二十一年正月初七日申刻发，酉刻到，《张之洞存来往电稿原件》，第21函，所藏档号：甲182-392；抄件见《张之洞存各处来电》，乙未第1册，所藏档号：甲182-129；又见抄本《张之洞电稿》，第九册，"上海来电三"，中国社会科学院经济研究所图书馆藏。
[3] 光绪二十一年正月初七日亥刻发，《张之洞存来往电稿原件》，所藏档号：甲182-376；抄件见《张之洞电稿丙编》，第46册，所藏档号：甲182-89。
[4] 《亲历晚清四十五年：李提摩太在华回忆录》，第212—217页。他在回忆录中称："1895年1月，当中国的主要当权者都为对日作战的连续败绩所震惊时，我被南京总督张之洞请去，商讨使中国摆脱困境、安定秩序的最好办法。"他回忆的时间稍有误，而主动方是完全颠倒。

我把心里形成的方案写了下来"。其方案共有五点:

一、在一定年限之内,给予某一外国处理中国对外关系的绝对权力;

二、这个外国政府必须在中国实施各种形式的改革;

三、由该国的代表控制中国的铁路、矿山、工业等各个部门;

四、中国皇帝应同过去一样,授予外国代表各种官职爵位;

五、期限结束之时,外国政府把属于中国的一切资产与负债转交中国政府。[1]

这个一夜不眠的庞大计划,实质是由外国政府来托管中国。他虽然没有称是何国政府,但应是指英国。而他设计这一计划时,并没有与英国政府或英国驻华公使进行任何联络;从现有的资料可以认定,英国政府当时并无任何托管中国的计划——当时中国的困境是前线的败局,英国托管的前提是中止战争,英国若不使用其武力,日本绝不会听取其劝告而放弃战争中所获的一切,即英国在托管中国之前须先准备与日本开战。李提摩太的这一设计,完全是异想天开。

南京第二次会面　　李提摩太刚回到上海,便于正月十三日(2月7日,即第一次会见的两天后)再次发电张之洞。他在电报中卖了一个关子:

电。今日得妙法,救近救远。法成,赏一百万两;不用,分文不费。可否奏上。李提摩太。[2]

他自称有"妙法",要求赏银一百万两。"可否奏上",似为上奏朝廷。张之

---

[1]《亲历晚清四十五年:李提摩太在华回忆录》,第217-218页。
[2] 李提摩太来电,光绪二十一年正月十三日酉刻发,成刻到,《张之洞存来往电稿原件》,第21函,所藏档号:甲182-392;抄件见《张之洞存各处来电》,乙未第2册,所藏档号:甲182-130;又见抄本《张之洞电稿》,第九册,"上海来电三",中国社会科学院经济研究所图书馆藏。

洞即命其洋务幕僚梁敦彦于次日复电：

> 上海李提摩太。奉帅谕：事急，诚有妙法，不惜重赏，望明白函告。但须切实能办，空谈无补。特转达，祈速复。梁敦彦。十四。[1]

张之洞此电，一是让李提摩太"明白函告"，即写信详细说明；二是提醒"空谈无补"，即防其不着边际地空谈。李提摩太收到此电后，当日复电：

> 所言妙法，救目前，亦救将来。所请酬银百万，但发一确电允给，即详细告知。非空谈，不成不取。李提摩太。[2]

正月十五日，梁敦彦再次奉张之洞命复电，提出具体要求：

> 上海李提摩太。奉帅谕：妙法若值百万，当不靳惜。但来电简略，未明所指。如果有意相助，请再来宁订议，或详细函知：此系办何事之妙法，或用此法即可陆战大胜，或此法可水战大胜，或此法可令倭国自乱，或此法可令倭兵自退，或此法可令倭船自毁，或此法可令各国相助，或此法可令中国船炮粮饷自然充足不穷？须说出大意，成不成有何确据，即可立合同，决不食言等因。特转达，望速复。梁敦彦。[3]

张之洞最为关心的是此时的战局，希望能得到克敌制胜的法宝，他提到了陆战与海战，提到了各国相助，也提到了财源。李提摩太对此信心百倍地当日复电：

---

[1] 光绪二十一年正月十四日巳刻发，《张之洞电稿》光绪二十一年正月，所藏档号：甲182-482；抄件又见《张之洞电稿丙编》，第46册，所藏档号：甲182-89。

[2] 李提摩太来电，光绪二十一年正月十四日申刻发，戌刻到，《张之洞存来往电稿原件》，第21函，所藏档号：甲182-392；抄件见《张之洞存各处来电》，乙未第3册，所藏档号：甲182-130；又见抄本《张之洞电稿》，第九册，"上海来电三"，中国社会科学院经济研究所图书馆藏。

[3] 光绪二十一年正月十五日已刻发，《张之洞存来往电稿原件》，第5函，所藏档号：甲182-376；抄件见《张之洞电稿乙编》，第35册，所藏档号：甲182-68。

电。水师、陆军安内防外，富国、裕民罔不包，非空空讲和救急可比。中国采用此法，立可试行。确据，一办立见。总之，银仍为华而用，非入己也。太。[1]

张之洞对此的回电未见。正月十七日，李提摩太再次发电：

势至急，迟无济，事至繁，函难尽。公有意，请电付路费，迅到辕，面议。太。[2]

到了此时，李提摩太已不再强调"赏银"，主动要求去南京。张之洞当即于次日子时（前一日夜11时至当日1时）回电："速来宁，已交百川通汇百元，作路费。梁敦彦。"[3] 李提摩太奉到此电后，当晚乘轮船赶往南京。[4] 前后五天，连发四电，李提摩太终于成行。他后来在回忆录中称：

回到上海不及一个礼拜，我正在煞费苦心地细化自己的方案，收到了张之洞发来的电报，要我立即动身前往南京，再交流一次，旅行费用由他支付。[5]

此时的李提摩太自然没有什么破敌制胜的法宝，只是乘此机会，兜售一些奇妙的想法。这也是他一贯的取巧手法。但清朝此时正处于危难之际，任

---

[1] 李提摩太来电，光绪二十一年正月十五日戌刻发，亥刻到，《张之洞存来往电稿原件》，第21函，所藏档号：甲182-392；抄件见《张之洞各处来电》，乙未第3册，所藏档号：甲182-130；又见抄本《张之洞电稿》，第九册，"上海来电三"，中国社会科学院经济研究所图书馆藏。

[2] 李提摩太来电，光绪二十一年正月十七日未刻发，酉刻到，《张之洞存来往电稿原件》，第13函，所藏档号：甲182-384；又见抄本《张之洞电稿》，第9册，"上海来电三"，中国社会科学院经济研究所图书馆藏。

[3] 梁委员致上海李提摩太，光绪二十一年正月十八日子刻发，《张之洞存来往电稿原件》，第13函，所藏档号：甲182-384，该件用梁敦彦的名义，却是张之洞的亲笔；抄件见《张之洞电稿丙编》，第47册，所藏档号：甲182-89。

[4] 李提摩太发电："今夕遵乘安庆轮船趋辕。太。"光绪二十一年正月十八日申刻发，亥刻到，《张之洞存来往电稿原件》，第21函，所藏档号：甲182-392。

[5] 《亲历晚清四十五年：李提摩太在华回忆录》，第218页。

何一种救急的可能性，都不会放过。张之洞于十八日（2月12日）子刻发电李提摩太汇款请其来宁，又于当日申刻（下午3-5时）收到了李鸿章从天津发来的密电：

> 密。英教士李提摩太颇忠于为华，电称有妙策，可救目前急，并救将来，索酬银百万，不成不取云。鸿已电署，旨饬：不妨一试。李又电称，函难尽述，封冻不便来北，已由沪赴宁密禀，乞试询之，酌度见示。……鸿。啸。[1]

由此可见李提摩太神通广大，不仅在张之洞一处兜售，且又在李鸿章处活动，而李鸿章也发电请其前往天津。然李鸿章与张之洞的关系未洽，恐张会不给面子，于是发电总理衙门请旨，光绪帝下旨"不妨一试"。由此，张之洞与李提摩太的会见，成了奉旨行事。而张之洞的"坐沪"赵凤昌恐怕张会上当，也发电给张之洞和梁敦彦：

> ……沪洋人见李提摩太，如中国大和尚，以善说法，交华贵官，藉以夸洋人。又诳说洋人之贵官多与之密，以怂华官，其实为洋人不齿，断难办事。闻宪台又电召，幸勿信其言，乞以后拒之。以免空费精神。坦心在左右，故直陈。效。
>
> 崧兄：李提摩太如兄传语，必知其欺妄，务据实禀宪拒之，免劳神。[2]

赵凤昌所言，自是其在上海之所闻，而他的这一提醒，很可能也起到了相

---

[1] 李中堂来电，光绪二十一年正月十八日巳刻发，申刻到，《张之洞存各处来电》，乙未第3册，所藏档号：甲182-130。又，李鸿章于正月十五日发电总理衙门："上海英国教士李提摩太，素识，其人忠于为华，来电有妙法救目前亦救将来，请酬银百万，但发一确电允给，即详细告知，不成不取云。应否姑允，所请不成不取，似无妨碍。候电示。鸿。"《李鸿章全集》，第26册，第43页。

[2] 上海来电，光绪二十一年正月十九日亥刻发，二十日午刻到，《张之洞存来往电稿原件》，第6函，所藏档号：甲182-377；抄件见《张之洞存各处来电》，乙未第3册，甲182-130。"坦"，赵凤昌。"崧兄"，梁敦彦，字崧生。

应的作用。

据李提摩太的回忆录，他于正月二十二日（2月16日）到达南京，与梁敦彦见了一面，约定次日上午8：30与张之洞会见，李提摩太"把关于延请外国监管中国的方案的大纲送给了梁先生，好让他先跟总督提一下，以便总督有充裕的时间思考这个问题，会见时能有的放矢地进行批评。"[1]正月二十三日上午，李提摩太准时到达总督署，但他等了很长时间，一直到了中午十二点左右，才入内与张之洞会见。李提摩太描绘了他们第二次会见的情景：

>总督不像我第一次拜访时那样友好，看起来似乎脸上有一团阴云。见面的寒暄过后，他问我要提供的"妙法"是什么。我马上讲了三点。
>在答复我的建议时，总督声明，他不主张将中国变成某个国家的暂时的保护国，但赞成在不超过十年的某个时期内，与某个国家结成互惠互利的盟友关系，为此可以给予某些商业上的优惠条件，如增开通商口岸、修筑铁路、开采矿山和引进工业的收益权等，但必须采取措施避免其他国家的忌妒。[2]

很显然，李提摩太并没有可以结束战争的方案，这才是张之洞最为关心的。二月初四日，张之洞亲笔起草了一份长电报，同时发送给总理衙门与李鸿章，称言：

>总署、天津李中堂：急。前接北洋电云：英教士李提摩太，自言有救急之法，已电总署奏明，奉旨不妨一试等因。查该教士屡向洞言，

---

[1]《亲历晚清四十五年：李提摩太在华回忆录》，第218页。李提摩太回忆的时间可能不准，按照其电报，他是在正月十八日晚上或十九日早上到达南京。

[2]《亲历晚清四十五年：李提摩太在华回忆录》，第218—219页。此次会见前的情景，李提摩太还称："11点，梁先生进来了，并且拿过我的表看了看。我问梁先生，我是不是正好在约定的8：30到达的。他回答说，总督本来希望我早点来，但现在他正在花园里，心情不好，不愿被打扰。于是利用这段时间，我和他又谈起了中国生死攸关的局势和我提出的治疗方案，以便他更清楚地理解我来南京将要向总督提出的建议。我们的谈话持续了将近一个小时……"

亦与致北洋电同。既奉旨一试，当即再约该教士来宁详问。语多闪烁，除最谬之语驳斥不论外，大意言此时只惟有设法恳英助中国，方能支持。问如何方肯助，李云须多与英国商务利益，如准英商在中国开铁路、开矿，兴各项化学工作、制造等事。此皆中国大有利益可致富强之事，无如中国拘于积习旧法，惮于变法大举。工商拙钝贫窘，不解兴利，又无赀本，官亦无大力筹此巨款，以致坐弃大利。若与英国约定，准其在中国办二十年，每年所出之利，酌量分与中国，二十年限满后，仍交还中国自办。风气已开，始基已立，中国官民工商皆晓其作法，知其好处，自能扩充接办，从此中华为强国矣。当诘以二十年太久，答云或十数年。又诘以设不交还奈何，答云外国此等办法，条约多有，从无不还者。又诘以英以何法助中国，答云极力劝和，不使倭人妄为。诘以能助水师、陆军帮我攻倭乎？答云不能助兵，只能胁和。并云此系该教士为好之意，自出己见。至如何办法，如何立约，英廷所重者何事，究愿如何帮助，须总署与英公使、中国星使与外部自行商办等语。税务司穆和德来言，大意相似，惟增入添口岸一条。诘以许英利益，设各国欲均沾将如何？答云英商务最大，不患他国分其利等语。查两人所言，皆系悬揣之词，总归于以利益与英，则英可助中国胁和。以洞管见论之，无论英、俄、法、德、美何国，此时能助我水师攻战，则我必胜，倭必慑，中国自可重许以利益，如以上诸条皆无不可。国威能振，寇雠能殄，尚复何所吝惜。若能允以势力胁倭，使其和平罢兵，不索地，不索重费，则我酌量许该国以利益，亦无不可。若仅空言劝和，则何必徒以利益与他国乎。惟帮助胁和，必须及早，趁此时和局尚未开议之时，方易为力。若待大局糜烂，倭欲愈奢，又加各国乘机要求，则虽助亦无益矣。应否令总署与英使、外部商办之处，恭候圣裁。遵旨询问复陈，请代奏。之洞肃。豪一。[1]

[1] 光绪二十一年二月初四日午刻发，《张之洞全集》，第 4 册，第 426—427 页；张之洞亲笔原件见《张文襄公电稿墨迹》，第 1 函第 4 册，所藏档号：甲 182-219。引文与原件校过。

张之洞在此省略了李提摩太的由英国监管中国外交与政治的设想,称之为"最谬之语驳斥不论外",只是谈到了中国允诺英国以商务利益,即在铁路、开矿、工厂等方面给予英国二十年的"专营权"或"优先权",而由英国出面调解中日矛盾,胁迫日本讲和。然而,对于这一设想,李提摩太也承认只是"自从己见",没有英国政府的背景。他的这一"妙法"当然不能实行。李提摩太以其天马行空般的思路,一本正经地与清朝政府官员进行交涉,恰恰说明其思维逻辑与处世方式。

南京第三次会面　　根据李提摩太回忆录,他后来又去了一次南京,目的是请张之洞为《泰西新史揽要》作序。[1]"张之洞档案"亦存有李提摩太关于此事的信件,称言:

> 广学会下士李提摩太敬载拜言大人阁下:自到铃辕,中更月琯,钦迟依恋,靡刻能忘。前面呈拙译之《泰西新史揽要》一书,恭求赐序。遥想贤劳枨著,未遑挥洒烟云。用先装订问世,奉上十部,储一木箱,至希莞纳。如尚以为可教,而锡之序言,一字之褒,荣逾华衮,谨当寿以梨枣,为此书弁冕。太盖日望之而不敢必者也。辰下和局辀定,善后事宜,多赖硕画。伏念大人一身为中外之所仰望,尤冀顺时纳祜,稍节忧勤,无任颂祷。肃泐。恭叩崇安,诸维霁照不宣。太谨禀。
>
> 再禀者:去年仰蒙惠赐捐银壹千两,如得藉手以成此书。查广学一会,关乎国事之振兴。学不广,则利弊之途不辨,国家何自而兴?是以泰西各国,往往有年费数千万金者,然亦由渐而来。中华尚未到此地位,自难猝筹巨款。伏维大人博极今古,阆贯中西,若蒙筹款以助,敝会羊公之鹤,当不致贻诮甗甄。敢布区区,不敢请耳。载叩大

---

[1]《亲历晚清四十五年:李提摩太在华回忆录》,第221页。

安。名正肃。〔1〕

从信中可见，李提摩太曾索张之洞之序，但张未写；在送书之际再次提出捐助之事。以该信中的内容参照李提摩太回忆录，此信写于光绪二十一年五六月间。张之洞对此的回信未见。

《新政策》 然而，李提摩太并没有放弃由外国监管中国的大胆设想，而是将之发展扩充为"新政策"。他从南京回到上海之后，曾向从广岛议和失败回沪的总理衙门大臣张荫桓介绍过这一计划；是年秋，他为保护教会等事务来到了北京，在长达四个月的活动中，拜见了李鸿章、翁同龢、恭亲王奕訢、孙家鼐、刚毅等人，也结识了康有为、梁启超、陈炽等人，并向翁同龢等人再次推销了他的设计。然翁对此态度并不积极。〔2〕李提摩

---

〔1〕《张之洞文件》，所藏档号：甲182-218。此信无信封。"氃氋"，似为氄氃之误。又，光绪二十二年七月，张之洞为上海约翰书院（圣约翰大学的前身）"掌教西士李氏，拟译辑《列国史鉴》一书"捐银一千元时，曾谈到对《泰西新史揽要》的捐助与评价："本部堂上年资助上海广学会银一千元，译辑《泰西新史揽要》一书，凡泰西近百年中之新政，提纲挈领，犁然备载，海内争相购阅。"《张之洞全集》，第5册，第504页。

〔2〕李提摩太在其回忆录中称：翁同龢"请我就中国急需改革的方面写一个简要的条陈。于是我准备了一个草案，要点如下：……1、皇帝聘请两名外国顾问；2、成立由八位大臣组成的内阁，其中满人与汉人占一半，通晓世界大势的外国人占一半；3、立即进行货币改革，奠立坚实的财政基础；4、立即兴建铁路，开采矿山，开办工厂；5、成立教育委员会，在全国广泛引进西方现代学校及专门学院；6、成立处理信息的通讯社，由外国有经验的新闻工作者培训中国的编辑记者，以启蒙社会大众；7、为保卫国家安全，训练足够的新式陆海军"。（《亲历晚清四十五年：李提摩太在华回忆录》，第237页）此中最为关键者是第1、2条。翁同龢在日记中多次言及李提摩太。光绪二十一年九月初九日日记："未初晤英教士李提摩太，豪杰也，说客也。"并记李提摩太语："……政有四大端：曰教民，曰养民，曰安民，曰新民。教之术，以五常之德推行于万国。养则与万国通其利，斯利大。安者弭兵。新者变法也。变法以兴铁路为第一义，练兵次之。中国须参用西员，兼设西学科（此两事驳之）。西人在中国者四种：一公使，争权力者也；一商人，一工艺，斯两者牟利者也；唯教士自食其力，不务功名，故心较平。"十月二十七日，"见李提摩太……余与之谈道，次及政事，旋及教案。余以二端要之曰，教民何等人当斥，教士何等事应退，令彼拟条约共商。既而樵野入坐，遂驳诘，彼不甚服。李读书明理人也"。十一月十八日，"未正见李提摩太、刘海兰（民教相安事）"。光绪二十二年正月十二日，"未刻送英教士李提摩太，长谈。伊言须富民、富官，归于学人要通各国政事。其言切挚。赠以食物八匣、绸四端而别，留一照象赠余"（《翁同龢日记》，第5册，第2843-2844、2858、2863、2878页）。"樵野"，张荫桓。从翁同龢日

太在其回忆录中称：

> 这个改革方案由翁同龢上交给光绪帝，得到了他的首肯。不久就被发表在广学会的报纸上。[1]

参照翁同龢日记，李提摩太称其方案上呈光绪帝并得首肯的说法，似无其事；又称发表一事，可见于光绪二十二年三月广学会出版的《万国公报》。李提摩太在这篇题为《新政策》长篇文章中，提出"教民"、"养民"、"安民"、"新民"四法，然后指出"论中国目下应办之事，有九条目"：

一、宜延聘可信之西人二位，筹一良法，速与天下大国，立约联交，保十年太平之局，始可及兹暇日，重订新章。

二、宜立新政部，以八人总管，半用华官，半用西人。其当用英、美两国者，因英、美早经立约，虽复失和，公请他国调处，绝不开战。此两国皆无忮心，皆不好战，最宜襄助中朝耳。若某某者，英人之杰也，某某者，美人之英也。得此数人，总管新政，与中国四大臣合办，如木之有根，水之有源也。其新政应办各事，选订各国专门名家之人，分任其责，均派中国大臣合办，如水之有支流，木之有枝叶也。

三、中国地大物博，铁路实富强之本源。刻下，创议兴办，到总理衙门条陈包揽者甚多。既不深知，何能别择。应调西人某某，到京考校，仍电请西国办理铁路第一有名之人，年约四十岁者，与之商办。因中国通国铁路，非二十年不能成，必须年力富强，方能始终其事。派并（并派）中国二大臣，与之合办。

四、某力强年富，心计最工，在新政部，应总管筹款借款之事，以中国管理财赋之大臣合办。

记来看，他见过李提摩太4次，若命李提摩太写条陈，似在九月初九日第一次会见时，李提摩太若递条陈，似在十月二十七日第三次会见时。从日记来看，翁对李提摩太所提出的"参用西员"、"设西学科"，是当场"驳之"，他们讨论的主要内容是防止教案。

[1]《亲历晚清四十五年：李提摩太在华回忆录》，第237页。

五、中国应暂请英人某某、美人某某,随时入见皇上,以西国各事,详细奏陈。

六、国家日报,关系安危,应请英人某某,美人某某,总管报事。派中国熟悉中西情势之人,为之主笔。

七、学部为人才根本,应请德人某某、美人某某总之,此二人名望甚高,才德俱备,可与中国大臣合办。

八、战阵之事,素未深谙,应请专精此事之人,保荐人材以备任使。

九、以上各事,应请明发谕旨,将新政有益于国,有益于民,不得不行,不可不行之处剀切宣示,令天下读书明理之士,乐于从事,方能日起有功。[1]

由此可见,李提摩太的"新政策"比起他最初在南京构思时,增加了许多内容:其一是范围,包括外交、铁路、借款、报纸、教育、军事和无所不包的"新政部",而这个有8位"总管"的"新政部",实际上是新政府;其二是人选,除了军事部门外,李提摩太都有了具体的人选。[2] 其三是从原来的"某国政府"(英国政府),扩大到英、美、德等国人士。这表面是由英、美等国人士负责和指导下的国家改革运动,若从世界历史来看,清朝若行此策将完全失去独立与主权,后果不堪设想。李提摩太的"新政策",署日期为光绪二十一年九月二十五日(1895年11月11日),即他与康有为见面的24天之后,与翁同龢第一次见面的16天之后,在该文前另有序言,署日期为光绪二十一年十一月二十七日(1896年1月11日),即

---

[1]《万国公报》,第87号,华文书局影印,第25册,第15935–15946页。

[2] 李提摩太虽未在《万国公报》上公开所拟聘人选的姓名,但也有人"在一封私人信件中发现,李提摩太建议的4位外国人内阁成员是英国人赫德(Sir Robert Hart)、查理·艾迪斯(Sir Charles Addis)和美国人福斯特(Foster)、德鲁(Drew)"。(转引自陈启云、宋鸥:《梁启超与清末西方传教士之互动研究:传教士对于维新派影响的个案分析》,《史学集刊》,2006年第4期,第92页)这里的"内阁成员",可能指"新政部"。

第六章 戊戌前后诸政事 463

他与翁同龢第三次见面的9天之后，皆是在北京完成的。其中第六项中，李提摩太设计了两位在光绪帝身边的英、美顾问，其中的一位很可能就是他本人吧。

康有为请李提摩太任光绪帝顾问　我在这里比较详细地介绍李提摩太的"新政策"，一个重要的原因是他对康有为的影响力。到了戊戌变法的最后时刻，李提摩太应康有为之邀，再次来到北京，准备出任光绪帝的顾问。李提摩太在其回忆录中称：

> 就在这当口，我到了北京。夏天时，康有为曾经向我咨询改革的方式方法问题，并建议说，鉴于伊藤博文已经使日本变成了一个强盛的国家，对中国政府来说，最好的办法就是请伊藤博文担任皇帝的顾问。过了没多久，康有为邀请我进京，担任皇帝的另一位外国顾问。[1]

这一段回忆关于伊藤博文的部分似不可靠，但关于他本人的部分却很可能是真的。李提摩太此次到北京后，与康有为等人有着密切的接触。[2]光绪二十四年八月初五日（1898年9月20日），即戊戌政变的前一日，御史杨深秀上奏由康有为起草的奏折：

> ……昨又闻，英国牧师李提摩太新从上海来京，为吾华遍筹胜算，亦云今日危局，非联合英、美、日本，别无图存之策。臣素知该牧师

---

[1]《亲历晚清四十五年：李提摩太在华回忆录》，第245页。
[2] 光绪二十六年（1900），康有为等人发动"勤王运动"失败后，写信给邱菽园，言及清朝之财政："……此事须民政局既开、地方自治法既定、农工商学既办，然后有下手，又须民皆信我之为其身家也，然后可行之。彼辈（指清朝政府官员）安能行？若能行之，则大省亦何止三千万。李提摩太谓中国可多得七十万万，不妄也。"（转引自汤志钧：《自立军起义的一份原始材料——邱菽园家藏康有为等信件评析》，《中华文史论丛》，2012年第3期）李提摩太的这一说法"七十万万"，即银七十亿两，是当时清朝财政收入的七十倍，是完全不可能的。可见李提摩太对康有为的影响力。邱菽园身世及与康有为的关系，详见本章第八节。

欧洲名士，著书甚多，实能深明大略，洞见本原。况值日本伊藤博文游历在都，其人曾为东瀛名相，必深愿联结吾华，共求自保者也。未为借才之举，先为借箸之筹，臣尤伏愿我皇上早定大计，固结英、美、日本三国，勿嫌合邦之名之不美，诚天下苍生之福矣。[1]

八月初六日，即戊戌政变的当日，御史宋伯鲁上奏由康有为起草的奏折：

>……昨闻英国教士李提摩太来京，往见工部主事康有为，道其来意，并出示分割图。渠之来也，拟联合中国、日本、美国及英国为合邦，共选通达时务晓畅各国掌故者百人，专理四国兵政税则，及一切外交等事。别练兵若干营，以资御侮。……今拟请皇上速简通达外务、名震地球之重臣，如大学士李鸿章者，往见该教士李提摩太及日相伊藤博文，与之商酌办法。以工部主事康有为为参赞，必能转祸为福……[2]

康有为提议与日本、英国、美国"合邦"，由李提摩太任外国首席顾问；而李提摩太已"共选通达时务晓畅各国掌故者百人，专理四国兵政税则，及一切外交等事"，即由这百名外国顾问来接管中国。李提摩太在南京的那个"不眠之夜"，至此化作了康有为的最后一博。

需要说明的是，李提摩太不是一个帝国主义分子，也不为英、美、日本政府服务，他那多达百人接管中国的外国顾问团，并没有得到英国或其他任何列强政府同意之约定，很可能被列名的"顾问"本人都不知情。他只是一个思维想象力超过政治判断力的人。[3]

庚子事变之后

光绪二十六年十月初三日（1900年11月24日），

---

[1] 孔祥吉编著：《康有为变法奏章辑考》，第400页。
[2]《康有为变法奏章辑考》，第404-405页。
[3] 关于李提摩太的生平与评价，可参见熊月之：《西学东渐与晚清社会》第15章《李提摩太："鬼子大人"》，上海人民出版社，1994年。

李提摩太在上海发电给武昌的湖广总督张之洞,称言:

> 督宪张:中国素讲达道,永庆升平。今道仍无恙,曷不由两孩角胜,良友解纷。今友现存,熟悉中外,曷不请?有益无损,全在斯。宪台实图利之。李提摩太。[1]

此时八国联军已占领北京,李鸿章等人在北京与各国开始谈判,进展并不顺利。"今友现存,熟悉中外",当属自荐,他有意出面参预当时正在进行的中外谈判,即"良友解纷"。张之洞的回电未见,很可能没有理他。光绪二十七年六月十六日(1901年7月31日),张之洞发电两江总督刘坤一:

> 致江宁刘制台:商。阳电悉。李提摩太译书,年捐难继,且不可开端。然此人神通甚大,亦不宜全令觖望。鄂省拟酌筹二千元,捐助一次,声明后不为例,以免纠缠。尊意如何?祈示,以便复方帅。洞。谏。[2]

方帅,两广总督陶模,字方之。张之洞收到了李提摩太的捐款请求,虽同意出手相助,但目的是"以免纠缠"。刘坤一当即回电:

> 张制台:商。谏电悉。李提摩太款,昨已函复作罢。尊意欲筹送三千元,江鄂自应一律,当再电方帅,亦送三千元。只能一次。坤。号。[3]

至于张之洞在电报中称李提摩太"神通甚大",并非无来由。七月十九日

---

[1] 上海李提摩太来电,光绪二十六年十月初三日申刻发,戌刻到,《张之洞存各处来电》,庚子第26册,所藏档号:甲182-143。按照李提摩太的性格来分析,他很有可能同时发电给正主持谈判的全权大臣、直隶总督李鸿章。

[2] 光绪二十七年六月十六日午刻发,《张之洞电稿丙编》,第95册,所藏档号:甲182-98。"商"是双方约定的电码。此件为抄件,原文为"二千元"。刘坤一"阳电"未见。

[3] 江宁刘制台来电,光绪二十七年六月二十日午刻发,二十九日戌刻到,《张之洞存各处来电》,辛丑第29册,所藏档号:甲182-151。原件日期如此,该电为何如此晚到,原因不详。

（9月1日），张之洞收到西安行在军机处发给上海道袁树勋的电报：

> 上海道袁：宙。英教士李提摩太屡致枢电，其意忧中国之贫弱，力劝步武泰西，讲求富强，具见远人忠告。且闻其于山西教案颇持公论，可望和平了结，并欲将赔款留充晋省书院、善堂之用，尤见顾全大局，识解不凡，深堪嘉尚。该教士在沪创立广学会，译辑泰西史学、政治诸书，望即选购，呈送政务处，以备采择。并希转达该教士奖慰之。枢。啸。[1]

此时清政府处于极弱状态，对于英籍人士李提摩太的善意，尤其是在山西教案"持公论"，不敢轻意怠慢，进行"奖慰"。七月二十四日（9月6日），张之洞亦发电上海道袁树勋：

> 上海袁道台：英教士李提摩太募款译书，用意甚善。敝处拟捐助三千元，应汇交何处？祈转询电复。惟款绌，只能助一次。并希代达。洞。漾。[2]

张没有直接发电给李提摩太，而是让袁树勋转达，大约也是"以免纠缠"吧。[3]

四、光绪二十二年查验刘鹗的假资产证明

刘鹗（1857-1909），江苏丹阳人，寄籍山阳（今淮安），字云抟，又

---

[1] 西安枢致袁道电，光绪二十七年七月十八日未刻发，十九日午刻到，《张之洞存各处来电》，辛丑第30册，所藏档号：甲182-151。"枢"，军机处。从"张之洞档案"来看，当时西安行在发出的电报，许多亦抄送张之洞。

[2] 光绪二十七年七月二十四日巳刻发，《张之洞电稿》光绪二十七年五至七月，所藏档号：甲182-466；抄件见《张之洞电稿丙编》，第95册，所藏档号：甲182-98。

[3] 张之洞此后仍有一电给李提摩太："致上海广学会李提摩太：小孙厚琨不幸短折，承阁下悼惜致唁，本部堂不胜感泐。谨此复谢。湖广总督张。真。"（光绪二十七年十一月十一日申刻发。《张之洞电稿丙编》，第97册，所藏档号：甲182-99）这是一份礼节性的电报。

字铁云、公约等，号老残。他在中国近代文学史上有着很高的地位，所著《老残游记》被称为晚清四大谴责小说之一。其父刘成忠，咸丰二年（1852）进士，入翰林院，曾任御史、河南汝宁府知府、南汝光道道员等职，为其在官场上交游开辟了通道。刘鹗在科场失败后，赴河南、山东等处投效河工，为山东巡抚张曜所赏识。后因山东巡抚福润的保举，于光绪二十一年赴总理衙门考试，得以知府任用。由此开始了他人生的特殊经历，以致今人对其进行评价时总是心情极为复杂。[1]

清朝在甲午战后"卧薪尝胆"的振奋中，铁路建设被置于相当重要的位置。光绪二十一年十月二十日（1895年12月6日）督办军务处上奏兴建津芦、芦汉两条铁路的计划，由于清政府资金极端困难，当日下发的谕旨称：

> ……至由芦沟南抵汉口干路一条，道里较长，经费亦巨，各省富商，如有能集股至千万两以上者，著准其设立公司，实力兴筑，事归商办，一切赢绌，官不与闻。如有成效可观，必当加以奖励，将此宣谕中外知之。[2]

这是清朝首次将重大工程招商承办，而银一千万两又相当于当时清朝年财政收入的九分之一。有四位商人或官员向督办军务处提出申办：许应锵、方培垚、刘鹗、吕庆麟。光绪二十二年三月十二日（1896年4月24日），根据督办军务处的提议，光绪帝命直隶总督王文韶、湖广总督张之洞会同办理芦汉铁路，并命对具呈承办的四商"详加体察，不得有洋商入股为要"。[3]三月二十六日，王文韶、张之洞会衔发电督办军务处，要求四商迅

---

[1] 本节作为论文先行发表后，又见到戴海斌：《甲午后商办铁路的一例实证——姚锡光日记所见之刘鹗》(《社会科学》，2012年第7期），读者亦可参考。

[2]《清实录》，第56册，第944页。

[3]《清实录》，第57册，第49—50页。关于芦汉铁路及要求承办四商等情事，可参见张海荣：《津镇铁路与芦汉铁路之争》，北京大学硕士论文，2008年。

赴武昌和天津，"以便面询"。[1]

刘鹗早就有意承办铁路，下手亦早，光绪二十一年五月即为此向督办军务处大臣、军机大臣翁同龢行贿，被拒。[2]光绪二十二年三月，刘鹗到天津，直隶总督王文韶考查其资金来源，称之"渺茫"，命刘前去武昌。[3]五月初九日（6月19日），张之洞发电王文韶："……刘鹗昨由沪来禀云，'须俟方培垚到沪，即同赴鄂'等语。可怪。请尊处电上海道转饬赴津，由尊处考察，亦无庸来鄂。"[4]而当张之洞已不愿见刘鹗时，他却来到了武昌。

光绪二十二年五月十七日（1896年6月27日），张之洞发电上海道黄祖络：

> 致上海江海关黄道台：上海有履祥洋行存放知府刘鹗芦汉铁路股本银一千万两，声明无洋股在内，请详查是否属实。该洋行所操何业？是否殷实？行主何名？能签押出字据保认，乃可为凭？望速查复。洞。洽。[5]

由此可见，刘鹗向张之洞呈交的是存放在上海履祥洋行华股银一千万两的证明书。但从商业的角度来看，此一证明书似为不可理解，存银只能是数量，又如何让"洋行"来证明确系"华股"而非"洋股"呢。而此时在张之洞幕中的姚锡光，恰在这一天的日记中记录刘鹗与张之洞会见的情况：

---

[1]《张之洞全集》，第9册，第118-119页。四月十五日，张之洞又发电督办军务处官员陈允颐询问发电情况。同上书，第124页。

[2] 翁同龢之重孙翁万戈藏有翁同龢当年所写一字据："刘鹗者，镇江同乡，屡次在督办处递说帖，携银五万，至京打点，营干办铁路。昨竟敢托人以字画数十件餂余。记之以为邪蒿之据。乙未五月廿一，灯下。"（孔祥吉：《刘鹗史料之新发现》，见《晚清佚闻丛考：以戊戌维新为中心》，巴蜀书社，1998年，图版二，又见第180页）"乙未"，光绪二十一年。

[3] 王文韶电报称："吕、刘先后到津。吕，山东人，在京开堆坊一、饭庄一，财东为巨商韦立森，直言不讳，亦殊可笑。刘更渺茫。……大约许、方、吕、皆有洋东在其身后，洋东皆觊办铁路之人。刘则敢为欺谩，但伊包揽而已。"（光绪二十一年三月二十八日丑刻收到，苑书义等主编：《张之洞全集》，第9册，第6975页）"韦立森"，系洋商。

[4]《张之洞全集》，第9册，第129页。

[5] 光绪二十二年五月十七日午刻发，《张之洞电稿乙编》，第50册，所藏档号：甲182-71。

第六章 戊戌前后诸政事

午后，阅《陆操新义》。刘云抟鹗太守来拜。云抟，吾乡刘子恕给谏之子，味秋之弟。味秋，余甲戌岁同案入学。云抟现以承办铁路事来鄂见香帅。盖中国将创办铁路，去年赴军务处禀请承办者四人，一刘、一许、一方、一吕，刘即云抟也。云抟才气甚大，前以同知曾办山东河工，见知于张勤果公。经勤果保奏，送部引见，后积劳荐保知府。自前年秋冬之交即经营中国开铁路事，往来津、京、上海间，外商洋人，内谒当道，南北奔驰，再历寒暑。现适朝廷决计开办是事，命直隶王夔帅、湖督张香帅两制军督办，遂将刘、许、方、吕四人禀请承办之事，发即（该）两制军核定。故云抟来鄂见香帅取进止焉。

云抟于前日已见香帅，帅询以已经集股有着之款几何。云抟对以："已集有一千万两。"帅谓："现拟办之芦汉铁路非一千万所能济。"云抟谓："现在请办者四人，每人集股一千万，则芦汉铁路之事济矣。"帅意复不以四人合办为然，因询以："汝已集股一千万，尚能多集否？"云鄂（抟）对以："铁路乃有利益之事，开办以后，股分必旺，不患无股分"云云。因将上海履祥洋行所保一千万华股保单呈上。帅云："姑留阅，尔候定夺。"故云抟于此候进止焉。[1]

姚锡光（1856-？），字石泉，江苏丹徒人。曾任驻日本使馆随员、北洋武备学堂教习，甲午战争时在山东巡抚李秉衡幕中，由张之洞调来考察长江防御，此时任职于湖北自强学堂，并准备开办武备学堂。他并非张之洞的亲信幕僚，日记中所录会见时的场景与交谈内容，自是刘鹗对其所言，可当作刘的自述来看待。该日记称，刘鹗呈交张之洞的是"上海履祥洋行所保一千万华股保单"，然从商业角度而言，此单更不可理解，哪有一家洋行

---

[1] 王凡、汪叔子整理：《姚锡光江鄂日记》（外二种），中华书局，2010年，第121—122页。"张果勤公"，张曜。又，张之洞曾为姚锡光之事发电山东巡抚李秉衡："知县姚锡光，前充天津武备学堂提调，闻于春夏间经公调东，委充营务处。今该令来宁，欲求自效。其人才具性情何如？办事有无实际？因何销差？祈详示。洞。支。"光绪二十一年八月初四日巳刻发，《张之洞电稿丙编》，第60册，所藏档号：甲182-91。

能开具担保刘鹗有"招收华股一千万"能力的"保单"。从此日起,姚锡光与刘鹗的交往甚多,日记中的记载亦多,与其他史料对照,颇见此中内情。五月十八日,姚锡光与刘鹗两度交往,晚上的会面中提到了铁路:

> 云抟之承办铁路,系从履祥洋行借洋债为资本,立有一千万合同。云抟谓:"洋债可借,洋股不可招。洋债,不揽我铁路利权;一招洋股,则利权尽入彼掌握矣。"余曰:"此说极当。惟铁路开办,必二三年始能大成,此二三年未有有(厚)利可收,而洋债利息虚縻可虑。愚意,铁路与银行相辅而行。何弗将借定洋债先行开一银行,以为铁路根本,既无虚利之虑,而铁路开办诸费即于此周转。日后有华商入股,即于此银行出股分票,亦较易取信于人,似于计最得。"云抟谓:"此事余亦筹之久矣,固与君意合,且在上海与马枚叔建忠有约,如以铁路资本先立银行,此银行事即由伊主持。且非特此也,铁路既成,日后尚须开五金、煤炭诸矿,并开冶炼诸厂,皆必以此银行为根本"云云。
>
> 余又谓:"现所开者芦汉铁路,乃干路。其枝路,则先开川楚铁路为第一要着。川楚轮船尚未大行,而川货最多,此枝路成,必利尽西南。"云抟极以余言为然,且谓:"君能认办此事,余当助君集股"云云。[1]

到了此时,刘鹗又称其借上海履祥洋行银一千万两,若真是如此,其所出具的应是该洋行同意借款的信用证。"存款证明"、"保单"、"借款信用证",概念多换,看来刘鹗自己也说不清楚手中所持文件又该当作何讲。刘鹗讲了一大套关于洋债、洋股的理念(和他后来在河南、山西的煤矿、铁路的做法相反),而姚锡光却以为其真借到了银一千万两,便建议其设立银行;

---

[1]《姚锡光江鄂日记》,第122—123页。又,在该日日记中,姚称其与刘鹗曾大谈学术、人才等项,并推崇陈庆年(善余)、马建忠,姚锡光从刘鹗处借走马建忠的《适可斋言纪行》。马建忠,曾留学于法国,是李鸿章的洋务大幕僚。

刘又搬出了马建忠以显示关系网络之一端,并大度地表示将为姚锡光"川楚铁路"计划"集款"。[1]

五月二十日(6月30日),张之洞收到上海道黄祖络的电报:

> 洽电敬悉。遵派员详询履祥洋行主贝履德,据称,该行在沪,系伊独开,专做疋头生意。刘守鹗系素识,曾与商议,如禀准有承办芦汉铁路明文,由伊行转向外洋凑借一千万两,非真有股本存伊处;现既未奉有核准明文,伊更不便签押保认等语。查刘守在别埠有无招有股本未可知,惟履祥洋行开设未久,局面不大,纵使转借洋股,恐亦未可靠。谨复。祖络禀。号。[2]

"专做疋头生意",即批发丝、棉纺织品之意。从这封电报可知,刘鹗与履祥洋行的行主勾结,由其出具银一千万两的文件,这大约可归为假"资产证明",如果刘获得修建芦汉铁路的特许权,再由行主贝履德转借洋债。这是一个手段不高的骗局,刘鹗敢行此策,实属胆大。尽管张之洞已收到了黄祖络的电报,知道了刘鹗的底细,但也没有直接揭穿。在当时的官场中,此类人士神通广大,也不知背后又藏有何路神仙,张也不想将事情闹大,只是于五月二十六日发电给王文韶,通报了情况。[3] 从现有的材料来看,

---

[1] "张之洞档案"中还有一条材料,总理衙门大臣许景澄发电张之洞:"停办芦汉,未有此说,乞纡廑。详情另电。刘鹗未禀署请办川楚路,禀必严驳。澄。宥。"(光绪二十四年十二月二十六日西刻发,二十七日丑刻到,《张之洞存各处来电》,戊戌第14册,所藏档号:甲182-138)"署",总理衙门。张之洞此时听说了刘鹗欲承办川汉铁路的消息。

[2] 上海黄道来电,光绪二十二年五月十九日亥刻发,二十日巳刻到,《张之洞存来往电稿原件》,第5函,所藏档号:甲182-376。又,张之洞在原电上加抬头、署名,于五月二十六日巳刻发给王文韶。

[3] "致天津王制台:刘鹗已见,洋行保单无洋人签字,已嘱上海道查明,全不可信。此事关大局,断难久延,望速会衔电粤,请催许应锵赴鄂赴津为要。务请谭文帅告许:如再不来,日内即具奏,不能再候矣。即明言弟不能再候,亦无妨也。洞。宥一"。"致天津王制台:上海黄道来电云:'洽电敬悉。遵派员详询履祥洋行主贝履德,据称……谨复。祖络禀。号'等语。特转达。宥二"。光绪二十二年五月二十六日巳刻发,《张之洞全集》,第9册,第132页;两电原件见《张之洞存来往电稿原件》,第5函,所藏档号:甲182-376。

刘鹗当时的人脉亦广，他与李鸿章的大幕僚马建忠交往颇深，并与总理衙门内部的诸多人士有交往；而他后来任英商福公司的华买办时，向庆亲王奕劻、军机大臣王文韶等人送礼行贿，门路很熟。[1]

姚锡光的日记，还记录了刘鹗在武昌的许多活动。五月二十一日，即张之洞收到黄祖络电报的次日，姚锡光记：

> （午）宴毕，雨愈甚。稍坐，冒雨往拜刘云抟太守。太守正草上制府言铁路禀，以商诸余，余为商改数处。[2]

此是刘鹗上张之洞之铁路禀帖，以说明其大体设想，当属奉张之洞之命而写。而并无铁路经验的姚锡光且能为之"商改"，又可见两人皆非铁路专才。五月二十九日（7月9日），姚锡光又记：

> ……刘云抟太守来，将询制府定夺铁路意旨于钱念劬。于时念劬太守适来，因言制府之意，将以盛杏荪观察督办铁路，以军务处奉旨交下承办铁路刘、吕、方、许分段认办，不日即以出奏矣。盖以刘、吕、方、许四人认办，不过有此名目，实则专任盛杏荪也。盛杏荪之认办湖北铁厂，本意在铁路，今果入其掌握。伊已专招商轮船、电线之利，今复将铁路之利攘而有之。甚矣，其善据利权！而中国亦舍是人无此气魄也。[3]

"念劬"，奏调湖北分省补用知府钱恂，张之洞的亲信幕僚，兼任自强学堂提调。刘鹗到自强学堂来，是找钱恂，以了解张之洞对此的最后决定。姚锡光此处所记，当属得自于刘鹗及钱恂。看来张之洞给了一个面子，没有再见刘鹗，而是派钱恂说明情况，且只说芦汉铁路归盛宣怀办理，没有更

---

[1] 参见王守谦：《煤炭与政治——晚清民国福公司矿案研究》，社会科学文献出版社，2009年，第42-49页。
[2]《姚锡光江鄂日记》，第125页。
[3]《姚锡光江鄂日记》，第131页。当日并记："晚间，借云抟即念劬处晚饭，许静山太守亦来，畅谈至九点钟，并订明日游洪山之约，乃散。"此后，刘鹗与钱恂等人同游洪山。

多批驳言辞。又据姚锡光日记,刘鹗于六月初八日离开武昌,十一日由汉口搭船回镇江。

此事本来可以到此结束,然从姚锡光日记中又可以看到另外一幕。六月二十八日(8月7日),张之洞突然召姚锡光至总督衙署,派其文巡捕候补知县邹履和,面询刘鹗的家世与人品,并问刘鹗所集华股之数量与所借洋债之可能。姚锡光称刘鹗家世甚好,所集铁路股份亦有华股等语。邹履和最后告诉姚,张之洞属意由姚锡光发电召刘鹗再来湖北,姚立即从命办理。当日,姚锡光又在其日记中对此分析道:

是事也,虽已从制府谕往召云抟,而余心颇疑之。盖铁路一事,制府颇属意盛杏荪宣怀,将令其督办,而何以命召云抟?又如此之急?既而探之,乃知盛杏荪要挟过当,制府已稍厌之。

先是湖北铁政局,自开办以来,历年亏耗,势不支。制府乃召盛杏荪来鄂,命以招商股承办铁政。今年四、五月间,盛杏荪来鄂接受铁政局,即以铁路要制府,云若不兼办铁路事,则铁政局所炼出钢条无处出售,则铁政不能承办云云。……其督办铁路,必由奏请朝命也,则必不受督抚节制,可单衔奏事,仿佛钦差督办铁路大臣矣。其请奏请开官银行也,盖欲尽揽中国利权。一经奏定,必请官本;既领官本,仍必多方将官本销融净尽,易名商本;而实则商本其名,盖尽数攘为盛家之本,仍其攘窃招商轮船、中国电报利权故智。……制府见其嗜利无厌,要求无已,颇厌苦之,故意将转属云抟。因命召云抟来鄂面议此事:一询其能领受芦汉铁路全局事否?一询伊能先领湖北铁政局事否?盖制府以不允盛杏荪官银行诸事,恐盛杏荪即不办芦汉铁路。伊既不办铁路,则铁政局一事伊亦必即辞退,故须询云抟能否承办铁政局事。一询云抟究竟集有若干华股。制府之意,洋债可借,惟照铁路资本,须有五分之一之华股以为根本,方可开办,故将询云抟究有若干华股。胥俟云抟来鄂询悉,则芦汉铁路一事,与盛与刘,方能定计。此制府属余电召云抟来鄂意也。[1]

根据姚锡光的分析，张之洞召刘鹗再来湖北，目的是以刘来制盛，使盛宣怀不能狮子大开口，增加掌管清朝官银行等条件。第二天，六月二十九日，姚锡光来到自强学堂，提调钱恂对其说：

> 芦汉铁路一事，未知云抟能承任否？万一云抟不能承任，则此事必属盛杏荪。铁路既属盛杏荪，则盛杏荪必要挟非奏请开官银行不可，制府现在心颇虑之。盖官银行即国家银行也，假国家银行之名，而为盛杏荪盘踞。能操胜算，其利为盛杏荪攘去，自不待言；如不能操胜算，倒闭至几万万之多中必有洋款，则国家不得不承认，甚至割地偿债，俱未可知，其害有不可胜言者。制府以子究心世事，万一不得不许为盛杏荪奏请开银行，此中有防范之法否？特属恂以问吾子。[2]

钱恂的话，说明了张之洞对盛宣怀操控官银行（国家银行）的担忧，企图以刘鹗来制约盛宣怀。又查张之洞此期与盛宣怀之间的往来电报，盛确有要求兼办银行之事，张之洞对此大为光火，直接拒绝了。[3] 然以刘鹗与盛宣怀对抗，刘绝非是盛之对手，也不知是谁给张之洞出了这么一个馊主意。

据姚锡光日记，七月初二日记，"接云抟复电，立即赴鄂云"。七月十一日（8月19日）又记：

> 入学堂，刘铁云太守来，盖甫下轮船，即冒雨来省。余告以制府

---

[1]《姚锡光江鄂日记》，第139-140页。
[2]《姚锡光江鄂日记》，第141页。
[3] 盛宣怀于六月十七日发电张之洞："铁路之利远而薄，银行之利近而厚，华商必欲银行、铁路并举，方有把握。如银行权属洋人，则路股必无成。闻赫德觊觎银行，稍纵即逝。"（王尔敏等编：《盛宣怀实业函电稿》，香港中文大学中国文化研究所，1993年，下册，第505页）张之洞六月二十三日回电称："铁路、银行为今日最大利权，人所艳羡者，独任其一，尚恐为众忌所归，一举兼营，群喙有词，恐非所宜。"王文韶也对此附议，于二十四日发电："铁路、银行，譬之陇蜀，陇尚未得，遂欲并蜀而有之，是众射之的也。"（苑书义等主编：《张之洞全集》，第9册，第7057-7058页）相关的研究，可参见张海荣：《津镇铁路与芦汉铁路之争》，北京大学硕士论文，2008年。

属余电招之意。钱念劬太守亦至。铁云云，制府所询诸端，伊俱能应允照办。因属念劬先为告制府，再往禀见。[1]

刘鹗此时并无相应的财力，但一口答应办理芦汉铁路、湖北铁厂两大项目，这也恰是他做事的风格。也就在这一天，盛宣怀来电，说明资金方面有三难，并称其须先到北京说明情况，允其条件方办其事，"免得进场后交白卷，致伤中国体面"。盛以撂挑子相逼迫，张之洞于七月十三日发电让盛宣怀来鄂，"详筹一切"。[2] 此后的结局当然是盛宣怀获胜。刘鹗此期有一信，说明当时之情景：

> 子新表弟足下：兄十一日到汉口镇。既过江，知香帅电召，为欲将铁政、铁路二事并归兄办。及到，又变计矣。前日电召盛杏荪来，令兄与盛商酌，或分办，或合办，议定即出奏。今日盛到，盛称洋债借不动，香又变无主义矣。数日之间，业已三变，此后尚不知如何变法也。今早，王幼云到，已嘱其抄铁路章程。……兄鹗顿首[3]

盛宣怀是商场巨滑兼官场老手，自然了解刘鹗的金钱底牌与政治后台，对此根本不买账。七月二十四日（9月1日），姚锡光在日记中称：钱恂告，张之洞决定芦汉铁路由盛宣怀办，刘鹗若集有华股，准其入股。[4] 七月二十五日，王文韶、张之洞联衔上奏将芦汉铁路交盛宣怀督办。[5]

盛宣怀此后开办了中国通商银行，但不是官银行（国家银行），而是存有官本的商业银行。盛此事未走张之洞的路线，而是走了翁同龢的门子。刘鹗此后的经历更为复杂，他帮助英国商人攫取了山西、河南的开矿权、铁路筑路权；八国联军占领北京后，他又到京与俄国军官联络，将禄米仓

---

[1]《姚锡光江鄂日记》，第142、147页。
[2]《张之洞全集》，第9册，第143-144页。
[3] 致卞德铭，刘德隆整理：《刘鹗集》，吉林文史出版社，2007年，上册，第756页。
[4]《姚锡光江鄂日记》，第155-156页。
[5]《张之洞全集》，第3册，第388-392页。

之存米平粜；光绪三十四年（1908）他听闻津浦铁路消息，抢先购买浦口土地，准备以后建车站而大发利市，最后被清政府流放新疆。宣统元年四月二十二日（1909年6月9日），他写信给甘肃布政使毛庆蕃，称其有可能因新帝登极改元大赦恩诏而获释：

> 实君老哥亲家垂鉴：自去年六月江子翁寿筵一晤后，匆匆已逾岁矣。弟江宁获罪起解，七月初历鄂境，昼夜兼行，……去腊到狱，以读书写字为消遣。……本月中旬，联大帅以奉改元大赦恩诏，将新疆所有京外发来监禁及效力赎罪人员，共计三十二名，一律开单奏咨请旨，闻十六日折已拜发。如执政仍是项城，则无望矣，幸南皮仁厚长者，可有赐环之望。且观于起用发废员之诏，则摄政王之豁达大度，可见一斑，与南皮济美。或者鹗竟获生入玉门也乎。倘有此幸事，计部文到迪，当在七八月之交，彼时即可释放。弟蒙释即行，约到兰州总在十月杪矣。……姻愚小弟刘鹗顿首[1]

他将"赐环"的希望，寄托在"南皮仁厚长者"张之洞的身上。这是他存世的最后一封信，三个月后，病故于迪化（今乌鲁木齐）。

五、光绪二十二年为李鸿藻治病

李鸿藻（1820-1897），字兰荪，直隶高阳人。咸丰二年（1852）进士，入翰林院，十一年授大阿哥读，即为同治帝的师傅。同治四年（1865）为军机大臣，光绪二年（1876）为总理衙门大臣。甲申之变时他退出军机处和总理衙门，甲午战争时重返政要。[2] 他是朝中的重臣，是学守程朱的理

---

[1] 致毛庆蕃（蕃），《刘鹗集》，上册，第759-760页。"联大帅"，新疆巡抚联魁。"项城"，袁世凯，河南项城人。相关的分析可参见周轩：《刘鹗在新疆的最后一封信》，《故宫博物院院刊》，1997年第1期。

[2] "甲申"年（光绪十年，1884），慈禧太后发布懿旨，全班罢免恭亲王奕䜣为首的军机处，并改组了总理衙门，起用醇亲王奕𫍯等人，对当时的政治发生了极大的影响，称甲申之变，或甲申易枢。

学大师，是光绪朝涌动朝野的清流领袖，有着很大影响力。前引徐致祥奏折可见，是他将张之洞引上封疆大吏之路。

张之洞，清流出身，与李鸿藻的关系特殊，交往甚密。张给李的书信甚多，李氏后人台湾大学历史系教授李宗侗作《清李文正公鸿藻年谱》时称：

> 文襄与先祖信札甚多，当时先君装成两大册，在天津时看过，不过未抄录。现带来台者，皆购于祁君表兄者，兹录于分年各事中。

该年谱所录为张在京及在山西巡抚任上给李的信件，数量达九十五通。[1]"张之洞档案"中也有一些关于李鸿藻的文件，其中内容最为集中、最引人注目者，是张之洞在光绪二十二年秋欲请江南名医陈秉钧进京为其诊病。

张之洞从署理两江回到湖广本任后，于光绪二十二年七月十一日（1896年8月19日）致信李鸿藻：

> 兰孙宫保中堂阁下：尘冗坌集，久阙候书。昨闻柱躬违和，驰系曷极。朝野热望，祷祝同殷。旋复慰悉，已愈十之八九。吉人天相，计日来全体康稣，已占勿药之喜。惟值此炎威未敛，秋气渐乘，眠食起居，诸希因时珍卫，藉释驰悃。敬惟筹谟楙介，鼎福绥崇。潞国精神，懔四裔改容之问；温公政事，副九重虚己之心。翘首台衡，式孚忭颂。晚自春间回任鄂疆，瞬逾半载，时艰鲜补，栗碌滋惭。铁厂因经费无出，遵旨招商，奏交津海关盛道，招商承办，良非得已。该厂炼钢造轨，足媲西制，将来铁路铁厂，必须联为一气，我用我轨，方能自保利权、协政体。认办铁路之商人，昨已陆续来鄂，面加询考，

参见本书导论第四节。
[1] 李宗侗、刘凤翰：《清李文正公鸿藻年谱》，台湾商务印书馆，1981年，第256-257、263-270、301、307、310-320、322、331、333-334、351、357-366、381-383、398-401页。"先祖"，李鸿藻。"先君"，李焜瀛。

惟其中皆系洋股影射，殊觉令人索然。此事实难措手耳！沙市商埠，日前派员往商，日领事忽缓忽急，迄无成议。拟俟苏、杭定局，援照办理。鄂中罗田、麻城、潜江、江陵等县，多被水灾，亦经赈抚并施矣。目下秋汛已过，江水渐落，农田晚稻望雨甚殷。所幸湖湘辖境安谧如恒。顽躯叨庇善平，差堪告慰垂注耳。尚肃。敬请全安。诸惟亮鉴不备。晚生。七月十一日缮。[1]

此信是一底稿，下加重点号者为张之洞亲笔。就其内容来看，很可能是张之洞诸多定期汇报政务的信件之一，信中谈到了湖北铁厂交盛宣怀、认办芦汉铁路者皆为洋股影射、沙市开埠和湖北水灾；除了政务外，还提到了私事——"柱躬违和"，即李鸿藻的身体出现了问题。不久之后，七月二十二日（8月30日），张之洞发电给其侄前任江苏嘉定县知县张枢：

> 苏州张子密：闻青浦陈莲舫刑部医理甚精，名望甚著。李高阳系痰火证，尚未大愈，拟请渠赴京为高阳诊治。闻吾侄与之熟识，务速致函敦请赴京一行。令子豫侄陪伴，并由汝处派两仆送往京城。用度我当代备，川资约需若干，电知即汇寄。闻渠喜讲交情，不索馈赠，汝可善为说辞，代备酌选水礼数种送往，价照汇。高阳今世正人贤臣，若能医好，为功不细。即复。笛。[2]

陈秉钧（1840-1914），字莲舫，松江青浦（今上海）人，出生于医学世家，是当时的江南名医，曾任刑部主事。光绪二十四年戊戌政变后，他由盛宣

---

[1]《京信稿》，《张之洞函稿·光绪二十五年至三十一年》，所藏档号：甲182-215。有人在该原件"七月十一日缮"前添加了"二十四年"四字，当误；信中称"晚自春间回任鄂疆"，指光绪二十二年春张之洞从署理两江回任湖广总督一事。苑书义等主编：《张之洞全集》录有此信，仅是半封，见该书第12册，第10239-10240页，时间误为"七月十四日"。又，"潞国"，文彦博，"温公"，司马光，皆是宋朝四朝元老。

[2] 光绪二十二年七月二十二日子刻发，《张之洞全集》，第9册，第146-147页；张之洞亲笔原件见《张文襄公电稿墨迹》，第2函第9册，所藏档号：甲182-219。此处据原件校。

怀推荐奉召入京,是光绪帝医疗班子的成员之一。[1] 从电文中可见,张之洞为请动这位名医也极为礼敬,处处考虑周密。然陈秉钧以"母年九旬,不能远去为辞"。[2] 而此时派往北京送《承华事略》的湖北委员候补知县宝丰,奉张之洞之命探望李鸿藻,于八月初一日(9月7日)发电给张之洞的近身幕僚邹履和:

> 顷谒高阳,坐谈片刻,病可无虑,惟一切未能照常,命裹帅放心。……丰。东。[3]

李鸿藻亦于八月初二日发电给张之洞:

> 承念并惠多珍,心感曷极。贱恙服黄耆,诸症较减,惟舌强臂软,步履未能照常,一时尚难销假。藻顿。冬。[4]

从此电的内容来看,宝丰送去了张之洞的信件与礼物,李鸿藻为解张之忧,破例地发电说明身体情况。

也就在此时,盛宣怀到了北京,活动承办芦汉铁路之事。他自然要走李鸿藻的门子,八月二十二日(9月28日)发电张之洞:

> 十八谒高阳,见病势无碍,亟盼良医,当即专电陈莲舫劝驾。顷接其由皖来电,前张香帅为高阳电招,已以母老多病辞复,望转达此意云。其辞意似因钧处往招未允,不便宣召即至,况既能至皖,何不能至京。国老病关大局,莲舫义不应辞。请钧处专弁携带川资赴皖,

---

[1] 参见拙文《戊戌政变的时间、过程与原委:先前研究各说的认知、补证、修正》,《戊戌变法史事考》,第130、154-155、159-160页。

[2] 张枢复电,光绪二十二年八月初一日申刻到,《张之洞全集》,第9册,第147页。

[3] 宝令致邹令电,光绪二十二年八月初一日申刻发,亥刻到,抄本《张之洞电稿》,第19册,《北京来电·一》,中国社会科学院经济研究所图书馆藏。

[4] 李尚书来电,光绪二十二年八月初二日巳刻发,酉刻到,抄本《张之洞电稿》,第19册,《北京来电·一》,中国社会科学院经济研究所图书馆藏。

亲笔函促,宣再派轮相迓,谅必可行。宣禀。祃。[1]

从此电来看,盛宣怀已发电陈秉钧相邀,然陈以曾先辞相告,盛由此请张之洞再次出面。张之洞于二十三日丑刻(晨1-3时)收到此电,当日巳刻(上午9-11时)即发出两电,其一给其友安徽布政使于荫霖,让其在省城安庆等处寻找,其二给其门生芜湖道袁昶,也让其在当时的重要商埠芜湖寻找,"亲往拜晤敦请",并称其"派弁带川资赴皖同行";为了说服陈秉钧,张在电报中称"高阳一身关系大局,病势确无碍,有良医数剂可愈",一陈大义,二减重责。两电皆是张之洞的亲笔。[2]于荫霖收到此电后,于当日戌刻(晚7-9时)发电,称陈秉钧已离开安庆。[3]而袁昶在芜湖报来了好消息:

> ……漾电敬悉。高阳枢相,昶受栽植有年,国工当得国工治之,朝野属望,何止昶一人之私。陈莲舫比部,福少帅延请来皖省,昨廿二晨始自皖附轮来芜,小住昶署,兼为小门生梁肃治疾。据比部述及,钧意拳拳,分当遵即束装入京,以尽微忱;奈老母八十一,家无次丁侍奉,比部亦年六十一,晨昏子职,惮于远行,不比皖省,可以一两日即回其青浦本籍。以上据比部面述云云。恳挚激切,自系实情。受业近患疟新愈,远怀高阳及公旧恩,再四切实劝驾。比部甚有难色,

---

[1] 盛道来电,光绪二十二年八月二十二日申刻发,二十三日丑刻到,抄本《张之洞电稿》,第19册,《北京来电·一》,中国社会科学院经济研究所图书馆藏。

[2]《张之洞全集》,第9册,第153-154页;张之洞亲笔原件见《张之洞电稿》光绪二十一年七至八月,所藏档号:甲182-482,整理者有误,根据内容,该电发于光绪二十二年。

[3] 于电称:"漾电敬悉。陈莲舫与荫素不相识。其此次来皖,荫十九日始得知,当即闻宪台有为高阳代请之说,荫亦窃恐高阳关系大局,刻即面恳少帅多为敦请。少帅云:先已商过数次,伊以母命不许远出,力辞,万不肯往。少帅心亦歉然。陈于此日即发轮赴芜湖,兹奉电示,立即转电袁道,求其婉恳北上,务祈事在必行,并将电电转致。闻袁道与陈交厚且重,以宪意殷恳,或当见从。先此电闻,俟袁复电如何,再禀。荫谨禀。漾。"(于藩台来电,自安庆来,光绪二十二年八月二十三日戌刻发,二十四日午刻到,抄本《张之洞电稿》,第35册,《各省来电·一》,中国社会科学院经济研究所图书馆藏)"少帅",前安徽巡抚福润,字少农。

> 本以廿六由沪还青浦，现坚留住，候钧命。受业昶禀。漾。[1]

从袁昶的电文可以看出，陈秉钧的口风已松，张之洞当即再电：

> 芜湖袁道台：急。漾电悉。陈莲舫比部母老丁单，惮于远行，自系实情。惟闻其母年高体健，陈比部赴皖留芜，往返须十余日，如进京亦不过二十余日，既可赴皖，何难进京？荷承坚留候信，想尚可作转圜，务希设法劝驾，总以能允去为度。如别有隐情，究应如何敦请，示知，无不照办。请代致陈比部，如允进京，即专函敦请，致送川资，并电盛道派轮迎迓往返，以一月或二十余日为度，决不久留。高阳公一身关系大局，陈比部果能往诊，早占勿药，上慰宸廑，名动朝野，想其贤母亦必欣喜也，不特鄙人感颂已也。切盼佳音，不胜感祷。洞。有。[2]

为了请动陈秉钧，张言之大义，化忠为孝，并允其一切条件。所有的努力终于获有成效，袁昶复电称，陈秉钧同意北上了：

> 袁道来电：昨廿六午刻奉有电，敬悉，当告陈莲舫比部秉钧。昶再三劝驾，据称，前因亲老难于远离，实无别情。奉谆谕，义不复辞，勉遵。频繁赐电督趣，惟须回家禀明堂上，料理行装，可否赏准重阳左右到沪，乞先期派弁在沪招商局候行等语。受业昶素知比部与沈刑部曾植至交，到京即可住沈处。其人傅山之流，尚无近日江南马培之、费伯融等索谢恶习，人品殊高。现已慨应钧命，廿八晚昶派两友送上趸船宿，廿九早赴沪，回青浦。请函丈速派委员，并备钧函币聘，九

---

〔1〕袁道来电，自芜湖来，光绪二十二年八月二十四日午刻发，申刻到，抄本《张之洞电稿》，第35册，《各省来电·一》，中国社会科学院经济研究所图书馆藏。"比部"，刑部官员之谓，陈秉钧曾任职刑部。

〔2〕八月二十五日亥刻发，《张之洞全集》，第9册，第154页；原件见《张之洞电稿》光绪二十一年七至八月，所藏档号：甲182-482，整理者有误，根据内容，该电发于光绪二十二年。引文与原件校过。

月初来沪，径赴青浦，送比部同行最妥。妙在有盛道派轮船送津达京，谒相国绳匠胡同邸第诊视。昶要约以封河前十日，仍由杏孙兄派轮送还为度。谨以禀，纾钧廑。伏希涵鉴。……受业职道昶禀。沁酉。[1]

张之洞收到此电后，立即安排一切：一、准备函币，并派其侄张彬及兵弁护送陈秉钧进京。二、发电盛宣怀，请其安排轮船及小轮，并电陈秉钧劝驾，报告李鸿藻。[2]三、发电袁昶请其再修书致陈秉钧，勿误期，并商议安排陈秉钧在京的住处。[3]盛宣怀奉到张之洞的电报后，立即向李鸿藻禀

---

[1] 自芜湖来，光绪二十二年八月二十八日午刻发，申刻到，抄本《张之洞电稿》，第35册，《各省来电一》，中国社会科学院经济研究所图书馆藏。次日，袁昶再发电张之洞，说明内情："已遵漾、有电，派妥友及亲信谨慎之家丁，严密伴送陈主事今早趁（乘）'江裕'下水，径回青浦。沿途密戒妥友，毋许逗留招摇，理应严密。将事专候钧派之妥员亦径到青浦，订定护送该主事入京。再，沁电禀系给陈主事商阅，故不免词费繁复，希心鉴。受业职道昶禀。艳。"袁道来电，自芜湖来，光绪二十二年八月二十九日午刻发，戌刻到。出处同上。与此同时，于荫霖亦来电："本日接袁道电，陈主政一准入都，并云已禀宪鉴矣。荫禀。艳。"于藩台来电，自安庆来，光绪二十二年八月二十九日申刻发，戌刻到。出处同上。

[2] 张之洞接连给盛宣怀发去两电："京甜水井盛道台：陈莲舫初以母老辞，两次托袁爽秋敦请，已允赴京，须先回家料理行装，廿八日自沪返青浦。重阳前后自沪动身。敝处现专人赍书币赴青浦，并派舍侄彬自沪陪送北上，约定封河前十日出京。请尊处速派轮迎送，到津后换轮赴都，并电商局照料。至祷。尊处可再致陈君一电，方为接洽。并祈先达高阳。洞。艳。"光绪二十二年八月二十九日巳刻发。"京甜水井盛道台：陈莲舫赴京，有舍侄彬同行，轮船价及到京各项费用，均由舍侄代备。但请尊处饬轮船妥为照料，到津后请派小轮送通州为祷。洞。沃。"光绪二十二年九月初二日辰刻发，两电皆见《张之洞全集》，第9册，第154—155页；张之洞亲笔原件见《张之洞电稿》光绪二十一年七月至八月、九月至十月，所藏档号：甲182—482，整理者有误，根据内容，该电发于光绪二十二年。

[3] 张之洞发电袁昶："芜湖袁道台：沁电悉。陈莲舫人品清高，素所深知，今慨允北行，诸赖鼎力，感甚谢甚。刻已专差赍书币赴青浦敦请，已令舍侄在沪相候，陪送入都。望足下再函恳陈君，务于重阳前到沪。至祷。盛道已派舍恭候矣。沈子培景况清苦，陈君到京住沈处便否？是否陈自愿？抑应另备住处？必当妥为照料。并示。洞。艳。"八月二十九日巳刻发，《张之洞全集》，第9册，第154—155页，张之洞亲笔原件见《张之洞电稿》光绪二十一年七月至八月，所藏档号：甲182—482。整理者有误，根据内容，该电发于光绪二十二年。"沈子培"，沈曾植。袁昶复电称："昨电禀江裕下水，派两友一仆率亲兵共八名，护送陈主事径回青浦，专候使币到青同行，想荷钧览。今日午刻奉钧艳电，知子密兄到沪相候，陪送入都，盛轮亦到。谨遵抄钧电，即函告陈主事，重阳左右，必可起程。陈莲舫到都，贱意以径租绳匠胡同之伏魔寺屋后进十间为最妥最便，陈主事亦以为允，望电子密办理。昶散官冗秩，自奉漾电后，以孙文正系事轴，有援上之嫌，故径送陈回青浦，而电悬使币亦赴彼，计重阳成行之约，不致参差也。昶禀。卅。午上。"（袁道来电，

第六章 戊戌前后诸政事 483

报；而李得知此事后，却下命停止。为此，盛于九月初一日（10月7日）发电张之洞：

> 钧电已抄送高阳，并电沪、津商局，派轮迎送照办，仍致电莲舫接洽……名心叩。
>
> 今午高阳函云：香帅来电，心感曷极。现在诸症渐平复，惟起跪未便。现拟初八销假。莲舫即无须北来，望速电香帅，代达谢忱云。宣午后往见，确比十八大好，复述宪意，陈已允来，可资调理，并不费力。高阳云：现服方药甚合，陈来无可更易。促令电辞。乞宪速电青浦暂止。东。禀。[1]

当时的电报线可能出了点问题，盛宣怀此两电迟至九月初四日寅刻方到达。张之洞已为陈秉钧的北上做好了一切准备，然李鸿藻称"现服方药甚合，陈来无可更易"，即不准备采用陈的药方，将使其北上只能无功而返。张之洞考虑再三后，于九月初五日（10月11日）午刻发电：

> 京甜水井盛道台：东电悉。陈莲舫系多方劝勉，始允北行，初二

光绪二十二年八月三十日戌刻发，九月初三日申刻到，抄本《张之洞电稿》，第35册，《各省来电一》，中国社会科学院经济研究所图书馆藏）"孙文正"，孙承宗，明朝大学士，高阳人，此处指李鸿藻。由于张之洞电报中未说明派张彬护送，袁昶误以为是张枢（子密）办理此事。

[1] 盛道来电，光绪二十二年九月初一日午刻发，初四日寅刻到，抄本《张之洞电稿》，第19册，《北京来电·一》，中国社会科学院经济研究所图书馆藏。又，中国社会科学院近代史研究所图书馆所藏李鸿藻之子"李焜瀛档案"中存有盛宣怀一文件："谨录陈莲舫往来电报，恭呈钧鉴：八月十八日电寄上海招商局沈嵩，专送陈莲舫：顷见高阳相国，言语清楚，似类中而非中。国事攸关，甚盼阁下来京诊治，必可速愈。闻已托陆凤石、陆春江劝驾。乞公速来，当饬敝局轮船照料。宣。啸。八月二十二日接上海招商局沈嵩转到陈莲舫复电。陈莲翁由皖来电：前张香帅为高阳电招，已以母老多病辞复，望转达此意云。八月十九日接通州张小传来电：电悉。春江电称莲舫以母老辞，展帅派人劝驾，行否未定。弟又电达高阳盼忱，催速复。八月二十二日电寄张香帅：十八谒高阳中堂，见病势无碍，亟盼良医，当即专电陈莲舫劝驾。顷接其由皖来电：前张香帅为高阳电招，已以母老多病辞复，望转达此意云。其词似因钧处往招未允，不便宣召即至，况既能至皖，何不能至京，国老病关大局，莲舫义不应辞。请钧处专弁携带川资赴皖，亲笔函促，宣再派轮相迓，谅必可行。宣禀。祃。"（《李符曾存札》，第1函第1册，所藏号码：甲63-0）此四份电报当属盛宣怀抄录呈送李鸿藻者。

日专人持书币往青浦，并遣舍侄名彬字黄楼在沪相候，计今日专人已到青浦，约初六七可偕陈到沪。如高阳初八日果销假，望飞电示知，以便止其北上，并望一面电上海商局转知黄楼舍侄，婉告陈君。此时高阳尚未销假，未便阻之，拟仍照前议送其到京。到时高阳已全愈固好，如未复元，不妨令其一诊，方药用否，候高阳裁酌。在京小住数日，再送回沪，似较妥顺。此时不必告高阳。洞。歌。[1]

张以李鸿藻初八日是否销假为准。盛宣怀对此的复电未见，然从后来的情况来看，李鸿藻初八日销假，陈秉钧也未北上。九月十七日，盛宣怀又从北京来电：

昨见高阳，谓：初八赴园，两处跪皆抚掖而起，赏假一月，诸恙已愈，惟腿似木，难跪拜，今已起服鹿茸；陈莲舫可勿请，病可医而不可医云。前钧电仍拟送陈到京，遵未告知高阳。请即电商黄楼兄，婉告莲舫，似来否皆可听之。宣禀。霰。[2]

此时护送陈秉钧北上的计划已中止，张彬已奉命北上。[3] 张之洞为此发电袁昶，以了解陈秉钧之医术所长。[4] 盛电中有李鸿藻"陈莲舫可勿请"之

[1]光绪二十三年九月初五日午刻发，《张之洞全集》，第9册，第156页，又见《张之洞电稿丙编》，第69册，所藏档号：甲182-93。
[2]盛京卿来电，光绪二十二年九月十七日亥刻发，十八日午刻到，抄本《张之洞电稿》，第19册，《北京来电·一》，中国社会科学院经济研究所图书馆藏。
[3]光绪二十二年十月初一日，张之洞发电张彬："京。张黄楼：知到京，全愈，慰甚。垫款及电费三百金、秋节五十金，百川已汇。以后如有必需用款，可向百川取。日内可往谒高阳，看可望全愈否。电告。壶。东。"（十月初一日辰刻发，《张之洞电稿》光绪二十四年九月至十月，所藏档号：甲182-455，原整理者有误，根据内容，此电当发于光绪二十二年）从当时的交通条件来看，九月十八日张之洞接到盛宣怀之电时，张彬似已北上。
[4]九月十九日，张之洞收到袁昶电报："陈比部善处方剂，常审病势之消息为进退，其奏效和缓而极稳实。病前能化解，病后能调理，此其所长也。孙文正虽已销假，然似七能设法致比部处剂调理为稳著。伏侯钧意，敢献私忱。……受业昶叩。皓。"（袁道来电，自芜湖来，光绪二十二年九月十九日午刻发，酉刻到，抄本《张之洞电稿》，第35册，《各省来电·一》，中国社会科学院经济研究所图书馆藏）此电是复电，张应有去电以了解陈秉钧之医术专长。

第六章　戊戌前后诸政事　485

语，袁昶复电又有陈秉钧"善处方剂"之评，张之洞深思熟虑后，未再请陈北上，而是于九月二十八日（11月3日）发电其侄吏部主事张检：

> 京。张玉叔。闻高阳起跪不便，自云两腿似发木，日来渐愈否？广东活络丸治此病似对证。其药票云，治老年气血虚弱，手足顽麻。前服黄耆奏效，明是气虚。我曾寄去活络丸数十丸，可见其世兄，劝试服此丸。或先服半丸，察其对否，徐徐进之。如对证，两三丸即愈。此丸京师广东丸药店多有。即复。壶。感。[1]

张检的回电未见。从光绪二十二年七月二十二日至九月二十八日，在短短的两个月中，张之洞为请江南名医陈秉钧北上，用尽了心力，且全用其本家亲侄——张枢、张彬、张检。尽管陈秉钧最后未能成行，然在"张之洞档案"中，我还没有看见张对何人能有如此心力之灌注。张之洞与李鸿藻的关系，由此可见一斑。

光绪二十三年四月初九日（1897年5月10日），张之洞发电张彬："京。楼。庚电悉。高阳病日见全愈，欣慰之至。……"[2]他对李鸿藻的病情好转而感到高兴。四月十七日（5月18日），张之洞再发电张彬：

> 京。楼。急。现与比国银行议借卢汉铁路之款，四百万镑，四厘息，九扣，绝不干预路事，较之他国来议者，便宜甚多，好在绝无流弊，亦不必写国家担保，已会同王夔帅、盛杏孙详晰电奏，并将草合同稿电呈总署。多日未奉复旨，实深焦急。现闻英、德皆向总署争揽此路借款，俄国亦欲揽办，闻之悚惧万分。查各大国揽办此路，居心

---

[1] 九月二十八日寅刻发，《张文襄公电稿墨迹》，第2函第11册，所藏档号：甲182-219，原件无年份，根据内容当发于光绪二十二年。"世兄"，对其公子的尊称，指李煜瀛。该原件原署日期"敬"、"沁"，皆被删。"敬"是二十四日的代日，"沁"与"感"是二十七日的代日，可见张之洞此电是放了一段时间后才发，极为谨慎。

[2] 四月初九日亥刻发，《张之洞电稿》光绪二十五年三月至四月，所藏档号：甲182-456，整理者有误，根据内容，该电发于光绪二十三年。

皆不可问。曾见其条款，皆必欲干预路权，洞所深知。因俄占东三省路权，法占广西路权，故别国效尤垂涎，藉此以为瓜分中国之计，险恶非常。惟比系小国，并无兵船，其国素以工作致富，工匠有名，铁厂极大。此借款专为多售比国物料，多用比国工人，别无他意。合同细加推敲，杜绝流弊。此路盛本意借英、德款，因约内有一条云"必须兼办由鄂至粤一路"。查香港系英界，此路若与英界接，其患不小。故洞力持不可，盛亦悟。英又来揽，亦欲干预路权，且利息太重，亦力拒之。现拟借比款，乃洞意坚持，幸盛、王皆以为然，乃总署游移不决，恐系英、德、俄、美诸大国争揽，巧词炫惑，又不敢明拒。此事关系国家安危，闻常熟以借比款为然，而一人不能独争。众议不定，恐日久必生枝节，为大国揽去，则中国不可救矣。奉恳可否函致诸当道，力陈借款必须小国，劝令从速定议。若各国争揽，总署可以此事归公司商定为词，即可推出。并电饬公司早为画押，国事幸甚。钧体违和，本不敢奉渎，事关天下安危，伏望鉴谅。洞。谏。

此电速转呈高阳公。

再，京城代各大国说话谋揽借款甚多，有专为此事入京者，举国若狂，皆重贿也。此贿必数十万金，故不顾国家存亡矣。并望密禀高阳公。勿泄。切切。壶。谏。[1]

此时是张之洞、王文韶、盛宣怀准备借比利时商款修建芦汉铁路的关键时刻，张之洞恐其会衔奏折遭驳，故发电转交；"奉恳可否函致诸当道"一语，即请李鸿藻致信当时权势最大诸要员，而"劝令从速定议"。[2] 这是张之洞通过李鸿藻以助其政务开展的重要证据之一。

---

[1] 光绪二十三年四月十七日丑刻发，《张文襄公电稿墨迹》，第2函第11册，所藏档号：甲182-219。
[2] 翁同龢于光绪二十三年四月二十四日日记称："见起二刻，是日卢汉铁路借款连衔奏到，邸意尚徘徊，余力赞批依议，以免各国窥伺。"（《翁同龢日记》，第6册，第2999页）又，张之洞等人该折，光绪帝朱批"依议"。《张之洞全集》，第3册，第424-425页。

光绪二十三年六月二十六日（1897年7月25日），李鸿藻于家中病逝。当日张彬立即发电相告。次日，张之洞亲写电报发给张彬：

> 京。楼。闻高阳公忽以变证薨逝，曷胜骇悼。时事艰危，失此贤辅，中外闻之，同声痛惜。大局所关，非寻常变故也。速往晤其世兄，先为致唁。挽联、挽幛即寄。恩礼想必优渥。如有特旨赐谥，速电知。壶。感。[1]

也就在一个多月前，前军机大臣张之万去世，相比之下，张之洞视李鸿藻远重于其族兄张之万。[2]

---

[1] 光绪二十三年六月二十七日酉刻发，《张文襄公电稿墨迹》，第2函第11册，所藏档号：甲182-219。张彬回电称："高阳恤典，赠太子太傅，特谥文正，两子均赏郎中，孙赏举人。余同北池。楼。江。"（北京，光绪二十三年七月初三日亥刻发，初五日午刻到，《张之洞存来往电稿原件》，第15函，所藏档号：甲182-386）"北池"，指张之万，其家住在京师北池子。

[2] 张之洞于光绪二十三年五月二十日发电张彬："京。楼。顷读电传十六日邸抄，惊悉汝北池五伯父薨逝。曷胜震悼。前未闻病，何以忽致不起。望先向兰圃伋代我意致唁，并即送祭席一筵、纸扎币帛数卓，如念经、酌送经一坛。速办。即复。"（五月二十日午刻发，《张之洞电稿》，光绪二十五年五月至七月，所藏档号：甲182-456。整理者有误，根据内容，该电当发于光绪二十三年）后又发数电。"京。楼：三四侄同览。北池处丧事，汝等须常往照料，代我备宁绸祭幛一悬，文曰：'宗衮哀荣'。宗系宗族之宗，衮系衮冕之衮，语出《文选》谢元晖诗。勿误。挽联容撰就续寄。抡奎大太爷处，代为送幛一悬，文酌拟，奠分已寄。壶。微。"（六月初五日辰刻发，《张之洞电稿》光绪三十年六月至七月，所藏档号：甲182-470。原整理者有误，根据内容，当发于光绪二十三年）"京。楼。北池奠分三百金，速向百川取送。谥法系何字？壶。箇。"（六月二十一日酉刻发，《张之洞电稿》，光绪二十五年五月至七月，所藏档号：甲182-456。整理者有误，根据内容，该电当发于光绪二十三年）由此可见，张之洞是通过邸报方得知张之万去世之消息，张彬等人都没有通报，且前后时间长达一月。对于张之洞最后一电，张彬复电称："五伯谥文达，奠分已送。高阳患痢，日数十次。服治痢药，食辄禁。近数日服常熟荐医药。今日丑刻逝。并禀闻。楼。径。"（北京，光绪二十三年六月二十六日申刻发，酉刻到，《张之洞存来往电稿原件》，第15函，所藏档号：甲182-386）也正是这份电报，最快报告了李鸿藻去世的消息。张彬之所为，正说明张之洞之所注。九月二十九日，张彬再发电："兰浦兄属代求叔父速撰五伯墓志，何时能寄到，乞复。楼。沁。"（北京，光绪二十三年九月二十九日亥刻发，三十日已刻到。出处同上）从五月至九月，张之洞为张之万所撰墓志尚未完成。

六、光绪二十四年清朝决策岳州自开通商口岸

"自开通商口岸"是戊戌变法期间清政府的重要改革举措之一。光绪二十二年（1896），军机章京陈炽在《续富国策》中最初提出"大兴商埠说"；光绪二十四年正月、二月，御史张仲炘、工部主事康有为提议"海疆各地遍开商埠"、"遍地通商"，以抵御列强之强索。[1] 詹事府左春坊左中允黄思永、湖南巡抚陈宝箴和总理衙门的多次奏折，使之成为朝廷的正式决策。[2] 湖南岳州（今岳阳）恰是清朝第一个自开通商口岸，然从其开埠之经过，又可以清晰地看出该项改革举措出台的真实原因以及陈宝箴、张之洞和总理衙门的暗中操作。[3]

英国提出开湘潭为通商口岸　　光绪二十三年十月，德国以曹州教案为借口，派兵强占胶州湾（今青岛）；十一月，俄国以抵制德国为幌子，派兵进驻大连、旅顺；英国、法国也加快了对中国的侵略步骤。清朝所面对的国际形势陡然严峻起来。为了偿还甲午战败对日本的巨额赔款，清朝此时须在国际资本市场上大举债务，英、德、法、俄等国展开了竞争。

---

[1] 参见赵树贵等编：《陈炽集》，中华书局，1997年，第245页；《德国占领胶州湾史料选编1897-1898》，第327-329页；台北中研院近代史研究所编印：《胶澳专档》，1991年，第253-255页；孔祥吉编著：《康有为变法奏章辑考》，第174-176页。

[2] 光绪二十四年三月二十九日，黄思永奏称："凡在中国可为通商口岸地方，不俟请立租界，先行照会各国，一律准其通商，有利均沾，有患共御。照上海租界办法，与各国明定条约，勿任一国专擅于其间。"（《戊戌变法档案史料》，第432页）当日光绪帝发下交片谕旨，令总理衙门"议奏"。（军机处《洋务档》，光绪二十四年三月二十九日）总理衙门于四月十八日复奏，同意黄思永的办法，光绪帝朱批："依议。"（军机处《随手档》，光绪二十四年四月十八日）陈宝箴的奏折及总理衙门的议复，后将详述。

[3] 关于岳州开埠的相关研究较多，其中值得注意的有：杨天宏：《口岸开放与社会变革——近代中国自开商埠研究》，中华书局，2002年；翟晓美：《岳州商埠的建置及其成效探析（1899-1911）》（湖南师范大学硕士论文，2009年）；陈珠培：《清末湖南岳、长开埠始末》，《云梦学刊》，1993年第1期；曾桂林：《岳长开埠与近代湖南社会经济的发展》，《湖湘论坛》，2003年第3期。然对于岳州开埠之起因，尚无细致的叙述，本节即为之补充。

十二月二十三日（1898年1月15日），英国公使窦纳乐（Claude Maxwell MacDonald）向总理衙门提出贷款条件，其中包括辟大连湾、南宁、湘潭为通商口岸。二十七日，总理衙门发电湖南巡抚陈宝箴，征询其意见：

> 发湘抚电：英拟借一万万两，无折扣，周息四厘，还本在内，五十年期。拟开湘潭口岸。本署虑湘中人情作难。英使谓：湖南风气大开，断无龃龉，事在必行。究应如何开办？希速电复。沁、戌。[1]

湖南是一个思想相对保守的省份，此时若在湘潭开设通商口岸，将生波澜；又时值年关，省城与湘潭官绅相互走动，更会促发人心浮动。十二月二十九日（1月21日），陈宝箴复电总理衙门：

> 奉沁电敬悉。英借银一万万两，于我大局有益，至拟开湘潭口岸，钧署总权利害，既以英信谓事在必行，箴等身任地方，无论如何为难，决不敢坐昧机宜，漫为敷衍塞责。惟湘人负气好勇，风气实未大开，见有外人游历，动辄滋事，中外人所共知，若谓绝无龃龉，殊无把握。且湘潭腹地，开办尤万分为难。容与绅士熟筹妥商，再行电复。事属创始，时日不能过促。又湖南地形逼窄，户口稠密，无论何处，即令作为通商场面，亦断无余地可以划作租界。均务请告知英使，不胜恳祷。宝箴叩。勘戌。[2]

陈宝箴的电报虽没有同意开设口岸，但口气已有松动，且强调了不划租界。这也是他为政方针与施政性格的体现——尽力执行上级的指令，同时注重本地的民情与利益。[3]与此同时，陈宝箴发电张之洞，报告了情况，并称

---

[1] 综合类-发电档-光绪-023，档号：2-03-12-023-0614，中国第一历史档案馆藏。

[2] 光绪二十四年正月初一日收到，综合类-未递电信档-光绪-024，档号：2-07-12-024-0002，中国第一历史档案馆藏。当年没有年三十，二十九日为年关。

[3] 此时在长沙的皮锡瑞，在光绪二十四年正月初一日的日记中称："昨电报到，云英国借中国二万万镑，以五十年归还为期。湖南湘潭添设码头，总理衙门已议准矣。右帅请绅士初三日聚议，朝议如此，绅士何能挽回？特恐乱民假以为名，煽动人心耳。"初二日记："晚赴公度廉访饮席，在座

将于光绪二十四年正月初三日与绅士进行会议，讨论此事。[1]张之洞当即复电，反对举借英款。[2]

陈宝箴以岳州易湘潭　光绪二十四年正月初一日（1月22日），陈宝箴再发电张之洞：

>……鄙意莫如不借英款，而许以南宁、岳州两埠通商，为联好计。缘官绅历以湘潭万分棘手，或以岳州易之，虽亦极难，当稍便设法。……以上所陈，如宪意谓然，请即联衔电奏，并乞速复。[3]

以岳州易湘潭，很可能是陈宝箴与湖南绅士商讨后做出的妥协。他们考虑到岳州位于长江边，临近湖北，有与外省做生意的传统，民风较为温和，且保守势力较小，较易对民众进行开导。"联好"指清朝与英国之间的合作，陈宝箴主张"联英"以拒当时进逼极迫的德国与俄国。张之洞再次复电，告知英借款条件不仅是新开口岸，尚有诸多不可接受之条款，对于以岳州易湘潭一事，张电称："鄙意先阻借款，再议口岸，请尊处先行酌办酌复"，即不同意联衔电奏。[4]陈宝箴由此发电总理衙门，询问英借款的相关条件，同时向张之洞报告。[5]

王壬老、江叔海、袁叔瑜、张伯纯、易实甫、梁卓如，纵谈时事及码头事。王老云：'许开码头，不允保护。'所见亦是。"（《师伏堂未刊日记》，《湖南历史资料》1958年第4期，第83—84页）"右帅"，陈宝箴，字右铭。"公度"，黄遵宪。"王壬老"，王闿运，字壬秋。"许开码头，不允保护"，即许设口岸，不划租界之意。而黄遵宪于此时设席，当有说服绅士之用意。

〔1〕《陈宝箴集》，下册，第1543页。
〔2〕光绪二十三年十二月二十九日亥刻发，《张之洞全集》，第9册，第282页，原件见《张之洞存来往电稿原件》，第14函，所藏档号：甲182-385。
〔3〕《陈宝箴集》，下册，第1548页。
〔4〕《张之洞全集》，第9册，第283页。
〔5〕陈宝箴于正月初二日发电总理衙门称："……昨奏沁电，拟借英债而许以口岸，不联之联，洵为至善。惟不知所许是否仅湘埠一事？路透报称，英借中债，所允有由金沙江造铁路至汉口一条，果尔，是长江悉为英有。德必由胶造山东铁路，俄据大连不退，法亦必有事琼州，更由龙州开路内地，则与分裂无异矣。窃意如有此条，英债万无可借之理。然此时枢纽在英，亦必有以处之，冀可资其排解。不审借债所必允者，果尚有何事，伏乞明以见告，俾得具悉本末，权量事势轻重所

总理衙门收到陈宝箴十二月二十九日电报后，于光绪二十四年正月初三日（1898年1月24日）发电：

> 发湘抚电：勘戌电悉，具佩公忠，此事本不易办，全赖荩筹。不能划作租界，英使亦允，但通商则难却。望将与绅士熟商情形电复。江、酉。[1]

此时清朝的外交极为软弱，不敢与英国对抗。从电文可见，英国公使虽同意不划租界，但坚持开埠；而总理衙门受此压力，也希望湖南能开口。正月初六日（1月27日），陈宝箴经过深思熟虑后，同时发两电致总理衙门。其一是正式电报，内容是公开的，强调湖南开埠之民情不协，要求过两三年之后再议此事。[2]其二是秘密电报，说明其暗中的设计：

系，以便开导湘人，共知仰体。不胜跂望。宝箴叩。冬。"（光绪二十四年正月初四日子时收到，综合类－未递电信档－光绪－024，档号：2-07-12-024-0013；又见总理衙门清档《收发电》，01-38-014-01-012）总理衙门初五日复电称："发湖南巡抚电：冬电悉。英借款并无由金砂（沙）江造铁路至汉口明文，但援滇缅约，欲由缅路接造入滇后，再由两国商定。所索通商口岸，大连湾碍于俄议，即与撤开，南宁有约可援，无可支展。湘潭一口，已具沁、江两电，统望裁复。现俄又欲强借，正烦酬对，电报机宜，尚祈慎密。歌。"（综合类－发电档－光绪－024，档号：2-03-12-024-0006）陈宝箴发张之洞电，见《陈宝箴集》，下册，第1550-1551页。

[1] 综合类－发电档－光绪－024，档号：2-03-12-024-0004。又，光绪二十四年正月初五日，陈宝箴复信给湖南盐法道黄遵宪："昨晚得总署电，不划作租界一节，英使竟即允行，颇出意外，非灼见不及此。惟昨电询借款事，除湘埠外，尚有何事？须得复，再为商复也。"（《陈宝箴集》，下册，第1748页）"非灼见不及此"一语，说明不划租界是黄遵宪提议的；"再为商复"一语，说明陈宝箴将继续与黄商议对策。由此可知，黄是陈主要的对外政策顾问。

[2] 该电称："前奉通商沁电，即与司道约绅会议。日间城绅毕集，告以国家安危大计，此时全赖英人排解，湘人素忠义，务当仰体，并以通商可不划租界，不夺民利益，但当安静，实为两利等语，剀切譬晓。诸绅佥称，此事利害，与时局关系，我等颇知仰体，且各省多许通商，湖南岂敢独违。第有必应上陈者，湘人好勇尚气，久成风俗，自士农工商至妇孺皆然。又生长僻区，心目狭隘，少见多怪，遇有洋人游历，稍一流连，无不滋事，近数月间亦已屡见。教堂经地方官极力保护，犹刻刻可虑。又素有土客之见，常与客民互斗戕杀。今外人通商，本数千年仅见之事，又非省之客民比，近年搢绅虽渐知公法，亦间有讲求西学之人，然不过千百之什一。比来官绅倡设学会，讲明公理，冀先以中外大义晓示士子，以次周知，而积习既久，岂能遽尔改观。此时若即通商，窃恐乱出意外，防不胜防。且伏莽尚多，惟恐无所藉口，设有不虞，愈无以对外人，且恐牵动教堂全局。彼时即多办数人，适激众怒，民本无知，若更因之多杀，情殊可悯。英为礼教之国，亦

顷陈湘绅所议通商为难情形，人所共悉，而湘潭尤甚。道光初，因江西巡抚演戏启衅，潭民与客商互斗，经年戕杀无算。缘该处市肆最多，户口最密，船户泊船处码头约数十处，水手人等常不下二三万人，类多强悍，哥会各匪杂处其中。又由鄂入湘，必经岳州、临湘、巴陵、湘阴、长沙、善化数县，始达湘潭，水涸时，即小轮船仅可至湘阴，以下往来，尤多不便，以言保护，实毫无把握。设有疏虞，深恐牵动全局。胶州之事，可为前车。如必不得已，不如以岳州许其通商，以易湘潭，仍不划租界。彼处滨临大江，兵轮等船往来便易，为湘鄂一大都会。粤汉铁路既通，广东、香港百货皆必由此出口，实湘省第一大埠。又居民较少，且毗连湖北，洋人为所习见，可期彼此相安，较湘潭危险万状，相去远甚。可否由钧署商之英使，以此易彼，两有所便。倘承商允，乞先示复。当恳钧署密请明降谕旨，径饬遵办，以息浮言。一切开办事务，宜请英国派一和平明白之员，与地方官绅随时随事熟筹妥商，勿过执他口通商成规，强令照办，庶可永久无事。事关全局远计，谨以密陈，乞裁示。箴再叩。语二。[1]

必不愿。此皆实在情形，中外所知。绅等愚虑，目前且宜力行学会，推之各属，使通省士子咸知邻国交际之义，又知通商惠工师其所长、货财相易有益无损之道，以遍及农工商贾，务使妇孺皆知。又，现在公司将造粤汉铁路，经由湘地，必有西人办理工作。铁路既成，日与洋人相习，而学会又有成效，至时议开湖南商埠，自无龃龉。此为万稳之策，可不求益反损，所争迟速，大约不过二三年耳。如国家以为必不可缓，即欲议行，绅等自应钦遵朝命，不敢稍有违言，第熟计利害，确是如此，不得不预为陈明等语。箴等详核所言，均系实情。好胜尚气，少见多怪，即为滋事之由，何况伏莽？且湘人惟以农为业，两年来，箴等始劝设电线、矿务、火柴、电灯、制造各公司，并设学堂、学会报，使知取人所长补己之短，以药其自是之见。然为时未久，仅省绅稍有创兴，其他商务，人情可以想见。诸绅拟俟学会通行，铁路既办，再议通商，虽时日稍远，实为保全彼此起见，确非推诿。可否转商英使，伏候钧裁，并示悉。宝箴叩。语一。"（光绪二十四年正月初七日收到，综合类－未递电信档－光绪－024，档号：2-07-12-024-0020；又见总理衙门清档《收发电》，01-38-014-01-027）皮锡瑞在正月初七日日记中记："……云前会议后，电复以通商不开码头，且请缓一二年，湖南稍开风气，设巡捕、立洋房，即来奉邀……"（《师伏堂未刊日记》，《湖南历史资料》1958年第4期，第85页）此即为陈正式电报中对外公开的内容。

[1] 光绪二十四年正月初七日收到，综合类－未递电信档－光绪－024，档号：2-07-12-024-0021；又见总理衙门清档《收发电》，01-38-014-01-029。关于拟建中的粤汉铁路，参见本书第五章第二节。

湘潭是当时湖南最大的商业城市，人口稠密，陈宝箴考虑到该处民风剽悍，对外态度激烈，很可能激发事端；而岳州人口较少，熟悉外情，易于控制，由此向总理衙门正式提出了以岳州易湘潭之议。然陈宝箴要求英国"派一和平明白之员"，与地方官商办开埠事宜，与"自开通商口岸"完全独立自主制定政策的理念，尚有区别。

尽管总理衙门已决定不借英款，英国公使窦纳乐仍以清朝"失信"而要求补偿，正月十五日（2月5日），总理衙门同意英方的要求开放湖南，并在谈判中提及"湘潭可换岳州"。[1]正月十六日，张之洞发电陈宝箴：

> 英数日内必别有文章，湘省口岸恐终必开，莫如先以岳州搪抵。拟会衔电署，专论此事，若不先陈明，恐总署先行允许，后告外省，则无及矣。祈示复。[2]

张之洞肯定听到了相关的消息，主动提出会衔上奏。"恐总署先行允许，后告外省"一句，又说明他并不知道由总理衙门请旨命开，即"当恳钧署密请明降谕旨，径饬遵办"是陈宝箴的政策设计。陈对此未复电，而是向总理衙门询问情况。[3]正月十九日，张发电再问此事，陈遂电告其初六日给总理衙门密电之大体内容。[4]二月初二日（2月22日），总理衙门发电陈

---

[1] 翁同龢光绪二十四年正月十五日日记："未正英窦使来，言得外部电，责我何以借款旋散，仍索利益。曰长江不许别国占，曰轮船任行内河，曰南宁开口，曰湘潭开口。余等驳辩数四，卒不能回，乃允可行，须端节前定议。伊得允，乃要以发电告本国，惟南宁口气略松，湘潭可换岳州耳。不借而失利权，孰为之耶，噫。"（《翁同龢日记》，第6册，第3090页）翁同龢在谈判中提出以岳州替换湘潭，自是根据陈宝箴的电报。

[2]《张之洞全集》，第9册，第291页。

[3] 陈宝箴正月十七日发电称："奉真电，英、俄款均不借。湘埠度可罢议，乞示复为盼。容闳以洋股由镇江造路至京，与德路接，方孝杰、刘鹗又以洋股包办山西铁路，外间颇多疑惧，甚且妄肆揣测，不敢不以密陈。想钧署必有权衡也。宝箴叩。篠。"光绪二十四年正月十八日收到，综合类－未递电信档－光绪－024，档号：2-07-12-024-0066；又见总理衙门清档《收发电》，01-38-014-01-088。

[4] 张之洞电称："尊意是否愿以岳州易湘潭？速示，以便会电署。"陈宝箴复电称："惟以岳易潭较易办之说，署已具知，拟稍俟复电再请钧示，仍乞密之。"《张之洞全集》，第9册，第292页；《陈宝箴集》，下册，第1559页；张之洞亲笔原件见《张文襄公墨迹》，第2函第9册，所藏档号：甲

宝箴：

> 发湖南巡抚电：英廷借款已作罢，惟通商互市，系中外商利，岳州既可开埠，事在必行，自无庸拘定二年开办。希预筹布置。电复。冬。[1]

这是总理衙门下达的岳州开埠的电令，尽管还没有确定开埠的具体时间。陈宝箴收到此电后，于二月初四日发电总理衙门：

> 冬电谨悉。湖南人情本均难通商，因虑时局关系重大，必不可已，则岳州近鄂，较湘潭稍便措手，故前上语电密陈以岳易潭之议。惟此议若云出自湘省官绅，岳州士民必袒湘薄岳为疑，转觉费手，既仍事在必行，应恳钧署径自以英人请往岳州通商为言，请旨允准，饬下照办，不复提及前议。钧署亦先照此电示，俾早宣布，庶箴等不至下拂舆情，得以布置，是所切祷。至不能划作租界各节，仍请查照前两语电，预商英使。定议后当于何时开办？乞先电示。宝箴。支。[2]

陈宝箴要求总理衙门出奏，说明岳州开埠是应英人所请，以避免"袒湘薄岳"之嫌，防止岳州士绅的反弹；他还重申了两项条件："请旨允准，饬下照办"、"不能划作租界"。总理衙门对此相当为难——当时英、俄两国竞相向总理衙门施加压力，若公开宣称开放岳州为通商口岸是应英国的要求，俄国必另提要求——为此于二月初六日复电陈宝箴，称"只应作为本署筹拓商务之意"，即是自行开设口岸；陈于二月初七日复电，再次强调"请旨饬行"，即以皇帝的圣旨来说服"素称忠义"的湖南保守绅民。[3]

192—219。

[1] 综合类－发电档－光绪－024，档号：2-03-12-024-0088。

[2] 光绪二十四年二月初五日收到，综合类－未递电信档－光绪－024，档号：2-07-12-024-0143；又见总理衙门清档《收发电》，01-38-014-02-023。

[3] 总理衙门于二月初六日发电："发湖南巡抚电：支电悉。以岳易潭，若云英请，适滋俄忌，只应作为本署筹拓商务之意，庶几两全，但如何预为布置，实烦荩画。不划租界一层，尽可坚持。鱼。"

总理衙门奏准 根据陈宝箴的以上要求，光绪二十四年三月初三日（1898年3月24日），总理衙门上奏，请将湖南岳州、福建三都澳自开为通商口岸，光绪帝当日朱批"依议"。[1]此为清朝自开通商口岸之始，其中可见陈宝箴、总理衙门曲折之用心。此后，张之洞与陈宝箴为岳州开埠设立管理官员及机构——海关道等事务而协商。[2]四月二十六日（6月14

（综合类－发电档－光绪-024，档号：2-03-12-024-0102）陈宝箴初七日复电："鱼电谨悉。设埠岳州，作为钧署发端，甚妥。但不出自湘省官绅之意，则岳人自无词耳。惟须请旨饬行，先由钧署谕绅，预为筹画，至时再陈一切。宝箴叩。阳。"光绪二十四年二月初八日收到，综合类－未递电信档－光绪-024，档号：2-07-12-024-0157；又见总理衙门清档《收发电》，01-38-014-02-035。

〔1〕军机处《随手档》，光绪二十四年三月初三日；王彦威、王亮编：《清季外交史料》，刊本，1934年，卷一三〇，第14-15页。三都澳位于福建北部的宁德，是一天然良港，德国在决定占领胶州湾前，一度打算占领此处。此后，意大利、美国也有占据此地的打算。清朝主动开放此港，也有抵制列强之用意。

〔2〕光绪二十四年三月二十三日，张之洞发电陈宝箴："……查岳州通商，事属创始，所有晓谕绅民，查勘码头，建置关署各事，亟应分别妥筹，并奏委大员监督。惟新开口岸，似不便派委候补道、府充当。而岳常澧道向驻常州，能否兼顾，抑应如何办理之处，均候卓裁。……再，以后岳州关事，似应请尊处主政为妥，并祈酌示。"（《张之洞全集》，第9册，第305页）陈宝箴复电称："……总署咨商岳州设埠事，已札行该府县，告谕绅民。查勘口岸及建置关署地段，详悉议复。巴陵令周至德干练老成，熟悉地方情形。李臬司过岳时，以通商事询之，据称：舆情尚不甚为难，惟桀徒须有法弹压。至湘中不划租界之说，总署曾云英使已允。其一切办法，似须彼国公使派人至鄂面订。至时，黄道计已卸算篆，当委来鄂禀商宪台，与之妥议。关道似可以岳常澧道往来兼顾。洋关奏咨各事，通例由钧署主政，如涉地方联衔之件，或有应由湘抚主稿者，随时酌办，似亦可行。昨与两司所商，大致如此。伏候钧裁。"陈抚台来电，光绪二十四年三月二十六日酉刻发，亥刻到，抄本《张之洞电稿》，第36册，《各省来电三（湖广）》，中国社会科学院经济研究所图书馆藏。闰三月十四日，张之洞又发电："准总署咨：据总税务司申称，岳州地方为湘、鄂交界第一要埠，似宜专派关道驻扎，经理一切。……查总税务司所拟办法，尚为周妥，咨行查照办理……查前接尊处三月宥电，云关道似可以岳常澧道往来兼顾，今总署既议准专派关道驻扎，似可将岳常澧道移驻岳州，兼理关务，以免专设关道。或应另设关道，祈酌复。"《张之洞全集》，第9册，第312-313页。陈宝箴次日复电称："又奉愿电，总署拟专设关道等因，似应如钧示，以岳常澧道移住岳州为宜，既有地方事权，府县较易为用，且可节省经费，实为两得。仍乞裁示，俟咨文到湘，即遵照咨复。"陈抚台来电，光绪二十四年闰三月十五日午刻发，亥刻到，抄本《张之洞电稿》，第36册，《各省来电三（湖广）》，中国社会科学院经济研究所图书馆藏。"关道"，又称海关道，是兼任海关监督的地方道员，同时处理当地的对外事务。当时各主要通商口岸（除天津外），皆由当地道员兼任此职。"黄道"，黄遵宪。

日），陈宝箴上奏其改革方案，言及自开口岸，谓：

> 欧洲诸国通例，凡通商口岸，各国均不侵占，前兵部侍郎郭嵩焘使英时，英外部告以中国旅顺口为海滨形胜重地，亟须经营，勿为他人据此要害。如力有不及，则令各国设埠通商，可免侵占之患。由今日观之，是通商之益，转更足自固藩篱。近日两江总督臣刘坤一拟请以吴淞口为商埠，盖亦以此。宜请特降谕旨饬下总理各国事务衙门，与各省将军督抚等会议，各省可以设埠地方，无论何国，悉准通商。惟须查照外国商埠通例，详定节目，尤不准划作租界，以保事权，而杜嫌衅。

此折强调了各省皆自开口岸，可说明湖南非为特例，亦可减少本省内部的反对压力。陈同时另有一片：

> ……即如湖南，地居偏僻，虽省城为总汇之地，湘潭、常德等处为商贾聚集之区，而一见洋人，群相怪诧，聚观常数千人，风气未开，易惑难晓。故上年总理各国事务衙门，以湘潭通商电询，臣以为宜稍从缓议，而岳州界连湖北，与汉口商埠相近，自闻通商之信，商民亦多知有益地方。若奉旨通饬各省一体举行，又于开办之处，届时特降谕旨宣示，咸使周知，则人皆晓然于朝廷慈惠公溥、为民兴利之至意，自当蒸然向风矣。惟自我准令各国通商，当不令一国专利，不许划作租界，其在我一切自主之权，皆不容有所侵损，由我委员及税务司为之督率稽核……[1]

此片又强调了"特降谕旨"、"不许划作租界"。五月二十四日（7月12日），光绪帝收到陈宝箴的该折该片，当日朱批："著总理各国事务衙门妥速筹议具奏，单并发"。[2] 六月二十三日（8月10日），总理衙门遵旨议复，表示

---

[1]《戊戌变法档案史料》，第26、385页。
[2] 军机处《随手档》，光绪二十四年五月二十四日。

同意：

> 至广开口岸，臣等亦早筹及，是以本年三月间，迭经奏请，将湖南之岳州府、福建之三都澳、直隶之秦王岛，开作口岸，奉旨允准，业经咨行各该省遵照。并于议复中允黄思永条陈折内声明，各该省如有形势扼要、商贾辐辏之区，不妨广设口岸，以均利益，而免觊觎。请饬各省将军督抚，察看地方情形，咨会臣衙门核办。[1]

光绪帝据此当日发出上谕：

> 欧洲通例，凡通商口岸，各国均不侵占。现当海禁洞开，强邻环伺，欲图商务流通，隐杜觊觎，惟有广开口岸之一法。……著沿江沿海沿边各将军督抚，迅就各省地方，悉心筹度，如有形势扼要、商贾辐辏之区，可以推广口岸、展拓商埠者，即行咨商总理各国事务衙门酌核办理。惟须详定节目，不准划作租界，以均利益而保事权。该将军督抚等筹定办法，即著迅速具奏。[2]

由此可见清朝"自开通商口岸"之最终决策过程——其中最为重要的决定性因素之一，竟然是湖南保守绅士的反对。历史哲学的思考，由此再次证明其奇妙与必要。

沙市事件谈判与岳州开埠时间 光绪二十四年闰三月十九日（1898年5月9日），湖北沙市事件发生。奉旨进京的张之洞，到达上海后又遵旨返回，处理该事件。[3] 由于此事件稍稍涉及英国，英国驻汉口领事霍必澜（Pelham Laird Warren）在沙市事件的结案谈判中，提出了湖南开埠事。四月二十七日（6月15日），张之洞发电陈宝箴：

---

［1］《戊戌变法档案史料》，第31—32页。
［2］军机处《洋务档》，光绪二十四年六月二十三日。
［3］相关的背景，可参见本书导论第四节。

英领事因沙案照请开办湖南通商口岸,敝处复以岳州原系奉准开埠,尚须体察情形,另行详商办理,已咨达。嗣又据照称:不仅开办湖南一带,岳州立即办,毋庸延缓。昨日又照称,湖南每有滋闹教会,谋害西人,惟有长沙最甚,而各府州县以长沙省会地方尚且如此,以致均皆效尤。近来在长沙匿名揭帖遍粘满壁,而岳州一口甚属偏僻,即令开办,亦不足以开湖南一省风气。现在时势必须首开长沙,次办常德、湘潭口岸,庶几湖南人民足以醒悟,不至再有滋闹情事……

张之洞由此提出两策:"似宜先行联衔电奏,由总署与商缓",即由总理衙门与英国公使进行交涉;"一面密晓谕湘省绅民,从长计议,万一彼必不肯缓,何以待之",即要做好被迫开口的准备。[1]陈宝箴自然不能同意英方的要求,于四月二十九日(6月17日)复电:

> 昨奉感电,因招致法员何利雅等四名,自广西往鄂,日间即抵湘省,拟俟出境后,再将钧电传示诸绅。长沙通商甚难,大非岳比,惟总署尚无文电,或尚系领事藉此要挟。沙市赔款,拟请先由宪台电询总署,是否彼国公使坚有此意,一面与领事磋磨。赔款暂缓会奏,何如?沙市洋房究系延烧所致,非与洋人构衅之案可比,不审总署能消弭否。此事全赖宪台主持,不胜跂祷。宝箴叩。艳。[2]

此时因4位法国人在湖南过境引起小的骚乱,若再传英逼长沙等处开埠,将会激起动荡,故陈宝箴打算等法国人离开后,再与绅士商量开埠事;陈电还说明沙市事件与一般教案不同,提醒张之洞,长沙开埠很可能是英国领事霍必澜的谈判策略,非为英国政府的正式要求。由于陈表示"暂缓会奏",张于五月初四日发电总理衙门,报告了英国领事要求另开长沙、常

---

[1]《张之洞全集》,第9册,第322—323页。
[2]光绪二十四年四月二十九日戌刻发,亥刻到,《张之洞存各处来电》,戊戌第1册,所藏档号:甲182-136。陈电文中的"沙市赔款",指关于沙市事件的结案谈判。

德、湘潭三处口岸,询问英国公使是否有"议及"长沙通商一事,并请总理衙门与之商议"推缓"。总理衙门复电称,英国公使并无长沙通商之议,但"催办"岳州开埠。[1]在此期间,陈宝箴亦发电张,询问详情。[2]五月二十五日(7月13日),张之洞发电陈宝箴:

> 英使电令领事以沙案催开岳州口岸,词甚坚鸷。与以缓商,领事云究竟几时可以开办?必有准期,若不早开口岸,即照总署新章,径令洋轮驶往。看此情形,似非空言推展所能结案,亦断不能待至两年。台端体察情形,究竟拟在何时?望酌示。至长沙、衡州、常德三处,与之力辩,大约可不提矣。沙案日本已议妥,专待英国议定,即奏。有。[3]

英国公使及驻汉口领事以沙市事件为由,催开岳州口岸。而陈宝箴却看出了其中的问题:岳州系自开口岸,其开埠时间应由总理衙门来决定,于是回电称:

> 有电敬悉。岳州通商,春间电复总署,只云时日不能过促,无两

---

[1] 张之洞电称:"……但湘人亦甚悍,岳州、长沙两处贸然开埠,必滋事端。明系有意藉端挑衅,设有波澜,彼之要求不可阻矣。查沙市洋房究系延烧,非与洋人构衅之案可比。沙案赔款,叠催开失物单,该领事尚未开送,其语气尚不甚多。长沙等处通商,彼国公使曾向钧署议及,是否坚持此意?昨与南抚往复电商,据云,传询湘绅,长沙通商甚难,务祈钧署设法推缓为祷。"总理衙门复电称:英使"并无长沙通商之说,该领事一再照会,当因湘中匿名帖太多,激而为此,亟应严禁,以免藉口。岳州奏准通商,英使催办,本署仍照湘中复电推缓。"《张之洞全集》,第9册,第324页。

[2] 陈宝箴电张之洞:"前上艳电,计蒙钧览。沙市已否就绪,前说曾电总署否?至念……阳。"(光绪二十四年五月初七日酉刻发,戌刻到,《张之洞存各处来电》,戊戌第2册,所藏档号:甲182-136)张之洞回电:"阳电悉,沙市尚未定议,长沙开埠事,总署阳电已照转,想已入览……"(光绪二十四年五月初八日亥刻发,《张之洞电稿甲编》,第60册,所藏档号:甲182-46)陈再发电:"转示总署电,谨悉。查近来自周汉收禁后,尚无此等匿名揭贴。岳州商埠,业经巴陵县查勘测绘,尚未定。已札锟矣。箴叩。佳二。"光绪二十四年五月初十日巳刻发,未刻到,《张之洞存各处来电》,戊戌第2册,所藏档号:甲182-136。

[3] 光绪二十四年五月二十五日巳刻发,《张之洞全集》,第9册,第330页;原件见《张之洞电稿》,所藏档号:甲182-406。"衡州",可能是张之洞笔误,前电称是湘潭。

年为期之说，想系总署自向英使言之。窃谓岳州系自许开埠，迟速应听总署核示。拟电告总署，无论何时开埠，但须于定期四个月前告知湘省，届时即当遵办。惟不划租界，必须执前议耳。乞核示。箴叩。宥。[1]

陈宝箴此电体现了主权意识，是当时的官员中难能可贵的，很可能是黄遵宪在此起到了作用；但该电没有回答何时正式开埠。六月初六日（7月24日），张之洞再次发电询问确切时间，陈宝箴一面请示总理衙门，一面回电张之洞，提出开埠具体时间当由总理衙门提前四个月预告。[2] 六月初八日（7月26日），张之洞发电总理衙门，请示岳州开埠时间：

英领事议沙案赔款已有眉目，惟屡催岳州开埠，告以开导明白，即当照复。昨来文甚急，谓我空言推宕，不但定期，尤须赶早。屡询湖南，不肯定期，但云请钧署示。查此埠乃我自开，迟早必办，惟湖南民情，创办口岸实属悬心。前阅各报，云钧署原议各口岸有两年内开办之说，不知确否。果有此说，似可提前数月，但有定期，或可允从。敢祈裁酌速示，以便了结沙案。若空言推缓，势不能行。即候示

---

[1] 陈抚台来电，光绪二十四年五月二十六日酉刻发、到，《张之洞存各处来电》，戊戌第2册，所藏档号：甲182-136。下划线之文字，许同莘编《张文襄公全集》时删去。

[2] 张之洞电称："急。致长沙陈抚台。英领事询岳州开埠事，告以湖南现正剀切晓谕士民，俟开导明白，情形能开办时，即当照会云云。英领事云：漫无时日，仍是推宕，总应订定期日，不但定期，尤须赶早，未便再迟。请即咨商南抚院，早定开办日期等语。特奉达，即请酌核密示。洞。语。"（光绪二十四年六月初六日亥刻发，《张之洞电稿乙编》，第56册，所藏档号：甲182-72）六月初七日，陈宝箴发电总理衙门："岳州通商事，据府县禀称：地方士民均经开导，惟前议不划租界一节，必须照办理。至开办之期，应请钧署核定，必在定期前四个月以前告知湘省。无论何时，届期必当遵办。顷接鄂督电，以汉口领事催询定期，亦以此复之矣。宝箴。阳。"（光绪二十四年六月初八日收到，总理衙门清档《收发电》，01-38-016-02-053）同日回电张之洞："语电谨悉。岳埠事，前上宥电，拟电总署定期，但须四个月以前告知湘省，即当遵办，乞宪台核示等语。计已达览。兹拟照前议，电请总署定期，如在四个月前示知，届期必能遵办。谨以奉陈。箴。阳。"长沙陈抚台来电，光绪二十四年六月初七日未刻发，申刻到，《张之洞存各处来电》，戊戌第3册，所藏档号：甲182-136。

复。阳二。[1]

六月初九日，总理衙门分别复电张之洞、陈宝箴，决定岳州于光绪二十五年二月开埠，并命认真准备。[2]陈宝箴再次提醒张之洞，沙市事件的处理不应牵涉到岳州开埠，以便日后能"全握自主之权"。[3]六月十九日（8月6日），张之洞致电总理衙门：

> 岳州开埠事，英使屡催，当遵钧署示，定以明年二月开办，已函告英领事矣。惟此系奉旨自开通商口岸，未便牵入沙案，致令他事效尤。故于议结沙案照会不提此事。声明此系另案，不与沙案相涉，另文告知，作为我自行定期。再，沙案因英赔款纠缠甫清，日内具奏。效。[4]

---

[1]光绪二十四年六月初七日亥刻发，《张之洞全集》，第9册，第333页。

[2]"总署来电：阳电悉。岳州开口岸，前与英使面议，须两年开办，该使意未甚惬。今英领事议沙案赔款，催早定期。湘抚电称，地方士民均经开导，须于定期四个月以前告知。沙案宜速奏为妥，应如尊议，提前办理，可允于来年正、二月间开办，希会同湘抚，预为妥筹。不划租界一节，必当力持……佳。"（光绪二十四年六月初九日戌刻发，初十日午刻到，《张之洞存各处来电》，戊戌第3册，所藏档号：甲182-136）张之洞随即发电陈宝箴告知情况，并称："拟照署电，即许以明年二月开办，祈即裁酌。如照此定议，请即预为妥筹。至不划租界一节，此因系我自开口岸，故与他口不同，前署咨业经声明，俟开办时领事来议再与面谈，力持可也。望即示复。真。"（光绪二十四年六月十一日亥刻发，《张之洞全集》，第9册，第335页）与此同时，陈宝箴亦发电张之洞："昨接总署复电，言岳州开埠，已允于明正、二月开办，希会商，预为妥筹。岳常澧道应作为关道，须明白洋务，干练和平。不划租界，本署早与各使议及，但冀当事者筹画周妥，设法力持云。钧处想已得达……"长沙陈抚台来电，光绪二十四年六月十一日戌刻发，十二日丑刻到，《张之洞存各处来电》，戊戌第3册，所藏档号：甲182-136。

[3]陈宝箴电称："真电谨悉，昨将总署来电照转，计已得达。应即遵照钧电，于明年二月开办。惟岳埠系我自开口岸，似仍应请由总署奏请定期开设，不因沙案要挟所致，庶以后办理，可全握自主之权。伏乞裁夺，并示复。箴叩。文。"（长沙陈抚台来电，光绪二十四年六月十二日申刻发，戌刻到，《张之洞存各处来电》，戊戌第3册，所藏档号：甲182-136）又称："奉真电，已遵饬妥为保护。岳埠事尚未复总署。应如何电复，乞速示……箴叩。寒。"（长沙陈抚台来电，光绪二十四年六月十四日午刻发，酉刻到。出处同上）

[4]光绪二十四年六月十九日巳刻发，《张之洞全集》，第9册，第336页。同日，张之洞发电陈宝箴，将原电告知。光绪二十四年六月十九日巳刻发，《张之洞电稿乙编》，第56册，所藏档号：甲182-72。陈宝箴收到该电后，于六月二十日发电总理衙门："岳埠事，鄂督商以明年二月开办，

岳州开埠的时间由此而最后决定。由于戊戌政变及兴建港口、海关关舍等因，岳州开埠的时间推迟到光绪二十五年十月，而张之洞等人又将新商埠设于远离府城的城陵矶，造成商民不便，致使该口岸发展较慢。

从岳州的实例可以看到"自开通商口岸"的内幕——这一看似主动的改革，实则出于无奈，是"被迫"的行动——由英方的进逼、湖南的保守两项因素相加而所致。由此反观戊戌变法时期的许多改革举措，在其产生和实际操作诸层面，皆有众多的制约因素。

七、光绪二十四年康有为香港谈话、来信及"密诏"在上海发表与张之洞等人对此的反应

戊戌政变时，康有为恰从天津塘沽南下上海，后为英人所救，英派军舰护送其往香港。光绪二十四年八月二十一日（1898年10月6日）晚，康有为接受香港最大的英文报纸《德臣报》（China Mail）记者的采访。康在采访中对慈禧太后大加攻击，称光绪帝已认识到慈禧太后不是他真正的母亲，又称光绪帝对其如何信任，颁给密诏，让他去英国求救，恢复光绪帝的权力。尽管康可以自以为是地认为他在利用媒体向英国政府求救，但这些内容不属实的谈话，恰恰向慈禧太后证明了光绪帝仇恨慈禧太后，且不惜利用英国以能让慈禧太后下台。次日，《德臣报》以英文公布了康的谈话。九月初一日（10月15日）上海《字林西报周刊》（North China Herald）转载了该英文报道，并加了相关的消息。[1] 九月初三日，《字林西报周刊》再以英文刊出康有为提供的两道"密诏"之大意。上海的《申报》与天津

谨当预为勘酌。惟岳州系我自开口岸，似宜先由钧署奏请示期，不由沙案要挟所致，庶以后办理，可全握自主之权。以此电商鄂督，已不牵沙案。惟盐道黄遵宪既去，关道殊难其人耳……宝箴叩。哿。"光绪二十四年六月二十一日收到，总理衙门清档《收发电》，01-38-016-02-0148。

[1] 该报道的中文译本见《丛刊·戊戌变法》，第3册，第499—513页。内称："为我们作翻译的绅士，一位有名的买办……"康有为恰于当天从香港中环警署搬到了怡和洋行买办何东的家中，在采访时担任翻译者，似为何东本人。

的《国闻报》亦有相关的报道。[1]九月初五日（10月19日），上海《新闻报》更是以中文刊出了康有为的香港来信及两道"密诏"，康的来信称：

> 善长大人足下：天祸中国，降此奇变，吕、武临朝，八月初五日遂有幽废之事。天地反覆，日月失明，天下人民，同心共愤。皇上英明神武，奋发自强，一切新法，次第举行。凡我臣庶，额手欢跃。伪临朝贪淫昏乱，忌皇上之明断，彼将不得肆其昏淫，而一二守旧奸臣复环跪泣诉，请其复出以革怀塔布之故，此事皆荣与怀赞成之者。天地晦冥，竟致幽废。伪诏征医，势将下毒，今实存亡未卜。此诚人神之所共愤，天地之所不容者也。伪临朝毒我显后，鸩我毅后，忧愤而死我穆宗。今又幽废我皇上，罪大恶极，莫过于此。仆与林、杨、谭、刘四君同受衣带之诏，无徐敬业之力，只能效申包胥之哭。今将密诏写出呈上，乞登之报中，布告天下中文报不能登，则西文报亦可。皇上上继文宗，帝者之义，以嫡母为母，不以庶母为母。伪临朝在同治则为生母，在皇上则先帝之遗妾耳。《春秋》之意，文姜淫乱，不与庄公之念母。生母尚不与念，况以昏乱之宫妾而废神明之天子哉！若更能将此义登之报中中西文皆可，遍告天下，则燕云十六州未必遂无一壮士也。专候近安。弟某叩首。

同时刊出者，还有经康有为改窜或自拟的两道"密诏"，称："今朕位几不保，汝可与杨锐、刘光第、谭嗣同、林旭诸同志妥速密筹，设法相救"；"期爱惜身体，善自调摄，将来更效驰驱"。[2]此时，慈禧太后已有废光绪

---

[1] 九月初二日，上海《申报》以中文发表了其中的主要内容。尽管《申报》予以声明"以上乃由西报摘译，其中所有干及皇太后之语，概节而不登"，但任何一个人都能看出光绪帝向康有为表白了其对慈禧太后的不满。初七、初八两日，天津《国闻报》也简短报道了康有为谈话的内容。该报并加尾注说明："以上康主事之言，洋洋数万字，本报不能尽述，只择其要译出。仓猝之间，言词不无诘曲，未暇修削。想阅者必能共谅也。"二十二日，《国闻报》再刊《德臣报》报道中康有为觐见时与光绪帝之交谈言论。

[2]《新闻报》，光绪二十四年九月初五日，《国事骇闻二十六志》。"显后"，慈安太后（东太后）；"毅后"，同治帝皇后。关于康有为"密诏"的研究，可参见黄彰健：《康有为衣带诏辨伪》，《戊戌变

帝再立之心，刘坤一等大臣为保全光绪帝正竭尽心力，若康有为谈话、来信及"密诏"的内容为慈禧太后所知，将会有大不测。

最初向张之洞报告此事的是在上海的赵凤昌，于九月初一日发电：

> 督宪：京洋报：法使逼总署索四川余匪，释放教士，否则即由广西进兵；及各公使照会，康案不得株连云。今日，《字林》刻康八月初一、二日两奉朱谕，令出京筹保护圣躬等语。坦禀。东。[1]

赵凤昌所报"京洋报"的消息，多有不确，而《字林西报周刊》关于"密诏"的内容很可能得自在该报任职的曾磐，然仅是短短一语，张之洞尚难以了解问题的严重性。九月初三日，赵凤昌再发电：

> 督宪：京洋电：已选定庆王之孙、蓝公之子十三岁，闻俟太后万寿，嗣统。日公使前数日照会总署，如废立，必竭力阻止。庆、礼两邸即奏太后，故近日懿旨一切从宽云。另闻荫桓赐死，尚不确。坦禀。江。[2]

赵凤昌的这一继位消息更不准确，庆王与蓝（澜）公并无关系，但由此可见光绪帝帝位不稳。当张之洞从《新闻报》看到康有为的来信及所提供的"密诏"时，大为震怒，于九月初十日（10月24日）发电两江总督刘坤一、上海道蔡钧：

> ……此报流传，为害甚烈。望飞速电嘱上海道，速与该报馆并领事切商，告以康有为断非端正忠爱之人，嘱其万勿再为传播，并将此

法史研究》，上海书店出版社，2007年，下册，第528—562页；汤志钧：《关于光绪"密诏"诸问题》，《乘桴新获——从戊戌到辛亥》，第39—56页。其中汤志钧完整引用了《新闻报》所刊康有为发布的两道密诏。

[1] 上海，光绪二十四年九月初一日亥刻发，初二日午刻到，《张之洞存来往电稿原件》，第14函，所藏档号：甲182-385。"坦"，赵凤昌。

[2] 上海，光绪二十四年九月初三日酉刻发，亥刻到，《张之洞存来往电稿原件》，第14函，所藏档号：甲182-385。

报迅速设法更正。该报馆秉笔系华人，当亦念食毛践土之恩。即开报馆之洋人，既望中国自强，亦必愿中国安静无事。倘谣言远播，匪徒蜂起，中国大乱，即西人西商亦不得安居乐业，领事必能领会此理。至如何设法婉商更正，统望卓裁。大局安危所关，千万盼祷。[1]

张之洞此电，以儒学的君臣大义立论，以西人的通商利益相劝，但对租界内的新闻自由似缺乏感受，也缺少干预的手段。刘坤一对此于十一日回电，同意张之洞的看法：

……此等诬蔑君后之词，岂宜登报传播，揆之泰西报律，例禁亦甚严明。已饬沪道赶速会商该国领事、该报馆主，设法更正，嗣后并不得再为传播。如果不允，即由道饬属晓谕商民，不准阅看该报，邮局、信局如代递送，一并罚惩。[2]

刘坤一虽提出了西方报业之法律，但不适用于上海，无从采取法律行动；刘对此又提出两策，即劝告商民不看该报，不准邮局、信局代送，这是中国官府可以采取的行政手段。但劝告商民不看，实际效果会很差，甚至是相反。上海道蔡钧于十二日回电：

武昌督宪钧鉴：蒸电敬悉。康有为逆函登报，无非欲摇动大局，遂彼逆谋，神人共愤。日内正在商请英领事，知照该馆洋人斐礼思，

---

[1]《张之洞全集》，第9册，第349-350页；张之洞亲笔原件见《张文襄公电稿墨迹》，第2函第10册，所藏档号：甲182-219。

[2]《张之洞全集》，第9册，第350页。刘在致林穎眉信中更明确表示态度："顷奉惠书并《新闻报》一纸，具见关怀大局，义正词严。此报早经寓目，当饬蔡道照会英领事严行查禁，并将前报更正；该领事亦以为然，可见公道自在人心。该犯用心之毒，为计至愚，此等诬蔑之辞，徒自彰其背叛之罪，不啻自画供招也。西报每谓康党止图变法，并无逆谋，今有此书，正成证实。若因《新闻报》妄缀议论，遂与中报一律查禁销售，转不足以释外人之疑，非徒虑滋纷纭也。"（《刘坤一遗集》，第5册，第2230页）由此可见，刘坤一不同意查禁该报，以免引起纠纷。九月二十四日，《申报》刊《息邪说论》，对康的说法予以驳斥；该文在《申报》初刊时未署名，仅称"来稿照登未毕"，叶德辉辑入《觉迷要录》时，改题为《江督刘息邪说论》，即是称该文由刘坤一所作。《觉迷要录》，录三，第1-3页。

以后勿得再登乱说。奉宪电,尤征远虑,遵即照会英领事,并婉商斐礼思,设法更正。如何情形,俟英领事晤复后,再行电禀。倘有龃龉,惟有禁止内地邮、信两局,不准递送该报,以遏邪说而示惩罚。钧。[1]

蔡钧的复电,表明他将与英国领事商办,并称英人报主若不从命,将禁止内地邮局、信局代送,他没有提出劝告中国商人不看此报。九月十八日,蔡钧又发电:

> 武昌督宪钧鉴:《新闻报》登逆函,遵谕会商查禁。顷英领照复:早因有人指议该报,即已将馆主饬惩,兹又传案谕饬。今日该报登《读〈劝善歌〉书后》一则,已切实颂扬圣德。惟仍未将逆函驳斥更正认错。现又照复,务令照办,违则封禁究惩。谨闻。钧。巧。[2]

《新闻报》登一则《读〈劝善歌〉书后》便算了事,这很可能是蔡钧与《新闻报》英人报主商议互相妥协的结果。

此时,张之洞的大幕僚梁鼎芬已到达上海,他于九月十三日(10月27日)发电张之洞:

> 督宪:《新闻报》刻康逆书,愤极。今作书痛驳,明刻《申报》。公意许否?尚有文数篇续刻。归少迟,院课稍旷,希鉴。并告雪城。芬。文。

梁鼎芬已按捺不住性子,作文与康对抗,其文即是《驳叛犯康有为逆书》,刊于九月十三日的《申报》。梁还称其"尚有文数篇续刻",并表示为此将

---

[1] 上海蔡道台来电,光绪二十四年九月十二日申刻发,十三日子刻到,《张之洞存各处来电》,戊戌第7册,所藏档号:甲182-137。

[2] 上海蔡道台来电,光绪二十四年九月十八日亥刻发,十九日子刻到,《张之洞存各处来电》,戊戌第8册,所藏档号:甲182-137。《劝善歌》,端方在戊戌政变后所作的通俗唱词,歌颂清朝与慈禧太后的功德。

会晚一点回武昌。梁鼎芬此电由赵凤昌代发，赵在其后的附电称：

> 真电悉。星海叠晤。康函并投洋报馆，请登报。沪人共愤，不致为惑。英领事今亦知其志在煽乱，允即令《新闻报》馆不再刻康信。闻日本人亦因此疾之。初，英、日人多是康，逮此函出，而共非之。实其自暴逆迹。……坦。元。[1]

赵凤昌此论自是顺着张之洞的思维逻辑而伸展，非为英、日两国人士的真实看法。由于此期张之洞与赵凤昌、梁鼎芬之间的电报保存不全，以下的叙述，中间亦有不少遗漏之处，也请读者予以注意。九月十五日（10月29日），张之洞发电：

> 急。上海赵竹君转梁太史：密。咸两电悉。小田可见。尊文刻何报，何日可读，大意先见示。《昌言》挂洋牌，妥否？近沪上见闻祈示。焦山想尚未到。旅费、电费各一百，已交百川汇。电本十七日寄。纯事无所闻。迂。翰（此用司马别号）。[2]

"咸"，十五日的代日，梁鼎芬有两电给张之洞，皆未见。"小田"，日本驻上海代理总领事小田切万寿之助，张之洞命梁鼎芬与其接触。"尊文"，似指梁《驳叛犯康有为逆书》之外的批康文章。"焦山"，镇江城外之山，梁鼎芬过去曾长时间住在焦山的寺庙中，此时亦短期返回焦山。[3]九月十七

---

[1] 上海，光绪二十四年九月十三日午刻发，戌刻到，《张之洞存来往电稿原件》，第14函，所藏档号：甲182-385。"院课"，似指两湖书院授课。"雪城"，王秉恩。"文"是十二日的代日，该电于次日由赵凤昌发出。张之洞的"真电"未见。又，梁鼎芬另附电梁敦教："典午：送八旗会馆于藩台。边公九月酉逝，可痛。芬。""于藩台"，新任云南布政使于荫霖，此时赴任经武昌，因病停留。"边公"，前闽浙总督边宝泉。

[2] 光绪二十四年九月十五日亥刻发，《张之洞电稿》光绪二十四年九月至十月，馆藏档号：甲182-455。"纯"，指杨锐，"纯事无所闻"，指张没有关于杨锐的新消息。又，司马光别号"迂叟"。

[3] 梁有一电给张之洞："督署：安到，今返沪。请转于：病愈未？赴滇抑在鄂？告，或往湘？念及。敷。漾。"（镇江，梁太史。光绪二十四年九月二十三日酉刻发，亥刻到，《张之洞存来往电稿原件》，第14函，所藏档号：甲182-385）"于"，于荫霖。"告"，似为告假之意。又，刘禺生称："戊戌前，张之洞由鄂省移督两江，游焦山，题长歌于松寥阁，颇有感慨时局，左袒维新诸贤之

日（10月31日），张之洞又发电：

> 急。上海赵竹君转梁太史：小田切想已见，所言何事？先电示大略。想劝练兵耳？他项紧要见闻祈示。雅。洽。[1]

"劝练兵"，即当时日本提议的中日陆军合作，由日本军官训练清朝陆军。九月二十三日（11月6日），张之洞又发电：

> 上海赵竹君转梁：急。漾电悉。于病愈十之八，已不告，即赴滇，本拟月底行，专待公回一晤。程雨亭亦到。请速回。尊文已读，敬佩。以后文字，务望回鄂商酌再刊。小田须一晤。盼即复。迂。漾。[2]

"漾"，二十三日的代日，梁鼎芬该电未见。"尊文"，似指梁《驳叛犯康有为逆书》，张之洞要求梁其他驳康文章"商酌再刊"，以免在文字上出差错。他深知这一位幕友的清流本性，很可能犯起真性情，而在此政治微妙时刻，稍有不慎就有可能引出麻烦。九月二十六日（11月9日），张之洞再发电：

> 上海赵竹君转梁：急。两长函悉，忠悃可敬。但文出一手，不宜太密，似宜隔数日，太密则人疑为有心饰说。劝许筠庵言新法，极好，不知许肯畅言否。中西合璧报甚好，不易办。损函未见。初十日见康逆书，即刻急电南洋及沪道，力言此书悖逆煽乱，宜速告报馆阻止传播，并令设法更正，不遵则禁华人看其报。刘、蔡均复允，云该报馆

意。寺僧精装悬壁。政变事起，节庵先生乘小兵轮由汉星夜抵焦，问寺僧张督题诗尚存否？寺僧出轴曰：不敢损坏。梁曰：张督欲再题跋于后，题好还汝，携卷归，裂而焚之。广雅集中无此诗，夏口李逮闻居焦山，曾抄得。"（《世载堂杂忆》，第53—54页）张之洞若有诗，当是光绪二十年至二十一年署理两江任上之时，并于光绪二十一年九月见过康有为。梁鼎芬此次去焦山，时间甚短，不知是否与此有关。

[1]《张之洞电稿》光绪二十四年九月至十月，九月十七日辰刻发。馆藏档号：甲182-455。该电原稿还删去一段："电费、旅费函到否？焦山已到否？如无费，先托赵电。"可见张对梁的关心。"丽"，两百，指银两百两。

[2]光绪二十四年九月二十三日亥刻发，《张文襄公电稿墨迹》，第2函第10册，所藏档号：甲182-219。"于"，于荫霖。"程雨亭"，程仪洛，江苏候补道，此时由张之洞奏调主持汉口商务局。

允以后不妄刻。因作《〈劝善歌〉书后》一篇，极力颂美东朝，以补前失，不知以后如何。冰。宥。[1]

梁鼎芬的"两长函"，"张之洞档案"中不存，未见。张之洞仍劝梁鼎芬发表文字需谨慎。为了劝梁尽早返回，时在武昌的于荫霖亦发一电。[2] 九月二十七日（11月10日），梁鼎芬发电张之洞：

> 督署：今晤田，言彼大臣有函，令面交，十月来。又劝本国电京使，告译署，勿止鄂观操，已许，敷虑译后有疑谤。封河，俄兵来极多，日、英必干预，曙秦哥岛上岸。逆事已允刻拙文，又允代列逆罪告本国，公许否？可行，速复，详示文字办法。于行急电悉，此事更急，恳留数日。许将到，不待。《劝学书后》昨刻。敷。宥。[3]

"田"，小田切万寿之助；"彼大臣"，似指日本外务大臣青木周藏；"十月来"，指小田切将于十月赴武昌，此似由梁鼎芬代致邀请者，张之洞有意与小田切做交易。"逆事已允刻拙文"，指日本政府同意在日本报刊上刊出梁鼎芬驳康有为的文章，"又允代列逆罪告本国"，指小田切同意由梁列出康

---

[1] 光绪二十四年九月二十六日亥刻发，《张之洞电稿》，光绪二十四年九月至十月，馆藏档号：甲182-455；抄件又见《张之洞电稿》甲编，第13函第62册，所藏档号：甲182-47。"损"，乔树枏，字损庵。"东朝"，慈禧太后。"不知许肯畅言否"一句，原电稿中由"许恐不敢，如渠允，稍缓亦可，随时……"改。"许筠庵"，新任闽浙总督许应骙，前任礼部尚书，因阻挠该部主事王照上奏事，于光绪二十四年七月被罢免。从电文中可见，梁鼎芬有意劝许应骙上奏"言新法"，而张之洞认为许"不敢"，即便有言也未必"肯畅言"。

[2] "上海赵竹君交梁太史：敬电悉。实勉强前行，中途能支否，尚不定。是以不克赴宁。请速来。荫。宥。"光绪二十四年九月二十六日未刻发，《张之洞电稿》，光绪二十四年九月至十月，馆藏档号：甲182-455。

[3] 上海，光绪二十四年九月二十七日酉刻发，戌刻到，《张之洞存来往电稿原件》，第14函，所藏档号：甲182-385。"又劝本国电京使，告译署，勿止鄂观操，已许，敷虑译后有疑谤"一段，其意为：又劝日本政府发电其驻北京公使，告诉总理衙门，不要阻止湖北派军官观看日本的陆军演习，小田切已同意，但梁担心总理衙门此后会有疑谤。"敷"，梁鼎芬，"译"，总理衙门。总理衙门有意阻止湖北派员前往日本观操，张之洞要求日方出面干预。"曙秦哥岛"，原文如此，不明其地所在，但可见英、日对俄国的扩张不满。"许将到"，指新任闽浙总督许应骙将到上海。

有为罪状而转交日本政府。梁鼎芬为此请示办法，并认为其收获重大，比与于荫霖相见之事更急，还须在上海逗留数日。《劝学书后》，即《读南皮张制军〈劝学篇〉书后》，刊于《申报》九月二十六日。[1]十月初一日（11月14日），张之洞发电梁鼎芬：

> 急。上海赵竹君转梁：四函、宥电、卅电均悉。清恙未愈，念甚。小田列康罪告本国，极好，可赞成之。《劝学书后》已读，日报《书会章疏后》必系大作。山海往返，跋涉重□，感佩万分。余文尚未见。《驳康书》极好，挽救人心时局，为功不小。鄙意非谓不当作，因来示以后文字甚多，恐有须商酌处，且一手不宜屡见，故云回鄂再寄，非欲沮止也。于次公极欲行，本拟于初四日开船，仆强留之。盼速回，并电复。百二系初二赴金陵。卅。[2]

从此电可见，梁鼎芬有多信多电给张之洞。张也同意梁开列康有为罪状给小田切，以告日本政府。梁此后即返回武昌。至于梁此期在上海所作"尚有文数篇续刻"，"张之洞档案"中未见记载，我个人以为，在九月十八日《申报》中刊出的署名"穗石闲人"《读梁节庵太史驳叛犯康有为逆书书后》、九月二十五日《申报》中刊出署名"香山徐可大"《记逆犯康有为缘

---

[1] 张之洞的幕僚陈庆年在光绪二十四年九月初二日日记称："梁节庵以字见邀，云有事要商。及去，朱强甫、陈叔伊均在，乃南皮师嘱将《劝学篇》中暗攻康、梁者一一检注，令我三人分任之。归后，检书为之。"（《戊戌己亥见闻录》，《近代史资料》总81号，第122页）由此可见，此文是梁鼎芬去上海之前根据张之洞的指令而准备的，其目的是说明张之洞一派与康有为的旨趣区别。相关的背景，可参见本书导论第三节。

[2] 光绪二十四年十月初一日寅刻发，《张之洞电稿》，光绪二十四年九月至十月，馆藏档号：甲182-455。赵凤昌于九月三十日有一电给张之洞："……梁候复电再回鄂，祈示。"（上海，光绪二十四年九月三十日申刻发，亥刻到，《张之洞存来往电稿原件》，第14函，所藏档号：甲182-385）又，《书会章疏后》一文，未见。会章，宗室，理藩院右侍郎，光绪二十四年八月二十二日上奏，请褒忠正不阿之汉员折，请褒奖张之洞、王先谦片，称言"近日外间浮言，颇有以诛戮皆属汉人，遂疑朝廷有内满外汉之意"。次日下旨。参见《军机处录副·光绪朝》，03-168-9457-72、03-168-9457-73，军机处《随手档》光绪二十四年八月二十二、二十三日，中国第一历史档案馆藏；《光绪宣统两朝上谕档》，第24册，第449页；并参见《觉迷要录》，录一，第24-25页。

起》，或有可能皆是梁在上海所作。[1]

光绪二十四年十月，日本驻上海代理总领事小田切万寿之助来到武昌，先后与张之洞有过五次会谈。在此期间，他发电给日本外相青木周藏：

> 张之洞要求我秘密报告日本政府：康有为及其同党在日逗留，不仅伤害了两国业已存在的友好情谊，而且也妨碍他实施诸如由日本军事顾问训练军队的计划，由此应将他们逐出日本。[2]

张之洞提到了日方所期盼的中日两国军事合作，条件是将康有为等人逐出日本。而小田切回到上海后，在给外务次官都筑馨六的报告中称：

> ……关于总督因康有为、梁启超、王照等滞留于本邦而与本邦士人交游，此有碍两国邦交，且有妨害自己计划之虞，因此，希望帝国政府速将其送出国境一事，前回既已禀明。盖总督对康党之意见与政府内部之意见大不相同，于总督只是希望将康党等送出国境，而政府内部则请求将彼等引渡，或者有杀害彼等之希望。由此总督意见及着眼点容易得知。总督曾送卑职一书，并嘱托将其登载于本邦报纸，此乃其命两湖书院山长梁鼎芬将总督收到的电报及自己的见闻编纂而成（即附件甲号）。其意盖在于描述康之人物及其所为，使本邦人士不信其言语举动也。其文辞之间虽亦不免有鞭死尸贬生者而大为过甚者，然卑职闻所未闻之事亦有不少（第二十九项即如是也。总督云，伊藤

---

[1] 除此之外，还需注意的有：《申报》光绪二十四年九月十七日《再论康有为大逆不道事》、九月三十日刊出以"京友来函"名义的《缕记保国会逆迹》，十月初一日刊出《慎防逆党煽惑海外华人说》，亦有可能是梁的手笔。

[2] 1898年12月2日（光绪二十四年十月十九日）下午9时30分汉口发，3日晚12时30分收到，青木外相于6日复电："你可以答复张之洞：帝国政府甚不愿为康有为及其党人提供政治避难，由于国际惯例，也不可能违背其意愿将其遣送出境；但将尽一切努力以达此目的……"郑匡民、茅海建编translated、翻译：《日本政府关于戊戌变法的外交档案选译》（二），《近代史资料》，第113期，中国社会科学出版社，2006年，第63页。光绪二十四年十一月初七日，张之洞亦向清廷报告了他与小田切商议驱逐康有为出日本的情况。《张之洞全集》，第4册，第475页。

侯亦未必知悉此事），阅览后，若无不便时，望不注明其出处，将其登载于报纸之上。

张之洞交给小田切的"附件甲号"，即是由梁鼎芬撰写、署名"大清光绪二十四年十月中国士民公启"的《康有为事实》，共列康有为罪行三十二条。都筑次官同意登载。[1] 此即梁鼎芬与小田切在上海商议的"代列逆罪告本国"。

从上述过程可见，康有为的香港谈话、来信及"密诏"在上海发表后，张之洞的态度有了很大的变化。他原先仅是视康为政治上敌手，尚未真正出手予以直接打击；从此时起，他将康当作清朝最大的祸患，开始采用极端手段。他本是镇守一方的疆吏，逃亡在外的康有为并非其应治应管之事，但他却主动出击，再三再四地要求日本政府对康、梁一派采取行动。这成为张之洞此期对日外交的基本政策之一。此后，他还利用各种机会来压制康有为一派在海外各地的活动。光绪二十四年十二月十三日（1899年1月24日），张之洞的亲信幕僚钱恂从上海发电张之洞：

> 武昌督宪：念遵真电，与小田谈：……又密言，彼政府得星海所胪康罪，益恍然，设法令去，已有成议。不出数礼拜，与梁、王同往去美。小田望日去金陵，恂与同舟，可多半日谈。恂禀。元。[2]

钱恂或小田切的说法，自是顺着张之洞的思维逻辑而伸展，日本政府"礼

---

[1]《日本政府关于戊戌变法的外交档案选译》（二），《近代史资料》，第113期，第66—83页。
[2]上海钱守来电，光绪二十四年十二月十三日亥刻发，亥刻到，《张之洞存各处来电》，戊戌第13册，所藏档号：甲182-138。下划线者，许同莘编《张文襄公全集》时删去。"梁"，梁启超。"王"，王照。此一情报并不准确，梁启超、王照并未去美国。在此之前，张之洞给钱恂一电："须与小田切询商者数事：……小田在鄂国云，日本政府有复电，已允设法讽令康赴美，此时不知已行否，能催询之否，梁、王诸人亦有去志否？"（《张之洞全集》，第9册，第364页）又，此后未久，张之洞的密探巢凤刚发电："十七入都，探得胡侍郎被张翼密参撤差。……又，佛于十六七召见溥字辈幼童十余人。谨此密闻。冈禀。养。"（天津巢委员来电，光绪二十四年十二月二十三日巳时发，申时到，《张之洞存处来电》，戊戌第14册，所藏档号：甲182-138）"佛"，慈禧太后。"召见溥字辈幼童"是光绪帝帝位不稳的迹象。

第六章　戊戌前后诸政事

送"康有为出境,是考虑与清朝的关系及与张之洞的军事合作,非为看到了梁鼎芬的《康有为事实》而"恍然"。

八、光绪二十六、二十七年策反邱菽园

邱菽园(1874—1941),名炜萲,字薳娱,号菽园,福建省漳州府海澄县(今属龙海市)人,以号行。其父邱笃信经商南洋,成为新加坡巨商。邱菽园出生于海澄原籍,后随父母居于澳门、新加坡等处。光绪十年(1884)回海澄原籍,应童子试,光绪二十年(1894)中举人,次年进京参加会试。恰此年康有为等人发起的联省公车上书之事,给他留下深刻的印象。此后他再未参加科举,捐内阁中书衔。光绪二十二年,他移居香港,后因其父去世而去新加坡,主持家业。

邱菽园到了新加坡之后,于光绪二十四年四月初七日(1898年5月26日)创办了《天南新报》,鼓吹维新事业。次年三月,他又与林文庆合创新加坡华人女校。光绪二十六年正月初三日(1900年2月2日),邱菽园迎康有为来新加坡,并任保皇会新加坡分会会长,重金资助康有为,以推动勤王起事。光绪二十七年七月三十日(1901年9月12日),邱在《天南新报》发表启事,宣布辞去该报"总理之席"。九月十一日(10月22日),邱又在该报上发表《论康有为》一文,表示与康决裂。邱菽园的这一变向,显得十分突然,而论者又有发现,此后《天南新报》论旨虽因邱的离去而有变化,但邱与康有为的关系并未中断,仍有牵连。

关于邱菽园与《天南新报》、康有为及其勤王(自立军)起事的关系,已有许多颇有研究深度的论著。然而,邱菽园为何在自立军失败后与康有为分手,史家的说明大多称邱菽园对康有为的私德不满,但仅此解释,似未能完整详尽;然而"张之洞档案"涉及于此的材料甚多,由此可知,张之洞对邱进行了深入的策反工作,这可能是促邱转向的重要原因之一(甚

至可能是主要原因）。[1]

张之洞的策动与通缉　　张之洞最先注意到邱菽园，很可能是在光绪二十六年初。他于二月初七日（1900年3月7日）在给江汉关道的札文中，禁止武昌、汉口发卖康有为、梁启超一派所办的报纸：

> ……查康、梁二逆在南洋造为《天南新报》，在日本造为《清议报》，该逆恃其远在海外，且因洋人不知中国情事，莫能辨其虚实，得以欺朦洋人，任意诬捏，以掩其凶逆之罪。……此二报传入中国，各报馆中……亦间有不明事理者，不免以讹传讹，互相采录，甚至托名京城西友来电，而京城各国使馆并无所闻；托名某处访事人来信，而本省并无其事……[2]

---

[1] 相关的研究，论文部分可见杨承祖：《丘菽园研究》，《南洋大学学报》（新加坡），1969年第3期；王慷鼎：《〈天南新报〉史实探源》，《亚洲文化》（新加坡），第16期，1992年6月；汤志钧：《自立军起义前后的孙、康关系及其他——新加坡丘菽园家藏资料评析》，《近代史研究》，1992年第2期，《丘菽园与康有为》，《近代史研究》，2000年第3期，《自立军起义的一份原始材料——丘菽园家藏康有为等信件评析》，《中华文史论丛》，2012年第3期；赵令扬：《辛亥革命期间海外中国知识分子对中国革命的看法——梅光达、丘菽园与康梁的关系》，《近代史研究》，1992年第2期；段云章：《戊戌维新的"天南"反响：以新加坡天南新报和邱菽园为中心》，《近代史研究》，1998年第5期；余定邦：《邱菽园、林文庆在新加坡的早期兴学活动》，《东南亚纵横》，2003年第6期；关晓红：《陶模与清末新政》，《历史研究》，2003年第6期。涉及于此的著作有颜清湟著、李恩涵译：《星马华人与辛亥革命》，联经出版事业公司（台北），1982年，第二章；桑兵：《清末新知识界的社团与活动》，生活·读书·新知三联书店，1995年，第一、二、五章；《庚子勤王与晚清政局》第七章。其中，关晓红2003年论文已经论及张之洞的追查与陶模有意护邱，已是相当深入；本节为各位先进的论著作资料之补充与论说之补证。"邱"、"丘"本清初避讳而分，邱菽园在民国之后自写其姓为"丘"，然在清代的官方文献上为"邱"，本节亦用"邱"字。本节引用邱菽园在《天南新报》上的文字，转录自王慷鼎、汤志钧的论文，并参考颜清湟的著作。

[2]《札江汉关道查禁悖逆报章》，光绪二十六年二月初七日，《张之洞全集》，第6册，第309-310页。"访事人"，记者。又，光绪二十六年十月十一日，张之洞给刘坤一的电报中再次提到《天南新报》："上海各报多咙杂，惟《苏报》尤为猖獗，查系常州举人陈叔畴开，并自主笔，未挂名洋商，向来附和康党，专发悖逆议论。捏造谣言，诬诋朝廷，专采康党《清议报》及康党《天南新报》之说。述及慈圣，辄斥为那拉，肆口毒詈……"《张之洞电稿乙编》，第69册，所藏档号：甲182-75。

这是张之洞在公文中第一次提到《天南新报》，但他此时对该报总理邱菽园本人可能还不甚了解。是年七月二十八日（8月22日），张之洞在汉口破获自立军起义总机关，唐才常、林圭等人被捕被杀。在此之前，七月十八日（8月12日），湖南清军在湖北嘉鱼县捕获参与自立军活动的会党首领蒋帼才，在抄获的文书中，邱菽园列名为"正龙头"。[1] 在此之后，唐才常之弟唐才中于八月在湖南浏阳被捕，供认邱菽园是自立军起事的主要资金资助人。[2]

张之洞得知邱菽园资助康有为的消息后，决心去做邱的工作，以断绝康有为一派的资金来源。九月十二日（11月3日），他发电清朝驻英国公使罗丰禄，要求派新加坡总领事对邱开导劝谕。"张之洞档案"有该电的底稿，张之洞亲笔改动甚多，在此录之，下加重点号者为张的亲笔：

> 湖北省破获富有票逆匪唐才常一案，供出系康有为主使，扰乱沿江沿海地方，搜出匪单内列邱菽园为正龙头。湖南省缉获唐才常弟唐才中，供称邱菽园寄居新嘉坡，康有为常寓其家，唐才常与康信札即交邱转寄，此次滋事邱曾捐洋五六万元等语。查邱菽园系福建举人，在新嘉坡经商，家道殷实，何致甘心附逆，自覆宗邦。必因在外年久，不知中国实在情形，误信康党造谣捏诬之词，以为康党真为保中国、保皇上起见，是以慨助赀财。岂知康党此次作乱，实系勾结会匪，妄觊非常，搅坏东南商务大局。其往来逆信中，于皇上蒙尘西幸，目为西窜，有"此时此机万不可失"等语。搜出洋文规条，有"指定东南各省为自立之国，不认满洲为国家"之语。各国领事人人共见。搜出康有为密札，又有"欲图自立，必先自借尊皇权始"之语，"借"字可恶，明说是借保皇为名，以作乱矣。悖逆诈伪，何尝丝毫有为皇上、

---

[1]《岳州镇呈报匪情咨》，光绪二十六年八月初一日，《自立会史料》，第117–125页。
[2]《俞廉三奏报唐才常供词二则》，《俞廉三奏拿获富有票匪惩办缘由折》，光绪二十六年闰八月二十一日，张篁溪辑：《戊戌政变后继之富有票党会》，《自立会史料》，第141–144、150–153、177–189页。

为中国之心。今诈谋败露,逆迹昭彰,中外皆知。现又在广东惠州作乱,供出确系康党。谅邱菽园亦有所闻。务望台端迅饬新嘉坡理事官,立传邱菽园,告以康党之狡诈欺人,剀切开导晓谕,万勿为其所愚。若以好义之心,反误为助逆之事,殊为可惜。并令理事官转告诸华商,嗣后勿再容留康党,接济巨资,扰乱中国,至要至祷。余另咨详达。祈即电复。洞。文。[1]

张之洞在由其幕僚起草的电文中,增改数量如此之大实为少见,表明了他对此事的关注程度。电报虽是发给罗丰禄的,但电文的内容却是要通过新加坡总领事转给邱菽园看的。张之洞在电文中以儒家的"忠义"立言,指出康有为以保皇为名,行造反之实,要求邱菽园等人不再为之提供资助。四天后,九月十六日(11月7日),张之洞再次发电罗丰禄:

> 致伦敦罗钦差:寒电悉,具仰公谊,感谢。邱闻劝谕,是否悔悟遵办?确情如何?祈饬坡领事电复,即赐电示。至盼。洞。谏。[2]

"寒"是十四日的代日,表明罗丰禄该日有电回复,从当时有线电报一站站接力的速度来看,罗似仅同意发电给驻新加坡总领事;而张之洞急欲知道邱菽园的态度,要求新加坡总领事直接发电给他。此时清朝驻新加坡总领事为罗忠尧。[3] 九月二十日(11月11日),张之洞又发出致罗丰禄的两件咨会,前一件的内容与九月十二日电报大体相同,再次要求派新加坡总领

---

[1] 光绪二十六年九月十二日午刻发,《张之洞电稿》,光绪二十六年九月上旬,所藏档号:甲182-463。又参见《张之洞全集》,第10册,第204页。"理事官"即今领事官,《张之洞全集》作"领事官",为许同莘编《张文襄公全集》时改。又,"现又在广东惠州作乱",指孙中山领导的惠州起义,张之洞等人的情报稍有误。再又,新加坡当时为英国殖民地,清朝驻新加坡领事在具体事务上受命于清朝驻英公使。

[2] 光绪二十六年九月十六日子刻发,《张之洞电稿丙编》,第88册,所藏档号:甲182-97。

[3] 罗忠尧是罗丰禄之侄,曾就读于船政学堂。邱菽园在《上粤督陶方帅书》中称:"罗君为职夙友,己亥履任而还,花筵舞席,时共听歌。此际位秩,纵判云泥。而短衣怒马挟弹少年之故人,讵便翻手不识。"(《清议报》,第80册,《来稿杂文》)可见邱、罗两人本是熟友。"己亥",光绪二十五年(1899)。

事对邱开导劝告；[1]后一件请罗丰禄与英国外交部就相关事件进行交涉。[2]然而，在"张之洞档案"中，罗丰禄和罗忠尧的回电或回文皆未见，此一劝说工作的具体情况与成效，还难以确定。十月初一日（11月22日），邱菽园在《天南新报》上刊出《闭门著书》的启事，称言："弟近日谢绝人事，与林文庆博士每日相对，翻译中国史记……藉以养疴。"由此看来，张之洞的工作似取得了一定的效果；从邱菽园后来的《上粤督陶方帅书》中又可知，罗忠尧命邱去领事馆，而邱邀罗赴其寓楼，两人并未相见。[3]罗坚持邱须去领事馆，自是张之洞电报、咨会中的要求，然邱在上书中大谈唐才中等情事，可知罗已将张之洞的电报、咨会交示之。又从张之洞后来的情报来看，邱此时似未改变态度。[4]

由于自立军的起事牵涉到海外华侨和留学生甚多，甚至还涉及日本人，

---

[1] 张之洞在该咨文中称："……咨请贵大臣照录来文，札饬新嘉坡总领事官立传邱菽园到案，剀切开导晓谕，俾晓然于康党之狡诈欺人，勿再为其所愚。若以好义之心反误为助逆之举，扰乱中华，贻害桑梓，冒天下之不韪，为公论所难容，想邱菽园断不至始终执迷不悟若此也。"《张之洞全集》，第6册，第354页。

[2] 《咨出使英国大臣切商英外部查禁匪党》，光绪二十六年九月二十日，《张之洞全集》，第6册，第355页。该咨会让罗丰禄与英国外交大臣进行交涉，由英国政府下令在香港、新加坡等处总督，查禁康有为一派的活动。其中还提到："其通晓文墨能到外洋各著匪姓名，一并粘单，咨请照会英外部转饬南洋各埠暨驻华各口岸领事，于所在界内一体密查协捕……"不知这个名单中是否有邱菽园。

[3] 邱菽园在《上粤督陶方帅书》中称："……汉口事起，鄂督张公电咨英伦使馆，转饬坡领事罗君，首举才中供词为言，向职诘难。职觉波澜太远，有如天外飞来，又如一部十七史，不知从何处说起，甚欲诠述原委，而悬事，托其代陈。……乃自鄂电之来，蔺廉避面，欲语形悭。职尝卑词通使约会寓楼，而罗君必欲呼职使前，辕门听命，职未知所以对也。……用是引嫌未赴，罗君终不肯来。……忽于是月晦夕，岛人传说，海澄邱族，已为闽吏围捕，祖兆宗祠，毁焚始尽……"见《菽园赘谈》七卷本之附录，光绪二十七年刻。又见《清议报》，第80册，《来稿杂文》；《清议报全编》卷一五。

[4] 此时康有为给邱菽园的信中称："寄洞逆之电，《叻报》既登，公不可不一书与二罗以攻洞逆。"（转引自汤志钧：《自立军起义的一份原始材料——丘菽园家藏康有为等信件评析》，《中华文史论丛》，2012年第3期。又，原信落日期为"廿九"，当为九月二十九日）"寄洞逆之电"，指康有为给张之洞的电报。"二罗"指罗丰禄、罗忠尧。康有为鼓动邱菽园与"二罗"抗争，似应听说了罗忠尧奉命策反邱事。汤先生在该文中又称，邱菽园后人所藏书札中"还有几封斥责张之洞的信"，说明此时康也正在加紧做邱的工作。

故张之洞一面咨会清朝驻日本公使李盛铎,要求与日本政府进行交涉;[1]一面撰写《劝戒上海国会及出洋学生文》以及《两湖自立会匪紧要情节示稿》、《著名匪徒单》,于九月十四日(11月5日)咨送清朝驻英、日本等国公使及沿海沿江各省督抚,要求广为张贴、散发。[2]其中的《著名匪徒单》,今尚未见,张之洞称之为"将所有拿获各匪供出在会逃逸最著名匪首通晓文墨、能到外洋者,摘刊一单",很可能与张篁溪所录湖北官方"通缉富有票各逸匪住姓名单"大体相似。而在后一个名单中,张篁溪称言:

> 三、匪首蒋翘才荷包内搜获会匪名单……正龙头……邱菽园,广东人,寄居新嘉坡,家资巨富,康有为常寓其家,唐才常与康有为信札即交邱菽园转寄。唐才常之弟唐才中亲笔供称,唐才常此次滋事,邱菽园曾捐洋五六万元等语。[3]

据此,邱菽园是湖北官方通缉的罪犯。张之洞对于他的这些做法,也事先向朝廷报告,作了具体说明。[4]

张之洞的情报与陶模的策动

光绪二十七年二月初二日(1901年3月21日),湖广总督张之洞给新任两广总督陶模发去一电,通报情况:

---

[1]《咨出使日本国大臣请照会日本政府将甲斐靖按律治罪》、《咨出使日本国大臣请照会日本政府严禁匪人来华》光绪二十六年闰八月初六日,《张之洞全集》,第6册,第350—351页。

[2]《咨出使日本国大臣送劝戒国会文及示稿》,光绪二十六年九月十四日,《张之洞全集》,第6册,第351—354页。又,"张之洞档案"中有《张之洞告示》抄件,称:"……已将先后叠次查出、供出紧要各匪首姓名、籍贯,陆续开单分咨各省,一体严密悬赏查拿,务获惩办,以惩乱逆而安大局。"所藏档号:甲182—280。

[3]《自立会史料》,第181页。"广东人"为误。

[4]《宣布康党逆迹并查拿自立会首片》光绪二十六年九月初九日,《张之洞全集》,第3册,第575—576页。还需注意的是,清廷于光绪二十七年正月十九日下达谕旨:"……孙汶、康、梁诸逆,托为保国之说,设立富有票会,煽惑出洋华民,敛资巨万,若不详切开导,破其诡谋,使知该逆等藉词保国,实图谋逆,乘机作乱,诚恐华民受其蛊惑,仍纷纷资助款项,蔓延日盛,为患实深。著吕海寰、李盛铎、罗丰禄、伍廷芳选派妥员,前往各商埠详察情形,剀切劝谕,务令各华民,晓然于该逆等并非真心保国,勿再听其摇惑,轻弃赀财。"(《清实录》,第58册,第317页)此旨的背景我还不太清楚,很可能张之洞于此中亦有所动作。

第六章 戊戌前后诸政事

广州陶制台：密。顷有人接新加坡密函云，腊月底，有多人由上海、香港来叻，多湘楚籍，分寓邱、林各处。邱由缅甸、暹罗筹多赀，遣人结粤匪，势甚皇急等语。查邱即邱菽园，林名文庆，皆闽人之在新加坡者，与康有为往来诡秘。此信确否未知。既有所闻，祈密查严防。洞。冬。〔1〕

陶模是张之洞于同治六年（丁卯科，1867）任浙江乡试副考官时所拔之才，名份上属师生，两人历来私交甚密，"张之洞档案"中所藏来往电报亦多。在这份电报中，张之洞称其收到了来自新加坡的情报，两湖地区有多人前往新加坡，住在邱菽园、林文庆的家里。如果张之洞的情报属实，那么，邱菽园并没有如其所称的那样，"闭门著书"。陶模对此的回电未见。

两广总督陶模接到张之洞的电报后，进行了相关的工作，邱菽园也做出了相应的反应。陶模在给新加坡总领事罗忠尧的《札文》中称：

照得本部堂访闻，去年腊杪有多人由上海、香港前往叻埠，其人多湘楚籍，分寓邱菽园、林文庆各处。邱由缅甸、暹罗筹备多资，遣人隐结粤省会匪等情。……札仰该总领事慎密查明，详细申复。……至于湘楚等省之人，此次前往该埠者，想皆求新之士，或从前与康、梁有交，或去年为唐才常等所牵涉，所以畏罪远引；抑或以中国未行新政，愤激出游，求遂其志。凡此不得已之苦衷，皆本部堂所深悉。……况得罪朝廷，奉旨访拿者，只康有为、梁启超数人，其余人士，概无干涉。即当日偶有牵连，但使悔过自新，亦必在弃瑕录用之列。……古来尽多贤豪失志，纵不乐见用于时，亦惟闭户著书，以待

---

〔1〕光绪二十七年二月初二日亥刻发，《张之洞电稿》光绪二十七年二月，所藏档号：甲182-465。抄件又见《张之洞电稿丙编》，第98册，所藏档号：甲182-99。"叻"，新加坡的别称。张之洞此后给军机处的电报中称："……本月初，接新嘉坡密函，言ьян党又敛巨资数十万元，纠党将自粤入湘，其中湘楚人居多等语。已电粤督陶密查严防矣。"光绪二十七年二月十九日未刻发，《张之洞电稿乙编》，第71册，所藏档号：甲182-75。

来哲……[1]

陶模的《札文》，前引张之洞的电报，说明本意；继称前往邱菽园处的两湖人士，很可能仅是志在维新，因多故而出游，未称有意谋反，已有为邱开脱之意；最后又提到"闭户著书"，与邱先前的表态相吻合。这一文件看来是了解新加坡与邱本人情况的人士所拟。很有意思的是，陶模给罗忠尧的该《札文》，罗忠尧并未送给邱菽园、林文庆，而是由两广总督署刊登于新加坡、香港、上海等处的报刊上。[2]邱菽园宣称其在香港《华字报》上读到陶模的《札文》，于二月十九日（4月7日）发电陶模表示委屈，称将"当缮长禀"；[3]另写了一篇洋洋洒洒数千言的《上粤督陶方帅书》，以维新

[1] 该《札文》刊于光绪二十七年二月十四日（4月2日）上海《申报》、十六日（4日）新加坡《天南新报》。刊于其他报刊上的时间我尚未详。

[2] 邱菽园的朋友曾昭琴作《刊刻答粤督书缘起》，称言："光绪二十七年辛丑二月新任两广总督秀水陶子方制军模，寄札新嘉坡中国总领事府罗忠尧，查明流寓闽士邱、林两人近日情形。乃罗领事得札后，并未知会邱、林两君。事阅半月，粤港报馆自向督署录出原札底稿，刊印于外。邱时见之即行电复，并作答书一通，凡三千言，大意将年来维新党人心术行径磊落写出，而己之事迹附焉，以告天下，固不仅为答粤督之问而发也。此书自行刊登《天南新报》，而后即由津、沪、闽、广、港、澳、南洋、日本、新旧金山、檀香山各华字报馆纷纷选登，而外洋诸西文报馆亦辗转翻译，不胫之驰遍九万里。天下之士得观原稿者，咸谓陶督善能下士，得大臣体，而邱君之披露肝胆，词无隐遁，有以见英雄本色，不受人欺，亦从不欺人云。若林君者，少即游学英京，壮年仕于英国，现为星洲政局议员，及预官中医师之选。与邱行志相合，雅相引重。每接欧美良法灌输宗邦，冀臻盛治。暇则共译中国古史及时事论说，播刊西报，冀通东西之驿骑。时人每两贤而两称之，其在西人则曰林文庆、邱菽园，其在华人复曰邱菽园、林文庆。如车之辅，如骖之靳，莫能轩轾也。邱既答书，心迹大白，林以所志不替代言，遂不复一词，闻将以英文短禀肃谢陶督而已。邱、林之言曰：某等读书问政，本非淡然忘世者，不幸而所怀久蕴，欲达无门，又不幸而世处泯棼，动辄得咎，甚至萤语之来，乱其影响，而使人狲不自释。固惟学寒蝉之噤声已耳。吾生有涯，人事无着，伤哉时也。其何能忍与终古。故自陶督寄札之来，二君感其知己，惬于五中，又尝言曰陶公盛意，某非不喻，特经此次险阻而后所谓时危出处，难者盖已窥之至微，验之至切。功名二字，于我浮云，然即淡然忘世，又非初心所安。会有不耻下问之个臣，终当尽吾一得以作刍荛也。邱、林之言如此，邱、林之志不亦远哉。"（见《菽园赘谈》七卷本之附录，光绪二十七年刻）据此，新加坡总领事罗忠尧未将陶模的《札文》送达邱菽园、林文庆两人，此事似不可解，然为何如此，不详。

[3] 该电文称："两广制台陶大人鉴：敬禀者，窃职近读香港《华字报》，恭录宪札，谕新嘉坡领事，查明邱菽园、林文庆情形等因。祗诵之余，仰见宪台仁明公恕，爱人以德，所以督责之者甚至，而期许之者甚厚。钦佩曷极。职少读书，颇知义命，倪来毁誉，漠不关心，况复素懔失言失人之训，

变法、尊光绪帝、反对立大阿哥、反对朝中守旧势力而立言（陶模、张之洞内心中对此也会同意），为自己的行为进行辩白；对于资助康有为、唐才常等事，或回避或否认。从该上书的基本倾向来看，虽未称与康有为决裂，但已无助康起事之意了。[1]从某种意义上来说，陶模、张之洞的主要目的已经达到了。在此之后，邱菽园又于三月初八日（4月26日）在《天南新报》刊出《寄函须知》，称言：

> 弟以养病之故，杜门却埽，除考古著书外，则药炉经卷以消永夕，足迹罕至《天南新报》半载有余矣。乃外埠诸友尚多未知，每每以寄弟之书件报纸，仍旧寄至《天南》报馆转交者，如此殊费周折。今特登报声明与诸君子约：嗣后如有书件等项，祗欲惠弟自收，望即径寄恒春公司。[2]

该则启事对外表示，邱绝意于政治活动。

邱菽园的《上粤督陶方帅书》在当时南洋、港澳、日本、上海有多家报纸刊登。张之洞从上海报刊上看到该上书，于光绪二十七年三月二十八日（1901年5月16日）发电陶模：

> 广州陶制台：昨见沪报，载有邱炜萱即邱菽园上台端一禀，意虽坚执，措词尚属和婉，似有悔悟之意，此皆阁下示谕有以感之。查邱炜萱在叻为华商领袖，康即住邱恒春公司中，如邱不助康以赀财，各

平生不妄以文字干请，亟亟自明。兹遇宪台谦谦下问，相见以天，不图空谷，闻此金玉，敢不披沥腹心，以答宪台之盛意。谨先具电奉闻，上慰仁廑，所有委屈之忱，当缮长禀，邮呈宪辕耳。惟冀俯恕不备。内阁中书衔福建举人邱炜萲叩禀。再，菽园，兹系职别号，合并禀明。"见《菽园赘谈》七卷本之附录。

[1] 该上书首刊于《天南新报》光绪二十七年二月二十五日（1901年4月13日）；又刊于《清议报》，第80册，光绪二十七年四月十一日（1901年5月28日）。在其余各报刊上发表时间未详。

[2] 还需注意的是，在张之洞发电之前，光绪二十七年正月十七日（1901年3月7日），邱在《天南新报》上发表启事《杜门养病》，称言："鄙人以多病之故杜门却扫，惟日著书，高朋拜会，一切挡驾，前已报声明，当蒙鉴谅，特恐尚有未知，空劳见顾，不免滋议。今再肃陈下情，诸希恕察，是祷。"此一告示说明，邱菽园在陶模进行工作之前，可能已与康有为有隙，避客不见。

商自必解体，康失所助，逆党自散，康之起灭视乎邱之从违。此事关系甚大，祈阁下乘机开导，或于原禀批发，或发电劝谕，俾不再为所惑，则沿江沿海匪患自可潜消。祈酌办示复。洞。勘。〔1〕

张之洞认定，如果邱菽园能断绝财务上的支持，康有为一派将无所作为；而于此时，在张之洞的情报系统中，认定康有为及自立会还会再行举事。〔2〕陶模收到张之洞电报后，于三月二十九日（5月17日）回电：

邱与康诗酒应酬，偶助资财，似非同谋。邱志大难酬，拟暂置不理。南方会党宗旨不一，亦有欲解散流血之谋者。湘楚少年托名保皇会，出洋讹索巨款，闻徐勤等不耐骚扰，暂多远离。今少年不尽信康，而信革命党之说。我不变法，若辈日多，非杀戮所能止。请吾师勿再捉拿。湖北书院事亦勿深求，恐为丛驱爵。模。艳。〔3〕

陶模此电采信了邱菽园的自辩——"与康诗酒应酬，偶助资财，似非同谋"；又称"邱志大难酬，拟暂置不理"，即邱的上书提出了难以回答的"高义"，对之采取不回答的态度，这也无从着手张之洞所要求的"乘机开导"。更值得注意的是，陶模在该电中称"我不变法，若辈日多，非杀戮所能止"，竟以此来劝其师放下屠刀了。"为丛驱爵"一语，联系到陶模给罗忠尧的《札文》，影影绰绰有张之洞的捕杀使两湖志士逃亡于新加坡之意。当然，陶模的这番劝词，不能入张之洞之耳。张已将追捕自立会作为此时

---

〔1〕《张之洞全集》，第10册，第284页；张之洞亲笔原件见《张之洞电稿》光绪二十七年三月，所藏档号：甲182-465。又，"劝"字，发表时改为"彼"字。

〔2〕张之洞于光绪二十七年四月十三日发电湖南巡抚俞廉三："长沙俞抚台：密。准两江密咨，上海有票匪百余人，专办炸药，运往上游，约期起事。最著者为徐春山等，又有龙高一，系湖南湘乡县人，亦系著名巨匪，并应通饬严拿等语。特密达。请速饬密拿。再，龙高一系三字，勿误为龙高两字。盼电复。洞。元。"十六日又发电："急。长沙俞抚台：密。顷查获逆信内称，现与康主梁师会合，重新振作，共图恢复，拟派绝技刺客，定五月节前，劫杀两湖当道，乘间起兵，两湖可反手而得等语。其中情节尚多，除将逆信由六百里咨达查办外，特先摘要电达，尚祈密拿严防为要。洞。谏。"《张之洞电稿》光绪二十七年四月，所藏档号：甲182-465。

〔3〕《张之洞全集》，第10册，第284-285页。该电于次日收到。

两湖政务的第一等大事,他对此似无回电。

邱菽园破财免灾与张之洞的态度　　光绪二十七年五月十一日(1901年6月26日),两广总督陶模发电张之洞:

> 武昌制台鉴:宙。据举人邱炜萱即邱菽园禀称,冤被株连,愿捐银二万两,祈原宥等情。模因邱系闽人,此款应归闽用,拟请许筠帅具奏。查南洋康党蟠结可虞,藉此散其党与,未始非计。乞示复。再,闻尊处访拿沈翔云、章炳麐、吴彦复、邱公恪,不知确否?上面不能变法,下面横议日多,非严刑所能遏,恐激成党祸。乞格外宽容。模。元。[1]

这一份电报有点突然,其中的背景我还不太清楚,陶模与邱菽园之间似有勾通。[2] 陶模在此电中宣称,邱菽园有意"捐银二万两"以免受"株连"。此中的"株连",当属张之洞的通缉名单,即张之洞发往各国公使馆、沿海沿江各省的《著名匪徒单》。陶模还称,邱菽园属福建人,捐款应交福建,由闽浙总督许应骙上奏。在该电中,陶模继续劝说张之洞放弃追捕,称"严刑"可能激成"党祸"。陶模的后一番说词很可能引起了张之洞的反感,张没有及时回电。过了几天,五月十八日(7月3日),陶模再次发电张之洞:

> 张制台:亥。元电谅达鉴,邱炜萱来禀,冤被株连,报效闽赈银二万两,以明心迹。恳请咨闽具奏等情。款已汇港,宜允与否?乞复。

---

[1] 广州陶制台来电,光绪二十七年五月十三日巳刻发,酉刻到,《张之洞存各处来电》,辛丑第26册,所藏档号:甲182-150。"宙",似为约定的电码代称。"章炳麐",不知何人。
[2] 关晓红的论文《陶模与清末新政》称:"后来邱菽园在陶模的授意下,以报效赈灾银脱罪",但未示其证据。从常理分析,很可能邱氏族人在福建受到牵连,促邱决意花钱免灾。张之洞后来的奏折中称,清朝驻古巴总领事陈纲是其中的调人(后将详述)。

模。啸。[1]

这份电报中不再有劝词,仅称可否由福建上奏以取消邱菽园被通缉之案,看来陶模也猜出其师不愿回电之意。又过了几天,五月二十四日(7月9日),张之洞复电陶模:

> 广州陶制台:两电悉。邱炳萱本系为人所愚,去年敝处电新嘉坡领事,传谕劝导,本无恶意,乃该举人一味负固。今年又助逆党资财,深可怪叹。今既知悔悟,恳求免累,甚属可嘉,不在捐银与否也,拟请台端电告该举人,令其作一禀与敝处,声明以后断不助康有为等各逆党资财作乱,即是真心改悔。或捐银若干,寄交敝处,充秦晋赈,较为得体,多少不拘。敝处当为之奏请免罪,并咨闽省原籍及各省,以后可脱然无累矣。原案系由敝处奏请通缉,似须由鄂省具奏,方能销案。祈示复。洞。漾。[2]

张之洞此电强调了两点:其一是让邱菽园作出书面保证,以后不再资助康有为;其二是表示只能通过湖北上奏,才能脱案免罪。对于捐银数字,张之洞表现很大度,称"多少不拘";且将这笔款项作为"秦晋赈",即对陕西、山西当时大旱的赈灾款,不留湖北。张之洞的这份回电,似乎出了一点差错。五月二十七日(7月12日),陶模又一次发电张之洞:

> 武昌张制台:宥……青、元、啸连寄三电,一为科举,二为邱炜萱。乞速复。模。感。[3]

---

[1] 广东陶制台来电,光绪二十七年五月十八日酉刻发,十九日子刻到,《张之洞存各处来电》,辛丑第27册,所藏档号:甲182-150。"亥",似为约定的电码代称。

[2] 光绪二十七年五月二十四日丑刻发,《张之洞电稿》,光绪二十七年五月至七月,所藏档号:甲182-466;抄件又见《张之洞电稿乙编》,第73册,所藏档号:甲182-75。抄件将"炳萱"二字旁改为"炜菱"。

[3] 广东陶制台来电,光绪二十七年五月二十七日辰刻发,申刻到,《张之洞存各处来电》,辛丑第28册,所藏档号:甲182-150。

张之洞收到此电后,于五月二十八日(7月13日)立即回电:

> 急。广州陶制台:……邱炜萱事,漾电已复,何尚未到?祈查阅酌示。洞。勘。[1]

张之洞对此仍不放心,当日深夜再发一电:

> 广东陶制台:感电悉。邱炜萱事,已由漾电详复,何尚未达,祈饬查。该举应在敝处切实具一禀,即可奏请销案。青电询科举事,尊虑极是。……洞。勘。[2]

张在这份电报中再一次强调了他的条件,即邱菽园须向张之洞"具禀",方可奏请销此案。陶模的复电及邱菽园的禀帖,"张之洞档案"中皆未见。

光绪二十七年七月十六日(1901年8月29日),张之洞上了一道很长的奏折,说明邱菽园完全转变心意,并具禀保证等情,其全文如下:

> 奏为南洋巨商始为康逆所愚,今经劝导悔悟,报效赈需巨款以明心迹,恳恩优予褒奖,恭折仰祈圣鉴事。
>
> 窃查逆首康有为逋逃海外,诳诱旅居南洋各埠华商,设会敛钱,以供作乱之资。于是伪称新造自立之国,集资数十万元,散放富有票,分遣死党,勾结会匪,意图占踞东南各省。自匪首唐才常等在汉口事败后,本年三月间,又集资数十万,改造回天票,号召各乱党萃于上海,仍欲纠集盐枭、游勇、会匪,再扰长江,并贿买奸民徐春山等,及外国流氓,包办沿江各省埋藏炸药,轰毁官署营局。虽皆先期破获,未遂奸图,要其钱财充裕,运用不穷,则皆由海外华商误信其虚捏保国、保皇之名目,而输资接济之。故康逆有恃无恐,为患不已。

---

[1] 光绪二十七年五月二十八日辰刻发,《张之洞电稿乙编》,第73册,所藏档号:甲182-75。

[2] 光绪二十七年五月二十九日子刻发,《张之洞电稿》,光绪二十七年五月至七月,所藏档号:甲182-466。抄件又见《张之洞电稿乙编》,第73册,所藏档号:甲182-75。抄件将"萱"字旁改为"菱"。又,该电于子刻发出,当时系于次日。

臣于上年擒诛唐才常后，访悉情节，即刊刻告示及劝戒文，将康有为、梁启超逆信、伪檄中自称自立之国、不认国家及借尊皇以复民权等语，悖逆狡诈情形，摘发宣布，剀切戒劝，咨送各省及出使各国大臣，饬发外洋各处商埠，广为传布。并另托往来南洋之正经商人，多携刊本，前往散给各商阅看。由是各华商始知康有为阳托保皇，阴图自立，确系悖逆之尤，绝非忠义之士。迨上年十二月间，钦奉明诏，变法自强，海外闻风，莫不欢欣鼓舞，益知康有为从前获罪，实因其图为逆乱，于变法毫不相关，群起诋斥而避远之矣。

查上年唐才常破案后，搜获匪单，内有邱菽园姓名。并据匪魁唐才中供，有邱菽园资助钱财之语。经臣刊入通缉匪单，分咨各省查拿在案。旋臣访知邱菽园，即邱炜萲，系福建海澄县举人，内阁中书衔，向在南洋新嘉坡一带经商，开设恒春公司，家资百余万；且文理颇优，夙负才名，素为各华商之望。因思该职商身为举人，自必读书明理，何至附和逆谋。因托出使大臣罗丰禄，转饬新嘉坡领事，并托两广督臣陶模，就近在粤托人向之开导，谕以是非顺逆。

现据邱炜萲禀称，该职天南僻处，孤陋寡闻，前此康、梁辈逋逃过坡，始以文人穷窘海滨，偶与往还谈论。嗣闻其有藉会敛钱、煽党惑众之事，立即深非痛恨，与之绝交，不意冤被株连，名罹匪籍。该职岂无人心，何肯甘心从逆，悖妄狂愚，一至于此。幸荷明察远茝，曲予自新，用敢输诚陈诉，报效秦晋赈捐银一万两，恳于奏明销案免累，俾得瑕玷重磨。以后如有资财助逆之事，斧钺刀锯，所不敢辞等语。托古巴总领事陈纲，呈交两广督臣陶模，转寄来鄂。

臣查阅来禀，情词痛切，悔悟实出至诚。屡次电询陶模，亦谓其情可原，其言可信。近阅上海新闻等报，载有该职商表明心迹告白，于康有为阴贼险狠之行径、攀陷异己之狡谋，痛斥不留余地。具见该职商确与康逆绝交，坦然明白。该职商素为南洋各埠华商所信重，今有此举，各商必相随觉悟，从此无复有资助康逆之人。康逆无财可敛，其计立穷。即再欲谋乱，而资无所出，其党羽亦势必涣散离心，釜底游魂，困毙可坐而待。是邱炜萲此举，非但深明大义，实足默挽人心，关系极为重大。且闻该职商现因福建原籍水灾，已捐助赈需银二万两，另由闽浙督臣具奏。兹以秦晋荒旱，复据报效库平银一万两，于赈务不无裨益，是其急公好义、倦倦不忘宗国之心，尤堪嘉尚。合无仰恳天恩，明降谕旨，将其输诚拒逆各节，优予褒奖，以劝自新而弭巨患，出自逾格鸿慈。除由臣通咨闽省暨各省，准予销案免累，并将报效银两，分交秦晋赈捐局兑收充赈外，理合恭折具陈。伏祈皇太后、皇上圣鉴训示。谨奏。[1]

张之洞的奏折中，值得注意的内容大体有四项：其一是邱菽园的禀帖，邱在禀帖中未承认与康有为交往、资助唐才常等情事，但也作出了今后不再资助康有为的保证，"以后如有资财助逆之事，斧钺刀锯，所不敢辞"。其二是邱菽园与陶模之间的调人，是清朝驻古巴总领事陈纲。[2] 陈纲是邱菽园的同乡（相邻甚近），兼乡试同科举人，曾任驻菲律宾总领事，邱、陈之间应有着较多的交往。其三是邱菽园的捐银数额为银一万两，比先前的二万两有所减少，但在此之前已交福建银二万两，可能是陶模与张之洞电报未及时衔接之故，邱已先交福建。其四是除了邱菽园的具禀外，在上海诸多报刊上刊出了邱菽园的"告白"，与康有为"绝交"。在这一奏折中，张之洞称其已咨会福建等省将其"通缉"一事"准于销案免累"，并请求朝

---

[1]《张之洞奏稿》，光绪二十七年七月，所藏档号：甲182-413。抄件又见《张之洞督楚奏稿二编》十二，所藏档号：甲182-203；《张文襄公奏疏未刊稿》函二，所藏档号：甲182-398。
[2] 陈纲是福建同安（今厦门）人，其父陈谦善是菲律宾华人的甲必丹（头人）。陈出生于菲律宾，后回同安原籍学习，于光绪二十年中举人，二十四年中进士，授内阁中书。同年，陈纲获命出任清朝首任驻菲律宾领事，是年底赴任。并于次年在领事馆内开办中西学堂。此时正值美西战争后美国统治菲律宾，由于菲律宾华侨中粤、闽两籍的矛盾，英国等国商人对其父陈谦善的指责，美国对陈纲的领事人选表示质疑。清朝驻美国、西班牙公使伍廷芳将陈纲与驻古巴总领事黎荣耀对调。陈纲亦以母亲病故而请求丁忧。又，陈纲中进士引见时，其单称："陈纲，福建人，年二十八岁，三甲一百一十一名进士，复试二等八十五名，朝考二等三十名。"（《光绪宣统两朝上谕档》，第24册，第221页）以此推算，陈纲出生于1871年，大邱菽园三岁，年龄也是很相近的。

廷予以"褒奖"。

七月二十一日（9月3日），张之洞在上奏数天后，发电陶模：

> 广州陶制台：邱炜萲事，已于七月十六日具奏，声明误被康党所愚，今悔悟自新，报效赈需，以明心迹。恳恩将其输诚拒逆各节，优予褒奖。除通咨各省销案、并将奏稿咨达外，先此奉闻。祈转谕邱炜萲知。洞。简。[1]

张之洞要求将此通知邱菽园。陶模的回电未见，但相关的消息肯定传到邱菽园处，邱在此后有着一系列的公开表示。七月二十七日（9月9日），邱菽园在《天南新报》刊出《广告》，称言：

> 鄙人抱病载余，肝膈时病，杜门习静，只能著书。医家劝说出游节劳，兼得空气，庶于卫生之道相宜。今拟于月中携琴剑出游近岛各处，舒肃天风拍浮海，偷闲养病，聊遣光阴。

此处称其将会出游，以避友朋相见。其所避见者，当属康有为及其一党。过了两天，七月二十九日（9月11日），邱又在该报刊出《息游绝交》的告示，称言：

> 鄙人多病，本拟月底避地出游，因事不果，然行装已打叠一切，大有骊驹在门之感。所有朋友往来，尚祈恕谅，其酬酢不周，勿以为怪，是幸。

邱表示虽不出游，但闭门不见客。仅过了一天，七月三十日（9月12日），邱在该报发表《告辞总理》的启事，称言：

> 启者：《天南新报》各股东原举弟为总理人，今弟自因多病，两年

---

〔1〕光绪二十七年七月二十一日巳刻发，《张之洞电稿》，光绪二十七年五月至七月，所藏档号：甲182-466；抄件又见《张之洞电稿乙编》，第74册，所藏档号：甲182-76。

以来，久不视事，情愿辞总理之席，以待能者。谨此声明，统惟亮察。

从此开始，邱菽园完全脱离了《天南新报》。他此后的生活，似乎离政治越来越远，而对诗的兴趣越来越大。

此时慈禧太后、光绪帝尚在西安，正准备回北京。八月初四日（9月16日），清廷在收到张之洞的奏折后，则由内阁明发上谕：

> 张之洞奏出洋华商表明心迹，请准销案免究并予褒奖一折，据称福建举人内阁中书衔邱炜萲向在南洋新加坡一带经商，……既据该举人输诚悔悟，具见天良，殊堪嘉尚，邱炜萲著加恩赏给主事，并加四品衔，准其销案，以为去逆效顺者劝。[1]

这一道上谕如何传到张之洞，如何传到陶模，又如何传到邱菽园，从"张之洞档案"中还看不到线索。但邱菽园肯定收到了该上谕。九月十一日（10月22日），邱在《天南新报》发表《论康有为》一文，表示与康决裂，文称：

> ……乃论者不察，以去年康有为之来星加坡，曾一为延纳，遂多昔年以党康，今日拒康，而中间若留大段疑讶问题者，噫嘻如是云云。……夫仆产闽中，家居海外，其与康无一面交，无杯酒欢。……所以于其来坡而开阁见之者，固有如前上陶制军书，以康为皇上所识拔之人，……大抵康之为人，"结党营私"四字，乃其死后不磨之谥，而其结党之法，则以其学问为招徕之术，以大帽子为牢笼之方，善事之徒，一与之游，无不入其彀中，此则戊戌以前在粤聚徒及在京结党之手段也……

此一绝交书，完全符合张之洞在前引电报中提出的要求。

---

[1]《光绪宣统两朝上谕档》，第 27 册，第 177-178 页；抄件又见《张之洞督楚奏稿二编》十二，所藏档号：甲 182-203。

邱菽园在庚子、辛丑年间态度转变一事，先前的研究对张之洞一方虽有注意，但因若干重要文献尚未刊露而稍有缺失。如果将张之洞与罗丰禄、陶模等人的往来电报、张之洞奏折及朝廷上谕，与邱菽园在《天南新报》及其他报刊上的各种告示、宣言相对照，大体可以看出两者之间的关联；且若无张之洞的策反工作，邱菽园已与康有为一派交恶，大约也会遵循"君子绝交不出恶声"之古意，不会在《天南新报》及其他报刊上公开指责康有为。

九、光绪二十七年请奖梁庆桂等人赴西安报效事

"庚子事变"之际，在海外的康有为、梁启超一派，发动自立军起义，孙中山一派发动惠州起义，在上海的许多官绅组织了"中国国会"，对朝廷持激烈的反对态度。张之洞、刘坤一等人与列强合作，进行"东南互保"，但在政治上仍拥护慈禧太后为首的清朝政府。对于康、梁派的活动与影响，张之洞除在湘、鄂境内大力抓捕参与自立会活动的人员，劝说和策反参加上海、东京等地反清活动的官绅外，还需要一个正面的榜样，以提倡在此国难之际仍效忠于慈禧太后、效忠于清朝的精神。梁庆桂等人赴西安报效，由此成为张之洞全力支持之事。

梁庆桂（1856-1931），字伯扬，号小山。广东番禺人。祖上是广东十三行的天宝行商，祖父梁同新、父亲梁肇煌皆进士出身、入翰林院，皆曾任顺天府尹。[1]梁庆桂于光绪二年中举人，捐内阁中书，京中多有熟人；在家乡又与梁鼎芬、康有为交善。[2]光绪二十一年，梁庆桂与康有为

---

[1] 梁庆桂祖父梁同新，道光进士，入翰林院，后任湖南学政、内阁侍读学士、通政使司副使、顺天府尹。梁庆桂父亲梁肇煌，随父进京读书，咸丰进士，入翰林院，后任翰林院侍讲、云南学政，顺天府尹（任职为1870-1879）、江宁布政使（任职为1879-1886）等职。

[2] 康有为《延香老屋诗集》中有两首涉及梁庆桂，《梁小山中书爱姬陨落，述其美德清节，悼之至痛，以此塞其哀》、《秋病头风连日，买舟与梁小山游花埭半塘诸园，晚至河南万松园，主人殷勤乞留题》，从诗中可见，康与梁私交甚笃。《康有为遗稿·万木草堂诗集》，第20-21页，第31页。并

一同进京参加会试，同寓于位于今北京东城区韶九胡同的"金顶庙"。光绪二十四年，梁又列名康有为组织的保国会。然到了庚子之际，梁庆桂出面，组织部分广东官绅捐献钱财，并率队押送赴西安报效，表示效忠清朝。这对广东官绅的政治倾向有一定的影响力，对康、梁一派也是一大刺激。

光绪二十六年十月三十日（1900年12月21日），署理两广总督、广东巡抚德寿发电张之洞：

> 广东德制台来电。武昌张制台鉴：俭电悉。梁中书等敬备方物，奔赴行在各节，昨经张野翁商及，已请其开具节略，据情入告。兹奉来电，自应遵办。俟呈到、接见后，即具奏，并给护照，妥为料理可也。方帅月初由鄂起程，此间盼望甚切，并请致意。寿。俭。[1]

"梁中书"，梁庆桂。"张野翁"，广东学政张百熙，字埜秋，又作野秋。"行在"，皇上临时驻跸处。德寿此电属回电，即答复张之洞的"俭电"；他同意张在来电中的意见，即由其正式出奏向慈禧太后与光绪帝报告，广东官绅梁庆桂等人"敬备方物，奔赴行在"。十一月初一日（12月22日），梁庆桂等人发电张之洞：

> 广州梁中书来电。张制军钧鉴：敬禀者。廿九日电局钞示致德制府电，敬阅。桂等恭备贡献，藉表血忱，辱承嘘拂，感愧交并。益当激励愚忱，勉酬高谊。初十日成行。先此禀谢。中书梁庆桂、郎中黎国廉、道员陈昭常谨禀。先。[2]

可参见本书导论第一节。

[1] 光绪二十六年十月三十日亥刻发，寅刻到，《张之洞存各处来电》，庚子第31册，所藏档号：甲182-144。发电时间可能有误，"俭"是二十八日的代日，该件是抄件。"方帅"，陶模，字子方，新任两广总督。

[2] 光绪二十六年十一月初一日申刻发，亥刻到，《张之洞存各处来电》，庚子第32册，所藏档号：甲182-144。黎国廉，广东顺德人，船政大臣黎兆棠之子，光绪十九年中举人，二十二年报捐三品衔，二十六年报捐郎中。陈昭常（1868—1914），广东新会人，光绪二十年中进士，入翰林院，散馆为分发刑部。二十二年报捐道员。二十三年随特使张荫桓出使英国，为随员，回国后由广西巡

梁庆桂等人的来电,也是对张之洞给德寿"俭电"的复电。他们表示将于十一月初十日出行。然而,在以上两电中,又似可隐约地看出,张之洞的大幕僚梁鼎芬才是此中的推手。

梁庆桂一行到达武昌的时间,很可能是光绪二十七年的新年,张之洞接见其一行。光绪二十七年正月初五日(1901年2月23日),张之洞发电湖北襄阳的地方官,要求派马队护送:

> 致襄阳朱道台:粤绅郎中黎国廉、中书梁庆桂等解贡赴行在,请派马队护送出境,并饬县派差照料,暨知会前途州县,一体妥为护送。除咨行外,特电达,即电复。督院。歌。[1]

与此同时,张之洞、梁鼎芬还发电给沿途河南等省的官员,亦请护送。[2] 梁庆桂一行到达西安后,二月十一日(3月30日),张之洞又发出两电。其一给其姐夫,时任军机大臣、户部尚书的鹿传霖:

> 致西安鹿尚书。泰密。广东人自闻两宫西幸,系怀行在,咸思尽臣子之心。梁中书庆桂,忠爱有才,集绅士四十余人,敬备银五万数千元,分办贡献银、物。黎郎中国廉、陈道昭常佐之。黎售所居,得银二万,即以为贡,其款最巨。此外二千、一千、数百、一百不等。富家固多,寒士亦不少,皆出于至诚,各省未有。梁、黎、陈三君远道奔赴,劳苦备尝,尤为可敬。过鄂日,接见其人,面加奖励,派船派马队护送出境。闻初九日已到,贡即上呈。祈公提倡此举,以固忠爱之心,若得明旨优褒,先称广东百姓向来忠于国家,次奖备银贡献

抚黄槐森奏调广西补用。

[1] 光绪二十七年正月初五日申刻发,《张之洞电稿丙编》,第98册,所藏档号:甲182-99。
[2] 时任河南巡抚的于荫霖发电梁鼎芬:"张制台转星海鉴:歌、麻电均悉。粤贡已飞咨南镇派马队护送,并饬地方官沿途照料矣。以后如有所闻,务祈随时密示。霖。阳。"(于抚台致梁太史电,光绪二十七年正月初七日申刻发,初八日寅刻到,《张之洞电稿》光绪二十三年至二十九年,所藏档号:甲182-209)此是复电,可见梁鼎芬有"歌"、"麻"两电,请求河南省在沿途照顾。然从后来张之洞给陕西护理巡抚端方的电报来看,张之洞、梁鼎芬亦有可能发电陕西,请求照顾。

> 绅士，可否将四十余人全列姓名，次奖奔赴三人。旨发后，各省必闻
> 风兴起，粤省必踊跃继来，海外粤商，近年每为康逆保皇会所惑，敛
> 钱无算。今读优旨，粤绅自能迎机劝导，悔悟必多。此举颇关大局。
> 弟治粤年久，爱其人心甚厚。公曾抚粤，定有同情。三君因系部民，
> 到陕拟即进诣。诸祈鉴谅。洞。真。[1]

由此可见此次报效的人数和大体数额。张之洞要求鹿传霖施加其影响力，让清廷下明诏予以优奖，以能歆动各省官绅，并影响到海外粤商。其二给护理陕西巡抚端方：

> 致西安端护抚台：粤绅梁中书庆桂、黎郎中国廉、陈道昭常闻驾
> 西幸日，集众绅之力，贡献银物，顷已到陕。远道进贡，忠爱可风，
> 各省未有。祈公照料一切。倘能陈粤人忠于国家、不辞劳苦之意，折
> 奏请奖，他省闻风兴起，于今日大局有益。希裁酌。洞。真。[2]

张之洞亦请端方上奏，为梁庆桂等人请奖。端方将张之洞的来电，上呈行在军机处。[3]光绪二十七年二月十六日（1901年4月4日），清廷明发上谕：

> 德寿奏广东绅士恭进方物，据呈代奏，恳恩赏收一折。该绅等情
> 词恳挚，出于至诚，深明尊君亲上之义，洵堪嘉尚。所进方物，即著
> 赏收。同知杨漕等三十五员均属急公奉上，著一体传旨嘉奖。郎中黎
> 国廉等五员，既集赀贡献，复跋涉远来，情殷瞻仰，尤征忠爱之忱。
> 三品衔候选郎中黎国廉，著以道员发往福建尽先补用，并赏加二品衔。

---

[1] 光绪二十七年二月十一日亥刻发，《张之洞电稿乙编》，第71册，所藏档号：甲182-75。
[2] 光绪二十七年二月十一日亥刻发，《张之洞电稿乙编》，第71册，所藏档号：甲182-75。
[3] 端方回电称："武昌制宪鉴：粤绅贡献银物，忠悃可嘉，已将尊电代陈枢府，将来必有奖励。知念，先此电陈。方。咸。"（西安端护抚台来电，光绪二十七年三月十五日丑刻发，申刻到，《张之洞存各处来电》，辛丑第17册，所藏档号：甲182-148）该电为抄件，时间似不确，当为二月。又，以当时的政务处理程式而言，张之洞电报由端方上呈军机处，军机大臣自会上呈慈禧太后。

五品衔内阁中书梁庆桂,著以侍读升补。二品顶戴奏留广西委用道陈昭常,著仍以道员分发广西,尽先补用。同知衔分省补用知府谭学衡,著分发江苏补用。广西试用府经历马庆铨著以原官即补。南海县学宫、番禺县学宫、东莞县明伦堂、顺德县青云文社,著该督抚拟给匾额各一方,以示优异。[1]

这一道谕旨虽然没有开列全部报效官绅的名单,但大体还是按照张之洞的提议拟就的,并用电报于当日亥刻发往上海、江宁、武昌等各地电报局,张之洞于二十日收到。[2]还需说明的是,梁庆桂等人此次西安之行,多少也有政治投机的成分在内。[3]

在此之后,光绪二十七年三月,张之洞又奏报了汉口日本东肥洋行敬献土产之事。[4]

---

[1]《光绪宣统两朝上谕档》,第27册,第43页。

[2]"张之洞档案"中存有该谕旨:"西安局来电。上海、江宁、武昌各局督办宪、各局鉴:二月十六日上谕:德寿奏广东绅士恭进方物,据呈代奏,恳恩赏收一折。该绅等情词恳挚,出于至诚,深明尊君亲上之义洵堪嘉尚。所进……"西安发,光绪二十七年二月十六日亥刻发,二十日午刻到,《张之洞存各处来电》,辛丑第12册,所藏档号:甲182-147。

[3]此后诸人皆有升迁或有差事。梁庆桂赴美办理侨校,后任学部参议等职。梁庆桂之子梁广照,捐刑部主事,后留学日本,任法部员外郎。黎国廉后在乡办理铁路等项,为当地著名绅士,也是有名的灯谜家。陈昭常此后任京榆铁路总办、京张铁路总办,官至吉林巡抚。谭学衡可能是后来赶到西安的,至清末升至海军部大臣。

[4]张之洞电报称:"致西安军机处钧鉴:据江汉关道禀,准日本领事函称:汉口日商东肥洋行闻两宫西幸,不胜酸楚,民虽异国,谊属同文,立业在华,久沐天恩浩荡,谨献土产数品,以表诚悃。请代转奉等情前来。查所呈贡品,系鱼翅二箱、海参二箱、鱿鱼一箱、鲍鱼一箱,装潢精洁。物虽微细,系出至诚,其恭顺之情,出自洋商,尤属难得,拟请旨赏收嘉奖。当由鄂省派员赍进,并拟酌给赏物,由鄂代办,总较原价从优,以示嘉奖。谨据情电达,请代奏。之洞肃。讲。"(光绪二十七年三月初三日午刻发,《张之洞电稿乙稿》,第72册,所藏档号:甲182-75)对此,行在军机处回电:"武昌张制台:奉旨:张之洞电悉。日商东肥洋行进呈贡品,具见恭顺之忱,著即赏收,并由该督从优酌备赏件,传旨颁赐嘉奖。钦此。质。"光绪二十七年三月初四日未刻发,戌刻到。《张之洞存各处来电》,辛丑第15册,所藏档号:甲182-148。

十、光绪二十七年请废大阿哥

戊戌政变后,在保守势力及利益集团的鼓噪下,慈禧太后多次有意废光绪帝而另立,然为重臣疆吏所阻。有私家记载称,大学士徐桐、前吏部尚书崇绮、军机大臣启秀在慈禧太后的支持下进行密谋:由崇绮、徐桐拟奏折,请荣禄联衔上奏,提议废帝另立。光绪二十五年十一月二十八日(1899年12月30日),启秀退朝后,示之荣禄,荣表示拒绝。第二天,荣禄单独见慈禧太后,以废帝将招致列强干涉为由,进行劝阻,并作了退让,提议立"阿哥",即为同治帝立嗣。慈禧太后同意了。[1]此一私家记载的可靠性难以确定,清朝档案中也难寻其确据。光绪二十五年十二月二十四日(1900年1月24日),清廷发布朱谕:"……钦承慈训,封载漪之子溥儁为皇子,以绵统绪。"[2]"朱谕"是皇帝亲笔之谕,是谕旨中的最高等级。然此一朱谕不论是否出自光绪帝的亲笔,表达的都是慈禧太后的决定。由于同治帝无后,光绪帝表明自己也将无后,让溥儁过继为同治帝之子,虽无储君之名,然有储君之实。此即为"己亥立储"。消息传出,舆论大哗。汪康年、张通典等人于十二月二十七日(1900年1月27日)从上海发电张之洞:

> 张制台鉴:官府大变,天下汹汹,闻各国兵轮将悉北上,窃恐外忧内讧,一时并作。宪台主持忠义,中外钦仰。乞酌奏慈圣,毋议传位,以定国是而挽危局。康年、通典等谨禀。[3]

---

[1] 恽毓鼎:《崇陵传信录》,《丛刊·戊戌变法》,第1册,第477—478页。相同的说法又见王照《方家园杂咏纪事》,荣孟源等主编:《近代稗海》,第1辑,四川人民出版社,1985年,第6—8页。
[2]《光绪宣统两朝上谕档》,第25册,第396—398页。
[3] 上海,光绪二十五年十二月二十七日戌刻发,二十八日申刻到,《张之洞存来往电稿原件》,第15函,所藏档号:甲182—386。又,在此这前,上海等处的议论对张之洞多有讥评,称其对"内禅"之事"骑墙"、"允其议",引起了张之洞的大怒。相关情况,可参见本书第四章第七节。

从"张之洞档案"来看,张对此并无回电。而张在天津的坐探巢凤冈,于光绪二十六年正月初七日(1900年2月6日)发电:

> 督宪钧鉴:闻今上曾两次乞退,未蒙慈允,每至瀛台,痛泣,狂毁物件。廖宗伯恐勒休。冈禀。虞。[1]

巢凤冈的消息未必可靠,但光绪帝的帝位及生命安危,确实在朝野引发了极大忧虑。张之洞派到日本的代表钱恂,此时亦从东京来电询问:"圣躬安否?"[2]

清朝的政治形势由此急转直下。光绪二十六年(1900)五月初,义和团进入北京,"大阿哥"的父亲端郡王载漪、大学士徐桐、军机大臣刚毅等人占据了政治上的主导,利用义和团在北京烧杀。八国联军于七月二十一日攻占北京,慈禧太后率光绪帝、大阿哥出逃,至九月初四日,慈禧太后一行逃至西安。慈禧太后在逃亡途中,直隶怀来县知县吴永最先迎驾,由此深受宠信,一路随行,为前路粮台会办,随同前往西安。由于吴永与岑春煊的矛盾,由岑奏派武昌坐催两湖京饷,与张之洞接上了关系。光绪二十七年三月二十五日(1901年5月13日),张之洞上奏保举人才,其中就有吴永。[3]是年五月初六日(6月21日),慈禧太后在西安再一次召见吴永,下旨"本日召见之直隶候补道吴永著以道员发往湖北,交张之洞差遣委用,并交军机处存记";十五日,又下旨吴永补授广东遗缺道员。[4]吴永并未立即上任,而是在西安伴随慈禧太后等人。

---

[1] 天津,光绪二十六年正月初七日酉刻发,戌刻到,《张之洞存来往电稿原件》,第15函,所藏档号:甲182-386。"廖宗伯",礼部尚书廖寿恒,他于光绪二十五年十一月初十日罢值军机大臣。

[2] 东京,光绪二十六年正月二十五日申刻发,亥刻到,《张之洞存来往电稿原件》,第15函,所藏档号:甲182-386。

[3] 张之洞奏称:"……上年来鄂催饷,臣屡与晤谈,察其识解通达,条理详明,念念心存忠爱,尤为得力。拟恳恩交部带领引见,优予录用。"《张之洞全集》,第4册,第2页。

[4]《光绪宣统两朝上谕档》,第27册,第103、107页。此时广东雷琼道出缺,清廷因该道紧要,命广东督抚在该省现任道员中调补,所遗员缺由吴永补授。吴永的经历参见《清代官员履历档案全编》,第6册,第618-620、649-650页。

吴永对张之洞的保举心存感激，同时也为其在湖北的前程，向张之洞提供情报。光绪二十七年四月二十九日（1901年6月15日），吴永发电张之洞：

> 督宪鉴：川密。桂前奏请改步军，仿警察，系恐外人侵地面权，乃郎中汪大燮具稿。回銮后、妃同行，拟自卫辉舟行至德州登陆，因慈不愿过津，电商庆、李，未复。贡物太多，拟由龙驹涉汉达海。永召对，慈述蒙尘时复泣，垂询宪躬健否？并谕："宪台为国宣勤，维持大局，真是难得。闻办公每至达旦，须发皆白，信否？"永均奏对。复对："宪台阅操，乘马蓐食，领事观阵者皆免冠直立，极佩悦。"慈云："如此威望，足慑外夷。真大臣也。"又谕："俞廉三亦好。"恩赏永银二千，紬八卷，食八色。天恩优渥，不胜感泣。大哥眷衰，两宫和。永禀。艳。[1]

吴永的这份电报，涉及内情甚多，但最关键的一句是"大哥眷衰，两宫和"，即慈禧太后对大阿哥已不太感兴趣，与光绪帝的关系出现了和缓。五月十五日（6月30日），吴永再次发电张之洞：

> 督宪鉴：川密。桂、何先回京，西人不允。上令桂候汴，何暂假归晋。王鹏运劾荣，谓达斌送其眷出都，应酬劳，樊、谭皆先逃，何并得缺？语极迫确。近又有弹章。上为不怿，荣颇悚动，请假□日。后日为上梳一辫，不交言。后及大哥皆食于大厨房，不得内。妃亦异

---

[1] 西安吴道来电，光绪二十七年四月二十九日亥刻发，五月初三日辰刻到，《张之洞存各处来电》，辛丑第25册，所藏档号：甲182-150。"川密"，吴永与张之洞之间约定的密电码。"桂"，桂春，长期任军机章京，此时任总理衙门大臣、户部侍郎。"汪大燮"，此时任总理衙门章京。"慈"，慈禧太后。"庆"，庆亲王奕劻，"李"，李鸿章，两人作为全权大臣在京与各国进行和约谈判。俞廉三，时任湖南巡抚。又，吴永受张之洞保举，也有意在湖北候补，在张之洞属下谋发展；慈禧太后派其往湖北，自有吴本人之意愿。再又，"贡物太多，拟由龙驹涉汉达海"一句，意指贡物太多，拟从西安陆路运至商州龙驹寨（今丹凤县），入丹江，经汉水，到汉口，然后再从长江入海，经天津运回北京。

寝。上条陈者至多，悉未行。京官陆续有先行。永。咸。[1]

后，"皇后"。"后日为上梳一辫，不交言"，说明光绪帝与皇后的关系十分紧张。"后及大哥皆食于大厨房，不得内"，又说明皇后与大阿哥在宫中的地位下降。吴永这两份电报非常重要，提示了大阿哥地位不稳。据吴永的回忆，他在武昌时，张之洞曾主动向他提出过废除大阿哥一事：

> 予在湖北时，屡谒制府张文襄公，意颇亲切，询及出狩及行在情况，每感叹不止。一日，忽谈及大阿哥，公谓："此次祸端，实皆由彼而起。酿成如此大变，而现在尚留处储宫，何以平天下之人心？且祸根不除，尤恐宵小生心，酿成意外事故。彼一日在内，则中外耳目，皆感不安，于将来和议，必增无数障碍。此时亟宜发遣出宫为要着，若待外人指明要求，更失国体，不如及早自动为之。君回至行在，最好先将此意陈奏，但言张之洞所说，看君有此胆量否？"予曰："既是关系重要，誓必冒死言之。"曰："如是甚善。"[2]

吴永的回忆，作于二十六年之后，且是由他人作的笔记，多有细节不准确之处。但上引张之洞有意废大阿哥，并请吴向慈禧太后陈明，我以为，应是大体可靠的。吴永电报中关于大阿哥的情报，正是张之洞的关注所在。从"张之洞档案"来看，吴此后还有给张的电报，报告宫中内情。[3]

---

[1] 西安吴道来电，光绪二十七年五月十五日未刻发，十六日辰刻到，《张之洞存各处来电》，辛丑第25册，所藏档号：甲182-150。"桂"，桂春，"何"，何乃莹，曾任顺天府尹，此时任左副都御史。光绪二十七年四月二十七、二十八日，清廷为"回銮"命诸官员回京准备，桂春、何乃莹因在义和团时期对外强硬而为列强反对。"荣"，军机大臣荣禄。"达斌"，荣禄的亲信。"樊"，荣禄的幕僚樊增祥。

[2] 吴永口述、刘治襄笔记：《庚子西狩丛谈》，中华书局，2009年，第91页。

[3] "张之洞档案"中还存有吴永的两份密电："巩县行在报房吴道来电。督宪钧鉴：川密。漾电敬悉。圣驾初一二抵汴，闻约驻半月。高枬劾徽班，词涉倡优，语甚猥亵。枢臣请的派江、鄂、漕督臣查办，特派漕督。荣力疾出。上极垂念。永禀。迥。"（光绪二十七年九月二十五日未刻发，二十六日子刻到）"汜水吴道来电。督宪钧鉴：川密。醇邸至沪，请迎銮。旨命回京料理。事毕来开封。英使一席，俟庆邸到汴再定。永禀。宥。"（光绪二十七年九月二十六日申刻发，戌刻到。

同是在光绪二十七年三月二十七日，张之洞保举人才，首保即是其大幕僚梁鼎芬。四月二十日奉旨，翰林院编修衔梁鼎芬"交吏部带领引见"。张之洞先前屡保梁鼎芬未果，此次获旨引见，是其起复的先声。梁鼎芬于光绪二十七年七月到西安，二十八日由吏部带领引见，慈禧太后于八月初二日（9月14日）、十九日两次召见。[1]而在召见时，梁鼎芬当面向慈禧太后提议废黜大阿哥。梁后来作《辛丑西安行在奏对私记》，称言：

> 大阿哥，载漪之子。漪信用拳匪，谋危先帝。故得立，天下不服。大阿哥不读书，行为不正，日以饮食为事。到西安后，时时外出，孝钦心厌之。无人敢说。臣辛丑赴行在，面奏："臣来时，闻外国人要待两宫回銮后，请废大阿哥。臣思此时，国势弱极，外人如此说，恐要照办。若照办，成何国体！以臣愚见，不如自己料理好。"两宫均无语。臣又奏："不知军机大臣、议和大臣、各省督抚大臣有奏及否？"孝钦曰："均未有。你在外面来，此事怕有边。"后驾至汴梁，遂废之。臣面奏后，未告一人。时鹿传霖为军机大臣，问臣曰："听见你奏一大事。"臣说："未有。"[2]

在辛丑条约的谈判过程中，列强开出了"惩凶"的名单，清朝虽有磋磨，但最后还是大体同意了；若列强真提出废黜大阿哥之议，清朝必将再次陷于被动。梁鼎芬以"外国人"请废为题，实为厉害的一着。然梁鼎芬面奏请废大阿哥，事前是否征求张之洞的意见，限于史料尚难以确定，但称"到西安后，时时外出，孝钦心厌之"，又似有吴永或其他人的情报。梁又称"臣面奏后，未告一人"，恐非为事实，他肯定将此告诉了张之洞。

以上两电见《张之洞存各处来电》，辛丑第32册，所藏档案号：甲182-151）这些都是张之洞所关心的政治情报。"徽抚"，安徽巡抚王之春。"荣"，荣禄。"醇邸"，小醇亲王载沣。"英使"，清朝驻英国公使。

[1]《清代官员履历档案全编》，第6册，第625—626页；第7册，第593页。
[2] 杨敬安辑：《节庵先生遗稿》，该书前页手稿照片，又见第65页。"孝钦"，慈禧太后。"此事怕有边"，即"此事恐怕有根据"之意。

又据吴永的回忆，他回到西安行在后，根据张之洞的嘱托，向荣禄报告此事。荣禄沉思许久，同意他向慈禧太后报告。吴永又回忆称：

> ……一日召见奏对毕，见太后神气尚悦豫，予因乘机上奏曰："臣此次自两湖来，据闻外间舆论，似对于大阿哥，不免有词。"太后色稍庄，曰："外间何言？与他有何关？"予因叩头奏曰："大阿哥随侍皇太后左右，当然无关涉于政治，但众意以为此次之事，总由大阿哥而起。现尚留居宫中，中外人民，颇多疑揣，即交涉上亦恐多增障碍。如能遣出宫外居住，则东西各强国，皆称颂圣明，和约必易就范。臣在湖北时，张之洞亦如此说，命臣奏明皇太后、皇上，并言此中曲折，圣虑必已洞烛，不必多陈，第恐事多遗忘，但一奏明提及，皇太后定有区处。"太后稍凝思，曰："尔且谨密勿说，到汴梁即有办法。"予遂叩头起立，默计这一张无头状子已有几分告准也。[1]

吴永此处的回忆似有夸大之处，按照慈禧太后的性格，必不会对他说"到汴梁即有办法"之类的话；但吴称此事由张之洞"命臣奏明皇太后、皇上"一语，应引起注意。吴永若真向慈禧太后报告此事，当即向张之洞报告，而我在"张之洞档案"中没有找到相关的电报；当然，也有可能兹事体大，张之洞未将之置入其平常文件之中，也未能保存下来。又据吴永的回忆，他大约在七月间去了一次武昌接家眷，八月十八日方回到西安行在。[2]他若向慈禧太后告状，也有可能是在梁鼎芬之后。

光绪二十七年八月二十四日，慈禧太后与光绪帝从西安"回銮"，十月初二日，到达河南省城开封。十月十四日（11月24日），张之洞发电其姐夫军机大臣鹿传霖：

> 开封鹿尚书：万急。泰密。九月内，德穆使自京来鄂晤谈，择密

---

[1]《庚子西狩丛谈》，第93—94页。"汴梁"，开封。
[2]《庚子西狩丛谈》，第105页。

室屏人密语。问曰：大阿哥之本生父端王，经各国加以重罪，不知大阿哥将来究竟如何？言语甚多，大率深不悦而已。此事甚难对。当即答曰：此大事，臣下不敢知，但闻皇太后近来因大阿哥不好学，深不喜大阿哥而已。本拟即行密陈，因近日道路传闻，朝廷于此事将有举动，则为外臣者，于此等事自不宜妄言。且上意已定，更不必再言。但恐朝廷或询问枢廷诸公，疆臣中有所闻否。若不将德穆使此语奉达，朝廷万一责疆臣以有闻不告，则更不能当此咎。故谨以密陈，如朝廷问及，则请以此语转奏，如不问则不必矣。敢请密告略相，恳其妥酌。至祷。洞。盐。[1]

这是一封分量极重的电报，张之洞用语也极为谨慎。"德穆使"，即德国新任驻华公使穆默（Freiherr Mumm von Schwarzenstein）。"略相"，大学士荣禄，号略园。张之洞这一说法，与梁鼎芬"闻外国人要待两宫回銮后，请废大阿哥"的说法是相同的，只是时间为九月，即在梁鼎芬觐见之后；又与吴永的回忆相对照，大体情节也是对得起来的。尽管张在电文中表示"如不问则不必矣"，但鹿传霖、荣禄肯定会将此消息转告慈禧太后。十月二十日（11月30日），即张之洞发电六天之后，清廷下达慈禧太后懿旨：

> ……自上年拳匪之变，肇衅列邦。以致庙社震惊，乘舆播越。推究变端，载漪实为祸首，得罪列祖列宗，既经严谴，其子岂宜膺储位之重。……溥儁著撤去大阿哥名号，并即出宫，加恩赏给入八分公衔俸，毋庸当差。至承嗣穆宗毅皇帝一节关系甚重，应俟选择元良，再降懿旨，以延统绪……[2]

---

[1]《张之洞全集》，第10册，第318页；张之洞亲笔原件见《张文襄公电稿墨迹》，第3函第14册，所藏档号：甲182-219。

[2]《光绪宣统两朝上谕档》，第27册，第217页。此时在开封办理送贡品等事务的湖北官员，得知消息后亦立即发电："武昌督抚宪钧鉴：废黜之大阿哥，由礼王带出，住八旗会馆。豫绅拟吁留圣驾，闻启銮改缓，有勘、支两说。燕、皋禀。号。"（开封张、李委员来电，光绪二十七年十月二十日酉刻发，二十一日子刻到，《张之洞存各处来电》，辛丑第34册，所藏档号：甲182-152）

这一道谕旨虽废黜了大阿哥,同时又表示将另择"元良",这是一个新的不祥之兆。而张之洞一得消息,即于当日再次发电鹿传霖:

> 行在鹿尚书:急。冰密。闻已有旨废储,钦颂。此母子一心之实据也。惟此时只可暂虚此位,万不宜又生枝节。切要。复电请用冰字本,较密。名心叩。哿。[1]

张之洞反对再立嗣,其意见当会由鹿传霖转达给慈禧太后。从当时的政治形势来看,清廷也不便再立嗣,张之洞的意见似也代表了许多大臣的想法。由此直至光绪帝去世,慈禧太后一直未再立储君。

张之洞晚年作《抱冰弟子记》,也将此事作为其一生的大事而录之。[2]

"礼王",前任军机大臣礼亲王世铎。吴永回忆称:"此事予前在西安面奏,太后曾有'尔且勿说,到开封即有办法'之谕,予以为一时权应之语,事过即忘。至此,果先自动撤废,足见太后处事之注意。"(《庚子西狩丛谈》,第135页)"一时权应"、"事过即忘"等语,似说明吴永对慈禧太后的性格还不了解。

[1]《张之洞全集》,第10册,第321页;张之洞亲笔原件见《张文襄公电稿墨迹》,第2函第14册,所藏档号:甲182-219。"哿"是二十日的代日,该电于二十一日子刻发,可见张之洞一得消息,立即拟电,子夜发出。又,张之洞得知废储后,曾发电鹿传霖:"致行在鹿尚书:冰密。……敝处电述穆使语,曾上达否?祈示。壶。号。"(光绪二十七年十月二十一日寅刻发,《张之洞电稿乙编》,第75册,所藏档号:甲182-76)鹿传霖回电未见。

[2] 张之洞后在《抱冰弟子记》中称:"庚子西幸以后,和局将定,朝廷斟酌回銮之举。外人来言,诸祸首虽已治罪,然某要事未办,名位如故,到京后各国必力要之,得请乃已。乃密电枢廷,劝其面奏,趁两宫未回京之先,出自慈断发之,以全国体。此议遂定,时乘舆尚在汴也。"(《张之洞全集》,第12册,第512页)"某要事"即是此事。

第六章 戊戌前后诸政事

征引文献

（未直接征引参考文献不列入）

"张之洞档案"

"李鸿藻档案"

"李焜瀛档案"

"李景铭档案"

"梁鼎芬档案"

《唐烜日记》

以上中国社会科学院近代史研究所图书馆藏

抄本《张文襄公督楚公牍》，共计17册

抄本《张之洞电稿》，共计47册

以上中国社会科学院经济研究所图书馆藏

赵德馨主编：《张之洞全集》，武汉出版社，2008年

苑书义等主编：《张之洞全集》，河北人民出版社，1998年

东方晓白：《张之洞（湖广总督府）往来电稿》，《近代史资料》，第109期，中国社会科学出版社，2004年

许同莘编：《张文襄公年谱》，商务印书馆，1946年

军机处《随手档》

军机处《上谕档》

军机处《洋务档》

军机处《电寄档》

《军机处录副·光绪朝·内政类·职官项》

《军机处录副·光绪朝·内政类·戊戌变法项》

《军机处录副·补遗·戊戌变法项》

《军机处录副·光绪朝·军务类·军需项》

《军机处录副·光绪朝·综合类》

《军机处录副·光绪朝·内政类·其他项》

《光绪二十四年外官召见单》,《宫中杂件》(旧整)第915包

《光绪二十四年京官召见单》,《宫中杂件》(旧整)第915包

《综合类-发电档》

《综合类-未递电信档》

以上中国第一历史档案馆藏

《总理衙门清档·收发电》

《闰三月二十二日收日本国公使矢野文雄信一件：沙市匪徒滋闹请饬实力办理由》

以上（台北）中研院近代史研究所档案馆藏

《军机处档》

军机处《引见档》

以上（台北）故宫博物院文献资料处藏

"盛宣怀档案",上海图书馆藏

《申报》,光绪二十四年,"爱如生"电子资料库

《国闻报》,光绪二十三、二十四年,北京图书馆胶卷

《知新报》,澳门基金会、上海社会科学院出版社影印本,1996年

《强学报·时务报》,中华书局影印本,1991年

《昌言报》,中华书局影印本,1991年

《万国公报》,(台北)华文书局影印本,1968年

《湘报》,中华书局影印本,2006年

国家档案局明清档案部编:《戊戌变法档案史料》,中华书局,1958年

中国第一历史档案馆编:《光绪朝朱批奏折》,中华书局,1995年

中国第一历史档案馆编:《清代军机处电报档汇编》,中国人民大学出版社,
　　2005年

中国第一历史档案馆编:《清代官员履历档案全编》,华东师范大学出版社,
　　1997年

中国第一历史档案馆编:《光绪宣统两朝上谕档》,广西师范大学出版社,1996年

青岛市博物馆、中国第一历史档案馆、青岛市社会科学研究所编:《德国侵占胶
　　州湾史料选编1897—1898》,山东人民出版社,1986年

北京大学、中国第一历史档案馆编:《京师大学堂档案选编》,北京大学出版社,
　　2001年

故宫博物院明清档案部编:《义和团档案史料》,中华书局,1979年

(台北)故宫文献编辑委员会编:《宫中档光绪朝奏折》,(台北)故宫博物院,
　　1973年

故宫博物院编:《清光绪朝中日交涉史料》,1932年

(台北)中研院近代史研究所编印:《胶澳专档》,1991年

《清代起居注册》光绪朝,(台北)《联合报》文化基金会国学文献馆,1987年

《清实录》,中华书局,1987年

《清史稿》,中华书局,1977年

朱寿朋编:《光绪朝东华录》,中华书局,1958年

蒋贵麟编：《万木草堂遗稿外编》，成文出版社，1978年

汤志钧编：《康有为政论集》，中华书局，1981年

姜义华等编校：《康有为全集》，中国人民大学出版社，2007年

孔祥吉编著：《康有为变法奏章辑考》，北京图书馆出版社，2008年

上海市文物保管委员会文献研究部编：《康有为遗稿·万木草堂诗集》，上海人民出版社，1996年

上海市文物保管委员会编：《康有为遗稿·戊戌变法前后》，上海人民出版社，1986年

梁启超：《饮冰室合集》，中华书局，1989年

夏晓虹编，梁启超：《饮冰室合集集外文》，北京大学出版社，2005年

梁启超：《戊戌政变记》，《续修四库全书》，上海古籍出版社，1995年，第446册，简称《戊戌政变记》续四库版

梁启超著，朱维铮导读：《清代学术概论》，上海古籍出版社，1998年

中国科学院历史研究所第三所主编：《刘坤一遗集》，中华书局，1959年

盛宣怀：《愚斋存稿》，刊本，思补楼藏版，1939年

王尔敏等编：《盛宣怀实业函电稿》，香港中文大学中国文化研究所，1993年

陈铮编：《黄遵宪全集》，中华书局，2005年

顾廷龙等主编：《李鸿章全集》，安徽教育出版社，2008年

刘光第集编辑组：《刘光第集》，中华书局，1986年

杨敬安辑：《节庵先生遗稿》，香港自印本，1962年

汤志钧编：《章太炎政论选集》，中华书局，1977年

《章太炎先生自定年谱》，上海书店影印，1986年

汪叔子等编：《陈宝箴集》，中华书局，上册，2003年，中册、下册，2005年

黄兴涛等译编：《辜鸿铭集》，海南出版社，1996年

张謇研究中心、南通市图书馆编：《张謇全集》，江苏古籍出版社，1994年

中国蔡元培研究会：《蔡元培全集》，浙江教育出版社，1998年

赵树贵等编:《陈炽集》,中华书局,1997年

蔡尚思、方行编:《谭嗣同全集》增订本,中华书局,1981年

张元济编:《戊戌六君子遗集》,商务印书馆,1926年

虞和平编:《经元善集》,华中师范大学出版社,1988年

朱维铮、姜义华编注:《章太炎选集(注释本)》,上海人民出版社,1981年

黄南津等点校,赵炳麟:《赵柏岩集》,广西人民出版社,2001年

刘德隆整理:《刘鹗集》,吉林文史出版社,2007年

《杨叔峤先生文集》,《续修四库全书》,第1568册,上海古籍出版社,1995年

胡珠生编:《宋恕集》,中华书局,1993年

于荫霖:《悚斋奏议》、《悚斋日记》,沈云龙主编:《近代中国史料丛刊》,第1辑,文海出版社,1968年,第223–224册

徐世昌:《退耕堂政书》,沈云龙主编:《近代中国史料丛刊》,第1辑,文海出版社,1968年,第225册

周育民整理:《瞿鸿禨奏稿》,《近代史资料》,第83期,中国社会科学出版社,1993年

陈义杰整理:《翁同龢日记》,中华书局,第5册,1997年,第6册,1998年

明光整理,陈庆年:《〈横山乡人日记〉选摘》,《近代史资料》,第76号,中国社会科学出版社,1989年

明光整理,陈庆年:《戊戌己亥见闻录》,《近代史资料》,第81期,中国社会科学出版社,1992年

《师伏堂未刊日记》,《湖南历史资料》,1958年第4期,1959年第2期,1981年第2辑,湖南人民出版社

王贵忱整理:《张荫桓戊戌日记手稿》,尚志书舍,1999年

孙宝瑄:《忘山庐日记》,上海古籍出版社,1983年

劳祖德整理:《郑孝胥日记》,中华书局,1993年

缪荃孙:《艺风老人日记》,北京大学出版社,1986年

叶昌炽:《缘督庐日记》,江苏古籍出版社,2002年

范旭仑、牟晓朋整理,谭献:《复堂日记》,河北教育出版社,2001年

袁英光、胡逢祥整理:《王文韶日记》,中华书局,1989年

王凡、汪叔子整理:《姚锡光江鄂日记》(外二种),中华书局,2010年

《唐烜日记》光绪二十四年,中国社会科学院近代史研究所图书馆藏

上海图书馆编:《汪康年师友书札》,上海古籍出版社,第1、2册,1986年,第3册,1987年,第4册,1989年

国家图书馆善本部编:《赵凤昌藏札》,北京图书馆出版社,2009年

天津市博物馆:《袁世凯致徐世昌函》,《近代史资料》,总37期,中华书局,1978年

许全胜、柳岳梅整理:《陈宝箴遗文》,上海中山学社:《近代中国》第11辑,上海社会科学院出版社,2001年;《陈宝箴遗文(续)》,上海中山学社:《近代中国》第13辑,上海社会科学院出版社,2003年

许全胜整理:《陈宝箴友朋书札》(一),上海图书馆历史文献研究所编:《历史文献》,第3辑,上海科学技术文献出版社,2000年;柳岳梅整理:《陈宝箴友朋书札》(二),《历史文献》,第4辑,上海科学技术文献出版社,2001年;柳岳梅整理:《陈宝箴友朋书札》(三),《历史文献》,第5辑,上海科学技术文献出版社,2001年;柳岳梅整理:《陈宝箴友朋书札》(四),《历史文献》,第6辑,上海古籍出版社,2004年

许全胜整理:《海日楼家书》,《历史文献》,第6辑,上海古籍出版社,2004年

许全胜整理:《沈曾植与丁立钧书》,上海图书馆历史文献研究所编:《历史文献》,第16辑,上海古籍出版社,2012年

陈星整理,陈绛校注:《陈宝琛遗墨》,上海图书馆历史文献研究所编:《历史文献》,第16辑,上海古籍出版社,2012年

翦伯赞等编:《中国近代史资料丛刊·戊戌变法》,神州国光社,1953年,简称《丛刊·戊戌变法》

王彦威、王亮编:《清季外交史料》,刊本,1934 年

孙学雷主编:《清代孤本外交档案》,全国图书馆文献缩微复制中心,2003 年

上海图书馆编:《上海图书馆藏盛宣怀档案萃编》,上海古籍出版社,2008 年

《清史稿》,中华书局,1977 年

叶德辉辑:《觉迷要录》,光绪三十一年刊本

陈同等标点,苏舆编:《翼教丛编》,上海书店出版社,2002 年

陈夔龙:《梦蕉亭杂记》,中华书局,2007 年

刘禺生:《世载堂杂忆》,中华书局,1960 年

胡思敬:《国闻备乘》,中华书局,2007 年

李吉奎整理,黄濬:《花随人圣庵摭忆》,中华书局,2008 年

吴永口述、刘治襄笔记:《庚子西狩丛谈》,中华书局,2009 年

《清国戊戌政变与亡命政客渡来之件》,《日本外交文书》,第 31 卷,第 1 分册,日本国际连合协会,1954 年

郑匡民、茅海建编选、翻译:《日本政府关于戊戌变法的外交档案选译》(二),《近代史资料》,总 113 期,中国社会科学出版社,2006 年

杜迈之等编:《自立会史料》,岳麓书社,2009 年

石霓译注:《容闳自传:我在中国和美国的生活》,百家出版社,2003 年

李宪堂、侯林莉译,李提摩太:《亲历晚清四十五年:李提摩太在华回忆录》,天津人民出版社,2005 年

日本早稻田大学大学史资料センター编:《大隈重信関係文書》,みすず書房,2006 年

丁文江、赵丰田编:《梁启超年谱长编》,上海人民出版社,1983 年

汤志钧:《章太炎年谱长编》,中华书局,1979 年

许全胜:《沈曾植年谱长编》,中华书局,2007 年

李宗侗、刘凤翰:《清李文正公鸿藻年谱》,台湾商务印书馆,1981 年

清华大学历史系编:《戊戌变法文献资料系日》,上海书店出版社,1998 年

冯自由:《中华民国开国前革命史》,《民国丛书》,第 2 编,第 76 册,上海书店

出版社，1990年

钱仲联主编：《中国近代文学大系（1840-1919）·诗词集一》，上海书店，1991年

《陈寅恪集·寒柳堂集》，生活·读书·新知三联书店，2001年

许姬传：《许姬传七十年见闻录》，中华书局，1985年

王照：《方家园杂咏纪事》，《近代稗海》，第1册，四川人民出版社，1985年

陈可冀主编：《清宫医案研究》，中医古籍出版社，2006年

卢经、陈燕平编选：《光绪帝被囚瀛台医案》，《历史档案》，2003年第2期

张达骧：《南皮张氏兄弟事迹述闻》，《天津文史资料选辑》，第35辑，天津人民出版社，1986年

齐协民：《我所知道的李鸿藻》，《天津文史资料选辑》，第35辑，天津人民出版社，1986年

李景铭：《三海见闻志》，北京古籍出版社，2005

李景铭：《一个北洋官员的生活实录》，《近代史资料》，第67号，中国社会科学出版社，1987年

黄彰健：《戊戌变法史研究》，（台北）中研院历史语言研究所专刊之五十四，1970年，上海书店出版社，2007年

黄彰健：《康有为戊戌真奏议》，（台北）中研院历史语言研究所史料丛刊，1974年

汤志钧：《康有为与戊戌变法》，中华书局，1984年

汤志钧：《戊戌变法人物传稿》（增订本），中华书局，1982年

汤志钧：《戊戌时期的学会和报刊》，台湾商务印书馆，1993年

汤志钧：《乘桴新获——从戊戌到辛亥》，江苏古籍出版社，1990年

孔祥吉：《戊戌维新运动新探》，湖南人民出版社，1988年

孔祥吉：《康有为变法奏议研究》，辽宁教育出版社，1988年

孔祥吉：《救亡图存的蓝图：康有为变法奏议辑证》，（台北）联合报系文化基金

会丛书，1998年

孔祥吉：《晚清佚闻丛考：以戊戌维新为中心》，巴蜀书社，1998年

孔祥吉：《晚清史探微》，巴蜀书社，2001年

孔祥吉、村田雄二郎：《罕为人知的中日结盟及其他》，巴蜀书社，2004年

孔祥吉：《康有为变法奏章辑考》，北京图书馆出版社，2008年

姜义华：《章太炎思想研究》，上海人民出版社，1985年

李细珠：《张之洞与清末新政研究》，上海书店出版社，2003年

廖梅：《汪康年：从民权论到文化保守主义》，上海古籍出版社，2001年

蒋英豪：《黄遵宪师友记》，上海书店出版社，2002年

郑海麟：《黄遵宪传》，中华书局，2006年

熊月之：《西学东渐与晚清社会》，上海人民出版社，1994年

陈同：《近代社会变迁中的上海律师》，上海辞书出版社，2008年

刘梦溪：《陈宝箴与湖南新政》，故宫出版社，2012年

黎仁凯等：《张之洞幕府》，中国广播电视出版社，2005年

陈汉才：《康门弟子述略》，广东高等教育出版社，1991年

王守谦：《煤炭与政治——晚清民国福公司矿案研究》，社会科学文献出版社，2009年

杨肃献译，萧公权：《翁同龢与戊戌维新》，联经出版事业公司，1983年

黄启臣、梁承邺编著：《广东十三行之一：梁经国天宝行史迹》，广东高等教育出版社，2003年

林文仁：《南北之争与晚清政局1861-1884：以军机处汉大臣为核心的探讨》，中国社会科学出版社，2005年

杨天宏：《口岸开放与社会变革——近代中国自开商埠研究》，中华书局，2002年

李恩涵译，颜清湟著：《星马华人与辛亥革命》，联经出版事业公司，1982年

桑兵：《清末新知识界的社团与活动》，生活·读书·新知三联书店，1995年

桑兵：《庚子勤王与晚清政局》，北京大学出版社，2004年

马卫中、董俊珏：《陈三立年谱》，苏州大学出版社，2010年

邓小军：《诗史释证》，中华书局，2004年

茅海建：《戊戌变法史事考》，生活·读书·新知三联书店，2005年

茅海建：《从甲午到戊戌：康有为〈我史〉鉴注》，生活·读书·新知三联书店，2009年

茅海建：《戊戌变法史事考二集》，生活·读书·新知三联书店，2011年

李宗侗：《杨叔峤光绪戊戌致张文襄函跋》，《大陆杂志》，第19卷第5期，1959年

李宗侗：《杨锐致张文襄密函跋——高阳李氏所藏清代文献跋之一》，《大陆杂志》，第22卷第4期，1961年

李宗侗：《我的先世与外家》，《传记文学》，第5卷第4期，1964年

纪果庵：《清史世家略记》，《古今》，第57期，1944年

张遵邋：《南皮双庙太仆寺卿衔张公讳鏐家谱世系表》，未刊

周传儒：《戊戌政变轶闻》，《辽宁大学学报》（哲学社会科学版），1980年第4期

陈凤鸣：《康有为戊戌条陈汇录——故宫藏清光绪二十四年内府抄本〈杰士上书汇录〉简介》，《故宫博物院院刊》，1981年第1期

李侃、龚书铎：《戊戌变法时期对〈校邠庐抗议〉的一次评论》，《文物》，1978年第7期

汤志钧：《自立军起义前后的孙、康关系及其他——新加坡丘菽园家藏资料评析》，《近代史研究》，1992年第2期

汤志钧：《自立军起义的一份原始材料——丘菽园家藏康有为等信件评析》，《中华文史论丛》，2012年第3期

汤志钧：《丘菽园与康有为》，《近代史研究》，2000年第3期

杨天石：《袁世凯〈戊戌纪略〉的真实性及其相关问题》，《近代史研究》，1998年第5期

杨天石：《翁同龢罢官问题考察》，《近代史研究》，2005年第3期

杨天石：《黄遵宪与苏州开埠交涉》，《学术研究》，2006年第1期

孔祥吉、村田雄二郎：《一个日本书记官见到的康有为与戊戌维新：读中岛雄

〈随使述作存稿〉与〈往复文信目录〉》,《广东社会科学》,2009 年第 1 期

孔祥吉:《"出淤泥而不染"的张之洞:读稿本〈张文襄公辞世日记〉感言》,《历史教学》,2007 年第 11 期

孔祥吉:《黄遵宪若干重要史实订证》,《清史研究》,2010 年第 2 期

李吉奎:《因政见不同而影响私交的近代典型:康有为、梁鼎芬关系索隐》,《广东社会科学》,2006 年第 2 期

邝兆江:《湖南新旧党争浅论并简介〈明辨录〉》,《历史档案》,1997 年第 2 期

桑兵:《陈季同述论》,《近代史研究》,1999 年第 4 期

马忠文:《戊戌"军机四卿"被捕时间新证》,《历史档案》,1999 年第 1 期

马忠文:《戊戌时期李盛铎与康、梁关系补正:梁启超未刊书札释读》,《江汉论坛》,2009 年第 10 期

张海荣:《关于引发甲午战后改革大讨论的九件折片》,《广东社会科学》,2009 年第 5 期

张海荣:《甲午战后改革大讨论考述》,《历史研究》,2010 年第 4 期

张海荣:《津镇铁路与芦汉铁路之争:甲午战后中国政治的个案研究》,北京大学硕士论文,2008 年

李文杰:《晚清总理衙门的章京考试——兼论科举制度下外交官的选任》,《近代史研究》,2011 年第 2 期

戴逸:《戊戌变法时翁同龢罢官原由辨析》,《故宫博物院院刊》,1995 年第 1 期

侯宜杰:《略论翁同龢开缺原因》,《清史研究》,1995 年第 4 期

舒文:《翁同龢开缺原因新探》,《清华大学学报》(哲学社会科学版),1998 年第 3 期

俞炳坤:《翁同龢罢官缘由考辨》,《历史档案》,1995 年第 1 期

崔志海:《论汪康年与〈时务报〉:兼论汪梁之争的性质》,《广东社会科学》,1993 年第 3 期

廖梅:《〈时务报〉三题》,《近代中国》,第 4 辑,上海社会科学院出版社,1994 年

马勇:《近代中国知识分子的悲剧:试论〈时务报〉内讧》,《安徽史学》,2006

年第 1 期

黄升任：《黄遵宪与〈时务报〉》，《学术研究》，2006 年第 6 期

管林：《黄遵宪与陈三立的交往》，《学术研究》，1995 年第 3 期

宗九奇：《陈三立传略》，《江西文史资料》，1982 年第 3 辑

刘梦溪：《慈禧密旨赐死陈宝箴考实》，《中国文化》，2001 年第 17、18 期

李开军：《陈宝箴"赐死"考谬》，《文史哲》，2011 年第 1 期

周康燮：《陈三立的勤王运动及其与唐才常自立会——跋陈三立与梁鼎芬密札》，《明报月刊》，第 9 卷第 10 期，1974 年 10 月

戴海斌：《"题外作文、度外举事"与"借资鄂帅"背后——陈三立与梁鼎芬庚子密札补证》，《近代史研究》，2011 年第 2 期

戴海斌：《甲午后"商办"铁路的一例实证——姚锡光日记所见之刘鹗》，《社会科学》，2012 年第 7 期

陈启云、宋鸥：《梁启超与清末西方传教士之互动研究：传教士对于维新派影响的个案分析》，《史学集刊》，2006 年第 4 期

杨承祖：《丘菽园研究》，《南洋大学学报》，1969 年第 3 期

王慷鼎：《〈天南新报〉史实探源》，《亚洲文化》，第 16 期，1992 年 6 月

赵令扬：《辛亥革命期间海外中国知识分子对中国革命的看法——梅光达、丘菽园与康梁的关系》，《近代史研究》，1992 年第 2 期

段云章：《戊戌维新的"天南"反响：以新加坡天南新报和邱菽园为中心》，《近代史研究》，1998 年第 5 期

余定邦：《邱菽园、林文庆在新加坡的早期兴学活动》，《东南亚纵横》，2003 年第 6 期

关晓红：《陶模与清末新政》，《历史研究》，2003 年第 6 期

周轩：《刘鹗在新疆的最后一封书信》，《故宫博物院院刊》，1997 年第 1 期

翟晓美：《岳州商埠的建置及其成效探析（1899-1911）》，湖南师范大学硕士论文，2009 年

陈珠培：《清末湖南岳、长开埠始末》，《云梦学刊》，1993 年第 1 期

曾桂林:《岳长开埠与近代湖南社会经济的发展》,《湖湘论坛》,2003年第2期

宁志奇:《杨锐家书暨杨聪墓志铭》,《四川文物》,1985年第4期

高成英:《杨锐的诗草手迹》,《四川文物》,1989年第4期

胡昌健:《介绍杨锐的两件遗物》,《四川文物》,1989年第4期

茅海建:《戊戌年徐桐荐张之洞及杨锐、刘光第之密谋》,《中华文史论丛》,2002年第1辑,总69辑

"茅海建戊戌变法研究"
书 目

大量档案材料的披露
重大史实的精心考证与重要场景的细密描述

戊戌变法史事考初集

对近代史上的重大政治改革戊戌变法的相关史实一一厘定，集中在政变的时间、过程、原委，中下级官吏的上书以及日本政府对政变的观察与反应等重大环节上。

戊戌变法史事考二集

继续关注戊戌变法中的种种关键环节："公车上书"的背后推手，戊戌前后的"保举"及光绪帝的态度，康有为与孙家鼐的学术与政治之争，下层官员及士绅在戊戌期间的军事与外交对策，张元济的记忆与记录，康有为移民巴西的计划及其戊戌前入京原因……

从甲午到戊戌：康有为《我史》鉴注

对康有为《我史》中最重要的部分——光绪二十年（甲午，1894）至光绪二十四年（戊戌，1898）——进行注解。引用大量史料，对康有为的说法鉴别真伪，以期真切地看清楚这一重要历史阶段中的一幕幕重要场景。

戊戌变法的另面："张之洞档案"阅读笔记

通过对"张之洞档案"的系统阅读，试图揭示传统戊戌变法研究较少触及的面相，以清政府内部最大的政治派系之一，主张革新的张之洞、陈宝箴集团为中心，为最终构建完整的戊戌变法影像，迈出具有贡献性的关键一步。